ビジネス日本語用例辞典

Try to work using Japanese!

使用日语,工作吧!

일본어를 사용하고 일을 하자!

JALアカデミー=著

はじめに

日本の国内、海外を問わず、日本語を使って仕事をする外国人が急増しています。働く現場は、オフィス、工場、レストラン、コンビニなど、実に多方面にわたっています。その現場では、従来の日本語の授業やテキストで取り上げられない語彙や表現が、頻繁に使われています。

本書は、さまざまな業界や業種を視野に入れ、現実的なニーズを念頭に置いて語彙を選択し、実践的な言い回しや使い方がわかるように用例を示した、仕事のための日本語辞典です。

見出し語の選定には現場リサーチやネット検索なども利用し、仕事の日常 場面で高い頻度で使われる 2,220 の語彙を収録しました。各語彙には、その使い方を示した例文が付いています。普段、仕事の場面で交わされる自然な話しことばも多く取り入れ、英語、中国語、韓国語の訳を付けました。実際の場面に即した例文で、生きた日本語が学べます。

ビジネス語彙を拡大するための辞典はこれまでもありましたが、新聞や文書などの読解に利用するものが中心でした。本書は、ことばの意味を紹介するだけでなく、そのことばが実際に仕事の現場でどのように使われているか、話しことばも含めて、たくさんの用例で示した点で画期的な辞典といえるでしょう。

日本語を勉強している学生から、今現在日本語で仕事をしている人まで、多くの方がこの辞典を身近に置いて役立ててくださることを願っております。また、仕事のための日本語を教えている方々にも、授業で活用していただければ幸いです。

2007 年 6 月　JAL アカデミー
綿引 眞知子

凡例

Explanatory Notes　凡例　일러두기

構成と使い方

Format and Use of this Text

构成及用法　구성과 사용방법

1. 見出し語は全部で 2,220 語あり、五十音順に配列してあります。検索しやすいように、通し番号を付けてあります。

The 2,220 entries in this dictionary are in arranged in Japanese syllabic order. They are numbered consecutively for convenience of reference.

词条共有 2220 个，按五十音图顺序排列。为便于检索给每个词条添加了编号。

표제어는 전부 2,220 개이며，50 음 순으로 배열되어 있습니다．찾아보기 쉽도록 번호를 매겨 놓았습니다．

2. 「–する」を付けて動詞として使える見出し語には、「–する」と示してあります。

Entries that can be used as suru verbs are so indicated by the addition of " –する ."

对于添加「–する」可作为动词使用的词条，以「–する」形式标示。

[–する] 가 붙어서 동사로서 사용할 수 있는 표제어에는 [–する] 라고 표기되어 있습니다．

3. 「–な」、「–に」を付けて形容詞、あるいは副詞として使える見出し語には、「–な」「–に」と示してあります。ただし、仕事の場面であまり使われないものは省略しました。

Entries that can be used as adjectives or adverbs by adding the particles na or ni are so indicated by those particles. For words that rarely take these particles in the workplace, the particles have been omitted.

对于添加「–な」、「–に」可作为形容词或副词使用的词条，以「–な」「–に」形式标示。但在工作场景中不太使用的词条则予以省略。

[–な], [–に] 가 붙어서 형용사，또는 부사로서 사용할 수 있는 표제어에는 [–な], [–に] 라고 표기되어 있습니다．단，직장에서 별로 사용되지 않는 말은 생략했습니다．

4. 見出し語のうち、イラストで示したほうがわかりやすいもの、会社の組織あるいは役職に関連したもの、パソコン・ＩＴに関連したものについては、巻末にそれぞれまとめてあります。

Entries rendered more easily understandable by illustrations, that are related to company structure or job positions, personal computers or information technology are also summarized at the end of the book.

对于词条中以插图形式标示更易理解、有关公司的组织或职位、与电脑 · IT 有关的在卷末予以汇总。

표제어 중，그림으로 나타내는 편이 알기 쉬운 것，회사 조직에 관련된 말，또는 컴퓨터，IT 에 관련된 말에 관해서는 책 뒷부분에 각각 정리되어 있습니다．

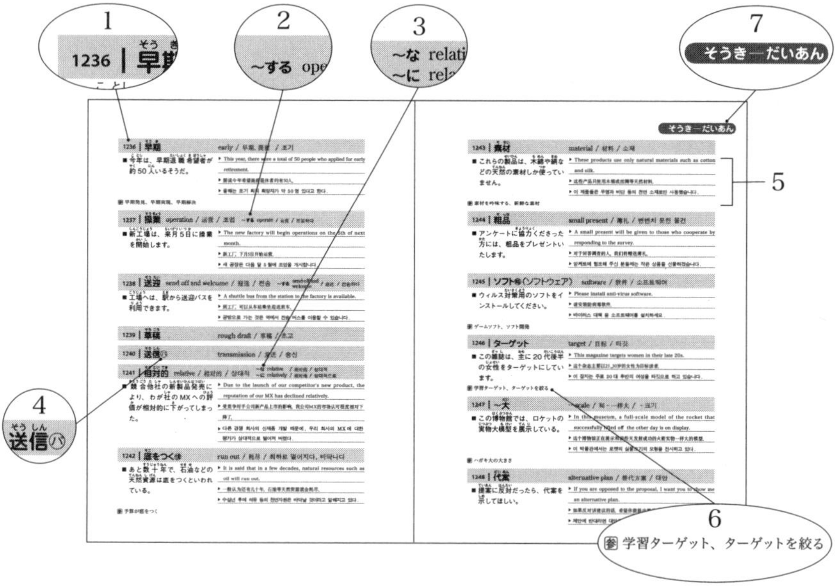

5．それぞれの見出し語について、1～3例文載せてあります。文体や言い回しなど例文のスタイルは、その見出し語が実際に多く使われる場面に合わせたものにしました。ただし、用法が推測しやすい見出し語については、例文を載せていないものもあります。

There are between one and three sample sentences for each entry. Style and wording in the examples reflect the contexts in which they are frequently used. For some entries whose usage can be readily surmised, no sample sentences are given.

每个词条附有1～3个例句。例句的文体措辞等体例则以该词条的实际使用情况为准。对于用法简单易懂的词条，也有不附带例句的情况。

각각의 표제어에는 1~3 개의 예문이 수록되어 있습니다 . 문체나 어투 등 예문의 스타일은 그 표제어가 실제로 많이 쓰이는 상황에 맞는 것으로 했습니다 . 단 , 용법을 알기 쉬운 표제어에는 예문을 수록하지 않은 것도 있습니다 .

6．参 には、その語を使った表現などを紹介してあります。

参 introduces expressions using the word.

在参中介绍了使用该词的表达方式等内容。

参에는 , 그 말을 사용한 표현 등을 소개하고 있습니다 .

7．見開きの右ページ上に、検索用の見出しを付けてあります。見開き2ページの、最初の見出し語と最後の見出し語の、始めの読みがな4文字を表記しています。

Reference entries are located on the upper right-hand side of the facing page. The initial and final entries on the facing page are indicated by the first four syllables of the entries.

双联页右扉页上方附有检索用的词条，该处标明了双联页开头和末尾词条的读音的前4个假名。

펼침면의 오른 쪽 페이지 위에 검색용 표제어를 수록해 두었습니다 . 펼침면 2 페이지의 맨 처음 표제어와 마지막 표제어의 독음의 첫 4 글자를 표기했습니다 .

記号一覧

List of Symbols　标点符号一览　기호 일람

㋕ カジュアルな表現

Casual expression
常用表达方式
가벼운 표현

(慣) 慣用表現

Idiom
惯用表达方式
관용 표현

(略) 簡略化された言い方。短縮語

Simplified or abbreviated form
简略化说法。缩略语。
간략화된 표현 . 단축어

(イ) 巻末の「絵で覚える仕事のことば」を参照

See: "Work-Related Words Learned through Pictures" at end of book
参考卷末 " 看图学工作词汇 "
책 뒷부분의〔그림으로 배우는 직장에서 쓰는 말〕을 참조

(パ) 巻末の「パソコンに関することば」を参照

See: "Words Related to Personal Computers" at end of book
参考卷末 " 电脑关联词汇 "
책 뒷부분의〔컴퓨터에 관련된 말〕을 참조

(会) 巻末の「会社の組織に関することば」を参照

See: "Words Related to Company Organizations" at end of book
参考卷末 " 公司组织关联词汇 "
책 뒷부분의〔회사 조직에 관련된 말〕을 참조

(参) 参考として紹介する、その語を使った用例

Refers to examples provided for entry usage
作为参考所介绍的使用该词的例句
참고로 소개하는 그 말을 사용한 용례

(反) 反対語

Antonym
反义词
반대어

(接) 接尾辞など　→巻末参照

Suffix form, etc.
接尾辞等
접미사 등

ビジネス
日本語
用例辞典

0001 | アイコン[パ] icon / 图画文字 / 아이콘

0002 | 挨拶(あいさつ) greeting / 寒暄 / 인사　～する greet / 寒暄，拜访 / 인사하다

■ A社(しゃ)の西村(にしむら)さんにはいつもお世話(せわ)になっているので、一度(いちど)挨拶に行(い)ったほうがいいだろう。

▶ We'd better call on Mr. Nishimura of Company A to pay our respects, since he's always doing things for us.

▶ 一直得到了A公司西村先生的关照，我想最好是去拜访他一下。

▶ A 사의 니시무라 씨에게는 항상 신세를 지고 있으니，한번 인사하러 가는 게 좋을 거야.

0003 | 相手(あいて) other party / 对方 / 상대

0004 | IT(アイティー) IT (information technology) / IT / IT

■ パソコン好(ず)きの彼(かれ)は、IT業界(ぎょうかい)での就職(しゅうしょく)を希望(きぼう)している。

▶ He loves computers and hopes to find a job in the IT industry

▶ 喜欢电脑的他想在IT行业工作。

▶ 컴퓨터를 좋아하는 그는 IT 업계의 취직을 희망하고 있다.

[参] IT用語

0005 | ID(アイディー) ID / 会员名 / 아이디

■ パスワードとIDを入(い)れないと、次(つぎ)の画面(がめん)に進(すす)めない。

▶ You can't go to the next screen unless you enter your ID and password.

▶ 如果不输入密码和会员名，就无法进入下一个画面。

▶ 패스워드와 ID 를 입력하지 않으면，다음 화면으로 넘어갈 수 없다.

0006 | 相見積もり(あいみつもり)（アイミツ[略]） comparative estimates from several firms / 多家报价 / 복수의 업자에게서 받는 견적서

■ この件(けん)については、相見積もりを取(と)って価格(かかく)を検討(けんとう)しよう。

▶ Let's get the best price for this project by taking comparative estimates from several firms.

▶ 关于这件事情应让多家公司报价再谈论价格。

▶ 이 건에 대해서는 여러 업자에게서 견적서를 받아 가격을 검토하자.

0007 | アウトソーシング outsourcing / 委外 / 아웃소싱　～する outsource / 委外 / 아웃소싱하다

■ 給与計算(きゅうよけいさん)の事務(じむ)をアウトソーシングすれば、経理部(けいりぶ)の業務負担(ぎょうむふたん)をかなり減(へ)らすことができる。

▶ We can greatly reduce the duties of the general affairs division by outsourcing our payroll functions.

▶ 工资计算业务如果委托外部来做的话，就能大大减轻总务处的业务负担。

▶ 급여 계산 사무를 아웃소싱하면，총무부의 업무부담을 상당히 줄일 수 있다.

0008 | アウトレット　outlet / 折扣店 / 아울렛

■ このアウトレットでは一流(いちりゅう)ブランド品(ひん)がそろい、25～65%オフで購入(こうにゅう)できます。

▶ This outlet mall offers name-brand products at discounts of 25 to 65%.

▶ 该折扣店汇集了很多名牌产品，可以以便宜25%～65%的价格购买。

▶ 이 아울렛에서는 일류 브랜드품이 갖춰져 있고, 25～65% 할인가격으로 구입할 수 있습니다.

0009 | 青写真(あおじゃしん)　blue print / 蓝图，初步计划 / 청사진

■ この企画(きかく)はまだ青写真の段階(だんかい)で、これから内容(ないよう)を詰(つ)めるところです。

▶ This plan is still at the blueprint stage, and we are going to further discuss its content.

▶ 该计划还处于初步设计阶段，今后将考虑具体内容。

▶ 이 기획은 아직 청사진 단계로, 이제부터 내용을 채울 참입니다.

■ 事業債権(じぎょうさいけん)の具体的(ぐたいてき)な青写真がなければ、銀行(ぎんこう)から融資(ゆうし)を受(う)けるのは難(むずか)しいだろう。

▶ Without a detailed blueprint for business credit, it will probably be difficult to get financing from a bank.

▶ 如果没有事业债权的具体计划很难得到银行的融资吧。

▶ 사업 채권의 구체적인 청사진이 없으면 은행에서 융자를 받는 것은 어려울 것이다.

0010 | あおり　suffer / 冲击 / 여파，영향

■ 繊維(せんい)をはじめさまざまな業界(ぎょうかい)が、石油(せきゆ)の値上(ねあ)がりのあおりを受(う)けている。

▶ A wide range of industries including textiles suffer from rises in oil prices.

▶ 以纺织业为首，各种行业都受到了石油价格上涨的冲击。

▶ 섬유를 비롯한 여러 업계가 석유의 가격인상 영향을 받고 있다.

■ Aホテルは、不況(ふきょう)のあおりで閉鎖(へいさ)に追(お)い込(こ)まれた。

▶ Hotel A suffered during the recession and was forced to close.

▶ A宾馆受经济不景气的冲击而被迫关闭。

▶ A 호텔은 불황의 여파로 폐쇄 위기에 몰렸다.

0011 | あおる　drive / 鼓动 / 부추기다

■ テレビ通販(つうはん)は、購買意欲(こうばいいよく)をあおる演出(えんしゅつ)がうまい。

▶ TV shopping programs are well produced to drive consumers to buy.

▶ 电视购物节目，演的特别能鼓动购买欲望。

▶ TV 홈쇼핑은, 구매의욕을 부추기는 연출이 능숙하다.

0012 | 赤字　red ink / 赤字 / 적자

■ この冷夏でビールの売上が落ち込み、今月は2,000万円の赤字が見込まれている。

▶ Sales of beer declined because of this year's cool summer, and brewers are expecting red ink of about 20 million yen.

▶ 受冷夏影响啤酒销量下跌，预计这个月的赤字为2000万日元。

▶ 요즘의 냉하로 맥주의 매출이 뚝 떨어져，이번 달은 2000 만 엔의 적자가 예상되고 있다.

参 赤字決算、財政赤字、赤字に転落

0013 | 上がる　come up / 完成，上报 / 올라가다，완성되다

■ 仕様書のデータをメーカーに送ってからサンプルが上がるまでに、通常2カ月ほどかかります。

▶ After you send the specifications to the manufacturer, it normally takes about two months to produce a sample.

▶ 把规格单发给厂家到出来样品通常需要2个月左右。

▶ 사양서 데이터를 제조사로 보낸 후 샘플이 완성되기까지，통상 2 개월 정도 걸립니다.

■ 小さなクレームだと、上司まで報告が上がってこない場合がある。

▶ In some cases, small complaints may not reach the boss.

▶ 小的索赔有的时候不会上报给领导。

▶ 작은 클레임이면 상사까지 보고가 올라오지 않는 경우가 있다.

■ オフィス用品を一括購入することで、別々に買うよりも安く上がった。

▶ We could save money by buying office supplies in bulk instead of individually.

▶ 统一购买办公用品要比单独买便宜。

▶ 사무용을 일괄구입하는 것으로，따로따로 살 것보다도 싸게 들었다.

0014 | 商い　turnover / 买卖 / 장사，거래

■「商い」は「商売」の古い言い方だが、現在でも株や証券の売り買いに使われている。

▶ "Turnover" is an old-fashioned business phrase, but is still used in securities transactions.

▶ "做买卖"是做生意的以前的说法，不过，现在也用于股票或证券的买卖中。

▶「商い」는「商売」의 옛 표현이지만，현재에도 주식이나 증권의 매매에 사용되고 있다.

0015 | アクション　action / 行动 / 액션（동작）

■ これだと思う情報をつかんだら、素早くアクションを起こすことが大切だ。

▶ It's important to take immediate action when you get critical information.

▶ 如果把握了确切信息，关键是要快速采取行动。

▶ 이거라고 생각하는 정보를 얻게 되면，재빨리 행동으로 옮기는 것이 중요하다.

0016 | アクセス access / 访问，浏览 / 액세스, 교통수단 ～する access / 访问，浏览 / 액세스하다

■ このサイトには、1日(にち)15万件(まんけん)のアクセスがある。
▶ This site is accessed 150,000 times per day.
▶ 这个网站一天有15万的访问量。
▶ 이 사이트에는 하루 15 만건의 액세스가 있다.

■ 駅(えき)からのアクセスが一番(いちばん)いいのは、さくらホテルです。
▶ The Sakura Hotel has the best access to the station.
▶ 离车站最近的是樱花宾馆。
▶ 역에서 교통수단이 가장 좋은 것은 사쿠라 호텔입니다.

参 アクセス方法

0017 | 揚(あ)げ足(あし)を取(と)る 慣 find fault / 挑错，吹毛求疵 / 말꼬투리를 잡다

■ 揚げ足を取るようで恐縮(きょうしゅく)ですが、それは昨年(さくねん)ではなく、一昨年(いっさくねん)ではないでしょうか。
▶ I hate to say this because it seems like I'm finding fault, but isn't this the year before last and not last year?
▶ 这样说似乎有些吹毛求疵，但那好像不是去年而是前年吧。
▶ 말꼬투리를 잡는 것 같아 죄송하지만, 그건 작년이 아니라 재작년이 아닐까요?

■ 相手(あいて)の揚げ足を取ってばかりいては議論(ぎろん)にならない。
▶ If you always find fault with each other, it's beyond discussion.
▶ 光挑别人的错就不叫辩论了。
▶ 상대의 말꼬리만 잡고 있어서는 의논이 되지 않는다.

0018 | 上(あ)げる send / 完成，上报 / 끝내다, 올리다

■ 来週(らいしゅう)から休暇(きゅうか)をとるので、今週中(こんしゅうちゅう)にこの原稿(げんこう)を上げなければならない。
▶ I have to send this camera-ready copy within this week because I will take off starting next week.
▶ 下周要休假，所以这个礼拜必须要完成这份誊清的原稿。
▶ 다음 주부터 휴가를 내므로, 이번 주 안에 이 필름을 끝내야 한다.

■ 対応(たいおう)が難(むずか)しいクレームだったので、上司(じょうし)に報告(ほうこく)を上げて、指示(しじ)を仰(あお)いだ。
▶ We sent the complaint to our boss to get his instructions because we weren't sure how to respond.
▶ 这是很难应对的索赔，所以就上报给上司请求指示。
▶ 대응하기 어려운 클레임이었기 때문에, 상사에게 보고를 올리고 지시를 청했다.

■ 経費(けいひ)を安(やす)く上げるために、広告(こうこく)は社内(しゃない)で作成(さくせい)した。
▶ We produced the ad internally to save money.
▶ 为了缩减经费，在公司内部制作了广告。
▶ 경비를 싸게 하기 위해서 광고는 사내에서 작성했다.

0019 | 朝一（あさいち） first thing in the morning / 一早 / 아침에 가장 먼저

■ 必要書類を明日朝一で送れば、昼までには着くと思います。

▶ If you send the necessary documents first thing tomororw morning, they will arrive by noon.

▶ 我想如果明天一早邮寄必要文件的话当天中午就能寄到。

▶ 필요서류를 내일 아침에 바로 보내면 낮까지는 도착하리라 생각합니다.

0020 | 足が出る（あしがでる） [慣] go over budget / 超出预算 / 적자가 나다

■ 今度のイベント、予算が少ないから、パンフをオールカラーにしたら足が出ちゃうよ。

▶ We've got a small budget for the upcoming event, so if we make a full color pamphlet, we'll go over budget.

▶ 这次活动的预算少，如果油彩印制宣传册，会超出预算。

▶ 이번 이벤트는 예산이 적어서 팸플릿을 올컬러로 하면 적자가 나버릴거야.

0021 | 足踏み（あしぶみ） standstill / 原地踏步 / 정체　～する make no headway / 踏步，停滞不前 / 드나들다，제자리걸음하다

■ 足踏み状態にあった景気が、今年に入ってやっと回復の兆しを見せてきた。

▶ The economy, which was at a standstill, eventually started showing signs of recovery at the beginning of this year.

▶ 一直止步不前的经济进入今年后终于有了复苏的迹象。

▶ 정체상태였던 경기가 올해 들어 겨우 회복의 기미를 보이기 시작했다.

0022 | 足元にも及ばない（あしもとにもおよばない） [慣] cannot compete with / 比不上，望尘莫及 / 어림도 없다

■ 売上は伸びたが、業界トップのＡ社と比べたら、まだまだ足元にも及ばない。

▶ Revenue increased, but we still cannot compete with Company A, the industry leader.

▶ 虽然营业额提高了，如果和业界首位的A公司相比，还是望尘莫及。

▶ 매상은 올랐지만，업계 최고인의 A 사와 비교하면 아직 어림도 없다.

0023 | 足を運ぶ（あしをはこぶ） [慣] go to / 去，前往 / 가다

■ よりよい原材料を手に入れるため、開発スタッフは産地に何度も足を運んだ。

▶ Development staff went to the producing area many times to get better raw materials.

▶ 为了能买到更好的原材料，开发人员多次去了原产地。

▶ 보다 좋은 원재료를 손에 넣기 위해，개발 스텝은 산지에 몇 번이나 찾아갔다.

0024 | 足を引っ張る（あしをひっぱる） [慣] work against / 拖后腿 / 방해하다

■ 円高が景気回復の足を引っ張っている。

▶ Yen appreciation works against the economic recovery.

▶ 日元升值拖了景气回升的后腿。

▶ 엔고가 경기회복의 발목을 잡고 있다.

0025 | 遊び　play / 游戏，游隙，紧凑 / 유격, 장난

■ ハンドルの遊びは、大きすぎても小さすぎてもいけません。

▶ There should be some play in the steering wheel, but not too much.

▶ 方向盘的游隙不能太大也不能太小。

▶ 핸들의 유격은 너무 커서도 너무 작아서도 안 됩니다.

■ このレストランの内装は、ちょっと遊びが過ぎていると思う。色遣いが派手で落ち着かない。

▶ I think the interior of this restaurant is too decorative. The colors are gaudy and overdone.

▶ 这家餐馆的内装修有些过度了。颜色的使用过于花哨，不太稳重。

▶ 이 레스토랑의 내장은 조금 장식이 너무 많은 것 같아. 색이 너무 화려해서 안정이 안 돼.

0026 | 頭打ち　peak / 达到极限 / 한계점

■ 発売してしばらくは売れてたけど、そろそろ頭打ちのようだ。

▶ It sold well for a while after the launch, but it will peak any time now.

▶ 开始发售的一段时间还挺畅销，但马上就要达到极限了。

▶ 발매하고 얼마간은 팔렸지만, 슬슬 한계점에 이른 것 같다.

0027 | 頭が痛い(慣)　have a headache / 头痛 / 골치 아프다

■ 中村さんの代わりになる人がなかなか見つからなくて、頭が痛い。

▶ It's a headache that we cannot find a person to replace Mr. Nakamura yet.

▶ 就是找不到能代替中村先生的人，真是让人头痛。

▶ 나카무라 씨를 대신할 사람을 좀처럼 찾을 수 없어서 골치 아프다.

0028 | 頭が切れる(慣)　has a sharp mind / 有才干，头脑敏锐 / 명석하다

■ 今度の社長、相当頭が切れるらしいよ。

▶ The new president has a sharp business sense.

▶ 这次的社长，听说非常能干。

▶ 이번 사장, 꽤 똑똑한 것 같아.

0029 | 頭金　down payment, deposit / 首付 / 계약금, 착수금

■ マンションを買うため、頭金として400万円払い、住宅ローンを組んだ。

▶ In order to purchase an apartment, I put down a deposit of 4 million yen, and paid the rest by taking out a home loan.

▶ 为了买公寓，先支付400万日元的首付，其余部分用公积金贷款。

▶ 맨션을 사기 위해서 계약금으로 400만엔을 지불하고 나머지는 주택 융자를 받았다.

0030 | 頭割り　an equal share / 均摊 / 인원수대로 나눔

■ 細かい計算は面倒だから、勘定は頭割りにしよう。

▶ Calculating details is confusing, so let's pay an equal share.

▶ 细细计算的话太麻烦了，付账的时候还是按人头均摊吧。

▶ 자잘한 계산은 귀찮으니까, 계산은 인원수대로 나누자.

0031 | ～当(あ)たり[接]　per / 每…… / ～당

■ 先月(せんげつ)の一人(ひとり)当りの残業時間(ざんぎょうじかん)は、18時間(じかん)だった。

▶ There were 18 overtime hours per person last month.

▶ 上个月每个人的平均加班时间是18小时。

▶ 지난 달 일인당 잔업시간은 18 시간이었다.

[参] 一日あたり

0032 | 悪化(あっか)　worse / 恶化 / 악화　～する worsen / 恶化 / 악화되다

■ 株価下落(かぶかげらく)、解約(かいやく)の増加(ぞうか)などで、生命保険会社(せいめいほけんかいしゃ)をめぐる状況(じょうきょう)はますます悪化している。

▶ Situations surrounding life insurance companies have been further worsening from the decline in stock prices and an increase in cancellations.

▶ 股价下跌、解约增加，生命保险公司的境况越来越每况愈下了。

▶ 주가 하락, 해약 증가 등으로 생명보험회사를 둘러싼 상황은 점점 악화되고 있다.

0033 | 圧縮(あっしゅく)　compression / 压缩 / 압축　～する compress / 压缩 / 압축하다

■ 今回(こんかい)の講演会(こうえんかい)は、安(やす)い会議室(かいぎしつ)を探(さが)して運営予算(うんえいよさん)を圧縮した。

▶ The operating budget for this lecture was compressed, so we used a cheaper meeting room.

▶ 这次讲演会找了一个便宜的会议室，压缩了经营预算。

▶ 이번 강연회는 저렴한 회의실을 찾아서 운영예산을 압축했다.

■ このソフトを使(つか)うとファイルの圧縮が簡単(かんたん)にできる。

▶ We can easily compress files if we use this software.

▶ 使用这个软件可以简单地进行文件压缩。

▶ 이 소프트웨어를 사용하면 파일 압축을 쉽게 할 수 있다.

0034 | 宛(あて)（宛(あ)て）　to / 寄给 / ~앞으로

■ 田中(たなか)さん宛てに荷物(にもつ)が届(とど)いてるよ。

▶ A package came for Ms. Tanaka.

▶ 寄给田中的货物已经到了。

▶ 다나카 씨 앞으로 물건이 와 있어요.

0035 | 当(あ)て　reliance, counted on / 依靠，期望 / 의지, 기대

■ 他人(たにん)の助(たす)けを当てにしないで、できるだけ一人(ひとり)でがんばってみます。

▶ I'll try to do the best I can on my own without relying on the help of others.

▶ 不依靠别人的帮助，想尽量一个人努力试试。

▶ 다른 사람의 도움에 의지하지 않고, 가능한 한 혼자서 노력해 보겠습니다.

■ 確実(かくじつ)だと思(おも)われた契約(けいやく)がとれず、資金調達(しきんちょうたつ)の当てが外(はず)れてしまった。

▶ We didn't land the contract I thought was a sure thing, so the fundraising we had been counting on fell through.

▶ 原本以为肯定没问题的合同却没有签成，筹措资金的期望落空了。

▶ 확실하다고 생각했던 계약이 성사되지 않아, 자금조달의 기대가 빗나가 버렸다.

■ 酒(さけ)の席(せき)での口約束(くちやくそく)は、当てにならないことが多(おお)い。

▶ You can't rely on most promises made over drinks.

▶ 不要把酒席上的口头约定当真。

▶ 술자리에서의 구두약속은 믿지 못할 것이 많다.

参 親をあてにする、当てになる

0036 | 宛先(あてさき) address / 收信人 / 수신처

0037 | 宛名(あてな) address / 收信人名 / 주소 성명

0038 | アドレス㋩ address / 地址 / 주소

■ メールアドレスは、名刺(めいし)に書(か)いてあります。

▶ My e-mail address is on my business card.

▶ 邮件地址写在名片上。

▶ 메일 주소는 명함에 쓰여 있습니다.

0039 | アバウト㋕ rough / 大致 / 대략

■ アバウトでいいから目標数字(もくひょうすうじ)を出(だ)してみてくれる?

▶ It's OK even if we just set a rough financial target.

▶ 大致的估算也可以，能不能给我个预测数字?

▶ 대략적인 것이라도 좋으니 목표 숫자를 제시해 주겠나?

■ この資料(しりょう)、ずい分(ぶん)アバウトだなあ。もうちょっと説明(せつめい)を入(い)れてよ。

▶ This material is too rough, so include little more detailed explanation.

▶ 这份资料太粗了。再稍微做些解释说明。

▶ 이 자료, 상당히 대략적이군. 좀 더 설명을 넣어줘.

0040 | アピール appealing / 吸引，打动 / 어필 ～する appeal / 吸引，打动 / 어필하다

■ 10代(だい)、20代の女性(じょせい)だけでなく、幅広(はばひろ)い年齢層(ねんれいそう)にアピールする商品(しょうひん)の開発(かいはつ)が必要(ひつよう)だ。

▶ We need to develop a product appealing to a wide range of age groups as well as teens and 20s.

▶ 不仅仅是针对10几岁、20几岁的女性，而应当开发能够吸引多个年龄阶层的产品。

▶ 10대, 20대 여성뿐만 아니라 폭넓은 연령층에게 어필할 상품 개발이 필요하다.

■ 面接(めんせつ)では、語学力(ごがくりょく)と積極性(せっきょくせい)をアピールしようと思(おも)います。

▶ I will appeal my language skills and positive attitude at the interview.

▶ 在面试的时候我想展现我的语言能力和积极性。

▶ 면접에서는 어학력과 적극성을 어필하려고 합니다.

参 自己アピール

0041 | アプリケーション㋩ apprication / 应用程序 / 응용 (프로그램)

0042 | アポ㊥(アポイントメント) appointment / 预约 / 약속

■ 先方(せんぽう)の担当者(たんとうしゃ)とは、すでにアポをとりました。

▶ I already made an appointment with the person in charge on the other side.

▶ 我已经和对方的负责人进行了预约。

▶ 상대쪽 담당자와는 이미 약속을 잡았습니다.

参 アポを入れる、アポなし

0043 | 甘(あま)い easy to deal, indulgent / 乐观, 小看 / 안이하다

■ 私(わたし)の見込(みこ)みが甘かったようで、予算(よさん)をだいぶオーバーしてしまった。

▶ My outlook seemed to be overly optimistic, so it was far above the estimate.

▶ 似乎我预计的太乐观了, 现已大幅度超出了预算。

▶ 나의 예상이 안이해서 예산을 꽤 오버해 버렸다.

0044 | 洗(あら)い出(だ)し digging up / 梳理 / 밝혀냄

■ 消費者(しょうひしゃ)アンケートをもとに、問題点(もんだいてん)の洗い出しを行(おこな)った。

▶ We dug up problems based on the consumer questionnaire.

▶ 以消费者问卷调查为基础梳理问题点。

▶ 소비자 앙케트를 기초로, 문제점을 밝혀냈다.

0045 | 洗(あら)い出(だ)す dig up / 梳理 / 밝혀내다

■ 問題点(もんだいてん)をすべて洗い出し、品質(ひんしつ)の改善(かいぜん)に全力(ぜんりょく)を尽(つ)くしてください。

▶ Please dig up all the issues, and make an all-out effort to improve quality.

▶ 请梳理出所有的问题点, 竭尽全力改善产品质量。

▶ 문제점을 모두 밝혀내어, 품질 개선에 전력을 다해 주십시오.

0046 | 予(あらかじ)め in advance / 预先 / 미리

■ 欠席(けっせき)の場合(ばあい)は、予めお知(し)らせください。

▶ Please tell us in advance in case of absense.

▶ 如果缺席, 请预先通知。

▶ 결석할 경우, 미리 알려 주십시오.

0047 | 改(あらた)めて later / 再次 / 다시, 새삼

■ 後(のち)ほど改めてお電話(でんわ)いたします。

▶ I will call you later.

▶ 过后我再给您打电话。

▶ 나중에 다시 전화하겠습니다.

■ 彼(かれ)の偉大(いだい)さが改めてわかった。

▶ I recognized his greatness all over again.

▶ 我再次认识到了他的伟大。

▶ 그의 위대함을 새삼 알게 되었다.

0048 | 改める（あらためる）　reform / 修改 / 바꾸다，고치다

■ では、日を改めて上司とお伺いいたします。
▶ I will visit with my boss on another occasion.
▶ 那我改日再和我的上司一起拜访您。
▶ 그럼，다른 날로 바꾸어 상사와 찾아뵙겠습니다.

■ 定年の延長にともない、退職金の規定を改める必要がある。
▶ We need to revise regulations on the retirement allowance along with an extension of the age limit.
▶ 随着退休年龄的延长，有必要重新修改有关退休金的规定。
▶ 정년 연장에 따라 퇴직금의 규정을 고칠 필요가 있다.

0049 | 粗利益（粗利(略)）（あらりえき／そり えき）　gross margin / 毛利 / 매출 총이익

■ 粗利は5%確保しなければならない。
▶ We must ensure a 5% gross margin.
▶ 必须确保5%的毛利。
▶ 매출 총이익은 5%를 확보하지 않으면 안 된다.

0050 | アレンジ　arrangement / 调整 / 배열，재구성　**～する** arrange / 布置 / 배열하다，재구성하다

■ 古いモデルにちょっとアレンジを加えただけで、売上が倍増した。
▶ We doubled sales just by changing the small arrangement of the old model.
▶ 对旧款式略做调整后，销售额成倍增长。
▶ 오래된 모델에 약간의 새로운 구성을 첨가한 것 만으로，매상이 배로 증가했다.

参 曲をアレンジする

0051 | 案（あん）　idea / 方案 / 안

■ 商品名について、いくつか案を出してみてください。
▶ Please come up with some ideas for the product name.
▶ 请试着拿出几个关于商品名称的方案。
▶ 상품명에 대해서 몇 개의 안을 제출해 주십시오.

参 修正案、改善案、法律案

0052 | アンケート　questionnaire / 问卷调查 / 앙케트

参 アンケートをとる、アンケートに協力する、アンケートの集計結果

0053 | 案件（あんけん）　issue / 议题，议案 / 안건

■ この問題は、明日の会議の最重要案件として、取り上げられることになっている。
▶ We plan to make this problem our highest priority issue in tomorrow's meeting.
▶ 该问题将作为明天会议的最重要议题予以讨论。
▶ 이 문제는 내일 회의의 가장 중요한 안건으로 채택되기로 되어 있다.

0054 | 暗証番号（あんしょうばんごう）　passwords / 密码 / 비밀번호

0055 | アンダーライン

underline / 下划线 / 밑줄

■ 修正部分(しゅうせいぶぶん)には、アンダーラインが引(ひ)いてあります。

▶ Corrected parts are underlined.

▶ 改正部分下面划上了线。

▶ 수정부분에는 밑줄이 쳐져 있습니다.

0056 | 案内(あんない)

guidance / 引导，带领 / 안내

参 案内図、案内係、道案内

0057 | いい加減(かげん)

irresponsible / 不负责任 / 무책임함, 엉성함

~な irresponsible / 敷衍，靠不住 / 무책임한, 엉성한

~に sloppily / 敷衍，靠不住 / 무책임하게, 엉성하게

■ そういういい加減なやり方(かた)じゃ、困(こま)ります。

▶ It's awkward if you act in such an irresponsible way.

▶ 这种不负责的做法太让人为难了。

▶ 그런 무책임한 방법이라면 곤란합니다.

0058 | 言(い)い訳(わけ)

excuse / 辩解 / 해명, 변명

0059 | 遺憾(いかん)

evident regret / 遗憾 / 유감

■ わが社(しゃ)の製品(せいひん)にこのような欠陥(けっかん)が見(み)つかり、遺憾に思(おも)います。

▶ We regret such a defect is found in our company product.

▶ 我们公司的产品发现了这样的缺陷，我感觉很遗憾。

▶ 저희 회사의 제품에 이런 결함이 발견되어서, 유감스럽게 생각합니다.

0060 | いける㋕

good / 顺利，好喝 / 잘 나가다, 상당히 좋다

■ ニーズもかなりありそうだし、この企画(きかく)、いけるんじゃないかなあ。

▶ It seems we have a lot of need for that, so I think this plan will be good.

▶ 似乎有很大的需求，这个方案应该行的通吧。

▶ 요구도 상당히 있는 것 같고, 이 기획 잘 되지 않을까?

■ このワイン、安(やす)いけど、結構(けっこう)いけますね。

▶ This wine is really good, even though it's cheap.

▶ 这种红酒，虽然很便宜，但是很好喝呀。

▶ 이 와인은 싸지만 상당히 좋네요.

0061 | 維持(いじ)

sustainment / 维持 / 유지

~する sustain / 维持 / 유지하다

■ 今年(ことし)は、去年(きょねん)と同(おな)じ利益率(りえきりつ)を維持するのは難(むずか)しい状況(じょうきょう)だ。

▶ This year we face a difficult challenge- sustaining the same profit ratio as last year.

▶ 今年很难维持和去年相同的收益。

▶ 올해는 작년과 동일한 이익률을 유지하는 것은 어려운 상황이다.

参 健康を維持する、治安を維持する

0062 | 意識 awareness / 意识 / 의식 ～する be aware of / 意识 / 의식하다

■ 仕事に対して、もっとプロ意識を持ってほしい。

▶ Please take more professional pride in your work.

▶ 希望你对工作持有更多的专业意识。

▶ 업무에 대해，좀더 프로 의식을 가졌으면 한다.

■ 社員全員、もっとコスト意識を高めるように、と社長は強調した。

▶ The president emphasized the need for all employees to have an improved awareness of costs.

▶ 社长强调，全体员工要有更强的成本意识。

▶ 사원 모두 좀더 코스트 의식을 높이도록，하고 사장님은 강조했다.

参 環境に対する意識、目的意識

0063 | 依然 still / 依然 / 여전히

■ ネットでの販売は、依然、好調をキープしています。

▶ We still maintain favorable sales by Internet.

▶ 网上销售依旧保持了好的态势。

▶ 인터넷 판매는 여전히 호조를 유지하고 있습니다.

■ B社のパソコンは、依然として人気が高く、売れ行きがいい。

▶ Company B's PC is still popular, showing strong sales.

▶ B公司的电脑依旧很受欢迎，卖的很好。

▶ B 사의 컴퓨터는 여전히 인기가 높아 판매가 잘 된다.

0064 | 急ぎ urgent / 着急，尽快 / 급함

■ 今日中にぜひお知らせしたいことがございますので、急ぎご連絡ください。

▶ We have an urgent announcement to make today, so please contact us immediately.

▶ 有一件事今天必须通知您，请您尽快和我联系。

▶ 오늘 중으로 꼭 알리고 싶은 사항이 있으니 빠른 연락 부탁드립니다.

■ 急ぎで送る荷物なら、バイク便が便利だ。

▶ Motorcycle messenger services provide speedy, convenient package delivery.

▶ 如果是紧急派送的货物的话，利用摩托车快递更方便。

▶ 급하게 보낼 짐이라면 오토바이 퀵서비스가 편리하다.

参 急ぎの件

0065 | 委託 entrustment / 委托 / 위탁 ～する entrust / 委托 / 위탁하다

■ A社は、いくつかの部門の業務を他社に委託することによって、コスト削減を図っている。

▶ Company A tries to reduce costs by entrusting operations of some divisions to other companies.

▶ A公司通过把几个部门的业务委托给其他公司来降低成本。

▶ A 사는 몇 개 부문의 업무를 타사에 위탁하는 것으로 코스트 삭감을 도모하고 있다.

■ 市は、サービス事業の一部を民間に委託することを決定した。

▶ The city decided to entrust some services to private companies.

▶ 市政府决定把服务事业的一部分委托给民间。

▶ 시는 서비스 사업의 일부를 민간에 위탁하기로 결정했다.

0066 | 板ばさみ dilemma / 两头受气 / 양 틈바구니에 끼임

■ 上司と部下の間で板ばさみになって、ストレスがたまる一方だ。

▶ I'm caught in the middle between the supervisor and subordinates, and it just keeps getting more stressful.

▶ 在领导和下属间两头受气，怨气越积越多。

▶ 상사와 부하 사이에 끼여서 스트레스만 쌓인다.

0067 | 傷む be damaged / 损伤 / 파손되다, 썩다

■ 倉庫に長く置いておくと、商品が汚れたり傷んだりすることがある。

▶ The products may be dirty and damaged if we leave them in the storeroom for a long time.

▶ 长期在仓库中存放的话，有时商品会变脏或损坏。

▶ 창고에 오래 놓아 두면, 상품이 더러워지거나 파손될 경우가 있다.

■ さっき買った桃は半分近くが傷んでいたから、取り替えてもらった。

▶ Nearly half of the peach I bought a while ago was damanged, so I asked to exchange it.

▶ 刚才买的桃子有近一半是坏的，所以让他们又换了一下。

▶ 아까 산 복숭아는 절반 가까이가 썩어 있어서 교환받았다.

0068 | 一押し number-one recommendation / 强力推荐 / 강력 추천

■ こちらは当店一押しの商品です。

▶ This is our store's number-one recommended item.

▶ 这是本店强力推荐的金牌商品。

▶ 이것은 우리 가게에서 강력 추천하는 상품입니다.

参 私の一押し

0069 | 一人前 independent / 混出人样，像样的 / 제 몫을 할 수 있음

■ この業界で一人前になるには、10年はかかると思います。

▶ In this industry, it takes three years to become independent.

▶ 要想在业界混出个样子来，我想需要10年的时间。

▶ 이 업계에서 제 몫을 하려면, 10년은 걸린다고 생각합니다.

0070 | いち早く without a moment's delay / 迅速 / 재빨리

■ A社は、市場の変化にいち早く対応し、急速に業績を伸ばした。

▶ Company A responded without a moment's delay to the market changes, and rapidly extended its results.

▶ A公司能对市场的变化做出迅速的反应，业绩得到了飞速发展。

▶ A사는 시장 변화에 재빨리 대응해서, 급속하게 업적을 늘렸다.

参 いち早く取り入れる

0071 | 一覧 list / 一览表 / 일람 **～する** get an overview / 一览，便览 / 일람하다

■ ここ1年の新規取引先を、一覧にしてください。

▶ Please make a list of new clients for this year.

▶ 请把这一年的新客户名单作一个一览表。

▶ 최근 1년의 신규 거래처를 일람하게 해 주세요.

0072 | 一律（いちりつ）　across the board / 一律 / 일률

■ こちらの商品は、全国どこでも送料一律500円です。

▶ The shipping fee for these products is 500 yen across-the-board for any address nationwide.

▶ 这些产品发往全国各地的邮费都是500日元。

▶ 이 상품은 전국 어디서나 송료가 일률적으로 500 엔입니다.

参 全国一律

0073 | 一両日中（いちりょうじつちゅう）　in a day or so / 一两天内 / 오늘 내일 중

■ この件につきましては、一両日中にお返事を差し上げます。

▶ We will respond to this case in a day or so.

▶ 关于这件事，将在一两天内给您回复。

▶ 이 건에 대해서는 오늘 내일 중으로 답을 드리겠습니다.

0074 | 一括（いっかつ）　lump / 一包在内，总括在内 / 일괄　~する lump together / 总括起来 / 일괄하다

■ 代金のお支払い方法には、一括払いと分割払いがございます。

▶ Lump sum and installment payments are available.

▶ 货款支付方式有一次总付和分期付款两种方式。

▶ 대금 지불 방법에는 일괄지불과 분할지불이 있습니다.

■ シリーズ全６巻を一括購入する場合は、送料が無料になります。

▶ Shipping is free with a lump-sum purchase of all six volumes.

▶ 如果一次购入这6卷全套的话，邮费免费。

▶ 시리즈 전 6 권을 일괄 구입하는 경우에는, 송료가 무료가 됩니다.

参 一括注文

0075 | 一戸建て（いっこだて）　detached building / 单门独户的房子 / 단독주택

■ 郊外の一戸建てから、便利な都心のマンションに住み替える人が増えている。

▶ The number of people moving from single-unit homes in the suburbs to apartments in the convenient downtown area has been increasing.

▶ 希望从郊外的独门独户的房子搬到市中心方便的公寓楼中的人增多了。

▶ 교외의 단독주택에서, 편리한 도심의 맨션으로 집을 옮기는 사람이 늘고 있다.

0076 | 一斉（いっせい）　at once / 一齐 / 일제히　~に simultaneously / 一齐，同时 / 일제히

■ 新製品 AP600 は、間もなく全国一斉発売になります。

▶ Our new product, the AP600, will be launched simultaneasly nationwide.

▶ 新产品AP600即将在全国同时发售。

▶ 신상품 AP600 은 곧 전국에 일제히 발매됩니다.

参 一斉に値上げする

0077 | 一層 further / 进一步 / 더욱

■ より良いサービスをめざして、一層の努力をしてまいります。
▶ We will make further efforts to improve service.
▶ 为提供更好的服务，我们在做进一步的努力。
▶ 보다 좋은 서비스를 목표로, 더욱 노력해 가겠습니다.

0078 | 一致 match / 一致 / 일치　~する match / 一致 / 일치하다

■ オフィスのレイアウトを変更するということで、全員の意見が一致した。
▶ All employees' opinions matched on changing the office layout.
▶ 全体一致同意更改办公室设置。
▶ 오피스의 레이아웃을 변경하는 것으로, 전원의 의견이 일치했다.

0079 | 移転 relocation / 搬迁 / 이전　~する relocate / 搬迁 / 이전하다

■ 事務所移転に伴い、電話番号が変更になりました。
▶ The telephone number changed with the relocation of the office.
▶ 随着事务所搬迁，更换了电话号码。
▶ 사무소 이전에 따라 전화번호가 변경되었습니다.

0080 | 異動 transfer / 调动 / 이동　~する transfer / 调动 / 이동하다

■ 地方の支店に異動が決まり、引越しの準備で忙しい。
▶ My transfer to the local branch was decided, and I'm busy preparing for the move
▶ 被调动到了地方上的分店，最近忙于搬家。
▶ 지방 지점으로 이동이 결정되어, 이사 준비로 바쁘다.

■ 4月1日付の人事で、総務部から経理部に異動になりました。
▶ I will be moving to the Accounting Department from the General Affairs effective April 1.
▶ 在4月1日的人事变动中，从总务部调动到了会计部。
▶ 4월 1일부 인사로, 총무부에서 경리부로 이동하게 되었습니다.

参 異動願い

0081 | 移動 migration / 移动 / 이동　~する move, migrate / 移动 / 이동하다

■ ホテルから会場へは、バスで移動する予定です。
▶ We plan to take a bus from the hotel to the venue.
▶ 预定乘坐汽车从饭店移到会场。
▶ 호텔에서 회장까지는 버스로 이동할 예정입니다.

0082 | 委任 trust, charge / 委任 / 위임　~する entrust / 委托 / 위임하다

■ 総会における一切の議決権を、山田さんに委任します。
▶ We entrust all voting rights within the general meeting to Ms. Yamada.
▶ 大会上的决议权全权委任给了山田。
▶ 총회의 모든 의결권을 야마다 씨에게 위임하겠습니다.

■ 代理人が申請を行う場合は、委任状が必要です。

▶ When a representative is making the application, a letter of attorney is required.

▶ 如果代理人进行申请，需要有委托书。

▶ 대리인이 신청할 경우, 위임장이 필요합니다.

0083 | イベント　event / 活动 / 이벤트

■ 今回のイベントの企画・運営には、地元住民も参加した。

▶ Local residents participated in the planning and operation of this event.

▶ 当地居民也参加了此次活动的策划和经营。

▶ 이번 이벤트의 기획・운영에는 그 지방의 주민도 참가했다.

参 イベントを企画する、イベント情報

0084 | 違法　illegal / 违法 / 위법

■ このマンションは、違法建築の疑いがある。

▶ This condo project was under suspicion for illegal construction practices.

▶ 这栋公寓涉嫌为违法建筑。

▶ 이 맨션은 위법건축의 의혹이 있다.

0085 | いまいち㋕　lack something / 稍差一些 / 조금 부족함, 별로임

■ A社の新型スポーツカーは前評判が高かったが、実際に見たらイマイチだった。

▶ Company A's new sports car was much-ballyhooed, but lacked something when I saw it in person.

▶ A公司的新型跑车以前的评价很好，但实际一看，还是稍差一些。

▶ A사의 신형 스포츠카는 사전 평판은 높았지만, 실제로 보니 그저 그랬다.

0086 | 印鑑　seal / 印章 / 인감, 도장

0087 | インストール㋫　install / 编入 / 인스톨　～する Install / 安装 / 인스톨하다

0088 | インターン　intern / 实习 / 인턴

■ インターンを受け入れる企業が増え、学生にとっていい社会体験の場となっている。

▶ The number of companies that accept interns is increasing. This provides a good social experience for students.

▶ 接受实习的企业增多了，这对学生而言是体验社会的一个很好的场所。

▶ 인턴을 받아들이는 기업이 늘어, 학생에게 있어 좋은 사회체험의 장이 되고 있다.

参 インターン生

0089 | インパクト impact / 极具影响力 / 임팩트 (충격)

■ 新発売(しんはつばい)のAP 3は、インパクトのあるコマーシャルが話題(わだい)になっている。

▶ The newly launched AP3 commercial had a strong impact, and got everyone talking.

▶ 新发售的AP3，其极具影响力的广告成了大家谈论的话题。

▶ 새로 발매되는 AP3 은 임팩트 있는 광고가 화제가 되고 있다.

0090 | インフラ[略](インフラストラクチャー) infrastructure / 基础设施 / 기간사업

■ 地震(じしん)で大(おお)きな被害(ひがい)を受(う)けたA市(し)は、まず、インフラの整備(せいび)を急(いそ)がなければならない。

▶ City A, which was severely damaged in the earthquake, must first quickly restore infrastructure.

▶ 因地震受害严重的A市，当务之急必须整备基础设施。

▶ 지진으로 큰 피해를 입은 A 시는 우선 기간사업의 정비를 서둘러야 한다.

0091 | インフレ[略](インフレーション) inflation / 通货膨胀 / 인플레이션

■ 原油(げんゆ)の高騰(こうとう)により、インフレがさらに加速(かそく)している。

▶ Due to the sudden rise in oil, inflation is speeding up further.

▶ 由于原油价格飞涨，进一步加剧了通货膨胀。

▶ 원유의 가격 상승에 의해, 인플레이션이 더욱 가속되고 있다.

■ インフレを抑制(よくせい)するため、日銀(にちぎん)は新(あら)たな金融政策(きんゆうせいさく)を打(う)ち出(だ)す方針(ほうしん)だ。

▶ To control inflation, the Bank of Japan is of a policy to come up with new economic measures.

▶ 为了抑制通货膨胀，日本银行计划是发布新的金融政策。

▶ 인플레이션을 억제하기 위해, 일본은행은 새로운 금융정책을 내세울 방침이다.

0092 | インボイス invoice / 装货清单 / 인보이스, 송장

■ 品物(しなもの)が届(とど)いたけど、数量(すうりょう)がインボイスと一致(いっち)しない。

▶ We received the products, but the volume doesn't match the invoice.

▶ 货物送到了，但数量和装货清单不一致。

▶ 물품이 도착했는데, 수량이 인보이스와 일치하지 않는다.

0093 | 右記(うき) right / 右述，右记 / 오른쪽 페이지

■ 詳(くわ)しい使(つか)い方(かた)は、右記をご参照(さんしょう)ください。

▶ For details on how to use this, please refer to directions on the right.

▶ 详细使用方法，请参考右边内容。

▶ 자세한 사용법은 오른쪽 페이지를 참조해 주십시오.

0094 | 請け負う　contract / 承包，承建 / 맡다

■ 市立図書館の建設工事を請け負うことになったのは、さくら建設です。

▶ Sakura Construction contracted for the city library project.

▶ 承办市立图书馆建筑工程的是樱花建设公司。

▶ 시립도서관 건설공사를 맡게 된 것은 사쿠라 건설입니다.

参 請負業者

0095 | 受け皿　receptacle, acceptor / 接收部门或单位，托盘 / 받아들이는 곳

■ 事業縮小で、余剰人員になった社員の受け皿が必要だ。

▶ We need a receptacle for the employees who have been made redundant by the business downsizing.

▶ 由于事业缩小出现了剩余人员，需要有能接收这些职员的部门单位。

▶ 사업축소로 잉여 인원이 된 사원을 받아들일 곳이 필요하다.

参 倒産企業の受け皿

0096 | 承る敬　comply with / 了解，知道 / 승낙하다의 겸사말

■ ご依頼の件、確かに承りました。

▶ We will certainly comply with this request.

▶ 敬悉您所托之事。

▶ 의뢰하신 건은 틀림없이 거행하겠습니다.

0097 | 受け取り　receipt / 领取 / 수령

■ 宅配便の受け取りの確認は、印鑑でもサインでも OK です。

▶ Confirmation of the receipt of courier delivery may be done with a seal or signature.

▶ 确认并领取宅急送的时候，既可以盖章，也可以签字。

▶ 택배의 수령 확인은 인감이나 사인 모두 ok 입니다.

0098 | 受け取る　receive / 领取 / 받다

■ 本日、見本を受け取りました。

▶ I received the sample today.

▶ 今天收到了货样。

▶ 금일, 견본을 받았습니다.

0099 | 受け渡し　delivery / 交付 / 물건을 건넴

■ 明日用意できますが、受け渡しはどうしましょうか。

▶ We can have it ready tomorrow. How can we deliver it to you?

▶ 明天就能准备好，如何交给您呢?

▶ 내일 준비할 수 있습니다만, 물건은 어떻게 건네드릴까요?

0100 | 打ち合わせ　meeting / 事先洽谈 / 협의

■ その件は急ぎだから、さっそく打ち合わせをしましょう。

▶ Let's have a meeting now because this is urgent.

▶ 那件事比较着急，咱们马上洽谈一下吧。

▶ 그 건은 급하니, 바로 협의합시다.

0101 | 打ち合わせる discuss beforehand / 事先洽谈 / 미리 상의하다

■ B社に行く前に、細かい点を打ち合わせておく必要があると思います。

▶ We are going to visit Company B today, and I think we need to discuss the details beforehand.

▶ 我想在去B公司之前有必要对细节地方进行预先磋商。

▶ B 사에 가기 전에 세세한 점을 미리 상의해 둘 필요가 있다고 생각합니다.

0102 | 打ち切り cancellation / 停止 / 중단

■ 視聴率の低迷が続いたBテレビのクイズ番組は、3カ月で打ち切りになった。

▶ TV B's quiz program, which continued to receive low viewership ratings, was cancelled after three months.

▶ 收视率持续低迷的B电视台的智力竞赛节目3个月就停播了。

▶ 저조한 시청률이 계속된 B TV 의 퀴즈 프로그램은 3 개월만에 중단되었다.

0103 | 打ち切る discontinue / 停止 / 중단하다

■ B社の製品に重大な欠陥が見つかったので、A社はB社の受注契約を打ち切った。

▶ A serious defect was discovered in the products of Company B so Company A discontinued its contract with Company B.

▶ 因为发现B公司的产品存在重大缺陷，A公司中止了与B公司的订货合同。

▶ B 사의 제품에 중대한 결함이 발견되어서 A 사는 B 사의 수주계약을 중단했다.

0104 | 内金 partial payment / 预先支付的款项 / 계약금

■ 代金23万円に対して、内金として5万円を払った。

▶ I paid 50,000 yen as a partial payment on the 230,000 yen bill.

▶ 货款为23万日元，支付了5万日元的预付款。

▶ 대금 23 만엔에 대해 계약금으로 5 만엔을 지불했다.

0105 | 有無 whether - or not / 有无 / 유무

■ 経験の有無よりも、やる気を重視しています。

▶ We weigh more heavily on enthusiasm than experience.

▶ 与是否有经验相比，更重视是否有工作热情。

▶ 경험의 유무보다도 의욕을 중시하고 있습니다.

0106 | 埋め合わせ make it up / 弥补，补偿 / 벌충，보충

■ 昨日は急にキャンセルしてごめん。この埋め合わせは必ずするから。

▶ I'm sorry to suddenly cancel yesterday. I will surely make it up,

▶ 昨天突然取消了，对不起。以后肯定会弥补的。

▶ 어제는 갑자기 취소 해서 미안. 이 벌충은 반드시 할게.

0107 | 埋め合わせる　cover / 弥补，补偿 / 벌충하다, 메우다

■ 値下げに伴う減収は、販売量の拡大で埋め合わせる形となった。

▶ We decided to offset our price reduction by increasing sales volume.

▶ 降价带来的收入减少，通过扩大销售量来弥补。

▶ 가격인하에 따른 수입의 감소는 판매량의 확대로 벌충하는 형태로 되었다.

0108 | 裏紙　reverse side of paper / 背面，反面 / 이면지

■ 紙代の節約のため、コピーはなるべく裏紙を使ってください。

▶ Whenever possible, please use both sides of paper when copying, to reduce paper costs.

▶ 为节约用纸，复印请尽量使用已用纸张的背面。

▶ 종이값의 절약을 위해, 복사는 가능한 한 이면지를 사용해 주세요.

■ ホッチキスの付いた紙を裏紙にしないでください。

▶ Do not use paper with staples as backing side of paper.

▶ 不要将带有订书钉的纸反过来再使用。

▶ 스테플러가 찍힌 종이를 이면지로 하지 마세요.

0109 | 裏づけ　substantiation / 根据，证据 / 뒷받침

■ プレゼンは、データの裏づけがないと説得力がない。

▶ Without substantiation of the data, the presentation is not convincing.

▶ 宣传计划书中，如果资料没有根据，就没有说服力。

▶ 프리젠테이션은 데이터를 뒷받침할 것이 없으면 설득력이 없다.

参 裏づけをとる

0110 | 裏付ける　substantiate / 以……为依据，支持 / 뒷받침하다

■ 当社は、豊富な金融知識に裏づけされた、きめ細かいサービスを提供しております。

▶ Our company provides detail oriented services that have been substantiated a wealth of financial knowledge.

▶ 本公司提供以丰富金融知识为背景的细致服务。

▶ 우리회사는 풍부한 금융지식이 뒷받침된, 세심한 서비스를 제공하고 있습니다.

参 主張を裏づける

0111 | 売上（売り上げ）　sales / 销售额 / 매출

■ 新商品発売により、今年度の売り上げは20%アップとなる見通しだ。

▶ We expect sales for this year to increase by 20% thanks to the launch of our new product.

▶ 通过发售新产品预计今年的销售额将提高20%.

▶ 신상품 발매에 의해, 금년도 매출은 20% 상승될 전망이다.

参 売上を立てる、売上高

0112 | 売り上げる　sell / 销售 / 다 팔다

■ 話題の DVD「日本の山」は、100 万枚を売り上げる大ヒットとなった。

▶ The "Japan's Mountains" DVD everyone's talking about was a huge hit selling one million copies.

▶ 人们一直谈论的DVD“日本名山”特别流行，销量突破了100万张。

▶ 화제의 DVD [일본의 산] 은 100 만장을 파는 대히트를 쳤다.

0113 | 売り切れ　sold out / 全部售完 / 품절

■ ゲームソフト A は、各店で発売と同時に売り切れになった。

▶ Game Software A was sold out at every store as soon as it went on sale.

▶ 游戏软件A，在各店一发售马上就全卖完了。

▶ 게임 소프트웨어 A 는 각점에서 발매와 동시에 품절되었다.

0114 | 売り切れる　sell out / 全部售完 / 품절되다

■ 11 時に買いに行ったが、チケットは早くも売り切れていた。

▶ I went to buy them at 11 o'clock, but the tickets were already sold out.

▶ 11点去买的，可票早就卖完了。

▶ 11 시에 사러 갔는데, 티켓은 이미 품절되어 있었다.

0115 | 売り込み　sales approach / 推销，兜售 / 물건을 팖

■ A 社は売り込みが激しくて、営業担当が毎日のように訪ねて来る。

▶ Company A's sales appraoch is very aggressive, and their salesperson visits us almost every day.

▶ A公司的推销特别厉害，负责营业的人几乎每天都来拜访。

▶ A 사는 상술이 심해, 영업담당이 매일같이 찾아 온다.

0116 | 売り込む　market oneself / 兜售，推销 / 물건을 팔다

■ 新製品を売り込むには、他社製品との違いを強調することが必要だ。

▶ Our marketing efforts need to differentiate our new product from others on the market.

▶ 要推销新产品，就有必要突出强调我们与其他公司产品的不同。

▶ 신제품을 잘 팔려면 타사제품과의 차이를 강조하는 것이 필요하다.

0117 | 売り出し（売出し）　on sale / 上市 / 발매，팔려고 내놓음

■ このマンションは、売り出し後 1 週間で完売したそうだ。

▶ These condominiums apparently sold out one week after they went on sale.

▶ 听说这公寓上市后1周就全卖完了。

▶ 이 맨션은 팔려고 내놓은지 1 주일만에 다 팔렸다고 한다.

参 大売出し、売り出し期間

0118 | 売り出す　put on sale / 开始出售 / 발매하다

■ 11月になると、各デパートでは正月用品を売り出す。
▶ Every November, all the department stores put the New Year's items on sale.
▶ 一到11月份，各百货公司就开始出售新年用品。
▶ 11 월이 되면 , 각 백화점에서는 설날 용품을 팔기 시작한다 .

0119 | 売主　seller / 卖主 / 판매주

■ Aビルの構造上の欠陥については、当然、売主側の責任も問われる。
▶ The structural defects in Building A also naturally raise the question of the seller's liability.
▶ 关于A楼构造上的缺陷，当然也要追究卖方的责任。
▶ A 빌딩의 구조상의 결함에 대해서는 , 당연히 판매주 측의 책임도 묻는다 .

0120 | 売場（売り場）　sales floor / 柜台 / 매장

■ ABC デパートの食品売場は、いつも大勢の人でにぎわっている。
▶ Department Store ABC's food sales floor is always bustling with people.
▶ ABC百货大楼的食品柜台总是有很多人，特别拥挤。
▶ ABC 백화점의 식품매장은 항상 많은 사람들로 북적인다 .

■ あの売り場の店員は、丁寧で親しみやすい。
▶ The sales clerks on that floor are always polite and friendly.
▶ 那个柜台的店员特别的认真而且很容易亲近。
▶ 저 매장의 점원은 예의바르고 친절하다 .

参 チケット売場、売場面積

0121 | 売れ筋　hot-selling line / 畅销，好卖 / 잘 팔림

■ 年末ギフトの売れ筋商品は、外国ブランドのチョコレートだそうだ。
▶ The hot-selling line of year-end gifts will be foreign brand chocolates.
▶ 听说岁末馈赠商品卖的最好的商品是外国品牌的巧克力。
▶ 연말 선물로 잘 팔리는 상품은 , 외국 브랜드의 초콜릿이라고 한다 .

■ ネットで調べれば、最近何が売れ筋かわかるよ。
▶ Look on the Internet to see the current hot-selling line.
▶ 在网上一查就知道最近什么商品比较畅销。
▶ 인터넷으로 조사하면 , 최근 뭐가 잘 팔리는지 알 수 있어 .

0122 | 売れ行き　sales / 销售情况 / 팔림새

■ 先月出た新商品の売れ行きは、どうですか。
▶ How are sales of the new product launched last month.
▶ 上月新推出的商品销售情况如何?
▶ 지난 달 나온 신상품은 팔리는 게 어떻습니까 ?

■ 追加注文をするかどうかは、あと1カ月ぐらい売れ行きを見てから決めます。

▶ We decided to place an additional order after seeing sales for the first month?

▶ 是否追加订货，看看今后一个月的销售情况后再作决定。

▶ 추가 주문을 할지 어떨지는 앞으로 한 달 정도 팔리는 것을 보고 나서 결정하겠습니다.

0123 | 売れる　sell, go off / 畅销，卖出去 / 팔리다

■ 最近、低カロリーのビールがよく売れています。

▶ Low-calorie beer has been selling well lately.

▶ 最近，低热量的啤酒销路很好。

▶ 최근, 저 칼로리 맥주가 잘 팔리고 있습니다.

0124 | 上書き㋩　superscription / 写在上面 / 주소 성명

0125 | 上回る　surpass, exceed / 超过 / 상회하다

■ 連休中の海外旅行者数は、去年を上回る見込みです。

▶ The number of people traveling abroad during the holidays is forecast to surpass that of last year.

▶ 预计长假期间的海外游客将超过去年。

▶ 연휴 중 해외여행객은 작년을 상회할 전망입니다.

■ A社の新車は、発売1カ月で予想を上回る販売台数を記録した。

▶ Sales of Company A's new model surpassed the forecast within a month after launch.

▶ A公司的新车发售一个月后的销售台数超过了预想。

▶ A 사의 신차는 발매 한 달만에 예상을 상회하는 판매대수를 기록했다.

0126 | 上向く　upward / 趋涨，朝上 / 상태가 좋아지다

■ 景気が上向き、消費活動が活発になった。

▶ The economy is moving upward and consumption is more active.

▶ 景气回升，消费活动变活跃了。

▶ 경기가 좋아져서, 소비활동이 활발해졌다.

0127 | 運営　operation / 经营，运营 / 운영　～する operate / 经营，运营 / 운영하다

■ あの人気サイトは、企業ではなく個人が運営しているそうです。

▶ That popular web site is operated by an individual, not by a firm.

▶ 听说那个很受欢迎的网站不是企业而是个人活动的运营。

▶ 그 인기 사이트는 기업이 아니라 개인이 운영하고 있다고 합니다.

■ イベントの運営に興味のある方を、募集しています。

▶ We are recruiting people who are interested in event management.

▶ 我们正在招聘对经营活动感兴趣的人士。

▶ 이벤트 운영에 흥미가 있는 분을 모집하고 있습니다.

0128 | 運送 shipping, transporation / 运送 / 운송　～する ship, transport / 运送 / 운송하다

■ 今回の建築資材の運送は、新規の業者に依頼しよう。

▶ Let's ask a new company for the shipping this time of the contruction materials.

▶ 这次建筑材料的运送，就委托一家新开的专业公司吧。

▶ 이번 건축자재의 운송은 신규 업자에게 의뢰하자.

参 運送会社、運送業者

0129 | 運賃 shipping charges, fare / 运费 / 운임

■ 見積もり書には、運賃も含まれています。

▶ Freight is included in the estimate.

▶ 估价单上也包括运费。

▶ 견적서에는 운임도 포함되어 있습니다.

■ 航空会社のサイトでは、空席状況や運賃が確認できる。

▶ On airlines' sites, you can check seat availability and fares.

▶ 航空公司的网页上，能够确认空座情况及运费。

▶ 항공회사의 사이트에서는 공석 상황이나 운임을 확인할 수 있다.

参 往復運賃、運賃を改定する、運賃を値上げする

0130 | 運搬 transportation / 搬运 / 운반　～する transport / 搬运 / 운반하다

■ 大型機械や燃料などの運搬には、特殊な車両が使われる。

▶ Special cars are used for the transportation of such things as heavy machinery and fuel.

▶ 如果要搬运大型器械或燃料，需要特殊的车辆。

▶ 대형기계나 연료 등의 운반에는 특수한 차량이 사용된다.

参 ゴミを運搬する、資材を運搬する

0131 | 運用 operation, management / 运用 / 운용　～する operate, manage / 运用 / 운용하다

■ 業務を効率化するために、コンピューター・システムの運用を見直すことになった。

▶ We decided to review the operation of our computer system to increase efficiency.

▶ 为提高办公效率，我们重新考虑了电脑系统的应用。

▶ 업무를 효율화하기 위해서, 컴퓨터 시스템 운용을 재점검하게 되었다.

■ 外国株で資産を運用する人が増えている。

▶ The number of people who use the funds by foreign stocks increases.

▶ 通过外国股票在进行资产运营的人增多了。

▶ 외국주식으로 자산을 운용하는 사람이 늘고 있다.

0132 | エアークッション（プチプチ㋕）㋑ bubble wrap / 气垫 / 공기 쿠션

0133 | 営業(えいぎょう) sales, open / 营业 / 영업 ～する do business / 营业 / 영업하다

■ 得意先(とくいさき)を回(まわ)るだけが営業の仕事(しごと)ではない。
▶ Visiting clients is not just for salespeople.
▶ 仅去拜访客户不是营业。
▶ 주거래처를 도는 것만이 영업 일은 아니다.

■ 24時間(じかん)営業している店(みせ)が増(ふ)えてきた。
▶ The number of shops that stay open around-the-clock is increasing.
▶ 24小时营业的店铺增多了。
▶ 24 시간 영업하고 있는 가게가 늘어났다.

参 営業職、営業時間

0134 | 営業所(えいぎょうしょ) branch / 营业所 / 영업소

■ A社(しゃ)は、来年(らいねん)1月(がつ)に大阪(おおさか)営業所を開設(かいせつ)する予定(よてい)です。
▶ Company A plans to open an Osaka branch next January.
▶ A公司计划在明年的1月份开设大阪营业所。
▶ A 사는 내년 1 월에 오사카영업소를 개설할 예정입니다.

0135 | 営利(えいり) profit-making / 盈利 / 영리

■ 会場内(かいじょうない)では、営利を目的(もくてき)とした活動(かつどう)が禁(きん)じられている。
▶ In this venue, activities for the purpose of profit making are prohibited.
▶ 会场内严禁以盈利为目的的活动。
▶ 회장 내에서는, 영리를 목적으로 한 활동이 금지되어 있다.

0136 | ATM(エーティーエム) ATM / 自动取款机 / 현금지급기

■ B銀行(ぎんこう)のATMにシステム障害(しょうがい)が起(お)きて、しばらくお金(かね)が引(ひ)き出(だ)せなかった。
▶ I couldn't get cash for a while because Bank B's ATM system went down.
▶ B银行的自动取款机出现了系统故障，这段时间无法取钱。
▶ B 은행의 ATM 에 시스템 장애가 생겨, 잠시 동안 돈을 인출할 수 없었다.

0137 | エキスパート expert / 专家，内行 / 전문가

■ 特許関係(とっきょかんけい)に関(かん)しては、高橋(たかはし)さんがエキスパートです。
▶ Mr. Takahashi is an expert on patent issues.
▶ 关于专利的相关问题，高桥先生是专家。
▶ 특허관계에 관해선, 다카하시 씨가 전문가입니다.

0138 | 閲覧(えつらん) browse / 阅览 / 열람 ～する browse / 阅览，浏览 / 열람하다

0139 | 絵に描いた餅慣　no practical use / 落空，失败 / 그림의 떡

■ 今回の社内改革プロジェクトを、絵に描いた餅に終わらせないためには、個々の業務について具体的な改善案を立てる必要がある。

▶ We need to make specific tasks for each operation so as not to bring this internal restructuring project to an end as "a pie in the sky."

▶ 为了不让此次社内改革项目落空，对于具体的业务有必要制定具体的改善方案。

▶ 이번 사내 개혁 프로젝트를 그림의 떡으로 끝내지 않기 위해서는, 각자의 업무에 대해 구체적인 개선안을 세울 필요가 있다.

0140 | M & A略　M&A (mergers and acquisitions) / 并购 / M&A (기업인수합병)

■ A社は、M&A専門の会社で、豊富な資金力を持っている。

▶ Company A specializes in mergers and acquisitions, so it has an abundance of capital.

▶ A公司是专业并购公司，拥有雄厚的资金。

▶ A 사는 M&A 전문 회사로 풍부한 자금력을 가지고 있다.

0141 | 宴会　party / 宴会 / 연회

■ 駅前の店は、値段も手頃なので、よく社内の宴会に使っています。

▶ We often use a place in front of the station for in-house parties because of its reasonable prices.

▶ 车站前的那家店价格合适，公司内开宴会的时候经常利用。

▶ 역 앞의 가게는, 가격도 적당해서 자주 사내 연회에 이용하고 있습니다.

0142 | 円滑　smoothness / 顺利，协调 / 원활　**〜な** smooth / 顺利的 / 원활한　**〜に** smoothly / 顺利地 / 원활하게

■ 問題は、製造部門と販売部門の間に円滑なコミュニケーションがとれていないことだ。

▶ We need to ensure smooth communication between the manufacturing division and the sales division.

▶ 问题是制造部门和销售部门之间没有很好的协调沟通。

▶ 문제는 제조부문과 판매부문 사이에 원활한 커뮤니케이션이 되고 있지 않다는 점이다.

0143 | 延期　postponement, delay / 延期 / 연기　**〜する** postpone, delay / 延期 / 연기하다

■ シリーズ最新作は、制作の遅れから、発売が2カ月延期になった。

▶ Due to production delays, the release of the latest in the series has been delayed two months.

▶ 由于制作延误，成套的最新作品的发售延期了2个月。

▶ 시리즈 최신작은 제작이 늦어져서 발매가 2 개월 연기되었다.

参 実施を延期する、無期延期

0144 | 円グラフイ　pie graph / 圆形图表 / 원그래프

0145 | 延滞 overdue, late / 拖欠 / 연체 **～する** be overdue, be late / 拖延 / 연체하다

■ 期限までにお支払いいただけない場合は、延滞料金が加算されます。

▶ If we do not receive payment by the due date, a late fee will be added.

▶ 如果到期您没有付款，则需要计入拖欠费。

▶ 기한까지 지불하시지 않을 경우에는，연체료가 부가됩니다.

参 延滞金、延滞料

0146 | 演台 podium / 讲桌 / 연사나 강사 앞에 두는 탁자

0147 | 円高 appreciating yen / 日元升值 / 엔고

■ 円高のおかげで、海外からの仕入れコストが安くなりました。

▶ The cost of procurement from overseas became cheap thanks to the appreciating yen.

▶ 因为日元升值，从海外进货的成本降低了。

▶ 엔고의 덕으로，해외로부터의 매입 코스트가 싸졌습니다.

0148 | 延長 extention / 延长 / 연장 **～する** extend / 延长 / 연장하다

■ 会議を10分ほど延長したいと思いますが、よろしいでしょうか。

▶ Is it OK to extend the meeting about 10 minutes?

▶ 我想延长会议10分钟左右，可以吗?

▶ 회의를 10 분 정도 연장하고 싶은데，괜찮으시겠습니까?

0149 | 延長コード㋑ extention code / 延长线，加长线 / 연장 코드

0150 | 円安 weak yen / 日元贬值 / 엔저

■ 円安が続く中、輸出業界は好調だ。

▶ While the yen is cheap, export industries have good business.

▶ 日元持续贬值，出口行业看好。

▶ 엔저가 계속되는 중에 수출업계는 호조이다.

0151 | 追い風 serve as a spur to / 顺风 / 순풍

■ 健康ブームが追い風となって、健康関連商品の売れ行きが好調だ。

▶ The health and fitness boom has spurred large sales of associated products.

▶ 顺着健康热潮，健康相关的商品的销路良好。

▶ 건강붐의 순풍을 타서，건강관련식품의 판매가 호조를 보인다.

0152 | 応接室 drawing room / 会客室 / 응접실

■ お客様を、応接室にお通ししてください。

▶ Please take customers to the reception room.

▶ 请把客人带到会客室。

▶ 손님을 응접실로 모시세요.

0153 | 応対 attitude / 应对 / 응대 ～する wait on / 应对 / 응대하다

■ 電話の応対一つで、会社の印象が違ってくる。

▶ The way you answer the phone can change a caller's impression of the company.

▶ 应对电话的不同，会让对方对公司产生不同的印象。

▶ 전화 응대 하나로 회사의 인상이 달라진다.

■ お客様に接する際は、親切丁寧を心がけて応対しなければならない。

▶ We must serve customers with kindness and politeness.

▶ 接待顾客的时候，一定要亲切认真。

▶ 손님을 상대할 때에는 친절 정중을 취지로 응대해야 한다.

0154 | 横着 lazy / 偷懒 / 뺀들거림 ～する shirk duties, slack off / 不老实，蛮横，偷懒 / 뺀들거리다, 제멋대로 굴다

■ 横着しないで、ちゃんと両手で持って運ばないと危ないよ！

▶ Be careful! Don't be lazy, hold firm with both left and right hands and carry it.

▶ 不要偷懒！ 搬运的时候如果不用两手好好拿着会很危险的。

▶ 뺀들거리지 말고, 제대로 두 손으로 들고 옮기지 않으면 위험해!

■ 横着して資料に細かい数字を入れなかったら、会議の時、質問がたくさん出て、大変だった。

▶ Because I was lazy and didn't include details of figures in the document, I had a lot of trouble when I received many questions at the meeting.

▶ 作材料的时候偷懒没有注上具体的数字，结果在开会的时候被提了很多问题，真是够呛。

▶ 뺀들거리며 자료에 작은 숫자를 넣지 않았더니, 회의 때 질문이 많이 나와 힘들었다.

0155 | OS（オペレーションシステム）㋫ operation system / 操作系统 / 오퍼레이션 시스템

0156 | 大型 large-scale / 大型 / 대형

■ うちにとって久々の大型プロジェクトだ。

▶ It's our first large-scale project in a while.

▶ 对我们公司而言，是好久没有遇到过的大型项目。

▶ 우리에게 있어 오랜만에 생긴 대형 프로젝트다.

㊂ 大型冷蔵庫、大型自動車

0157 | オークション auction / 拍卖 / 옥션, 경매

■ 最近、ネットオークションを気軽に利用している人が多い。

▶ Recently, there are many casual users of Internet auction sites.

▶ 最近，有许多人轻松利用网络拍卖。

▶ 최근 인터넷 경매를 가볍게 이용하고 있는 사람이 많다.

0158 | 大口 large / 大宗 / 거액

■ 今期は大口の注文が取れたので、売上目標を大幅に上回った。

▸ I landed some big orders this period, so I was well over my sales goal.

▸ 本期由于有大宗订货，大幅度超出了销售目标。

▸ 이번 시기에는 거액의 주문을 받아서，매상목표를 큰 폭으로 윗돌았다.

参 大口顧客、大口注文

0159 | 大雑把 rough / 大致的，大体 / 대충

～な rough / 大致的，大体 / 대충의
～に roughly / 大致的，大体 / 대충

■ 大雑把な数字でいいから、上期の西部地区の売上を教えてほしい。

▸ Please tell me the first-half sales volume in the western area. Even a rough figure is OK.

▸ 大体的数字也可以，希望你能告诉我一下上半年西部地区的销售额。

▸ 대충의 숫자로 괜찮으니，상반기 서부지구의 매출을 가르쳐줬으면 한다.

0160 | 大手 major / 大型 / 큰 규모의 회사

■ 家電大手各社は、相次いで工場を新設し、生産力増強に乗り出した。

▸ Each of the major home electronics companies are building new factories one after another, and have set about reinforcing productivity.

▸ 各大型家电公司都相继开设新厂提高生产力。

▸ 가전 대기업 각사는 잇달아 공장을 신설하여 생산력 증강에 나섰다.

■ 大手金融機関は、富裕層向けサービスの充実に本腰を入れ始めた。

▸ Major financial institutions started making genuine efforts on full-fledge services targeting wealthy clients

▸ 大型金融机构开始认真完善针对富裕阶层的服务。

▸ 큰 규모의 금융기관은 부유층을 대상으로 한 충실한 서비스를 본격적으로 시작했다.

参 大手資本、大手メーカー

0161 | 大幅 big, significant / 大幅度的，大量地 / 대폭

～な big / 大幅度的，大量地 / 대폭적인
～に by a large margin / 大幅度的，大量地 / 대폭적으로

■ 原油の急騰による、ガソリンの大幅な値上げが、懸念されている。

▸ We're worried about the high price of gasoline.

▸ 由于油价暴涨，人们开始担心汽油价格的大幅上涨。

▸ 기름의 급등에 의한 가솔린의 대폭적인 가격 인상이 염려되고 있다.

■ 林教授に依頼を断られたら、セミナーの企画内容を大幅に変更しなければならない。

▸ We have to change the content of the seminar plan if professor Hayashi rejects our request.

▸ 如果请求遭到林教授拒绝的话，必须大幅度修改研讨会的计划内容。

▸ 하야시 교수에게 의뢰를 거절당하면，세미나 기획내용을 대폭적으로 변경하지 않으면 안 된다.

0162 | オープン open / 开张 / 오픈 ～する open / 开张 / 오픈하다

■ 弊社(へいしゃ)の新宿店(しんじゅくてん)は来月(らいげつ)5日(いつか)にオープンの予定(よてい)です。

▶ Our company's Shinjuku store will open on the fifth of next month.

▶ 弊公司的新宿店预定在下月5日开张。

▶ 저희 회사의 신주쿠점은 다음 달 5일에 오픈할 예정입니다.

0163 | 大(おお)まか big / 大体的，大致地 / 대략 ～な rough / 大体的，大致地 / 대략의 ～に roughly / 大体的，大致地 / 대략적으로

■ 展示会(てんじかい)の準備(じゅんび)を進(すす)めるにあたって、まず、当日(とうじつ)までの大まかなスケジュールを作(つく)ってください。

▶ To proceed with the preparation of the exhibition, please make a rough schedule.

▶ 进行展览会准备时，首先制定一下到当天的大致的日程安排。

▶ 전시회 준비를 진행함에 있어，우선 당일까지의 대략적인 스케줄을 만들어 주십시오.

■ 印刷工場(いんさつこうじょう)の仕事(しごと)は、大まかに、製版(せいはん)、印刷(いんさつ)、製本(せいほん)の3つに分(わ)けられる。

▶ Duties of the printing plant are roughly divided into three areas - film making, printing, and bookbinding.

▶ 印刷厂的工作，大致上可分为制版、印刷、装订三项。

▶ 인쇄 공장의 일은 대략 제판，인쇄，제본 3가지로 나눌 수 있다.

0164 | 奥行(おくゆ)き depth / 进深 / 안길이，깊이

■ 展示(てんじ)スペースは、奥行きがあまりないので、陳列(ちんれつ)に工夫(くふう)がいる。

▶ We need to rearrange the display since the space doesn't have depth.

▶ 展厅几乎没有进深，需要在陈列上动一番脑筋。

▶ 전시 공간은 안길이가 별로 없어서 진열에 연구가 필요하다.

0165 | 送(おく)り状(じょう) invoice / 发货单 / 송장

■ 配達指定日(はいたつしていび)を宅配便(たくはいびん)の送り状に書(か)いておけば、大丈夫(だいじょうぶ)です。

▶ It's OK to write the delivery date on the invoice of express courier services.

▶ 把寄送指定日期写到宅急送的发货单中就没有问题了。

▶ 배달 지정일을 택배 송장에 써두면 걱정없습니다.

■ 送り状など、船積(ふなづ)み書類(しょるい)に不備(ふび)がないよう、チェックしてください。

▶ Please check to make sure shipping papers such as invoices are not incomplete.

▶ 请仔细该对发货单等装船资料，以避免出现问题。

▶ 송장 등，선적서류에 빠진 것이 없도록 체크해 주십시오.

0166 | 抑(おさ)える hold down / 控制，压缩 / 억제하다

■ もう少(すこ)し、出費(しゅっぴ)を抑えてもらえないかなあ。

▶ Please hold down expenses a little more.

▶ 你能不能控制一下支出呀。

▶ 좀더 지출을 억제할 수 없을까.

0167 | 押さえる　stick to, reserve / 按住 / 파악하다, 확보하다

■ プレゼンで重要なことは、ポイントを押さえて、簡潔に説明することです。

▶ What is important for the presentation is sticking to the point and explaining it in simple terms.

▶ 在演示会上最重要的是按照要点简洁地进行说明。

▶ 프리젠테이션에서 중요한 것은 포인트를 파악해서 간결하게 설명하는 것입니다.

■ 今年の展示会には、取引先の役員が全員来るので、Aホテルの客室をすべて押さえておいてください。

▶ Please reserve guest rooms at Hotel A because our client's top executives will visit this year's exhibition.

▶ 客户公司的董事全部都会来参加今年的展览会，所以请把A宾馆的全部客房定下来。

▶ 올해 전시회에는 거래처의 임원이 전원 오기 때문에, A 호텔의 객실을 모두 확보해 두세요.

0168 | 納める　pay, deliver / 交纳 / 납부하다, 납품하다

■ 資本金 1,000 万円以上の法人は、会社設立時から、消費税を納めなければならない。

▶ The companies with paid-in-capital of 10 thousand yen or higher have to pay consumption tax starting from their foundation date.

▶ 资本金在1千万以上的法人在设立公司时开始就必须缴纳消费税。

▶ 자본금 천만엔 이상의 법인은 회사 설립시부터 소비세를 납부해야 한다.

■ 親会社に製品を納める期限が迫っているのに、原料不足で、生産が大幅に遅れている。

▶ The deadline to deliver products to the parent company is coming up, but production is delayed due to lack of raw materials.

▶ 向总公司交货的日期已迫在眉睫，但由于原料不足，生产极为缓慢。

▶ 모회사에 제품을 납품하는 기한이 다가오는데, 원료부족으로 생산이 큰 폭으로 늦어지고 있다.

0169 | お尻㋕　deadline / 最后 / 기한, 마감 시간

■ お尻が決まってるんだったら、それに合わせてスケジュールを組むしかない。

▶ All we can do is to work out a schedule on that deadline.

▶ 如果最终决定下来的话，只能根据它来安排日程了。

▶ 기한이 정해져 있다면, 거기에 맞추어 스케줄을 짤 수밖에 없다.

0170 | 劣る　inferior / 劣于，低于 / 뒤지다

■ 価格を抑えているため、デザインの選択肢は少ないが、性能は競合品に劣ることはない。

▶ Design selection is limited to keep the price down, but performance is not inferior to competitors' products.

▶ 为了控制价格，可选样式比较少，但是在功能上一点都不比同类竞争产品差。

▶ 가격을 억제하고 있기 때문에 디자인의 선택지는 적지만, 성능은 경합품에 뒤지지 않는다.

0171 | オプション
option / 选项，选择 / 옵션

■ 部品は原則国内調達だが、オプションとして海外での調達もあり得る。

▶ The parts are procured within the country in principle, but overseas procurement is an option.

▶ 零部件原则上在国内筹措，作为选择也有在海外筹措的可能。

▶ 부품은 원칙적으로 국내 조달이지만，옵션으로 해외 조달도 있을 수 있다.

■ 有料のオプションになりますが、革シートもお選びいただけます。

▶ Leather seats are available as an option.

▶ 您也可以选择皮革坐垫，但该项是收费的。

▶ 유료 옵션이 되지만，가죽 시트도 선택하실 수 있습니다.

0172 | 覚書
memorandum / 备忘录 / 각서

■ A 社への協力依頼の件については、覚書を交わしておきましょう。

▶ Let's exchange memorandums for asking the cooperation of Company A.

▶ 关于向A公司请求合作事宜交换一下备忘录吧。

▶ A 사로의 협력 의뢰에 대해서는，각서를 교환해 둡시다.

0173 | おまけ
free gift / 赠品 / 덤

■ A 社のチョコレートには、人気キャラクターのカードが、おまけとして付いている。

▶ Company A's chocolate includes a card featuring a popular cartoon character as a free gift.

▶ A公司的巧克力上作为赠品附带着当红明星的卡片。

▶ A 사의 초콜릿에는 인기 캐릭터 카드가 덤으로 붙어 있다.

0174 | おまけに
what's more / 另外 / 게다가

■ 今日はクレームの電話はあるし、部長には叱られるし、おまけにPCまで壊れちゃって……大変だったよ。

▶ Today was a bummer – we got a complaint about the phones, the manager scolded us, and what's more, the computer went down.

▶ 今天有投诉电话，被部长臭骂了一顿，另外电脑也坏了，真倒霉。

▶ 오늘은 클레임 전화에，부장에게는 야단맞고，게다가 PC 까지 고장나서… 힘들었어.

■ 先方に謝りに行ったのに、すごく恐縮されて、おまけにお土産までもらっちゃった。

▶ They were very nice even though we went there to apologize to them, and what's more, we got a gift, too.

▶ 原本是去给对方道歉，结果对方十分不好意思，另外还送给了我礼物。

▶ 거래처에 사과하러 갔는데，너무나 황송한 대접을 받고，게다가 선물까지 받았다.

0175 | 折り合い　settlement / 互相让步，达成协议 / 타협

■ 単価を下げる代わりに、納品数を増やしてもらうことで、A社と折り合いがついた。

▶ We reached a settlement with Company A for an increase in the number of products to be delivered in exchange for a reduction in the unit price.

▶ 没有降低单价，而是让对方增加了交货数量，由此和A公司达成了协议。

▶ 단가를 내리는 대신에, 납품수를 늘려서 받는 것으로 A 사와 타협을 지었다.

0176 | 折り合う　compromise, reach an agreement / 互相让步，达成协议 / 타협하다

■ A社とは、納期と金額の面で折り合わず、まだ契約には至っていない。

▶ We haven't been able to reach an agreement on delivery date or price with Company A, and so we still haven't gone as far as the contract.

▶ 在交货期和金额方面，和A公司彼此都没有让步，还没有达成协议。

▶ A 사와는 납기와 금액 면에서 타협하지 못해서, 아직 계약에 이르지 못하고 있다.

0177 | 折り返し　by return / 立即 / 즉시

■ 先方と連絡がつき次第、折り返しご連絡いたします。

▶ We will contact you as soon as I can communicate with them.

▶ 我和对方一旦取得联系就马上跟您联系。

▶ 거래처와 연락이 닿는 대로, 즉시 연락드리겠습니다.

■ 田中が戻りましたら、折り返しお電話するよう、申し伝えます。

▶ I will leave a message for Tanaka to call you back when he returns to the office.

▶ 田中一回来我会告诉他让他马上跟您打电话。

▶ 다나카가 돌아오면, 즉시 전화하도록 전하겠습니다.

0178 | オリジナリティー　originality / 独创性 / 독창성

■ A社の企画はいつも、どこかで見たような感じで、オリジナリティーに欠ける。

▶ Company A's plans are always something we have seen before, and lack originality.

▶ A公司的计划总是让人有种似曾相识的感觉，缺乏独创性。

▶ A 사의 기획은 언제나, 어딘가에서 본 듯한 느낌으로, 독창성이 부족하다.

■ A社のオリジナリティーを発揮した、斬新な商品が発表された。

▶ Company A announced a sophisticated product that reflects their originality.

▶ A公司发表了独具创意的全新产品。

▶ A 사의 독창성을 발휘한, 참신한 상품이 발표되었다.

0179 | **オリジナル** original / 独创 / 오리지널

■ 来月から、海外ブランドに加えて、当店のオリジナル商品を販売いたします。

▶ We will sell our shop's original product in addition to overseas brands starting next month.

▶ 从下个月开始除了海外品牌外，还将发售本店独创的商品。

▶ 다음 달부터 해외 브랜드에 더해 우리 가게의 오리지널 상품을 판매하겠습니다 .

参 オリジナル企画、オリジナル・グッズ

0180 | **折り畳む** fold / 折叠 / 개다, 접다

■ このレインコートは、折り畳むと、手帳くらいの大きさになります。

▶ When folded up, this raincoat is about the size of a pocketbook.

▶ 这种雨衣折叠后就和笔记本的大小差不多。

▶ 이 비옷 (레인코트) 은 접어서 개면 수첩 정도의 크기가 됩니다 .

0181 | **折り曲げる** fold / 折叠 / 꺾어 꾸부리다

■ クライアントに渡す資料なので、折り曲げないように注意してください。

▶ Please be careful not to fold it, because we have to present it to the client.

▶ 这是给客户的资料，请注意不要折叠。

▶ 클라이언트에게 줄 자료이니 , 꺾어지지 않도록 주의해 주세요 .

■ 封筒に「折り曲げ厳禁」のラベルを貼っておいてください。

▶ Please put a "Do not fold" label on the envelope.

▶ 请在信封上贴上“勿折”的标签。

▶ 봉투에「꺾기 엄금」라벨을 붙여 두세요 .

0182 | **折れ線グラフ**㋑ line plot / 折线图表 / 꺾은선그래프

0183 | **卸し**（卸） wholesale / 批发 / 도매

■ 卸価格は、小売値の７掛けで交渉してください。

▶ Please negotiate the wholesale price at 70% of the retail price.

▶ 请按批发价格为零售价格的7折这一条件进行谈判。

▶ 도매가격은 소매가의 7 할로 교섭해 주세요 .

参 卸値

0184 | **卸売**（卸売り） wholesale / 批发出售 / 도매

■ 原油の高騰で、ガソリンの卸売価格が上がっている。

▶ The wholesale price of gasoline has increased with the steep rise in crude oil prices.

▶ 由于原油价格暴涨，石油的批发价格也上涨了。

▶ 원유의 상승으로 휘발유 도매가격이 오르고 있다 .

参 卸売業者

0185 | 御社（おんしゃ）
your company / 贵公司 / 귀사

■ 弊社で企画した商品を、御社のブランドで販売することも可能です。

▶ We can sell the product designed by our company with your company's brand.

▶ 敝公司所企划的商品也可以贵公司的品牌进行销售。

▶ 저희 회사에서 기획한 상품을 귀사의 브랜드로 판매하는 것도 가능합니다.

0186 | 音声（おんせい）
sound / 声音 / 음성

■ この新型ゲーム機では、クオリティーの高い映像と音声が楽しめます。

▶ You can enjoy high-quality images and sound with this new game machine.

▶ 用这种新型游戏机，能够尽享高质量的影像和声音。

▶ 이 신형 게임기는 퀄리티가 높은 영상과 음성을 즐길 수 있습니다.

0187 | 御中（おんちゅう）
attention / 公启 / 귀중

■ A社に送る書類、宛名は「企画部御中」でよろしいですか。

▶ Is it OK to write "Attention Planning Division" on the document we send to Company A?

▶ 寄给A公司的文件，收件人姓名写为“策划部公启”可以吗？

▶ A 사로 보낼 서류，받는 사람은「기획부 귀중」으로 하면 됩니까？

0188 | カーソル[パ]
cursor / 光标 / 커서

0189 | 下位（かい）
low rank / 低的地位，下级 / 하위

[反] 上位　high rank / 上位 / 상위

0190 | 会員（かいいん）
member / 会员 / 회원

■ このスポーツクラブは会員へのサービスが充実している。

▶ This sports club provides ample services to its members.

▶ 这家体育俱乐部向会员提供的服务很充实。

▶ 이 스포츠 클럽은 회원에 대한 서비스가 알차다.

[参] 会員登録　subscription / 会员登记 / 회원등록

0191 | 外貨（がいか）
foreign currency / 外币 / 외화

■ 外貨預金をする際は、為替のリスクがあることを忘れてはいけない。

▶ You must not forget that the exchange rate is a risk when you put your money in a foreign currency savings account.

▶ 存储外币时不能忘记外汇风险。

▶ 외화를 예금할 때는 환리스크가 있다는 것을 잊어서는 안 된다.

0192 改行(かいぎょう) linefeed / 换行 / 행을 꿈 ～する start a new line / 换行，另起一行 / 행을 바꾸다

■ 改行するには、このエンターキーを押(お)してください。

▶ Press ENTER to start a new line.

▶ 换行的时候，按enter键。

▶ 행을 바꾸려면 이 엔터키를 눌러 주세요 .

0193 会計(かいけい) accounting / 会计，结账，账目 / 회계，계산

■ 簿記(ぼき)の知識(ちしき)がなくても会計業務(ぎょうむ)ができるソフトが売(う)られている。

▶ Accounting software available on the market requires no knowledge of bookkeeping.

▶ 正在销售一种即使没有簿记知识也可进行会计工作的软件。

▶ 부기 지식이 없어도 회계업무가 가능한 소프트웨어가 팔리고 있다.

■ 先日(せんじつ)のイベントの会計報告(ほうこく)を提出(ていしゅつ)してください。

▶ Please turn in a financial report for the recent event.

▶ 请提交上次活动的账目报告。

▶ 일전의 이벤트 회계보고를 제출해 주세요 .

■ この店(みせ)はカウンターで注文(ちゅうもん)し、先(さき)に会計を済(す)ませるシステムです。

▶ Here, you must place your order at the counter and pay the bill first.

▶ 这家店的体系是在收款处订货，预先结账。

▶ 이 가게는 카운터에서 주문하고 먼저 계산을 끝내는 시스템입니다.

参 公認会計士 certified public accountant / 公认会计师 / 공인회계사 会計年度

0194 解決(かいけつ) solution / 解决 / 해결 ～する solve / 解决 / 해결하다

■ 問題点(もんだいてん)に気付(きづ)いたら、皆(みな)で協力(きょうりょく)して解決していくことが大切(たいせつ)です。

▶ It is important to cooperate in solving problems as soon as they are noticed.

▶ 发现问题后，大家齐心协力解决是很重要的。

▶ 문제점을 알아냈다면，모두 협력해서 해결해 나가는 것이 중요합니다.

参 解決方法、未解決の問題

0195 解決策(かいけつさく) solution / 解决办法，对策 / 해결책

■ コンピューターのセキュリティー問題(もんだい)についての解決策がなかなか見(み)つからない。

▶ Solutions for computer security problems are difficult to find.

▶ 怎么也找不到有关解决电脑安全问题的办法。

▶ 컴퓨터의 보안문제에 대한 해결책이 좀처럼 찾아지지 않는다.

■ この研修(けんしゅう)では、各自(かくじ)の職場(しょくば)の問題点(もんだいてん)について話(はな)し合(あ)い、解決策を探(さぐ)ります。

▶ The objective of this training is to talk out each office's problems until solutions are found.

▶ 此次研修将就各自工作上的问题进行商谈以探寻对策。

▶ 이 연수에서는，각자 직장의 문제점에 대해 서로 의논하여 해결책을 찾겠습니다.

0196 | 解雇(かいこ) dismissal / 解雇 / 해고 ～する dismiss / 解雇 / 해고하다

■ 会社(かいしゃ)は、遅刻(ちこく)が多(おお)いという理由(りゆう)だけで社員(しゃいん)を解雇することは出来(でき)ない。

▶ A company cannot fire an employee just because he or she is often late to work.

▶ 公司不能仅以迟到较多为由够解雇员工。

▶ 회사는 지각이 많다는 이유만으로 사원을 해고할 수 없다.

参 不当解雇 unfair discharge / 非法解雇 / 부당해고

0197 | 介護(かいご) care / 照料，照顾 / 간호 ～する care / 照料，照顾 / 간호하다

参 介護サービス、介護福祉士 care worker / 专业看护人员 / 간호복지사

0198 | 会合(かいごう) meeting / 集会，聚会 / 회합

■ 昨日(きのう)の会合には、さまざまな業界(ぎょうかい)から関係者(かんけいしゃ)が集(あつ)まった。

▶ Many industry representatives from a number of fields of business gathered for a meeting yesterday.

▶ 昨天的集会上聚集了来自各界的相关人员。

▶ 어제 회합에는 다양한 업계에서 관계자가 모였다.

参 会合を開く

0199 | 外国為替(がいこくかわせ)(外為(がいため)略) foreign exchange / 外汇 / 외국환

■ 今日(きょう)の外国為替相場(そうば)は、円(えん)安基調(やすきちょう)で取引(とりひき)が始(はじ)まった。

▶ Trading in today's foreign exchange market began with a weak yen basis.

▶ 今天的外汇行情以日元走低开盘。

▶ 오늘의 외국환시세는 엔저기조로 거래가 시작되었다.

0200 | 開催(かいさい) holding / 举办 / 개최 ～する hold / 举办，召开 / 개최하다

■ モーターショーは、毎年秋(まいとしあき)に開催(かいさい)される。

▶ The Auto Show is held every autumn.

▶ 车展在每年秋季举行。

▶ 모터쇼는 매년 가을에 개최된다.

参 開催地、開催期間

0201 | 解散(かいさん) dissolution / 解散，解体 / 해산 ～する dissolve / 解散，解体 / 해산하다

■ 業績(ぎょうせき)の悪化(あっか)に伴(ともな)い、関連子(かんれんこ)会社(がいしゃ)を解散することに決定(けってい)した。

▶ Worsening business performance led to dissolution of the subsidiary.

▶ 随着经营业绩的下滑，决定解散相关子公司。

▶ 업적 악화에 따라, 관련 자회사를 해산하기로 결정했다.

■ 今回(こんかい)の旅行(りょこう)は、現地(げんち)集合(しゅうごう)、現地解散です。

▶ On this trip, everyone will gather and leave from the destination.

▶ 此次旅行在原地集合，在原地解散。

▶ 이번 여행은 현지 집합·현지 해산입니다.

0202 | 概算（がいさん） estimate / 概算，估算 / 어림셈

■ 概算でいいから、売上予測（うりあげよそく）を立（た）ててください。

▶ Please make an estimate to forecast earnings.

▶ 即使是概算也可以，请预测一下销售额。

▶ 어림셈으로도 괜찮으니 매상예측을 세워 주십시오.

参 概算見積もり rough estimate / 大概估算 / 개산 견적

0203 | 開始（かいし） start / 开始 / 개시 ～する start / 开始 / 개시하다

■ A社（しゃ）は、4月（がつ）から新型（しんがた）ノートパソコンの出荷（しゅっか）を開始した。

▶ Company A began shipping its new notebook computer in April.

▶ A公司从4月开始发售新型笔记本电脑。

▶ A사는 4월부터 신형 노트북의 출하를 개시했다.

■ 来月発売（らいげつはつばい）される人気（にんき）ソフトの電話予約（でんわよやく）の受（う）け付（つ）けが開始された。

▶ Telephone reservations for the popular new software that will go on sale next month have now begun.

▶ 很受欢迎的软件下个月即将发售,现已开始接受电话预约。

▶ 다음 달 발매되는 인기 소프트웨어의 전화예약 접수가 개시되었다.

0204 | 外資（がいし） foreign capital / 外资 / 외자

■ 外資系（けい）ホテルによる、日本（にほん）のホテル業界（ぎょうかい）への参入（さんにゅう）が増（ふ）えている。

▶ Entry into the Japanese hotel industry by foreign-owned hotels is increasing.

▶ 进入日本宾馆业的外资饭店增多。

▶ 외자계(외국계)호텔에 의한 일본 호텔 업계로의 참여가 늘고 있다.

0205 | 回収（かいしゅう） collection / 回收 / 회수 ～する collect / 回收 / 회수하다

■ さっき配（くば）った資料（しりょう）に間違（まちが）いがあったので、回収させてください。

▶ Please collect up the materials that were just passed out because we've found some errors in them.

▶ 刚才分发的资料中有错误，所以请允许我们将其收回。

▶ 아까 나눠드린 자료에 잘못된 점이 있으니 회수하게 해 주십시오.

■ 部品（ぶひん）の欠陥（けっかん）が見（み）つかったので、商品（しょうひん）を回収することになった。

▶ We decided to recall the product because some components have been found to be defective.

▶ 因为发现零件有缺陷，所以决定回收商品。

▶ 부품의 결함이 발견되어 상품을 회수하게 되었다.

参 アンケートを回収する、ゴミを回収する

0206 | 外出（がいしゅつ） out / 外出 / 외출 ～する go out / 外出 / 외출하다

■ 外出中（ちゅう）に石井（いしい）さんから電話（でんわ）がありました。

▶ While you were out, you had a telephone call from Mr. Ishii.

▶ 在你外出的时候石井先生给你打过电话。

▶ 외출 중에 이시이씨에게서 전화가 왔었습니다.

■ 木村(きむら)は今(いま)、外出しております。
▶ Mr. Kimura is out of the office now.
▶ 木村现在出门了。
▶ 기무라는 지금 외출 중입니다.

0207 | 会場(かいじょう) site, venue / 会场 / 회장

■ 見本市(みほんいち)に行(い)きたいんですが、会場へはどう行(い)けばいいですか。
▶ I'd like to go to the trade fair. Can you tell me how to get to the site?
▶ 我想去商品交易会，请问去会场怎么走?
▶ 견본시장에 가고 싶습니다만，회장에는 어떻게 가면 됩니까?

■ イベント会場へは直通(ちょくつう)のバスが出(で)ています。
▶ There's a bus that goes directly to the venue.
▶ 有直通会场的巴士。
▶ 이벤트 회장으로 가는 직통버스가 있습니다.

参 面接会場、会場を手配する

0208 | 介(かい)する through, via / 通过 / 사이에 두다，통하다

■ このコンピューターウイルスは、メールを介して広(ひろ)がった。
▶ This computer virus has spread via e-mail.
▶ 这个电脑病毒是通过邮件传播的。
▶ 이 컴퓨터 바이러스는 메일을 통해서 퍼졌다.

0209 | 改正(かいせい) revision / 修改，改正 / 개정 ～する revise / 修改，改正 / 개정하다

■ 私鉄(してつ)のダイヤが改正され、ラッシュ時(じ)の本数(ほんすう)が増(ふ)えた。
▶ Since the timetables of private railroads were revised, more trains run during rush hours.
▶ 私铁的列车时刻表进行了修改，增加了高峰时段的车次。
▶ 사철의 운행계획이 개정되어 러쉬아워 때의 운행횟수가 늘었다.

参 ルールを改正する

0210 | 解説(かいせつ) interpretation / 解说，解释 / 해설 ～する comment on / 解说，解释 / 해설하다

■ A社(しゃ)から、ITの専門用語(せんもんようご)を解説した本(ほん)が出(で)た。
▶ Company A published a glossary of technical IT words.
▶ A公司出版了一本解释IT专业术语的书。
▶ A 사에서 IT 전문용어를 해설한 책이 나왔다.

0211 | 開設(かいせつ) opening / 开设 / 개설 ～する open / 开设 / 개설하다

■ 今後(こんご)2年間(ねんかん)で、都内(とない)に15カ所(しょ)、営業所(えいぎょうしょ)を開設する予定(よてい)です。
▶ We are scheduled to open up sales offices in 15 locations in the city over the next two years.
▶ 计划在今后的2年中，在东京都内开设15处营业所。
▶ 앞으로 2년간，도내에 15군데의 영업소를 개설할 예정입니다.

参 事務所を開設する、窓口を開設する、口座を開設する

0212 改善(かいぜん) improvement / 改善 / 개선 ~する improve / 改善 / 개선하다

■ 残業時間(ざんぎょうじかん)や給料(きゅうりょう)など、社員(しゃいん)の待遇(たいぐう)を改善する必要(ひつよう)がある。

▶ The employees' situation must be improved, especially in terms of salary and overtime requirements.

▶ 有必要改善加班时间・工资等方面的职工待遇的。

▶ 잔업시간・급여 등 사원의 대우를 개선할 필요가 있다.

■ 客(きゃく)の意見(いけん)をもとにサービスの改善に努(つと)める。

▶ We try to improve our services based on customer feedback.

▶ 根据顾客意见努力改善服务。

▶ 손님의 의견을 토대로 서비스 개선에 힘쓴다.

0213 解像度(かいぞうど) resolution / 显像度 / 해상도

■ 解像度を上(あ)げないと、画像(がぞう)が粗(あら)くてよく見(み)えないよ。

▶ Unless you increase the resolution, the images will be grainy and hard to see.

▶ 如果不提高显像度，画像粗糙，看不清楚。

▶ 해상도를 높이지 않으면, 화상이 떨어져서 잘 보이지 않아.

参 解像度が高い、高解像度のスキャナー

0214 解体(かいたい) dismantling / 拆卸 / 해체 ~する dismantle, take down / 解体 / 해체하다

■ 駅前(えきまえ)の古(ふる)いマンションは、来月(らいげつ)、建(た)て替(か)えのために解体するそうです。

▶ The old condominiums in front of the station are apparently going to be taken down next month so they can rebuild.

▶ 因为要重建，听说下个月车站前的旧公寓将被拆掉。

▶ 역 앞의 오래된 맨션은 다음 달, 재건축을 위해 해체한다고 합니다.

参 解体工事、解体業者、組織の解体

0215 開拓(かいたく) exploitation / 开拓 / 개척 ~する explore / 开拓 / 개척하다

■ インターネットを利用(りよう)して、ビジネスの人脈(じんみゃく)を開拓する。

▶ Through the Internet, we can build networks of personal business connections.

▶ 利用因特网，开拓商务上的人际关系。

▶ 인터넷을 이용하여, 비즈니스 인맥을 개척한다.

■ ネットでのサービスを広(ひろ)げて、新規顧客(しんきこきゃく)を開拓する。

▶ By improving our services through the Internet, we can attract new customers.

▶ 扩大在网络上的服务，拓展新的顾客。

▶ 인터넷상의 서비스를 확대하여, 신규고객을 개척한다.

参 市場を開拓する

0216 | 外注（がいちゅう） outsource / 外部订货 / 외주　**～する** outsource / 向外部订货 / 외주로 하다

■ 企画と販売をうちがやって、製作を他社に外注する予定だ。
- ▶ We will do the planning and sales, but outsource the production.
- ▶ 策划和销售由我们公司负责，而制作将委托给其他公司。
- ▶ 기획과 판매를 우리쪽에서 하고, 제작을 타사에 외주로 할 예정이다.

■ 最近、経費削減のために、業務の一部を外注に出す企業が増えている。
- ▶ Lately, an increasing number of companies outsource parts of their business operations to reduce expenses.
- ▶ 最近，为削减经费而把部分业务委托给外部公司做的企业在增加。
- ▶ 최근 경비절감을 위해 업무의 일부를 외주로 내보내는 기업이 늘고 있다.

0217 | 買い付け（かいつけ） buying / 采购 / 매입，사들임

■ 部品の買い付けのため、大阪にあるメーカーを、数社回ります。
- ▶ I will be going around to a number of manufacturers in Osaka to buy parts.
- ▶ 为了采购部件，跑了几家大阪的厂家。
- ▶ 상품의 매입을 위해，오사카에 있는 제조회사를 여러 곳 방문합니다.

0218 | 買い付ける（かいつける） buy / 采购 / 매입하다，사들이다

■ 駅前のすし屋は、地元の漁港で直接、新鮮な魚を買い付けている。
- ▶ The sushi place in front of the station buys fresh fish directly from the local fishing port.
- ▶ 车站前的寿司店，直接在当地的渔港采购新鲜的鱼。
- ▶ 역 앞의 초밥집은 지방의 어항에서 직접，신선한 생선을 매입하고 있다.

0219 | 改訂（かいてい） revision / 修订 / 개정　**～する** revise / 修订 / 개정하다

■ この辞書は7年ぶりに改訂されて、語彙が1000語増えた。
- ▶ This dictionary was revised for the first time in seven years, and one thousand words were added.
- ▶ 这本字典时隔7年后被改订，词汇增加了1000个。
- ▶ 이 사전은 7년만에 개정되어，어휘가 1000개 늘었다.

■ 今回の仕様改訂のポイントは、他のコンピューターとの互換性を高めたことです。
- ▶ This upgrade will improve compatibility with other computers.
- ▶ 这次修订方法的要点是提高与其他计算机的兼容性。
- ▶ 이번 사양개정의 핵심은 다른 컴퓨터와의 호환성을 높인 것입니다.

参 改訂版

0220 | 改定(かいてい) revision / 修改，改正 / 개정 ~する revise / 修改，重新规定 / 개정하다

■ 原料(げんりょう)の値上(ねあ)がりのため、商品(しょうひん)の価格(かかく)を改定しなければならなくなった。
▶ Increased costs for ingredients necessitate a price rise for the product as well.
▶ 由于原料价格上涨，所以必须修改商品价格。
▶ 원료의 인상때문에，상품 가격을 개정하지 않으면 안되게 되었다.

■ インターネットによるホテル予約(よやく)サービスについて、利用(りよう)規約(きやく)を改定します。
▶ The terms of services for those making hotel reservations through the Internet will be revised.
▶ 修改通过因特网预约宾馆服务的使用章程。
▶ 인터넷을 통한 호텔 예약 서비스에 대해，이용규약을 개정합니다.

0221 | 開店(かいてん) store opening / 开店 / 개점 ~する open a store / 开店 / 개점하다

■ さくらデパートは午前(ごぜん)10時(じ)開店です。
▶ Sakura Department Store opens at 10 a.m.
▶ 樱花百货公司在上午10开店。
▶ 사쿠라 백화점은 오전 10 시에 개점입니다.

■ ABCコーヒー銀座店(ぎんざてん)は、5月(がつ)10日(とおか)開店です。
▶ ABC Coffee will open its Ginza location on May 10.
▶ ABC咖啡银座店在5月10号开店。
▶ ABC 커피 긴자점은 5 월 10 일 개점입니다.

0222 | 回転(かいてん) turnover / 周转 / 회전 ~する turn over / 周转 / 회전하다

■ この店(みせ)はいつも混(こ)んでいるけど、回転がいいからそんなに待(ま)つ必要(ひつよう)がない。
▶ This place is always crowded but the turnover is fast so we won't have to wait long.
▶ 这家店人总是很多，但来客周转循环快，不用等很长时间。
▶ 이 가게는 항상 붐비지만，회전이 빨라 그렇게 기다리지 않는다.

参 回転率、回転ドア

0223 | 回答(かいとう) answer / 回答 / 회답 ~する answer / 回答 / 회답하다

■ 商品(しょうひん)の問(と)い合(あ)わせに文書(ぶんしょ)で回答する。
▶ We reply in writing to questions about the product.
▶ 书面回答商品咨询。
▶ 상품 문의에 문서로 회답하다.

■ この商品(しょうひん)の専用(せんよう)サイトで「よくある質問(しつもん)と回答」を見(み)ると、使(つか)い方(かた)がよく分(わ)かるよ。
▶ You can understand clearly how to use the product if you check the frequently asked questions (FAQs) at its dedicated website.
▶ 浏览一下该商品专用网页上的“常见问题及回答”一栏就能很清楚地了解其使用方法。
▶ 이 상품의 전용사이트에서 '자주 있는 질문과 대답'을 보면 사용법을 잘 알 수 있어.

0224 | 解凍(かいとう)ハ decompression / 解冻 / 해동 ~する extract / 解压 / 해동하다

0225 | 該当(がいとう) relevant / 符合，相当 / 해당 ～する be relevant / 符合，相当 / 해당하다

■ 週末(しゅうまつ)は電話工事(でんわこうじ)のため、該当地域(ちいき)の回線(かいせん)が一時使用(いちじしよう)できなくなります。

▶ Because of work on the telephone lines this weekend, pertinent areas will be without service for short periods.

▶ 周末由于有电话工程，该地区的线路暂时无法使用。

▶ 주말에는 전화공사가 있어서, 해당 지역의 회선이 일시적으로 사용불가가 됩니다.

0226 | 買(か)い得(どく) a good bargain / 合算 / 이익, 이득

■ CD 2枚(まい)でこの値段(ねだん)だったら、かなりお買い得だ。

▶ If you get two CDs for this price, then it is quite a bargain.

▶ 2张CD如果是这个价钱的话，相当合算了。

▶ CD2 장으로 이 가격이면 꽤 이익을 보는 것이다.

0227 | 買(か)い取(と)り compulsory purchase / 买进 / 매결, 매입

■ 中古品(ちゅうこひん)買い取りの店なら、駅前(えきまえ)のリサイクルショップがいいよ。

▶ If you're interested in places that will purchase your secondhand items, try the recycle shop near the station.

▶ 收购旧货的店儿，以站前的旧货店为最好。

▶ 중고품을 매입하는 가게라면, 역앞의 리사이클숍이 좋아.

0228 | 買(か)い取(と)る buy out / 买下，买入 / 매입하다, 사들이다

■ A社(しゃ)はこの2～3年(ねん)で、都内(とない)の有名(ゆうめい)なオフィスビルをいくつも買い取った。

▶ Company A bought out many famous office buildings in Tokyo over the last two or three years.

▶ A公司最近两三年买下了东京都内几座有名的写字楼。

▶ A 사는 최근 2~3 년 만에 도내의 유명한 오피스빌딩을 몇 개나 사들였다.

0229 | 解任(かいにん) relief, removal (from office) / 免职 / 해임 ～する relieve, remove (from office) / 免职 / 해임하다

■ A社(しゃ)の役員会(やくいんかい)は、不正事件(ふせいじけん)に関(かか)わった社長(しゃちょう)の解任を決定(けってい)した。

▶ The board of directors made the decision to relieve the president for his involvement in the scandal.

▶ A公司的董事会决定免除涉嫌非法事件的社长的职务。

▶ A 사의 임원회는, 비리사건에 관련된 사장의 해임을 결정했다.

参 役員の解任

0230 | 開発(かいはつ) development / 开发 / 개발 ～する develop / 开发 / 개발하다

■ 太陽自動車(たいようじどうしゃ)は今(いま)、低公害車(ていこうがいしゃ)の開発に最(もっと)も力(ちから)を入(い)れている。

▶ Taiyo Motor is putting the most effort into developing low-pollution cars.

▶ 太阳汽车正在致力于低公害车.。

▶ 대일자동차는 지금 저공해차 개발에 가장 힘을 쏟고 있다.

参 商品開発、研究開発、開発プロジェクト、開発チーム、都市開発

0231 | 会費（かいひ） fee, subscription / 会费 / 회비

■ 部内の懇親会の会費は、10日までに幹事に渡してください。

▶ The fee for the division get-together should be submitted to the group organizer by the 10th.

▶ 请在10号前将部内联谊会的会费交给干事。

▶ 부서 내 친목회 회비는 10 일까지 간사에게 주세요 .

■ 申し込み後、一週間以内に年会費を納めなければならない。

▶ The annual dues must be paid within one week of a membership application.

▶ 申请后，在一周内必须缴纳本年的会费。

▶ 신청 후 , 일주일 이내에 연회비를 납부해야 한다 .

参 会費を徴収する

0232 | 回復（かいふく） recovery / 恢复 / 회복 ～する recover / 恢复 / 회복하다

■ 昨年末から落ち込んでいた売上が、新製品の発売によって、徐々に回復してきた。

▶ Sales which were experiencing a down turn at the end of last year, have gradually been recovering with the release of the new products.

▶ 从去年年末营业额开始下滑，依靠新产品的发售，营业额渐渐有所回升。

▶ 작년말부터 침체돼 있던 매상이 , 신제품의 발매로 서서히 회복되고 있다 .

■ 低迷していた日本経済に、ようやく回復の兆しが見えてきた。

▶ Signs of recovery can at last be seen in the once sluggish Japanese economy.

▶ 一直低迷的日本经济，终于显现出了回升的迹象。

▶ 침체돼 있던 일본경제에 드디어 회복의 기미가 보이기 시작했다 .

参 景気が回復する、天候の回復、原状回復 restitution / 恢复原状 / 원상회복

0233 | 解約（かいやく） cancellation / 解除合同 / 해약 ～する cancel / 解除合同 / 해약하다

■ 契約後2週間以内なら、無料で解約することができます。

▶ You may cancel the contract at no charge if it is within two weeks of signing.

▶ 签约后2周以内，能够免费解除合同。

▶ 계약 후 2 주 이내라면 , 무료로 해약할 수 있습니다 .

■ 解約のお手続きは、当社ホームページ上のフォームをご利用ください。

▶ For cancellation procedures, please use the form on our company website.

▶ 解除合同的手续，请用本公司主页上的样式。

▶ 해약 절차는 당사 홈페이지에 있는 양식을 이용해 주십시오 .

参 中途解約、口座を解約する

0234 | 回覧（かいらん） passalong / 传阅 / 회람　**～する** passaround / 传阅 / 회람하다

■ この資料、部内で回覧しましょう。

▶ Let's pass this material around to everyone in the division.

▶ 这份资料在部内传阅一下吧。

▶ 이 자료를 부서 내에서 회람합시다.

0235 | 概略（がいりゃく） outline / 概要，梗概 / 개략

■ 今回の企画の概略をこれから述べたいと思います。

▶ I would like to outline our plan for you.

▶ 接下来我想说一下此次策划的梗概。

▶ 이번 기획의 개략을 지금부터 말씀드리고 싶습니다.

0236 | 顔が広い（かおがひろい）[慣] widely known (used for people) / 交际广 / 발이 넓다 (관용표현)

■ 彼はこの業界では顔が広いので、さまざまな情報を集めることができる。

▶ He is well known in this industry, so is able to gather various kinds of information.

▶ 他在这个行业交际广，所以能够收集各种信息。

▶ 그는 이 업계에서는 발이 넓기 때문에 다양한 정보를 모을 수 있다.

0237 | 価格（かかく） price / 价格 / 가격

■ これは若者向けの商品ですから、少し価格を抑えて販売する必要があると思います。

▶ I think we must set the price lower than usual because this item is for younger people.

▶ 这是面向年轻人的商品，所以我想有必要压低一下价格再出售。

▶ 이것은 젊은이를 대상으로 한 상품이므로, 조금 가격을 내려 판매할 필요가 있다고 생각합니다.

[参] 卸価格、販売価格、オープン価格

0238 | 係（係り）（かかり（かかり）） person in charge / 负责人，主管人 / 담당，담당자

■ 会社創立50周年のイベントの係に選ばれた。

▶ I was selected as one of those in charge of the company's 50th anniversary event.

▶ 我被选为公司成立50周年庆典活动的负责人。

▶ 회사 창립 50 주년 이벤트 담당자로 뽑혔다.

■ 係りの者にお回ししますので、少々お待ちください。

▶ Would you mind holding for a second? I'll transfer you to the persen in charge.

▶ 我马上转给相关负责人，请稍等。

▶ 담당자에게 연결하겠사오니, 잠시만 기다려 주십시오.

0239 | 係長（かかりちょう）[会] assistant manager / 股长 / 계장

0240 | 書き込み　write in / 注释，评论 / 기입

■ ネットの掲示板には、多数の書き込みがあった。

▶ There were a number of messages input to the bulletin board.

▶ 因特网的BBS上有许多评论。

▶ 인터넷 게시판에는 다수의 글이 올라와 있었다.

0241 | 書き込む　write in / 写上，填入 / 기입하다, 써넣다

■ アンケートの回答欄が足りなかったので、余白に書き込みました。

▶ I wrote in the margin because there wasn't enough room in the space left for answers.

▶ 调查问卷的解答栏不够，所以写在了空白处。

▶ 앙케트의 해답란이 부족해서, 여백에 기입했습니다.

0242 | 書留　registered mail / 挂号 / 등기

■ 契約書だから、書留で送りましょう。

▶ It's a contract, so should I send it by registered mail?

▶ 这是合同书，所以还是用挂号寄吧。

▶ 계약서니까, 등기로 보냅시다.

㊂ 簡易書留　recorded delivery / 簡易挂号信 / 간이문서

0243 | 書き留める　write down / 写下来，记下来 / 적어두다, 기록하다

■ 会議で出たアイデアを書き留めておいて、あとでPCのファイルに整理した。

▶ I jotted down ideas at the meeting and input them to a file in my PC later.

▶ 记下了会议上的想法，过后又整理在了电脑文件上。

▶ 회의에서 나온 아이디어를 적어두고, 나중에 PC 파일로 정리했다.

0244 | ～限り㊕　after / 到……为止，以……为限 / ～끝으로

■ よくランチに行くあの店、今週限りで閉店だって。

▶ That place we go to a lot for lunch will apparently be closing after this week.

▶ 听说常去吃中午饭的那家店这个周要关闭。

▶ 자주 점심 먹으러 가는 그 가게, 이번주을 끝으로 폐점이래.

■ A社の小泉社長は、業績不振の責任を取って、今月限りで退任することになった。

▶ President Koizumi of Company A is taking responsibility for the poor results and stepping down from office after this month.

▶ A公司的小泉社长因业绩萎缩，这个月引咎退职了。

▶ A 사의 고이즈미 사장은 업적부진의 책임을 지고, 이번 달을 끝으로 퇴임하게 되었다.

㊂ 今日限り、今年限り

0245 | 各～（かく）

each / 各～ / 각～

■ 社内の新人事は、今朝、各部署に通知された。

▶ This morning, personnel changes were announced to each division of the company.

▶ 公司内的新人事变动，今天早上通知给了各部门。

▶ 사내의 새 인사발령은 오늘 아침 각 부서로 통지되었다.

参 各店、各社、各国、各方面

0246 | 各位（かくい）

person concerned / 各位 / 각위，제위

■ 関係各位のご協力をお願い申し上げます。（手紙文）

▶ We sincerely ask the kind cooperation of everyone concerned.

▶ 请各位有关人员能够通力配合。（书信语）

▶ 관계 각위의 협력을 부탁드립니다.（편지문）

0247 | 各自（かくじ）

each one / 各自 / 각자

■ 本日午後、大型台風接近のため、各自の判断で業務を切り上げ、安全に帰宅すること。

▶ Because a major typhoon approaches this afternoon, everyone should decide for his or herself when finish up and go home.

▶ 今天下午，由于大型台风的逼近，所以请每个人按照自己的判断结束手头工作安全地回家。

▶ 금일 오후，대형 태풍의 접근으로 인해，각자의 판단으로 업무를 끝내고 안전하게 귀가할 것

■ 来週の研修会の昼食は、まとめて注文せず、各自で持参することになった。

▶ Each individual will bring their owr lunch to training next week, and will not be ardered together. order it as a whole.

▶ 下周研修会的午饭，不集中订购，请每人自带。

▶ 다음 주 연수회의 점심은 한꺼번에 주문하지 않고 각자 지참하게 되었다.

0248 | 各種（かくしゅ）

various / 各种 / 각종

■ 各種手続きに関する書類は、新入社員に送付済みです。

▶ Documents related to various procedures have already been sent to new employees.

▶ 有关各种手续的文件，都已发送给了新职员。

▶ 각종 수속에 관한 서류는 신입사원에게 모두 송부했습니다.

参 各種イベント

0249 | 拡充（かくじゅう） expansion / 扩充 / 확충 ～する expand / 扩充 / 확충하다

■ A社は、個人向けサービスをさらに拡充していく方針だ。

▶ Company A is of the policy of further expanding services aimed at individuals.

▶ A公司的方针是进一步扩充面向个人的服务。

▶ A 사는 개인을 대상으로 한 서비스를 더욱 확충해 갈 방침이다.

[参] 機能を拡充する、販売エリアを拡充する

0250 | 各人（かくじん） each person / 每个人 / 각자

■ 企業人として、各人の役割をきちんと果たすことが大切だ。

▶ As a company employee, everyone should carry a full share of the workload.

▶ 作为企业人，最重要的就是发挥好每个人的作用。

▶ 기업인으로서 각자의 역할을 확실히 해내는 것이 중요하다.

0251 | 拡大（かくだい） expansion / 扩大 / 확대 ～する expand / 扩大 / 확대하다

■ 今年度は、業界でのシェアを15%から20%に拡大することが目標だ。

▶ This financial year's target is to expand our share of business in this field by 15 to 20 percent.

▶ 本年度目标是把在业界的市场占有率从15%扩大到20%。

▶ 금년도는 업계에서의 시장점유율을 15% 에서 20% 로 확대하는 것이 목표다.

■ このサイズの用紙なら、文字を拡大したほうが読みやすいと思います。

▶ With this size paper, we could enlarge the print to make it easier to read.

▶ 这种尺寸的纸，把文字变大一些就容易看了。

▶ 이 사이즈의 용지라면 글자를 확대하는 게 읽기 쉬울 것 같습니다.

[参] 事業を拡大する、拡大コピー

0252 | 拡張子（かくちょうし）[パ] file extension / 扩张名 / 확장자

0253 | 格付け（かくづけ）(格付（かくづけ）) grading, rating / 分等级 / 등급을 매김 ～する grade, rate / 分等级 / 등급을 매기다

■ 新規事業が好調のB社は、M社による格付けがAからA＋に上がった。

▶ Company B, whose new business is going well, had its ranking raised from A to A+ by Company M.

▶ 新事业发展良好的B公司，在M公司划分的等级中，从A级上升到了A+级。

▶ 신규사업이 호조인 B 사는 M 사에서 한 등급설정이 A 에서 A+ 로 올랐다.

[参] 格付け機関、格付けランキング

0254 | 確定（かくてい） settlement / 确定 / 확정 ～する settle / 确定 / 확정하다

■ 次の講演会は、ようやく日にちと時間が確定した。

▶ At last, the date and time for the next meeting have been fixed.

▶ 下次演讲会的日期和时间终于确定下来了。

▶ 다음 강연회는, 간신히 날짜와 시간이 확정됐다.

参 確定申告

0255 | 確認（かくにん） confirmation / 确认 / 확인 ～する confirm / 确认 / 확인하다

■ レポートの内容を確認したところ、特に問題はなかった。

▶ After confirming the content of the report, we found no specific problems.

▶ 确认了一下报告内容，没有发现什么问题。

▶ 레포트 내용을 확인한 바, 특별히 문제는 없었다.

■ 取り急ぎ、資料をお送りいたしますので、よろしくご確認ください。

▶ I sent a number of materials in haste. would you be so kind as to confirm their contents, please?

▶ 匆忙给您发送了资料，请予以查收。

▶ 우선 급한대로 자료를 보내드리오니, 확인 잘 부탁드립니다.

0256 | 確保（かくほ） securement / 确保 / 확보 ～する secure / 确保 / 확보하다

■ どの企業も、良い人材を確保するのに苦労している。

▶ Every business enterprise struggles to secure good human resources.

▶ 每个企业都为确保优秀人而花了很大力气。

▶ 어느 기업이나 좋은 인재를 확보하는 것에 고생하고 있다.

参 スペース・時間を確保する

0257 | 格安（かくやす） discounted / 非常便宜，格外廉价 / 값이 쌈

■ あの店で、夏のピーク時にも利用できる格安の航空券を買った。

▶ I got a discount air ticket at that outlet, and it can even be used during peak summer travel time.

▶ 在那家店买了夏天高峰时也可利用的非常便宜的机票。

▶ 저 가게에서 여름 피크 때에도 이용할 수 있는 값싼 항공권을 샀다.

参 格安の値段、格安で販売する

0258 | 掛け（か） discount rate / ～折，～成 / ～할

■ A社注文の品は、標準価格の七掛けで卸すことに決まった。

▶ The decision is that items Company A orders are to be discounted by 30% from standard prices.

▶ 对于A公司订购的商品，决定以标准价格的七折批售。

▶ A사 주문 물건은 표준가격의 7할에 도매하기로 결정되었다.

■ この商品に関しては、取引先の条件次第で掛け率を下げることもありうる。

▶ As for this product, the discount rate may be reduced, depending on conditions set by the purchaser.

▶ 关于这种商品，根据客户的条件还有下调折扣率的可能。

▶ 이 상품에 관해서는 거래처 조건대로 비율을 낮추는 것도 가능하다.

[参] 掛け売り credit sale / 赊帐 / 외상、売掛金 book credit / 赊欠款 / 외상값

0259 | 加工 processing not needed / 加工 / 가공 ～する process / 加工 / 가공하다

■ ここでとれた牛乳は、10キロ先の工場でバターやチーズに加工される。

▶ Milk gotten here is processed into butter and cheese at a plant about 10 km away.

▶ 这里产的牛奶，在10公里外的工厂被加工成黄油和奶酪。

▶ 여기서 생산된 우유는 10 킬로미터 떨어진 공장에서 버터나 치즈로 가공된다

[参] 精密加工 precision work / 精密加工 / 정밀가공、加工食品

0260 | 下降 drop, descent / 下降 / 하강 ～する drop, descend / 下降 / 하강하다

■ A国の経済成長率は、2005年以降、下降を続けている。

▶ The economic growth rate of country A has been dropping since 2005.

▶ A国经济增长率自2005年之后，持续下降。

▶ A 국의 경제성장률은 2005 년 이후 하강을 계속하고 있다.

0261 | 囲み enclosure, box / 方框 / 둘레，틀

■ 申請に必要な手続きについては、このページ下の囲みの部分に書かれています。

▶ Procedures necessary for applying are written in the box at the bottom of this page.

▶ 申请所需手续，写在下面的方框部分里。

▶ 신청에 필요한 수속에 대해서는 이 페이지 아래의 박스 부분에 적혀 있습니다.

0262 | 重なる overlap / 赶在一起，碰在一起 / 겹쳐지다，거듭되다

■ 新しいプロジェクトの会議と、大阪出張の日程が重なってしまった。

▶ The date for the new project meeting overlaps my departure to Osaka on a business trip.

▶ 新计划的会议和去大阪出差的日程赶在了一起。

▶ 신 프로젝트 회의와 오사카 출장의 일정이 겹치고 말았다.

■ 今週はいろいろ重なって身動きがとれない。

▶ I have so many overlapping things this week, I'm completely tied up.

▶ 这个礼拜很多事情凑在了一起，忙得不得空。

▶ 이번 주는 여러 일이 겹쳐 옴짝달싹할 수가 없다.

[参] 用事が重なる

0263 | 重ねる repeat / 重叠，反复，多次，屡次 / 겹치다，반복하다，되풀이하다

■ A社とB社は今後、合併をめぐって交渉を重ねることになる。

▶ Company A and Company B will continue negotiations on a possible tie-up

▶ A公司和B公司今后围绕合并问题将进行反复磋商。

▶ A 사와 B 사는 앞으로 합병을 둘러싸고 교섭을 반복하게 된다.

■ A社は合併を重ねることで、シェアを伸ばしてきた。

▶ Company A has used repeated joint ventures to increase its market share.

▶ A公司通过多次合并增大了市场占有率。

▶ A 사는 합병을 되풀이하는 것으로 시장점유율을 넓혀왔다.

0264 | かさばる bulky / 占地方 / 부피가 커지다(늘다)

■ この荷物は軽いんですが、かさばるので、送料が高くなってしまいます。

▶ The package may be light, but it is bulky, so it will cost a lot to mail.

▶ 这件行李虽然很轻，但因为占地儿很大，所以运费变高了。

▶ 이 짐은 가볍지만, 부피가 커지기 때문에 송료가 비싸집니다.

■ 書類はかさばるので、なるべくCD-ROMで送ってください。

▶ Preferably, please put the data on a CD-ROM and send it to us, because printouts are bulky.

▶ 文件占地儿很大,请尽可能用CD-ROM发送。

▶ 서류는 부피가 크기 때문에 가능한 한 CD-ROM으로 보내 주세요.

0265 | かさむ mount, pile up / 增大，增多 / (분량이) 늘다，(비용이) 많아지다

■ ホームページを良くしたいけど、外注だと費用がかさむので、社内でやろう。

▶ We'd like to upgrade our website, but outsourcing it would run up a big bill, so we'll do it inhouse.

▶ 虽然想把主页弄好，但因为外购的话费用会很高，所以还是公司内部做吧。

▶ 홈페이지를 엇지게 하고 싶은데, 외주면 비용이 늘어나니까, 사내에서 하자.

■ 新店舗オープンの費用が予想以上にかさんで、今期は赤字になってしまった。

▶ Our company will show losses for the current fiscal term because the expenses of opening a new store mounted to more than we expected.

▶ 新开店铺的费用超过了预算，这一期出现了亏空。

▶ 신 점포 오픈 비용이 예상 이상으로 늘어, 이번 시기는 적자가 되고 말았다.

0266 | 貸し出し loan, lending / 出借，贷款 / 대출 ~する lend out, rent out / 出借，放贷 / 대출하다

■ 一部の家電販売店では、高額商品について、一定期間試用ができる貸し出しを行っています。

▸ Some appliance stores rent or lease big ticket items to their customers.

▸ 在部分家电销售店中，对一些高价商品，实行能在一定期限内试用的租借制。

▸ 일부 가전판매점에서는 고액 상품에 대해서 일정 기간 시범 사용할 수 있는 대여 (렌탈) 를 실시하고 있습니다 .

0267 | 貸し出す lend / 出借 / 대출하다，빌려주다

■ A航空では、フライト中にゲーム機器を貸し出すサービスを行っている。

▸ A Airlines lends video games as part of its inflight passenger service program.

▸ A航空公司在飞行期间提供出租游戏机的服务。

▸ A 항공에서는 비행 중 게임 기기를 대여해 주는 서비스를 하고 있다 .

0268 | 過失 fault / 过失 / 과실

■ 今回の事故では、会社側に重大な過失が認められた。

▸ In this accident, investigation showed that there were serious faults on the part of the company.

▸ 这次事故公司方有重大过失。

▸ 이번 사고에서는 회사측에 중대한 과실이 인정되었다 .

0269 | 貸付（貸し付け） loan, lending / 贷款 / 대부

■ A市では、60才以上の住民を対象に、住宅リフォーム資金の低利の貸付を行っている。

▸ In City A, they are carrying out low-interest loans for home remodeling, targeting citizens over 60.

▸ 在A市，以60岁以上的居民为对象，发放低息的住宅重建资金贷款。

▸ A 시에는 60 세 이상의 주민을 대상으로 , 주택 리폼 자금의 저리 대출을 실시하고 있다 .

■ 新しい事業に必要な資金は、貸付条件がいいB銀行から借りることにした。

▸ We decided to borrow the capital required for rhe new business from Bank B, which has good loan terms.

▸ 决定从贷款条件好的B银行借新事业所需的资金。

▸ 새로운 사업에 필요한 자금은 대부 조건이 좋은 B 은행에서 빌리기로 했다 .

参 貸付制度、貸付金利

0270 | 個所 place, respect / 地方，处 / ～개소，곳，군데

■ まだ点検が終っていない作業場が、5～6個所ある。

▸ Inspection is not finished. There are still five or six places to check.

▸ 检查还没结束的车间有5～6处。

▸ 아직 점검이 끝나지 않은 작업장이 5, 6 곳 있다 .

■ 報告書の中で、意味不明の個所がいくつかあった。

▶ There are still places in the report where the meaning is unclear.

▶ 在报告书中，有几处意义不明确的地方。

▶ 보고서 내용 중에서 의미가 불확실한 곳이 몇 군데 있었다.

0271 | 過剰 excess / 过剩 / 과잉
～な excess / 过剩的 / 과잉인
～に excessively / 过剩 / 과잉에

■ 都市部では商業ビルが供給過剰になり、賃貸料が下がっている。

▶ In urban areas rents have come down because of the over-supply of business space.

▶ 在城市里，由于商业大厦供给过剩，所以租赁费用也降低了。

▶ 도심에서는 상업빌딩이 과잉 공급되어, 임대료가 떨어지고 있다.

■ 新技術に対する過大評価や過剰な宣伝は、業界全体で監視する必要がある。

▶ The entire industry must monitor itself to preclude excess claims or advertising regarding new technology.

▶ 业界整体要对新技术的过高评价和过度宣传进行监督。

▶ 신기술에 대한 과대평가나 과잉선전은 업계 전체에서 감시할 필요가 있다.

参 過剰なサービス

0272 | 箇条書き itemization / 分条写 / 조목별로 씀

■ 部内会議の議事録は、要点を箇条書きにしてください。

▶ Just itemize the minutes of the interdivisional meeting.

▶ 部内会议的会议记录，请按要点分项写出。

▶ 부서 내 회의 의사록은 요점을 조목별로 써 주세요.

0273 | カスタマイズ customization / 自定义，定制 / 주문에 응하여 만듦, 개인 취향에 맞도록 설정을 바꿈
～する customize / 自定义，定制 / 주문에 응하여 만들다, 개인의 취미에 맞도록 설정을 바꾸다

■ パソコンを買ったら、自分が使いやすいように、カスタマイズするといい。

▶ When buying a PC, customize it so it will be easy for you to use.

▶ 购买个人电脑后为便于自己使用最好进行自定义。

▶ 컴퓨터를 사면 자기 취향에 맞도록 설정을 바꾸는 것이 좋다.

■ 顧客の多様な要望に応えるため、A社では内装のカスタマイズを担当する部署を設けた。

▶ In response to diversifying demands from customers, Company A has set up a new department to customize its interior decoration.

▶ 为满足顾客多样化的需求，A公司设立了一个负责内部装修设计的部门。

▶ 고객의 다양한 요구에 부응하기 위해, A사에서는 내장을 각 주문에 응해 만드는 담당부서를 마련했다.

0274 | 課税 taxation / 征税 / 과세

0275 | 仮設 makeshift / 假设，临时设置 / 가설

0276 | 画像（がぞう）

visual image / 画像，影像 / 화상

■ 先日（せんじつ）デジカメで撮（と）った画像データを、メールで送（おく）ってください。

▶ Please send by e-mail the images you took with the digital camera the other day.

▶ 请用邮件把前几天用数码相机拍摄的影像资料给我发过来。

▶ 일전에 디지털 카메라로 찍은 화상 데이터를 메일로 보내 주세요.

参 画像ファイル

0277 | 型（かた）

shape / 样子 / 모양，형태

■ ケータイや財布（さいふ）をポケットに入（い）れてたら、スーツの型が崩（くず）れちゃった。

▶ Keeping my cell phone and wallet in the pocket has made my suit lose its shape.

▶ 如果把手机和钱包放在口袋里的话，西装样子就会走形。

▶ 휴대폰이나 지갑을 주머니에 넣었더니，정장 형태가 흐트러졌다.

0278 | ～型（がた）接

model / ……型 / ～형

■ イタリアのＪ社（しゃ）は、モーターショーで、新型（しん）のスポーツカーを発表（はっぴょう）した。

▶ Italian Company J introduced a new sports car model at the motor show.

▶ 意大利的J公司在汽车展会上展出了新型跑车。

▶ 이탈리아의 J 사는 모터쇼에서 신형 스포츠카를 발표했다.

■ 小（こ）型のパソコンは、携帯（けいたい）には便利（べんり）だが、画面（がめん）が小（ち）さくて見（み）にくい。

▶ Small model PCs are convenient for carrying, but the screens are small and hard to see.

▶ 小型电脑虽然便于携带，但画面小，不容易看。

▶ 소형 컴퓨터는 휴대하기에는 편리하지만 화면이 작아서 보기 힘들다.

参 大型、中型、超小型

0279 | 仮題（かだい）

tentative name / 临时题目，暂定题目 / 가제

■ 新作（しんさく）のゲームソフトのタイトルは、まだ仮題ですが「クイズで世界一周（せかいいっしゅう）」を考（かんが）えています。

▶ The title of the new game software is still tentative, but we think of it as "Around the World with quiz questions."

▶ 新编写的游戏软件名称，我们考虑将其暂定为“智力问答，世界一周”。

▶ 신작 게임소프트웨어의 타이틀은 아직 가제이지만 '퀴즈로 세계일주'를 생각하고 있습니다.

0280 | 型落（かたお）ち

drop / 差距较大，暴跌 / 가치 하락

■ 新（しん）モデルのS-50が出（で）たので、型落ちのS-30は2割引（わりびき）になっている。

▶ Because the new model S-50 came out, the dropped S-30 is now 20% off.

▶ 因为新模型S-50问世了，差距较大的S-30开始打八折。

▶ 신모델 S-50이 나와서，가치가 떨어진 S-30은 20퍼센트 할인되었다.

参 型落ち品、型落ちモデル

0281 | 肩書き
business title / 职位，头衔 / 직함，지위

■ 出席者リストの田中さんの肩書が、名刺の肩書と違っている。

▶ Mr. Tanaka's business title on the attendee list is different from the one on his business card.

▶ 出席者名单中，田中先生的职衔和名片上的不一样。

▶ 출석자 리스트의 다나카 씨의 직함이 명함의 직함과 다르다.

■ 肩書きに拘らず、優れた企画提案をした人をプロジェクトのリーダーにしたい。

▶ Thein title doesn't matter. Whoever makes the best proposal will be assigned project leader.

▶ 我们想让提出好的企画方案的人做项目负责人而不论职位高低。

▶ 지위에 구애되지 않고，훌륭한 기획을 제안한 사람을 프로젝트의 리더로 하고 싶다.

0282 | 片手間
on the side / 业余时间 / 여가，짬，부업

■ 簡単なアンケートの集計だけど、これだけ量が多いと、片手間ではできない。

▶ It's just a compilation of the results of a simple questionnaire, but when there are this many replies, you can't just get it done during your coffee break.

▶ 虽是简单的问卷汇总，但如果量这么大的话，仅靠业余时间是不能完成的。

▶ 간단한 앙케트 집계지만，이 정도로 양이 많으면 부업으로는 할 수 없다.

0283 | 型番
model number / 型号 / 제품번호

■ 商品の裏側に、型番が記載されたラベルが貼ってあります。

▶ A label with the model number is on the back side of the product.

▶ 商品背面贴着写有型号的标签。

▶ 상품 안쪽에 제품번호가 기재된 라벨이 붙어 있습니다.

0284 | 片方
mate / 一边 / 다른 한쪽

0285 | 固まる
harden, set in / 被确定 / 굳어지다，확고해지다

■ 昨日の役員会議で、ようやく来年度の事業方針が固まった。

▶ At yesterday's board meeting, next year's business direction was finalized at last.

▶ 在昨天的董事会上，明年的工作方针终于被确定了。

▶ 어제 임원 회의에서 드디어 내년도 사업방침이 확고해졌다.

参 内容が固まる、意思が固まる

0286 | 固める　make hard, firm / 决定 / 굳히다, 확고히 하다

■ A社は、新宿にあるビルを売却する方針を固めた。

▶ Company A decided to move towards selling a building in Shinjuku.

▶ A公司决定将在新宿的大厦卖掉。

▶ A 사는 신주쿠에 있는 건물을 매각하는 방침을 확고히 했다.

参 体制を固める

0287 | カタログ　catalog / 目录 / 카탈로그

■ この商品は、最新のカタログにも載っています。

▶ This product can also be found in the latest catalog.

▶ 这种商品也登载在了最新的商品目录上

▶ 이 상품은 최신 카탈로그에도 실려 있습니다.

参 商品カタログ、カタログ販売

0288 | 課長㊎　section chief / 科长 / 과장 (님)

0289 | 割愛　omit / 割爱, 从略 / 할애, 생략하거나 버림　~する omit / 割爱 / 할애하다, 생략하거나 버리다

■ 調査段階なので、詳細は割愛しますが、リコールの対象になる可能性は否定できません。

▶ The matter is still under investigation, so we will omit the details, but we cannot deny the possibility that the product may have to be recalled.

▶ 由于尚处于调查阶段，详细情况只能从略，但不排除罢免的可能性。

▶ 조사단계이므로 자세한 것은 생략하지만, 리콜 대상이 될 가능성은 부정할 수 없습니다.

■ スペースがないから、この部分は割愛するしかない。

▶ There's not enough space, so we have no choice but to omit this part.

▶ 因为没有地方了，所以这部分只能割舍掉。

▶ 자리가 없으니 이 부분은 생략할 수 밖에 없다.

0290 | 画期的　epoch- making / 划时代的 / 획기적　~な epoc-making / 划时代的 / 획기적

■ 来月A社が発表するソフトは、今までにない画期的な商品だと言われている。

▶ They say the software to be annouced next month by Company A is a landmark product such as has never been seen before.

▶ 据称下个月A公司将要发表的软件，是迄今没有的划时代的商品。

▶ 다음 달 A 사가 발표하는 소프트웨어는 지금까지 없던 획기적인 상품이라고 말해지고 있다.

参 画期的な試み

0291 | 括弧　parenthes, brackets / 括号 / 괄호

0292 | 活性化 revitalization / 活性发展 / 활성화 ~する rivitalize / 激活 / 활성화하다(되다)

■ 商店街の活性化のために、さまざまな集客イベントが予定されている。

▶ Various events to draw customers are scheduled to revitalize the mall.

▶ 为了商业街的活性发展，预定要举办各种招揽客人的活动。

▶ 상점가 활성화를 위해 , 다양한 집객 이벤트가 예상되어 있다 .

0293 | カッター① cutter / 刀具 / 캇타 (재단용 칼)

0294 | 勝手 usability / 情况，方便 / 자신이 아는 어떤 상황, 사정
~な arbitrary / 方便的 / 제멋대로 굶, 자기 좋을 대로 함

■ 使い勝手の良さから言ったら、A社の製品よりうちの製品の方が勝っていると思うよ。

▶ I think our product is easier to use than that of Company A.

▶ 就使用便利程度而言，我认为我们公司的产品要优于A公司。

▶ 사용하기 편한 점에서 말한다면 , A 사의 제품보다 우리 제품이 앞선다고 생각해 .

■ この辺は勝手を知った場所だから、どこでも案内できます。

▶ I know this neighborhood really well so I can guide you any place you like.

▶ 我十分了解这一带的情况，可以带您四处看看。

▶ 이 주변은 잘 아는 곳이라서 , 어디든지 안내할 수 있습니다 .

参 勝手がわからない

0295 | 合併 consolidation, merger / 合并 / 합병 ~する consolidate, merge / 合并 / 합병하다

■ A社とB社は、合併により業界シェアトップの企業となった。

▶ Through their merger, Company A and Company B have become the company with the leading share in the industry.

▶ A公司和B公司通过合并，成了业界市场占有份额最大的企业。

▶ A 사와 B 사는 합병에 의해 , 업계 점유율 최고의 기업이 되었다 .

参 吸収合併、企業合併

0296 | 活用 application / 活用 / 활용 ~する apply / 灵活运用 / 활용하다

■ 販売網の拡大に、もっとインターネットを活用すべきだ。

▶ We should make better use of the Internet to expand our sales network.

▶ 在扩大销售网方面，应进一步有效利用因特网。

▶ 판매망 확대로 좀더 인터넷을 활용해야 한다 .

■ 環境のためにも、資源の有効活用を心がけなければいけない。

▶ It's important to the environment that we utilize our resources as efficiently as possible.

▶ 为了环境也必须注意资源的有效利用。

▶ 환경을 위해서도 자원의 효과적인 활용을 노력해야 한다 .

参 人材を活用する

0297 仮定（かてい） presumption / 假定 / 가정 ～する presume / 假定 / 가정하다

■ 需要（じゅよう）の伸（の）びが昨年度（さくねんど）と変（か）わらないものと仮定して、今年度（こんねんど）の売上（うりあげ）予測（よそく）を立（た）ててみました。

▶ I estimated sales for this fiscal year, assuming that the increase in demand would be the same as last year.

▶ 我们假定需求增长和去年持平，并据此预测了今年的销售额。

▶ 수요의 증가가 작년도와 다름없다고 가정하여，금년도의 매상예측을 세워 보았습니다.

■ 参加者（さんかしゃ）が100人（にん）を超（こ）えるという仮定のもとに、大（だい）ホールを借（か）りることにしました。

▶ We assume that more than 100 participants will come, so we reserved Large Hall A.

▶ 预计参加者将超过100人，所以租借了一个大的会场。

▶ 참가자가 100명을 넘는다는 가정하에 큰 홀을 빌리기로 했습니다.

0298 過程（かてい） process / 过程 / 과정

■ 原材料（げんざいりょう）の仕入（しいれ）から商品（しょうひん）ができるまでの過程を図（ず）にしてみました。

▶ I diagramed the process from the purchase of raw material to the finished product.

▶ 试着把从购人原料到完成产品的过程绘成了一幅图。

▶ 원재료의 구입부터 상품이 만들어지기까지의 과정을 그림으로 그려보았습니다.

■ 工事（こうじ）の過程で重大（じゅうだい）な設計（せっけい）ミスが見（み）つかった。

▶ A serious design error was discovered during the construction process.

▶ 在施工过程中发现了一个很严重的设计错误。

▶ 공사하는 과정에서 중대한 설계 미스가 발견되었다.

参 制作過程

0299 カテゴリー category / 范畴，类别 / 카테고리

■ ホームページで、弊社（へいしゃ）の商品（しょうひん）をカテゴリー別（べつ）に分類（ぶんるい）してご紹介（しょうかい）しております。

▶ The Web site introduces our products by category.

▶ 在主页上我们把敝公司的商品按范畴分类并进行了介绍。

▶ 홈페이지에서 저희 회사의 상품을 카테고리별로 분류하여 소개해드리고 있습니다.

参 ～のカテゴリーに属する fall into the category of / 属于～的范畴 / ～의 카테고리(범주)에 속하다

0300 稼動（かどう） operation / 开工，启动 / 가동 ～する operate / 开工，启动 / 가동하다

■ 来月（らいげつ）1日（ついたち）より、いよいよ弊社（へいしゃ）の新工場（しんこうじょう）が稼働（かどう）し始（はじ）めることになりました。

▶ At last, from the first day of next month, our new plant will start operation.

▶ 从下个月1号起，敝公司的新工厂就开工了。

▶ 다음 달 1일부터，드디어 저희 회사의 새 공장이 가동을 시작하게 되었습니다.

参 稼動率

0301 | 金型（かながた） [metal] mold / 模具 / 금형

■ わが社には、20年以上の経験を持つプロが多数いるので、精度の高い金型を作ることができます。

▶ Because our company has many professionals with more than 20 years' experience, we can build highly accurate molds.

▶ 我们公司有很多拥有20年以上经验的专业人员，能够制造精度很高的模具。

▶ 우리 회사에는 20년 이상의 경험을 가진 프로가 많이 있기 때문에, 정밀도가 높은 금형을 만들 수 있습니다.

参 金型設計、金型製作

0302 | 金づち（ハンマー）（かな）㋑ hanmmer / 锤子 / 쇠망치（해머）

0303 | 兼ねる（か） double as / 兼任，兼带 / 겸하다

■ 彼は、プロジェクトチームのメンバーも兼ねているので、忙しそうだね。

▶ He seems extra busy because he doubles as a member of the project team.

▶ 由于他兼任着计划小组的成员，所以好像很忙。

▶ 그는 프로젝트팀의 멤버도 겸하고 있어서 바쁜것 같네.

■ 新年の挨拶も兼ねて、ちょっとA社に先日の報告に行ってくるよ。

▶ I'll visit Company A to make my report, and the visit will double as my New Year's greeting at the same time.

▶ 兼带拜年，我去A公司作一下前几天的汇报。

▶ 새해 인사도 겸해서, A사에 저번 일 보고 좀 하러 갔다 올게.

0304 | カバー coverage / 抵补 / 커버 ～する cover / 抵补 / 커버하다（해결하다，감추다）

■ この保険で、旅行中の事故や病気、トラブルはたいていカバーできる。

▶ This insurance covers almost all accidents and illnesses.

▶ 旅行中的事故、疾病、纠纷等一般可用这种保险来抵补。

▶ 이 보험으로 여행 중의 사고나 질병, 트러블은 거의 해결할 수 있다.

参 市内全域をカバーする、人手不足をカバーする

0305 | カバーレター cover letter / 信件封面 / 커버레터

■ カバーレターを含めて5枚、これからFAXで送ります。

▶ We will send a five-sheet fax that includes a cover letter.

▶ 接下来给您发传真，连同信件封面在内共有5页。

▶ 커버 레터를 포함해서 5장을, 이제부터 팩스로 보내겠습니다.

0306 | 過半数（かはんすう） majority / 过半数 / 과반수

■ 総会での議案の可決には、出席者の過半数の賛成が必要です。

▶ Resolutions made at the general assembly can only be passed if a majority of those in attendance vote in favor.

▶ 要在全体大会上通过议案，需获得出席者过半数的赞成票。

▶ 총회에서의 의안 가결에는 출석자 과반수의 찬성이 필요합니다.

0307 | 可否　right/wrong, yes/no / 能否 / 가부

■ この施設の利用の可否については、事務所にお問い合わせください。

▶ Please ask at the office whether or not this facility can be used or not.

▶ 这个设施能否使用请咨询事务所。

▶ 이 시설의 이용의 가부에 관해서는 사무소에 문의해 주세요.

参 参加の可否、使用の可否

0308 | 株価　stock price / 股价 / 주가

■ 業績好調を背景に、A社の株価が上昇している。

▶ With a background of great performance, Company A's stock price is increasing.

▶ 在业绩良好的背景下，A公司的股价不断上涨。

▶ 실적 호조를 배경으로 A 사의 주가가 상승하고 있다.

参 日経平均株価（日経は日本経済新聞のこと）

0309 | 株式　share / 股份 / 주식

■ A社はB社の全株式の10%を取得することになった。

▶ Company A acquired 10 percent of Company B shares.

▶ A公司获得了B公司全部股权的10%。

▶ A 사는 B 사의 전체 주식의 10%를 취득하게 되었다.

■ 株式の売買で数千万円の利益を得た。

▶ We earned more than 10 million yen in profits from dealing in the stock market.

▶ 通过股票买卖获得了数千万日元的利益。

▶ 주식 매매로 수천만엔의 이익을 얻었다.

参 株式会社、株式公開　going public / 股票公开上市 / 주식공개

0310 | 過不足　excess and deficiency / 差错，不足 / 과부족

■ 出張旅費に過不足が生じた場合は、後日精算すること。

▶ Any excess or deficiency in business trip expenses will be taken care of after the fact.

▶ 差旅费出现不足时，日后再于补齐。

▶ 출장여비에 과부족이 생긴 경우에는 후일 정산할 것.

■ プレゼンに使用する図表などはよく検討して、過不足のないように用意する必要がある。

▶ Take extra care in preparing the charts and tables for the presentation so there will be neither too many nor too few.

▶ 需要对演示会所用图表等好好研究，以免出现错误。

▶ 프리젠테이션 (PT) 에 사용하는 도표 등은 잘 검토하여, 과부족이 없도록 준비할 필요가 있다.

0311 | 株主　stockholder / 股东 / 주주

■ 田中社長は、今後の事業方針について、株主にきちんと説明すべきだ。

▶ President Tanaka must explain future business direction clearly to stockholders.

▶ 田中社长应该向股东详细介绍今后的工作方针。

▶ 다나카 사장은 앞으로의 사업방침에 대해 주주들에게 확실히 설명해야 한다.

參 株主総会、大株主、筆頭株主　largest stockholder / 最大股东 / 최대두주주

0312 | 上期　first half / 上半期 / 상반기

■ 上期の売上は、ほぼ目標額に達した。

▶ Earnings in the first half year were roughly on target.

▶ 上半期的销售额基本上达到了目标额。

▶ 상(반)기 매상은 거의 목표액에 이르렀다.

反 下期　second semester / 下半年 / 하반기

0313 | 噛み砕く　explain clearly / 咬碎，通俗地解释 / 알기쉽게 설명하다

■ 一般の人にもわかりやすいよう、噛み砕いて話してください。

▶ Speak clearly and use simple words so the general public can understand.

▶ 为让一般人也容易懂，请通俗易懂地解释。

▶ 일반인에게도 알기 쉽도록，풀어서 이야기해 주세요.

0314 | ガムテープ　adhesive tape / 胶带 / 접착 테이프

■ ダンボール箱はあるけどガムテープがないから作業ができない。

▶ We have cardboard boxes but can't do anything because there's no adhesive tape.

▶ 虽有纸箱，但没有胶条，所以无法工作。

▶ 골판지 상자는 있지만 접착 테이프가 없어서 작업을 할 수 없다.

0315 | 仮　tentative / 假定，临时 / 임시，일시，가짜

■ これはまだ仮の名称で、正式には来週決まります。

▶ This is still a tentative name and will befinalized next week.

▶ 这还只是暂定名称，正式的将在下周决定。

▶ 이것은 아직 임시 명칭이고，정식적으로는 다음 주에 결정됩니다.

■ 4日朝の便を仮に予約してありますが、出張の日程が確定したら連絡をください。

▶ Tell me when the date of your business trip is set, because we have reserved a tentative air ticket for the morning of the 4th.

▶ 暂时定了4号早上的飞机，请确定了出差日期再和我联系。

▶ 4일 오전편을 임시로 예약해 놓았는데，출장 일정이 확정되면 연락 주세요.

■ 仮に 1,000 万の予算が取れるとしたら、このプロジェクトも何とかいけるだろう。

▶ If we have a ten million yen budget, we can proceed with this project somehow.

▶ 如能获得1000万预算，该项目就能设法开展下去。

▶ 만약 1000 만의 예산을 딸 수 있다면, 이 프로젝트도 어떻게든 해나갈 수 있을 것이다.

参 仮契約、仮店舗

0316 | 仮〜　tentatively / 暂时〜 / 가〜

■ A 社との打ち合わせの会議室、月曜 10 時に仮予約しておいて。

▶ Tentatively reserve the meeting room with Company A at 10 am on Monday.

▶ 你暂时预约一下与A公司磋商用的会议室，时间定在星期一的10点。

▶ A 사와 협의할 회의실, 월요일 10 시로 가예약해 둬.

0317 | 借り入れ　borrowing / 借款，借入 / 차입

■ まず、借り入れの限度額を調べて、返済計画を練る必要がある。

▶ First check the limit on borrowing, then set up the payment plan.

▶ 有必要先调查一下借款额度，斟酌一下还款计划。

▶ 우선 차입의 한도액을 조사해서, 변제계획을 다듬을 필요가 있다.

参 借入金

0318 | 借り入れる　take out a loan / 借款，借入 / 차입하다

■ 新店舗出店に伴って、銀行から事業資金を借り入れる必要がある。

▶ With the opening of a new branch, we had to take out a bank loan for working capital.

▶ 随着新店铺分店的设立，有必要从银行贷款。

▶ 새로운 점포의 출점에 따라, 은행에서 사업자금을 차입할 필요가 있다.

0319 | 借り切る　rent / 包租 / 전세 내다

■ 今年は、A 会館のワンフロアを借り切って、大々的に会社説明会を開催することになった。

▶ This year we'll rent an entire floor at Hall A for our company exhibition.

▶ 今年租下了A会馆的一楼，举办大规模的公司说明会。

▶ 올해는, A 회관의 1층을 전세 내어, 대대적으로 회사설명회를 개최하게 되었다.

0320 | 仮払い　suspense payment, advance / 预付，垫付 / 가불

■ 出張費の仮払いを精算する場合は、経理までご連絡ください。

▶ Contact Accounting if you're going to take care of your business trip advance.

▶ 结算预支的差旅费时，请和会计联络。

▶ 출장비 가불을 정산할 경우에는 경리부로 연락해 주십시오.

参 仮払い金、仮払い申請

0321 | 過労 overwork / 过度疲劳 / 과로

■ 泊り込みでプレゼン準備だって？　過労で倒れないようにね。

▶ You stayed all night preparing for the presentation? Be careful that you don't keel over from overwork.

▶ 听说你一直住在那准备演示会？　一定注意不要因过度疲劳而病倒了呀。

▶ 합숙하면서 프리젠테이션 준비 한다며？과로로 쓰러지지 않도록 해 .

0322 | ～側㊡ side, end / ……方 / ～측, 편

■ 今回の交渉で、相手側がどう出るか、様子を見よう。

▶ For these negotiations let's watch and see how the other side approaches it.

▶ 看看对方在这次谈判中会如何应对吧。

▶ 이번 교섭에서 상대측이 어떻게 나올지 상황을 보자 .

■ 電話の向こう側にいるお客様の顔を想像して、丁寧に応対してください。

▶ Imagine the face of the customer on the other end of the call, and treat them politely.

▶ 请想像着在电话另一端的客户的神情认真地应对。

▶ 전화 반대쪽에 있는 손님의 얼굴을 상상하여 정중히 응대해 주세요 .

参 ユーザー側、企業側

0323 | 皮切り start / 开始，开端 / 시작, 시초

■ 新機種 AS14L が、大阪を皮切りに、順次各地で発売される。

▶ The new model AS14L will debut in Osaka and sequentially in other places.

▶ 新机型“AS14L”以大阪为开始，陆续在各地出售。

▶ 신기종 'AS14L' 이 오사카를 시작으로 , 순차적으로 각지에서 발매된다 .

0324 | 為替 exchange / 汇兑 / 환

■ A 社に発注する場合は、当日の為替レートをチェックしてからにしてください。

▶ Be sure to check the daily exchange rate before ordering anything from Company A.

▶ 向A公司订货时，请在核对当天的汇率后再进行。

▶ A 사에 발주할 경우에는 , 당일 환율을 체크한 후 해주십시오 .

■ 外国為替相場とは、外国為替市場での交換比率のことです。

▶ The foreign exchange rate is the conversion ratio in the foreign currency market.

▶ 所谓外汇行情是指在外汇市场的兑换比率。

▶ 외국환시세란 , 외국환시장에서의 교환비율을 말합니다 .

参 郵便為替　money order / 邮政汇票 / 우편환、 為替差益　currency gain / 汇兑差额利益 / 환차익

0325 | 勘案(かんあん) consideration / 考虑，斟酌 / 감안 ～する take into consideration / 考虑 / 감안하다

■ 賞与(しょうよ)の額(がく)は、会社全体(かいしゃぜんたい)の業績(ぎょうせき)と、部署(ぶしょ)および個人(こじん)の実績(じっせき)を勘案して決(き)めます。

▶ Bonuses will be decided after taking into consideration our business results and the actual performances of both the division and the individual.

▶ 奖金额度在考虑公司整体业绩、工作岗位、以及个人的实际业绩后决定。

▶ 상여금은 회사전체의 업적과 부서 및 개인의 실적을 감안하여 결정합니다.

0326 | 簡易(かんい) simple / 简易 / 간이 ～な simple / 简易 / 간이한, 간편한

参 簡易書留、簡易裁判所、簡易包装、簡易ベッド

0327 | 鑑みる(かんがみる) refer / 鉴于 / 감안하다, 거울삼다

■ 消費者(しょうひしゃ)ニーズの多様性(たようせい)に鑑み、十分(じゅうぶん)な市場調査(しじょうちょうさ)が求(もと)められている。

▶ Reference to the diversity in consumer needs means ample market research is vital.

▶ 要根据消费者需求的多样性充分进行市场调查。

▶ 소비자 요구의 다양성을 감안하여, 충분한 시장조사가 요구되고 있다.

■ 前回(ぜんかい)の失敗(しっぱい)に鑑み、今回(こんかい)は作業(さぎょう)の見直(みなお)しから始(はじ)めることになった。

▶ Considering our previous failure, we must reexamine our operations.

▶ 鉴于上次的失败，这次从对工作的重新认识开始。

▶ 지난번의 실패를 거울삼아, 이번에는 작업의 재검토부터 시작하게 되었다.

0328 | 換気(かんき) ventilation / 换气 / 환기 ～する ventilate / 换气 / 환기하다

■ ガスを使(つか)う場合(ばあい)は、まめに換気をしてください。

▶ If you use gas, please ventilate the air thoroughly.

▶ 使用煤气时，要常常换气。

▶ 가스를 사용할 경우는 환기를 잘 해 주세요.

0329 | 元金(がんきん) principal / 本金 / 원금

■ 毎月(まいつき)の利息(りそく)を払(はら)うだけで大変(たいへん)で、元金がなかなか減(へ)らない。

▶ It's hard enough just paying the interest each month, and the principal never seems to go down.

▶ 光支付每月的利息就很费劲了，本金总也不减少。

▶ 매달 이자를 내는 것만으로 벅차서, 원금은 좀처럼 줄지 않는다.

参 元金を返済する

0330 | 還元 reduction, return / 回馈 / 환원 ～する reduce, return / 回馈 / 환원하다

■ 事業で得た利益は、その一部を社会に還元すべきだ。

▶ The profit gained in business should in part be returned to society.

▶ 生意上获得的盈利，应该将其中的一部分回馈社会。

▶ 사업에서 얻은 이익은 그 일부를 사회에 환원해야 한다.

0331 | 看護 nursing / 护理，看护 / 간호 ～する nurse / 护理，看护 / 간호하다

参 看護師 nurse, male nurse / 护士 / 간호사、訪問看護

0332 | 刊行 publication / 发行，出版 / 간행 ～する publish / 发行，出版 / 간행하다

■ 新聞で連載されたコラムが本になって、来月刊行される。

▶ The column that ran in the newspaper will be published as a book next month.

▶ 报纸上连载的短评专栏已成书，下月发行。

▶ 신문에서 연재된 컬럼이 책이 되어 다음 달 간행된다.

0333 | 慣行 custom, habit / 例行，惯例 / 관행

■ 業界の慣行に従って、展示会の開催日前日に記者発表をする予定です。

▶ According to the industry custom, a press release will be held the day before the exhibition opens.

▶ 根据业内的惯例，计划在举办展示会的前一天召开记者会。

▶ 업계의 관행에 따라 전시회 개최일 전날에 기자발표를 할 예정입니다.

参 商慣行

0334 | 監査 inspection, audit / 监察 / 감사 ～する inspect, to audit / 监察 / 감사하다

■ 会社を上場する場合、監査法人の監査を受ける必要があります。

▶ Companies that are publicly listed must be audited by auditing firms.

▶ 公司上市时，需要接受监察法人的监察。

▶ 회사를 상장할 경우 감사법인의 감사를 받을 필요가 있습니다.

0335 | 換算 contersion / 换算 / 환산 ～する conver / 换算 / 환산하다

■ 海外からの入金は、当日午前10時の為替レートで換算される。

▶ Receipts from abroad are converted, based on the exchange rate at 10 am.

▶ 海外进款按当天上午10点的汇率换算。

▶ 해외에서 하는 입금은, 당일 오전 10시 환율로 환산된다.

■ 海外出張の場合、出張精算書には経費を円換算して記入してください。

▶ Business expenses incurred on trips abroad should be converted to yen before submission (to accounting).

▶ 海外出差时请把经费换算为日元填入出差账目明细书。

▶ 해외출장일 경우, 출장정산서에는 경비를 엔으로 환산하여 기입해 주십시오.

0336 | 幹事(かんじ)　coordinator / 干事 / 간사

■ 今度(こんど)の新人歓迎会(しんじんかんげいかい)の幹事は山田(やまだ)さんです。

▶ The coordinator for the coming new employee welcome party is Mr. Yamada.

▶ 这次新人迎新会的干事是山田先生。

▶ 이번 신입환영회의 간사는 야마다 씨입니다.

0337 | 勘定(かんじょう)　bill / 计算 / 계산, 고려　~する settle a bill / 计算, 算账 / 계산하다, 고려하다

■ 今回(こんかい)の経費(けいひ)については、機材(きざい)のレンタル代も勘定に入(い)れておいてください。

▶ For expenses this time, please include the machine rental fee in the bill.

▶ 关于这次的经费，请将器材的租赁费也计算在内。

▶ 이번 경비에는 기재의 대여비도 계산에 넣어 주세요.

■ 空港(くうこう)までのアクセスを勘定に入れると、今回(こんかい)は飛行機(ひこうき)より列車(れっしゃ)のほうが早(はや)そうだ。

▶ If you take access to the airport into consideration, this time going by train would have been faster.

▶ 如果将到机场的时间计算在内，这次似乎坐火车比坐飞机还要快。

▶ 공항까지의 교통수단을 고려하면, 이번에는 비행기보다 열차가 빠를 것 같다.

参 別勘定、損得勘定

0338 | 緩衝材(かんしょうざい)　cushioning / 缓冲材料 / 완충재

■ この商品(しょうひん)は壊(こわ)れやすいので、箱詰(はこづ)めするのに何(なに)か緩衝材が要(い)る。

▶ This product is fragile so pack it with ample cushioning in the box.

▶ 这种商品很容易坏，所以装箱时需要缓冲材料。

▶ 이 상품은 부서지기 쉬우니, 상자에 담을 때 뭔가 완충재가 필요하다.

0339 | 感触(かんしょく)　feeling / 感触 / 감촉, 느낌

■ プレゼンをした時(とき)の先方(せんぽう)の反(はん)応(のう)も悪(わる)くなかったし、今(いま)のところ、好感触(こうかんしょく)を得(え)ています。

▶ I got a good feeling during the presentation, so for now I'm optimistic.

▶ 演示会时对方的反应不错，目前获得了对方的好感。

▶ 프리젠테이션을 했을 때의 상대편 반응도 나쁘지 않았고, 지금으로서는 좋은 느낌을 얻고 있습니다.

■ アンケート結果(けっか)を見(み)て、この新商品(しんしょうひん)はヒットするという確(たし)かな感触を得(え)た。

▶ Looking at the research data, we feel this new product is sure to be a hit.

▶ 看了调查问卷结果后，我确信这种商品肯定会很畅销。

▶ 앙케트 결과를 보고, 이 신상품은 히트한다는 확실한 느낌을 얻었다.

0340 | 関税（かんぜい） customs, duty / 关税 / 관세

■ 品目（ひんもく）によって関税率（りつ）が異（こと）なるそうだから、この商品（しょうひん）を輸入（ゆにゅう）する場合（ばあい）の関税率を調（しら）べておいて。

▶ Import duty rates apparently vary with the product, so could you check to see what the tax will be on this item?

▶ 听说品种不同关税率也不同，你先查查进口这种产品时的关税率。

▶ 품목에 따라 관세율이 다르다고 하니, 이 상품을 수입할 경우의 관세율을 조사해 두게.

0341 | 監督（かんとく） supervision / 监督 / 감독 ～する supervise / 监督 / 감독하다

■ A氏（し）は、部下（ぶか）の不正（ふせい）が発覚（はっかく）し、監督責任（せきにん）を問（と）われた。

▶ As the supervisor, Mr. A was held responsible when his staff's corruption was detected.

▶ 由于部下的不正当行为被发现了，A被追究了监督责任。

▶ A 씨는 부하의 부정이 발각되어 감독 책임을 추궁당했다.

参 現場監督、映画監督

0342 | 完売（かんばい） sell out / 销售完，售罄 / 완매 ～する sold out / 换行，另起一行 / 완매하다

■ 駅前（えきまえ）のマンションは、数日（すうじつ）で完売した。

▶ The condominium near the station sold out in only a few days.

▶ 站前的公寓，三五天内全部售完。

▶ 역앞 맨션은 며칠만에 완매됐다.

参 即日完売

0343 | 芳（かんば）しい sweet, fragrant / 好，有声誉 / 좋다，바람직하다

■ AP50は、発売（はつばい）して3カ月（げつ）になるが、売（う）れ行（ゆ）きは芳しくない。

▶ It has been three months since AP50 went on sale, but sales have not been good.

▶ AP50销售已有3个月了，但销售情况不容乐观。

▶ AP50 은 발매한 지 3 개월이 되지만，판매 실적은 좋지 않다.

0344 | 看板（かんばん） billboard, sign / 广告牌，牌子 / 간판

■ 何（なに）か看板とか目印（めじるし）になるものはありますか。

▶ Is there some kind of landmark, like a billboard?

▶ 有没有广告牌等能成为标记的东西?

▶ 뭔가 간판이나 표시가 될만한 것은 있습니까?

■ 売上（うりあげ）を上（あ）げるには、看板商品（しょうひん）をしっかり作（つく）る必要（ひつよう）がある。

▶ To increase sales, you've got to have a standout leading product.

▶ 要提高销售额，需要推出招牌商品。

▶ 매상을 올리려면 간판상품을 확실히 만들 필요가 있다.

参 看板広告

0345 | 幹部 executive officer / 干部 / 간부

■ 幹部社員として必要な能力は、強いリーダーシップである。

▶ Top executives must show strong leadership.

▶ 作为干部职员所必备的能力就是较强的统帅力。

▶ 간부사원으로서 필요한 능력은 강한 리더쉽이다.

0346 | 簡便 simplicity / 简单方便 / 간편 **～な** simplify / 简单方便 / 간편한

■ カップラーメンはその簡便さが人気を呼び、世界中に広まった。

▶ Cup ramen's simplicity has brought it popularity and helped it to spread around the world.

▶ 碗装方便面以其简单方便深受欢迎，遍布全世界。

▶ 컵라면은 간편하다는 점이 인기를 불러일으켜 전세계로 널리 퍼졌다.

0347 | カンマ comma / 逗号 / 콤마，쉼표

0348 | 勧誘 solicitation / 劝诱 / 권유 **～する** solicit / 劝诱 / 권유하다

■ 最近、不動産投資の勧誘電話が多い。

▶ Recently there have been lots of calls soliciting real estate investment.

▶ 最近，劝诱进行不动产投资的电话很多。

▶ 최근，부동산투자의 권유 전화가 많다.

0349 | 関与 participation / 参与 / 관여 **～する** participate / 参与 / 관여하다

■ 株主は、会社の意思決定に関与することができる。

▶ Stockholders are able to participate in a company's decision making.

▶ 股东可以参与公司的决策。

▶ 주주는 회사의 의사결정에 관여할 수 있다.

0350 | 肝要 vital / 重要 / 매우 중요함

■ 上司への提出物は何度も読み返し、間違いの無いようにすることが肝要だ。

▶ It is vital to check over and over to make sure there are no errors before you submit any document to your superior.

▶ 提交给上司东西时，最重要的是要反复读以免出错。

▶ 상사에게 제출하는 것은 몇 번이고 다시 읽어，틀린 곳이 없도록 하는 것이 매우 중요하다.

0351 | 慣用 in common / 惯用 / 관용

■ ビジネス文書では、「お世話になっております。」などの慣用表現がよく使われる。

▶ In business letters, common expressions such as "thank you for everything you have done" are often used.

▶ 在商务文书中常使用“承蒙您关照”等惯用表达方式。

▶ 비지니스 문서에서는 '신세지고 있습니다'등의 관용표현이 자주 사용된다.

0352 | 管理（かんり） control, management / 管理 / 관리 ～する control, manage / 管理 / 관리하다

■ 新（あたら）しいシステムを導入（どうにゅう）して、品質（ひんしつ）管理の向上（こうじょう）を図（はか）ります。

▶ We have a new system in our plant and will aim for improved quality control.

▶ 通过引进新的系统，力求提高品质管理。

▶ 새로운 시스템을 도입해서 품질 관리의 향상을 도모합니다.

参 管理職、生産管理、個人情報の管理、危機管理

0353 | 簡略化（かんりゃくか） simplification / 简略化 / 간략화 ～する simplify / 简略化 / 간략화하다

■ 海外送金（かいがいそうきん）は、ネットで行（おこな）えば、事務手続（じむてつづ）きを簡略化することができる。

▶ If funds are sent overseas via the Internet, paperwork can be greatly simplified.

▶ 海外汇款若在网上进行则可简化事务手续。

▶ 해외송금은 인터넷으로 하면, 사무절차를 간략화할 수 있다.

0354 | 慣例（かんれい） convention / 惯例 / 관례

■ 日本（にほん）では慣例として、退任（たいにん）した社長（しゃちょう）が会長（かいちょう）になることがよくある。

▶ The convention in Japan is for retired company presidents to often become chairmen of the board.

▶ 在日本作为惯例，卸任的社长常常会成为会长。

▶ 일본에서는 관례로 퇴임한 사장이 회장이 되는 경우가 많이 있다.

参 慣例に従う

0355 | 関連（かんれん） connection / 关联 / 관련 ～する connect / 关联 / 관련하다

■ エネルギー問題（もんだい）と環境問題（かんきょうもんだい）は、密接（みっせつ）に関連している。

▶ The energy and environment problems are closely connected.

▶ 能源问题和环境问题密切相关。

▶ 에너지문제와 환경문제는 밀접하게 관련되어 있다.

■ 卒業（そつぎょう）したら、大学（だいがく）で勉強（べんきょう）したことと関連がある仕事（しごと）につきたい。

▶ After graduation, I want a job where the work is related to what I studied at university.

▶ 毕业后我想从事和自己在大学所学专业相关的工作。

▶ 졸업하면 대학에서 공부했던 것과 관련있는 곳에 취업하고 싶다.

参 関連性、選挙関連のニュース

0356 | 関連会社（かんれんがいしゃ） affiliate / 关联公司 / 관련회사

■ ホームページは、グループの各（かく）関連会社で独自（どくじ）に作（つく）っている。

▶ Affiliates are setting up their own websites.

▶ 主页由集团的各有关公司独立制作。

▶ 홈페이지는 그룹의 각 관련회사에서 독자적으로 만들고 있다.

0357 | 緩和（かんわ） relief, relaxing / 放宽，缓和 / 완화 ～する relieve, to relax / 放缓 / 완화하다

■ A国（こく）は、コンピューターなどの輸出（ゆしゅつ）規制（きせい）を緩和すると発表（はっぴょう）した。

▶ Country A announced that it will relax regulations on the export of such things as computers.

▶ A国表示放宽对电脑等产品的出口限制。

▶ A 국은 컴퓨터 등의 수출 규제를 완화한다고 발표했다.

0358 | 期（き） period, term / 期 / 시기

■ 新製品（しんせいひん）の売（う）れ行（ゆ）きが好調（こうちょう）なため、期の途中（とちゅう）で、今年度（こんねんど）の売上（うりあげ）予想（よそう）を上方（じょうほう）修正（しゅうせい）した。

▶ Since sales of new products are good, we made a mid-term upward adjustment to our sales predictions for this year.

▶ 新产品卖的不错，本期中途提高了今年的预期销售额。

▶ 신제품의 팔림새가 호조여서，시기 도중에 금년도 매출예상을 상방수정했다.

■ A社（しゃ）は、9月（がつ）の期末（まつ）までに、店舗数（てんぽすう）をあと30増（ふ）やすと発表（はっぴょう）した。

▶ Company A announced that it would be increasing its stores by 30 by the end of the September period.

▶ A公司宣称，到9月期末将再增加30家店铺。

▶ A 사는 9 월 기말까지，점포수를 30 개 더 늘린다고 발표했다.

㊂ 新しい期、期が変わる

0359 | ～期（き）㊓ period, term / ……期 / ～기

■ 会社（かいしゃ）が設立（せつりつ）されて、今期（こんき）がちょうど10期目（め）になる。

▶ This period marks precisely the 10th period since the company was established.

▶ 本期正好是公司成立后的第10期。

▶ 회사가 설립되어 이번이 딱 10 기째가 된다.

■ 4～6月（がつ）期の売上（うりあげ）は、前年（ぜんねん）同期（どうき）を上回（うわまわ）った。

▶ Sales during the April–June period surpassed that of the same period last year.

▶ 4-6月期的销售额超过了前年同期。

▶ 4-6 월기간의 매상은 전년도 같은 시기를 상회했다.

㊂ 今期、来期、半期

0360 | 企画（きかく） plan / 计划 / 기획，기획하다 ～する plan / 企画 / 기획하다

■ 新商品（しんしょうひん）を企画する際（さい）はマーケット調査（ちょうさ）をしっかりすることが大切（たいせつ）だ。

▶ It is vital to check market research carefully when you develop a new product plan.

▶ 计划新的产品时，详细的市场调查十分重要。

▶ 신상품을 기획할 때에는 시장조사를 확실히 하는 것이 중요하다.

㊂ 企画を立てる draw up a project / 反复斟酌计划 / 기획을 세우다、
企画を練る elaborate a plan / 计划书 / 기획을 짜다、 企画書

0361 | 規格(きかく)　standard / 标准、规格 / 규격

■ 日本(にほん)で生産(せいさん)している製品(せいひん)を輸出(ゆしゅつ)する場合(ばあい)、その国(くに)の規格に合(あ)うように変更(へんこう)しなければならないこともある。

▶ Sometimes we have to make changes to meet the standards of other countries when Japanese-made products are exported.

▶ 在日本国内生产的制品要出口的时候，为了能符合对方国家的标准，有时需要进行变更。

▶ 일본에서 생산하고 있는 제품을 수출하는 경우 그 나라의 규격에 맞도록 변경해야 하는 일도 있다.

■ 靴(くつ)や服(ふく)のサイズの規格が世界的(せかいてき)に統一(とういつ)されたら、海外(かいがい)での買(か)い物(もの)が便利(べんり)になるだろう。

▶ If the size standards for shoes and apparel were unfied internationally, it would become much easier to shop overseas.

▶ 如果鞋和衣服的规格在全世界都能统一，在国外购物就会更方便。

▶ 구두나 옷의 사이즈 규격이 세계적으로 통일되면 해외에서의 쇼핑이 편리하게 될 것이다.

参 統一規格、ＪＩＳ規格、規格品、規格外

0362 | 機関(きかん)　organization / 机关 / 기관

■ ユニセフ (UNICEF) は国連(こくれん)(国際連合(こくさいれんごう))の機関の一(ひと)つで、本部(ほんぶ)はニューヨークにあります。

▶ UNICEF is one of the UN's organizations. Its headquarters is in New York City.

▶ 联合国儿童基金（UNECEF）是联合国的一个机关，本部设在纽约。

▶ 유니세프 (UNICEF) 는 유엔 (국제연합) 기관의 하나로 본부는 뉴욕에 있습니다.

参 教育機関、公的機関、国の機関

0363 | 機器(きき)　equipment / 器械 / 기기

■ 光学(こうがく)分野(ぶんや)やデジタル技術(ぎじゅつ)に強(つよ)いＡ社(しゃ)は、医療(いりょう)機器の開発(かいはつ)に乗(の)り出(だ)した。

▶ A Company, which is good at both optical and digital technology, has set out to develop medical instruments.

▶ 在光学领域及数字技术方面占优势的A公司，开始涉足于医疗器械的开发。

▶ 광학 분야와 디지털 기술에 강한 A사는 의료기기 개발에 나섰다.

参 通信機器、電子機器、周辺機器

0364 | 企業(きぎょう)　company, corporation / 企业 / 기업

■ 企業には、社会的責任(しゃかいてきせきにん)が求(もと)められる。

▶ Social responsibility is demanded of businesses.

▶ 企业需要承担社会责任。

▶ 기업에는 사회적 책임이 요구된다.

参 企業経営、日系企業、大企業、中小企業、外資系企業

0365 | 気配り　sensitivity / 照料、照顾 / 배려

■ 身体の不自由な方、子供連れのお客様には気配りが必要だ。

▶ It is necessary to consider both physically disabled persons and those accompanied by children.

▶ 需要照顾到身体有残疾及带小孩的客人。

▶ 몸이 불편하신 분, 아이를 동반한 고객에게는 배려가 필요하다.

■ あのレストランは料理を提供するタイミングなど、お客様への気配りがとても行き届いている。

▶ That restaurant is so attentive to the guests. They have the timing down perfectly when they serve meals.

▶ 那家餐馆对客人照顾得非常周到，比如说上菜的时机等。

▶ 그 레스토랑은 요리를 제공하는 타이밍 등 고객에의 배려가 두루 미치고 있다.

0366 | 期限　deadline / 期限 / 기한

■ 期限を守るということは、仕事をする上で最も重要なことの一つです。

▶ Meeting the deadline is one of the most important issues when doing a job.

▶ 遵守期限，是工作中最重要的一点。

▶ 기한을 지킨다는 것은 일을 하는데 있어서 가장 중요한 것의 하나입니다.

■ パスポートは、有効期限が切れる前に更新しておきましょう。

▶ Let's renew our passports before the expiration.

▶ 护照在过期前，需要更新。

▶ 여권은 유효기한이 지나기 전에 갱신해 둡시다.

[参] 提出期限、返済期限　repayment deadline / 偿还期限 / 변제기한

0367 | 記載　recording / 记载 / 기재　～する　record / 写上 / 기재하다

■ 外国人登録証明書の裏面に記載がある場合は、裏面も必ずコピーしてください。

▶ If there is any record on the back side of the certificate of alien regisration, please take a photocopy of it.

▶ 如果外国人登记证明的背面有记载，背面也需要复印。

▶ 외국인등록증명서의 뒷면에 기재가 있는 경우는 뒷면도 반드시 복사해 주세요.

■ 職務経歴書には、職歴や従事した職務内容、スキル、経験などを記載します。

▶ In a résumé, job career, content, skills, experience and the like are written.

▶ 在工作履历中，填写工作经历、从事的工作内容、技术、经验等。

▶ 직무 경력서에는 직업 경력・종사한 직무 내용・기술이나 경험 등을 기재합니다.

[参] 記載事項　entries / 记载事项 / 기재사항、記載内容

0368 | 機材(きざい)

equipment / 器材 / 기재

■ テレビ局(きょく)の車(くるま)には撮影用(さつえいよう)の機材(きざい)が積(つ)んである。

▶ The TV station's car has all the equipment for doing a shoot on board.

▶ 电视台的车子上装着摄像用的器材。

▶ 방송국의 차에는 촬영용 기재가 쌓여 있다.

0369 | 記事(きじ)

article / 报道 / 기사

■ A 社(しゃ)が倒産(とうさん)したことを雑誌(ざっし)の記事で知(し)った。

▶ I read a magazine article that said A Company had fallen into bankruptcy.

▶ 通过杂志上的报道，得知A公司已倒闭。

▶ A 사가 도산한 것을 잡지 기사로 알았다.

■ インターネットで過去(かこ)の新聞(しんぶん)記事を検索(けんさく)する。

▶ I search up past newspaper articles from the retrieval system through the Internet.

▶ 通过网络检索过去的新闻报道。

▶ 인터넷으로 과거의 신문 기사를 검색한다.

0370 | 期日(きじつ)

due date / 日期 / 기일

■ 会費(かいひ)は、指定(してい)された期日までにお支払(しはら)いください。

▶ Pay the membership fee by the due date.

▶ 请在指定的日期内交付会费。

▶ 회비는 지정된 기일까지 지불해 주세요.

■ どんなに厳(きび)しいスケジュールでも、決(き)められた期日を守(まも)るようにするべきだ。

▶ You have to meet the due date no matter how hard your schedule is.

▶ 不论日程安排如何紧张，也应该遵守定好的日期。

▶ 아무리 빡빡한 스케줄이라 해도 정해진된 기일을 지키도록 해야 한다.

0371 | 貴社(きしゃ)

your company / 贵公司 / 귀사

■ 貴社のホームページを拝見(はいけん)しました。

▶ I have had the honor of looking at your company website.

▶ 瞻仰了贵公司的网页。

▶ 귀사의 홈페이지를 보았습니다.

■ 貴社名(めい)をご記入(きにゅう)ください。

▶ Write in your company name here.

▶ 请填写贵公司的名称。

▶ 귀사명을 기입해 주십시오.

0372 | 帰社(きしゃ)

return / 回公司 / 귀사하다 (회사에 돌아오다)

■ 小泉(こいずみ)は 5 時(じ)に帰社します。

▶ Koizumi will return to the office at 5 o'clock.

▶ 小泉5点钟回公司。

▶ 고이즈미는 5 시에 돌아옵니다.

0373 | 機種　model / 机种 / 기종

■ 携帯は、機種によってはカメラ機能の付いていないものもあります。

▶ Not all cellular phone models have a camera function.

▶ 机种不同功能不同，有的手机没有相机功能。

▶ 휴대폰은 기종에 따라서는 카메라 기능이 없는 것도 있습니다.

参 最新機種

0374 | 技術　technique, technology / 技术 / 기술

■ さくら工業は、金属加工の分野ですぐれた技術を持っている。

▶ Sakura Industries possesses excellent technology in the field of metal processing.

▶ 樱花工业在金属加工领域拥有卓越的技术。

▶ 사쿠라 공업은 금속 가공 분야에서 훌륭한 기술을 가지고 있다.

参 科学技術、技術を磨く、技術開発

0375 | 基準　standard / 标准，规范 / 기준

■ A社の工場排水には、法律で定めた基準をはるかに上回る有毒物質が含まれていた。

▶ The waste water from Company A's plant contained toxic matter that far exceeded the standard established by law.

▶ A公司的工厂排水中，含有大大超出法律规定标准的有毒物质。

▶ A사의 공장 배수에는 법률로 정해진 기준을 훨씬 윗도는 유독물질이 포함되어 있었다.

■ この表は、以下の評価基準に従って各社の新製品をランク付けしたものです。

▶ This chart ranks the new products of each company according to the following evaluation standards.

▶ 此表是根据以下的评价标准对各公司的新产品进行的排序。

▶ 이 표는, 아래의 평가기준에 따라 각사의 신제품을 등급 매긴 것입니다.

参 安全基準、環境基準、建築基準、品質基準、採点基準、労働基準法

0376 | 議事録　minutes / 议事记录 / 회의록

■ 打ち合わせや会議が終わったら、速やかに議事録を作成してください。

▶ Upon finishing any conference or meeting, draw up the minutes immediately.

▶ 请在商洽及会议结束后迅速作成会议记录。

▶ 사전협의나 회의가 끝나면 신속하게 회의록을 작성해 주세요.

0377 | 規制　regulation / 规定 / 규제　～する restrict / 规定 / 규제하다

■ 病原菌を運ぶ危険性のある動物は、輸入が規制されている。

▶ Imports of possible disease-carrying animals have been restricted.

▶ 有携带病原菌危险的动物被限制进口。

▶ 병원균을 옮길 위험성이 있는 동물은 수입이 규제되고 있다.

参 交通規制、排ガス規制　emission control / 废气排放限定 / 비가스규제、規制を強化する

0378 | 既成
ready-made / 既成 / 기성

■ 世界経済が大きく変化している今、日本は既成の枠を超え、時代の変化に対応していく必要がある。

▶ Japan must get away from ready-made standards, because the world economy is changing too quickly.

▶ 在世界经济千变万化的今天，日本有必要超越既成的框架，顺应时代的变化。

▶ 세계경제가 크게 변화하고 있는 지금 일본은 기성의 테두리를 넘어 시대 변화에 대응해 나갈 필요가 있다.

参 既成事実、既成概念　stereotype / 先入之见 / 기성개념

0379 | 既製品
ready-made goods / 制成品 / 기성품

■ 靴は既製品でなく、オーダーメイドで買うことにしているんです。

▶ I don't buy ready-made shoes. I buy them order made.

▶ 鞋我不想买制成品，想去定做。

▶ 구두는 기성품이 아니라，맞춤 상품으로 사도록 하고 있습니다.

0380 | 偽造
fabrication / 伪造 / 위조　～する fabricate / 伪造 / 위조하다

■ さくらスーパーのレジから、偽造紙幣が見つかったそうだ。

▶ I heard that counterfeit bills were discovered in a cash register at Sakura Supermarket.

▶ 听说樱花超市的收银台发现了假的纸币。

▶ 사쿠라 슈퍼마켓의 금전출납계에서 위조지폐가 발견되었다고 한다.

0381 | 既存
existing / 既存 / 기존

■ ヒット商品は、既存の商品や技術に工夫を加えて生み出されたものが多い。

▶ Many hot-selling products are likely to be produced to add some ingenuity to the existing products and technology.

▶ 热销商品中，许多是在既有的商品及技术的基础上进行改良而产生的。

▶ 히트 상품은 기존의 상품이나 기술에 연구를 더해 만들어진 것이 많다.

0382 | 議題
agenda, topic of discussion / 议题 / 의제

■ 今回の議題は、「来年度の事業計画」です。

▶ The topic of discussion this time is next year's business plan.

▶ 这次的议题是“下一个年度的工作计划”。

▶ 이번 의제는 [내년도 사업계획] 입니다.

0383 | きちっと　in the proper way / 好好的、完全标准的 / 깔끔하게，정확히

■ 大丈夫。彼はきちっとやるタイプです。
- ▶ It's OK. He is a man of doing everything right.
- ▶ 没关系，他属于认真实干型的人。
- ▶ 괜찮아. 그는 깔끔하게 하는 타입입니다.

■ 手順をきちっと踏むことが大切だ。
- ▶ It is vital to follow the procedure properly.
- ▶ 关键是要完全按照步骤走。
- ▶ 절차를 정확하게 밟는 것이 중요하다.

0384 | 基調　basis / 基调 / 기조

■ 今度できたポスターは、オレンジを基調にした明るいデザインです。
- ▶ The poster made this time has a bright orange based design.
- ▶ 这次的海报是以橙色为基调的明快的设计。
- ▶ 이번에 완성된 포스터는 오렌지를 기조로 한 밝은 디자인입니다.

■ A 社は過去５年間、黒字基調で推移している。
- ▶ Company A has been undergoing a transition over the last five years based on a black balance sheet.
- ▶ A公司在过去5年中基本是以盈利为基调发展的。
- ▶ A 사는 과거 5년간 흑자 기조로 변하고 있다.

参 基調講演

0385 | 几帳面　meticulous ness / 一丝不苟 / 꼼꼼함
～な meticulous / 一丝不苟 / 꼼꼼한
～に meticulously / 规规矩矩 / 꼼꼼하게

■ 彼はとても几帳面な人で、書類やレシート類など、何でもきちんと整理しないと気がすまない。
- ▶ He is apt to put every paper and receipt in order because he is a meticulous person.
- ▶ 他是非常认真的人，资料及票据之类的东西，如果不全部整理好就不算完。
- ▶ 그는 매우 꼼꼼한 사람이어서, 서류나 영수증 등 뭐든 말끔히 정리하지 않으면 기분이 풀리지 않는다.

0386 | きっかけ　in the wake of / 开端、契机 / 계기

■ たばこが値上げされるのをきっかけに、禁煙することにした。
- ▶ In the wake of rising tobacco prices, I have decided to stop smoking.
- ▶ 自从香烟涨价后，我开始戒烟了。
- ▶ 담배값이 인상된 것을 계기로 금연하기로 했다.

■ 一消費者の声が、このヒット商品を生むきっかけとなった。
- ▶ The voice of a single consumer led to the birth of this hit product.
- ▶ 消费者的呼声，就是这一热销品产生的契机。
- ▶ 한 소비자의 목소리가 이 히트 상품을 낳는 계기가 되었다.

参 ブームのきっかけ

0387 | きっかり　sharp, exactly / 正好，恰好 / 딱，정확히

■ 今日(きょう)はきっかり定時(ていじ)に終(お)わった。
▶ We finished work exactly on time today.
▶ 今天正好准时结束了。
▶ 오늘은 딱 정시에 끝났다.

■ この見積(みつも)り、端数(はすう)は切(き)り捨(す)てて1万円(まんえん)きっかりにしよう。
▶ Let's make this estimate exactly10,000 yen by rounding down fractions.
▶ 这个报价，我们把零头去掉，就定为1万元整吧。
▶ 이 견적의 끝자릿수는 버리고 딱 만엔으로 하자.

0388 | キックバック　kickback / 回扣 / 뇌물　~する give kickbacks / 回扣 / 뇌물을 주다

■ 仲介(ちゅうかい)したA社(しゃ)には、売上(うりあげ)300万円(まんえん)のうち5%をキックバックとして支払(しはら)った。
▶ We paid 5% of the 3 million yen sale as a kickback to Company A which acted as go-between.
▶ 要将营业额300万中的5%作为回扣支付给中介A公司。
▶ 중개를 한 A사에는 매상 300만엔 중 5%를 뇌물로 주었다.

参 キックバックを要求する

0389 | 気付(きつけ)/気付(きづけ)　addressed / 使振作 / 전교

参 営業部気付高橋様

0390 | 規定(きてい)　regulations / 规定 / 규정　~する regulate / 规定 / 규정하다

■ 次(つぎ)のページに、退職金(たいしょくきん)に関(かん)する規定が書(か)かれています。
▶ The next page shows the retirement allowance regulations pertaining to resignation.
▶ 在下一页上，写着退休金的相关规定。
▶ 다음 페이지에 퇴직금에 관한 규정이 쓰여 있습니다.

■ 社内規定(しゃないきてい)に従(したが)って、住宅手当(じゅうたくてあて)が支給(しきゅう)されます。
▶ A housing allowance is paid according to company regulations.
▶ 按照公司内的规定，发放住房补贴。
▶ 사내규정에 따라, 주택수당이 지급됩니다.

参 利用規定

0391 | 起動(きどう)　boot / 启动 / 기동　~する boot up / 开动 / 기동하다

■ パソコンを起動するとパスワードの入力画面(がめん)が表示(ひょうじ)されます。
▶ When you boot up your PC, a password entry screen is displayed.
▶ 电脑启动后，就会出现密码输入的画面
▶ PC를 기동하면 패스워드 입력 화면이 표시됩니다.

参 起動ディスク

0392 | 軌道（きどう）　orbit, course / 轨道，路线 / 궤도

■ 新（しん）プロジェクトは、今月（こんげつ）に入（はい）って、ようやく軌道に乗（の）ってきた。

▶ The new project is finally on course this month.

▶ 新项目到这个月才步入轨道。

▶ 새로운 프로젝트는 이번 달로 접어들어 드디어 궤도에 올랐다.

■ クライアントから新（あら）たな要望（ようぼう）が加（くわ）わって、軌道修正（しゅうせい）が必要（ひつよう）になった。

▶ A new demand from the client has been added, so a course change will be necessary.

▶ 结合客户的新要求，我们需要进行工作路线的修正。

▶ 클라이언트로부터 새로운 요구가 첨가되어 궤도 수정이 필요해졌다.

0393 | 機動力（きどうりょく）　mobile power / 动力 / 기동력

■ A社（しゃ）は、都市部（としぶ）を中心（ちゅうしん）に営業所（えいぎょうしょ）の数（かず）を増（ふ）やし、販売面（はんばいめん）での機動力アップを図（はか）った。

▶ Company A has aimed for an increase in mobile power on the sales front, increasing the number of sales offices centered around the municipal area.

▶ A公司以市区为中心增加了营业所的数量，希望能在销售方面增强动力。

▶ A 사는 도시를 중심으로 영업소 수를 늘려, 판매면에서 기동력 상승을 꾀했다.

[参] 機動力を発揮する

0394 | 記入（きにゅう）　fill-in / 写上 / 기입　~する fill in / 填写 / 기입하다

■ 申込書（もうしこみしょ）に住所（じゅうしょ）・氏名（しめい）を記入してください。

▶ Fill in your name and address on the application form.

▶ 请在申请表上填写住所和姓名。

▶ 신청서에 주소・이름을 기입해 주세요.

[参] 記入用紙、記入例、記入欄　space for entry / 填写栏 / 기입란

0395 | 機能（きのう）　function / 机能 / 기능　~する to function / 有作用 / 기능을 하다

■ 新（あたら）しいSAKURA-Gは、機能（きのう）が増（ふ）えて使（つか）いやすくなった。

▶ New SAKURA-G becomes easier to use with its many new features.

▶ 新的SAKURA-G的功能增多了，更方便于使用。

▶ 새로운 SAKURA-G는 기능이 증가해 사용하기 쉽게 되었다.

■ 停電（ていでん）で工場（こうじょう）の機能（きのう）がストップした。

▶ Plant operation stopped because of a power outage.

▶ 由于停电，工厂陷入了瘫痪。

▶ 정전으로 공장의 기능이 정지되었다.

[参] 編集機能

0396 | 技能（ぎのう）
skill / 技能 / 기능

■ 職業訓練（しょくぎょうくんれん）によって、仕事（しごと）に役立（やくだ）つ知識（ちしき）や技能を高（たか）めることができる。

▶ You can acquire useful skills and knowledge through job training.

▶ 通过职业训练，能够提高有利于工作的知识及技能。

▶ 직업 훈련에 의해 일에 도움이 되는 지식이나 기능을 높일 수 있다.

参 技能検定、技能を身に付ける

0397 | ギフト
gift / 赠品，礼品 / 선물

■ A社（しゃ）のカタログ通信販売（つうしんはんばい）では、3,000点以上（てんいじょう）の品（しな）からギフトが選（えら）べる。

▶ We can select from more than 3,000 items in Company A's mail-order catalog.

▶ 在A公司的邮寄销售中，能从3,000点以上的商品中选择赠品。

▶ A 사의 카탈로그 통신 판매에서는 3,000 점 이상의 물건에서 선물을 고를 수 있다.

■ デパートに行けば、ギフトに最適（さいてき）な商品（しょうひん）を探（さが）すことができる。

▶ At a department store, you can find a suitable gift for anyone.

▶ 如果去百货商店，就能找到最适合做礼品的商品。

▶ 백화점에 가면 선물에 최적인 상품을 찾을 수 있다.

参 ギフトショップ、ギフト券、ギフト商品

0398 | 規模（きぼ）
scale / 规模 / 규모

■ A社（しゃ）は、この10年間（ねんかん）、規模を拡大（かくだい）し続（つづ）け、世界各国（せかいかっこく）に支店（してん）を持（も）つようになった。

▶ Company A has kept expanding its business for 10 years, and now has branches all over the world.

▶ 在这十年中，A公司不断扩大规模，已经在世界各国设立了分店。

▶ A 사는 지난 10년 간 규모를 계속 확대하여 세계 각국에 지점을 갖게 되었다.

参 市場規模、大（中・小）規模

0399 | 期末（きまつ）
year end / 期末 / 기말

■ 今年度（こんねんど）の期末決算（けっさん）は、大幅（おおはば）な増収（ぞうしゅう）が見込（みこ）まれる。

▶ Drastic increases in earnings are estimated for the year-end financial results.

▶ 今年的期末决算，预计会有大幅度的增收。

▶ 금년도의 기말 결산은 대폭적인 증가수익이 전망된다.

0400 | 規約（きやく）
regulations / 规约 / 규약

■ 会員（かいいん）は、規約に違反（いはん）した場合（ばあい）、会員資格（しかく）を失（うしな）うことになる。

▶ If a member breaks regulations, he or she is disqualified.

▶ 如果会员违反了规约，就会丧失会员资格。

▶ 회원은 규약을 위반했을 경우 회원 자격을 잃게 된다.

参 会員規約、利用規約

0401 | 客注（きゃくちゅう）　customer order / 客户需求 / 고객의 주문

■ 客注対応（たいおう）が遅（おく）れないように気（き）をつけてください。

▶ Take care not to cause delays, and respond to the customer order immediately.

▶ 注意不要延误了对客户需求的回应。

▶ 고객의 주문에 대한 대응이 늦지 않도록 신경써 주세요 .

0402 | 脚立（きゃたつ）[イ]　steps / 梯凳 / 접사다리

0403 | 却下（きゃっか）　rejection / 驳回 / 각하　**～する** reject / 否决 / 각하하다

■ いくつか企画（きかく）を提案（ていあん）したけど、部長（ぶちょう）に全部（ぜんぶ）却下された。

▶ We had proposed some plans, but all of them were rejected by the general manager.

▶ 虽然提出了几个计划，却全被部长否决了。

▶ 몇가지 기획을 제안했지만 , 부장님에게 전부 거절 당했다 .

0404 | キャッシュ　cash / 现金 / 캐쉬 (현금)

■ 企画（きかく）の内容（ないよう）は大体（だいたい）いいですが、キャッシュフローがわかるような表（ひょう）も付（つ）けてください。

▶ The content of the plan is generally OK. The table to interpret the cash flow should be attached.

▶ 计划内容整体上还可以，不过，应该附表说明现金流量。

▶ 기획의 내용은 대체로 좋습니다만 , 캐쉬 플로우 (cash flow) 를 알 수 있는 표도 첨가해 주세요 .

■ キャッシュでお支払（しはら）いになりますか。

▶ Are you going to pay in cash?

▶ 您用现金支付吗?

▶ 현금으로 지불하시겠습니까 ?

[参] キャッシュカード

0405 | キャッチフレーズ　catch phrase / 吸引人的词句 / 캐치프레이즈, 선전문구

■ この商品（しょうひん）のイメージを決定（けってい）づけるような、いいキャッチフレーズはないかな。

▶ Is there any suitable buzzword to project the right image for this product?

▶ 有没有能一下展现出这一商品特点的吸引人的词句呢。

▶ 이 상품의 이미지를 결정짓는 좋은 캐치프레이즈는 없을까 .

0406 | キャパシティー　capacity / 容量, 权限 / 수용능력

■ あの会場（かいじょう）は、300人（にん）くらいのキャパシティーがあるから、今度（こんど）の講演会（こうえんかい）にはちょうどいいね。

▶ Since that hall accommodates 300 people, it is perfect for the next lecture meeting.

▶ 那个会场能容纳300个人，因此，正好适合这次的讲演会。

▶ 그 회장은 300 명 정도의 수용능력이 있으니까 이번 강연회에는 딱 좋다 .

■ 協力したい気持ちはあるんだけど、今回は私のキャパシティーを超えてます。

▶ I would really like to work with you, but this is beyond my capacity.

▶ 我虽然想合作，但这次已经超越了我的权限。

▶ 협력하고 싶은 마음은 있으나, 이번은 나의 능력을 초과합니다.

0407 | キャビネ㊥（キャビネット）㋑ cabinet / 橱柜 / 캐비닛

0408 | キャリア career / 经验，履历 / 커리어，경력

■ 森氏は、ベンチャー企業でキャリアを積み、最近起業した。

▶ Mr. Mori had built a career at a venture company, and recently he started his own company.

▶ 森通过在新兴企业积累经验，最近自己开了公司。

▶ 모리 씨는 벤처기업에서 경력을 쌓아서, 최근 창업했다.

■ キャリアアップのために、資格取得を目指す人が増えている。

▶ There are a lot of people trying to get certifications in an effort to boost their careers.

▶ 为了提高资历，努力考取资格的人增多了。

▶ 커리어 업을 위해, 자격취득을 목표로 하는 사람이 늘고 있다.

参 長年のキャリア

0409 | キャンセル cancellation / 取消 / 캔슬，취소 ～する cancel / 取消 / 캔슬하다，취소하다

■ ホテルの予約をキャンセルした。

▶ I canceled the hotel reservation.

▶ 取消了酒店的预约。

▶ 호텔 예약을 취소했다.

参 キャンセル料

0410 | キャンペーン campaign / 宣传活动 / 캠페인

■ 新作映画のキャンペーンでトム·クルーズが来日した。

▶ Tom Cruise came to Japan for a publicity campaign promoting his new film.

▶ 为了宣传新影片，汤姆·克鲁斯来到了日本。

▶ 신작 영화 캠페인으로 톰크루즈가 일본에 방문했다.

■ ただ今、10周年キャンペーン実施中！

▶ We are putting the 10-year anniversary compaign into action.

▶ 现在，正在开展10周年的宣传活动。

▶ 바로 지금 10주년 캠페인 실시 중!

0411 | 休暇 holiday, vacation / 休假 / 휴가

■ この仕事が終わったら、少し休暇をとろうと思っています。

▶ After finishing this job, I think I will take a short rest.

▶ 这项工作结束后，我想休假一阵子。

▶ 이 일이 끝나면, 잠시 휴가를 내려고 생각하고 있습니다.

参 休暇届け、夏季休暇、有給休暇

0412 | 休業（きゅうぎょう） suspension of operations / 停业 / 휴업 ～する suspend operations / 停业 / 휴업하다

■ 来月9日（らいげつここのか）は、店内改装工事（てんないかいそうこうじ）のため、臨時（りんじ）休業させていただきます。

▶ Due to the internal remodeling on the 9th of next month, we will be temporarily suspending business.

▶ 下月9日，因为要店内改装施工，要暂时停业。

▶ 다음 달 9 월은, 점내 개장 공사로 인해, 임시휴업하겠습니다.

参 休業日、夏季休業、育児休業、休業補償

0413 | 休憩（きゅうけい） rest / 休息 / 휴식 ～する rest / 休息 / 쉬다

■ 適当（てきとう）に休憩を取（と）ってください。

▶ Make sure you get proper rest.

▶ 请您随意休息一会儿。

▶ 적당하게 휴식을 취해 주세요.

0414 | 休職（きゅうしょく） leave of absense / (暂时)停职 / 휴직 ～する take days off / (暂时)停职 / 휴직하다

■ 高橋（たかはし）さんは、病気治療（びょうきちりょう）のため、半年（はんとし）ほど休職していたが、来週（らいしゅう）から復帰（ふっき）する。

▶ Ms. Takahashi took a six month leave of absense for medical treatment, but she will be back on the job next week.

▶ 高桥先生因为治病停职了半年，不过从下周起要复职了。

▶ 다카하시 씨는 병 치료를 위해, 반년 정도 휴직했었지만, 다음 주부터 복귀한다.

参 休職中、休職願い

0415 | 求職（きゅうしょく） job hunting / 找工作 / 구직 ～する hunt for a job / 找工作 / 구직하다

■ 失業手当（しつぎょうてあて）の支給（しきゅう）は、求職（きゅうしょく）活動（かつどう）をしている人（ひと）が対象（たいしょう）になります。

▶ Unemployment allowance is for people who are doing job hunting activities.

▶ 失业补贴的支付对象是正在找工作的人。

▶ 실업수당의 지급은, 구직활동을 하고 있는 사람이 대상이 됩니다.

参 求職者、求職中

0416 | 求人（きゅうじん） help wanted / 招人 / 구인

■ 新聞（しんぶん）の求人広告（こうこく）を見（み）て伺（うかが）いましたが、担当（たんとう）の中村様（なかむらさま）はいらっしゃいますでしょうか。

▶ I saw your ad in the help-wanted section. Is Mr. Nakamura in today?

▶ 我是看了报纸上的招聘广告来的，请问负责的中村先生在吗?

▶ 신문의 구인 광고를 보고 찾아뵈었습니다만, 담당인 나카무라 씨는 계십니까?

参 求人情報

0417 | 急増 sharp increase / 剧增 / 급증　～する increase rapidly / 猛增 / 급증하다

■ インターネットを利用した取引でのトラブルが急増している。

▶ Problems related to Internet trading are increasing rapidly.

▶ 利用因特网的交易中纠纷剧增。

▶ 인터넷을 이용한 거래에서의 문제가 급증하고 있다.

■ 新商品が新聞で紹介されてから、ホームページへのアクセスが急増している。

▶ After the introduction of the new product through the press, the number of hits on the web site has increased rapidly.

▶ 通过报纸介绍了新产品后，主页的点击率剧增。

▶ 신상품이 신문에서 소개되고 나서, 홈페이지로의 액세스가 급증하고 있다.

0418 | 急速 rapidness / 迅速 / 급속　～な rapid / 迅速 / 급속한　～に rapidly / 迅速 / 급속하게

■ 携帯は急速に普及し、生活に欠かせないものとなった。

▶ Cellular phones spread rapidly and now we cannot live without them.

▶ 手机迅速普及，在生活中已不可缺少。

▶ 휴대폰은 급속히 보급되어 생활에 빠뜨릴 수 없는 것이 되었다.

■ A 社は、この先２～３年で、急速な成長が期待される企業の一つだ。

▶ Company A is expected to achieve rapid growth for two or three years.

▶ A公司，在今后的2～3年中，是有望快速成长的企业之一。

▶ A 사는 앞으로 2, 3 년에 급속한 성장이 기대되는 기업의 하나이다.

0419 | 急騰 sharp rise / 暴涨 / 급등　～する rise sharply / 暴涨 / 급등하다

■ 天候不順の影響で、野菜の価格が急騰している。

▶ Due to inclement weather, the price of vegetables has risen sharply.

▶ 由于天气异常的影响，蔬菜价格暴涨。

▶ 날씨 불순의 영향으로, 채소 가격이 급등하고 있다.

参 人気が急騰する、株価が急騰する

0420 | 急務 urgent task / 当务之急 / 시급히 처리해야 할 일

■ オンラインの業務がますます増えていく中、セキュリティ対策が急務です。

▶ Security is an urgent task as we expand our online operations.

▶ 在线业务越来越多了，当务之急就是解决安全问题。

▶ 온라인 업무가 더욱더 늘어가는 가운데 안전 대책이 시급히 처리해야 할 일입니다.

0421 | 起用 appointment / 起用 / 기용 ～する appoint / 起用 / 기용하다

■ 新しいプロジェクトのメンバーには、新人を多く起用するつもりです。

▶ I intend to appoint many new employees to be members of the new project team.

▶ 新项目的成员，计划多起用新人。

▶ 새로운 프로젝트의 멤버로 새로운 사람을 많이 기용할 예정입니다.

[参] 若手を起用する、CM に起用する

0422 | 強化 intensification / 强化 / 강화 ～する intesify / 强化 / 강화하다

■ 当社は、ホームページのサービス機能を強化し、さらに多くの情報を提供してまいります。

▶ Our company is intensifing its service efforts and offering much more information on our web site.

▶ 本公司强化了主页的服务功能，以提供更多的信息。

▶ 당사는 홈페이지 서비스 기능을 강화하여 한층 더 많은 정보를 제공해 나가겠습니다.

■ 売上低迷を打開するために、販売体制を強化しなければならない。

▶ We must intensify our sales efforts to break out of low earnings.

▶ 要解决销售额低迷的问题，必需强化销售体制。

▶ 매상 침체를 타개하기 위해서 판매 체제를 강화해야 한다.

0423 | 業界 business industry / 业界 / 업계

■ インターネットの普及は、出版業界に大きな影響を与えた。

▶ The wide use of the Internet has had an obvious effect on the publishing world.

▶ 网络的普及，对出版业界的影响很大。

▶ 인터넷의 보급은 출판 업계에 큰 영향을 주었다.

■ 彼はこの道 30 年のベテランだから、業界のことは何でも知っている。

▶ Since he has 30 years of experience in this business, he knows everything from A to Z.

▶ 他是在这方面有30年经验的老手，对业界的情况全都了解。

▶ 그는 이 방면으로 30년이 된 베테랑이니까 업계에 대해서는 뭐든지 알고 있다.

[参] 自動車業界、業界用語

0424 | 協議 discussion / 商议 / 협의 ～する discuss / 商议 / 협의하다

■ A 社とは、費用の負担方法について、一度協議する必要がある。

▶ We must have a meeting to discuss the cost-sharing methods with Company A.

▶ 就费用的负担方法，有必要和A公司再次商议。

▶ A사와는 비용 부담 방법에 대해서 한 번 협의할 필요가 있다.

■ この件については、先方との協議の中で、提案していこうと思います。

▶ We will propose this matter during discussions with the other side.

▶ 关于这件事，想在和对方磋商的过程中提出来。

▶ 이 건에 대해서는 상대방과의 협의 속에서 제안해 나가려고 합니다.

0425 | 供給 supply / 供给 / 공급 ～する supply / 供给 / 공급하다

■ 冷房が多く使われる真夏に電力を安定供給するには、相当なコストを必要とする。

▶ Electric power costs more in summer, when many people use their air conditioners.

▶ 要想在大量使用空调的夏季提供稳定的电力，需要相当大的成本。

▶ 냉방이 많이 사용되는 한여름에 전력을 안정공급하려면 상당한 비용을 필요로 한다.

■ 近年、原油の生産量が伸びず、このままでは供給不足が心配される。

▶ We fear a shortage of crude oil if nothing is done, because oil production volume has not increased lately.

▶ 近年来,原油的生产量没有增长，这样下去的话，担心会出现供给不足。

▶ 최근 원유의 생산량이 증가하지 않은 이런 상태로는 공급 부족이 걱정된다.

参 需要と供給、供給過剰、 反 需要

0426 | 教訓 a good lesson / 教训 / 교훈

■ 今回の失敗を教訓として、同じ過ちを繰り返さないことが大切です。

▶ The importance of not repeating the same failure is an object lesson.

▶ 以这次的失败为教训，关键是不要重复同样的错误。

▶ 이번 실패를 교훈으로 삼아 같은 잘못을 반복하지 않는 것이 중요합니다.

参 教訓を生かす

0427 | 強行 enforcement / 强行 / 강행 ～する force through / 强行 / 강행하다

■ 納期は動かせないので、強行日程で進めるしかない。

▶ Since the delivery date cannot be changed, we must keep working on a forced schedule.

▶ 因为无法改动交货日期，只能强行按日程走。

▶ 납기일은 바꿀 수 없기 때문에 강행 일정으로 진행할 수 밖에 없다.

■ 社内には反対意見も多いようだが、社長は強行するつもりらしい。

▶ Since there seems to be many dissenting opinions at our company, the president will force through his proposal.

▶ 公司内有许多反对意见，但社长似乎要强行坚持。

▶ 사내에는 반대 의견도 많은 듯 하지만, 사장은 강행할 생각인 것 같다.

参 強行採決 forcible passage / 强制表决 / 강행채결

0428 | 強硬(きょうこう) stiffness / 强硬 / 강경　～な forceful / 强硬 / 강경한　～に forcefully / 强硬 / 강경하게

■ あまり強硬な態度(たいど)はとらないで、他人(たにん)の意見(いけん)もよく聞(き)いたほうがいいよ。

▶ It is better for you to listen to other people's opinions without taking a firm stance.

▶ 不要采取过于强硬的态度，最好倾听一下别人的意见。

▶ 너무 강경한 태도는 취하지 말고 타인의 의견도 잘 듣는 편이 좋아.

参 強硬手段

0429 | 競合(きょうごう) compete / 竞争 / 경합　～する compete against each other / 竞争 / 경합하다

■ うちの商品(しょうひん)と競合するのは、機能(きのう)とデザインが似(に)ているA社(しゃ)のものです。

▶ Since the design and function are alike, Company A's commodity is a competitor with our item.

▶ 和我们的商品竞争的，是功能与外形都相似的A公司的产品。

▶ 우리 상품과 경합하는 것은 기능과 디자인이 비슷한 A사의 것입니다.

■ 売(う)り上(あ)げを伸(の)ばすためには、競合商品(しょうひん)との差別化(さべつか)を図(はか)らなければならない。

▶ We must look for a differentiation from other competing products to expand our earnings.

▶ 为了提高营业额，必需谋求和竞争商品的差异。

▶ 매상을 늘리기 위해서는 경합 상품과의 차별화를 도모하지 않으면 안 된다.

参 競合相手、競合他社

0430 | 協賛(きょうさん) assent / 赞助 / 협찬　～する assent / 赞助 / 협찬하다

■ 皆様(みなさま)にご協賛のお願(ねが)いをいたしております。

▶ We would like to ask for everybody's assent.

▶ 希望能得到大家的协助。

▶ 여러분에게 협찬 부탁을 드리겠습니다.

■ このイベントは、多(おお)くの地元(じもと)企業(きぎょう)の協賛を得(え)て成(な)り立(た)っている。

▶ This event, too, worked out with the cosponsorship of many local businesses.

▶ 这项活动，得到了许多当地企业的赞助，这才得以举办。

▶ 이 이벤트도 많은 현지 기업의 협찬을 받아서 성립되고 있다.

0431 | 業者(ぎょうしゃ) subcontractor / 专门公司 / 업자

■ 今度(こんど)の社内(しゃない)の引(ひ)っ越(こ)しは、業者(ぎょうしゃ)にすべて任(まか)せよう。

▶ Let's leave our move up to a moving company.

▶ 这次公司的搬家事务，全都委托给了专门公司。

▶ 이번 사내의 이사는 업자에게 모두 맡기자.

参 輸入業者、運送業者

0432 | 業種 type of business / 行业 / 업종

■ 業種は問わず、海外との取引のある仕事なら、何でもやってみたいと思います。

▶ Regardless of the type of business, I would like to work overseas.

▶ 不论什么行业，只要是和海外有来往的工作，我都想尝试一下。

▶ 업종 불문하고 해외와 거래가 있는 일이라면 뭐든지 해 보고 싶습니다.

参 業種別

0433 | 恐縮 sorry / 不好意思，诚惶诚恐 / 죄송 ~する be sorry / 诚惶诚恐 / 황송하다

■ 本日は、大雨の中、遠くからお越しいただき恐縮です。

▶ I am sorry to trouble you, coming all the way here on such a rainy day.

▶ 今天下这么大雨，您还大老远的来了，真不好意思。

▶ 오늘은 많은 비가 내리는 가운데 멀리서 찾아와 주셔서 죄송합니다.

■ 恐縮ですが、親戚の結婚式のため、来週、3日間お休みを取らせていただきます。

▶ I hate to ask, but could I have three days off next week to attend a family wedding ceremony?

▶ 对不起，因为亲戚要结婚，下周我想请三天假。

▶ 죄송합니다만, 친척 결혼식 때문에 다음 주 3일간 휴가를 내겠습니다.

0434 | 強制 enforcement / 强制 / 강제 ~する force / 强制 / 강제하다

■ 上司は部下に休日出勤を強制してはいけない。

▶ The superior must not force subordinates to work on holidays.

▶ 上司不能强制部下休息日来上班。

▶ 상사는 부하에게 휴일 출근을 강제해서는 안 된다.

0435 | 強制終了㋩ forced termination / 硬关机 / 강제 종료

0436 | 業績 business performance / 业绩 / 실적 (업적)

■ 新商品の開発も遅れ、今後しばらく、業績が良くなる見通しはない。

▶ The development of the new product was delayed, so we cannot expect an immediate turnaround in our business results.

▶ 新产品的开发滞后，在今后的一段时间内，估计业绩不会变好。

▶ 신상품의 개발도 늦어져 향후 당분간 실적이 좋아질 전망은 없다.

■ 今期の業績によっては、上場も夢ではない。

▶ If the business results of the current term are good, we will achieve our dream of getting listed on the stock exchange.

▶ 按照本期的业绩，上市也并不是梦想。

▶ 이번 기간의 실적에 따라서는 상장도 꿈은 아니다.

参 業績不振、業績を上げる

0437 | 競争 competition / 竞争 / 경쟁 ～する compete against each other / 竞争 / 경쟁하다

■ この辺りは量販店が多く、値下げ競争が激しい。

▶ Since there are many general merchandise stores around here, price-cutting competition is very severe.

▶ 这一带的批发店多，价格竞争激烈。

▶ 이 근처는 양판점이 많아서 가격인하 경쟁이 심하다.

参 競争力、価格競争

0438 | 強調 emphasis / 强调 / 강조 ～する emphasize / 强调 / 강조하다

■ 新製品の広告は、価格の安さをもっと強調したものの方がいい。

▶ The best way to advertise our new product is to emphasize its low price.

▶ 新产品的广告，最好能强调低廉的价格。

▶ 신제품의 광고는 싼 가격을 더 강조한 편이 좋다

■ 体の線を強調したデザインが、今年の流行だ。

▶ It is a slinky design, but it is in style this year.

▶ 今年流行强调身体曲线的款式。

▶ 몸의 선을 강조한 디자인이 올해의 유행이다.

0439 | 協調 cooperation / 协调 / 협조 ～する cooperate / 协调 / 협조하다

■ この仕事はチームで行うので、協調性が求められる。

▶ This job will be carried out as a team, so a cooperative personality is required.

▶ 这项工作是团队进行的，需要协调性。

▶ 이 일은 팀으로 실시하므로, 협조성이 요구된다.

参 国際協調、協調路線

0440 | 協定 agreement / 协定 / 협정 ～する agree / 协定 / 협정하다

■ トラブルを避けるため、近隣住民は、ビル建設会社と工事協定を結んだ。

▶ In order to avoid trouble, neighboring residents entered a constructrion agreement with a building construction company.

▶ 为了避免纠纷，附近居民和房地产公司签订了工程协定。

▶ 트러블을 피하기 위해, 이웃 주민은 빌딩 건축회사와 공사협정을 맺었다.

■ 日本は、原子力の平和利用に関して、アメリカと二国間協定を結んでいる。

▶ Japan has an agreement with America regarding the peaceful use of atomic power.

▶ 关于原子能的和平利用，日本和美国两国间签署了协定。

▶ 일본은 원자력의 평화 이용에 관해 미국과 양국간 협정을 맺고 있다.

参 労使間の協定、協定を結ぶ、協定を破る

0441 | 共同　joint / 共同 / 공동

■ A社は、B大学とこの分野での共同研究を始めた。

▶ Company A has started collaborative research in this field with University B.

▶ A公司在这个领域开始了和B大学的共同研究。

▶ A 사는 B 대학과 이 분야의 공동 연구를 시작했다.

■ 8月号の特集は、読者と編集部の共同企画です。

▶ The special feature in the August issue is a joint project with readers and the editorial desk.

▶ 8月份的特集，是读者和编辑部共同企画的。

▶ 8월호의 특집은 독자와 편집부의 공동 기획입니다.

0442 | 業務　operation, duty / 业务 / 업무

■ 今度のDMの発送業務は、外注にしましょう。

▶ Let's contract out for the upcoming direct mailing operation.

▶ 这次DM的发送业务，决定向外部订货。

▶ 이번 DM 의 발송 업무는 외주로 합시다.

■ 今ご説明した以外にも、さまざまな業務があります。

▶ Beyond the operations explained now, there are many other diversified business operations.

▶ 除了刚才所说明的，还有各种业务。

▶ 지금 설명한 이외에도 다양한 업무가 있습니다.

参 業務提携、業務用

0443 | 共有　shared, common / 共享 / 공유　~する share / 共享 / 공유하다

■ 議事録は課の全員が見られるように、共有のファイルに入っています。

▶ The meeting minutes are placed in a common file so that all members of the section can view it.

▶ 会议记录为了让全科人都能看到，存放在共享文件夹里了。

▶ 의사록은 과의 전원이 볼 수 있도록 공유 파일에 들어 있습니다.

参 共有財産

0444 | 供与　provision / 提供 / 공여, 제공　~する provide / 提供 / 공여하다, 제공하다

■ A社は、B国の鉄道建設に際し、技術供与を行うことを発表した。

▶ Company A announced that it would provide the technology for the construction of Country B's railroad.

▶ B公司宣布在A国铁道建设之际提供技术支持。

▶ B 사는 A 국의 철도 건설 때, 기술 제공 할을 것을 발표했다.

0445 | 共用　shared use / 共用 / 공용　~する share / 共用 / 공용하다

■ 共用パソコンがもう1台必要かもしれない。

▶ We may need one more shared-use personal computer.

▶ 或许还需要一台共用电脑。

▶ 공용 PC 가 한 대더 필요할지도 모른다.

0446 | 許可（きょか） permission / 许可 / 허가 ～する permit / 许可 / 허가하다

■ 会社に戻らずに帰宅する場合は、上司の許可が必要です。
▶ When you go home directly without stopping by the office, you need your boss's permission.
▶ 如果不回公司直接回家，需要得到上司的许可。
▶ 회사로 돌아오지 않고 귀가하는 경우는 상사의 허가가 필요합니다.

■ 事前に駐車場の使用許可をとっておいてください。
▶ Get permisson to park first.
▶ 请事先获取停车场的使用许可。
▶ 사전에 주차장 사용 허가를 받아 주세요.

参 営業許可、許可を申請する

0447 | 巨額（きょがく） a great sum / 巨额 / 거액

■ A社を買収するには、巨額の資金が必要だ。
▶ In order to acquire Company A, a huge amount of capital is necessary.
▶ 要收购A公司需要巨额的资金。
▶ A 사를 매수하려면 거액의 자금이 필요하다.

参 巨額の財産、巨額の負債

0448 | 極端（きょくたん） extreme / 极端 / 극단 ～な extreme / 极端 / 극단적인 ～に extremely / 极端 / 극단적으로

■ このデジカメ、極端に安いけど、ちゃんと使えるのかなあ。
▶ This digital camera is extremely cheap, but I wonder if it will work properly.
▶ 这台数码相机的确十分便宜，但是能用吗?
▶ 이 디지털 카메라 아주 싸긴 한데, 제대로 사용할 수 있을까?

0449 | 拠点（きょてん） bases / 据点 / 거점

■ 創業者の地元、A市に本社を移し、今後はそこを拠点として全国展開していくことになる。
▶ The head office will move to the founder's home town, which will serve as a base for nationwide expansion of the business.
▶ 将总社迁到了创业者的家乡，今后以此处为据点向全国开展业务。
▶ 창업자의 고향 A 시에 본사를 옮겨, 향후에는 거기를 거점으로 전국에 전개해 가게 된다.

■ 今後、上海が、海外展開の重要拠点になるだろう。
▶ Shanghai will be a key base in expanding our business.
▶ 今后，上海将成为海外拓展的重要据点。
▶ 향후 상하이가 해외 전개의 중요 거점이 될 것이다.

0450 | 許容（きょよう） allowance / 容许 / 허용 ～する allow / 容许 / 허용하다

■ これは商品として出せないなあ。許容範囲を超えてるよ。
▶ This item is not allowed on the market. It's over the permissible limits.
▶ 这无法作为商品推出。已经超越了容许范围。
▶ 이것은 상품으로서 낼 수 없어. 허용 범위를 넘었어.

■ 商品テストの誤差をどこまで許容するかは、ターゲットとなる顧客のニーズによる。

▶ It depends upon the needs of targeted customers how to set the allowance for the errors of the commodity test.

▶ 对商品测试的误差到底能允许到什么程度，对此要根据市场上顾客的需求。

▶ 상품테스트의 오차를 어디까지 허용할지는 타겟이 되는 고객의 요구에 따른다.

0451 | 切る㋕ end break off / 断绝交往 / (관계를) 끊다

■ A 運送はサービスが良くないから、今月いっぱいで切ろうと思う。

▶ Because Transport Company A's service is terrible, I am thinking of getting rid of them at the end of the month.

▶ A运送公司的服务不好，所以到这个月为止将断绝业务往来。

▶ A 운송은 서비스가 좋지 않아서 이번 달을 끝으로 관계를 끊을 것이다.

0452 | きり(切り) bounds / 段落 / 단락, 매듭

■ きりのいいところで、一休みしてください。

▶ Take a rest when the dust settles.

▶ 正好告一段落，大家稍微休息一会儿吧。

▶ 매듭 짓기 좋은 곳에서, 잠깐 쉬세요.

■ もっと前の段階だったら当然直すけど、きりがないからなあ……。あきらめよう。

▶ If I could have found it before, I would certainly have connected it, but it's endless. I give up!

▶ 如果是在前一个阶段，当然可以修改，但这样就没完了……。还是放弃吧。

▶ 좀더 전단계였다면 당연히 고치지만, 끝이 없기 때문에……. 포기하자.

0453 | 切り替える switch, toggle / 切换 / 바꾸다

■ 画面を切り替えたところ、突然、音声が消えた。

▶ By just switching the screen, the sound was suddenly lost.

▶ 刚切换了画面，声音突然消失了。

▶ 화면을 바꾸자마자 갑자기 음성이 사라졌다.

■ 増産に備えて、工場のシフトを二交代制から三交代制に切り替えた。

▶ To get ready for increased production, the number of shifts was incresed from two to three.

▶ 为了做增产的准备，将工厂的轮班制从两班导转为了三班导。

▶ 증가생산에 대비하여 공장의 시프트를 2 교대제에서 3 교대제로 전환했다.

0454 | 切り口 section / 手法 / 단면

■ これは、日本文化を新たな切り口で紹介した本です。

▶ This book introduces new ways to analyze Japanese culture.

▶ 这是用新的手法介绍日本文化的书。

▶ 일본 문화를 새로운 단면에서 소개한 책입니다.

■ 働く女性をテーマにするのはいいとして、問題はどういう切り口にするかだ。

▶ It is acceptable to use working women as the theme, but the problem is where to look.

▶ 假设可以将工作女性定为主题，问题是应该以什么地方为切入口。

▶ 일하는 여성을 테마로 하는 것은 좋다고 해도, 문제는 어떤 단면으로 하는가 이다.

参 切り口を変える

0455 | 切り詰める　cut back / 削减 / 절약하다

■ 予算が少ないので、経費を切り詰めなければならない。

▶ Because of a budget shortfall, cost-cutting is a must.

▶ 因为预算少，必需削减经费。

▶ 예산이 적기 때문에 경비를 절약하지 않으면 안 된다.

0456 | 切れる　run out / 断开 / 품절되다

■ AP500は、発売からたった1週間なのに、もう在庫が切れそうです。

▶ It has only been one week since AP500 went on sale, but stock has already nearly run out.

▶ AP500开始销售只有一周的时间，就要销售一空了。

▶ AP500은 발매한 지 1주일밖에 안 됐는데, 벌써 재고가 품절될 것 같습니다.

参 品切れ、インク切れ

0457 | 奇をてらう　make a display of one's eccentricity / 显示奇特 / 일부러 보통과 다른 행동을 하여 남의 관심을 끌려고 한다

■ 積極的なのはいいが、彼にはちょっと奇をてらうところがある。

▶ It is all right to be aggressive but he sometimes makes a display of his eccentricity.

▶ 积极上进是好的，但他有点想显得和别人不同。

▶ 적극적인 것은 좋지만, 그에게는 좀 특별한 행동으로 남의 관심을 끌려고 하는 면이 있다.

■ 奇をてらわず、誰にでも受け入れられるデザインにしてください。

▶ Create designs that everybody can appreciate, without being too eccentric.

▶ 不要突出奇异，希望你能设计出任何人都能接受的样式。

▶ 특별하게 남의 관심을 끌려고 하지 말고, 누구라도 받아들일 수 있는 디자인으로 해 주세요.

0458 | 均一　evenness / 均一 / 균일　～な even / 均一 / 균일한　～に evenly / 均一 / 균일하게

■ 2階には、生活雑貨や食品などの100円均一のコーナーがある。

▶ On the second floor, there is a store that sells food and everyday items, all priced at 100 yen.

▶ 在二层，有一个生活用品和食品全都是100日元的特卖场。

▶ 2층에는 생활 잡화나 식품 등의 100엔 균일 코너도 있다.

■ どの検査地点(けんさちてん)でも、ほぼ均一の濃度(のうど)で有害物質(ゆうがいぶっしつ)が検出(けんしゅつ)された。

▶ A nearly uniform concentration of the toxic substance was detected at every inspection site.

▶ 在任何一个检验处，都检测出了浓度基本相同的有害物质。

▶ 어느 검사 지점에서도 거의 균일한 농도로 유해 물질이 검출되었다.

0459 | 金額(きんがく)　amounts / 金额 / 금액

■ 金額はいくらになりますか。

▶ What is the total amount?/How much is the total?

▶ 金额是多少?

▶ 금액은 얼마가 됩니까?

参 合計金額、請求金額

0460 | 緊急(きんきゅう)　emergency / 紧急 / 긴급

■ 緊急の場合(ばあい)は、下記(かき)までご連絡(れんらく)ください。

▶ See the emergency contact below.

▶ 紧急情况下，请给下列地址联系。

▶ 긴급한 경우에는 아래 기입된 곳으로 연락해 주십시오.

■ 各工場(かくこうじょう)で、想定(そうてい)される緊急事態(じたい)への対応策(たいおうさく)を、早急(そうきゅう)に検討(けんとう)する必要(ひつよう)がある。

▶ We must immediately discuss countermeasures against potential emergencies at each factory.

▶ 在各个工厂，有必要探讨能急速应对假想紧急事态的策略。

▶ 각 공장에서 급히 상정되는 긴급사태에 대한 대응책을 검토할 필요가 있다.

0461 | 金券(きんけん)　cash voucher / 代金券 / 금권

■ この店(みせ)で、商品券(しょうひんけん)や新幹線(しんかんせん)の回数券(かいすうけん)などの金券が安(やす)く買(か)える。

▶ You can buy cash vouchers such as gift coupons, commuter passes, and even shinkansen bullet train tickets.

▶ 在本店，能低价买到商品券、新干线的回数券等代金券。

▶ 이 가게에서 상품권이나 신칸센의 회수권 등의 금권을 싸게 살 수 있다.

参 金券ショップ

0462 | 金属(きんぞく)　metal / 金属 / 금속

■ 本体部分(ほんたいぶぶん)はアルミなどの金属でできているので、丈夫(じょうぶ)です。

▶ It's tough because the main unit is made of metal, such as aluminum.

▶ 主体部分由铝等金属制成，非常结实。

▶ 본체 부분은 알루미늄 등의 금속으로 되어 있으므로 튼튼합니다.

参 金属加工、金属製、軽金属、貴金属

0463 | 均等（きんとう） equality / 均等 / 균등

～な equal / 均等 / 균등한
～に equally / 均等 / 균등하게

■ パソコンなどの備品（びひん）の予算（よさん）は、各部署（かくぶしょ）に均等に配分（はいぶん）されます。

▶ Budgets for office supplies such as PCs are equally divided among each section.

▶ 电脑等备件的预算，平均分配到各个部门。

▶ PC 등 비품 예산은 각 부서에 균등하게 배분됩니다.

■ A 社（しゃ）では、社員（しゃいん）に海外研修（かいがいけんしゅう）のチャンスが均等に与（あた）えられています。

▶ Company A offers an equal chance of overseas traning to employees

▶ 在A公司，社员能均等地得到去海外研修的机会。

▶ A 사에서는 사원에게 해외 연수 찬스가 균등하게 주어지고 있습니다.

0464 | 吟味（ぎんみ） review / 斟酌 / 음미，조사

～する review / 斟酌 / 음미하다，조사하다

■ 役員会議（やくいんかいぎ）に提出（ていしゅつ）する前（まえ）に、企画書（きかくしょ）の内容（ないよう）をもう一度（いちど）吟味しよう。

▶ Before submitting it to the board meeting, let's review the content of the plan once again.

▶ 提交到董事会之前，再重新斟酌一下计划书的内容。

▶ 임원회의에 제출하기 전에 기획서의 내용을 한번 더 조사하자.

■ 2 社（しゃ）の見積（みつ）もりを吟味した結果（けっか）、A 社（しゃ）を採用（さいよう）することにした。

▶ After reviewing the two companies' estimates, we decide to go with Company A.

▶ 考虑到2个公司的报价，决定采用A公司的。

▶ 2 사의 견적을 조사한 결과，A 사를 채용하기로 했다.

0465 | 勤務（きんむ） work / 勤务 / 근무

～する work / 勤务 / 근무하다

■ 勤務地（ち）や勤務時間（じかん）、給料（きゅうりょう）などの勤務条件（じょうけん）は、面接（めんせつ）の際（さい）にご説明（せつめい）します。

▶ We will explain working conditions, such as hours and salary, at the interview.

▶ 工作地点、工作时间、工资等工作条件，会在面试的时候说明。

▶ 근무지나 근무시간，급여 등의 근무 조건은 면접 시에 설명하겠습니다.

■ 業務内容（ぎょうむないよう）によっては、在宅（ざいたく）勤務も可能（かのう）です。

▶ You can work at home depending on the type of work.

▶ 按照业务内容，在家中工作也是可能的。

▶ 업무내용에 따라서는 재택 근무도 가능합니다.

参 勤務先、海外勤務、勤務態度、勤務形態

0466 | 金融（きんゆう） finance / 金融 / 금융

■ 日銀（にちぎん）の金融政策（せいさく）によって、物価（ぶっか）が安定（あんてい）し、景気（けいき）が回復（かいふく）することが期待（きたい）される。

▶ We expect that commodity prices will stabilize and the economy will recover thanks to the Bank of Japan's financial policies.

▶ 根据日本银行的金融政策，有望实现物价稳定和景气回升。

▶ 일본은행의 금융정책에 의해서 물가가 안정되고 경기가 회복될 것이 기대된다.

参 金融機関、金融商品

0467 | 金利（きんり） interest / 利息 / 금리

■ A銀行（ぎんこう）では、独自（どくじ）の低（てい）金利の住宅（じゅうたく）ローンを提供（ていきょう）している。

▶ Bank A offers a unique low-interest housing loan.
▶ 在A银行，独自提供低息的住房贷款。
▶ A 은행에서는 독자적인 저금리 주택융자를 제공하고 있다.

■ 金利が上（あ）がりそうなので、住宅ローンの借（か）り換（か）えを考（かんが）えている。

▶ I'm thinking of refinancing my home loan because interest rates are going up.
▶ 利息好像会上涨，正在考虑更换按揭方式。
▶ 금리가 오를 것 같아서 주택융자의 차환을 생각하고 있다.

参 金利の上昇、固定金利

0468 | 食（く）い込（こ）む take a big bite / 挤进 / 파고들다, 침범하다

■ A社（しゃ）は初（はじ）めて、売上（うりあげ）ランキングの上位（じょうい）に食い込んだ。

▶ Company A ranked at the top in sales for the first time.
▶ A公司首次挤进了销售排行榜的前列。
▶ A 사는 처음으로 매상 랭킹 상위에 파고들었다.

0469 | 食（く）い違（ちが）い collision / 不同 / 엇갈림

■ この新車（しんしゃ）の開発（かいはつ）にあたっては、営業（えいぎょう）部門（ぶもん）と技術（ぎじゅつ）部門の間（あいだ）で、意見（いけん）の食い違いがあった。

▶ Opinions for developing this new model differ between sales and technical segments.
▶ 在开发新车的时候，营业部门和技术部门间曾有过不同意见。
▶ 이 신차 개발에 있어서는, 영업부문과 기술부분 사이에서 의견이 엇갈렸다.

0470 | 食（く）い違（ちが）う differ, collide with / 不一致 / 엇갈리다

■ この食品（しょくひん）の安全性（あんぜんせい）についてのデータは、A社（しゃ）とB社（しゃ）で食い違っている。

▶ Company A's data on this food's safety differs from Company B's.
▶ 关于该食品安全性的数据，A公司和B公司有所不同。
▶ 이 상품의 안전성에 대한 데이터는 A사와 B사에서 일치하지 않고 있다.

■ 続（つづ）けるか、やめるか、メンバーの間（あいだ）でも意見（いけん）が食い違った。

▶ Opinions among members are at cross-purposes as to whether we should continve of stop.
▶ 是坚持还是放弃，成员间的看法也不一致。
▶ 계속할지 그만둘지 멤버 사이에서도 의견이 엇갈렸다.

0471 | 空間（くうかん） space / 空间 / 공간

参 生活空間、空間デザイン

0472 | 空調（くうちょう） air conditioning / 空调 / 공기조절, 에어컨

■ 空調が効（き）きすぎて、ちょっと寒（さむ）い。

▶ The air conditioning system works too well and it's a little cold.
▶ 空调开得太大了，有点冷。
▶ 에어컨이 너무 세서 조금 춥다.

■ このビル は空調設備が整っていないから、場所によって温度がだいぶ違う。

▶ Temperature differs largely by place because this building does not have air conditioning.

▶ 这栋大楼的空调设备还没有配备好，不同的地点温度也大不相同。

▶ 이 빌딩은 에어컨 설비가 정비되어 있지 않아서, 장소에 따라 온도가 많이 다르다.

0473 | 空白

blank / 空白 / 공백, 여백

0474 | 区切り

break / 段落 / 일의 매듭

■ 今の仕事に区切りがついたら、一週間ほど休みを取ろうと思っています。

▶ I'm planning to take about a week off when I can break away from my current work.

▶ 如果这项工作告一段落，我想休息一个礼拜左右。

▶ 지금 업무에 매듭이 지어지면, 일주일 정도 휴가를 내려고 생각하고 있습니다.

■ 今月いっぱいかかった大きな仕事が終わり、やっと一区切りついた。

▶ The large project, which took the entire month, was over, and at last I could take a break.

▶ 耗时一个月的该项工作结束了，总算暂时告一段落。

▶ 이번 달 내내 걸렸던 큰 업무가 끝나, 겨우 매듭이 지어졌다.

0475 | 区切る

divide / 隔开 / 구분하다

■ パーテーションで会議室を2つに区切ります。

▶ We divide the meeting room in two with partitions.

▶ 使用隔离物将会议室分为两部分。

▶ 파티션으로 회의실을 2 개로 구분합니다.

■ 段落ごとに区切って読んでください。

▶ Please read with pauses between paragraphs.

▶ 请按段落隔开读。

▶ 단락마다 구분해서 읽어 주세요.

0476 | 苦情

complaint(s) / 牢骚 / 불평

■ 発売が遅れたために、予約客から苦情がたくさん寄せられた。

▶ Delay of the launch drew many complaints from customers who had reserved one.

▶ 由于发售延迟，预定客户提出很多不满。

▶ 발매가 늦어졌기 때문에, 예약 손님에게서 엄청난 불평이 밀려들었다.

■ 今日は苦情処理に追われて、仕事が全然進まなかったよ。

▶ I'm under such pressure from handling complaints, so I couldn't make progres in my work at all.

▶ 今天一直忙于消除客户的不满，所以工作一点都没有进展。

▶ 오늘은 고충처리에 쫓겨서, 일을 전혀 진행 못 했어.

参 苦情の電話、苦情を受ける

0477 | 苦心 struggle / 苦心 / 고심 **～する** struggle / 苦心 / 고심하다

■ 苦心してやっと作った資料は、仕様が変更になったために、作り直さなければならなくなった。

▶ After all my hard work, I have to make the materials again, because the specs were changed.

▶ 由于工序变了，绞尽脑汁好不容易做出来的资料必须得重做。

▶ 고심해서 겨우 만든 자료는, 사양이 변경됐기 때문에 다시 만들지 않으면 안 되게 되었다.

■ この製品は、開発担当者たちが膨大な時間をかけて研究し、多くの実験を重ねた末に生まれた苦心の作だ。

▶ This product involved painstaking work, a lot of experimentation, and huge time commitments by the staff in charge of development.

▶ 该产品是研发人员花费大量时间研究、反复试验后创造出了的苦心之作。

▶ 이 제품은 개발담당자들이 방대한 시간을 들여 연구하고, 많은 시험을 거듭한 끝에 태어난 고심의 작품이다.

0478 | 具体的 objectivization / 具体的 / 구체적 **～な** concrete / 具体的 / 구체적인 **～に** concretely / 具体的 / 구체적으로

0479 | 具体例 concrete example / 实例 / 구체적인 예

■ 次の部内研修では、お客様とのトラブルの具体例を挙げて、その解決法を話し合います。

▶ In the next departmental training session, a concrete example of trouble with a customer will be given, and you will discuss how to solve it.

▶ 下次内部进修，将结合跟顾客纠纷的实例，研究解决办法。

▶ 다음 부내 연수에서는 고객과 있었던 트러블의 구체적인 예를 들어 그 해결방법을 논의하겠습니다.

0480 | ～口 接 share / 份，股 / ～건

■ 寄付金は、一口5,000円からで、何口でもいいそうだ。

▶ Cash donations are 5,000 yen per share, and you can donate as many shares as you like.

▶ 捐款一份是5,000日元，捐几份都可以。

▶ 기부금은, 한 구당 5,000 엔부터로 몇구라도 괜찮다고 한다.

0481 | 口約束 verbal promise / 口头约定 / 구두 약속

■ 口約束だけじゃ心配だから、ちゃんと書面にしておいたほうがいい。

▶ Verbal agreements are difficult to enforce, so it is best to have a written contract.

▶ 如果只是口头约定，总是不放心，最好是正规的书面形式。

▶ 구두 약속만으로는 걱정되므로, 확실하게 서면으로 해 두는 편이 좋다.

0482 | 口(くち)を出(だ)す [慣] to put in a word, to interfere / 插言 / 말참견하다

■ 西村(にしむら)さんは、このプロジェクトに関係(かんけい)ないのに、いつも口を出してくる。

▶ Even though Mr. Nishimura has no involvement with this project, he is always interfering.

▶ 西村先生，和这个项目没有关系，却总是来插言。

▶ 니시무라 씨는 이 프로젝트와 관계없는데, 언제나 말참견을 한다.

0483 | グッズ merchandise, products / 商品 / 상품

■「ロボットハウス」は、アニメのキャラクターグッズを専門(せんもん)に扱(あつか)う店(みせ)です。

▶ Robot House is a store that specializes in anime character merchandise.

▶ “机器人住宅”是经营动漫商品的专业店。

▶ [로봇 하우스]는 애니메이션 캐릭터 상품을 전문적으로 취급하는 가게입니다.

[参] 記念グッズ、オリジナル・グッズ、販促グッズ

0484 | くどい cloying, diffusive / 罗嗦 / 장황하다, 지겹다

■ くどくならないように、なるべく簡潔(かんけつ)に書(か)いてください。

▶ Please write as simply as possible and avoid wordiness.

▶ 不要太冗长，尽量写的简洁。

▶ 장황해지지 않도록, 가능한 한 간결하게 써 주십시오.

■ 私(わたし)の上司(じょうし)は、書類(しょるい)にミスがないかどうか、くどいほど念(ねん)を押(お)す。

▶ My boss reminds me ad nauseam to check for mistakes in the documentation.

▶ 罗罗嗦嗦，唯恐资料出现错误。

▶ 나의 상사는 서류에 실수가 있는지 없는지, 지겨울 정도로 확인한다.

0485 | 首(くび)になる [慣] [カ] be fired / 解雇，被开除 / 해고되다

■ 石原(いしはら)さんは、1週間続(しゅうかんつづ)けて遅刻(ちこく)したので、アルバイトを首になっちゃったらしい。

▶ Mr. Ishihara was late for an entire week, so it seems he was fired from his part-time job.

▶ 石原由于连续一周迟到，好像被打工的地方炒鱿鱼了。

▶ 이시하라 씨는 1주일간 연속으로 지각해서 아르바이트하는 곳에서 짤렸다고 한다.

0486 | 工夫(くふう) device / 设法，想办法 / 고안, 궁리　～する scheme / 设法 / 궁리한다

■ 店(みせ)の売上(うりあげ)アップのためにいろいろ工夫をしているけど、なかなか効果(こうか)が上(あ)がらない。

▶ We used various devices in the store to increase sales, but we saw hardly any effect.

▶ 尽管想方设法提高店里的营业额，可总也没有效果。

▶ 가게의 매상을 올리기 위해 여러가지로 고안하고 있지만, 좀처럼 효과가 오르지 않는다.

■ あのレストランは店内のデザインに工夫をこらしている。

▶ Various ideas are adopted in the design of the store interior.

▶ 那家餐馆在店内设计上煞费苦心。

▶ 그 레스토랑은 점내 디자인에 궁리를 많이 하고 있다.

0487 | 組合

union, association / 工会 / 조합

参 労働組合

0488 | 組み合わせ

combination / 搭配 / 조합, 편성

■ 素材の選び方については、いくつか組み合わせが考えられる。

▶ We can think of some combinations for selecting materials.

▶ 关于材料的选择方法，想出了几种搭配方案。

▶ 소재 선택방법에 대해서도, 몇 가지의 조합을 생각할수 있다.

■ 決勝大会の組み合わせが発表になった。

▶ The combinations for the final match were announced.

▶ 决赛的编组已经公布。

▶ 결승대회의 편성이 발표되었다.

0489 | 組み合わせる

combine / 组合 / 조합하다

■ 弊社のロゴは、創業者二人の頭文字AとMを組み合わせたものです。

▶ Our company's logo is a combination of the two founders' initials, "A" and "M."

▶ 弊公司的标识，是由两位创业人名字的开头字母A和M组合在一起的。

▶ 저희 회사의 로고는 창업자 두 사람의 앞글자 A와 M을 조합한 것입니다.

0490 | 組み込む

incorporate / 编入 / 짜 넣다

■ A社への訪問を、出張のスケジュールに組み込むつもりです。

▶ I plan to incorporate a visit to Company A into the business trip schedule.

▶ 打算把访问A公司列入出差日程。

▶ A사에의 방문도 출장 스케줄에 짜 넣을 생각입니다.

■ このプログラムの利用者は、無断で本データを変えたり、別のデータに組み込むことはできません。

▶ Users of this program cannot change the data and incorporate other data without prior notice.

▶ 这一程序的利用者，不能擅自修改本数据，也不能编入其他数据。

▶ 이 프로그램의 이용자는 무단으로 본 데이터를 변경하거나, 다른 데이터에 끼워 넣을 수 없습니다.

0491 | 組み立てる

fabricate / 组装 / 조립하다

■ 各パーツが集められ、この工場で組み立てられて完成品となります。

▶ At this plant, we gather all the parts and fabricate the final products

▶ 各零件集中在一起，在这个工厂组装为成品。

▶ 각 부품이 모여, 이 공장에서 조립되어 완성품이 됩니다.

0492 | 汲み取る take into consideration / 考虑，汲取 / 헤아리다，이해하다

■ この仕事には、顧客のニーズを汲み取り、それにきちんと応えることが求められている。

▶ This job requires us to take customer needs into consideration.

▶ 这种工作，要求考虑到顾客的需求，并能妥善做出回应。

▶ 이 일에는 고객의 요구를 헤아리고，그것에 정확히 응대하는 것이 요구되고 있다.

参 意見を汲み取る

0493 | 組む set, work out / 编，组成 / 짜다，조직하다

■ イベントを控えて忙しくなるので、うまくスケジュールを組まないと、休暇がとれなくなる。

▶ We will be busy for the upcoming event, so plan the schedule carefully or we won't get any days off.

▶ 活动举办之前非常忙碌，如果不编排好日程表，将无法休假。

▶ 이벤트를 앞두고 바빠지기 때문에，스케줄을 잘 짜지 않으면，휴가를 얻을 수 없게 된다.

■ 取引先の社員を含む 20 人のプロジェクトチームを組んだ。

▶ We organized a project team of 20 persons including staff from the client.

▶ 包括交易公司的社员在内，组成了20人的项目小组。

▶ 거래처의 사원을 포함해 20 명의 프로젝트 팀을 조직했다.

参 予算を組む、A 社と組む

0494 | クライアント client / 客户，辩护委托人 / 클라이언트

■ クライアントからの要望に、適確に応えることが大切です。

▶ It's important to respond immediately to requests from clients.

▶ 重要的是要恰当地满足来自于客户的要求。

▶ 클라이언트로부터의 요구에 확실히 대응하는 것이 중요합니다.

参 広告クライアント

0495 | ぐらつく unstable / 摇晃 / 흔들리다

■ 作業台がぐらついていると、ミスの原因になる。

▶ If the work table is unstable, then it could cause mistakes.

▶ 如果工作台摇晃的话，会造成错误。

▶ 작업대가 흔들리면，실수의 원인이 된다.

参 決心がぐらつく

0496 | グラフ graph / 图表 / 그래프

■ 右のグラフは月別の売上を示したものです。

▶ The graph on the right shows revenue by month.

▶ 右边的图表表示每月的销售额。

▶ 오른쪽 그래프는 월별 매상을 나타낸 것입니다.

参 折れ線グラフ、棒グラフ、円グラフ

0497 | クリア clear / 完成，解决 / 통과 **～する** clear / 完成 / 통과

■ 売上目標(うりあげもくひょう)の 5,000 万(まん)は、なんとかクリアできそうです。

▶ It looks like we will clear our revenue target of 50 million somehow.

▶ 5,000万的销售目标，看来会有办法完成。

▶ 매상목표의 5000 만은 그럭저럭 통과할 것 같습니다.

0498 | 繰(く)り返(かえ)す repeat / 反复，重复 / 되풀이하다

■ 田中(たなか)さんは、何度(なんど)注意(ちゅうい)しても同(おな)じミスを繰り返す。

▶ No matter how many times Ms. Tanaka is reprimanded, she always makes the same mistakes.

▶ 提醒了田中很多次了，可他还是犯同样的错误。

▶ 다나카 씨는 여러 번 주의를 줘도 똑같은 실수를 반복한다.

0499 | クリックⓅ click / 点击 / 클릭

0500 | クリップⓘ clip / 夹子，别针 / 클립

0501 | 狂(くる)う derail / 打乱、发疯 / 어긋나다

■ 朝(あさ)の会議(かいぎ)が長引(ながび)いて、予定(よてい)が狂ってしまった。

▶ Our schedule was derailed by a prolonged morning meeting.

▶ 早晨的会议拖延，结果打乱了计划。

▶ 아침 회의가 길어져서, 예정이 어긋나 버렸다.

参 計算が狂う

0502 | クレーム claim / 索赔 / 클레임

■ クレームには、迅速(じんそく)かつ慎重(しんちょう)に対応(たいおう)しなければなりません。

▶ We must respond to claims quickly and carefully.

▶ 要快速且慎重地处理索赔事件。

▶ 클레임에는 신속하면서도 신중하게 대응해야 합니다.

■ 商品(しょうひん)を買(か)ったお客(きゃく)さんから、広告(こうこく)と全然(ぜんぜん)違(ちが)う、というクレームを受(う)けた。

▶ A customer who bought our product complained that it was completely different than the ad.

▶ 购买商品的客人提出了不满，说“和广告完全不一样”。

▶ 상품을 구입한 고객에게서「광고와 전혀 다르다」라는 클레임을 받았다.

接 クレームを処理する

0503 | クレジットカード credit card / 信用卡 / 신용카드

0504 | 玄人（くろうと）　professional, expert / 内行，专家 / 전문가

■ このデジカメは、画素数（がそすう）といい性能（せいのう）といい、まさに玄人受（う）けする作（つく）りです。

▶ This digital camera is a professional-level product in terms of the number of pixels and performance.

▶ 这种数码相机，不论是像素还是性能，都将受到专业人士的喜爱。

▶ 이 디지털카메라는 화소수며, 성능이며, 정말 전문가가 만족할 만한 제품입니다.

■ この解説書（かいせつしょ）は、初心者（しょしんしゃ）には分（わ）かりやすいが、玄人には少（すこ）し物足（ものた）りないかもしれない。

▶ This instruction manual is easy to understand for beginners, but insufficient for experts.

▶ 这个解说书，对初学者来说通俗易懂，对专家来说有些欠缺。

▶ 이 해설서는, 초급자는 알기 쉽지만, 전문가에게는 조금 부족할지도 모른다.

0505 | 黒字（くろじ）　black figure, surplus / 盈余，赚钱 / 흑자

■ 会社（かいしゃ）をつくって5年目（ねんめ）で、初（はじ）めて収支（しゅうし）が黒字になった。

▶ The company was established five years ago, and just went into the black for the first time.

▶ 公司设立后第5年，收支才终于转为了盈利。

▶ 회사를 세우고 5년째에 처음으로 수지가 흑자가 되었다.

■ 黒字経営（けいえい）を続（つづ）けるのは、簡単（かんたん）なことではない。

▶ It's not easy to keep the company operating in the black.

▶ 要想持续盈利经营，可不是简单的事情。

▶ 흑자 경영을 유지하는 것은 간단한 일이 아니다.

0506 | 軍手（ぐんて）[イ]　work glove / 工作手套 / 목장갑

0507 | ケア　care / 服务，照顾 / 손질，관리　～する to care for / 关怀 / 돌보다，손질하다

■ A社（しゃ）は、定期点検（ていきてんけん）など、販売後（はんばいご）のケアが充実（じゅうじつ）している。

▶ Company A offers full after-sale services such as periodic inspections.

▶ A公司提供定期检查等业务，其售后服务很完善。

▶ A사는 정기점검 등 판매 후의 관리를 충실히 하고 있다.

[参] アフターケア

0508 | ～系（けい）[接]　based / ……系 / ～계

■ 最近（さいきん）は、外資（がいし）系の投資会社（とうしかいしゃ）との取引（とりひき）が増（ふ）えています。

▶ Recently, business deals with foreign-based investment companies is increasing.

▶ 最近和外资投资公司的贸易增多了。

▶ 최근에는 외자계 투자회사와의 거래가 늘고 있습니다.

[参] 日系企業

0509 | 経緯（けいい） background / 经过 / 경위

■ まず、当協会設立（とうきょうかいせつりつ）までの経緯をお話（はな）しします。

▶ First, I will explain the background on the establishment of this association.

▶ 首先我先谈一下该协会到成立为止的经过。

▶ 우선 당 협회 설립까지의 경위를 말씀드리겠습니다.

0510 | 経営（けいえい） management / 经营 / 경영 ~する manage / 经营 / 경영하다

■ この講座（こうざ）では、会社（かいしゃ）経営のノウハウを学（まな）びます。

▶ You will learn management know-how in this session.

▶ 在该讲座上学习公司经营的基本知识。

▶ 이 강좌에서는 회사 경영의 노하우를 배웁니다.

■ A社（しゃ）は、ボーナスも少（すく）なかったらしいし、経営がうまくいっているのか、ちょっと心配（しんぱい）だ。

▶ I'm a little worried that Company A may have financial difficulties, because its bonus was little.

▶ A公司奖金也似乎很少，我担心它们是否经营不善。

▶ A사는 보너스도 적었던 것 같고, 경영이 순조로운지 조금 걱정이다.

参 経営者、経営陣 executive team / 经营战 / 경영진

0511 | 経過（けいか） progress / 经过 / 경과 ~する progress / 经过 / 경과하다

■ 昨日起（きのうお）きたサーバーのトラブルについて、その後（ご）の経過を報告（ほうこく）します。

▶ I will report my progress since yesterday's server trouble.

▶ 我来汇报一下昨天服务器发生故障之后的经过。

▶ 어제 일어난 서버의 문제에 대해서, 그 후의 경과를 보고하겠습니다.

0512 | 景気（けいき） economy / 经济形势 / 경기

■ 景気がよくなると、産業全体（さんぎょうぜんたい）で人手不足（ひとでぶそく）になる。

▶ The entire industry suffers from a labor shortage when the economy is good.

▶ 经济形势好转，整体产业就会出现人手不足的情况。

▶ 경기가 향상되면, 산업전체에서 일손이 부족해진다.

■ 政府（せいふ）の景気対策（たいさく）というと、まず公共投資（こうきょうとうし）が挙（あ）げられる。

▶ When announcing the government's economic measures, public investment is quoted first.

▶ 说到政府的经济情况对策，首先可举出公共投资。

▶ 정부의 경기대책이라 하면, 우선 공공투자가 거론된다.

参 好景気、不景気、景気の回復、景気動向 business trend / 景气动向 / 경기동향

0513 | 傾向（けいこう） tendency / 倾向 / 경향

0514 | 蛍光灯（けいこうとう）㋑ fluorescent / 荧光灯 / 형광등

0515 掲載(けいさい) introduction / 登载 / 게재　～する introduce / 登载 / 게재하다

■ 雑誌(ざっし)に新製品(しんせいひん)の広告(こうこく)を掲載したら、早速(さっそく)問い合(あ)わせがあった。

▶ We got inquiries immediately when we advertised the newproduct in the magazine.

▶ 在杂志上刊登了新产品广告后，立即就有人来垂询。

▶ 잡지에 신제품 광고를 게재했더니, 이내 문의가 있었다.

■ うちの商品(しょうひん)について、新聞(しんぶん)に紹介記事(しょうかいきじ)が掲載されている。

▶ An advertorial about our product is featured in the newspaper.

▶ 报纸上刊登有对本公司商品的介绍。

▶ 우리 상품에 대해 신문에 소개 기사가 게재되고 있다.

参 掲載紙（誌）、掲載号　the issue which carries the article / 刊登的那期 / 게재호

0516 経済的(けいざいてき) economical / 经济上的 / 경제적임　～な economic / 经济上的 / 경제적인　～に economically / 经济实惠 / 경제적으로

■ 政府(せいふ)は、今回(こんかい)の地震(じしん)の被災者(ひさいしゃ)に対(たい)して、経済的な支援(しえん)をさらに強化(きょうか)する方針(ほうしん)を明(あき)らかにした。

▶ The government has made clear its policy to further reinforce the economic support for victims of this earthquake.

▶ 对于这次地震的受害者，政府明确了要进一步强化经济上的援助的方针。

▶ 정부는 이번 지진의 피해자에 대해, 경제적인 지원을 더욱 강화하는 방침을 명확히 했다.

■ 来月(らいげつ)の社内旅行(しゃないりょこう)は、参加人数(さんかにんずう)によっては、電車(でんしゃ)よりバスの方(ほう)が経済的だ。

▶ A bus might be more economical than train for next month's company trip, depending on the number of participants.

▶ 根据参加人数，下月的公司旅行坐大巴比坐电车可能更省钱。

▶ 다음 달 사내여행은 참가인원 수에 따라서는 전철보다 버스가 경제적이다.

参 経済的な援助、経済的負担

0517 掲示(けいじ) posting / 布告 / 게시　～する post, display / 布告 / 게시하다

■ キャンペーンのポスターが、全国(ぜんこく)の販売店(はんばいてん)に掲示される予定(よてい)です。

▶ We plan to display a campaign poster at retail stores nationwide.

▶ 活动海报计划张贴在遍布全国的销售店中。

▶ 캠페인 포스터가 전국 판매점에 게시될 예정입니다.

■ ホームページで、アルバイト募集(ぼしゅう)の掲示を見(み)て応募(おうぼ)しました。

▶ I saw a part-time job posted on the Website and applied for it.

▶ 在主页上看到招聘零工的广告后就应聘了。

▶ 홈페이지에서 아르바이트 모집 게시를 보고 응모했습니다.

0518 | 形式（けいしき）　format / 形式 / 형식

■ このようなケースの場合（ばあい）、本社（ほんしゃ）への提出書類（ていしゅつしょるい）は、形式が決（き）まっているそうだ。

▶ In this case, the document format for submission to the head office is already determined.

▶ 如果是这种情况，听说向总公司提交的文件有固定格式。

▶ 이러한 케이스의 경우, 본사로의 제출서류는 형식이 정해져 있다고 한다.

■ 今回（こんかい）の調査（ちょうさ）で集（あつ）めたデータは、こちらで保存（ほぞん）しますので、データの保存形式をご指示（しじ）ください。

▶ We will store the data collected in this research, so please tell us the data storage format.

▶ 本次调查所收集到的数据由我方保存，请告诉我们具体的保存形式。

▶ 이번 조사에서 수집한 데이터는 이쪽에서 보존하겠으니, 데이터 보존형식을 지시해 주십시오.

参 形式に従う

0519 | 掲示板（けいじばん）　bulltin board / 布告板 / 게시판

■ コンサートのちらしが、社内（しゃない）の掲示板に貼（は）られていた。

▶ A notice about the concert was put on the in-house bulletin board.

▶ 音乐会的广告张贴在了公司内的布告板上了。

▶ 콘서트 광고지가 사내 게시판에 붙어 있었다.

■ その掲示板は人気（にんき）があって、すごいアクセス数（すう）らしいね。

▶ That bulletin board is very popular and has a great number of hits.

▶ 那个论坛似乎很受欢迎，访问量很大呀。

▶ 그 게시판은 인기가 있어서, 접속 수가 엄청난 것 같아.

0520 | 計上（けいじょう）　appropriation / 列入 / 계상　～する sum[add] up / 计加在内 / 계상하다

■ アルバイトを雇（やと）うかもしれないから、その費用（ひよう）も予算（よさん）に計上しておいたほうがいい。

▶ It's better to add the cost of hiring part timers into the estimate.

▶ 有可能要雇用零工，所以最好把相关费用也列人预算。

▶ 아르바이트를 고용할지도 모르니, 그 비용도 예산에 계상해 두는 편이 좋다.

参 売上を計上する、計上もれ　omission from total / 计人遗漏 / 계상누락

0521 | 形状（けいじょう）　form, shape / 形状 / 형상

■ A社（しゃ）は特殊加工（とくしゅかこう）の技術（ぎじゅつ）が優（すぐ）れているので、複雑（ふくざつ）な形状の注文（ちゅうもん）でも大丈夫（だいじょうぶ）です。

▶ It is no problem to order complicated shapes from Company A, because it has superior technology in special processing.

▶ A公司的特殊加工技术出色，即使是复杂形状的订货也完全可以胜任。

▶ A 사는 특수가공 기술이 뛰어나므로, 복잡한 모양의 주문도 괜찮습니다.

■ この新素材は、さまざまな形状に対応することができます。

▶ This new material can be adapted to many forms.

▶ 这种新材料可应对各种形状。

▶ 이 신소재는 다양한 형상에 대응할 수 있습니다.

0522 | 経常
ordinary / 经常 / 경상

■ 次々とヒット商品を送り出すA社は、今期も経常利益が10%増えた。

▶ Company A continues to put out hit products, and this fiscal year ordinary profit grew 10%.

▶ 不断推出热销商品的A公司，本期的经常利润也增加了10%。

▶ 계속해서 히트 상품을 만들어내는 A 사는 이번 시기에도 경상이익이 10% 증가했다.

参 経常収支

0523 | 罫線
ruled line / 线 / 괘선

■ メモ用紙は、罫線の入っていないものを使っています。

▶ I used unruled paper for memos.

▶ 便笺使用没有线的。

▶ 메모 용지는 괘선이 없는 것을 사용하고 있습니다.

0524 | 継続
continuance / 继续 / 계속　～する continue / 继续 / 계속하다

■ 長年続けてきたプログラムなので、来年以降もぜひ継続させたい。

▶ We definitely want to continue the program after next year because it's a long-term effort.

▶ 这是我们多年来开展下来的一个项目，所以明年起我们还想继续做。

▶ 다년간 계속해 온 프로그램이기 때문에, 내년 이후에도 꼭 계속하고 싶다.

■ このサービスは、インターネットで更新の手続きをとれば、継続して利用することができる。

▶ You can use this service continually if you complete renewal on the Internet.

▶ 该项服务只要在网上更新一下手续即可继续使用。

▶ 이 서비스는 인터넷으로 갱신 수속을 하면, 계속해서 이용할 수 있다.

参 継続中

0525 | 形態
form, type / 形态 / 형태

■ 一口にコンピュータの保守といっても、そのサービスの形態は様々だ。

▶ Speaking of computer maintenance, the forms of service vary.

▶ 虽然都叫做电脑保养，但具体的服务形式各种各样。

▶ 한마디로 컴퓨터의 보수라고 해도 그 서비스의 형태는 가지각색이다.

■ 社内ネットワークは、システムの改良に伴い、社内での利用形態も変化してきている。

▶ The internal usage pattern of the in-house network has changed along with the modifications.

▶ 公司内的局域网，随着系统的改进，在公司内的利用形式也发生了变化。

▶ 사내 네트워크는 시스템 개량에 따라，사내에서의 이용형태도 변화해 왔다.

[参] 雇用形態、勤務形態、販売形態

0526 | 携帯（けいたい） carrying / 携带 / 휴대　～する carry / 携带 / 휴대하다

■ 彼女は勉強熱心で、いつも電子辞書を携帯している。

▶ She is studious, so she always carries her electronic dictionary.

▶ 她很喜欢学习，总是带着电子词典。

▶ 그녀는 공부를 열심히 해서，항상 전자사전을 휴대하고 있다.

0527 | ケータイ/携帯（けいたい）[略]（携帯電話（けいたいでんわ）） cell phone, mobile phone / 手机 / 휴대폰

■ 緊急の場合は、ケータイにお願いします。

▶ Please call my cellular phone in case of an emergency

▶ 有急事的时候请打我手机。

▶ 급한 경우에는 휴대폰으로 연락 주세요.

0528 | 系統（けいとう） system / 系统 / 계통

■ 本講座では、経済学の基本を系統立てて学習します。

▶ In this session, you study basics of economics by systemizing it.

▶ 本讲座将系统地学习经济学的基础知识。

▶ 본 강좌에서는 경제학의 기본을 계통을 세워 학습합니다.

■ 御社A工場へお伺いする際に利用するバスの系統を、教えてください。

▶ What number bus do I take to visit your plant?

▶ 请告诉我去贵公司A工厂所乘坐的汽车行驶路线。

▶ 귀사 A공장에 방문할 때에 이용하는 버스 번호를 가르쳐 주십시오.

[参] 電気系統のトラブル

0529 | 経費（けいひ） cost / 经费 / 경비

■ 予算に余裕がないので、なるべく経費を抑えるようにしてください。

▶ Please keep the cost as low as possible since we don't have enough budget.

▶ 预算不宽裕，请尽量控制经费支出。

▶ 예산에 여유가 없으므로，가능한 한 경비를 절감해 주세요.

■ 今回のプロジェクトは、思ったよりも経費がかかりそうだ。

▶ It seems this project will cost more than we expected.

▶ 此次项目比预想似乎要支出更多的经费。

▶ 이번 프로젝트는 생각한 것 보다도 경비가 들 것 같다.

[参] 必要経費 necessary cost / 必要经费 / 필요경비、経費削減 cost reduction / 削减经费 / 경비삭감、諸経費

0530 | 景品（けいひん） giveaway / 赠品 / 경품

■ 抽選（ちゅうせん）で、電子辞書（でんしじしょ）や高級（こうきゅう）ボールペンなどの景品が当（あ）たります。

▶ There will be a drawing for giveaways such as electronic dictionaries and expensive pens.

▶ 通过抽签即可获得电子词典、高级圆珠笔等赠品。

▶ 추첨으로 전자사전이나 고급 볼펜 등의 경품이 당첨됩니다.

参 パーティーの景品

0531 | 契約（けいやく） contract / 合同 / 계약　~する contract / 合同 / 계약하다

■ この件（けん）については、きちんと契約を交（か）わしたほうがいい。

▶ It's better to make a proper contract in this case.

▶ 关于这件事最好还是签合同好。

▶ 이 건에 대해서는 확실히 계약을 교환하는 것이 좋다.

■ 今月（こんげつ）いっぱいで契約期間（きかん）が切（き）れる。

▶ The contract period will be terminated by the end of this month.

▶ 到月底合同就到期了。

▶ 이번 달 말로 계약기간이 끝난다.

参 契約書、売買契約、契約を結ぶ　close a contract / 签订合约 / 계약을 맺다、
契約がまとまる　strike hands on the bargain / 合约达成了协议 / 계약이 성사되다

0532 | 経由（けいゆ） via / 经由 / 경유　~する via / 经由 / 경유하다

■ バンコク経由の飛行機（ひこうき）で、ドバイに行（い）きます。

▶ I will fly to Dubai via Bangkok.

▶ 乘坐经由曼谷的航班到迪拜。

▶ 방콕 경유 비행기로 두바이에 갑니다.

0533 | 軽量（けいりょう） lightweight / 轻量 / 경량

■ 性能（せいのう）を落（お）とさず、バッテリーを小型（こがた）、軽量にすることは、長（なが）い間（あいだ）の課題（かだい）だった。

▶ It was a long-term task to make the battery compact and lightweight without reducing performance.

▶ 不降低功能、并把电池改小改轻曾是我们一个长期的课题。

▶ 성능을 떨어뜨리지 않고 배터리를 소형, 경량으로 하는 것은 오랫동안의 과제였다.

0534 | 経歴（けいれき） biography / 经历 / 경력

■ 本（ほん）の最後（さいご）に著者（ちょしゃ）の経歴が書（か）いてある。

▶ The author's biography is written on the last page of the book.

▶ 书的最后写有著者简历。

▶ 책 맨 뒤에 저자 경력이 쓰여 있다.

■ 田中先生（たなかせんせい）は、多彩（たさい）な経歴をお持（も）ちです。

▶ Professor Tanaka has had various careers.

▶ 田中先生经历丰富。

▶ 다나카 선생님은 다채로운 경력을 가지고 계십니다.

0535 | 系列　affiliate / 系列 / 계열

■ その本は、A新聞系列のB出版から出るそうです。

▶ This book will be published by Newspaper A's affiliate, Company B.

▶ 听说那本书将由A报社系统的B出版社出版。

▶ 그 책은 A신문계열의 B출판에서 나온다고 합니다.

0536 | 経路　path, pathway, route / 路线 / 경로

■ ここから銀座へは、どういう経路で行くのが一番早いでしょうか。

▶ What is the fastest route from here to Ginza?

▶ 从这里到银座走哪条路线才最快呢?

▶ 여기에서 긴자까지는 어떤 경로로 가는 것이 가장 빠를까요?

0537 | ケース　case / 情况 / 케이스

■ 今回のトラブルは、通常の使用では起こらない特殊なケースで、リコールの対象にはならない。

▶ This problem is a special case that does not occur during normal use, and the product is not targeted for recall.

▶ 此次故障是通常不会发生的特殊情况，故而不属召回对象。

▶ 이번 트러블은 일반적으로 사용할 때에는 일어나지 않는 특수한 케이스라서, 리콜 대상은 안 된다.

■ 予想される結果として、二通りのケースが考えられる。

▶ We can think of two different cases as anticipated results.

▶ 作为预想结果，可考虑到两种情况。

▶ 예상되는 결과로서 2가지의 케이스가 생각된다.

参 ケースバイケース　case-by-case / 具体情况具体处理 / 개별적인, 그때그때의

0538 | けじめ　distinction, settlement / 区别，界限 / 구분

■ 仕事とプライベートのけじめを、しっかりつけてください。

▶ Please make a clear distinction between work-related and private matters.

▶ 请明确区分工作和私人的界限。

▶ 일과 개인적인 일 구분을 확실히 지어 주십시오.

■ 公務員は、住民のプライバシーに関する情報を扱うので、公私のけじめが強く求められる。

▶ Because public servants handle information concerning the privacy of citizens, the distinction between public and private matters in strongly enforced.

▶ 公务员负责管理居民的私人相关信息，要求严格区分公私界限。

▶ 공무원은, 주민의 프라이버시에 관한 정보를 다루기 때문에 공사의 구분이 강하게 요구된다.

参 社会人としてのけじめ

0539 | 桁　digit, decimal place / 位数 / 자릿수

■ クレジットカード番号の下4桁は、7628です。

▶ The last 4 digits of my credit card are 7628.

▶ 信用卡卡号的后四位数是7628。

▶ 신용카드 번호의 아래 4자리는 7628입니다.

■ この金額、桁が間違ってるんじゃないの？

▶ Isn't this amount off by a decimal place?

▶ 这个金额，位数是不是弄错了？

▶ 이 금액, 자릿수가 틀린 거 아냐?

0540 | 欠員 vacancy / 缺编 / 결원

■ 会社全体の業績があまり良くないので、部内に欠員が出ても、当面補充は無しだそうだ。

▶ The company will not fill vacant positions for a while, since its overall business performance is not good.

▶ 听说由于公司整体业绩不佳，即使缺编目前也没有补缺计划。

▶ 회사 전체의 업적이 그다지 좋지 않으므로, 부서내에 결원이 나와도 당분간 보충은 없다고 한다.

0541 | 欠陥 defect / 缺陷 / 결함

■ 現在建設中のさくら川ダムに、構造上の欠陥が見つかった。

▶ A structural defect was found in the Sakura River dam now under construction.

▶ 从正在建设的樱花河水库上发现了结构缺陷。

▶ 현재 건설 중인 사쿠라강 댐에 구조상 결함이 발견되었다.

参 欠陥商品、欠陥住宅

0542 | 決議 resolution / 决议 / 결의 ~する resolve / 决议 / 결의하다

■ 先日の総会で、会員規則の一部修正が決議された。

▶ A partial revision of the membership rules was resolved at the general meeting the other day.

▶ 在前些天的全体会议上通过了对部分会员规则修改的决议。

▶ 일전의 총회에서 회원 규칙의 일부 수정이 결의되었다.

0543 | 欠勤 absent / 缺勤 / 결근 ~する be absent / 缺勤 / 결근하다

■ 入社1カ月で遅刻3回、欠勤2回というのは、まずいですね。

▶ It's a problem to be late twice and absent three times just a month after joining the company.

▶ 刚进入公司才一个月就迟到3次、缺勤两次，这有点太过分了吧。

▶ 입사 한 달만에 지각 3번, 결근 2번은 상황이 좀 안 좋네요.

■ 急な病気で休む場合も、欠勤扱いになります。

▶ Time off for an urgent illness will be dealt with as an absence.

▶ 因急病而来不了的时候也按缺勤处理。

▶ 갑작스런 병으로 쉬는 경우에도 결근으로 취급됩니다.

参 無断欠勤

0544 | 決行 resolution / 进行 / 결행 ~する carry out / 进行 / 결행하다

■ 明日のマラソン大会は、雨でも決行するそうです。

▶ Tomorrow's marathon will be held even if it rains.

▶ 听说明天的马拉松即使有雨也将照常进行。

▶ 내일 마라톤 대회는 비가 와도 결행한다고 합니다.

参 雨天決行

0545 | 決済(けっさい) settlement / 结算 / 결제 ～する make settlement / 结算 / 결제하다

■ お支払(しはら)い方法(ほうほう)は、現金(げんきん)決済とクレジット決済の二通(ふたとお)りあります。

▶ Payment is accepted by cash or credit card.

▶ 付费方式有现金结算和信用卡结算两种。

▶ 지불방법은 현금 결제와 신용카드 결제 두 가지가 있습니다.

■ カード情報(じょうほう)を悪用(あくよう)した犯罪(はんざい)が多発(たはつ)しているため、カードでの決済を嫌(いや)がる人(ひと)もいる。

▶ Some hate to pay by credit card since there are so many crimes involving credit card fraud.

▶ 由于最近频繁发生滥用卡内信息的犯罪，所以有些人不愿意用卡结算。

▶ 카드 정보를 악용한 범죄가 다발하고 있어서, 카드 결제를 싫어하는 사람도 있다.

参 決済方法

0546 | 決裁(けっさい) final decision, approval / 审批 / 결재 ～する make the final decision, approve / 审批 / 결재하다

■ 企画(きかく)の稟議書(りんぎしょ)はだいぶ前(まえ)に出(だ)しているんだけど、社長(しゃちょう)の決裁がまだ下(お)りていないんだよ。

▶ I submitted the approval document a long time ago, but the president has not made his final decision yet.

▶ 计划的书面请示书在很早之前就交上去了，但是社长还没有做出审批。

▶ 기획 품의서는 꽤 전에 제출했는데, 사장님의 결재가 아직 떨어지지 않았어.

■ 電子(でんし)決裁になれば、いちいち伝票(でんぴょう)を回(まわ)す必要(ひつよう)がなくなり、紙(かみ)の資料(しりょう)を大幅(おおはば)に減(へ)らすことができる。

▶ Computerized approval eliminates the need to pass the billings around every time, significantly reducing paperwork.

▶ 如采用电子审批的话就不用一一转送传票了，而且还可以大量节省纸质资料。

▶ 전자 결재가 된다면 하나하나 전표를 돌릴 필요도 없어지고, 종이 자료를 대폭 줄일 수도 있다.

0547 | 決算(けっさん) financial term / 结算 / 결산

■ うちは3月(がつ)決算だから、3月後半(こうはん)あたりから経理(けいり)の人(ひと)たちは大忙(おおいそが)しになる。

▶ Our company's financial term ends in March, so the staff in the accounting section get very busy around mid-March.

▶ 我们公司是3月结帐，所以从3月后半段开始会计们就特别忙。

▶ 우리는 3월 결산이라서 3월 후반 쯤부터 경리쪽 사람들은 아주 바빠진다.

■ もうじき決算だけど、今期(こんき)は赤字(あかじ)みたいだ。

▶ The financial term will end soon, and it looks like we will be in the red.

▶ 马上就到结算了，本期似乎又是赤字。

▶ 이제 곧 결산인데 이번 시기도 적자인 듯 하다.

参 決算書、決算報告、決算月

0548 | 月次 monthly / 每月 / 월차, 월

■ 各部署は、売上の月次報告を５日までに提出してください。

▶ Each section should submit its monthly sales report by the 5th.

▶ 各部门请在5号前提交每月销售报告。

▶ 각 부서는 매상의 월례 보고를 5일 까지 제출해 주세요.

0549 | 欠如 lack / 缺乏 / 결여 ～する lack / 缺乏 / 결여되다

■ このような度重なる不祥事は、社員一人一人の責任感の欠如の表れである。

▶ Such frequent scandals reveal the lack of each employee's sense of responsibility.

▶ 接二连三地发生这种问题事件是每个员工缺乏责任感的具体表现。

▶ 이러한 거듭되는 불상사는 사원 하나하나의 책임감 결여의 결과이다.

0550 | 決断 determination / 决断 / 결단 ～する determine / 决断 / 결단하다

■ やるかやらないか、そろそろ決断しなくてはならない。

▶ We must determine whether or not to do this

▶ 做还是不做，要尽快做出决断。

▶ 할지 안 할지 슬슬 결단을 하지 않으면 안 된다.

■ 賛成、反対半々だから、あとはもう、社長に決断してもらうしかないね。

▶ Half agree and half disagree, so the president will determine the outcome.

▶ 赞成的和反对的各占一半，接下来只能请社长做出决断了。

▶ 찬성, 반대가 반반이니, 남은 건 이제 사장님이 결단을 내릴 수밖에 없네.

参 決断力

0551 | 決定 decision / 决定 / 결정 ～する decide / 决定 / 결정하다

■ イベントの開催日は10月15日に決定しました。

▶ We decided to hold the event on October 15.

▶ 活动举办日期定在了10月15日。

▶ 이벤트 개최일은 10월 15일로 결정했습니다.

■ 今回の政府の決定は、日本経済全体に大きな影響を及ぼすだろう。

▶ This government decision will have a great affect on the entire Japanese economy.

▶ 此次政府的决定大概会给日本整体经济带来很大影响吧。

▶ 이번 정부의 결정은 일본 경제 전체에 큰 영향을 끼칠 것이다.

参 意志決定

0552 | 欠品（けっぴん） shortage / 缺货 / 품절

■ 販売店（はんばいてん）との連絡（れんらく）を密（みつ）にして、なるべく欠品が出（で）ないようにしてください。

▶ Please closely communicate with sales outlets to minimize shortages.
▶ 要和销售店密切联系，尽量不要出现缺货。
▶ 판매점과의 연락을 긴밀히 하여，가능한 한 품절이 되지 않도록 하세요 .

■ 欠品補充（ほじゅう）は速（すみ）やかに行（おこな）ってください。

▶ Please eliminate the product shortage as quickly as possible.
▶ 请尽快补充所缺货物。
▶ 품절 (상품의) 보충은 신속히 해 주세요

0553 | 結論（けつろん） conclusion / 结论 / 결론 ～する conclude / 结论 / 결론을 내다

■ さんざん話（はな）し合（あ）ったが、結論は出（で）なかった。

▶ We discussed it endlessly, but couldn't reach a conclusion.
▶ 彻底进行了磋商，但没有得出结论。
▶ 서로 많이 이야기했지만，결론은 나오지 않았다 .

■ 今回（こんかい）の展示会（てんじかい）には出展（しゅってん）しない、という結論になりました。

▶ Our conclusion is that we will not display at this exhibition.
▶ 结论是不参加此次展览会。
▶ 결론이라면 이번 전시회에는 출전하지 않는다는 것입니다 .

参 結論に至る

0554 | 下落（げらく） fall, decline / 下跌 / 하락 ～する fall, decline / 下跌 / 하락하다

■ 地価（ちか）の下落に伴（ともな）い、都心（としん）のマンションに住（す）む若者（わかもの）が増（ふ）えてきている。

▶ Along with the decline of land prices, the number of young people living in condos in the city are increasing.
▶ 随着地价的下跌，住在市中心公寓的年轻人增多了。
▶ 지가의 하락에 따라，도심의 맨션에 사는 젊은이가 늘어 가고 있다 .

■ 日銀（にちぎん）の金融政策（きんゆうせいさく）の発表（はっぴょう）を受（う）けて、株価（かぶか）が大幅（おおはば）に下落した。

▶ With the announcement of the fiscal policies of the Bank of Japan, stock prices fell dramatically.
▶ 日本银行金融政策公布后，股票价格大幅度下跌。
▶ 일본은행의 금융 정책 발표의 영향으로，주가는 큰 폭으로 하락했다 .

参 物価の下落

0555 | 件（けん） matter / 事情 / 건

■ その件については、前（まえ）に話（はな）したとおり、実施（じっし）は難（むずか）しいと思（おも）います。

▶ I have already told you about this matter, and I think we would have difficulty implementing it.
▶ 关于那件事，如我们以前所说的那样，实施起来比较困难。
▶ 그 건에 대해서는 전에 말한 대로，실시는 어려울 것 같습니다 .

■ 部長、採用の件で、ちょっとご相談したいのですが……。

▶ Boss, I would like to ask your advice on a recruitment matter.

▶ 部长，我想跟您谈一下关于录用的事情。

▶ 부장님, 채용 건으로 잠깐 상담하고 싶은데요….

参 件数、件名

0556 | 現〜 sitting / 现〜 / 현〜

■ A社の現社長は、前の社長の次男だそうだ。

▶ Company A's sitting president is the second son of the former president.

▶ 听说A公司的现任社长是前任社长的次子。

▶ A 사의 현 사장은 이전 사장의 차남이라고 한다.

■ 株主総会で、現役員全員の再任が承認された。

▶ All sitting executives were selected for a second term at the general meeting of shareholders.

▶ 股东大会同意现任董事连任。

▶ 주식총회에서 현 임원 전원의 재임이 승인되었다.

0557 | 懸案 pending / 悬而未决 / 현안

■ 次回ミーティングには、懸案になっている事項について、各部署の意見をまとめてきてください。

▶ Please present each section's opinions on the pending matters at the next meeting.

▶ 对于悬而未决的事情，请在下次会议上汇总一下各部门的意见。

▶ 다음 미팅에는 현안이 되고 있는 사항에 대해, 각부서의 의견을 정리해 오십시오.

■ 懸案の在庫管理の件ですが、次のようにしてはどうでしょうか。

▶ Why don't we do as follows for the pending inventory control?

▶ 对于悬而未决的库存管理事宜，您看这样做是否可以?

▶ 현안인 재고관리 건입니다만, 다음과 같이 하는 것은 어떻겠습니까?

0558 | 権威 authority / 权威 / 권위, 권위자

■ 中村先生は、地震学の権威として、世界的に知られている。

▶ Professor Nakamura is known around the world as an authority on seismology.

▶ 中村先生作为地震学的权威，被全世界所熟知。

▶ 나카무라 선생님은, 지진학의 권위자로서 세계적으로 알려져 있다.

0559 | 牽引 traction, driving force / 拉动，牵动 / 견인 〜する pull, give traction to / 拉动，牵动 / 견인하다

■ 新型車Xは、ジェット機を牽引できるほどのパワーがある。

▶ The new model car X has enough power to pull a jet airplane.

▶ 新型车X的马力甚至能拉动喷气式飞机。

▶ 신형차 X는 제트기를 견인할 수 있을 정도의 파워가 있다.

■ A社は、新商品RAのヒットが牽引役となり、今年度、60億円超の売上を記録した。

▶ The new product RA that was such a hit became the driving force, and Company A recorded sales this year in excess of 6 billion yen.

▶ A公司牵动了商品RA的火爆，创下了超过60亿日元的销售纪录。

▶ A 사는 신상품 RA 의 히트가 견인 역할이 되어，금년도 60 억엔 이상의 매상을 기록했다．

参 牽引力

0560 | 現役　practicing, active / 现役 / 현역

■ 中村さんは、現役を引退したら、海外に移住したいそうです。

▶ I heard that once he retires, Mr. Nakamura would like to move overseas.

▶ 听说中村先生想现役引退后移居海外。

▶ 나카무라 씨는 현역을 은퇴하면 해외로 이주하고 싶다고 합니다．

0561 | 減益　decrease in profits / 利润减少 / 감익，이익이 줄어듬

■ A社は、新規事業の業績が振るわず、今期は減益となった。

▶ The results from the new business for Company A failed to flourish, and they saw a downturn in profit this year.

▶ A公司新开展的事业业绩不佳，本期收益萎缩。

▶ A 사는 신규 사업 실적이 나오지 않아 이번 시기는 이익이 감소되었다．

0562 | 原価　cost / 原价 / 원가

■ 売上高から売上原価を引いたものが売上利益です。

▶ Cost subtracted from sales is sales profit.

▶ 从销售额中减去原价就是销售盈利。

▶ 매상고에서 매상원가를 뺀 것이 매상이익입니다．

■ 原価計算をしっかりやって、コストを意識するようにしてください。

▶ Please carefully calculate the costs.

▶ 要好好计算原价，要有成本意识。

▶ 원가계산을 확실히 하여，비용을 의식하도록 하세요．

参 製造原価、仕入原価、原価を割る　fall below cost / 低于原价 / 원가 이하로 떨어지다

0563 | 見解　outlook, view / 见解 / 견해

■ A社との業務提携については、役員会で見解が分かれたようだ。

▶ The executive meeting was divided in its views on a tie-up with Company A.

▶ 对于和A公司进行业务合作，董事会上的意见似乎并不一致。

▶ A 사와의 업무제휴에 대해 임원회에서는 견해가 갈라진 듯 하다．

■ 社長(しゃちょう)は、下期(しもき)の売上(うりあげ)について楽観的(らっかんてき)な見解を示(しめ)している。

▶ The president shows an optimistic view for sales during the second half.

▶ 对于下半年的销售额，社长表示了比较乐观的看法。

▶ 사장님은 하기 매상에 대해 낙관적인 견해를 보이고 있다.

参 見解の相違

0564 | 限界(げんかい)　limit / 限度 / 한계

■ 若(わか)い頃(ころ)は一日(いちにち)や二日徹夜(ふつかてつや)をしても何(なん)ともなかったのに。体力(たいりょく)の限界を感(かん)じるよ。

▶ When I was young, it was nothing to go without sleep for one or two nights. But now I feel the limitations of my strength.

▶ 年轻的时候熬个一、两天也不当事。但现在我感到了身体的极限。

▶ 젊었을 때는 하루나 이틀 철야를 해도 아무렇지 않았는데. 체력의 한계를 느껴.

■ 下(さ)げるとしても2,500円(えん)が限界だな。それより下げると利益(りえき)がゼロになる。

▶ Even if we drop the price, 2,500 yen is the limit. If we go lower than that, the profit will be zero.

▶ 即使降价也顶多降到2500日元。再往下降就没什么收益了。

▶ 내린다고 해도 2,500 엔이 한계야. 그것보다 더 내리면 이익이 제로가 돼.

0565 | 見学(けんがく)　tour / 参观 / 견학　~する tour / 参观 / 견학하다

■ 来月(らいげつ)、新人(しんじん)を対象(たいしょう)に工場見学(こうじょうけんがく)を行(おこな)います。

▶ Next month, we will implement a plant tour for new employees.

▶ 下个月让新来的职工参观工厂。

▶ 다음 달 신입을 대상으로 공장 견학을 실시합니다.

0566 | 減価償却(げんかしょうきゃく)　depreciation / 折旧 / 감가 상각

■ この機械(きかい)はすでに減価償却が終(お)わり、帳簿上(ちょうぼじょう)、資産価値(しさんかち)はない。

▶ Depreciation of this machine has already finished, and it has no asset value on the books.

▶ 这台机器已完成折旧，在账面上它的资产价值为零。

▶ 이 기계는 이미 감가 상각이 끝나서, 장부상 자산가치는 없다.

0567 | 謙虚(けんきょ)　humility / 谦虚，谦恭 / 겸허　~な humble / 谦虚的 / 겸허한　~に humbly / 谦虚 / 겸허하게

■ 周(まわ)りの助言(じょげん)には、謙虚に耳(みみ)を傾(かたむ)けたほうがいい。

▶ You'd better listen humbly to advice from those around you.

▶ 最好虚心倾听周围人的意见。

▶ 주위의 조언에는 겸허하게 귀를 기울이는 것이 좋다.

■ 彼(かれ)は確(たし)かに優秀(ゆうしゅう)だけど、謙虚さが足(た)りない。

▶ He is certainly excellent, but lacks humility.

▶ 他的确很优秀，但是不够谦虚。

▶ 그는 확실히 우수하지만, 겸허함이 부족하다.

0568 | 現金（げんきん） cash / 现金 / 현금

■ クレジットカードの普及（ふきゅう）に伴（ともな）って、多額（たがく）の現金を持（も）ち歩（ある）く人（ひと）が減（へ）ってきている。
▶ With the rising popularity of credit cards, fewer people carry large amounts of cash.
▶ 随着信用卡的普及，随身携带大额现金的人减少了。
▶ 신용카드의 보급에 따라 다액의 현금을 가지고 다니는 사람이 줄어들고 있다.

■ お支払（しはら）いは現金ですか。それとも、カードになさいますか。
▶ Will you pay in cash or by card?
▶ 您是用现金支付还是使用信用卡?
▶ 지불은 현금입니까? 아니면 카드로 하시겠습니까?

0569 | 厳禁（げんきん） strict prohibition / 严格禁止 / 엄금 ～する strictly prohibit / 严格禁止 / 엄금하다

■ スタッフは、会場内（かいじょうない）での喫煙（きつえん）は厳禁です。
▶ It is strictly prohibited for staff to smoke in the venue.
▶ 工作人员严禁在会场内吸烟。
▶ 스탭은 회장 내에서의 흡연을 엄금합니다.

参 遅刻厳禁

0570 | 原形（げんけい） original form / 原形 / 원형

0571 | 権限（けんげん） authority / 权限 / 권한

■ 派遣社員（はけんしゃいん）の場合（ばあい）、アクセス権限がないので、経理（けいり）システムには入（はい）れません。
▶ Temporary employees do not have the authority to access the accounting system.
▶ 派遣员工没有访问权，不能进入会计系统。
▶ 파견사원의 경우, 접근(액세스) 권한이 없으므로, 경리 시스템에는 들어갈 수 없습니다.

■ 今回（こんかい）の採用（さいよう）に関（かん）しては、最終決定（さいしゅうけってい）の権限は部長（ぶちょう）にあります。
▶ The general manager has the final authority on recruitment.
▶ 这次录用的最终决定权在部长那里。
▶ 이번 채용에 관해서는 최종 결정 권한은 부장님에게 있습니다.

0572 | 現行（げんこう） current / 现行的 / 현행

■ 現行のシステムはセキュリティー対策（たいさく）が十分（じゅうぶん）ではないので、ウィルスが侵入（しんにゅう）する恐（おそ）れがある。
▶ I'm afraid of a virus infection because security measures in the current system are insufficient.
▶ 现行系统安全措施还不够，有可能会感染病毒。
▶ 현행 시스템은 보안 대책이 충분하지 않으므로, 바이러스가 침입할 우려가 있다.

■ 現行の管理体制では、長期的に品質を維持するのは難しい。

▶ It's hard to maintain long-term quality with the existing management system.

▶ 按现行管理体制很难长期维持较高质量。

▶ 현행 관리체제에서는 장기적으로 품질을 유지하는 것은 어렵다.

0573 | 原稿

draft, script / 原稿 / 원고

■ A誌の広告の原稿締切は、明日の6時だそうです。

▶ Magazine A's ad deadline is 6 o'clock tomorrow.

▶ 听说A杂志广告稿件截稿日期是明天6点。

▶ A지 광고의 원고 마감은 내일 6시라고 합니다.

■ 商品の案内チラシを作るのはいいとして、誰が原稿を書く?

▶ It's OK to produce the product flyer, but who will write the copy?

▶ 可以制作介绍商品的传单，但原稿谁写呢?

▶ 상품의 안내 광고지를 만드는 것은 좋은데, 누가 원고를 쓰지?

参 原稿料、スピーチの原稿

0574 | 検査

test, inspection / 检查 / 검사 ~する test, inspect / 检查 / 검사하다

■ 検査の結果、「異常なし」ということでした。

▶ The inspection results showed no abnormality.

▶ 检查结果是“毫无异常”。

▶ 검사 결과「이상없음」이었습니다.

■ この工場では、製品が完成するまで、安全性を確認する検査をくり返し行っています。

▶ At this plant, tests to ensure safety are repeatedly conducted until the product is complete.

▶ 该工厂在产品制造出来之前反复进行安全检查。

▶ 이 공장에서는 제품이 완성되기까지, 안전성을 확인하는 검사를 반복 실시하고 있습니다.

参 品質検査、X線検査

0575 | 原材料

raw material / 原材料 / 원재료

■ 日本の産業は、原材料の多くを輸入に頼っている。

▶ Japanese industry depends on imports for many raw materials.

▶ 日本的产业，原材料大多依赖进口。

▶ 일본의 산업은 원재료의 대부분을 수입에 의존하고 있다.

■ 食品については、原材料の表示が厳しく義務づけられている。

▶ Companies are strictly required to display the raw materials used in food products.

▶ 食品方面，被严格规定要标明所用的原材料。

▶ 식품에 대해서는 원재료의 표시가 엄격하게 의무 시되고 있다.

0576 | 検索

search / 检索 / 검색 ~する search / 检索 / 검색하다

■ インターネットで検索したところ、10万件ヒットした。

▶ When I searched on the Internet, I got 100,000 hits.

▶ 在网上搜索时找到了10万个结果。

▶ 인터넷으로 검색했더니, 10만 건이 나왔다.

■ 明日(あした)訪問(ほうもん)するA社(しゃ)だけど、検索をかけて、一番早(いちばんはや)い行(い)き方(かた)を調(しら)べておいて。

▶ I will visit Company A tomorrow, so please do a search and find out the fastest way to go there.

▶ 明天我们去A公司拜访，你检索一下，看如何去最快。

▶ 내일 방문할 A사 말인데, 검색해서 가장 빠르게 가는 방법을 조사해 둬.

参 検索エンジン　search engine / 检索引擎 / 검색 엔진、
キーワード検索　keyword searches / 关键词检索 / 키워드 검색

0577 | 原産(げんさん)　place of origin / 原产 / 원산

■ 輸入品(ゆにゅうひん)については、原産国(こく)を表示(ひょうじ)しなければなりません。

▶ Import goods must display their country of origin.

▶ 进口商品，必须标记原产国。

▶ 수출품에 대해서는 원산국을 표시해야 합니다.

0578 | 研修(けんしゅう)　training / 研修 / 연수　~する train / 研修 / 연수하다

■ 新人(しんじん)研修では、会社(かいしゃ)の組織(そしき)や業務内容(ぎょうむないよう)、仕事(しごと)の流(なが)れ、業界(ぎょうかい)の基礎知識(きそちしき)などを学(まな)びます。

▶ At the new employee training, they learn the company organization, business and operational skills, and a basic knowledge of the industry.

▶ 在新员工培训时学习公司组织、业务内容、工作流程、业界基础知识等东西。

▶ 신입 연수에서는 회사의 조직이나 업무내용, 일의 흐름, 업계의 기초지식 등을 배웁니다.

■ 4月(がつ)に採用(さいよう)されたけど、研修期間(きかん)が3カ月(げつ)だから、正社員(せいしゃいん)になるのは7月(がつ)だね。

▶ I was employed in April, but the training period is three months, so I will officially become a full-time employee in July.

▶ 录用是4月份，培训时间为3个月，所以要成为正式员工得到7月份。

▶ 4월에 채용되었지만, 연수 기간이 3개월이니까, 정사원이 되는 것은 7월이구나.

参 技術研修、研修を受ける、語学研修

0579 | 厳重(げんじゅう)　stringency / 严格 / 엄중　~な stringent / 严格 / 엄중한　~に stringently / 严格 / 엄중히

■ 個人情報(こじんじょうほう)は厳重に管理(かんり)しています。

▶ We strictly control personal information.

▶ 要严格管理个人信息。

▶ 개인정보는 엄중히 관리하고 있습니다.

■ この施設(しせつ)には子供(こども)の出入(でい)りも多(おお)いので、事故防止(じこぼうし)には厳重注意(ちゅうい)が必要(ひつよう)だ。

▶ Because many children come in and out of this institution, we need strict measures to prevent accidents.

▶ 该设施多有儿童进出，所以一定要特别注意不要发生意外。

▶ 이 시설에는 어린이의 출입도 많기 때문에, 사고방지에는 엄중한 주의가 필요하다.

0580 | 懸賞(けんしょう)　prize / 悬赏 / 현상

■ この雑誌(ざっし)には毎月(まいつき)、懸賞付(つ)きのアンケートはがきが付いています。

▶ A questionnaire postcard is included with this magazine every month.

▶ 该杂志每月后面都有一张问卷调查用的明信片，填写后即有可能得到奖品。

▶ 이 잡지에는 매월 현상을 내건 앙케트 엽서가 붙어 있습니다.

■ 商品(しょうひん)のラベルを10枚(まい)送(おく)ると、抽選(ちゅうせん)で懸賞金(きん)が当(あ)たる。

▶ You can win a prize drawing if you send in 10 labels from the product.

▶ 寄送10枚商品标签后通过抽签即有可能得到奖金。

▶ 상품 라벨을 10 장 보내면 추첨으로 현상금이 당첨된다.

[参] 懸賞品

0581 | 減少(げんしょう)　decrease / 减少 / 감소　~する decrease / 减少 / 감소하다

[反] 増加　increase / 增加 / 증가

0582 | 現状(げんじょう)　current situation / 现状 / 현상

■ 現状に満足(まんぞく)せず、常(つね)に向上(こうじょう)心(しん)を持(も)って、新(あたら)しい課題(かだい)に取(と)り組(く)んでください。

▶ Always be ambitious, don't be satisfied with the current situation, and take on new tasks.

▶ 请不要满足现状，要时常保持一颗上进心，不断研究新课题。

▶ 현상태에 만족하지 말고 항상 향상심을 가지고 새로운 과제에 몰두해 주세요.

■ この報告書(ほうこくしょ)を読(よ)むと、業界(ぎょうかい)の現状と問題点(もんだいてん)が分(わ)かる。

▶ You will learn the current status and issues facing the industry if you read this report.

▶ 阅读该报告书可以了解业界的现状和问题所在。

▶ 이 보고서를 읽으면 업계의 현상과 문제점을 알 수 있다.

0583 | 減税(げんぜい)　tax reduction / 减税 / 감세　~する reduce taxes / 减税 / 감세하다

■ 政府(せいふ)は、国内(こくない)消費(しょうひ)を促(うなが)すため、年内(ねんない)に大幅(おおはば)な減税を行(おこな)うと発表(はっぴょう)した。

▶ The government, in order to encourage domestic consumption, announced it would be carrying out a significant tax reduction this year.

▶ 政府为了促进国内消费，公布要在年内实施大幅度减税。

▶ 정부는 국내소비를 촉구하기 위해, 올해 안에 대폭적인 감세를 실시하겠다고 발표했다.

[反] 増税　increase in taxes / 增税 / 증세

[参] 大型減税、特別減税

0584 | 健全 health / 健全 / 건전　～な healthy / 健全 / 건전한　～に healthfully / 健全 / 건전하게

■ ベテランが元気な一方で若手が育たず、会社として健全な状態とはいえない。

▶ While veterans are vigorous, the younger staff are not being developed. So we can't say the company is in sound condition.

▶ 老将干劲十足，但年轻人还没有起来，这样的公司很难说是稳固的。

▶ 베테랑이 활발한 한편，젊은 측이 키워지지 않아，회사로서 건전한 상태라고는 할 수 없다．

0585 | 現像 development / 显影 / 현상　～する develop / 显影 / 현상하다

参 写真を現像する

0586 | 謙遜 modesty / 谦逊 / 겸손　～する be modest / 谦逊 / 겸손하다

■ チャンさん、謙遜してるけど、本当は日本語とっても上手なんですよ。

▶ Mr. Chan is modest, but in truth he speaks Japanese very well.

▶ 小张只是谦虚而以，实际上他的日语很好。

▶ 장 씨，겸손하지만 사실은 일본어가 아주 능숙해요．

■ 決して謙遜して言っているのではなく、本当に知らないんです。

▶ I'm not saying this to be humble at all. I really don't know.

▶ 我那样说不是谦虚，我真的不知道。

▶ 절대 겸손하게 말하는 것이 아니라，정말 몰라요．

0587 | 現地 field, spot / 当地 / 현지

■ じゃ、明日の朝、現地で集合しましょう。

▶ So, let's meet on site tomorrow morning.

▶ 那明天早上我们在当地集合吧。

▶ 그럼，내일 아침 현지에서 집합합시다．

■ 現地の事情に詳しいスタッフもいるので、心配いりません。

▶ Don't worry, because we have staff who have detailed knowledge of local conditions.

▶ 有了解当地情况的工作人员，所以不用担心。

▶ 현지 사정을 잘 아는 스탭도 있으니 걱정은 필요없습니다．

0588 | 堅調 firm / 坚挺 / 견조　～な firm, bullish / 坚挺的 / 견조한　～に firmly, bullishly / 中国语 / 견조하게

■ 業績が安定していることから、A社の株価は堅調に推移している。

▶ Because performance is stable, the stock price of Company A has been changing bullishly.

▶ 业绩的稳定，使A公司的股价坚挺上升。

▶ 실적이 안정되어서，A 사의 주가는 견조하게 변하고 있다．

0589 | 限定 limitation / 限定 / 한정　～する limit / 限定 / 한정하다

■ この商品については、地域を限定して販売しております。

▶ Sales of the product are limited to this area.

▶ 该商品仅限某地区销售。

▶ 이 상품에 대해서는 지역을 한정하여 판매하고 있습니다．

参 女性限定のサービス

0590 | 限度 limit / 限度 / 한도

■ 一回に融資できるのは、100万円が限度です。
▶ Loans are limited to one million yen each.
▶ 一次融资的最高额度为100万日元。
▶ 한 번에 융자할 수 있는 것은 100 만 엔이 한도입니다.

■ 入院をした場合、180日を限度に1日5千円の給付金が支払われます。
▶ Hospitalization coverage pays five thousand yen per day, with a limit of 180 days.
▶ 住院时将每天支付5千日元的补助金，但发放日期限度为180天。
▶ 입원한 경우, 180 일을 한도로 1일 5 천엔의 급부금이 지불됩니다.

参 限度を超える

0591 | 検討 consideration / 讨论 / 검토 **～する** consider / 讨论 / 검토하다

■ ご提案ありがとうございました。社に戻って改めて検討させていただきます。
▶ Thank you for your proposal. We will discuss it after we return to the company.
▶ 谢谢您的提案。我们回到公司后将再好好考虑。
▶ 제안 감사드립니다. 회사로 돌아가 다시 검토하겠습니다.

■ A社からの提案は、コストはかかるけど、検討の余地はありそうだ。
▶ The proposal from Company A will be costly, but there is room for discussion.
▶ A公司的提案虽然会增加成本，但似乎有考虑的余地。
▶ A 사의 제안은 비용은 들지만, 검토의 여지는 있을 듯 하다.

参 検討中、検討事項

0592 | 見当 aim, guess / 预测 / 짐작, 예상

■ 上海の事情もわからないし、どれだけ売れるか見当もつかない。
▶ I don't know about the situation in Shanghai, and cannot estimate how much will be sold.
▶ 不太了解上海的情况，也无法预测能卖出多少。
▶ 상해의 사정도 모르고, 얼만큼 팔릴지 짐작도 가지 않는다.

■ 営業に行くときは、相手が何を求めているか、おおよその見当をつけて資料を用意してください。
▶ Please give me a rough estimate of what the other person wants and prepare the materials.
▶ 去从事经营活动时，要先预测一下对方究竟需要什么然后再准备好资料。
▶ 영업하러 갈 때에는 상대가 무엇을 원하는지, 대략 예상을 해서 자료를 준비해 주세요.

0593 | 兼任 additional post / 兼任 / 겸임 **～する** add post / 兼任 / 겸임하다

■ 営業本部長が海外事業部長を兼任しています。
▶ The sales GM holds an additional post as overseas business manager.
▶ 营业总部长同时还兼任海外事业部长。
▶ 영업본부장이 해외사업부장을 겸임하고 있습니다.

0594 | 現場（げんば） site / 现场 / 현장

■ 作業の進め方は、現場の責任者に任せたほうがいいです。
▶ You'd better leave the operation up to the on-site people in charge.
▶ 工作进展方法最好还是交由现场负责人定夺。
▶ 작업의 진행 방법은 현장 책임자에게 맡기는 것이 좋습니다.

■ 今、医療の現場ではどのような問題が起こっているのだろう？
▶ I wonder what kinds of problems are occurring at medical facilities today.
▶ 现在医疗现场究竟发生了什么问题呢?
▶ 지금 의료 현장에서는 어떠한 문제가 일어나고 있을까?

参 事故現場、撮影現場

0595 | 検品（けんぴん） product (goods) inspection / 商品检查 / 검품 **～する** inspect / 商品检查 / 검품하다

■ 傷や汚れがないか、規格に合っているか、一つ一つ検品しています。
▶ We inspect our products one by one for damage, dirt, and conformance with standards.
▶ 现在正在对商品进行逐一检查，以确认该商品是否有瑕疵、污垢或是否符合规格。
▶ 이 제품은 흠집이나 더러운 부분이 없는지, 규격에 맞는지 하나하나 검품하고 있습니다.

■ 検品済みの商品はこっちの箱に入れてください。
▶ Please put the inspected products in this box.
▶ 检查完的商品请放到这边的箱子里。
▶ 검품이 끝난 제품은 이쪽 상자에 넣어 주십시오.

0596 | 現物（げんぶつ） actual goods / 实物 / 현물

■ 現物を見てみないと判断ができない。
▶ I can't decide unless I look at the actual goods.
▶ 不看实物无法做出判断。
▶ 현물을 보지 않으면 판단할 수 없다.

■ カタログにある商品は、ご希望があれば、現物サンプルをお送りすることもできます。
▶ We can send a sample of the product in the catalog, if you desire.
▶ 目录中的商品，如果您需要的话可以给您寄送实物样品。
▶ 카탈로그에 있는 상품은, 희망하시면 현물 샘플을 보내드릴 수도 있습니다.

0597 | 原文（げんぶん） original text / 原文 / 원문

■ お客様からいただいたご意見を、ほぼ原文のままで掲載しております。
▶ We published opinions from customers as almost the original text.
▶ 来自客户的意见基本上是原文登载。
▶ 손님에게서 받은 의견을 거의 원문 그대로 게재하고 있습니다.

■ この取扱説明書は、英語の原文を日本語に訳したものです。

▶ This instruction manual is the Japanese translation of the original English.

▶ 这份产品说明书是把英文原文译成了日文。

▶ 이 취급설명서는 영어 원문을 일본어로 번역한 것입니다.

0598 | 原本 master copy / 原件 / 원본

■ 控えは見つかったけど、原本が見つからない。

▶ We found the copy, but not the master.

▶ 找到了副本，但没有找到原件。

▶ 사본은 찾았지만, 원본이 보이지 않는다.

■ 問題なければ、これから契約書の原本を２通作成して、お送りします。

▶ I will get two originals of the contract and send them right now, if we don't see any problem.

▶ 如果没有问题的话，接下来将做2份合同原件并给您寄过去。

▶ 문제없으면 이제 계약서 원본을 2통 작성하여 보내드리겠습니다.

0599 | 厳密 strict / 严密，精确 / 엄밀(한)

～な strict / 严密，精确 / 엄밀한
～に strictly / 严密，精确 / 엄밀히

■ このノートパソコンの重さは、厳密に言うと、１．３７キロです。

▶ The weight of this notebook PC is, to be precise, 1.37 kilograms.

▶ 严密地说，这个笔记本电脑的重量是1.37公斤。

▶ 이 노트북의 무게는 엄밀히 말하면 1.37 키로입니다.

■ 消費者の信頼を得るため、100項目以上に及ぶ厳密な検査を行っています。

▶ In order to gain the trust of consumers, they conduct strict inspections on over 100 items.

▶ 为了获得消费者的信任，我们进行了超过100多项的精密检查。

▶ 소비자의 신뢰를 얻기 위해서 100개의 항목 이상에 달하는 엄밀한 검사를 실시하고 있습니다.

0600 | 倹約 thrift / 节约，节省 / 검약，절약

～する save money / 节约，节省 / 검약하다, 절약하다

■ 倹約のため、なるべく電話よりメールを使うようにしています。

▶ I try to use e-mail instead of the phone to save money.

▶ 为了节约，尽量不打电话，而是用邮件。

▶ 절약을 위해 가능한 한 전화보다 메일을 사용하도록 하고 있습니다.

0601 | 原油 petrolium, crude oil / 原油 / 원유

■ 原油価格の高騰によって、ガソリン代の値上げが予想されている。

▶ Due to the sudden rise in petrolium prices, it is expected that gasoline prices will rise.

▶ 由于原油价格的飞涨，可预测汽油价格会上涨。

▶ 원유 가격의 상승에 의해, 휘발유 값의 가격 상승이 예상되고 있다.

参 原油の生産量、原油タンカー

0602 | 兼用（けんよう） double duties / 兼用，两用 / 겸용 ～する use - both - as and, serve as / 兼用，两用 / 겸용하다

■ アルバイトの社員は、出社日が限られているので、数人でパソコンを兼用しています。

▶ Several part-time employees use the same PC since their work days are limited.

▶ 打工的社员由于上班时间有限，所以几个人共用一台电脑。

▶ 아르바이트 사원은 출근일이 정해져 있기 때문에, 여러 명이 컴퓨터를 겸용해서 쓰고 있습니다.

■ 多くの家庭では、ファックス兼用の電話を使っている。

▶ Most households use a phone that doubles as a facsimile.

▶ 几乎所有的家庭都在使用兼作传真机的电话。

▶ 대부분의 가정이 팩스 겸용 전화기를 쓰고 있다.

0603 | 権利（けんり） right / 权利 / 권리

■ 国民は、税金が正しく使われているかどうかを知る権利があります。

▶ Citizens have a right to know if their tax money is being spent correctly.

▶ 国民有权了解税金是否被正确使用。

▶ 국민은 세금이 올바르게 사용되고 있는지 어떤지를 알 권리가 있습니다.

0604 | 原料（げんりょう） ingredient / 原料 / 원료

■ ワインはぶどう、日本酒は米を原料にした酒です。

▶ Wine's main ingredient is grapes, while Japanese sake is made from rice.

▶ 葡萄酒以葡萄为原料，日本酒以大米为原料。

▶ 와인은 포도, 일본술은 쌀을 원료로 한 술입니다.

0605 | 厚意（こうい） courtesy / 厚意 / 후의

■ 皆様のご厚意に感謝いたします。

▶ I aknowledged the favor.

▶ 感谢大家的深情厚意。

▶ 여러분의 후의에 감사 드리립니다.

■ この資料は、中村先生のご厚意により、本図書館に寄贈されたものです。

▶ This material was generously contributed to this library by Professor Nakamura.

▶ 这些资料，是在中村先生的深情厚谊下，赠送给本图书馆的。

▶ 이 자료는 나카무라 선생님의 후의에 의해 본 도서관에 기증된 것입니다.

0606 | 合意（ごうい） agreement / 同意 / 합의 ～する agree / 同意 / 합의하다

■ 著作権に関する問題について、関係者間で合意に達した。

▶ Both parties reached an agreement on the copyright problem.

▶ 就著作权的问题，相关人员已达成协议。

▶ 저작권에 관한 문제에 대해서 관계자 간의 합의에 이르렀다.

■ 両者は、業務提携の内容について、合意する方向で最終調整に入った。

▶ Both parties entered the final adjustment phase, moving toward agreement on the contents of the tie-up.

▶ 就业务合作的内容，双方已进人最终调整阶段，基本已达成协议。

▶ 양자는 업무 제휴의 내용에 대해 합의하는 방향으로 최종 조정에 들어갔다.

参 合意文書、合意に至る、合意に基づく

0607 | 強引 strong-arm / 强行 / 억지로 강행　～な forceful / 强行 / 억지로　～に forcefully / 强行 / 무리하게

■ A社の担当者は、交渉の仕方に多少強引なところがあるので、安易に譲歩しないように。

▶ Do not compromise easily since Company A's staff seems to have an aggressive negotiating style.

▶ A公司的负责人，在交涉方式上多少有些强硬，因此，尽量不要轻易让步。

▶ A 사의 담당자는 교섭 방법에 다소 무리가 있으므로 안이하게 양보하지 않도록.

■ 住民の反対がある中で、マンション建設を強引に進めたら、訴訟になりかねない。

▶ If you push ahead to construct the condominiums while the residents are opposed, we may face a lawsuit.

▶ 在居民的反对下，如果强行进行公寓建设，有可能会打官司。

▶ 주민의 반대가 있는 가운데 맨션 건설을 억지로 진행하면 소송이 될 수도 있다.

0608 | 公営 public / 公营 / 공영

参 公営住宅

0609 | 講演 lecture / 讲演 / 강연　～する deliver lecture / 讲演 / 강연하다

■ 来月のセミナーは、ロボット工学の第一人者、田中先生に講演を依頼する予定です。

▶ We plan to ask Professor Tanaka, a leader in robot engineering, to host next month's seminar.

▶ 下月的研讨会，计划委托机器人工学的第一人田中先生讲演。

▶ 다음 달 세미나는 로봇 공학의 제일인자 다나카선생님에게 강연을 의뢰할 예정입니다.

参 講演会、基調講演　keynote speech / 基调讲演 / 기조강연

0610 | 公演 performance / 公演 / 공연　～する make a public purformance / 公演 / 공연하다

■ S交響楽団の来日中、3回の公演が予定されている。

▶ Ochestra S plans to give three performances during its visit to Japan.

▶ S交响团在日本期间，预定要进行3次公演。

▶ S 교향악단의 일본 방문중 3회의 공연이 예정되어 있다.

参 公演スケジュール、上海公演

0611 | 後援(こうえん) sponsorship / 后援 / 후원 ～する sponsor / 后援 / 후원하다

■ 今回(こんかい)はS国大使館(こくたいしかん)の後援を得(え)て、ワイン・フェアを開催(かいさい)することになりました。

▶ This time, we will hold a wind fair, sponsored by the embassy of S nation.

▶ 这次得到了S国大使馆的支援，要举办葡萄酒展会。

▶ 이번은 S국 대사관 후원을 받아, 와인・페어를 개최하게 되었습니다.

参 後援会、後援企業

0612 | 効果(こうか) effect / 效果 / 효과

■ A社(しゃ)の新薬(しんやく)NC5は、がん治療(ちりょう)にかなりの効果があると言(い)われている。

▶ Company A's new drug NC5 reportedly has a great effect in treating cancer.

▶ A公司的新药"NC5"，据说对癌症十分有效。

▶ A사의 신약「NC5」는 암치료에 상당한 효과가 있다고 한다.

■ もっと効果的(てき)な宣伝方法(せんでんほうほう)を考(かんが)えなきゃだめだよ。

▶ You must think of a more effective way of advertising.

▶ 如果不考虑更有效的宣传方式是不行的。

▶ 더 효과적인 선전 방법을 생각하지 않으면 안돼.

参 経済効果、効果を高める

0613 | 高価(こうか) expensive / 高价 / 고가

■ そのネックレスは、手作(てづく)りのため、思(おも)ったより高価だった。

▶ The necklace has a higher price than I expected because it is handmade.

▶ 那个项链，因为是手工的，比原本想的要贵。

▶ 그 목걸이는 손으로 만든 것이기 때문에 생각했던 것보다 고가였다.

反 廉価 low price / 廉价 / 염가

0614 | 公開(こうかい) public opening / 公开 / 공개 ～する release into public / 公开 / 공개하다

■ 今回(こんかい)の見本市(みほんいち)では、新型機種(しんがたきしゅ)AZ－500の一般(いっぱん)公開が予定(よてい)されている。

▶ The new model AZ-500 will be introduced to the public at this trade show.

▶ 在这次的商品展览会上，计划要向大家公开新型机种"AZ-500"。

▶ 이번 견본시장에서는 신형기종「AZ-500」의 일반공개가 예정되고 있다.

■ X社(しゃ)は、インターネット事業(じぎょう)のノウハウを公開(こうかい)するスクール事業を始(はじ)めた。

▶ Company X has started a school to teach Internet business skills to the public.

▶ X公司，开始了公开网络事业技术的培训业务。

▶ X사는 인터넷 사업의 노하우를 공개하는 학교 사업을 시작했다.

参 情報公開、株式公開、非公開、公開講座

0615 | 降格 demotion / 降级 / 격하 ～する demote / 降等 / 격하하다

参 降格処分

0616 | 交換 exchange / 交换 / 교환 ～する exchange / 交换 / 교환하다

■ A社は、欠陥商品を自主回収し、部品交換を行うことにした。

▶ Company A has decided to collect defective products on their own in a voluntary recall.

▶ A公司，决定主动回收有问题的商品，并进行部件更换。

▶ A사는 결함 상품을 자체적으로 회수해 부품 교환을 하기로 했다.

■ インターネットの普及により、情報交換が容易になった。

▶ We can easily exchange information thanks to the Internet's popularity.

▶ 由于网络的普及，信息交换变得很容易了。

▶ 인터넷의 보급에 의해 정보교환이 용이해졌다.

参 電池を交換する、交換条件

0617 | 公共 public / 公共 / 공공

■ 公共の施設は全てバリアフリーであるべきだが、まだまだ徹底しているとは言えない。

▶ All public facilities should be barrier free, but it still can't be said they are thorough about it.

▶ 尽管公共设施应该全都能自由使用，但还不能说完全贯彻了这一原则。

▶ 공공시설은 모두 배리어 프리여야 하지만, 아직은 철저히 하고 있다고는 말할 수 없다.

■ 電気・ガスなどの公共料金も、コンビニで払えます。

▶ You can pay utilities such as electricity and gas at convenience stores.

▶ 电费、煤气费等公共费用，可以在便利店缴纳。

▶ 전기・가스 등의 공공 요금도 편의점에서 지불할 수 있습니다.

参 公共事業、公共サービス、地方公共団体

0618 | 好況 boom, booming / 景气，繁荣 / 호황

■ 家電業界は、数年ぶりの好況に沸いている。

▶ The home electronics industry is seeing its first boom in several years.

▶ 家电业呈现出数年来没有过的繁荣景象。

▶ 가전업계는 수년만의 호황으로 열광하고 있다.

■ 小さな町工場だったA社は、好況の波に乗って売上を伸ばし、今では業界一、二の企業となった。

▶ Once a small-town workshop, Company A rode the boom, increasing its sales and becoming today one of the top two companies in the industry.

▶ 原本是小型街道工厂的A社，正好赶上经济良好 的时期，现已经是业界数一数二的企业。

▶ 작은 마을 공장이었던 A사는 호황의 흐름을 타고 매상을 늘려서, 지금은 업계 1,2위의 기업이 되었다.

[反] 不況

0619 | 工業 (こうぎょう) industry (manufacturing) / 工业 / 공업

■ この地域(ちいき)は、工業の発展(はってん)に伴(ともな)って、人口(じんこう)が急増(きゅうぞう)した。

▶ The population has increased suddenly in this region due to industrial development.

▶ 这一地区随着工业的发展人口也激增了。

▶ 이 지역은 공업 발전에 따라서 인구가 급증했다.

[参] 重工業、工業用地、工業地帯

0620 | 合計 (ごうけい) total / 合计 / 합계 ～する sum up / 合计 / 합계하다

■ 弊社(へいしゃ)の外国人社員数(がいこくじんしゃいんすう)は、4拠点(きょてん)合計で86人(にん)です。

▶ Our cmpany's foreign employees total 86 in four offices.

▶ 弊公司的外籍社员人数，4处机构共计86人。

▶ 저희회사의 외국인 사원수는 4 거점 합계로 86 명입니다.

[参] 合計金額

0621 | 貢献 (こうけん) contribution / 贡献 / 공헌 ～する contribute / 贡献 / 공헌하다

■ ぜひともこのプロジェクトを成功(せいこう)させて、今年度(こんねんど)の売上増(うりあげぞう)に貢献したいと思(おも)います。

▶ We hope to succeed in this project, and contribute to our sales for this year.

▶ 无论如何要使这个项目成功，我希望能对今年的营业额增长做出贡献。

▶ 꼭 이 프로젝트를 성공시켜서 금년도 매상증가에 공헌하고 싶습니다.

■ 地域社会(ちいきしゃかい)への貢献を常(つね)に心(こころ)がけ、地元(じもと)に愛(あい)される企業(きぎょう)に成長(せいちょう)していきたいと思(おも)っております。

▶ Our company always tries to contribute to local communities and earn the trust of the citizens.

▶ 我希望公司能够经常对区域社会做出贡献，发展为被当地人们爱戴的企业。

▶ 지역사회에의 공헌을 항상 유의하여 현지에 사랑받는 기업으로 성장해 가고 싶습니다.

[参] 貢献度、社会貢献、国際貢献

0622 | 交互 (こうご) alternation / 互相 / 교대로
～な alternate / 互相 / 교대로 하다
～に alternatively / 交替，互相 / 교호, 서로 번갈

■ 出荷台数(しゅっかだいすう)については、ここ数年(すうねん)A社(しゃ)とB社(しゃ)が交互にトップを占(し)め、他(ほか)を全(まった)く寄(よ)せつけません。

▶ Companies A and B hold the top shares in shipment volume in the last few years, and haven't allowed other companies to come close.

▶ 在上市数量方面，在这几年中，A公司和B公司交替占据首位，使其他公司望尘莫及。

▶ 출하대수에 대해서는 최근 수년 A 사와 B 사가 교대로 톱을 차지해 타사가 전혀 접근하지 못하게 합니다.

0623 | 広告 ad, advertisement / 广告 / 광고　～する notify,advertise / 作广告 / 광고 한다

■ 首都圏に購読者の多いＳ紙に広告を出すことは、新規の顧客獲得に有効だと思います。

▶ I think a very effective way to acquire new customers is to advertise in S paper, which has many readers in the Tokyo area.

▶ 我认为，如果在首都圈读者多的S报纸上打广告，能有效拓展新的顾客。

▶ 수도권에 구독자가 많은 S 지에 광고를 싣는 것은 신규 고객 획득에 있어서 효과적이라고 생각합니다.

■ 雑誌の広告を見て、応募致しました。

▶ I applied after seeing the magazine advertisement.

▶ 我是看到杂志上的广告后来应聘的。

▶ 잡지 광고를 보고 응모했습니다.

参 広告を打つ、広告代理店、求人広告

0624 | 口座 account / 户头 / 계좌

■ 株式投資を行うには、証券会社に口座を開く必要があります。

▶ We need to open an account with a securities company to invest in stocks.

▶ 要想投资股票，需要在证券公司开户头。

▶ 주식투자를 할 때에는 증권 회사에 계좌를 만들 필요가 있습니다.

参 銀行口座、預金口座、口座名義、口座を開設する

0625 | 公算 probability / 概率，可能性 / 공산，가능성

■ 法案はこのまま可決される公算が大きい。

▶ There is a high likelihood that the bill will pass as it is.

▶ 这样下去的话，方案被通过的可能性很大。

▶ 법안은 이대로 가결될 가능성이 크다.

■ Ａ社は、Ｂ社からの合併の提案を拒否する公算が強い。

▶ There is a strong probability that Company A will reject the merger offer from Company B.

▶ A公司拒绝B公司提出的合并提案的概率很高。

▶ A 사는 B 사의 합병 제안을 거부할 가능성이 크다.

0626 | 公式 official / 正式 / 공식

■ 公式にはまだ発表していないけど、合併吸収後の社長には、Ｓ社の社長がそのまま納まるらしいよ。

▶ Though it has not been officially announced, the president of company S will remain in that position after the merger.

▶ 虽然还没有正式公布，合并后的社长，好像由S社的社长继续担任。

▶ 공식적으로는 아직 발표하지 않았지만 합병 흡수 후의 사장으로는 S 사의 사장이 그대로 들어가는 것 같아.

参 公式サイト、公式見解

0627 | 交渉（こうしょう） negotiation / 交涉 / 교섭 ～する negotiate / 交涉 / 교섭하다

■ 森さん、ヘッドハンティングでP社に採用が決まったんだけど、給料については交渉中なんだって。

▶ Company P found Mrs. Mori through a headhunter, but her salary is still under negotiation.

▶ 通过猎头公司，森先生已被P公司录用，不过待遇问题仍在交涉中。

▶ 모리씨 헤드헌터로 P사에 채용이 정해졌지만，급여에 대해서는 교섭중이라던데．

■ 支払条件その他については、先方との交渉次第だな。

▶ Conditions for payment, among other things, are dependent on negotiations with the other side.

▶ 关于支付条件及其他事宜，要看与对方的交涉情况了。

▶ 지불 조건 그 외에 대해서는 상대방과의 교섭에 달렸다．

参 価格交渉

0628 | 向上（こうじょう） improvement / 提高 / 향상 ～する improve / 提高 / 향상되다

■ 技術の向上により、最新のロボットは、人間かと思うほど動きが滑らかだ。

▶ Thanks to technological advancement, the latest robot moves as smoothly as a human.

▶ 随着技术的进步，最新型的机器人的活动非常流畅，甚至感觉和人一样。

▶ 기술의 향상에 의해 최신 로봇은 인간이라고 생각할 만큼 움직임이 부드럽다．

■ 製品の品質向上を図るため、品質管理システムを強化することになった。

▶ We will enhance our quality management system to increase product quality.

▶ 为了提高产品质量，就要强化品质管理体系。

▶ 제품의 품질 향상을 도모하기 위해 품질관리 시스템을 강화하게 되었다．

参 スキルの向上、地位の向上、向上心

0629 | 更新（こうしん） renewal, update / 更新 / 갱신 ～する renew, update / 更新 / 갱신하다

■ ホームページは、土日を除いてほぼ毎日更新しています。

▶ The homepage is updated practically every day except Saturdays and Sundays.

▶ 除了星期六和星期天，主页每天都更新。

▶ 홈페이지는 토요일과 일요일을 빼고，거의 매일 갱신하고 있습니다．

■ コピー機のリース契約の更新時期は、毎年10月です。

▶ The renewal period for the copier lease contract is October each year.

▶ 复印机租赁合同的更新日期是每年的10月。

▶ 복사기의 임대계약의 갱신시기는 매년 10 월입니다．

参 更新履歴、記録を更新する、内容を更新する

0630 | 工数(こうすう)　man-hours / 工时 / 작업시간

■ 顧客(こきゃく)の要望(ようぼう)を全部(ぜんぶ)受(う)け入(い)れると、工数が倍(ばい)かかる。

▶ If we accept all of the customer's demands, it will take twice the man-hours.

▶ 如果全部接受顾客的要求，需要成倍的工时。

▶ 고객의 요구를 전부 받아들이면, 작업 시간은 배가 된다.

■ 限(かぎ)られた予算枠(よさんわく)なので、どこかでもう少(すこ)し工数を減(へ)らす必要(ひつよう)がある。

▶ We're on a limited budget, so we need to reduce man-hours a little.

▶ 因为是预算有限，需要努力在某些地方削减工时。

▶ 한정된 예산 범위이기 때문에, 어딘가에서 조금 작업 시간을 줄일 필요가 있다.

0631 | 構成(こうせい)　structure / 构成 / 구성　~する make up / 构成 / 구성하다

■ 今回(こんかい)のプレゼン、全体(ぜんたい)の構成はほぼ固(かた)まったから、後(あと)は細部(さいぶ)を詰(つ)めていこう。

▶ When the overall structure of this presentation is almost confirmed, let's develop the details.

▶ 这次发布会的整体构成基本上定下来了，接下来就是补充细节了。

▶ 이번 프리젠테이션의 전체 구성은 거의 굳어졌으니 나머지는 세부적으로 채워 가자.

■ ホームページを新(あたら)しくしたいんだけど、構成を考(かんが)えてくれないかな。

▶ We want to renew the website, so can you think about the structure?

▶ 我想更新主页，能帮我考虑一下结构吗。

▶ 홈페이지를 새롭게 하고 싶은데 구성을 생각해 주지 않을래?

参 三部構成

0632 | 校正(こうせい)　proof / 校对 / 교정　~する proofread / 校对 / 교정한다

■ また誤植(ごしょく)が見(み)つかった。校正が全然(ぜんぜん)できてないなあ。

▶ We found another typesetting error. You didn't proofread thoroughly.

▶ 又发现了排错的字。看来根本没有校正好。

▶ 또 미스프린트가 발견되었다. 교정이 전혀 안 되어 있어.

0633 | 功績(こうせき)　achievement / 功绩 / 공적

■ C社(しゃ)との契約成立(けいやくせいりつ)は、石井(いしい)さんの功績によるところが大(おお)きい。

▶ Mr. Ishii made a great contribution to the conclusion of the contract with company C.

▶ 能和C公司签约，很大程度上是石井先生的功绩。

▶ C 사와의 계약 성립은 이시이씨의 공적에 의한 면이 크다.

■ 当社は、リサイクル技術開発の功績が認められ、技術開発賞を受賞いたしました。

▶ Our company got credt for the development of the recycling technology, and received the "Technology Development Award."

▶ 我们公司在回收技术开发方面的功绩得到了认可，获得了“技术开发奖”。

▶ 당사는 재활용 기술개발의 공적이 인정되어「기술개발상」을 수상했습니다.

0634 | 構造 configuration / 构造 / 구조

■ 今回の開発プロジェクトは、エンジンの構造に詳しいSさんがチームに加わってくれたから心強いね。

▶ I feel confident in this development project because Mr. S, who has detailed knowledge of engines, has joined the team.

▶ 这次的开发项目，如果对引擎构造比较熟悉的S先生能加入到团队中，我们会更有把握。

▶ 이번 개발 프로젝트는 엔진의 구조를 잘 아는 S 씨가 팀에 참가해 주었기 때문에 든든하다.

■ A社は、SA-30の構造上の欠陥が認められたため、自主回収に踏み切った。

▶ Company A took the bold step of launching a voluntary recall because the SA-30's structural defect was aknowledged.

▶ 因为被认定SA-30的构造上有缺陷，A公司下决心要自主回收。

▶ A 사는 SA-30 의 구조상의 결함이 인정되었기 때문에 자체적으로 회수를 단행했다.

参 鉄筋構造

0635 | 拘束 constraint / 拘束 / 구속 ~する tie up / 拘束 / 구속하다

■ 今週の土曜は、展示会の準備で半日拘束されることになる。

▶ This Saturday I'll be tied up for half the day with preparations for the show.

▶ 这周的星期六，由于要做展会的准备，被占用了半天时间。

▶ 이번 주 토요일은 전시회 준비로 반나절 꼼짝 못하게 된다.

■ 休みの日まで会社に拘束されたくない。

▶ I don't want to be tied down at work on my days off, too.

▶ 我不想连休息日都受到公司的束缚。

▶ 휴일까지 회사에 구속받고 싶지 않다.

0636 | 交代・交替 alternation, change / 交接 / 교대・교환 ~する alternate, change / 交接 / 교대하다・교환하다

■ 3時になったら、次の人とレジ係を交代してください。

▶ At 3 o'clock, please alternate the register position with the next person.

▶ 到了3点，就请和下一个人交接。

▶ 3 시가 되면 다음 사람과 카운터를 교대하세요.

0637 | 構築 construction / 构筑 / 구축 ~する build, construct / 构筑 / 구축하다

■ 人事評価のシステムを、新たに構築する必要がある。

▶ We need to construct anew the personnel evaluation system.

▶ 需要重新构筑人事评价体系。

▶ 인사평가 시스템을 새롭게 구축할 필요가 있다.

■ 当社(とうしゃ)は、個人事業者(こじんじぎょうしゃ)向(む)けに、サイト構築など実践的(じっせんてき)なノウハウの紹介(しょうかい)を行(おこな)っています。

▶ Our company introduces practical know-how, such as website construction, to individual business owners.

▶ 本公司面向私人企业，介绍构筑系统等实践性能力。

▶ 당사는 개인 사업자를 위한 사이트 구축 등 실천적인 노하우를 소개하고 있습니다.

㊫ ネットワークを構築する、データベースを構築する

0638 | 膠着(こうちゃく) deadlock, standstill / 胶着, 粘着 / 교착 ~する be deadlocked / 胶着, 粘着 / 교착하다

■ A社(しゃ)との交渉(こうしょう)はなかなか進(すす)まず、膠着状態(じょうたい)が続(つづ)いている。

▶ Negotiations with Company A aren't progressing well, and the deadlock continues.

▶ 和A公司的交涉进展不顺利，一直处于胶着状态。

▶ A 사와의 교섭은 좀처럼 진행되지 않고, 교착상태가 계속되고 있다.

■ 今週(こんしゅう)も市場(しじょう)の大(おお)きな動(うご)きはなく、ドル円相場(えんそうば)は膠着したままだ。

▶ There were no big movements in the market this week, and the dollar-yen rate is at a standstill.

▶ 这周市场没有大的波动，美元对日元的行情一直处于胶着状态。

▶ 이번 주도 시장의 큰 변화는 없고, 달러 엔 시세는 변동이 없는 상태이다.

0639 | 好調(こうちょう) boom, excellent condition / 情况良好 / 호조 ~な good, hot / 好的情形 / 호조인 ~に on a good note / 好的情形 / 호조에

■ 新製品(しんせいひん)の売(う)れ行(ゆ)きが好調なので、今期(こんき)の売上(うりあげ)は期待(きたい)が持(も)てそうです。

▶ Demand for the new products is going well, so it looks like we can count on sales this period.

▶ 新产品销售情况良好，看来能期待本期的营业额。

▶ 신제품의 매출이 순조로우므로 이번 기간의 매상은 기대할 수 있을 것 같습니다.

0640 | 工程(こうてい) process / 进度 / 공정

■ 商品(しょうひん)が完成(かんせい)するまでの工程を、図(ず)でご説明(せつめい)します。

▶ I will explain with a diagram the process through which the product is completed.

▶ 用图表说明产品完成前的工序。

▶ 상품이 완성될 때까지의 공정을 그림으로 설명하겠습니다.

㊫ 作業工程、工程表

0641 | 肯定(こうてい) affirmation / 肯定 / 긍정 ~する affirm / 肯定 / 긍정하다

■ 暴力(ぼうりょく)を肯定するような映画(えいが)や番組(ばんぐみ)を、テレビで放映(ほうえい)すべきではない。

▶ Movies and programs that promote violence should not be shown on TV.

▶ 肯定暴力的电影和节目不应该在电视中播放。

▶ 폭력을 긍정하는 영화나 프로그램을 텔레비전에서 방영해서는 안 된다.

■ まだ、最終的な承認は出てないけど、あの件、上層部は肯定的だよ。

▶ Final approval hasn't been given yet, but the higher-ups seem positive.

▶ 虽然还没有得到最终的认可，对那件事，上层领导持肯定态度。

▶ 아직 최종적인 승인은 나오지 않았지만, 그 건에 대해 상층부는 긍정적이야.

参 肯定的な意見

0642 | 公的 public / 公共 / 공적

～な official / 公共的 / 공적인
～に publicly / 公共的 / 공적으로

■ 当社の製品は、公的に定められた基準にすべて適合しております。

▶ Our products conform to all publicly established standards.

▶ 本公司的产品，完全符合官方制定的标准。

▶ 당사의 제품은 공적으로 정해진 기준에 모두 적합합니다.

参 公的機関、公的援助

0643 | 好都合 Advantage / 顺利，恰好 / 상황이 좋음

■ 技術力のあるA社と、販売力のあるB社の業務提携は、両者にとって好都合だ。

▶ The tie-up between Company A, which has technical strength, and Company B, which has a large sales force, is advantageous for both companies.

▶ A公司有技术，B公司有销售能力，它们之间进行业务合作，对两者都合适。

▶ 기술력이 있는 A사와, 판매력이 있는 B사의 업무제휴는 양측에 있어 좋은 상황이다.

0644 | 高度 advanced, sophisticated / 高度的 / 고도

～な advanced, sophisticated / 高度的 / 고도의
～に sophisticatedly / 高度地 / 고도로

■ 型作りは、機械製作で最も高度な技術を要するものです。

▶ Molding requires the most advanced technology in machine tool building.

▶ 模型制造，在机械制作中需要最高度的技术。

▶ 형태 만들기는 기계 제작으로 가장 고도의 기술을 필요로 하는 것입니다.

■ この職務の遂行には、高度な判断が求められる。

▶ A high level of judgment is sought in the performance of these duties.

▶ 要想执行这个任务，需要高度的判断力。

▶ 이 직무 수행에는 고도의 판단이 요구된다.

0645 | 口頭 verbal / 口头 / 구두

■ 口頭でお願いしただけで、正式な依頼はまだです。

▶ I only requested it verbally. An official request is yet to come.

▶ 只是口头拜托的，没有正式委托。

▶ 구두로 부탁했을 뿐, 정식적인 의뢰는 아직입니다.

参 口頭試験

0646 | 高騰（こうとう） steep / 高涨 / 가격 상승 **～する** rise steeply / 高涨 / 상승하다

■ ガソリンの高騰で、燃費の良い車の売れ行きが伸びている。

▶ With the steep rise in gasoline, sales of cars with good gas mileage have grown.

▶ 由于汽油飞涨，耗油量少的汽车销量增长。

▶ 휘발유의 가격 상승으로, 연비가 좋은 차의 판매가 늘고 있다.

■ 新線が開通したために、周辺地域の地価が高騰した。

▶ Because of the new line that came through, land prices in the surrounding area have risen steeply.

▶ 因为开通了新的线路，周边地区的地价在飞涨。

▶ 새로운 노선이 개통돼서, 주변지역의 지가가 상승했다.

[反] 下落

0647 | 合同（ごうどう） combined / 联合 / 합동 **～する** combine / 联合 / 합동으로 하다

■ 来週の土曜日、約50の企業が合同で会社説明会を行います。

▶ On Saturday next week, about 50 companies will hold a combined corporate information session.

▶ 下周的星期六，大约有50家公司要联合开办公司说明会。

▶ 다음 주 토요일 약 50여 기업이 합동으로 회사 설명회를 실시합니다.

[参] 合同企画

0648 | 購読（こうどく） subscription / 订阅 / 구독 **～する** subscribe / 订阅 / 구독하다

■ 君に勧められたS誌、来月から僕も購読を始めることにしたよ。

▶ I decided to subscribe next month to that magazine S you recommended.

▶ 你向我推荐的S杂志，我打算从下月开始订阅。

▶ 너에게 권유받은 S잡지 다음 달부터 나도 구독을 시작하기로 했어.

[参] 購読料、年間購読

0649 | 購入（こうにゅう） purchase / 购买 / 구입 **～する** purchase / 购买 / 구입하다

■ あれは社内でみんなが使うものだから、会社で購入することにしよう。

▶ That's something everyone in the company will use, so purchase it as a company.

▶ 那是公司内大家都要用到的，所以决定由公司购买。

▶ 저것은 사내에서 모두가 사용하는 것이니까 회사에서 구입하기로 하자.

[参] 住宅を購入する

0650 | 公認（こうにん） authorization / 公认 / 공인 **～する** authorize / 公认 / 공인하다

■ 外貨交換は、政府公認の両替所で行ってください。

▶ Please go to a government authorized counter for exchanging foreign currency.

▶ 外汇兑换，要去政府公认的兑换场所。

▶ 외화 교환은 정부 공인 환전소에서 해 주세요.

[参] 公認会計士 accountant chartered / 公认会计师 / 공인회계사

0651 | 後任

successor / 后任 / 후임

■ 田中社長の辞任は突然のことで、後任人事はまだ白紙の状態だ。

▶ The resignation of President Tanaka was a sudden event, and we're still completely uncertain as to her successor.

▶ 由于田中社长的辞职太突然了，后任的人事依然没有定下来。

▶ 다나카 사장의 사임은 갑작스러워서, 후임인사는 아직 백지 상태이다.

■ 明日、お打ち合わせの前に、後任の吉田をご紹介させていただきます。

▶ Please allow me to introduce my successor, Mr. Yoshida, before tomorrow's meeting.

▶ 明天，在商洽前，希望把后任的吉田介绍给您。

▶ 내일의 협의 전에, 후임인 요시다 씨를 소개하겠습니다.

0652 | 購買

purchase / 购买 / 구매

■ B国は、経済の急成長に伴って、一般市民の購買力も急速に上がってきている。

▶ Along with its rapid economic growth, citizen purchasing power is rapidly rising for country B.

▶ B国随着经济的急速增长，一般市民的购买力急剧提高。

▶ B 국은 경제의 급성장에 따라 일반 시민의 구매력도 급속히 상승하고 있다.

参 購買意欲

0653 | 後発

start late, subsequent / 后起 / 후발, 뒤떨어짐

■ A社は、人材派遣事業では後発だが、順調に業績を伸ばしている。

▶ Company A was late in entering the staffing industry, but its performance is growing steadily.

▶ A公司在人材派遣方面虽然是后起，但业绩发展却很顺利。

▶ A 사는 인재파견사업에서는 뒤떨어져 있지만, 순조롭게 실적을 올리고 있다.

0654 | 後半

second half / 后半 / 후반

反 前半　first half / 前半部分 / 전반

0655 | 合板

laminate / 合板 / 합판

■ 胴体部分はアルミの合板でできている。

▶ The fuselage is made from metal laminate.

▶ 机身部分是由铝合板制成的。

▶ 동체 부분은 알루미늄 합판으로 되어 있다.

0656 | 公表(こうひょう) official announcement / 公布 / 공표　～する announce / 公布 / 공표하다

■ 今月末(こんげつまつ)には前期(ぜんき)の収支(しゅうし)を公表しなければならない。

▶ At the end of this month we must announce the previous term's income and expenditures

▶ 本月末必需公布前期的收支状况。

▶ 이달 말에는 전기의 수지를 공표해야 한다.

0657 | 好評(こうひょう) good reputation / 好评 / 호평　～な popular / 好评 / 호평의

■ このシリーズは、特(とく)に女性(じょせい)の間(あいだ)で好評だ。

▶ This series enjoys greate popularity, partcularly among women.

▶ 这套书特别受到了女性的好评。

▶ 이 시리즈는 특히 여성들 사이에서 호평을 받는다.

参 好評発売中

0658 | 交付(こうふ) issue, grant / 发给 / 교부　～する issue, grant / 发给 / 교부하다

■ 補助金(ほじょきん)の交付を受(う)けるには、規定(きてい)の条件(じょうけん)を満(み)たしているか、審査(しんさ)を受(う)けなければならない。

▶ In order to receive the granting of a subsidy, you must either meet the specified conditions, or be subject to an investigation.

▶ 要想领到补助金，必须满足规定条件，或者接受审查。

▶ 보조금의 교부를 받기 위해서는, 규정의 조건을 만족하고 있는지, 심사를 받아야 한다.

参 交付金

0659 | 後部座席(こうぶざせき)㋑ backseat / 车后座 / 뒷좌석

0660 | 合弁(ごうべん) joint / 合营，合办 / 합작

■ A社(しゃ)は、ブラジルの鉄道会社(てつどうがいしゃ)と共同出資(きょうどうしゅっし)で、合弁会社(がいしゃ)を設立(せつりつ)した。

▶ Company A established a joint venture under joint investment with a Brazilian railroad company.

▶ A公司和巴西的铁道公司共同出资成立了合营公司。

▶ A 사는 브라질의 철도회사와 공동출자로 합작 회사를 설립했다.

参 合弁事業　joint venture / 合营企业 / 합병 사업

0661 | 公募(こうぼ) publicly call / 公开招募 / 공모　～する publicly seek / 公开招募 / 공모하다

■ A鉄道(てつどう)は、来春(らいしゅん)運転(うんてん)を開始(かいし)する新特急(しんとっきゅう)の名前(なまえ)を公募することに決(き)めた。

▶ Railroad company A decided to publicly accept nominations for a name for the new express that will begin operations next spring.

▶ A铁路决定公开招募明年春天开始投入运行的新特快的名字。

▶ A 철도는 내년 봄에 운행을 개시하는 신특급의 이름을 공모하기로 결정했다.

0662 | 広報（こうほう） publicity / 宣传 / 홍보

■ ブランドイメージを高めるため、テレビや新聞など、さまざまなメディアを使って広報活動を行います。

▶ In order to enhance our brand image, we carry out publicity using a variety of media such as TV and newspapers.

▶ 为了提高品牌的知名度，要通过电视、报纸等媒体开展宣传活动。

▶ 브랜드 이미지를 높이기 위해 텔레비전이나 신문 등 여러가지 미디어를 이용하여 홍보 활동을 실시한다.

0663 | 工房（こうぼう） studio, atelier / 工作室 / 공방

■ こちらのバッグやアクセサリーは、さくら工房の手作り商品です。

▶ These bags and accessories are handmade items from Sakura Studio.

▶ 这里的包和装饰品，是樱花工作室的手工商品。

▶ 이 가방이나 액세서리는 사쿠라 공방의 수제 상품입니다.

0664 | 合法（ごうほう） legal / 合法 / 합법

■ 個人情報は、合法的な方法で収集し、責任を持って管理しなければならない。

▶ Personal information must be gathered in a legal manner, and managed responsibly.

▶ 对于私人信息，必须用合法的方法收集，并负责任地管理。

▶ 개인정보는 합법적인 방법으로 수집하고, 책임을 갖고 관리해야 한다.

0665 | 項目（こうもく） item / 项目 / 항목

■ 人件費、開発費、交通費、通信費などの項目を立てて、プロジェクトの予算を組みます。

▶ We'll create a budget itemizing such things as labor, development, transportation, and communications costs.

▶ 需要列出人工费、开发费、交通费、通讯费等条目，作好项目预算。

▶ 인건비, 개발비, 교통비, 통신비 등의 항목을 세우고, 프로젝트의 예산을 짭니다.

■ アンケートを回収したら、項目ごとに内容をまとめて、報告書を作ります。

▶ After collecting the questionnaires, I'll compile the content by item and create a report.

▶ 问卷调查回收后，要对各个条目的内容进行总结，作成报告书。

▶ 앙케트를 회수하면 항목마다 내용을 정리하고 보고서를 작성합니다.

参 質問項目

0666 | 小売（こうり） retail / 零售 / 소매　～する sell (at) retail / 零售 / 소매한다

■ 今週中（こんしゅうちゅう）に小売店（てん）を回（まわ）って、各店（かくてん）の売上（うりあ）げ状況（じょうきょう）を調（しら）べてみます。

▶ This week I'll go around to the retail shops and check on each store's sales situation.

▶ 这周我走访了各零售店，调查了各店的销售情况。

▶ 이번 주 중으로 소매점을 돌고 각 점포의 매상 상황을 조사해 보겠습니다.

[参] 小売価格、小売業

0667 | 効率（こうりつ） efficiency / 效率 / 효율

■ 効率よく仕事（しごと）をするためには、時間（じかん）を有効（ゆうこう）に使（つか）うことが大切（たいせつ）だ。

▶ To do work efficiently, it is important to use time effectively.

▶ 要想高效地工作，关键是有效地利用时间。

▶ 효율적으로 일을 하기 위해서는 시간을 효율적으로 사용하는 것이 중요하다.

■ 新（あたら）しい会計（かいけい）ソフトを入（い）れて、経理業務（けいりぎょうむ）の効率アップをはかることにした。

▶ We've decided to install some new accounting software to try and improve the efficiency of our accounting work.

▶ 引入了新的会计软件，力图提高会计业务的效率。

▶ 새로운 회계 소프트웨어를 넣어서 경리 업무의 효율을 높이는데 도모하기로 했다.

[参] 経済効率、効率化、効率的

0668 | 合理的（ごうりてき） rational / 合理的 / 합리적　～な rational / 合理的 / 합리적인　～に rationally / 合理性 / 합리적으로

■ ビジネススクールで、合理的経営（けいえい）の理論（りろん）や手法（しゅほう）を学（まな）んだ。

▶ In business school I learned the theory and methodology of rational management.

▶ 在商务学校学习了合理经营的理论和方法。

▶ 비즈니스 스쿨에서 합리적 경영의 이론과 기법을 배웠다.

[参] 合理的な考え方

0669 | 交流（こうりゅう） interaction / 交流 / 교류　～する interact / 交流 / 교류하다

■ ビジネスを成功（せいこう）させるには、いろいろな業種（ぎょうしゅ）の人（ひと）と交流（こうりゅう）を深（ふか）めて、ネットワークを作（つく）ることが大切（たいせつ）だ。

▶ To make a business succeed, it is important to deepen interaction and build networks with people from various industries.

▶ 要想生意成功，重要的是要和各行业的人加强交流，建立关系网。

▶ 비즈니스를 성공시키려면 여러 업종의 사람과 교류를 깊이하여 네트워크를 만드는 것이 중요하다.

[参] 文化交流、国際交流

0670 | 合流(ごうりゅう) coming together, merger / 汇合 / 합류 ~する meet up with,merge / 联合 / 합류하다

■ 前日(ぜんじつ)にほかの仕事(しごと)があるので、部長達(ぶちょうたち)とは当日(とうじつ)、現地(げんち)で合流することになった。

▶ I have other work the day before, so I'll be meeting up with the department manager and the rest on the day of the event.
▶ 由于前一天有其他的工作，决定当天和部长们在当地汇合。
▶ 전날에 다른 일이 있어서，부장들과는 당일 현지에서 합류하게 되었다.

0671 | 考慮(こうりょ) consideration / 考虑 / 고려 ~する consider / 考虑 / 고려하다

■ みんなの都合(つごう)を考慮した結果(けっか)、ミーティングは金曜日(きんようび)の午後(ごご)になりました。

▶ After considering everyone's circumstances, the meeting will be on Friday afternoon.
▶ 考虑到大家的时间，决定在周五下午召开会议。
▶ 모두의 형편을 고려한 결과 회의는 금요일 오후로 결정되었습니다.

■ Bさんの意見(いけん)には反対(はんたい)する人(ひと)も多(おお)かったが、考慮に値(あたい)する点(てん)も多(おお)く含(ふく)まれていたと思(おも)う。

▶ There were a lot of people opposed to B's opinion, but I think there were a lot of points worth considering.
▶ 虽然反对B先生意见的人很多，但我认为其中也有许多值得考虑的地方。
▶ B 씨의 의견에는 반대하는 사람도 많았지만，고려할 만한 점도 많이 포함되어 있었다고 생각한다.

0672 | 恒例(こうれい) custom / 惯例 / 항례

■ 毎年(まいとし)6月(がつ)の創立記念日(そうりつきねんび)には、優秀(ゆうしゅう)な社員(しゃいん)に賞(しょう)が贈(おく)られるのが恒例です。

▶ It is customary to present awards to outstanding employees every year in June on the anniversary of our founding.
▶ 在每年6月的公司设立纪念日上，给优秀社员颁奖已成惯例。
▶ 매년 6월의 창립기념일에는 우수한 사원에게 상이 주어지는 것이 항례입니다.

参 恒例の行事

0673 | 功労者(こうろうしゃ) contributor / 功臣 / 공로자

■ このプロジェクトを成功(せいこう)に導(みちび)いた最大(さいだい)の功労者は、鈴木(すずき)さんです。

▶ The person who contributed the most in leading this project to success was Mr. Suzuki.
▶ 将这个项目导向成功的最大功臣是铃木先生。
▶ 이 프로젝트를 성공으로 이끈 가장 큰 공로자는 스즈키 씨입니다.

0674 | 超(こ)える exceed / 越过 / 정도를 넘다

■ わが社(しゃ)の売(う)り上(あ)げは、今期(こんき)初(はじ)めて10億(おく)を超えた。

▶ Our sales figures of this term exceeded a billion-yen for the first time.
▶ 本社的销售额本期第一次超过了十亿元。
▶ 우리 회사의 매상은，이번 시기에 처음으로 10억을 넘었다.

0675 | コーディネート coordination / 协调化 / 코디네이트(정리)　～する coordinate / 协调化 / 코디네이트하다(정리하다)

■ このレストランは、内装(ないそう)から食器(しょっき)まで、店全体(みせぜんたい)がうまくコーディネートされている。

▶ From the interior to the tableware, the entire space of this restaurant is well coordinated.

▶ 这家餐馆，从内部装修到餐具，整个店都十分协调。

▶ 이 레스토랑은 내장부터 식기까지 가게 전체가 잘 정리되어 있다.

0676 | コード㋑ code / 软线 / 코드

0677 | コールセンター call center / 电话服务中心 / 콜센터

■ 彼女(かのじょ)はコールセンターに5年(ねん)勤務(きんむ)しているので、お客様(きゃくさま)への電話対応(でんわたいおう)がとても上手(じょうず)です。

▶ She has been a call center for five years, so she is very good at handling customers by telephone.

▶ 因为她在电话服务中心已工作5年，非常擅长在电话中应对顾客。

▶ 그녀는 콜센터에 5년 근무하고 있으므로 고객에 대한 전화 응대가 매우 능숙합니다.

0678 | コールバック calling back / 回电 / 콜백, 다시 전화함　～する call back / 回电 / 콜백하다, 다시 전화하다

■ 田中(たなか)さん、さっき、中村(なかむら)さんから急(いそ)ぎの電話(でんわ)があったので、すぐにコールバックしてください。

▶ Mr. Tanaka, just now there was an urgent call from Mr. Nakamura, so please call him back right away.

▶ 田中先生，刚才中村先生有急事打电话找你，请马上回电。

▶ 다나카 씨, 방금 나카무라 씨로부터 급한 전화가 있었으니 바로 전화해 주세요.

0679 | 誤解(ごかい) misunderstanding / 误解 / 오해　～する misunderstand / 误解 / 오해하다

■ ビジネス文書(ぶんしょ)は、誤解を招(まね)くおそれがある表現(ひょうげん)は避(さ)け、できるだけ分(わ)かりやすく正確(せいかく)に書(か)くことが大事(だいじ)です。

▶ With business documents, it is important to write in as easy-to-understand and accurate a way as possible, avoiding expressions that may invite misunderstanding.

▶ 商务文书要避免使用易引起误解的表达方式，要力求通俗易懂，准确无误。

▶ 비즈니스 문서는 오해를 초래할 우려가 있는 표현은 피해, 가능한 한 알기 쉽고 정확하게 쓰는 것이 중요합니다.

■ A君(くん)は何(なん)か勘違(かんちが)いしているんじゃないかな。誤解を避(さ)けるために、一度(いちど)会(あ)って話(はな)そうか。

▶ I think A may be mistaken. Let's meet and discuss it to avoid misunderstanding.

▶ 小A是不是有什么误会呀。为了避免误解，还是再见面谈一次吧。

▶ A군은 무엇인가 착각하고 있는 것은 아닐까? 오해를 사지 않기 위해서 한 번 만나 이야기할까.

0680 | 子会社

subsidiary / 分公司 / 자회사

■ A社は来春、サービス部門を独立させ、全額出資による子会社を設立すると発表した。

▶ Company A announced that next spring it will branch off its service segment to establish a wholy-owned subsidiary.

▶ A公司公布，将在明年春天独立服务部门，并全额出资设立分公司。

▶ A 사는 내년 봄에 서비스 부문을 독립시켜，전액 출자에 의한 자회사를 설립한다고 발표했다.

0681 | 小切手

check / 支票 / 수표

■ その商品の代金は、小切手で支払われた。

▶ The money for that product was payed by check.

▶ 那个商品的货款是用支票支付的。

▶ 그 상품의 대금은 수표로 지불되었다.

参 小切手を切る

0682 | 顧客

customer / 顾客 / 고객

■ 新しい顧客を開拓することは必要だが、今、取引をしている顧客を維持することも大事だ。

▶ One must cultivate new customers, but maintaining customers your currently dealing with is also important.

▶ 虽然有必要开拓新的顾客，不过，维持现有顾客也十分重要。

▶ 새로운 고객을 개척하는 것도 필요하지만，지금 거래를 하고 있는 고객을 유지하는 것도 중요하다.

■ 顧客のニーズを把握するために、アンケート調査を行う。

▶ We will conduct a questionaire survey to grasp customer needs.

▶ 为了把握顾客的需求，要进行问卷调查。

▶ 고객의 요구를 파악하기 위해서 앙케트 조사를 실시한다.

参 顧客リスト、顧客満足度

0683 | 国産

domestic / 国产 / 국산

■ フランスやイタリアのワインは有名だが、国産のワインにも安くておいしいものがある。

▶ French and Italian wines are renowned, but there are some inexpensive and delicious domestic wines, too.

▶ 法国及意大利的葡萄酒很有名，不过，国产的葡萄酒也有既便宜又好喝的。

▶ 프랑스나 이탈리아의 와인은 유명하지만，국산 와인에도 싸고 맛있는 것이 있다.

参 国産品

0684 | 心構え

preparation / 思想准备 / 마음의 준비

■ 海外で生活するには、異文化を受け入れる心構えが必要だ。

▶ In living abroad, one must be prepared to accept differing cultures.

▶ 要在国外生活，有必要做好接受异国文化的思想准备。

▶ 해외에서 생활하려면 이문화를 받아들이려는 마음가짐이 필요하다.

0685 | 誤差（ごさ） error / 误差 / 오차

■ ドルを円（えん）に換算（かんさん）した場合（ばあい）、端数（はすう）が出（で）るので、多少（たしょう）の誤差が生（しょう）じるのはやむを得（え）ない。

▶ When converting dollars to yen, fractions appear, so the occurrence of slight errors is unavoidable.

▶ 将美元换算成日元的时候，会出现零数，因此，多少出现一些误差也是不可避免的。

▶ 달러를 엔으로 환산했을 경우, 우수리가 나오므로 다소의 오차가 생기는 것은 어쩔 수 없다.

■ 精密機械（せいみつきかい）の製造工程（せいぞうこうてい）では、わずかな誤差も許（ゆる）されない。

▶ With the manufacturing process of precision machinery, not even the slightest error can be allowed.

▶ 在精密机械的制造工程中，即便是微小的误差，也不允许出现。

▶ 정밀기계의 제조공정에서는 작은 오차도 허용되지 않는다.

0686 | 誤算（ごさん） miscalculation / 误算 / 오산

■ 新商品（しんしょうひん）の発表（はっぴょう）が、A社（しゃ）のニューモデル発表と重（かさ）なったのは、大（おお）きな誤算だった。

▶ The announcement of the new product coinciding with Company A's new model announcement was a huge miscalculation.

▶ 新产品的发布和A公司新模型的发布碰在一起了，这是一个大的误算。

▶ 신제품 발표가 A사의 뉴모델 발표와 겹쳤던 것은 큰 오산이었다.

■ 女性（じょせい）をターゲットに作った商品（しょうひん）だったが、男性（だんせい）の購入（こうにゅう）も多（おお）かったのは、うれしい誤算だった。

▶ It was a product made with women in mind, but the fact that lots of men have been buying it, too, is a happy miscalculation.

▶ 这原本是以女性为目标制造的商品，却有许多男性也购买，真是一个令人高兴的误算。

▶ 여성을 타깃으로 만든 상품이었지만, 남성의 구입도 많았던 것은 기쁜 오산이었다.

参 誤算が生じる

0687 | 固辞（こじ） refusal / 坚决辞退 / 고사, 사양함 ～する refuse, decline / 坚决辞退 / 고사하다, 사양하다

■ 中村（なかむら）さんは、多忙（たぼう）を理由（りゆう）に、会長（かいちょう）への就任（しゅうにん）を固辞している。

▶ Mr. Nakamura is refusing the appointment as chairman, citing how busy he is.

▶ 中村先生以太忙为理由，坚决不就任会长。

▶ 나카무라 씨는 바쁘다는 이유로, 회장직 취임을 사양하고 있다.

0688 | 後日（ごじつ） later date / 日后 / 후일

■ ご注文（ちゅうもん）いただいた商品（しょうひん）は、本日発送（ほんじつはっそう）し、請求書（せいきゅうしょ）は、後日お送（おく）りいたします。

▶ The products you ordered will be shipped today, and a bill will be sent at a later date.

▶ 您订购的商品今天送货，日后再给您发送账单。

▶ 주문해 주신 상품은 오늘 발송하고, 청구서는 후일 보내 드리겠습니다.

0689 | 五十音順(ごじゅうおんじゅん) alphabetical order / 五十音顺序 / 오십음순

■ 発送先(はっそうさき)のリストは五十音順になっている。

▶ The shipping address list is in alphabetical order.

▶ 发送地址表按照五十音图的顺序排列。

▶ 발송처의 리스트는 오십음순으로 되어 있다.

0690 | 故障(こしょう) malfunction / 故障 / 고장 ～する malfunction / 故障 / 고장나다

■ コピー機(き)が故障して、プリントアウトができない。

▶ The copier is malfunctioning and won't print.

▶ 复印机出现了故障，无法打印。

▶ 복사기가 고장나서 프린트 아웃을 할 수 없다.

0691 | 誤植(ごしょく) typographical error / 排错(的字) / 미스 프린트

0692 | コスト cost / 成本 / 생산비, 비용

■ ニュースレターを、郵送(ゆうそう)ではなく、メール配信(はいしん)にして、コストを大幅(おおはば)に抑(おさ)えた。

▶ We sent the newsletter by e-mail instead of postal mail and saved a lot of costs.

▶ 不通过邮寄方式，而是用邮件发送会报，这样能大幅度降低成本。

▶ 뉴스레터를 우송이 아닌 메일로 전달하여 생산원가를 큰 폭으로 억제했다.

■ ホームページは、作成(さくせい)にも維(い)持管理(じかんり)にもコストがかかる。

▶ Websites incur costs for both creation and maintenance.

▶ 主页的制作及维持管理都需要花费成本。

▶ 홈페이지는 작성에도 유지 관리에도 비용이 든다.

参 製造コスト、コストの削減、コストダウン

0693 | コストパフォーマンス cost performance / 价格性能比 / 코스트 퍼포먼스 (비용대 효과비)

■ このプリンターは、低価格(ていかかく)で性能(せいのう)が良(よ)く、コストパフォーマンスがとてもいい。

▶ This printer has good cost performance with a low price and nice features.

▶ 这种打印机价格低，性能好，价格性能比非常好。

▶ 이 프린터는 가격이 저렴하고 성능이 좋아 코스트 퍼포먼스가 매우 좋다.

0694 | 応(こた)える respond / 响应 / 대답하다, 응하다

■ お客様(きゃくさま)の要望(ようぼう)に応えて、閉店(へいてん)時間(じかん)を８時(じ)から９時に延長(えんちょう)した。

▶ In response to customer demand, we have extended closing time from 8:00 to 9:00.

▶ 为了满足客人们的愿望，将关门时间从8点延长到了9点。

▶ 고객의 요구에 응하여 폐점시간을 8시에서 9시로 연장했다.

0695 | こだわり insistence, persistence / 拘泥 / 조건

参 こだわりを持つ、こだわりがある、こだわりの味 taste of feelings / 所拘泥的味道 / 정성들인 맛

0696 | こだわる be particular about / 拘泥 / 집착하다, 구애되다

■ 鈴木さんは、細かいところにばかりこだわるので、なかなか会議が進まない。

▶ Mr. Suzuki is so particular about details that the meeting doesn't really go off.

▶ 铃木先生因为过分拘泥于细节，所以会议一直没有进展。

▶ 스즈키 씨는 사소한 것에만 집착해서, 회의가 잘 진행되지 않는다.

■ さくら食品では、材料にこだわって、体にいい製品を作っています。

▶ Sakura Foods is particular about the ingredients it uses and makes products that are good for the body.

▶ 樱花食品选材精良，致力于生产健康食品。

▶ 사쿠라 식품은 재료에 신경써서, 몸에 좋은 제품을 만들고 있습니다.

0697 | こつこつ steadily / 不断努力 / 꾸준히

■ A 200 シリーズは、爆発的に売れる商品ではないので、こつこつ売って行きます。

▶ The A200 series are not products that will sell dramatically, so we'll sell them steadily.

▶ A200系列不是能火爆销售的商品，需要通过不断的努力去销售。

▶ A200 시리즈는 폭발적으로 팔리는 상품이 아니므로, 꾸준히 팔아 갈 것입니다.

参 こつこつ貯める、こつこつ勉強する

0698 | 骨子 outline / 要点 / 골자

■ 月末までには、来年度の事業 計画の骨子がまとまるはずだ。

▶ By the end of the month, we should have an outline of next year's business plan ready.

▶ 月底前应该总结出下一年度的业务计划的概要。

▶ 월말까지는 내년도 사업 계획의 골자가 정리되어야 한다.

0699 | ごっちゃ㋕ mixed up, pell-mell / 搞混 / 뒤죽박죽 **~に** pell-mell / 搞混 / 뒤죽박죽으로

■ 新製品の TNM って、TMN と似てるから、注文する時ごっちゃになりそうだ。

▶ The new product TNM sounds similar to TMN, so it seems that they might get mixed up when orders are placed.

▶ 新产品TNM与TMN很相似，所以订购时很容易搞混。

▶ 신제품 TNM 은, TMN 과 비슷해서 주문할 때 뒤죽박죽이 될 것 같다.

0700 | 固定 fixed / 固定 / 고정 **~する** secure / 固定 / 고정하다

■ 地震に備えて、オフィスの家具が転倒しないよう、しっかり固定しておいた。

▶ In prepration for an earthquake, we firmly secured the office furniture so it wouldn't fall over.

▶ 为了防备地震时办公室的家具倾倒，现已牢固地固定好了。

▶ 지진에 대비하여 사무실의 가구가 쓰러지지 않게 확실히 고정시켜 두었다.

参 固定費、固定金利

0701 | 事柄（ことがら）
matters / 事情 / 사항, 사정

■ 重要（じゅうよう）な事柄については、全体（ぜんたい）の会議（かいぎ）で議論（ぎろん）する必要（ひつよう）がある。

▶ For important matters, we need to discuss them in a meeting as a body.

▶ 重要的事情，需要在全体会议上讨论。

▶ 중요한 사항에 대해서는 전체회의에서 논의할 필요가 있다.

0702 | 言付け（ことづけ）
message / 托带口信 / 전갈, 전언

■ 申（もう）し訳（わけ）ありませんが、山田様（やまださま）への言付けをお願（ねが）いできませんでしょうか。

▶ I'm sorry, but can I ask you to leave a message for Mr. Yamada?

▶ 不好意思，能麻烦您给山田先生带个口信吗。

▶ 죄송합니다만, 야마다 씨에게 전갈을 부탁드려도 되겠습니까?

■ 山田（やまだ）へのお言付けを、確（たし）かに承（うけたまわ）りました。山田に申（もう）し伝（つた）えます。

▶ Thank you for leaving a message. I'll make sure it reaches Mr. Yamada.

▶ 我知道您要给山田捎什么话了，我会转告山田的。

▶ 야마다에게의 전갈을 확실히 들었습니다. 야마다에게 전하겠습니다.

0703 | 異なる（ことなる）
differ / 不同 / 다르다

■ 面白（おもしろ）い企画（きかく）だが、イベントの趣旨（しゅし）とやや異なるため、不採用（ふさいよう）となった。

▶ It's an interesting plan, but as it differs somewhat from the purpose of the event, it was rejected.

▶ 虽然这个计划很有趣，但和活动的宗旨不同，决定不采用了。

▶ 재미있는 기획이지만, 이벤트의 취지와 약간 다르기 때문에 채택되지 않았다.

0704 | コネ[略]（コネクション）
connections / 门路，关系 / 연고 관계, 연줄

■ あの会社（かいしゃ）にはコネがあるので、こちらの要望（ようぼう）を伝（つた）えやすいかもしれない。

▶ I know a person who has some influence in that firm, so it may be eaiser to communicate our requests.

▶ 那个公司有门路，可能更容易传达我方要求。

▶ 저 회사는 연줄이 있어서, 우리쪽의 요구를 전달하기 쉬울지도 모른다.

0705 | この度（たび）
this time / 此次，这次 / 이번

■ この度はお世話（せわ）になり、ありがとうございました。

▶ Thanks for your kindness (help) this time.

▶ 对您此次的多方关照表示万分感谢。

▶ 이번에는 신세를 지게 되어, 감사했습니다.

0706 | コピーアンドペースト（コピペ[略]）[パ]
copy and paste / 复制粘贴 / 복사&붙여넣기

0707 | 個別 individual / 个别，单个 / 개별

■ この製品は３つセットで購入したほうが、個別で買うより安くなる。

▶ It's cheaper to buy this product as a set of three, instead of individually

▶ 这种产品3个一组买要比单个买便宜。

▶ 이 제품은 3개 세트로 구입하는 것이 개별로 사는 것보다 저렴해진다.

0708 | こまめ diligent / 忠实，勤勉 / 성실하고 부지런히 일하는 모양

～な diligent / 忠实，勉勉 / 부지런한
～に diligently / 忠实，勤勉 / 부지런히

■ 天気によって売上が左右されるので、天気予報はこまめにチェックしています。

▶ I check the weather forecast diligently because the weather affects our sales.

▶ 销售额会受天气的影响，所以总是认真听天气预报。

▶ 날씨에 따라 매상이 좌우되므로，일기예보는 부지런히 체크하고 있습니다.

■ 自己判断を避け、上司にこまめに報告することが大切だ。

▶ It's important to avoid self-judgement and report diligently to your boss.

▶ 重要的是要避免自我判断，勤于向上司汇报。

▶ 자기판단을 삼가고，상사에게 부지런히 보고하는 것이 중요하다.

0709 | こめじるし（※） asterisk / 重点符号 / 기호「※」

0710 | 顧問 adviser / 顾问 / 고문

■ 彼は、ソフトウェアの制作会社での経験を生かして、関連会社数社の顧問をしている。

▶ He is a consultant to some affiliates, utilizing his experience in a software production company.

▶ 他利用自己在软件编程公司的经验担任好几家相关公司的顾问。

▶ 그는 소프트웨어 제작회사에서의 경험을 살려，관련회사 여러 곳의 고문을 맡고 있다.

参 顧問弁護士

0711 | 雇用 employment, hiring / 就业 / 고용 ～する employ, hire / 雇用 / 고용하다

■ 景気回復に伴い、雇用を拡大する企業が増えている。

▶ With the economic recovery, more companies are increasing their hiring.

▶ 伴随着景气恢复，扩大录用的企业增多了。

▶ 경기 회복에 따라，고용을 확대하는 기업이 늘고 있다.

■ 最近は、定年退職者を再雇用する企業が多くなった。

▶ Recently there have been many companies that are rehiring retirees.

▶ 最近，重新雇用退休人员的企业增多了。

▶ 최근에는，정년퇴임자를 재고용하는 기업이 많아졌다.

参 雇用保険、雇用契約、雇用形態、雇用期間

0712 | 娯楽（ごらく） entertainment / 娱乐 / 오락

■ 最近（さいきん）は、娯楽目的（もくてき）でインターネットを利用（りよう）する高齢者（こうれいしゃ）が増（ふ）えている。

▶ The number of people using the Internet for entertainment has increased in recent years.

▶ 最近以娱乐为目的上网的老年人在增加。

▶ 최근에는 오락 목적으로 인터넷을 이용하는 고령자가 늘고 있다.

参 娯楽施設

0713 | 懇意（こんい） friendliness / 亲密，密切 / 친하게 지냄

～な familiar / 亲密，密切 / 친한
～に friendly / 亲密，密切 / 친하게

■ 御社（おんしゃ）の鈴木（すずき）さんとは長（なが）い付（つ）き合（あ）いで、懇意にしていただいております。

▶ I have been around long enough to be on friendly terms with Mr. Suzuki of your company.

▶ 我和贵公司的铃木先生是老相识了，一直交往密切。

▶ 귀사의 스즈키씨와는 오랜 친분으로，친하게 지내고 있습니다.

0714 | 今後（こんご） after this / 今后 / 앞으로

■ 今後ともよろしくお願（ねが）いいたします。

▶ It's a pleasure to meet you. I look forward to your help in the future.

▶ 今后还请您多多关照。

▶ 앞으로도 잘 부탁드립니다.

参 今後の予定

0715 | 懇親（こんしん） relationship / 联欢 / 친목

■ このビジネス研究会（けんきゅうかい）は、ベンチャー企業（きぎょう）の社長（しゃちょう）が定期的（ていきてき）に集（あつ）まり、懇親を深（ふか）める場（ば）となっている。

▶ This business workshop is a place where venture companies' presidents gather regularly to deepen relationships

▶ 这个商务研究会是创新型企业社长定期集会加深彼此友谊的地方。

▶ 이 비즈니스 연구회는 벤처기업의 사장이 정기적으로 모여，친목을 두텁게 하는 장이 되고 있다.

参 懇親会

0716 | コンスタント constant / 经常 / 일정함

～な constant / 经常 / 일정한
～に constantly / 经常 / 일정하게

■ A社（しゃ）は小（ちい）さい会社（かいしゃ）だが、コンスタントにヒット商品（しょうひん）を出（だ）している。

▶ Company A is a small company, but it is constantly producing hit products.

▶ A公司虽然规模小，却经常推出热销商品。

▶ A 사는 작은 회사이지만，일정하게 히트 상품을 내놓고 있다.

■ 今年(ことし)3月(がつ)にオープンした横浜(よこはま)支店(してん)は、コンスタントに売上(うりあげ)を伸(の)ばしています。

▶ The Yokohama branch, which opened in March of this year, is constantly expanding its sales.

▶ 今天3月开张的横滨分店，营业额一直在攀升。

▶ 올해 3월에 오픈한 요코하마 지점은 일정하게 매상을 늘리고 있습니다.

参 コンスタントに売れる

0717 | コンセプト　concept / 概念 / 컨셉

■ 事業計画(じぎょうけいかく)を作成(さくせい)するには、まず商品(しょうひん)やサービスのコンセプトを固(かた)める必要(ひつよう)があります。

▶ First, we need to establish a concept for our product and service, in order to make a business plan.

▶ 要制定企业计划，首先需要确定商品和服务理念。

▶ 사업계획을 작성하려면 우선 상품이나 서비스 컨셉을 확고히 할 필요가 있습니다.

■ このマンションの基本(きほん)コンセプトは「緑(みどり)のある暮(く)らし」です。

▶ The basic concept of this condo is "sylvan lifestyle."

▶ 这套公寓的设计理念是"让居住者过上绿意盎然的生活"。

▶ 이 맨션의 기본 컨셉은「나무가 있는 생활」입니다.

参 企画のコンセプト

0718 | コンセンサス　consensus / 意见一致 / 합의

■ プロジェクトを始(はじ)める前(まえ)に、メンバー全員(ぜんいん)のコンセンサスが必要(ひつよう)だ。

▶ We need a consensus from all members before starting the project.

▶ 项目开始之前，需要全体成员意见一致。

▶ 프로젝트를 시작하기 전에 멤버 전원의 합의가 필요하다.

参 コンセンサスをとる

0719 | コンセント④　electrical outlet / 插座 / 콘센트

0720 | コンタクト　contact / (取得)联系 / 접촉　~する initiate a contact / 做接触 / 컨택트 한다

■ A社(しゃ)の営業担当者(えいぎょうたんとうしゃ)に、明日(あした)、コンタクトをとってみるつもりです。

▶ I intend to contact Company A's sales representative tomorrow.

▶ 打算明天和A公司的营业负责人联系。

▶ A사의 영업담당자에게, 내일 접촉해 볼 예정입니다.

0721 | 懇談会(こんだんかい)　informal gathering / 联欢会 / 간담회

0722 | コンテンツ(パ) content(s) / 内容 / 컨텐츠

■ A放送(ほうそう)は、今年(ことし)秋(あき)からインターネットで番組(ばんぐみ)の一部(いちぶ)コンテンツの無料(むりょう)提供(ていきょう)を始(はじ)めます。

▶ Free broadcasts of some program content will begin on the Internet this fall.

▶ A广播公司将从今年秋天起通过网络免费提供部分节目内容的观赏。

▶ A방송은 올해 가을부터 인터넷으로 프로그램 일부 컨텐츠의 무료 제공을 시작합니다.

■ このウェブサイトは、ここでしか読(よ)めないニュースやコラムなど、オリジナルコンテンツが豊富(ほうふ)だ。

▶ This Web site has abundant original content such as news and exclusive columns available.

▶ 这个网页提供了很多独创的新闻、短评等内容。

▶ 이 웹사이트는 이곳에서만 읽을 수 있는 뉴스나 컬럼 등 오리지널 컨텐츠가 풍부하다.

参 コンテンツ産業

0723 | 混同(こんどう) confusion / 混同 / 혼동 ~する confuse / 混同 / 혼동하다

■ 配送(はいそう)の際(さい)、ほかの荷物(にもつ)と混同されないように、送(おく)り状(じょう)をよく見(み)えるところに貼(は)ってください。

▶ Please place the invoice where it is clearly visible, and not mixed up with other cargo when it's delivered.

▶ 请在醒目位置贴上发货单，以免和其他货物混淆。

▶ 배송 시, 다른 짐과 혼동되지 않도록, 송장을 잘 보이는 곳에 붙여 주세요.

参 公私混同 mix business with personal affairs / 公司混淆 / 공사혼동

0724 | コンパクト compact / 紧凑 / 콤팩트

~な compact / 紧凑 / 콤팩트한
~に compactly / 紧凑 / 콤팩트하게

■ この本(ほん)は、必要(ひつよう)な情報(じょうほう)がコンパクトにまとまっているので、参照(さんしょう)しやすい。

▶ This book organizes necessary information in a compact format for easy reference.

▶ 这本书紧凑地糅合了很多必须内容，所以很容易参阅。

▶ 이 책은 필요한 정보가 콤팩트하게 정리되어 있어서 참조하기 쉽다.

参 コンパクトなデザイン

0725 | 梱包(こんぽう) package / 包装 / 짐을 꾸림 ~する pack / 包装 / 짐을 꾸리다

■ 海外(かいがい)へ送(おく)る荷物(にもつ)は通関手続(つうかんてつづき)が必要(ひつよう)なので、梱包する箱(はこ)ごとに内容(ないよう)を明記(めいき)しなければならない。

▶ Cargo to be sent overseas must clear customs, so the content has to be clearly described on each box to be packed.

▶ 发往海外的货物必须办理报关手续，所以一定要在包装箱上写清楚货物明细。

▶ 해외로 보내는 짐은 통관수속을 해야 하므로, 짐을 꾸린 상자마다 내용을 명기하지 않으면 안 된다.

■ 包装用の機械を導入することによって、梱包作業にかかる時間が大幅に短縮された。

▶ Packing tine is greatly reduced thanks to introduction of a packing machine.

▶ 通过引进包装用的机器，大大缩短了包装时间。

▶ 포장용 기계를 도입하는 것으로, 짐을 꾸리는 작업에 걸리는 시간이 대폭으로 단축되었다.

参 梱包材

0726 | 混乱 confusion / 混乱 / 혼란 ~する be confused / 混乱 / 혼란하다

0727 | 差 difference / 差别，区别 / 차，차이

■ 日本の平均休暇取得日数は、増えてきたとはいえ、ヨーロッパ諸国とはまだ差がある。

▶ Japanese workers are taking more vacation time, but there is still a large difference between here and European nations.

▶ 尽管日本的平均休假天数增多了，和欧洲各国之间依然存在差距。

▶ 일본의 평균 휴가취득일 수는 늘고 있다고는 하지만, 유럽의 여러 나라와는 아직 차가 있다.

■ Aさんの評価については、管理職の間でも見方に差がある。

▶ Managers have different viewpoints for evaluating Mr. A.

▶ 关于A的评价，管理层之间也存在着差异。

▶ A 씨의 평가에 대해서는 관리직 사이에서도 견해차가 있다.

参 差が広がる、差が縮まる、実力の差

0728 | サーバ(ー) パ server / 服务器 / 서버

0729 | サービス service, privilege / 服务，附带，赠品 / 서비스 ~する give service / 服务 / 서비스하다

■ 私たちは、一人一人のお客様に、心のこもったサービスを提供することをモットーにしています。

▶ Our motto is to offer friendly service to each customer.

▶ 我们的口号就是向每一位顾客提供真心的服务。

▶ 저희들은 고객님 한 분 한 분께 마음을 담아 서비스를 제공하는 것을 모토로 하고 있습니다.

■ パソコン本体をお買い上げいただくと、キーボードとマウスをサービスでお付けします。

▶ The keyboard and mouse are included free of charge with the purchase of a PC.

▶ 如果您购买电脑主机，我们将免费赠送键盘和鼠标。

▶ 컴퓨터 본체를 구입하시면 키보드와 마우스를 서비스로 드립니다.

参 24時間サービス、行き届いたサービス complete service / 周到的服务 / 빈틈없는 서비스

0730 | 再起動 パ restart / 重新启动 / 재시동

0731 | 債権 claim, debt / 债权 / 채권

■ A銀行は、回収が困難な多額の債権を抱えている。

▶ Bank A has a large amount of bad debt.

▶ A银行有高额的难以回收的债权。

▶ A 은행은 회수가 곤란한 다액의 채권을 떠안고 있다.

0732 | 債券（さいけん）　credit / 债券 / 채권

■ 土地（とち）や建物（たてもの）のほか、株（かぶ）や債券も資産（しさん）とみなされます。

▶ In addition to land and buildings, stocks and credit also count as assets.

▶ 除了土地和建筑物外，股票和债券都被看作是资产。

▶ 토지나 건물 외에 , 주식이나 채권도 자산으로 간주됩니다 .

[参] 債券市場、外国債券、債券化

0733 | 財源（ざいげん）　finance source / 财源 / 재원

■ 昨年度（さくねんど）の黒字（くろじ）による繰越金（くりこしきん）などにより、５億円（おくえん）の財源を確保（かくほ）することができた。

▶ We secured 500 million yen in funding thanks to the balance carried over from the previous year.

▶ 靠去年盈利的滚存金，能确保5亿日元的财源。

▶ 작년도 흑자에 따른 이월금 등에 의해 5억 엔의 재원을 확보할 수 있었다 .

0734 | 在庫（ざいこ）　inventory, stock / 库存，存货 / 재고

■ AD-4 のグレーは、まだ在庫ありますか。

▶ Do you still have AD-4 gray in stock?

▶ 灰色的AD-4还有库存吗?

▶ AD-4 회색은 아직 재고가 있습니까 ?

■ 注文（ちゅうもん）を受（う）けてから製造（せいぞう）するため、在庫を抱（かか）える心配（しんぱい）がない。

▶ We don't have to worry about inventory, because we manufacture products after receiving the order.

▶ 因为是接受定货后再生产，不用担心会有库存。

▶ 주문을 받고 나서 제작하기 때문에 , 재고를 떠안을 걱정이 없다 .

[参] 在庫を確認する、在庫数、在庫切れ　lack of stock / 库存没有了 / 재고품절

0735 | 採算（さいさん）　profit /（收支）核算 / 채산

■ 店舗（てんぽ）の家賃（やちん）が高（たか）いので、この売上（うりあげ）では採算がとれない。

▶ We're unprofitable with this revenue because the rent for our store is so high

▶ 店铺的房租高，因此，这些营业额是没有利润的。

▶ 점포세가 비싸서 , 이 매상으로는 채산이 맞지 않는다 .

■ 技術者（ぎじゅつしゃ）は、採算を度外視（どがいし）しても質（しつ）のいいものを作（つく）ろうとする。

▶ Engineers try to create higher quality products, even ignoring profitability.

▶ 即便不计盈亏，技术者也要制造出高质量的产品。

▶ 기술자는 채산을 도외시해도 품질이 좋은 것을 만들려고 한다 .

[参] 採算性、採算が合う

0736 | 財産（ざいさん）　property / 财产 / 재산

■ 特許や著作権は、企業にとって重要な知的財産です。

▶ Patents and copyrights are important intellectual properties for companies.

▶ 专利和著作权，对企业来说是重要的知识财产。

▶ 특허나 저작권은 회사에 있어서 중요한 지적재산입니다.

[参] 財産管理

0737 | 催事（さいじ）　event / 特别活动 / 행사

■ セールや展示会などの催事情報は、インターネットでもご案内しています。

▶ Information about events such as sales and exhibitions is also introduced on the Internet.

▶ 促销、展示会等特别活动的信息，将通过网络等方式通知给大家。

▶ 세일이나 전시회 등의 행사 정보는 인터넷에서도 안내하고 있습니다.

[参] 催事場、催事コーナー

0738 | 最終（さいしゅう）　final / 最终 / 최종

■ もう作業の最終段階だから、大きな変更をするのは難しいと思うよ。

▶ I think it's difficult to make a major change because the project has entered the final stage.

▶ 已经是工作的最后阶段了，所以我想做大的变更比较困难。

▶ 이제 작업의 최종단계이니, 큰 변경을 하는 것은 어려울 것 같아.

[参] 最終審査、最終電車

0739 | 在住（ざいじゅう）　reside / 居住 / 주재　~する reside / 居住 / 주재하다

■ 市立図書館では、市内在住か市内勤務の人なら、だれでも本が借りられます。

▶ Anyone who resides or works in the city can borrow books from the city library.

▶ 市立图书馆只要是在市内居住或者是工作的人，都可以借书。

▶ 시립도서관에서는 시내 주재나 시내 근무하는 사람이라면 누구나가 책을 빌릴 수 있습니다.

0740 | 歳出（さいしゅつ）　budget expenditure / 岁出 / 세출

0741 | サイズ　size / 尺寸 / 사이즈

■ サイズはS・M・LとLLの4種類あります。

▶ Four sizes - S, M, L, and LL - are available.

▶ 尺寸有S M L LL四种。

▶ 사이즈는 S・M・L 과 LL 4종류가 있습니다.

■ 出席者に配る資料は、サイズを揃えたほうが見やすい。

▶ It's easier for the visitors to look at the materials if these document sizes are all the same.

▶ 发给参加者的资料，大小统一的比较好看。

▶ 출석자에게 배부하는 자료는 사이즈를 맞추는 것이 보기 쉽다.

[参] フリーサイズ

0742 | 再生（さいせい） rebirth, playback / 再生，重放 / 재생 ～する regenerate, play / 再生，重放 / 재생하다

■ 人口減少が続くこの地域にとって、企業の誘致が経済再生のカギだ。

▶ For this region with its continuously decreasing population, attracting companies is the key to economic rebirth.

▶ 对于人口持续减少的这个地区来说，招商是经济再生的关键。

▶ 인구 감소가 계속되는 이 지역에 있어서, 기업의 유치가 경제 재생의 열쇠이다.

■ 新製品は、再生も録画も簡単に操作できます。

▶ The new product allows one to easily playback and record.

▶ 新产品能简单进行重放和录像的操作。

▶ 신제품은, 재생도 녹화도 간단하게 조작할 수 있습니다.

参 再生紙

0743 | 財政（ざいせい） finance / 财政 / 재정

■ 市の財政事情は年々悪化している。

▶ The city's financial deficit grows every year.

▶ 市财政情况年年每况愈下。

▶ 시의 재정 사정은 해마다 악화되고 있다.

0744 | 最善（さいぜん） best / 全力，最好 / 최선

■ 皆さん、売上目標を達成するために、最善を尽くして頑張りましょう。

▶ Everybody, please do your best to achieve the sales goal.

▶ 请各位竭尽全力以完成我们的销售目标。

▶ 여러분, 매상목표를 달성하기 위해서 최선을 다해 힘냅시다.

参 最善の策

0745 | 催促（さいそく） press / 催促 / 재촉 ～する remind / 催促 / 재촉하다

■ A社の資料、まだ届いてないから、そろそろ催促したほうがいいね。

▶ We'd better remind Company A about the materials, because they have not arrived yet.

▶ A公司的资料还没有送来，最好还是稍微催一下吧。

▶ A사의 자료가 아직 도착하지 않았으니, 슬슬 재촉하는 게 좋겠다.

0746 | 最大公約数（さいだいこうやくすう） greatest common denomitator / 最大公约数 / 최대공약수

■ 先のエネルギー国際会議では、最大公約数の共同提案が採択された。

▶ In the recent, Inter-national Energy Forum, a joint proposal for the greatest common denominator was adopted.

▶ 在前些天的能源国际会议中，通过了最大公约数的共同提案。

▶ 방금 전 에너지 국제회의에서는 최대공약수의 공동제안이 채택되었다.

0747 | 在宅　at home / 在家 / 재택

■ B社は、在宅勤務ができる社員を募集している。

▶ Company B advertises for employees who work at home.

▶ B公司正在招聘能在家工作的人。

▶ B 사는 재택근무가 가능한 사원을 모집하고 있다.

■ お忙しいところ失礼ですが、先生は今、ご在宅でしょうか。

▶ I'm sorry to bother you, but is the professor there?

▶ 百忙之中打扰实在抱歉，请问老师现在在家吗?

▶ 바쁘신 중에 실례지만, 선생님은 지금 댁에 계십니까?

0748 | 最中　in the middle (of) / 在……中 / 한창인 때

■ 課長はプレゼンの最中だから、今、連絡できないよ。

▶ You cannnot contact the chairman because he is in the middle of a presentation.

▶ 科长正在演示会中，所以现在无法联系。

▶ 과장님은 한창 프리젠테이션 중이라, 지금 연락 못 해요.

■ クライアントとの打ち合わせの最中に電話がかかってきた。

▶ We had a call in the middle of the meeting with the client.

▶ 在同客户进行预先洽谈的时候打来了电话。

▶ 고객과 한창 협의 중일 때 전화가 걸려 왔다.

0749 | 在中　enclosed, encl / 在内 / 재중

■ 封筒には「請求書在中」と、書いてください。

▶ Please write "statement enclosed" on the envelope.

▶ 请在信封上写上“内有账单”。

▶ 봉투에는「청구서 재중」이라고 써 주세요.

参 履歴書在中

0750 | 最適　optimum / 最适合 / 최적　~な optimum / 最适合 / 최적인

■ ここは、待ち合わせに最適な場所ですね。

▶ This is the best place for a meeting.

▶ 这是最适合进行碰头的地方吧。

▶ 이곳은 약속장소로 최적의 장소군요.

0751 | 再度　again / 再次 / 재차

■ 計算間違いがないよう、再度チェックしてください。

▶ Please check again to make sure there are no miscalculations.

▶ 请再检查一下以防出现计算错误。

▶ 계산 미스가 없도록 재차 체크해 주세요.

0752 | 再販　reselling / 再卖 / 재판

参 再販価格、再販制度

0753 | 再編(さいへん) reorganization / 重组，再编 / 재편 ～する recognize / 重组，再编 / 재편하다

■ A社(しゃ)は、米国(べいこく)の子会社(こがいしゃ)3社を統合(とうごう)して、業務(ぎょうむ)再編を図(はか)ることにした。

▶ Company A has decided to combine its theree U.S. subsidiaries, and reorganize its business.

▶ A公司试图通过和美国3家子公司合并来进行业务重组。

▶ A 사는 미국의 자회사 3 사를 통합하고, 업무 재편을 도모하기로 했다.

参 業界再編、チームの再編

0754 | 債務(さいむ) liability, debt / 债务 / 채무

■ A社(しゃ)の債務の累積額(るいせきがく)は、約(やく)2億円(おくえん)に上(のぼ)る。

▶ Company A's total liabilities have reached nearly 200 million yen.

▶ A公司的债务累计额已高达2亿日元。

▶ A 사의 채무 누적액은, 약 2 억엔에 달한다.

■ A社(しゃ)は、巨額(きょがく)の債務を負(お)って倒産(とうさん)した。

▶ Company A went bankrupt under a huge amount of debt.

▶ A公司，背负了巨额债务破产了。

▶ A 사는 거액의 채무를 지고 도산했다.

参 債務残高、債務超過、債務不履行

0755 | 財務(ざいむ) financial affairs / 财务 / 재무

■ 財務状況(じょうきょう)を改善(かいぜん)するため、保有資産(ほゆうしさん)の見直(みなお)しを行(おこな)った。

▶ In order to improve the state of financial affairs, we reexamined our held assets.

▶ 为了改善财务状况，重新调整了保有资产。

▶ 재무상황을 개선하기 위해, 보유자산의 재검토를 실시했다.

■ 彼(かれ)は、数々(かずかず)の会社(かいしゃ)の立(た)て直(なお)しに関(かか)わってきた財務のプロです。

▶ He is a financial affairs pro who has dealt with the reorganization of many companies.

▶ 他是参与过多家公司重建的财务专家。

▶ 그는 여러 회사의 재정비에 관계해 온 재무의 프로입니다.

参 財務管理

0756 | 財務諸表(ざいむしょひょう) financial statement / 财务报表 / 재무제표

0757 | 最優先(さいゆうせん) top priority / 最优先 / 최우선 ～する give top priority (to) / 最优先 / 최우선하다

■ 企画書(きかくしょ)の作成(さくせい)を、最優先で行(おこな)ってください。

▶ Please make the plan a top priority.

▶ 请先制作计划书。

▶ 기획서 작성을 최우선으로 해 주세요.

参 最優先課題

0758 | 採用（さいよう） adoption / 采用 / 채용　～する adopt / 采用 / 채용하다

■ 今回（こんかい）の募集（ぼしゅう）では、営業職（えいぎょうしょく）を2名（めい）採用する予定（よてい）です。

▶ We will recruit two salespeople.

▶ 这次招聘计划录用2名营业人员。

▶ 이번 모집에서는 영업직을 2명 채용할 예정입니다.

■ 新（あたら）しいオフィスのコンピューターは、A社製（しゃせい）を採用することに決（き）まった。

▶ We decided to adopt Company A's product for new office computers.

▶ 新的办公电脑我们决定采用A公司生产的。

▶ 새로운 사무실의 컴퓨터는 A사제품을 채택하기로 결정되었다.

[参] 採用情報、採用枠

0759 | 裁量（さいりょう） discretion / 斟酌决定，权限 / 재량

■ 各店（かくてん）の運営（うんえい）については、なるべく店長（てんちょう）の裁量に任（まか）せています。

▶ As for the management of each shop, I leave it as much as possible up to the discretion of the store managers.

▶ 关于各店的运营，尽量委托店长来酌情处理。

▶ 각점의 운영에 대해서는 가능한 한 점장의 재량에 맡기고 있습니다.

■ 私一人（わたしひとり）の裁量で決（き）めるわけにはいかないので、ちょっと返事（へんじ）を待（ま）ってください。

▶ This cannot be decided at my sole discretion, so please wait a little for a response.

▶ 无法以我一个人的权限来决定，请您等一等回复。

▶ 저 한 사람의 재량으로 결정할 수 없기 때문에, 답변을 조금 기다려 주십시오.

[参] 裁量権、自由裁量

0760 | 材料（ざいりょう） materials / 材料 / 재료

0761 | 差額（さがく） amount of difference / 差额 / 차액

■ 前回（ぜんかい）の見積（みつ）りとの差額は、仕様変更（しようへんこう）に伴（ともな）う諸費用（しょひよう）です。

▶ The difference from the previous estimate is in expenses associated with spec changes.

▶ 和上次报价的差额是更改工序所需的相关费用。

▶ 지난번 견적서와의 차액은 사양변경에 따른 모든 비용입니다.

0762 | 座学（ざがく） classroom lecture / 实际能力训练讲座 / 강의형식의 학과

0763 | ～先（さき）[接] destination / 去处，目的地 / ～처

■ 取引先（とりひきさき）に、年始（ねんし）の挨拶（あいさつ）に行（い）ってきます。

▶ I'm going to go make the new year's greetings rounds to customers.

▶ 去给客户拜年。

▶ 거래처에 새해 인사하러 다녀오겠습니다.

■ 宛先(あてさき)を間違(まちが)えたため、郵便物(ゆうびんぶつ)が戻(もど)ってきてしまった。
▶ Because I made a mistake on the addressee, the item I mailed came back.
▶ 弄错了收信人地址，所以邮寄物被退回来了。
▶ 수신처를 잘못 써서 우편물이 반송되어 왔다.

参 送り先、納入先、問い合わせ先、得意先

0764 | 先送り(さきおくり) delay, postponement / 推迟 / 미뤄짐 ~する delay, postpone / 推迟 / 미뤄지다

■ 部内(ぶない)の意見(いけん)がまとまらず、結論(けつろん)は次回(じかい)に先送りになった。
▶ The opinions within the department couldn't be brought to an agreement, so a decision has been postponed until next time.
▶ 部门内部意见不统一，结论推迟到了下次。
▶ 부서 내의 의견이 정리되지 않아, 결론은 다음으로 미뤄졌다.

■ 新工場建設(しんこうじょうけんせつ)の件(けん)は、条件(じょうけん)が整(ととの)わず、来年(らいねん)に先送りされることになった。
▶ In the matter of the new factory construction, it has been delayed until next year as conditions could not be arranged.
▶ 关于新工厂的建设，条件不具备，结果推迟到了明年。
▶ 신공장 설비 건은 조건이 구비되지 않아, 내년으로 미뤄지게 되었다.

参 計画を先送りする、問題を先送りする

0765 | 先延ばし(さきのばし) procrastination / 拖延, 推迟 / 연기 ~する procrastinate, put off / 拖延, 推迟 / 연기하다

■ その日(ひ)にできることはその日(ひ)のうちにやって、先延ばししないほうがいい。
▶ It is best to do today's things today, and not procrastinate.
▶ 当天能干的事情一定要在当天干，最好不要推迟。
▶ 그날에 할 수 있는 일은 그날 해서, 연기하지 않는 것이 좋다.

■ 新規(しんき)プロジェクトの件(けん)、なかなかオーケーが出(で)ないし、来年度(らいねんど)に先延ばしかもね。
▶ We can't seem to get approval on the new project, and it might be put off until next year.
▶ 新项目总是的不到批准，有可能会被推迟到明年。
▶ 신규 프로젝트 건, 좀처럼 오케이가 나오지 않아서 내년도로 연기될 지도 모르겠어.

0766 | 先物(さきもの) future goods / 期货 / 선물

参 先物取引

0767 | 作業(さぎょう) work, operation / 工作, 作业 / 작업 ~する work / 工作 / 작업한다

■ 午前中(ごぜんちゅう)に作業が終了(しゅうりょう)すれば、なんとか納期(のうき)に間(ま)に合(あ)うだろう。
▶ We can manage to make the delivery time if the operation finishes in the morning.
▶ 如果上午完成工作的话，大概总能赶上交货日期吧。
▶ 오전 중에 작업이 종료되면, 어떻게든 납기일에 맞출 수 있을 것이다.

■ 複雑な作業だから、分担と手順をよく話し合ってから始めよう。

▶ Let's start operations after thoroughly discussing the assignment of tasks and procedures.

▶ 因为是复杂的工作，咱们还是先商量好分工和工序再开始吧。

▶ 복잡한 작업이니, 분담과 순서를 서로 잘 이야기한 다음 시작하자.

参 手作業、共同作業

0768 | 作業服㋑ work outfit / 工作服 / 작업복

0769 | 先を読む㊎ think ahead / 预见未来 / 앞날을 예측하다

■ 経営者は、世の中のさまざまな動きに目を向け、つねに時代の先を読まなければならない。

▶ Management tracks various trends and always thinks ahead.

▶ 经营者必须注意社会上的各种动向，总是要预见未来。

▶ 경영자는 세상의 다양한 움직임에 관심을 갖고, 항상 시대의 앞날을 예측해야 한다.

参 一歩先を読む

0770 | 割く spare / 撕开，割开 / 할애하다

■ A社は、株主総会で、新規事業の説明に多くの時間を割いた。

▶ Company A devoted a lot of time to explaining new business projects at the general stockholders' meeting.

▶ A公司在股东大会上用大部分的时间对要开展的新事业进行了说明。

▶ A 사는 주주총회에서 신규 사업 설명에 많은 시간을 들였다.

■ 現在、新製品の宣伝費にかなりの経費を割いている。

▶ Now they're devoting a considerable amount of money to advertising new products.

▶ 现在已经把相当多的经费用在了新产品的宣传上了。

▶ 현재, 신제품 선전비에 꽤 많은 경비를 들이고 있다.

0771 | 削減 reduction / 削減 / 삭감, 절감 ～する reduce / 缩减 / 삭감하다

■ 正社員をパートに切り替えて、人件費を削減した。

▶ We changed full-time employees to part-timers to reduce personnel costs.

▶ 将正式员工转为临时工，削减了人工费。

▶ 정사원을 파트로 전환시켜서, 인건비를 삭감했다.

■ 新システムの導入で、在庫を抱える必要がなくなり、30%もコスト削減ができた。

▶ We didn't have to carry an inventory after we introduced the new system. This allowed to reduce costs by 30%.

▶ 通过引进新系统，消除了库存问题，将成本缩减了30%。

▶ 신 시스템 도입으로 재고를 떠안을 필요가 없어져서, 30% 나 비용 절감이 가능했다.

0772 | 削除(さくじょ)㋩ delete / 删除 / 삭제 ～する delete / 删除 / 삭제하다

■ 今週中(こんしゅうちゅう)に、共用(きょうよう)パソコンから不要(ふよう)なデータを削除してください。

▶ Please delete unnecessary data from the shared PC this week.

▶ 请在这个礼拜把公用电脑中不需要的资料删除掉。

▶ 이번 주 중으로 공용 컴퓨터에서 불필요한 데이터를 삭제해 주세요.

㊂ ファイルを削除する

0773 | 作成(さくせい) preparation, creation / 制作 / 작성 ～する make / 制作 / 작성하다

■ プレゼンの資料(しりょう)を作成するには、グラフや図(ず)を効果的(こうかてき)に使(つか)うことが大切(たいせつ)だ。

▶ Effective use of graphs and figures is important in making a presentation document.

▶ 在制作演示会资料时，有效地使用图表和绘图也是很重要的。

▶ 프리젠테이션 자료를 작성하려면, 그래프나 그림을 효과적으로 사용하는 것도 중요하다.

0774 | 差(さ)し障(さわ)り offence / 障碍，不良影响 / 지장

■ 差し障りがあるといけないので、新(あたら)しい人事(じんじ)については改(あらた)めてお話(はな)しいたします。

▶ I like to talk about the new personnel system again to make sure no one takes offense.

▶ 不能出现不良影响，所以关于新的人事任命问题我想再和您谈一下。

▶ 지장이 있으면 안 되므로, 새로운 인사에 대해서는 다시 이야기하겠습니다.

■ プロジェクトの進行(しんこう)に差し障りがなければ、一日(いちにち)ぐらい休(やす)んでもいいよ。

▶ You can take a day off if it does not hinder the project's progress.

▶ 如果对项目进展没有什么影响的话，休息一天也没有关系。

▶ 프로젝트 진행에 지장이 없다면, 하루 정도 쉬어도 돼요.

0775 | 差出人(さしだしにん) sender / 寄送人 / 발송인

■ このレターは、差出人がA社(しゃ)の社長(しゃちょう)になっている。

▶ The sender of this letter is president of Company A.

▶ 这封信的寄信人是A公司的总经理。

▶ 이 편지는 발송인이 A사의 사장으로 되어 있다.

㊂ 差出人不明

0776 | 差(さ)し引(ひ)く subtract / 扣除 / 공제하다, 빼다

■ ここから人件費(じんけんひ)を差し引くと、ほとんど利益(りえき)が残(のこ)らない。

▶ After personnel costs, there is almost no profit.

▶ 如果从此处扣除人事费的话，那收益基本上就所剩无几了。

▶ 여기에서 인건비를 빼면, 거의 이익이 남지 않는다.

0777 | 座席（ざせき） seat / 座位 / 좌석

■ 座席は特に決まっていないようだから、適当に座りましょう。

▶ Seats don't seem to be specifically assigned, so let's sit wherever we like.

▶ 座位似乎没有做特别指定，我们就适当地坐吧。

▶ 좌석은 특별히 정해져 있지 않은 듯 하니 , 적당히 앉읍시다 .

参 座席指定、座席表、後部座席 backseat / 后边的座位 / 뒷좌석

0778 | 雑（ざつ） rough / 粗糙，粗枝大叶 / 엉성함

～な rough / 粗糙，粗枝大叶 / 엉성한

～に roughly / 粗糙，粗枝大叶 / 엉성하게

■ 値段が安くても、雑な作りだと、結局売れないよ。

▶ Evenif it's cheap, it won't sell because it was roughly produced.

▶ 即便价格便宜，如果做工粗糙，最终还是卖不出去。

▶ 가격이 싸더라도 엉성하게 만들면 결국 팔리지 않아 .

■ 仕上げが雑にならないように、十分注意してください。

▶ Please take through care not to make a rough finish.

▶ 一定要注意，最后的部分不要太粗糙。

▶ 완성이 엉성해지지 않도록 충분히 주의해 주십시오 .

0779 | 冊子（さっし） brochure / 册子 / 책자

■ 商品目録は、冊子にしたほうがアピールすると思うよ。

▶ I think it's more appealing to make a product brochure instead of a list.

▶ 商品目录如果印刷成册，我觉得更具宣传效果。

▶ 상품목록은 책자로 하는 편이 어필할 수 있을 것이라 생각해 .

参 小冊子、冊子小包

0780 | 雑談（ざつだん） small talk / 闲谈 / 잡담 ～する have a chat / 闲聊 / 잡담하다

■ 日頃の雑談の中で、ビジネスに役立つ情報を得られることがある。

▶ We can sometimes find useful business information in daily chats.

▶ 在日常的闲谈中，有时能获得生意中有用的信息。

▶ 평소의 잡담 속에서 비즈니스에 도움이 되는 정보를 얻을 때도 있다 .

0781 | 雑費（ざっぴ） expense / 杂费 / 잡비

■ 来客用のお茶代やお菓子代は、雑費として計上できる。

▶ Items such as tea and snacks for guests can be counted as expenses.

▶ 款待客人用的茶叶及点心的费用列人杂费中。

▶ 손님용의 음료비나 간식비는 잡비로써 계상할 수 있다 .

0782 | 査定（さてい） assessment / 査定 / 사정 ～する assess / 评定 / 사정하다

■ 中古車の買い取り価格の査定が、オンラインで無料でできます。

▶ Used cars can be assessed on line free of charge.

▶ 如果是在线查定二手车的买人价格，可以是免费的。

▶ 중고차 매입 가격 조사와 결정은 온라인에서 무료로 가능합니다 .

■ 人事査定(じんじさてい)では、積極性(せっきょくせい)や協調性(きょうちょうせい)なども評価(ひょうか)のポイントとなる。

▶ Positive attitude and cooperativeness are points of personnel appraisal.

▶ 人事评定的时候，积极性及协调性等都是评价要点。

▶ 인사 사정에서는 적극성이나 협조성 등도 평가 포인트가 된다.

0783 | 作動(さどう) action, working / 工作，运转 / 작동 ～する act, go / 工作，运转 / 작동하다

■ 最近(さいきん)、街(まち)の中(なか)や建物(たてもの)に、「防犯(ぼうはん)カメラ作動中(ちゅう)」の表示(ひょうじ)が目立(めだ)つようになった。

▶ Recently, signs saying "Anti-crime camera in action" are prominent in towns and buildings.

▶ 最近，在大街上或建筑物上，"防范摄像机正在工作"的标示变醒目了。

▶ 최근, 거리나 건물에 "방범카메라 작동 중"의 표시가 눈에 띄게 되었다.

0784 | サバイバル survival / 残存 / 서바이벌, 생존

■ サバイバル競争(きょうそう)を勝(か)ち抜(ぬ)くには、まず体力(たいりょく)が必要(ひつよう)だ。

▶ First we need physical strength to survive.

▶ 要在你死我活的竞争中胜出，首先需要体力。

▶ 서바이벌 경쟁을 이겨내기 위해서는 우선, 체력이 필요하다.

0785 | さびる rust / 生锈 / 녹슬다

■ さびにくい素材(そざい)の開発(かいはつ)により、住宅関連(じゅうたくかんれん)メーカーからの注文(ちゅうもん)が増(ふ)えました。

▶ Orders have increased from home builders thanks to the development of rust-resistant materials.

▶ 由于开发了不易生锈的材料，来自于房产相关企业的订货增多了。

▶ 잘 녹슬지 않는 소재 개발에 따라, 주택 관계 메이커로부터 주문이 늘었습니다.

0786 | 差別化(さべつか) differentiation / 差别化，个性化 / 차별화 ～する differentiate / 差别化 / 차별화되다

■ 競合他社(きょうごうたしゃ)が多(おお)い中(なか)、いかにして他社商品(しょうひん)との差別化をはかるかがポイントだ。

▶ A major point is how we can differentiate our product from those of many other competitors.

▶ 在竞争对手多的情况下，关键在于如何谋求不同于其他公司产品的个性化。

▶ 경합 타사가 많은 가운데, 어떻게 해서 타사 제품과의 차별화를 도모할 것인가가 포인트이다.

■ 差別化につながる新(あら)たな機能(きのう)を付(つ)け加(くわ)えなければ、A社(しゃ)の製品(せいひん)には勝(か)てない。

▶ We cannot beat Company A's product, unless we add a new function that allows diversification.

▶ 如果不附加能使产品个性化的新机能，将无法战胜A公司的产品。

▶ 차별화로 연결되는 새로운 기능을 첨가하지 않으면 A사의 제품에는 이길 수 없다.

0787 | サボる㋕ goof off / 偷懒，懈怠 / 게을리하다

■ ちょっと整理をサボったら、机の上は書類の山だ。

▶ There is a pile of papers on my desk because I have been goofing off instead of organizing them.

▶ 如果稍微懒得整理，桌子上的资料就会推成山。

▶ 잠깐 정리를 게을리했더니，책상 위는 서류 더미이다.

■ さあ、サボってないで、急いで片付けて。

▶ So, don't loaf, hurry ard clean up.

▶ 快点，不要偷懒，赶紧收拾。

▶ 자，놀지 말고 빨리 정리해.

0788 | 左右 right and left / 左右 / 좌우 ～する influence / 左右 / 좌우하다

■ 人生や仕事の結果を左右するものは、能力や意欲のほかに、何だと思いますか。

▶ What do you think influences your success in work and life, besides skill and motivation?

▶ 除了能力和意欲外，你认为能左右人生或工作结果的是什么?

▶ 인생이나 일의 결과를 좌우하는 것은，능력이나 의욕 외에 무엇이라고 생각합니까？

参 今後を左右する、勝敗を左右する

0789 | 左様 so / 是那样 / 그래

■ 左様でございますか。

▶ I see.

▶ 是那样吗。

▶ 그렇습니까.

0790 | 散逸 dissipation / 散逸 / 산실 ～する scatter / 散逸 / 산실하다 (되다)

■ ずいぶん前の案件ですから、資料が散逸してしまいました。

▶ We worked on this project a long time ago, so the materials have been scattered and lost.

▶ 这是很早之前的案件，逸失。

▶ 꽤 오래된 안건이어서 자료가 산실되어 버렸습니다.

0791 | 傘下 affiliation / 旗下 / 산하

■ 今回の買収により、A社は、XYZ銀行グループの傘下に入った。

▶ Company A became affiliated with the XYZ Bank Group by this merger.

▶ 通过此次收购，A公司成了XYZ银行集团的旗下公司。

▶ 이번 매수에 의해，A사는 XYZ은행 그룹 산하에 들어갔다.

参 傘下企業、傘下団体

0792 | 三角 triangle / 三角形 / 삼각

0793 | 産業(さんぎょう) industry / 产业 / 산업

■ この地域(ちいき)の産業(さんぎょう)の中心(ちゅうしん)は、以前(いぜん)は農業(のうぎょう)でしたが、今(いま)はIT産業です。

▶ This region's industry previously centered around agriculture, but now centers around the IT industry.

▶ 这一地区的主要产业原来是农业，现在是IT业。

▶ 이 지역 산업의 중심은 이전에는 농업이었지만, 지금은 IT 산업입니다.

参 第一次産業、産業用ロボット、産業基盤

0794 | 残業(ざんぎょう) overtime work / 加班 / 잔업 **~する** work overtime / 加班 / 잔업하다

■ 月末(げつまつ)は仕事(しごと)が集中(しゅうちゅう)して、残業が増(ふ)える傾向(けいこう)にある。

▶ Overtime work tends to increase at the end of the month as jobs get closer to completion.

▶ 月末工作集中，看来加班又要增多了。

▶ 월말은 일이 몰려, 잔업이 증가하는 경향이 있다.

■ この会社(かいしゃ)では、深夜(しんや)残業は禁止(きんし)されている。

▶ This company prohibits overtime after midnight.

▶ 这个公司禁止深夜加班。

▶ 이 회사에서는 심야잔업은 금지되어 있다.

参 残業手当、サービス残業 unpaid overtime work / 免费加班 / 서비스 잔업

0795 | 残金(ざんきん) remaining amount / 余额 / 잔금

0796 | 参考(さんこう) reference / 参考 / 참고

■ ビジネス経験豊富(けいけんほうふ)な林(はやし)さんの意見(いけん)は、とても参考になります。

▶ The opinions of Mr. Hayashi, with his wealth of business experiences, are very informative.

▶ 小林的商业经验十分丰富，他的意见很值得参考。

▶ 비즈니스 경험이 풍부한 하야시 씨의 의견은 매우 참고가 되었습니다.

参 参考資料

0797 | 三叉路(さんさろ)㋑ three-way junction, T/Y-junction / 三岔路口 / 삼거리

0798 | 算出(さんしゅつ) calculation / 算出 / 산출 **~する** calculate / 算出 / 산출하다

■ 海外事業部(かいがいじぎょうぶ)で、上半期(かみはんき)の出張(しゅっちょう)にかかった費用(ひよう)を算出(さんしゅつ)してください。

▶ Please calculate the travel costs for the overseas business division during the first half.

▶ 请核算出海外事业部在上半年花费在出差上的费用。

▶ 해외사업부에서 상반기의 출장에 든 비용을 산출해 주세요.

0799 | 参照（さんしょう） reference / 参照 / 참고, 참조 ～する refer / 参照 / 참조하다

■ 使用（しよう）に際（さい）しては、付属（ふぞく）のマニュアルをご参照ください。

▶ Please refer to the attached manual for usage instructions.

▶ 使用的时候，请参照附属的操作指南。

▶ 사용하실 때는 부속의 매뉴얼을 참조해 주십시오.

参 別紙参照

0800 | 斬新（ざんしん） originality / 新颖 / 참신 ～な innovative / 新颖 / 참신한

■ 今月発売（こんげつはつばい）のAP500は、斬新なデザインが話題（わだい）を呼（よ）んでいる。

▶ The innovative design of the AP500 being launched this month is attracting public attention.

▶ 本月发售的AP500，其新颖的设计成了大家关注的话题。

▶ 오늘 발매하는 AP500 은 참신한 디자인이 화제를 일으키고 있다.

0801 | 残高（ざんだか） outstanding balance / 余额 / 잔고

■ 預金残高（よきんざんだか）が足（た）りないので、引（ひ）き落（お）としの期日（きじつ）までに入金（にゅうきん）しなければならない。

▶ I have to put money in my deposit account until the debit date because my account was overdrawn.

▶ 存款余额不足，请在扣款日期之前将钱存人。

▶ 예금잔고가 모자라서, 출금일까지 입금하지 않으면 안된다.

■ 先月末締（せんげつまつじ）めの債務（さいむ）残高は、約（やく）5,000万円（まんえん）です。

▶ The balance of debt at the close of last month was about 50 millon yen.

▶ 上月末总计的债务余额大约是5,000万日元。

▶ 지난 달 말 총 채무 잔액은 약 5,000 만엔입니다.

参 残高証明

0802 | 産地（さんち） origin / 产地 / 산지

■ この店（みせ）には毎朝（まいあさ）、新鮮（しんせん）な野菜（やさい）が産地から直接送（ちょくせつおく）られてくる。

▶ Fresh vegetables are delivered directly from the farm to this store every morning.

▶ 每天早上，新鲜的蔬菜会从产地直接送到这个店里。

▶ 이 가게에는 매일 신선한 채소가 산지에서 직접 들어온다.

参 産地直送、名産地

0803 | 参入（さんにゅう） emergence / 进入 / 참가 ～する enter into / 进来 / 참가하다

■ 健康食品市場（けんこうしょくひんしじょう）に、また新（あら）たな大手企業（おおてきぎょう）が参入してきた。

▶ Another major company entered the health food market.

▶ 又有新的大企业进入了保健食品市场。

▶ 건강식품시장에 또 새로운 대기업이 참가했다.

■ あの業種（ぎょうしゅ）は競争（きょうそう）が激（はげ）しいから、新規（しんき）参入は難（むずか）しいと思（おも）うよ。

▶ I think it's difficult to enter that business because of the intense competition.

▶ 那个行业的竞争激烈，我想很难从新打人。

▶ 그 업종은 경쟁이 심해서 신규 참가는 어렵다고 생각해.

0804 | サンプル　sample / 样品 / 샘플

参 無料サンプル

0805 | 散漫（さんまん）　discursive / 不集中，松懈 / 산만

～な discursive / 不集中，松懈 / 산만한
～に discursively / 不集中，松懈 / 산만하게

■ 睡眠不足（すいみんぶそく）だと、注意（ちゅうい）が散漫になりがちだ。
▶ Our attention is scattered if we don't get enough sleep.
▶ 如果睡眠不足，容易注意力不集中。
▶ 수면부족이면，주의가 산만해지기 쉽다.

■ この報告書（ほうこくしょ）は、項目（こうもく）が整理（せいり）されていないので、散漫な印象（いんしょう）を受（う）ける。
▶ I have a vague impression of this report because the items are not well organized.
▶ 这个报告没有按条目整理，感觉结构松散。
▶ 이 보고서는 항목이 정리되어 있지 않아서，산만한 인상을 받는다.

0806 | 氏（し）　Mr., Ms. / 先生，女式 / ～씨，그

■ ABC社顧問（しゃこもん）のスミス氏が、昨日来日（きのうらいにち）した。
▶ Company ABC consultant Mr. Smith arrived in Japan yesterday.
▶ ABC公司的顾问斯密斯先生昨天抵达日本。
▶ ABC 사 고문인 스미스 씨가 어제 일본에 방문했다.

■ 氏は、今日（きょう）、明日（あした）と工場（こうじょう）を視察（しさつ）し、あさって、帰国（きこく）する。
▶ He will be touring the factory today and tomorrow, and will be returning home the following day.
▶ 他今明两天将考察工厂，后天回国。
▶ 그분은 오늘 내일 공장을 시찰하고 모레 귀국한다.

0807 | 仕上（しあ）がり　finish / 完成，结果 / 완성

■ 仕上がりはいつ頃（ごろ）になるでしょうか？
▶ When will it be finished?
▶ 什么时候能做完？
▶ 완성은 언제쯤이 될까요？

■ 少（すこ）し時間（じかん）がかかったが、満足（まんぞく）のいく仕上がりになった。
▶ It was a satisfying finish though it took a little time.
▶ 虽然花费了一些时间，但最后的结果还是让人满意的。
▶ 조금 시간이 걸렸지만，만족스럽게 완성되었다.

0808 | 仕上（しあ）がる　finish / 完成 / 완성되다

■ A社（しゃ）の新（あたら）しい洗濯乾燥機（せんたくかんそうき）には、フワッと仕上がる機能（きのう）が付（つ）いている。
▶ Company A's new washer and dryer give clothes a fluffy finish.
▶ A公司新推出的洗衣烘干机带有立即烘干功能。
▶ A사의 새로운 세탁건조기에는 뽀송뽀송하게 완성되는 기능이 있다.

0809 | 仕上げ　finish / 完工 / 완성, 끝손질

■ A社の家具は、仕上げの美しさに定評がある。

▶ Company A's furniture has a reputation for its beautiful finish.

▶ 对A公司家具的精美加工业界早有定论。

▶ A 사의 가구는 끝손질의 아름다움에 정평이 나 있다.

0810 | 仕上げる　finish / 完成 / 완성하다

■ この報告書、今週中に仕上げなければならないから、大変なんです。

▶ It's hard because I have to complete the report within this week.

▶ 这份报告书这个礼拜内就必须完成，所以很累人。

▶ 이 보고서, 이번 주 중에 완성해야 돼서 큰일이에요.

■ このソフトを使うと、ワンランク上の資料に仕上げることができる。

▶ We can make a higher level of document if we use this software.

▶ 如果使用这个软件的话，能很好的完成资料制作。

▶ 이 소프트웨어를 사용하면, 한 단계 위의 자료로 완성할 수 있다.

0811 | CC　cc / 抄送 / cc, 참조

■ A社にメールを送るときは、私にCCを付けてください。

▶ Please "cc" me when you e-mail Company A.

▶ 给A公司发邮件的时候，请给我抄送一份。

▶ A 사에 메일을 보낼 때는, 저에게 CC를 보내 주세요.

0812 | シートベルト㋑　seatbelt / 安全带 / 안전벨트

0813 | 仕入れ　buying-in / 进货 / 구입

■ 小売店を始めるには、商品の仕入れに関する情報を集めることが大切だ。

▶ It's important to gather information about buying products if you're starting a retail shop.

▶ 经营零售店的时候，最重要的是要收集有关商品进货信息。

▶ 소매점을 시작하려면, 상품 구입에 관한 정보를 모으는 것이 중요하다.

[参] 仕入価格、仕入先

0814 | 仕入れる　buy in / 进货 / 구입하다

■ 価格の安いときに大量に仕入れて、価格が上がったら市場に出そう。

▶ Let's buy in mass volume when the price is lower, and sell when the price goes up.

▶ 价格便宜的时候大量进货，一旦价格上扬的时候就卖出。

▶ 가격이 쌀 때 대량으로 구입하고, 가격이 오르면 시장에 내보내자.

■ この商品(しょうひん)は仕入れるタイミングを逃(のが)すと、全(まった)く儲(もう)けにならない。

▶ This product will not be profitable at all if we miss our buy-in opportunity.

▶ 该商品一旦错过进货时机就丝毫不会赚钱。

▶ 이 상품은 구입하는 타이밍을 놓치면 전혀 이득이 되지 않는다.

0815 | シェア share / 市场占有率 / 시장점유율 ～する share / 占有市场 / 시장을 점유하다

■ 国内(こくない)でのシェアを伸(の)ばすためには、中高年(ちゅうこうねん)にアピールする商品(しょうひん)にしないとだめだよ。

▶ We will be lost if we make a product appeal to middle-aged and senior consumers in order to increase domestic share.

▶ 要想扩展在国内的市场份额，不推出能吸引中老年人的商品是不行的。

▶ 국내에서의 시장점유율을 늘리기 위해서는, 중고년층에 어필할 상품으로 하지 않으면 안돼.

■ この分野(ぶんや)では、市場全体(しじょうぜんたい)に占(し)めるA社(しゃ)のシェアが、ついに40%を超(こ)えた。

▶ Finally, Company A has exceeded 40% of the market share.

▶ A公司在该领域的市场占有份额终于超过了40%。

▶ 이 분야에서는 시장 전체에 차지하는 A사의 시장점유율이 드디어 40%를 넘었다.

参 シェアを拡大する

0816 | 自営業(じえいぎょう) self-employed workers / 个人营业 / 자영업

■ 自営業の人(ひと)は、自分(じぶん)で税金(ぜいきん)の申告(しんこく)をしなければならない。

▶ Self-employed workers must declare taxes by themselves.

▶ 如果是个人营业，必须自己去申报税金。

▶ 자영업자는 스스로 세금 신고를 하지 않으면 안 된다.

0817 | 支援(しえん) support / 支持，支援 / 지원 ～する support / 支持，支援 / 지원하다

■ 最近(さいきん)、起業(きぎょう)、独立(どくりつ)を支援する銀行(ぎんこう)が増(ふ)えている。

▶ Recently, a number of banks are supporting startups and independent businesses.

▶ 最近支持独立创办事业的银行增加了。

▶ 최근 창업·독립을 지원하는 은행이 늘고 있다.

■ 今後(こんご)とも、一層(いっそう)のご支援を賜(たまわ)りますよう、お願(ねが)い申(もう)し上(あ)げます。

▶ We look forward to your continued support in the future.

▶ 请您今后给与更大的支持。（书面语）

▶ 앞으로도 더욱 지원해 주시도록 부탁드립니다.

0818 | 司会(しかい) MC / 主持 / 사회

■ 来週(らいしゅう)のレセプションの司会(しかい)は、吉田(よしだ)さんに頼(たの)んだ。

▶ We asked Mr. Yoshida to serve as MC at next week's reception.

▶ 下周的欢迎宴会请吉田主持。

▶ 다음 주 리셉션 사회는 요시다 씨에게 부탁했다.

参 司会を務める、司会進行役

0819 | 資格 qualification / 资格，证书 / 자격

■ 業務に役に立つ資格を取る場合は、会社から補助が出る。

▶ You can get a subsidy from the company if you study for a qualification that relates to your work.

▶ 取得有益于业务的相关资格时，公司会给与相应补助。

▶ 업무에 도움이 되는 자격을 딸 경우에는 회사에서 보조가 나온다.

■ いつも現場の批判をするけど、彼にそんな資格はない。

▶ He is not qualifed to criticize the site, although he always does.

▶ 他总是对现场情况进行批评，不过他还没有那样的资格。

▶ 항상 현장 비판을 하지만，그에게 그럴 자격은 없다.

[参] 資格試験、国家資格、資格を取得する、応募資格

0820 | 仕掛け device / 装置 / 장치

■ 今回のイベントを成功させるためには、何か特別な仕掛けが必要だ。

▶ Some kind of special gimmik is needed to make this event a success.

▶ 要想让此次活动成功，需要一些特别的方法。

▶ 이번 이벤트를 성공시키기 위해서는 뭔가 특별한 수가 필요하다.

0821 | 仕掛ける set up, make a start / 安装 / 장치한다

[参] 攻撃を仕掛ける

0822 | 時間帯 time / 时间段 / 시간대

■ この路線は、時間帯によって混み具合が全然違う。

▶ Traffic on this route varies widely depending on the time.

▶ 这条线路，时间带不同，其拥挤情况是完全不同的。

▶ 이 노선은 시간대에 따라 혼잡 상태가 전혀 다르다.

0823 | 時間を食う[慣] eat up one's time / 费时间 / 시간을 잡아먹다

■ こういうやり方だと、時間を食うばかりで、効率が悪い。

▶ This way is just time-consuming and inefficient.

▶ 如果是这种做法，只是费时间，效率很低。

▶ 이런 방식이면 시간만 잡아먹고，효율적이지 못한다.

0824 | 時間を割く[慣] take time off / 抽出时间 / 시간을 내다

■ 先日はご多忙中、お時間を割いていただき、ありがとうございました。

▶ Thank you for making the time to see us the other day.

▶ 前几天您在百忙之中还为我抽出了时间，真是太感谢了。

▶ 일전에는 바쁘신 중에，시간을 내 주셔서 감사했습니다.

0825 | 時期（じき） time, season / 时期 / 시기

■ 秋の新商品は、発売時期を遅らせることになりそうだ。
▶ We may have to postpone the launch of the new product until fall.
▶ 秋季新产品的发售日期很有可能会推迟。
▶ 가을 신상품은 발매시기를 늦추게 될 것 같다.

■ ３～４月は異動が多い時期だから、担当者が変わっているかもしれません。
▶ The person in charge may be different in March and April because that's the season for personnel transfers.
▶ 3-4月份多会发生人事变动，所以负责人有可能会发生变化。
▶ 3~4 월은 이동이 많은 시기라서，담당자가 바뀔지도 모릅니다.

0826 | 敷地（しきち） site / 场内，厂内 / 부지

■ A 社は、工場の敷地内に寮がある。
▶ Company A has a dormitory on the site of the plant.
▶ A公司在工厂用地内有宿舍。
▶ A 사는 공장 부지 내에 기숙사가 있다.

[参] 敷地面積、広大な敷地

0827 | 至急（しきゅう） great haste / 加急，火速 / 지급　immediately / 加急，火速 / 급히，신속히

■ お戻りになったら、至急ご連絡くださるよう、お伝えください。
▶ Please tell him to call back immediately when he returns.
▶ 如果他回来，请转告他让他和我尽快联系。
▶ 돌아오시면 급히 연락주시도록 전해주세요.

■ 品切れになったので、大至急追加分を送ってください。
▶ Please send additions immediately because we are out of stock.
▶ 缺货了，请尽快把所缺部分给我们送来。
▶ 품절이 됐기 때문에，신속히 추가분을 보내 주십시오.

0828 | 支給（しきゅう） payment / 支付，发给 / 지급　～する pay, deliver / 支付，发给 / 지급하다

■ ボーナスは年２回支給されます。
▶ Bonuses are paid twice a year.
▶ 奖金一年发两次。
▶ 보너스는 연 2 회 지급됩니다.

■ 交通費は全額支給です。
▶ All transportation allowance is paid.
▶ 全额支付交通费。
▶ 교통비는 전액 지급입니다.

[参] 現金で支給する、年金の支給

0829 | 事業（じぎょう）　business / 事业 / 사업

■ 新規に事業を始めるにあたっては、まず資金繰りを考えなければならない。

▶ First, we have to think of cash flow when we start a new business.

▶ 开始新的经营时，必须首先考虑资金周转。

▶ 신규로 사업을 시작하는데 있어서는, 우선 자금마련을 생각하지 않으면 안 된다.

■ 弊社では、本業で培った技術を生かし、環境関連の事業にも取り組んでおります。

▶ Our company is in the environmental business, utilizing technologies accumulated by our main business.

▶ 敝公司利用在本行所积累的经验，积极投人到了与环境有关的产业中。

▶ 폐사에서는 본업에서 기른 기술을 살려, 환경관련 사업에도 몰두하고 있습니다.

参 公共事業、事業計画

0830 | 仕切り（しきり）　leadership / 努力 / 맡아서 처리하는 것

■ 林さんの仕切りで、今回のプロジェクトは動いている。

▶ This project is driven by Mr. Hayashi's leadership.

▶ 由于小林的努力，此次项目运作起来了。

▶ 하야시씨의 주관으로 이번 프로젝트는 움직이고 있다.

0831 | 仕切る（しきる）　take the leadership / 承担 / 맡아서 처리하다

■ 現場の作業は、中村さんがすべて仕切っている。

▶ Mr. Nakamura takes leadership of all on-site operations.

▶ 现场作业由小中村一人独自承担。

▶ 현장 작업은 나카무라 씨가 모두 맡아서 처리하고 있다.

0832 | 資金（しきん）　funds / 资金 / 자금

■ 起業するには資金が足りないので、スポンサーを募った。

▶ We advertised for sponsors because we lacked funds to start a new business.

▶ 创办企业资金不足，所以招募了赞助。

▶ 창업을 하려면 자금이 부족하기 때문에 스폰서를 모집했다.

参 運転資金、資金の流れ

0833 | 仕組み（しくみ）　structure, system / 构造，结构 / 구조

■ 中がどういう仕組みになっているのか、開けて調べてみました。

▶ We opened and researched the inside structure.

▶ 打开查看了一下里面究竟是什么样的构造。

▶ 안이 어떤 구조로 되어 있는지 열어서 조사해 보았습니다.

■ この本を読めば、経済の仕組みがよくわかる。

▶ You will clearly understand the economic system if you read this book.

▶ 读了这本书后就能了解经济构造。

▶ 이 책을 읽으면, 경제 구조를 잘 알 수 있다.

0834 | 資源（しげん） resource / 资源 / 자원

■ 日本には、石炭や石油などの天然資源が少ない。
▶ Japan has few natural resources such as coal and oil.
▶ 在日本，煤炭、石油等天然资源很少。
▶ 일본에는 석탄이나 석유 등의 천연자원이 적다.

参 地下資源、海洋資源

0835 | 試行（しこう） trial / 试行 / 시행 **～する** try / 试行 / 시행하다

■ 新商品PXは、2カ月の試行販売期間を経て、いよいよ来月から全国で販売されることになった。
▶ The new product PX will finally go on the market nationwide next month, with a two-month trial sales period.
▶ 新产品PX经过2个月的试发售后，从下个月起终于要在全国发售了。
▶ 신상품 PX는 2개월의 시행판매기간을 거쳐, 드디어 다음 달부터 전국에서 판매되게 되었다.

■ このパンは試行錯誤を繰り返して作りあげたもので、ほかのどの店にも負けない自信があります。
▶ This bread was produced by repeated trial and error, and we are confident that it's better than any other.
▶ 这种面包是经过反复试验后制作出来的，我们相信不次于其他任何店铺。
▶ 이 빵은 시행착오를 거듭하여 만들어 낸 것으로, 다른 어떤 가게에도 지지 않을 자신이 있습니다.

0836 | 志向（しこう） intention / 追求 / 지향 **～する** aspire / 追求 / 지향하다

■ 最近は安定志向の若者が増え、公務員が人気です。
▶ The number of young people who want job security has increased recently, and civil service jobs are popular.
▶ 最近追求安定的年轻人增加，公务员很受欢迎。
▶ 최근에는 안정을 지향하는 젊은이가 늘어, 공무원이 인기입니다.

■ 拡大志向の経営に対して、社内からも批判の声が出ている。
▶ Voices of critism against expansion-oriented management arise even from within the company.
▶ 对于追求扩大的经营方针，公司内部也有批评意见。
▶ 확대지향의 경영에 대해 사내에서도 비판의 목소리가 나오고 있다.

参 健康志向、高級志向

0837 | 事項（じこう） matter / 事项 / 사항

■ これらの問題は重要事項に含まれますので、社外秘でお願いします。
▶ These are important matters, so please keep them confidential.
▶ 这些事情都属于重要事项，对公司外部要保密。
▶ 이 문제들도 중요사항에 포함되므로, 외부에는 비밀로 부탁드립니다.

参 確認事項、必要事項、検討事項、免責事項

0838 | 試行錯誤(しこうさくご) trial and error / 不断摸索 / 시행착오 ~する repeated trial and error / 不断摸索 / 시행착오를 겪다

■ 試行錯誤の末(すえ)、ようやく仕様(しよう)が決(き)まった。

▶ Finally, the specs were determined after repeated trial and error.

▶ 经过不断的摸索，终于固定下了模式。

▶ 시행착오 끝에 드디어 방법이 정해졌다.

0839 | 資材(しざい) material / 材料 / 자재

■ 建築(けんちく)資材が山(やま)のように積(つ)んであるので、通(とお)ることができません。

▶ We cannot pass because building materials are piled up like a mountain.

▶ 建筑材料堆积如山，不能通过。

▶ 건축자재가 산더미같이 쌓여 있어서, 지나갈 수가 없습니다.

■ あそこの現場(げんば)は、資材の調達(ちょうたつ)が遅(おく)れて工事(こうじ)が止(と)まっている。

▶ That site's construction stopped because of a delay in material procurement.

▶ 那里的作业现场由于材料采购延迟工程停工了。

▶ 저곳 현장은 자재 조달이 늦어져 공사가 멈춰 있다.

参 資材置き場

0840 | 自在(じざい) free, universal / 随意, 自由自在 / 자재 ~に at one's disposal / 自在 / 자유자재로

■ この機械(きかい)は、このレバーを操作(そうさ)することによって、上下(じょうげ)左右(さゆう)自在に動(うご)かすことができる。

▶ This machine can be moved up and down, left, and right by operating this lever.

▶ 这台机器通过操纵这个控制杆可上下左右自由移动。

▶ 이 기계는 이 레버를 조작하는 것으로, 상하좌우 자재로 움직일 수 있다.

■ 料理(りょうり)の組(く)み合(あ)わせも自在で、お好(す)きなパーティープランが組(く)めます。

▶ You can make a flexible party plan by freely combining meals.

▶ 可随意组合饭菜，能编排自己满意的宴会计划。

▶ 요리 구성도 자재라, 좋아하는 파티플랜을 짤 수 있습니다.

0841 | 視察(しさつ) visit / 视察, 考察 / 시찰 ~する tour / 视察, 考察 / 시찰하다

■ ベルリンなど4都市(とし)を回(まわ)り、ドイツのリサイクル状況(じょうきょう)を視察した。

▶ We visited four cities including Berlin to research the status of recycling in Germany.

▶ 遍历柏林等4个城市，视察了德国的回收利用情况。

▶ 베를린 등 4개 도시를 돌아, 독일의 리사이클 상황을 시찰했다.

参 海外視察

0842 | **試算** estimation / 测算 / 시산 ～する estimate / 测算 / 시산하다

■ 政府は、日本への観光客が100万人増えた場合の経済効果を試算した。

▶ The government estimated the economic effects in the event tourists to Japan exceed one million.

▶ 政府估算了来日本的游客增多100万人时的经济效果。

▶ 정부는 일본으로 가는 관광객이 100만 명 늘었을 경우의 경제 효과를 시산했다.

0843 | **持参** bringing / 自带 / 지참 ～する bring with one / 自带 / 지참하다

■ 雇用契約を結びますので、印鑑をご持参ください。

▶ Please bring your seal with you. We will conclude the employment contract.

▶ 要签雇用合同，所以请带印章来。

▶ 고용계약을 맺겠으니 인감을 지참해 주십시오.

0844 | **指示** direction / 指示 / 지시 ～する direct / 指示 / 지시하다

■ その作業が終わったら、現場チーフの指示を仰いでください。

▶ Please seek the on-site chief's directions when you finish this work.

▶ 该作业完成后，请请示现场主任的指示。

▶ 그 작업이 끝나면, 현장 주임의 지시를 청해 주십시오.

■ 値札が付いた商品を箱詰めするように、主任から指示があった。

▶ The chief asked us to package the products with price labels attached in the box.

▶ 主任指示说，把带着价格标签的商品装箱。

▶ 가격표가 붙은 상품을 상자에 담으라고 주임이 지시를 했다.

参 指示に従う

0845 | **時事** current events / 时事 / 시사

■ 彼女は毎日主要5紙に目を通しているだけあって、時事問題に詳しい。

▶ She has full knowledge of current events as she reads five major papers every day.

▶ 她每天都要浏览5家主要报纸，所以对时事问题很熟悉。

▶ 그녀는 매일 주요 5개지를 훑어봐서인지 시사문제를 잘 알고 있다.

0846 | **支社** branch / 分公司 / 지사

■ 東京本社のほかに、大阪・名古屋・福岡・札幌の4つの支社がある。

▶ We have four branches in Osaka, Nagoya, Fukuoka, and Sapporo as well as the Tokyo headquarters.

▶ 除了东京本部外，在大阪、名古屋、福冈和札幌还有四家分公司。

▶ 도쿄 본사 외에 오사카·나고야·후쿠오카·삿포로 4개의 지사가 있다.

0847 | 自社（じしゃ） own company / 自己公司 / 자사

■ 自社商品の名前ぐらいは、ちゃんと覚えるようにしてください。

▶ Please memorize at least the names of our own products.

▶ 至少自己公司产品的名字要好好记住。

▶ 자사 상품의 이름 정도는, 확실히 외우도록 하세요.

■ 我が社では、工程の一切を、自社で開発したシステムで管理している。

▶ Our company controls all processes with its own-developed system developed.

▶ 在我们公司一切工程都是用我们自己公司开发的系统来进行管理的。

▶ 우리 회사에서는 공정 일체를 자사에서 개발한 시스템으로 관리하고 있다.

0848 | 自主的（じしゅてき） of one's own accord / 自主的 / 자주적

~な voluntary / 自主的 / 자주적인
~に independently / 自主的 / 자주적으로

■ うちの営業所では、地域のボランティア活動に自主的に参加している人がたくさんいます。

▶ Many of the staff in my sales office participate in local volunteer activities by their own accord.

▶ 在我们营业所，自主参加志愿者活动的人很多。

▶ 우리 영업소에서는 지역의 볼런티어 활동에 자주적으로 참가하는 사람이 많습니다.

0849 | 支障（ししょう） obstacle / 影响 / 지장

■ システムがダウンしたため、業務に重大な支障をきたした。

▶ The system was down, so this created a serious obstacle to operation.

▶ 系统的运行故障给业务带来了很大的影响。

▶ 시스템이 다운됐기 때문에, 업무에 중대한 지장을 초래했다.

■ 1週間休暇を頂きますが、業務に支障が出ないよう、十分に引き継ぎをしていきます。

▶ I will take a week vacation next week, but will thoroughly turn over work so as not to obstruct operations.

▶ 下周一周休假，为了不给业务带来影响，要做好交接工作。

▶ 다음 주 일주일 동안 휴가를 받습니다만, 업무에 지장이 나오지 않도록, 충분히 인계하고 가겠습니다.

0850 | 市場（しじょう） market / 市场 / 시장

■ パソコン市場に再び活気が出てきた。

▶ The PC market rose again.

▶ 电脑市场重新出现了生机。

▶ 컴퓨터 시장에 다시 활기가 일고 있다.

■ ビジネスでは、市場のニーズを的確にとらえることが大切です。

▶ It's important for businesses to accurately grasp market needs.

▶ 在商业活动中，准确地把握市场需求是很重要的。

▶ 비즈니스에서는 시장의 요구를 정확하게 파악하는 것이 중요합니다.

■ 新しい金融政策の発表は、株式市場にも直ちに影響を与えた。

▶ Announcement of the new financial policy immediately had an impact on the stock market, too.

▶ 新金融政策的出台立即给股市以影响。

▶ 새 금융정책 발표는 주식시장에도 바로 영향을 끼쳤다.

参 市場原理、国内市場

0851 | 事情 situation, condition / 情况 / 사정

■ Aスーパーは、高齢者が多い地域の事情を考慮し、店内に車いすを用意した。

▶ Supermarket A considered maket conditions in area, which has many senior citizens, and provided wheelchairs in the store.

▶ A超市考虑到有的地区老年人多，专门在店内准备了轮椅。

▶ A 슈퍼마켓은 고령자가 많은 지역의 사정을 고려하여, 점내에 휠체어를 준비했다.

■ この商品は、種々の事情により、製造中止となった。

▶ Production of this product was stopped for a variety of reasons.

▶ 该商品由于种种原因而停产了。

▶ 이 상품은 여러 가지 사정에 의해 제조 중지가 되었다.

0852 | 辞職 resignation / 辞职 / 사직 ～する resign / 辞职 / 사직하다

■ 大谷議員は、健康上の理由から議員を辞職した。

▶ Assembly member Oya resigned due to health problems.

▶ 出于健康上的原因，大谷议员辞职了。

▶ 오오타니 의원은 건강상의 이유로 의원을 사직했다.

0853 | 指示を仰ぐ ask for direction / 请求指示 / 지시를 청하다

■ 何か問題が起きたら、現場責任者の鈴木さんの指示を仰いでください。

▶ When a problem occurs, please ask for direction from the person responsible for the site, Mr. Suzuki.

▶ 如果出现什么问题，要请现场负责人铃木先生发指示。

▶ 뭔가 문제가 생기면, 현장책임자인 스즈키 씨의 지시를 청해 주십시오.

0854 | 指針 guideline / 准则, 指针 / 지침

■ 業界団体は、製品の安全性を確保するための指針を発表した。

▶ The industry group announced guidelines to ensure product safety.

▶ 业界团体发表了旨在确保产品安全性的准则。

▶ 업계단체는, 제품의 안전성을 확보하기 위한 지침을 발표했다.

参 指針を示す

0855 | 指数（しすう）　index / 指数 / 지수

■ 消費者物価指数は、物価の変動を示すのによく使われる。

▶ The consumer price index is often used to show changes in living costs.

▶ 消费者物价指数，经常用于表示物价的变动。

▶ 소비자물가지수는, 물가 변동을 나타내는 데 자주 사용된다.

0856 | 施設（しせつ）　facility / 设施 / 시설

■ A市は、市民のためのスポーツ施設を建設する予定だ。

▶ We plan to construct sports facilities for employees.

▶ 准备为公司职员建一个体育设施。

▶ 사원을 위한 스포츠 시설을 건설할 예정이다.

参 公共施設

0857 | 事前（じぜん）　beforehand / 事先，事前 / 사전

■ 駐車場は無料で利用できますが、事前に申し込みが必要です。

▶ You can use the parking lot free of charge, but need to apply beforehand.

▶ 停车场可免费使用，但需要事先申请。

▶ 주차장은 무료로 이용할 수 있지만, 사전에 신청이 필요합니다.

■ 必要書類が揃ってるか、事前の確認、頼むよ。

▶ Please make sure a set of necessary documents is complete in advance.

▶ 拜托你事先确认一下必要的文件是否齐备了。

▶ 필요서류가 다 갖추어졌는지 사전 확인 부탁해.

参 事前にチェックする、事前の打ち合わせ

0858 | 次第（しだい）　will / 缘由，情况 / 사정

■ 本製品をよりよいものにするため、皆様にアンケートをお願いする次第です。

▶ We will ask you to complete a questionnaire to make our product better.

▶ 为了能进一步改善本产品，希望对大家进行问卷调查。

▶ 본 제품 향상을 위해, 여러분께 앙케트를 부탁드립니다.

■ 事と次第によっては、このプロジェクトはボツになるかもしれない。

▶ This project might not be used depending on how the situation develops.

▶ 要看事态和情况了，这个项目可能会被否决。

▶ 일의 사정에 따라 이 프로젝트는 무산될지도 모른다.

0859 | ～次第（しだい）㊔　depend on / 取决于 / ～에 따라 결정됨

■ 営業の仕事は、相手次第でスケジュールが決まることが多い。

▶ In many cases, a salesperson's job schedule depends on the customer.

▶ 营销工作，很多时候要看对方的情况来决定日程。

▶ 영업 일은 상대방에 의해 스케줄이 정해질 때가 많다.

■ 農作物の収穫量は、その年の天候次第だ。
▶ Agricultural crop yields depend on the weather for that year.
▶ 农作物的收成取决于当年的天气情况。
▶ 농작물의 수확량은 그 해의 기후에 달렸다.

0860 | 事態 Circumstances / 情势、局势、事态 / 사태

■ 地震や火災などの不測の事態でデータが失われないように、バックアップを取っておく必要がある。
▶ We need to back up our data not so we don't lose it in case of unforeseen circumstances such as a fire or earthquake.
▶ 为防止因地震火灾等偶发事件而导致数据丢失，需要做好备份。
▶ 지진이나 화재 등의 뜻밖의 사태에 데이터를 잃지 않도록, 백업을 해 둘 필요가 있다.

0861 | 下請け subcontractor / 承包 / 하청 ~する subcontract / 承包 / 하청하다

■ 大手自動車メーカーは、多くの下請け企業から部品を調達している。
▶ Major automobile makers purcure parts from many subcontractors.
▶ 大型汽车厂家从很多承包企业购买零部件。
▶ 대규모 자동차 제조회사는 많은 하청기업에서 부품을 조달하고 있다.

0862 | 下書き draft / 草稿 / 초안, 밑 그림 ~する minute / 打草稿 / 초안을 잡다

■ 原稿を書く前に、一度下書きをしたほうがいい。
▶ You'd better make a first draft before writing a manuscript.
▶ 在写稿件之前，最好写一下草稿。
▶ 원고를 쓰기 전에 한 번 초안을 잡는 것이 좋다.

0863 | 支度 preparation / 准备 / 준비 ~する prepare / 准备 / 준비하다

■ 海外転勤の場合、赴任の際に支度金が用意されることが多い。
▶ Many overseas postings provide a clothing allowance.
▶ 调动到海外去赴任时，大多会被提供准备费用。
▶ 해외전근인 경우, 부임할 때 준비금이 준비되는 경우가 많다.

■ ２時にはここを出ないといけないから、そろそろ支度を始めないと。
▶ I have to start preparing any time now because I have to leave by 2 o'clock.
▶ 2点必须从这里出发，不马上开始准备就来不及了。
▶ 2 시에는 여기를 나가야 하니, 슬슬 준비해야지.

0864 | 下調べ preparatory study / 预先调查 / 예비조사 ~する do research / 预先调查 / 예비조사하다

■ 例の件、先方に会う前にちゃんと下調べをしておくように。
▶ For that matter, do thorough research before meeting them.
▶ 那件事在和对方见面前最好预先调查一下。
▶ 지난번 그 건, 상대쪽을 만나기 전에 확실히 예비조사를 해 두도록.

0865 | 下回る(したまわ) be lower than / 低于 / 밑돌다

■ 4月(がつ)の売上(うりあげ)は、予想(よそう)をだいぶ下回った。

▶ Sales in April were considerably lower than forecast.

▶ 4月的销售额远远低于预想。

▶ 4 월의 매출은 예상을 꽤 밑돌았다.

0866 | 次長(じちょう) assistant manager / 副的 / 차장

0867 | 失業(しつぎょう) unemployment / 失业 / 실업 ～する become jobless / 失业 / 실업하다

■ 雇用保険(こようほけん)に入(はい)っていると、失業したときに手当(てあて)がもらえる。

▶ Unemployment insurance provides a small allowance if you lose your job.

▶ 如果人了雇用保险，失业的时候就能领到补贴。

▶ 고용보험에 들어 있으면, 실업했을 때 수당을 받을 수 있다.

参 失業率、失業者

0868 | 失言(しつげん) slip of the tongue / 失言 / 실언 ～する make a slip of the tongue / 失言 / 실언하다

■ 彼(かれ)のような立場(たちば)の人(ひと)が言(う)うべきことじゃない。あれは失言だ。

▶ Someone is his position should not say that. It was a slip of the tongue.

▶ 像他那种立场的人不应该说，那纯属失言。

▶ 그와 같은 입장의 사람이 할 말이 아니야. 그건 실언이다.

0869 | 実現(じつげん) realization / 实现 / 실현 ～する make it come true / 实现 / 실현하다

■ 今回(こんかい)の予算(よさん)では、この企画(きかく)を実現させるのは難(むずか)しい。

▶ It will be difficult to make this plan happen with the budget we have now.

▶ 以这次的预算，很难实现这个计划。

▶ 이번 예산으로는 이 기획을 실현시키는 것은 어렵다.

0870 | 実際(じっさい) actually / 实际 / 실제 ～に actually / 实际上 / 실제로

■ 工場(こうじょう)に行(い)って、製造過程(せいぞうかてい)を実際に見(み)てきました。

▶ I actually visited the plant to see the manufacturing process.

▶ 去工厂实际观看了制造过程。

▶ 공장에 가서 제조과정을 실제로 보고 왔습니다.

0871 | 実施(じっし) implementation / 实施 / 실시 ～する implement / 实施 / 실시하다

■ キャンペーンは、来月(らいげつ)から実施します。

▶ We will implement the campaign next month.

▶ 宣传活动从下个月开始实施。

▶ 캠페인은 다음 달부터 실시합니다.

■ A社は、欠陥商品の自主回収を実施すると発表した。

▶ Company A announced a voluntary recall of defective products nationwide starting next week.

▶ A公司宣称将从下周开始在全国范围内自主召回有问题商品。

▶ A 사는 결함상품의 자체 회수를 다음 주부터 전국적으로 실시한다고 발표했다.

参 調査を実施する、実施計画、実施状況

0872 | 実質的 substantive / 实际上 / 실질적

~な substantive / 具有实质内容的 / 실질적인
~に essentially / 实质性 / 실질적으로

■ A社とB社の経営統合は、実質的にはA社によるB社の吸収合併である。

▶ The integration of Company A and Company B, is essentially the merger of Company B by Company A.

▶ A公司和B公司的经营合并，实际上是A公司对B公司的吞并。

▶ A 사와 B 사의 경영통합은 실질적으로는 A 사에 의한 B 사의 흡수합병이다.

0873 | 実習 practical training / 实习 / 실습

~する practice / 实习 / 실습하다

■ 資格を取っても、一定の実習期間を経ないと、実際の仕事に就くことはできない。

▶ No matter how well qualified you are, it's hard to get a good job if you don't get at least some practical training.

▶ 即使获得相关证书，不经过一定的实习期的话，还是不能胜任实际工作。

▶ 자격을 취득해도 일정한 실습기간을 거치지 않으면, 실제로 취업할 수 없다.

参 教育実習、看護実習、実習生

0874 | 実情 actual situation / 实际情况 / 실정

■ 工場に行くと、現場の実情がよくわかる。

▶ If you go to the factory you can get a good idea of what conditions there are really like.

▶ 只要去工厂，就能清楚了解现场的实际情况。

▶ 공장에 가면 현장의 실정을 잘 알 수 있다.

参 教育現場の実情、実情を分析する

0875 | 実績 record / 实际业绩 / 실적

■ この経理システムは、500以上の企業と100以上の大学で採用実績がある。

▶ This accounting system has set records, with adoption by more than 500 companies and over 100 universities.

▶ 这套会计系统被500多家企业和100多所大学采用。

▶ 이 경리 시스템은 500 개 이상의 기업과 100 개 이상의 대학에서 채용실적이 있다.

■ 上に認めてもらうには、まず実績を積むことです。

▶ Accumulate satisfactory records first to gain the appreciation of your boss.

▶ 要取得上司的认可，首先要积累实际业绩。

▶ 위에 인정받기 위해서는 우선 실적을 쌓아야 합니다.

参 実績を上げる、過去の実績

0876 | 実践 practice / 实践 / 실천 ～する practice / 实践 / 실천하다

■ 理論学習は一通り終えたから、後は実践だね。

▶ We finished all the theoretical studies, so now we just have to do the practical training.

▶ 理论学习已基本结束，接下来就是实践了。

▶ 이론학습은 대강 끝냈으니 나머지는 실천이네.

■ 効果的な販売戦略を立て、それを実践していきたいと思います。

▶ We will establish and implement a sales strategy to maximize the effect.

▶ 我想制定一个能提升最好效果的销售策略并予以实践。

▶ 최대의 효과를 올릴 수 있는 판매전략을 세워, 그것을 실천해 나가고 싶습니다.

0877 | 失態 blunder / 失态 / 실수

■ 質問に答えられないなんて失態を演じることのないように、プレゼンの準備は入念に。

▶ Please prepare for the presentation carefully so you don't commit a blunder like not being able to answer a question.

▶ 为避免出现被问到而回答不上来的失态事件发生，精心做演示会的准备工作。

▶ 질문에 대답할 수 없거나 하는 실수를 저지르지 않도록 프리젠테이션 준비는 꼼꼼히.

■ 司会なのに、講師の先生の名前を間違えるとは大失態だ。

▶ Though he was the MC, he made a big mistake, introducing the lecturer by the wrong name.

▶ 自己是主持人，却弄错了讲演人的名字，真是太丢人了。

▶ 사회자인데 강사 선생님의 이름을 틀리다니 큰 실수다.

0878 | 実態 actual circumstance / 实际情况 / 실태

■ アンケートを通じて、携帯電話の利用実態が明らかになった。

▶ The questionnaire helped clarify the actual status of mobile phone use.

▶ 通过问卷调查，弄清了手机的实际使用情况。

▶ 앙케트를 통해 휴대전화의 이용실태가 밝혀졌다.

参 実態をつかむ、実態を把握する

0879 | 失念（しつねん） forgetting / 遗忘 / 깜빡 잊음 ～する slip one's mind,forget / 遗忘 / 깜빡 잊다

■ 申し訳ありません。昨日ご連絡するつもりでしたが、すっかり失念してしまいました。

▶ I'm sorry. I was supposed to contact you yesterday, but I completely forgot.

▶ 对不起，本打算昨天跟您联系，不小心给忘了。

▶ 죄송합니다. 어제 연락하려고 했는데 완전히 깜빡 잊어 버렸습니다.

0880 | 実売（じつばい） net paid / 实卖 / 실매

0881 | 実費（じっぴ） actual cost / 实际费用 / 실비

■ 治療にかかった費用は、実費をお支払いします。

▶ I pay the actual cost for treatment expenses.

▶ 治疗所花费用，按实际数量支付。

▶ 치료에 든 비용은 실비를 지불합니다.

0882 | 実物（じつぶつ） actual thing / 实物 / 실물

■ 実物のサンプルは、後日お届けします。

▶ We will provide an actual sample at a later date.

▶ 实物货样将于后天寄到。

▶ 실물 샘플은 후일 도착합니다.

■ 本やテレビでは見たことがありますが、実物はまだ見たことがないんです。

▶ I saw it once in a book and on TV, but haven't seen the actual thing yet.

▶ 曾在书本和电视上见过，但还没有见到过实物。

▶ 책이나 TV에서 본 적이 있습니다만, 실물은 아직 본 적이 없습니다.

0883 | 実務（じつむ） practice / 实际业务 / 실무

■ 彼女は、専門的な勉強はしているけど、実務の経験はまだありません。

▶ She studied professionally, but doesn't have practical experience.

▶ 她进行过专业学习，但还没有实际业务经验。

▶ 그녀는 전문적인 공부는 했지만, 실무 경험은 아직 없습니다.

0884 | 実用（じつよう） practical use / 实用 / 실용

■ この車、遊びにはいいかもしれないけど、実用には向いてないね。

▶ This car is good for vacations, but it's not suited for practical use.

▶ 这种车可能比较适用于游玩，但不实用。

▶ 이 차는 놀러 가기에는 좋을지도 모르지만, 실용면에서는 적합하지 않네.

参 実用新案（用語）

0885 | 実力（じつりょく） merit / 实力 / 실력

■ 私などは、まだまだ実力不足です。

▶ I'm not qualified yet.

▶ 我们的实力还不够。

▶ 저 같은 건 아직도 실력이 부족합니다.

■ 今度の試験受けてみたらどう。実力を試すのに良いチャンスだよ。

▶ Why don't you take this test? It's a good chance to prove your merit.

▶ 你试试这次的考试如何？ 这可是考验你实力的一个很好的机会。

▶ 이번 시험을 보는 건 어때？실력을 시험해보기에 좋은 찬스야.

参 実力主義

0886 | 失礼（しつれい） discourteous / 失礼的 / 실례

~な discourteously / 失礼的 / 실례의

~する be impolite / 失礼 / 실례하다

■ では、私はそろそろ失礼させていただきます。

▶ I should get going.

▶ 那请允许我告辞。

▶ 그럼, 저는 슬슬 실례하겠습니다.

■ お忙しいところ、失礼いたします。

▶ I'm sorry to bother you.

▶ 百忙之中打扰，真是不好意思。

▶ 바쁘신 중에 실례합니다.

参 失礼な言い方、失礼な態度、失礼を詫びる

0887 | 実例（じつれい） actual case / 实际案例 / 실례

■ この方法で集客に成功した実例を、いくつか紹介します。

▶ With this method, I will introduce some actual, succesful cases of attracting customers.

▶ 介绍几个通过这种方法成功吸引客户的实际案例。

▶ 이 방법으로 손님을 모으는데 성공한 실례를 몇가지 소개하겠습니다.

0888 | 指定（してい） assignment / 指定 / 지정 ~する assign / 指定 / 지정하다

■ 先方の指定どおりにやったのに、文句を言われた。

▶ I got a complaint even though I did what they specified.

▶ 按对方指定的那样做，却遭到了对方的指责。

▶ 상대쪽이 지정한 대로 했는데, 불만을 들었다.

■ 複数のキーワードを指定して、検索してみれば？

▶ Why don't we designate several key words to search?

▶ 指定多个关键词检索一下如何?

▶ 여러 개의 키워드를 지정해서 검색해보는 게 어때？

参 指定席、サイズを指定する

0889 | 指摘（してき） indication / 指出 / 지적 ~する indicate; point out / 指出 / 지적하다

■ 田中さんから、売上表の数字が間違っているという指摘を受けた。

▶ Mr. Tanaka pointed out that the numbers are wrong in the sales chart.

▶ 田中指出销售额数量表上的数字有误。

▶ 다나카 씨에게 매출표 숫자가 틀리다는 지적을 받았다.

■ ご指摘のとおり、内容に不備がありました。

▶ As you've indicated, the content was inadequate.

▶ 如您所指出的那样，内容有误。

▶ 지적하신 대로 내용에 빠진 것이 있었습니다.

参 ミスを指摘する、問題点を指摘する

0890 | 支店（してん）
branch / 分店 / 지점

0891 | 視点（してん）
point of view / 视点 / 시점

■ A新聞のコラムは、いつも専門家の視点で書かれていて、興味深い。
▶ A Newspaper's columns are very interesting, being always written from a expert's viewpoint.
▶ A报的短评总是以专家视点来撰写的，所以总是让人觉得饶有兴趣。
▶ A 신문의 컬럼은 항상 전문가의 시점에서 쓰여 있어 흥미롭다.

■ 消費者の視点に立って考えなければ、いい商品開発はできない。
▶ Without thinking from the customer's point of view, you can't develop good products.
▶ 如果不站在消费者立场上来考虑的话，是无法开发出好的商品的。
▶ 소비자의 시점에 서서 생각하지 않으면 좋은 상품개발은 불가능하다.

参 視点を変える、新しい視点

0892 | 時点（じてん）
once; as of / 时候，时点 / 시점

■ 応募者数が300名に達した時点で、受付を終了いたします。
▶ Acceptance will end once the number of applicants reaches 300.
▶ 当应聘者数量达到300位的时候结束受理。
▶ 응모자 수가 300 명에 도달한 시점에서 접수를 종료합니다.

■ 7月15日時点の売上累計を出してください。
▶ Please submit the cumulative sales total as of July 15.
▶ 请把7月15日之前的销售总数计算出来。
▶ 7 월 15 일 시점의 매출누계를 내주세요.

0893 | 自転車操業（じてんしゃそうぎょう）
precarious day-to-day management / 一停业马上会倒闭的企业经营状态 / 자전거조업

■ うちは、毎月の支払いの資金繰りに追われ、まさに自転車操業だ。
▶ Our company has a cash-flow problem every month, and day-to-day management is precarious.
▶ 我们每月都忙于支付资金的周转，真是处于一停业就会倒闭的状态。
▶ 우리 회사는, 매달 지불 자금 조달에 좇기고, 정말 자전거조업이다.

0894 | 指導（しどう）
guidance; direction / 指导 / 지도　**～する** guide; direct / 指导 / 지도하다

■ ベテランの田中さんが、新人の指導に当たった。
▶ The veteran Mr. Tanaka undertook the guidance of the new employees
▶ 有经验的田中负责指导新员工。
▶ 베테랑인 다나카 씨가 신입 지도를 맡았다.

参 指導を受ける、指導者、個別指導

0895 | 品薄(しなうす) short supply / 缺货 / 품귀 ～な short supply of / 缺货 / 물건이 부족한

■ A社(しゃ)のゲームは、すごい人気(にんき)で品薄状態(じょうたい)だって。なかなか手(て)に入(はい)らないそうだよ。

▶ I hear Company A's game is extremely popular and in short supply. It's apparently pretty hard to get ahold of.

▶ A公司的游戏产品很受欢迎，据说处于缺货状态，很难搞到手。

▶ A 사의 게임은 엄청난 인기라 품귀상태래. 좀처럼 손에 넣을 수 없대.

0896 | 品数(しなかず) variety of goods / 货类 / 물건의 종류

■ 駅前(えきまえ)にできた新(あたら)しいスーパーは、安(やす)くて品数も豊富(ほうふ)だ。

▶ The new supermarket in front of the station is cheap and has a nice variety of goods.

▶ 车站前新开的超市很便宜而且货类很丰富。

▶ 역 앞에 생긴 새 슈퍼마켓은 싸고 물건 종류도 풍부하다.

0897 | 品揃え(しなぞろえ) lineup; selection / 备货 / 물건을 구비해 둠

■ その店(みせ)は、手作(てづく)り製品(せいひん)や輸入(ゆにゅう)ものなど、品揃えに特徴(とくちょう)がある。

▶ That store has a distinctive lineup of handmade and imported goods.

▶ 那个店里有手工制作的也有从国外进口的，在备货上面有些特色。

▶ 그 가게는 수제품이나 수입품 등, 물건 구비에 특징이 있다.

■ 木村家具店(きむらかぐてん)は、品揃えが豊富(ほうふ)だから、きっと気(き)に入(い)ったソファーが見(み)つかるよ。

▶ The Kimura Furniture Store has a wide selection, so your sure to find a sofa you like.

▶ 木村家具店备货齐全，在那里肯定能找到你满意的沙发。

▶ 기무라 가구점은 물건을 풍부하게 구비하고 있는 가게니까, 아마 마음에 드는 소파를 찾을 거야.

0898 | 品物(しなもの) products, goods / 东西 / 물건

■ バザーを開催(かいさい)しますので、家庭(かてい)で使(つか)わなくなった品物の提供(ていきょう)をお願(ねが)いします。

▶ We're going to be holding a bazaar, so please donate some goods from home you're not using anymore.

▶ 要开一个义卖会，请大家把家里不用的东西提供出来。

▶ 바자회를 개최하오니, 가정에서 쓰지 않게 된 물건의 제공을 부탁드립니다.

0899 | シナリオ scenario / 脚本，剧本 / 시나리오

■ 今回(こんかい)の合併(がっぺい)は、結局(けっきょく)、A社(しゃ)社長(しゃちょう)のシナリオどおりの展開(てんかい)になった。

▶ Ultimately, this merger played out as in company A's president's scenario.

▶ 这次的合并，最终按照A社社长的设想展开的。

▶ 이번 합병은, 결국 A 사 사장의 시나리오대로 전개되었다.

0900 | 老舗（しにせ） long-established store / 老字号，老店 / 전통있는 점포

■ 富士屋（ふじや）は、江戸時代（えどじだい）から続（つづ）く老舗の和菓子屋（わがしや）です。

▶ Fujiya is a long-established Japanese-style confectionery store that dates from the Edo Era.

▶ 富士屋是从江户时代就开始的老字号的点心店。

▶ 후지야는 에도시대부터 이어진 전통있는 일본과자점입니다.

参 老舗旅館、老舗デパート

0901 | 自腹（じばら） own expense / 自己的腰包 / 자기 부담

■ 昨日（きのう）の食事代（しょくじだい）は自腹で払（はら）うことにしたので、領収書（りょうしゅうしょ）はもらっていません。

▶ I didn't receive a receipt for yeasterday's meal because I payed at my own expense.

▶ 昨天的饭钱决定自己掏腰包支付，所以没有要发票。

▶ 어제 식대는 자기 돈으로 내기로 했기 때문에, 영수증은 받지 않았습니다.

0902 | 支払（しはら）い payment / 支付 / 지불

■ お支払いは、現金（げんきん）でお願（ねが）いします。

▶ Please make payment in cash.

▶ 请您用现金支付。

▶ 지불은 현금으로 부탁드립니다.

参 支払い日、支払い方法

0903 | 支払（しはら）う pay / 支付 / 지불하다

■ コピー機（き）のリース料（りょう）を、毎月約（まいつきやく）2万円（まんえん）支払っています。

▶ We're paying a copier lease fee of about 20,000 yen per month.

▶ 每月支付约2万日元的复印机租赁费。

▶ 복사기 임대료를 매월 약 2만엔 지불하고 있습니다.

0904 | 縛（しば）り restraint / 限制 / 제한

■ アイデアを募集（ぼしゅう）するなら、あまり縛りを設（もう）けないほうがいい。

▶ You'd better not set restraints if you are looking for ideas.

▶ 如果想征集创意，最好不要设定过多的限制。

▶ 아이디어를 모집하려면, 제한을 많이 두지 않는 것이 좋다.

0905 | 縛（しば）る bind / 捆，束缚 / 묶다

■ 新聞（しんぶん）や雑誌（ざっし）をゴミに出（だ）すときは、必（かなら）ず縛ってください。

▶ Always bind newspapers and magazines when putting them out in the trash.

▶ 把报纸或杂志当垃圾扔出去的时候，一定要捆好。

▶ 신문이나 잡지를 버릴 때는 반드시 묶어 주세요.

■ オフの時間（じかん）まで、会社（かいしゃ）に縛られたくない。

▶ I don't want to be tied to the company during my off hours.

▶ 我不想在下班时间都受公司的束缚。

▶ 오프의 시간까지 회사에 묶여있고 싶지 않다.

0906 | 四半期（しはんき）　quarter / 季度 / 4분기

■ 第1四半期の売上は、ほぼ目標額に達した。

▶ Sales in the first quarter reached our objectives for the most part.

▶ 第一季度的销售额基本上达到了预定目标。

▶ 제 1 사분기 매출은 거의 목표액에 달했다.

0907 | シビア　severe / 严厉，毫不留情 / 가혹함

~な severe / 严厉，毫不留情 / 가혹한
~に severely / 严厉，毫不留情 / 가혹하게

■ 株主総会で、一般株主からシビアな意見や質問がたくさん出たらしい。

▶ I heard that many severe opinions and questions were raised during the shareholders' meeting.

▶ 听说在股东大会上，普通股东提出了许多严厉意见和问题。

▶ 주주총회에서 일반주주로부터 가혹한 의견이나 질문이 많이 나왔던 것 같다.

0908 | 指標（しひょう）　index / 指标 / 지표

■ 新宿店での販売数が、新製品売上の指標となる。

▶ The number of units sold at the Shinjuku store is the standard for sales of new products.

▶ 新宿店的销售数量，成了新产品销售额的指标。

▶ 신주쿠점의 판매 수가，신제품 매상의 지표가 된다.

0909 | 私服（しふく）　street clothes, normal clothes / 便装 / 사복

■ 来月から制服を止めて私服になるけど、毎朝着ていくものを考えるのは面倒だね。

▶ Next month we're doing away with uniforms and going with regular clothes, but it's a bother to think of what to wear every morning.

▶ 从下个月开始就不穿制服改穿便服了，每天早上都要考虑穿的真是麻烦。

▶ 다음 달부터 교복을 중지하고 사복이 되는데，매일 아침 입고 갈 것을 생각하는 건 귀찮겠어.

0910 | シフト　shift / 轮班工作时间 / 위치 변경，스케쥴

~する shift / 轮班工作时间 / 위치를 변경하다

■ 今月から勤務シフトが変わって、11時出勤になった。

▶ My work shift changed this month, so I start work at 11 o'clock.

▶ 从本月开始，轮班工作的时间变动了，改为11点上班。

▶ 이번 달부터 근무 스케쥴이 바뀌어서 11시 출근이 되었다.

参 シフト制

0911 | 絞る（しぼる）　narrow / 缩小 / 좁히다

■ 企画の趣旨はいいけど、もう少しターゲットを絞ったら？

▶ The purpose of the plan is fine, but what about narrowing your target a little.

▶ 策划的主题不错，但我觉得是否再把针对对象缩小一些？

▶ 기획의 취지는 좋지만，좀 더 타깃을 좁히는 게 어때？

参 焦点を絞る

0912 | 資本（しほん）

capital / 资本 / 자본

- 小川（おがわ）さんは、昨年（さくねん）、500万円（まんえん）を資本に、会社（かいしゃ）を設立（せつりつ）した。
  - ▶ Mr. Ogawa started a company last year with 5 million yen in capital.
  - ▶ 小川去年以500万日元为资本金创建了公司。
  - ▶ 오가와 씨는 작년, 500 만엔을 자본으로 회사를 설립했다.
- どんなビジネスでも、人材（じんざい）は貴重（きちょう）な資本である。
  - ▶ For any business, people are a valuable asset.
  - ▶ 不论什么样的商业活动，人才都是很贵重的资本。
  - ▶ 어떤 비즈니스든 인재는 귀중한 자본이다.

参 資本主義、資本金、資本家、自己資本

0913 | しまう

put away / 收放 / 간수하다

- 履歴書（りれきしょ）は個人情報（こじんじょうほう）だから、引（ひ）き出（だ）しにしまって、鍵（かぎ）をかけて保管（ほかん）してください。
  - ▶ Résumés are personal information, please put them away in a drawer and keep it locked.
  - ▶ 履历书是个人信息，所以要放在抽屉里并上锁保管。
  - ▶ 이력서는 개인정보이니, 서랍에 간수해 열쇠를 채워 보관해 주세요.

0914 | 字幕（じまく）

subtitle / 字幕 / 자막

- A社（しゃ）は、テレビ番組（ばんぐみ）やDVDの字幕を制作（せいさく）している会社（かいしゃ）です。
  - ▶ Company A produces subtitles for TV programs and DVDs.
  - ▶ A公司是制作电视节目及DVD字幕的公司。
  - ▶ A 사는 텔레비전 방송이나 DVD 의 자막을 제작하고 있는 회사입니다.

0915 | シミュレーション

simulation / 模拟 / 시뮬레이션　~する simulate / 模拟, 仿真 / 시뮬레이션하다

- 借入金（かりいれきん）の返済方法（へんさいほうほう）を、何通（なんとお）りかシミュレーションしてみた。
  - ▶ I tried several simulations of methods for repaying the loan.
  - ▶ 我们模拟了一下借款的偿还方法究竟有几种。
  - ▶ 차입금의 변제방법을 몇 가지 시뮬레이션해 보았다.

0916 | 事務（じむ）

office work / 事务 / 사무

- 新（あたら）しい会計（かいけい）システムを導入（どうにゅう）して、事務作業（さぎょう）を軽減（けいげん）した。
  - ▶ We implemented a new accounting system and reduced our office work.
  - ▶ 引入了新的会计系统，减轻了办公工作。
  - ▶ 새로운 회계 시스템을 도입하여 사무작업을 경감했다.
- 中島（なかじま）さんは、不動産会社（ふどうさんかいしゃ）で3年間（ねんかん）事務を担当（たんとう）していた。
  - ▶ Ms. Nakajima was in charge of office work for 3 years at a realty company.
  - ▶ 中岛在不动产公司担任了3年的办公工作。
  - ▶ 나카지마 씨는 부동산회사에서 3 년간 사무를 담당하고 있었다.

参 事務員、事務処理、医療事務、事務用品

0917 | 事務局（じむきょく）

bureau; office / 事务局 / 사무국

■ 来週開かれる国際シンポジウムに向けて、事務局のスタッフは準備に大忙しだ。

▶ Office staff are very busy with preparations for the international symposium to be held next week.

▶ 由于要准备下个礼拜召开的国际研讨会，所以事务局的工作人员都很忙。

▶ 다음 주 열리는 국제심포지엄 때문에 사무국의 스텝은 준비로 아주 바쁘다.

0918 | 締め（しめ）

close / 结算 / 합계

■ 弊社の場合、月末締めの翌月10日払いです。

▶ At our company, we close at the end of the month and pay on the 10th of the following month.

▶ 敝公司月末结算到下个月10号付款。

▶ 저희 회사의 경우, 월말 합계의 익월 10일 지불입니다.

■ レジは、正社員が締めることになっている。

▶ The cash register is to be closed out by a fulltime employee.

▶ 收银台由正式员工结算。

▶ 금전 출납계는 정사원이 합계하는 것으로 되어 있다.

参 締め日

0919 | 締切（締め切り）（しめきり）

deadline / 截止 / 마감

■ 原稿の締め切りは、来月15日です。

▶ The deadline for manuscripts is the 15th of next month.

▶ 稿件截稿日期是下个月的15号。

▶ 원고 마감은 다음 달 15일입니다.

参 締切が迫る

0920 | 締め切る（しめきる）

close; end / 截止 / 마감하다

■ 昨日で、パート採用の募集は締め切りました。

▶ The call for part time hires was ended yesterday.

▶ 录用零工的招聘昨天截止了。

▶ 어제로 파트타임 채용 모집은 마감했습니다.

参 受付を締め切る、申し込みを締め切る、応募を締め切る

0921 | 示す（しめす）

show / 展示，表态 / 나타내다

■ V字型のグラフが示しているように、今期は業績が急激に回復している。

▶ As shown in the V-shaped graph, results for this period have recovered dramatically.

▶ 如V字型图标所示，这一期的业绩快速复苏了。

▶ V자형 그래프가 나타내고 있듯이 이번 시기는 업적이 급격히 회복하고 있다.

■ 相手に何か伝えたければ、ことばだけじゃなく、態度で示さなくちゃだめだよ。

▶ If you want to tell somebody something, you can't just say it in words; you have to show it in your attitude.

▶ 要想向对方传达什么的时候，光用语言是不够的，还要明确的表态。

▶ 상대에게 뭔가 전하고 싶으면, 말로만이 아니라 태도로 나타내지 않으면 안돼.

参 方針を示す、興味を示す

0922 | 占める　account for, command / 占据 / 차지하다

■ この市場は、A社とB社の2社で約50％のシェアを占めている。

▶ In this market, companies A and B command a 50% share.

▶ 该市场，A公司和B公司两家共占据了约50%的市场份额。

▶ 이 시장은, A사와 B사의 2개 회사가 약 50%의 시장점유율을 차지하고 있다.

■ 支出全体に占める人件費の割合は、どれくらいですか。

▶ What percentage of total expenditures do labor costs account for?

▶ 人事费在整体支出中所占的比例是多少?

▶ 지출 전체에 차지하는 인건비 비율은 어느 정도입니까?

0923 | 締める　tighten, dose / 拧紧，结算 / 죄다, 청산하다

■ ぐらぐらしないように、ねじはしっかり締めてください。

▶ Please tighten the screws firmly so it will be sturdy.

▶ 为了防止摇晃，一定要把螺丝拧紧。

▶ 흔들거리지 않도록, 나사를 꽉 죄어 주세요.

■ 請求書は、毎月25日に締めます。

▶ The books are closed on the 25th of every month.

▶ 帐单在每月的25日结算。

▶ 청구서는 매달 25일에 청산합니다.

0924 | 誌面　pages; publication space / 版面 / 지면

■ 経済誌の『ワールドビジネス』は、誌面の大きさがB5からA4になり、読みやすくなった。

▶ The size of the pages of the economic journal World Business went from B5 to A4 and is now easier to read.

▶ 经济杂志《世界经济》的版面大小从B5变为了A4，变得好读了。

▶ 경제지인『월드 비즈니스』는, 지면 크기가 B5에서 A4로 되어서 읽기 편해졌다.

0925 | 下期　second half of [the year] / 下半期 / 하반기

■ 今年度の売上目標を達成できるかどうかは、下期の業績に掛かっている。

▶ Whether or not we can reach our sales goal will depend on the results of the second half of the year.

▶ 能不能完成本年度的销售目标要看下半年的业绩。

▶ 금년도 매출목표를 달성할지 못 할지는, 하반기 업적에 달려 있다.

0926 | 地元 local / 当地，本地 / 그 지방

■ A大学は、地元企業５社と共同のプロジェクトをスタートさせた。

▶ A University started a joint project with five local companies.

▶ A大学和当地5家企业开始了一项共同项目。

▶ A 대학은 그 지방의 기업 5 개사와 공동 프로젝트를 스타트시켰다.

0927 | 社 company / 公司 / 회사

■ 社の将来は、このプロジェクトの成否にかかっている。

▶ The future of this company will depend on the success or failure of this project.

▶ 该项目的成功与否将关系着公司的未来。

▶ 회사의 장래는 이 프로젝트의 성공 여부에 달려 있다.

0928 | ～社[接] company / ……公司 / ～사

■ 鉄鋼大手３社は、数年前から、原料調達や物流の面で協力関係を深めている。

▶ The three major steel companies have been deepening their cooperative relationship in terms of raw materials acquisition and distribution.

▶ 3家大型钢铁公司从数年前就强化在原材料采购和物流方面的合作关系。

▶ 철강 대기업 3 사는 수년전부터 원료조달이나 물류 면에서 협력관계를 돈독히 하고 있다.

0929 | 社外 outside [the company] / 公司外部 / 사외

■ 会社のノートパソコンを社外に持ち出すときは、情報管理に十分注意してください。

▶ When taking a company laptop out of the company, take sufficient care with information management.

▶ 把公司的笔记本电脑带到公司外部的时候要注意信息管理。

▶ 회사 노트북을 사외로 가지고 나갈 때는, 정보관리에 충분히 주의하세요.

■ この企画を商品化したいが、技術的な面は、社外に頼るしかない。

▶ We want to take this plan to market, but from a technical aspect we'll have to rely on outside help.

▶ 想把该策划商品化，但技术方面的问题只能依靠公司外部解决。

▶ 이 기획을 상품화하고 싶은데, 기술적인 면을 사외에 의존할수 밖에 없다.

0930 | 社会保険 social insurance / 社会保险 / 사회보험

0931 | しゃきっと[カ] with it / 利落 / 적당히 긴장하여 생기가 느껴지는 모양

■ ぼーっとしてないで、もっとしゃきっとしなさい！

▶ Don't just sit there, get with it!

▶ 别发愣，利落点。

▶ 멍하니 있지 말고 좀더 바짝 긴장해!

0932 | 弱点（じゃくてん）
weakness / 弱点 / 약점

■ 彼（かれ）の弱点はリーダーシップに欠（か）けるところだ。
▶ His weakness is that he lacks leadership.
▶ 他的缺点是缺乏领导能力。
▶ 그의 약점은 리더쉽이 부족한 점이다.

0933 | 尺度（しゃくど）
standard of measurement / 尺度 / 척도

■ 社会（しゃかい）に出（で）たら、学生時代（がくせいじだい）とは異（こと）なった尺度で物事（ものごと）を考（かんが）えなければならない。
▶ Once you've entered society, you have to think about things with a different standard of measurement.
▶ 到了社会上，应该用和学生时代不同的尺度来思考问题。
▶ 사회에 나가면 학생 때와는 다른 척도로 매사를 생각해야 한다.

0934 | 若年（じゃくねん）
young / 年轻阶层 / 약년, 나이가 젊음

■ 若年労働人口（ろうどうじんこう）の減少（げんしょう）が、日本経済（にほんけいざい）にとって不安要素（ふあんようそ）になっている。
▶ The decrease in population of young workers is a source of concern for the Japanese economy.
▶ 年轻劳动人口的减少对日本经济而言是一个不安定因素。
▶ 젊은 층의 노동인구의 감소가 일본경제에 있어 불안요소가 되고 있다.

■ ネット犯罪（はんざい）による被害（ひがい）は、若年層（そう）にも広（ひろ）がっている。
▶ Damage from internet crime is spreading even among the youth.
▶ 网络犯罪所造成的危害在年轻人群中扩展开来。
▶ 인터넷 범죄에 의한 피해는 약년층에도 확대되고 있다.

0935 | 車庫（しゃこ）
garage / 车库 / 차고

0936 | 社交辞令（しゃこうじれい）
diplomatic / 社交辞令 / 겉치레말

■ 社交辞令は抜（ぬ）きにして、御社（おんしゃ）の技術（ぎじゅつ）は本当（ほんとう）に素晴（すば）らしいと思（おも）います。
▶ Let's leave out diplomatic remarks, I think your company's technologies are really wonderful.
▶ 不说那些社交辞令，我觉得贵公司的技术真的很了不起。
▶ 겉치레말이 아니라, 귀사의 기술은 정말 훌륭하다고 생각합니다.

0937 | 社長（しゃちょう）
president / 社长 / 사장

0938 | 社長印（しゃちょういん）
president's seal / 社长印章 / 사장의 도장

■ 契約書（けいやくしょ）に社長印を押（お）してもらってください。
▶ Please have the president's seal affixed to the contract.
▶ 请社长在合同书上盖上章。
▶ 계약서에 사장의 도장을 받아 주세요.

0939 | 借款　credit / 借款 / 차관

■ 日本はA国に対して、500億円の円借款を決定した。

▶ Japan decided on 50 billion yen in credit for Nation A.

▶ 日本决定对A国提供500亿日元的借款。

▶ 일본은 A 국에 대해, 500 억엔의 엔차관을 결정했다.

0940 | 若干　somewhat / 若干 / 약간

■ 新しいオフィスは、駅から若干遠いが、広くて気持ちがいい。

▶ The new office is somewhat distant from the station, but it's big and comfortable.

▶ 新的办公大楼离车站有些远，但很宽敞，让人觉得很舒服。

▶ 새 사무실은 역에서 약간 멀지만, 넓고 기분이 좋다.

■ 首都圏の土地の価格は、昨年に比べ、若干値上がりしている。

▶ Land prices in the metropolitan area have risen somewhat compared to last yer.

▶ 首都圈的土地价格与去年相比有所上涨。

▶ 수도권의 토지 가격은 작년에 비해 약간 인상되었다.

㊇ 若干名

0941 | 社内　in the company / 公司内部 / 사내

■ 商品サンプルがいるんだけど、社内にいくつかなかった？

▶ I need a product sample. Weren't there a few in the company?

▶ 需要商品货样，公司里有没有？

▶ 상품 샘플이 필요한데, 사내에 몇 개 없었어?

■ 今日は忙しいので、お弁当を買ってきて、社内で食べます。

▶ I'm busy today, so I'll grab a box lunch and eat it in the company.

▶ 今天很忙，所以就买了盒饭在公司里吃。

▶ 오늘은 바빠서 도시락을 사 와서 사내에서 먹겠습니다.

㊇ 社内文書、社内規定

0942 | 社判　company stamp / 公司印章 / 회사 인감

■ 請求書を作ったら、社判を押して、先方に郵送してください。

▶ Once you've made the billing statement, put the company stamp on it and mail it to the recipient.

▶ 请做好付款通知单后盖上公司的章寄给对方。

▶ 청구서를 만들면, 회사 인감을 찍어 상대쪽에 우송해 주세요.

0943 | 社風　corporate culture / 公司风气 / 회사의 기풍, 분위기

■ 前の会社と今の会社とでは、全く社風が違う。

▶ Corporate cultures between former company and present company are completely different.

▶ 以前的公司和现在的公司的公司风气完全不同。

▶ 전 회사와 지금 회사는 완전히 회사 분위기가 다르다.

0944 | 車両（しゃりょう）　vehicle / 车辆 / 차량

■ 会社の車庫には、トラックなどの大型車両は駐車できません。

▶ Large vehicles such as trucks cannot be parked in the company parking lot.

▶ 公司的车库里不能停放卡车等大型车辆。

▶ 회사 차고에는, 트럭 등 대형차량은 주차할 수 없습니다.

参 車両通行止め、女性専用車両　women-only car / 女性专用车厢（电车公司专门为了防备流氓提供的服务）/ 여성전용차량

0945 | 謝礼（しゃれい）　token of appreciation / 礼金 / 사례

■ シンポジウムで講演をするA氏には、謝礼として5万円が支払われる。

▶ As a token of appreciation, 50,000 yen will be paid to Mr. A, who is speaking at the symposium.

▶ 作为礼金支付给在研讨会上讲演的A先生5万日元。

▶ 심포지엄에서 강연하는 A 씨에게는 사례로 5 만엔이 지불된다.

0946 | 社歴（しゃれき）　company history / 进公司的年数，工龄 / 사력，입사 경력

■ 福田さんは社歴が長いので、会社のことは何でも知っている。

▶ Mr. Fukuda knows everything about the company because he has been here so long.

▶ 福田先生进公司的年数长，对公司的事情全都知道。

▶ 후쿠다 씨는 입사 경력이 길어서，회사에 관한 건 뭐든지 알고 있다.

0947 | 週明け（しゅうあけ）　beginning of the week / 下周初 / 주초

■ 週明けには、お返事を差し上げたいと思います。

▶ I would like to give you an answer at the beginning of the week.

▶ 我想下周初给您回复。

▶ 주초에는 답변을 드리려고 합니다.

■ 数字が確定するのは、週明けになると思います。

▶ I think the financial data will be finalized at the beginning of the week.

▶ 估计下周初能确定具体数字。

▶ 숫자가 정확하게 나오는 것은 주초가 될 것 같습니다.

0948 | 収益（しゅうえき）　profit / 收益 / 수익

■ 投資先を選ぶなら、売り上げよりも収益性を重視して判断したほうがいい。

▶ You should decide where to invest by considering profitability rather than sales.

▶ 要是选择投资项目，判断时最好比销售额更重视收益性。

▶ 투자할 곳을 선택하려면，매상보다도 수익성을 중시해서 판단하는 편이 좋다.

参 収益を上げる、高い収益

0949 | 収穫 harvest, gain / 收获，成果 / 수확 ～する harvest / 收获，成果 / 수확하다

■ 好天に恵まれ、今年の米はかなりの収穫が予想されている。

▶ A great harvest of rice is forecast because of the good weather.

▶ 遇到了好的天气，估计今年大米会有好收成。

▶ 날씨가 좋아서，올해 쌀은 꽤 많은 수확이 예상된다.

■ 講演会に出席して、人脈を広げることができたのが、今回の収穫だ。

▶ The benefit gained fran attending the lecture this time was having been able to expand my personal network.

▶ 参加讲演会，扩大了交际范围，这就是此次的收获。

▶ 강연회에 출석해서 인맥을 넓히게 된 것이 이번의 수확이다.

0950 | 周期 cycle / 周期 / 주기

■ この地域では、80年ぐらいの周期で大きな地震が発生している。

▶ Major earthquakes occur on an 80-year cycle in this area.

▶ 在这个区域，约80年为一个周期会发生大的地震。

▶ 이 지역에서는 80년 정도의 주기로 큰 지진이 발생하고 있다.

0951 | 什器 fixtures and furniture / 用具 / 집기

■ 陳列台やテーブルなどの什器の搬入は、今日の午後からです。

▶ Fixtures and furniture such as display racks and tables will be delivered starting this afternoon.

▶ 今天下午开始搬入展台、桌子等用具。

▶ 진열대나 테이블 등의 집기 반입은 오늘 오후부터입니다.

0952 | 集客 drawing in customers / 增加客流 / 집객 ～する draw customers / 增加客流 / 손님을 모으다

■ いろいろなところにイベントの情報を流したのが、今回の集客につながった。

▶ Having fed event information to various places is what drew in customers.

▶ 在各处宣传活动信息，从而增加了此次的客流量。

▶ 여러 곳에 이벤트 정보를 뿌린 것이 이번에 손님을 모으는 데 도움이 되었다.

■ 当社では、商店街のイメージアップ、集客力を高めるためのお手伝いをしています。

▶ Our company works to improve the mall's image and draw in more customers.

▶ 本公司帮助提高商店街的声誉，提高客流量。

▶ 당사에서는 상점가의 이미지 상승，집객력을 높이기 위한 도움을 드리고 있습니다.

0953 | 就業 employment / 上班，就业 / 취업 ～する start work / 上班，就业 / 취업하다

■ 職種によって、1週間あたりの就業時間に10時間以上の差がある。

▶ Weekly work hours vary by more than 10 hours depending on the type of job.

▶ 不同的职业种类之间，每周的上班时间会有10多个小时的差别。

▶ 직종에 따라，1주일 정도의 취업시간에 10시간 이상의 차가 있다.

■ 休暇については、就業規則に書かれています。

▶ Leave is explained in the rules of employment.

▶ 休假事宜，写在就业规则上。

▶ 휴가에 대해서는 취업규칙에 써 있습니다.

0954 | 従業員 employees / 从业人员 / 종업원

■ ここは従業員専用の出入口です。

▶ This exit is for employees only.

▶ 这里是工作人员专用的出入口。

▶ 이곳은 종업원 전용 출입구입니다.

■ 従業員数が300人以下の場合、中小企業に分類される。

▶ Companies with 300 or fewer employees are categorized as mid-and-small-sized enterprises.

▶ 如果从业人员在300人以内，就被归为小企业。

▶ 종업원 수가 300명 이하인 경우，중소기업으로 분류된다.

0955 | 集計 adding up / 总计 / 집계 ～する tabulate / 总计 / 집계하다

■ 売り上げが前回より増えたかどうかは、集計してみないとわからない。

▶ Unless it's tabulated, I can't tell whether the revenue increased from the previous term.

▶ 如果不算出总数，就不清楚营业额是否多于前期。

▶ 매상이 지난 번보다 늘었는지 어떤지는 집계해 보지 않으면 알 수 없다.

■ アンケートの集計結果が出たら、私にも見せてください。

▶ Please show me how the tabulated results of the questionnaire came out.

▶ 问卷调查的总计结果出来后，请让我看看。

▶ 앙케트 집계결과가 나오면 저에게도 보여 주세요.

0956 | 収支 balance of payment (BP) / 收支 / 수지

■ 上半期の収支を、グループごとに出してください。

▶ Please submit each group's BP for the first half .

▶ 请各团体提交前半期的收支情况。

▶ 상반기 수지를 그룹 별로 제출해 주십시오.

■ A国の貿易収支は、大幅な赤字が続いている。

▶ Nation A's balance of trade continually shows a large deficit.

▶ A国的贸易收支持续着大幅度的赤字。

▶ A국의 무역수지는 큰 적자가 계속되고 있다.

0957 重視(じゅうし) emphasis / 重视 / 중시 ～する emphasize / 重视 / 중시하다

■ A社(しゃ)が採用(さいよう)に当(あ)たり重視するのは、経験(けいけん)と熱意(ねつい)だ。

▶ Company A emphasizes experience and passion in its recruiting.

▶ A公司在录用员工的时候所重视的是经验和热情。

▶ A 사가 채용에 있어 중요시하는 것은 경험과 열의다.

■ A社(しゃ)では、製品開発(せいひんかいはつ)の方針(ほうしん)を「使(つか)いやすさ追求(ついきゅう)」から「セキュリティ重視」に変(か)えた。

▶ Company A changed its product development policies from "pursuing ease of use," to "security-first."

▶ A公司将产品开发的方针从“追求使用方便”转向了“重视安全”。

▶ A 사에서는 제품개발 방침을「간편한 사용 추구」에서「안전 보장 중시」로 바꿨다.

0958 終日(しゅうじつ) all day / 整天，终日 / 종일

■ 明日(あした)は終日社内(しゃない)におりますので、いつでもご都合(つごう)のよい時間(じかん)にお越(こ)しください。

▶ I will stay in the office all day tomorrow, so please come at your covenience.

▶ 我明天一整天都在公司，您可在方便的时候随时过来。

▶ 내일은 종일 회사에 있으므로，언제든지 편하신 시간에 와 주십시오.

■ 駅構内(えきこうない)は、終日禁煙(きんえん)です。

▶ The station yard prohibits smoking the whole day.

▶ 车站内终日禁烟。

▶ 역 구내에는 종일 금연입니다.

0959 充実(じゅうじつ) enhancement / 充实 / 충실 ～する enhance / 充实 / 충실하다

■ この本(ほん)は改訂版(かいていばん)になって、写真(しゃしん)と解説(かいせつ)が増(ふ)え、内容(ないよう)がさらに充実しました。

▶ Contents of the revised version were enhanced with more photos and descriptions.

▶ 改定版增添了照片和解说，内容更加充实了。

▶ 개정판은 사진과 설명이 늘어，내용이 더 충실해졌습니다.

■ ライバル店(てん)に負(ま)けないよう、メニューをもっと充実させないと。

▶ We have to enhance our menu to compete with rival restaurants.

▶ 为了不输给竞争对手，必须进一步充实店内的菜品。

▶ 라이벌 가게에 지지 않도록，메뉴를 더 알차게 해야 해.

0960 終身(しゅうしん) lifetime / 终身 / 종신

■ 終身雇用(こよう)といっても、合理的(ごうりてき)な理由(りゆう)があれば、解雇(かいこ)されることもある。

▶ Even the lifetime employment system allows workers to be fired for a rational reason.

▶ 虽说是终身雇用，如果有合理的理由，也有可能被解雇。

▶ 종신 고용이라고 해도 합리적인 이유가 있으면 해고당하는 경우도 있다.

参 終身保険

0961 修正(しゅうせい) modification / 修正 / 수정 ～する modify / 修正 / 수정하다

■ データを修正するのに30分(ぷん)かかります。
▶ It takes 30 minutes to modify data.
▶ 要修正资料需要30分钟的时间。
▶ 데이터를 수정하는데 30 분 걸립니다.

■ 前回提示(ぜんかいていじ)した額(がく)を、大幅(おおはば)に修正しなければならない。
▶ We have to largely revised the value we showed last time.
▶ 上次出示的额度，必须进行大幅度修正。
▶ 지난 번에 제시한 액수를 큰 폭으로 수정하지 않으면 안 된다.

0962 十全(じゅうぜん) extreme / 万分的，万全 / 만전

■ 個人情報(こじんじょうほう)の取(と)り扱(あつか)いには、十全の注意(ちゅうい)が必要(ひつよう)である。
▶ We must use extreme caution in handling personal information.
▶ 处理个人信息的时候，需要万分注意。
▶ 개인 정보를 취급할 때는 만전의 주의가 필요하다.

0963 渋滞(じゅうたい) jam / 堵车 / 정체 ～する be jammed / 堵车 / 정체하다

■ 東名高速上(とうめいこうそくのぼ)りは、10キロの渋滞になっています。
▶ The inbound Tomei Expressway is jammed for 10km.
▶ 在东名高速上，堵车堵了10公里。
▶ 도메이 고속도로 상행선은 10 킬로로 정체되고 있습니다.

■ 渋滞に巻(ま)き込(こ)まれて、到着(とうちゃく)が30分(ぷん)くらい遅(おく)れそうです。
▶ I got stuck in a traffic jam and will be delayed about a half hour.
▶ 碰上堵车了，看来会迟到30分钟。
▶ 정체에 걸려 버려서 도착이 30 분 정도 늦어질 것 같습니다.

参 交通渋滞、渋滞に遭う hit traffic jams / 遇到堵车了 / 정체되다

0964 集中(しゅうちゅう) concentration / 集中 / 집중 ～する concentrate / 集中 / 집중하다

■ ヒト・モノ・カネの流(なが)れが、ますます大都市(だいとし)に集中するようになった。
▶ Flows of people, commodities, and money are increasingly concentrated in big cities.
▶ 人、物、资金的流动，越来越集中到大城市了。
▶ 사람·물건·돈의 흐름이 점점 대도시에 집중되게 되었다.

■ 会議(かいぎ)では、この問題(もんだい)について集中的(てき)に議論(ぎろん)する予定(よてい)です。
▶ We plan to discuss this issue intensively in the meeting.
▶ 计划在会议上对这个问题进行集中讨论。
▶ 회의에서는 이 문제에 대해 집중적으로 논의할 예정입니다.

参 集中研修、短期集中講座

0965 重点(じゅうてん) point, major emphasis / 重点 / 중점

■ 今度(こんど)の研修(けんしゅう)では、どのようなことに重点を置(お)いていますか。
▶ What will you center on in the coming training?
▶ 在这次研修中，应该将重点放在哪里呢?
▶ 이번 연구에서는 어떤 것에 중점을 두고 있습니까?

■ 請求明細の金額に間違いがないか、重点的にチェックしてください。

▶ Please carefully check for any mistake in the amount of the bill.

▶ 请重点核对帐单明细上的金额是否有错误。

▶ 청구명세의 금액에 잘못된 곳은 없는지 중점적으로 체크해 주십시오.

参 重点課題、重点目標

0966 | 充電 charge / 充电 / 충전 ～する charge / 充电 / 충전하다

■ 充電をし忘れたので、携帯が使えない。

▶ I cannot use my mobile phone since I forgot to charge the battery.

▶ 忘了充电，手机没法用了。

▶ 충전하는 것을 잊어버려서，휴대전화를 쓸 수 없다.

参 充電器、充電期間

0967 | 柔軟 flexible / 灵活，柔软 / 유연 ～な flexible / 灵活，柔软 / 유연한 ～に flexibly / 灵活，柔软 / 유연하게

■ 何かトラブルが起きても、あわてず、柔軟に対応してください。

▶ Please respond flexibly without panic, no matter what happens.

▶ 即便发生了什么问题，也不要慌张，要灵活对应。

▶ 뭔가 트러블이 생겨도 당황하지 말고，유연하게 대응해 주십시오.

■ 新しい商品を生み出すには、幅広い知識と柔軟な発想が必要です。

▶ We need a broad range of knowledge and flexible ideas to create a new product.

▶ 要想开发出新的商品，需要广泛的知识和灵活的思维。

▶ 새로운 상품을 만들어 내려면 폭 넓은 지식과 유연한 발상이 필요합니다.

0968 | 収入 income / 收入 / 수입

■ 株式投資をしているので、給与以外に収入があります。

▶ I have income other than salary because of my stock investments.

▶ 因为在投资股票，除了工资还有其他收入。

▶ 주식투자를 하고 있어서，급여 이외에 수입이 있습니다.

■ 今期は不動産の売却による収入もあり、５年ぶりの増益となった。

▶ This year we increased earnings for the first time in five years, thanks in part to the sale of real estate.

▶ 由于有出售不动产的收入，本期是五年来第一次增加了利润。

▶ 이번 시기는 부동산 매각에 따른 수입도 있어，5년 만에 증익이 되었다.

反 支出 expenditure / 支出 / 지출

参 広告収入、副収入 secondary income / 副业收入 / 부수입

0969 | 就任(しゅうにん) inauguration / 就任 / 취임 ~する inaugurate / 就任 / 취임하다

■ 新(あたら)しい社長(しゃちょう)には、林専務(はやしせんむ)が就任することになった。

▶ Senior Managing Director Hayashi will be inaugurated as the new president.

▶ 决定由林专务董事就任新社长。

▶ 새로운 사장으로는, 하야시 전무가 취임하게 되었다.

0970 | ～周年(しゅうねん)㊥ ...th anniversary / ～周年 / ～주년

㊟ 開店 10 周年

0971 | 集約(しゅうやく) Consolidation / 汇集，总括 / 집약 ~する consolidate / 汇集，总括 / 집약하다

■ 生産効率(せいさんこうりつ)を高(たか)めるため、組(く)み立(た)て工場(こうじょう)を一(いっ)カ所(しょ)に集約することになった。

▶ We decided to integrate assembly plants in one place to increase production efficiency.

▶ 为了提高生产效率，将组装工厂集中到了一个地方。

▶ 생산효율을 높이기 위해，조립 공장을 한 곳으로 집약하기로 했다.

■ A 社(しゃ)の度重(たびかさ)なる不祥事(ふしょうじ)の原因(げんいん)は、「社員(しゃいん)の気(き)の緩(ゆる)み」、この一言(ひとこと)に集約される。

▶ Causes of Company A's repeated scandals can be summed up as "employees were not on guard."

▶ A公司之所以接二连三地出问题，原因可以用一句话概括 "社员的疏忽大意"。

▶ A 사의 거듭되는 불상사의 원인은「사원의 해이한 정신」，이 한마디로 집약된다.

0972 | 収容(しゅうよう) accommodation / 容纳 / 수용 ~する accommodate / 容纳 / 수용하다

■ セミナー会場(かいじょう)として、200人(にん)収容のホールを借(か)りました。

▶ We rented a hall that accommodates 200 persons as a seminar venue.

▶ 借了能容纳200人的大厅作讨论会的会场。

▶ 세미나 회장으로，200 명을 수용할 수 있는 홀을 빌렸습니다.

■ 地下(ちか)の駐車場(ちゅうしゃじょう)は、60 台(だい)収容可能(かのう)です。

▶ The underground parking area can accommodate 60 cars.

▶ 地下停车场，能够容纳60辆汽车。

▶ 지하 주차장은 60 대 수용 가능합니다.

㊟ 収容人員

0973 | 重要(じゅうよう) important / 重要 / 중요 ~な important / 重要 / 중요한

0974 | 従来（じゅうらい） formerly, conventionally / 以前 / 종래

■ DM発送（はっそう）は、従来は社内（しゃない）でやっていましたが、今（いま）は業者（ぎょうしゃ）を使（つか）っています。

▶ Formerly, we sent out direct mail ourselves, but now we use a subcontractor.

▶ 以前都是公司内负责DM发送，现在用专门的公司。

▶ DM 발송은 종래에는 사내에서 했습니다만, 지금은 업자를 고용하고 있습니다.

■ 改装後（かいそうご）も、従来どおり10時（じ）から9時までの営業（えいぎょう）となります。

▶ Business hours will be from 10 a.m. to 9 p.m. even after remodeling.

▶ 改装后，营业时间和以前一样，从早10点到晚9点。

▶ 개장 후에도 종래와 같이 10 시부터 9 시까지 영업합니다.

0975 | 修理（しゅうり） repair / 修理 / 수리 ～する repair / 修理 / 수리하다

■ 4階（かい）のコピー機（き）は、先週（せんしゅう）修理したばかりです。

▶ The copier on the 4th floor was just repaired last week.

▶ 4层的复印机，上周刚修理了。

▶ 4 층의 복사기는 지난 주에 막 수리했습니다.

■ 私（わたし）のノートパソコンは今（いま）、修理に出（だ）しています。

▶ My notebook PC is in the repair shop.

▶ 我的笔记本现在拿去修了。

▶ 제 노트북은 지금 수리를 보냈습니다.

0976 | 重量（じゅうりょう） weight / 重量 / 중량

■ 手荷物（てにもつ）が重量オーバーになって、追加料金（ついかりょうきん）を払（はら）わなければならなかった。

▶ I had to pay an additional fee because my baggage was overweight.

▶ 随身行李超重了，必须再补钱。

▶ 수하물이 중량 초과가 되서, 추가요금을 내야 했다.

■ サイズや重量によって送料（そうりょう）が異（こと）なります。

▶ Postage differs depending on size and weight.

▶ 根据尺寸和重量的不同，运费也不同。

▶ 사이즈나 중량에 따라 배송료가 달라집니다.

0977 | 祝辞（しゅくじ） congratulatory address / 贺词 / 축사

■ A社（しゃ）の設立記念（せつりつきねん）パーティーで、うちの社長（しゃちょう）が祝辞を述（の）べた。

▶ Our president gave a congratulatory address at Company A's anniversary ceremony.

▶ 在A公司的成立纪念宴会上，我们公司的社长陈述了贺词。

▶ A 사의 설립기념 파티에서, 우리 사장님이 축사를 말했다.

0978 | 縮小（しゅくしょう） downscale / 缩小 / 축소　～する reduce / 缩小 / 축소하다

■ インターネットの影響（えいきょう）で、出版業界全体（しゅっぱんぎょうかいぜんたい）の市場規模（しじょうきぼ）が縮小している。

▶ The overall publishing market has been downsized because of the Internet.

▶ 在因特网的影响下，出版业整体的市场规模缩小了。

▶ 인터넷의 영향으로 출판업계 전체의 시장규모가 축소되고 있다.

■ この書類（しょるい）、B5に縮小してコピーしてください。

▶ Please print this document reducing the paper size to B5.

▶ 请将资料缩到B5纸上复印。

▶ 이 서류, B5로 축소해서 복사해 주십시오.

0979 | 宿泊（しゅくはく） stay / 住宿 / 숙박　～する stay / 住宿 / 숙박하다

■ 出張中（しゅっちょうちゅう）の宿泊先（さき）は、田中（たなか）さんに聞（き）いてください。

▶ Please ask Mr. Tanaka to arrange for a hotel during your business trip.

▶ 出差时的住宿地址，请询问田中先生。

▶ 출장 중의 숙박처는 다나카 씨에게 물어 보세요.

0980 | 主催（しゅさい） host / 主办 / 주최　～する host / 主办 / 주최하다

■ 市（し）が主催するフリーマーケットに参加（さんか）する予定（よてい）です。

▶ We plan to participate in the flea market hosted by the city.

▶ 计划参加市里主办的自由市场。

▶ 시가 주최하는 프리마켓에 참가할 예정입니다.

■ このスピーチコンテストは、文部科学省（もんぶかがくしょう）主催によるものです。

▶ This speech contest is hosted by Ministry of Education.

▶ 这个演讲比赛是文部科学省举办的。

▶ 이 스피치콘테스트는 문부과학성에서 주최합니다.

0981 | 取材（しゅざい） research, coverage / 采访 / 취재　～する interview / 采访 / 취재하다

■ 先日（せんじつ）、モーターショーの取材に行（い）ってきました。

▶ I went to the motor show for research the other day.

▶ 前几天，去汽车展览采访了。

▶ 어제, 모토쇼 취재에 다녀왔습니다.

■ 新製品（しんせいひん）のX-600について、A新聞（しんぶん）から取材の申（もう）し込（こ）みを受（う）けた。

▶ We accepted Newspaper A's request for an interview about our new product, the X-600.

▶ 接受了X报纸对新产品X-600的采访申请。

▶ 신제품 X-600에 대해, A신문에서 취재 요청을 받았다.

0982 | 趣旨（しゅし） purpose / 汇集，总括 / 취지

■ 一人（ひとり）でも多（おお）くの人（ひと）にこの問題（もんだい）を知（し）ってほしい、というのがこのイベントの趣旨です。

▶ The purpose of this event is to inform this issue as many people as possible.

▶ 这次活动的主旨就是让更多的人了解这个问题。

▶ 한 명이라도 많은 사람에게 이 문제를 알리고 싶다는 것이 이 이벤트의 취지입니다.

■ このアンケートは、何(なに)を調査(ちょうさ)したいのか、趣旨が分(わ)からない。

▶ I don't know what they want to learn with this questionnaire.
▶ 这个问卷调查到底在调查什么，主旨不清晰。
▶ 이 앙케트는 무엇을 조사하고 싶은 것인지 취지를 알 수 없다.

参 趣旨を伝える

0983 | 取捨選択(しゅしゃせんたく) make a choice / 取舍选择 / 취사 선택

0984 | 受信(じゅしん)㊇ reception / 接收 / 수신

0985 | 受託(じゅたく) trustee / 受托 / 위탁을 받음 ~する entrust / 受托 / 위탁을 받다

■ A社(しゃ)からの受託業務(ぎょうむ)が年々(ねんねん)増(ふ)えている。

▶ Consignment business from Company A increases every year.
▶ 来自于A公司的委托业务逐年递增。
▶ A 사로부터의 위탁업무가 매년 늘고 있다.

■ さくら住宅販売(じゅうたくはんばい)からメンテナンス業務(ぎょうむ)を受託した。

▶ We were entrusted with maintenance from Sakura Housing Sales.
▶ 受樱花住宅销售的委托，负责维护保养业务。
▶ 사쿠라 주택판매로부터 보수 업무를 위탁받았다.

0986 | 手段(しゅだん) means / 手段 / 수단

■ 話(はな)し合(あ)いがうまくいかない場合(ばあい)、裁判(さいばん)という手段もある。

▶ There are other means, such as a judicial trial, in case the talks do not go smoothly.
▶ 如果商谈进展的不顺利，还有一个办法，就是打官司。
▶ 교섭이 잘 되지 않을 경우, 재판이라는 수단도 있다.

■ 会場(かいじょう)への交通(こうつう)手段としては、電車(でんしゃ)・バスなどの公共交通(こうきょうこうつう)機関(きかん)のご利用(りよう)をおすすめしております。

▶ We recommend using public transportation such as trains and buses to commute to the venue.
▶ 去会场的交通方式，建议您利用电车或公共汽车等公共交通。
▶ 회장까지의 교통수단은 전철・버스 등 공공교통기관 이용을 권합니다.

参 通信手段、法的手段

0987 | 受注(じゅちゅう) order received / 接受订货 / 수주, 주문을 받음 ~する order received / 接受订货 / 주문을 받다

■ おかげさまで、A電機(でんき)からの受注も増(ふ)え、忙(いそが)しくなりました。

▶ Thanks to you, orders received from Electric A are increasing, and this is keeping us busy.
▶ 托您的福，来自于A电机的订货也多了，比以前忙了。
▶ 덕분에, A 전기로부터 수주도 늘어, 바빠졌습니다.

■ さくら自動車(じどうしゃ)のG-2000の受注台数(だいすう)が、発売後(はつばいご)3カ月(げつ)で10,000台(だい)に達(たっ)した。

▶ The number of orders received for Sakura Motor's G-2000 topped 10,000 units just three months after the launch.

▶ 发售3个月后，樱花汽车G−2000的订货数量达到了10,000辆。

▶ 사쿠라 자동차의 G-2000 의 주문 대수가 발매 후 3 개월만에 10,000 대에 달했다.

0988 | 出荷(しゅっか) shipment / 上市，运出货物 / 출하 ~する ship / 运出货物 / 출하하다

■ 新発売(しんはつばい)のA-600は、来週(らいしゅう)15日(にち)に出荷する予定(よてい)です。

▶ We plan to ship the newly launched A-600 on the 15th of next week.

▶ 新发售的A−600，预订在下周15日上市。

▶ 신발매의 A-600 은 다음 주 15 일에 출하할 예정입니다.

■ 現在(げんざい)、出荷が遅(おく)れておりまして、明後日(あさって)の納入(のうにゅう)になりそうなのですが……。

▶ The shipment is delayed at present, so we might deliver it the day after tomorrow. . .

▶ 现在，发货推迟了，估计后天能交纳……

▶ 현재, 출하가 늦어지고 있어서 모레 납입할 것 같습니다만・・・。

参 出荷量、出荷台数

0989 | 出欠(しゅっけつ) attendance / 出席和缺席 / 출결

■ 22日(にち)までに、社内説明会(しゃないせつめいかい)の出欠をメールで知(し)らせてください。

▶ Please e-mail us by the 22th if you plan to attend our in-house briefing session.

▶ 请在22日前用邮件告知是否出席公司的说明会。

▶ 22 일까지 사내 설명회의 출결을 메일로 알려 주십시오.

参 出欠をとる

0990 | 出稿(しゅっこう) put / 登载 / 광고를 냄 ~する put / 登载 / 광고를 내다

■ A誌(し)に加(くわ)えて、インターネットへの広告(こうこく)出稿も検討(けんとう)しています。

▶ We are considering putting an ad on the Internet in addition to Magazine A.

▶ 除了A杂志，正在探讨也要在网络上登广告。

▶ A 지에 이어, 인터넷에 광고를 내는 것도 검토하고 있습니다.

0991 | 出向(しゅっこう) temporary transfer / 调职 / (어느 장소에) 감 ~する go on loan to / 前往 / (어느 장소에) 가다

■ 木村(きむら)さんは、海外(かいがい)の子会社(こがいしゃ)へ出向を命(めい)じられた。

▶ Mr. Kimura was appointed to go on loan to an overseas subsidiary.

▶ 木村先生被调往海外的分公司。

▶ 기무라 씨는 해외의 자회사로 갈 것을 명령받았다.

■ 来月(らいげつ)から関連会社(かんれんがいしゃ)のA社(しゃ)に出向することになりました。

▶ I will go on loan to affiliate Company A starting next month.

▶ 从下个月开始要调往相关公司A公司。

▶ 다음 달부터 관련회사인 A 사로 가게 되었습니다.

0992 出資(しゅっし) invest / 出资 / 출자 ～する invest / 出资 / 출자하다

■ さくら不動産販売(ふどうさんはんばい)は、さくらハウスが出資した会社(かいしゃ)です。

▶ Sakura House is the main investor in Sakura Real Estate Sales.

▶ 樱花房地产销售公司是由樱花House出资成立的。

▶ 사쿠라 부동산 판매는 사쿠라 하우스가 출자한 회사입니다.

■ 東洋(とうよう)デジタルは、東京広告(とうきょうこうこく)と共同(きょうどう)出資で、新会社(しんかいしゃ)を設立(せつりつ)した。

▶ Toyo Digital established a new company by joint investment with Tokyo Advertising.

▶ 东洋数码和东京广告共同出资成立了新公司。

▶ 도요디자인은 도쿄광고와 공동 출자로 새로운 회사를 설립했다.

0993 出社(しゅっしゃ) going to the office / 上班 / 출근 ～する go to the office / 上班 / 출근하다

■ 私(わたし)は毎朝(まいあさ)、始業(しぎょう)時間(じかん)の30分(ぷん)ぐらい前(まえ)に出社しています。

▶ I go to the office about 30 minutes before work hours every morning.

▶ 我每天早晨比上班时间提前30分钟到公司。

▶ 저는 매일 아침 근무 시작 시간의 30분정도 전에 출근하고 있습니다.

■ うちの会社(かいしゃ)は９時(じ)出社です。

▶ In my company, we come to the office at 9 o'clock.

▶ 我们公司9点上班。

▶ 저희 회사는 9시 출근입니다.

0994 出展(しゅってん) exhibition / 参加(展示会) / 출전 ～する exhibit / 参加(展示会) / 출전하다

■ 見本市(みほんいち)に出展する企業(きぎょう)のリストが発表(はっぴょう)された。

▶ A list of firms that will exhibit in the trade show has been announced.

▶ 参加商品展览会的企业名单已被公布。

▶ 견본시장에 출전할 기업 리스트가 발표되었다.

0995 出店(しゅってん) opening shops / 开店 / 출점 ～する open a shop / 开店 / 출점하다

■ 富士(ふじ)コーヒーは、来年(らいねん)３月(がつ)に横浜(よこはま)に出店する計画(けいかく)を発表(はっぴょう)した。

▶ Fuji Coffee announced plans to open a shop in Yokohama next March.

▶ 富士咖啡公布，计划明年3月在横滨开店。

▶ 후지 커피는 다음 달 3월에 요코하마에 출점할 계획을 발표했다.

0996 出費(しゅっぴ) expenditure / 支出 / 출비, 지출

■ 設備(せつび)のメンテナンスをしないと、あとで故障などによる出費がかさむことになる。

▶ Expenditures such as repair will increase later, unless we maintain our equipment.

▶ 如果不进行设备维修，以后故障导致的费用会更高。

▶ 설비 보수 관리를 하지 않으면 나중에 고장 등에 따른 지출이 늘게 된다.

■ 今回(こんかい)のイベントについては、なるべく出費を抑(おさ)える方向(ほうこう)で考(かんが)えよう。

▶ Let's think interms of reducing expenditures for this event as much as possible.

▶ 关于这次的活动，筹划时的基本方向是要尽量压低费用。

▶ 이번 이벤트에 대해서는 가능한 한 지출을 줄이는 방향으로 생각하자.

0997 | 出品(しゅっぴん) exhibition / 展示产品 / 출품 **～する** exhibit / 展示产品 / 출품하다

0998 | 出力(しゅつりょく) output / 输出 / 출력 **～する** output / 输出 / 출력하다

■ プリンターからの出力がうまくいかない。

▶ The printer output is not very smooth,

▶ 打印机的输出不太好。

▶ 프린터에서 출력이 잘 되지 않는다.

■ データだけでなく、出力見本(みほん)も送(おく)ってください。

▶ Please send not only data, but also an output sample.

▶ 不只是数据，请连同输出装置的样品一起送来。

▶ 데이터뿐만 아니라, 출력견본도 보내주십시오.

参 出力環境

0999 | 主導(しゅどう) leadership / 主导 / 주도 **～する** lead / 主导 / 주도하다

■ 吉田(よしだ)さんは、新機種開発(しんきしゅかいはつ)を主導する立場(たちば)にある人です。

▶ Mr. A is in the position to lead development of new models.

▶ A先生，处于新机种开发的主导地位。

▶ A 씨는 신기종 개발을 주도하는 입장에 있는 사람입니다.

■ 国連(こくれん)は、国際紛争(こくさいふんそう)を解決(かいけつ)するために、主導的役割(てきやくわり)を果(は)たすことが期待(きたい)されている。

▶ The United Nations is expected to play a leadership role in solving international conflicts.

▶ 为了能解决国际纷争，期望联合国能发挥主导性作用。

▶ 국제 연합은, 국제 분쟁을 해결하기 위해, 주도적 역할을 다할 것이 기대되고 있다.

1000 | 主導的(しゅどうてき) vigorous / 主导性 / 주도적 **～な** vigorous / 主导性 / 주도적인 **～に** vigorously / 主导性 / 주도적으로

1001 | 取得(しゅとく) acquisition / 取得 / 취득 **～する** acquire / 取得 / 취득하다

■ A社(しゃ)は、B食品(しょくひん)の株式(かぶしき)を、約(やく)10パーセント取得した。

▶ Company A acquired about 10% of the shares in B Foods.

▶ A公司获得了B食品10%的股份。

▶ A 사는 B 식품의 주식을 약 10 퍼센트 취득했다.

参 資格を取得する、土地の取得

1002 | 主任(しゅにん) section chief / 主任 / 주임

1003 | 主要(しゅよう) main / 主要 / 주요 **～な** major / 主要 / 주요한

■ これは、新製品(しんせいひん)C-500の主要な部分(ぶぶん)に使(つか)われる材料(ざいりょう)です。

▶ This is the material used in the main part of our new product, the C-500.

▶ 这是用于新产品C-500的主要部分中的材料。

▶ 이것은 신제품 C-500 의 주요한 부분에 사용되는 재료입니다.

■ 現在(げんざい)、当社(とうしゃ)が抱(かか)える主要な課題(かだい)の一(ひと)つは、コスト削減(さくげん)です。

▶ At present, one of our company's major issues is cost reduction.

▶ 现在，本公司面临的主要课题之一就是削减成本。

▶ 현재, 당사가 안고 있는 주요한 문제의 하나는 코스트 삭감입니다.

1004 | 需要(じゅよう) demand / 需求 / 수요

■ ここ数年(すうねん)、高齢者用住宅(こうれいしゃようじゅうたく)の需要が増(ふ)えている。

▶ In recent years, demand for senior citizen housing is growing.

▶ 最近几年，适合高龄者居住的住宅需求在增加。

▶ 최근 수년, 고령자용 주택의 수요가 늘고 있다.

[反] 供給

[参] 国内需要

1005 | 受領(じゅりょう) receipt / 收到 / 수령 **～する** receive / 收到 / 수령하다

■ 本日(ほんじつ)、御社(おんしゃ)の資料(しりょう)を確(たし)かに受領いたしました。

▶ I received your company's document today.

▶ 今天确实收到了贵公司的资料。

▶ 금일, 귀사의 자료를 확실히 수령하였습니다.

■ 受領のサインをここにお願(ねが)いします。

▶ Please sign the receipt here.

▶ 请您在此签字,表明已经收到。

▶ 수령의 사인을 여기에 부탁드립니다.

[参] 受領証、受領印

1006 | 主力(しゅりょく) main force / 主力 / 주력

■ A社(しゃ)の主力商品(しょうひん)APAは、発売(はつばい)10周年(しゅうねん)を超(こ)えるロングセラーです。

▶ Company A's main product APA is a perennial best-seller which was released more than 10 years ago.

▶ A公司的主力商品APA，是销售已过10周年的长期畅销产品。

▶ A 사의 주력상품 APA 는 발매 10 주년을 넘는 롱셀러입니다.

[参] 主力商品、主力選手

1007 | シュレッダー shredder / 切书机 / 슈레더

1008 | 順(じゅん) order / 顺序 / 순서, 차례

■ この書類(しょるい)、日付(ひづけ)の古(ふる)いものから順にファイルしてください。

▶ Please file this document in order of old day,
▶ 这些资料，请按日期从旧到新的顺序整理。
▶ 이 서류, 날짜가 오래된 순서대로 파일로 만들어 주세요.

1009 | 順延(じゅんえん) postponement / 顺延 / 차례로 늦춤 ~する postpone / 顺延 / 순차연기 한다

■ イベントは、雨(あめ)のため1日(にち)順延になった。

▶ The event was postponed one day due to rain.
▶ 由于下雨，活动顺延了一天。
▶ 이벤트는 비로 인해, 하루 늦춰졌다.

1010 | 順次(じゅんじ) in order of precedence / 依次 / 순차

■ A社(しゃ)の新(しん)シリーズ3機種(きしゅ)は、順次発売予定(はつばいよてい)です。

▶ Company A's three new models will be launched in succession.
▶ A公司的新系列3种机型，预定要依次发售。
▶ A 사의 신 시리즈 3 기종은 순차발매 예정입니다.

■ Sスーパー7店(てん)は、10月(がつ)から、都内(とない)に順次開店(かいてん)します。

▶ Supermarket S will open a series of stores in Tokyo starting in October.
▶ S超市的7家店，从10月开始，要在东京都内依次开店。
▶ S 슈퍼마켓 일곱 점은 10 월부터 도내에 순차개점합니다.

1011 | 順調(じゅんちょう) favorable account / 顺利 / 순조 ~な prosperous / 顺利 / 순조로운 ~に steadily / 顺利 / 순조롭게

■ 当社(とうしゃ)の売(う)り上(あ)げは、今年度(こんねんど)も順調に伸(の)びています。

▶ Our company's sales steadily increased this year, too.
▶ 本公司的营业额，在本年度依然顺利上升。
▶ 당사의 매상은 금년도도 순조롭게 증가하고 있습니다.

■ 一時期(いちじき)、冷(ひ)え込(こ)んだ景気(けいき)は、このところ順調な回復(かいふく)を見(み)せている。

▶ The economy, which slowed down temporarily, shows steady recovery these days.
▶ 在一个时期极度低迷的景气，最近又呈现出顺利恢复的趋势。
▶ 한때, 침체됐던 경기는 요즘 순조로운 회복을 보이고 있다.

1012 | 準備(じゅんび) preparation / 准备 / 준비 ~する prepare / 准备 / 준비

■ 明日(あした)の会議(かいぎ)の準備を手伝(てつだ)ってもらえますか。

▶ Can you help me prepare for tomorrow's meeting?
▶ 能请你帮我准备明天的会议吗?
▶ 내일 회의 준비를 도와주시겠습니까?

■ イベントの開催(かいさい)まで、準備期間(きかん)があと3カ月(げつ)しかありません。

▶ There are only three months for preparation until the event is held.
▶ 到活动的举办日期，只剩3个月的准备时间。
▶ 이벤트 개최까지 준비기간이 앞으로 3 개월 밖에 없습니다.

1013 | 順不同（じゅんふどう） random order / 不按次序 / 순서부동

■ この講演者リストは順不同で、講演順ではありません。

▶ These lecturers are listed in random order.

▶ 这个讲演者名单不按顺序，并不是讲演的顺序。

▶ 이 강연자 리스트는 순서부동으로，강연순이 아닙니다.

1014 | 仕様（しよう） specification / 方法，设计说明书 / 구성

■ 製品の仕様が決まったら、エンジニアと具体的な打ち合わせをさせてください。

▶ Let me have a detailed meeting with the engineers when the product specs are determined.

▶ 产品的制做方法确定后，请与工程师具体商议。

▶ 제품 구성이 정해지면，엔지니어와 구체적인 협의를 하게 해 주십시오.

■ 仕様が、A５判 240 ページから、B５判 160 ページに変更になった。

▶ The specifications were changed from 240 A4 size pages to 160 B5 size pages.

▶ 设计说明书由A5的240页变更为B5的160页。

▶ 구성이，A5 판 240 페이지에서 B5 판 160 페이지로 변경되었다.

1015 | 上位（じょうい） top ranking / 排在前面 / 상위

■ 化粧品業界の売り上げシェアを見ると、上位４社で５割以上を占めている。

▶ Looking at market shares in the cosmetic industry, the top four companies hold 50%.

▶ 从化妆品行业销售份额看，排在前4位的公司占了50%以上。

▶ 화장품 업계의 판매 시장 점유율을 보면，상위 4 개사에서 5 할 이상을 점유하고 있다.

■ A 社は毎年、就職人気企業の上位にランキングされている。

▶ Company A ranks at the top of most popular companies to work every year.

▶ A公司，每年都排在就职热门企业的前几位。

▶ A 사는 매년，취업 인기 기업의 상위에 랭크되고 있다.

1016 | 照会（しょうかい） inquiry, reference / 询问 / 조회 ～する refer / 询问 / 조회하다

■ 航空会社のホームページで、空席の照会を行うことができます。

▶ Inquiries about available seating can be done on airline websites.

▶ 在航空公司的网站上，能够查询是否有空位。

▶ 항공회사 홈페이지에서 공석 조회를 할 수 있습니다.

■ 納入期限については、現在先方に照会中です。

▶ We're currently inquiring to the customer about the delivery deadline.

▶ 关于交纳期限，现在正在询问对方。

▶ 납입기한에 대해서는 현재 상대방에게 조회 중입니다.

1017 **昇格**（しょうかく） promotion / 升迁 / 승격, 승진 ～する promote / 升迁 / 승격하다, 승진하다

■ Aさんは、課長（かちょう）から部長（ぶちょう）に昇格した。
▶ Mr. A was promoted to division manager from section manager.
▶ A先生由科长升为部长。
▶ A 씨는 과장에서 부장으로 승진했다.

参 昇格試験

1018 **上記**（じょうき） above / 上述 / 상기

■ 上記のとおり申請（しんせい）します。
▶ I hereby make the above request.
▶ 按照上述内容进行申请。
▶ 상기와 같이 신청합니다.

■ 上記以外の方（かた）もご応募（おうぼ）できます。
▶ People other than those noted above may also apply.
▶ 上述人员之外的人，也可以应聘。
▶ 상기 이외의 분도 응모 가능합니다.

1019 **償却**（しょうきゃく） depreciation / 折旧 / 상각, 갚음 ～する depreciate / 折旧 / (빚 등을)갚다

■ 普通（ふつう）のパソコンなら、だいたい4年（ねん）で償却すると考（かんが）えられます。
▶ It is thought that a normal PC depreciates in 4 years.
▶ 一般认为普通的电脑，大约4年就要折旧。
▶ 보통의 퍼스널컴퓨터라면 보통 4 년간 상각할 것이라 생각됩니다.

■ 現在（げんざい）の負債（ふさい）は5年間（ねんかん）で償却する計画（けいかく）です。
▶ The plan is to pay off the current debt in 5 years.
▶ 计划用5年时间偿还现在的负债。
▶ 현재의 부채는 5 년간 상각할 계획입니다.

1020 **昇給**（しょうきゅう） increase in pay / 晋升 / 승급 ～する increase in pay / 晋升 / 승급하다

■ 実績（じっせき）を上（あ）げれば、昇進（しょうしん）や昇給のチャンスもありますので、頑張（がんば）ってください。
▶ You have a chance for promotion and a raise in pay, so please try to work harder!
▶ 如果提高了业绩，就有晋升或提工资的机会，请一定要努力呀。
▶ 실적을 올리면 승진이나 승급의 찬스도 있으니까, 열심히 해 주세요.

1021 **商業**（しょうぎょう） commerce / 商业 / 상업

■ 公園内（こうえんない）では、いかなる目的（もくてき）の商業行為（こうい）も禁（きん）じられている。
▶ All commercial activities are prohibited in the park.
▶ 禁止公园内任何目的的商业行为。
▶ 공원 내에서는 어떤 목적의 상업행위도 금지되어 있다.

1022 | 消去法（しょうきょほう）　process of elimination / 排除法 / 소거법

■ 今度（こんど）の講演会（こうえんかい）、Aさんは出張（しゅっちょう）だし、Bさんは休暇中（きゅうかちゅう）だし、消去法（しょうきょほう）でCさんにお願（ねが）いしようかな。

▶ For the upcoming lecture, Mr. A will be on a business trip, Ms. B will be on vacation, and so by process of elimination, I think I'll ask Ms. C.

▶ 由于A出差了，B正在休假，采用排除法,这次的演讲会是不是应该拜托C呢。

▶ 이번 강연회，A 씨는 출장이고，B 씨는 휴가중이고，소거법으로 C 씨에게 부탁할까.

1023 | 小計（しょうけい）　subtotal / 小计 / 소계　～する subtotal / 小计 / 소형 한다

■ 月別（つきべつ）に、国内売上（こくないうりあげ）の小計を出（だ）してください。

▶ Could you include the subtotal of the sum of the monthly domestic and overseas saleson a monthly basis?

▶ 能否请你添加按月份将国内销售额和海外销售额加在一起的小计呢?

▶ 월별로，국내매상과 해외매상을 더한 소계를 첨가해 주시겠습니까？

1024 | 証券（しょうけん）　security / 证券 / 증권

■ 証券取引（とりひき）は、それに伴（ともな）うリスクを十分理解（じゅうぶんりかい）した上（うえ）で行（おこな）う必要（ひつよう）がある。

▶ Securities trading must be done with a sufficient understanding of the accompanying risks.

▶ 证券的交易，有必要在充分理解其伴随的风险的基础上进行。

▶ 증권 거래는 그에 따른 위험을 충분히 이해한 뒤에 할 필요가 있다.

■ 会社（かいしゃ）の資産（しさん）には、株（かぶ）や債券（さいけん）などの有価（ゆうか）証券も含（ふく）まれます。

▶ Company assets include securities such as stocks and credit.

▶ 公司的资产也包括股票、债权等有价证券。

▶ 회사의 자산에는 주식과 채권 등의 유가증권도 포함되어 있습니다.

参 証券会社

1025 | 条件（じょうけん）　term / 条件 / 조건

1026 | 上限（じょうげん）　maximum / 上限 / 상한

■ A社（しゃ）では、1団体（だんたい）に対（たい）して100万円（まんえん）を上限に、助成金（じょせいきん）を贈（おく）っている。

▶ At company A, they are giving subsidies of a maximum of 1 million yen per group.

▶ A公司为每一个团体提供最高100万日元的辅助金。

▶ A 사에서는 한 단체에 대해 100 만엔을 상한으로 조성금을 보내고 있다.

1027 | 照合（しょうごう） comparison, matching / 对照 / 조합, 대조 ~する check against / 対照 / 대조하다

■ 今、先方からの支払明細と、こちらで計上した売上データを照合しているところです。

▶ We're currently comparing the payment information from the customers to our posted sales data.

▶ 现在，正在对照来自于客户的支付信息和我们计人的销售额数据。

▶ 현재 , 주거래처부터의 지불정보와 우리가 계상한 매상 데이터를 대조하는 중입니다 .

■ 指紋の照合によって解錠できる自動扉を採用したマンションが増えている。

▶ Condominiums that incorporate automatic doors unlockable by fingerprint matching are increasing.

▶ 采用通过对照指纹来开锁的自动门的公寓增多了。

▶ 지문 대조로 문을 열 수 있는 자동문을 채용한 맨션이 늘고 있다 .

1028 | 商工会議所（しょうこうかいぎしょ） chamber of commerce / 工商总会 / 상공회의소

1029 | 詳細（しょうさい） details / 详细 / 상세함

■ 詳細は、こちらのページをご覧ください。

▶ For details, please see this page.

▶ 详细情况请看这一页。

▶ 상세한 내용은 이 페이지를 봐 주십시오 .

■ 石井さんは、具体的な手順について、詳細に説明してくれた。

▶ Ms. Ishii explained in detail about specific procedures.

▶ 关于具体程序，石井先生为我们进行了详细说明。

▶ 이시이 씨는 구체적인 절차에 대해 상세히 설명해 주었다 .

1030 | 上司（じょうし） superior / 上司 / 상사

■ 朝、目的地に直行する場合は、事前に上司の許可が必要です。

▶ When going directly to your destination in the morning, you must get prior permission from your supervisor.

▶ 早晨，如果从家直接去目的地，需要事先得到上司的许可。

▶ 아침에 목적지로 직행하는 경우 사전에 상사의 허가가 필요합니다 .

■ 部下の育成は、上司の大切な業務の一つである。

▶ Subordinate development is one of the important tasks of managers.

▶ 培养部下，是上司的一个重要业务。

▶ 부하 육성은 상사의 중요한 업무의 하나이다 .

参 上司と部下、反 部下

1031 | 商社（しょうしゃ） trading company / 贸易公司 / 상사

■ 商社は、インスタントラーメンから人工衛星まで、何でも幅広く扱っている。

▶ Trading companies handle a wide range of businesses, from instant ramen to satellites.

▶ 从方便面到人工卫星，贸易公司的业务范围非常广。

▶ 상사는 , 인스턴트 라면부터 인공위성까지 , 무엇이든 폭넓게 다루고 있다 .

1032 | 上昇（じょうしょう） rise / 上涨 / 상승 ～する rise / 上涨 / 상승하다

■ 好景気（こうけいき）が続（つづ）く中（なか）、物価（ぶっか）も上昇しはじめている。

▶ Prices also start rising as the strong economy continues.

▶ 经济持续呈现良好势头，物价也开始上涨。

▶ 호황이 계속되는 가운데, 물가도 상승하기 시작하고 있다.

1033 | 上場（じょうじょう） listed / 上市 / 상장 ～する list / 上市 / 상장하다

■ A社（しゃ）は、東京証券取引所（とうきょうしょうけんとりひきじょ）の一部（いちぶ）上場を果（は）たした。

▶ Company A could be listed on the first section of the TSE.

▶ A公司实现了在东京证券交易所的部分上市。

▶ A사는 도쿄증권거래소의 일부 상장을 달성했다.

1034 | 生（しょう）じる occur, arise / 产生 / 생기다

■ 人間（にんげん）の手（て）でやっているので、多少（たしょう）の誤差（ごさ）が生じるのは、やむを得（え）ない。

▶ Because it's done by hand, the occurrence of slight differences cannot be helped.

▶ 即使改变软件版本也应该不会产生任何问题。

▶ 사람 손으로 하는 일이라, 다소 오차가 생길 수 있는 것은 부득이 하다.

■ ソフトのバージョンを変（か）えても、何（なに）も問題（もんだい）は生じないはずだ。

▶ No problems should arise even if you change the version of the software.

▶ 即便想给软件升级，也应该不会产生任何问题。

▶ 소프트웨어의 버전을 바꿔도 아무 문제도 생기지 않을 것이다.

1035 | 昇進（しょうしん） promotion / 晋升 / 승진 ～する promote / 晋升 / 승진한다

■ A氏（し）はこの間（あいだ）の株主総会（かぶぬしそうかい）で、専務（せんむ）から社長（しゃちょう）への昇進が決（き）まった。

▶ Mr. A's promotion from executive director to president was decided apparently at the recent shareholders' meeting.

▶ 前些天的股东大会好像决定将A从董事升为了社长。

▶ A씨는 지난 주식총회에서 전무에서 사장으로 승진이 결정된 것 같다.

1036 | 情勢（じょうせい） situation / 形势 / 정세

■ この新聞（しんぶん）を毎日（まいにち）読（よ）んでいれば、業界（ぎょうかい）の最新（さいしん）情勢がわかるようになる。

▶ If you read this newspaper every day, you'll come to know the latest state of affairs.

▶ 如果每天读报纸，就能了解业界的最新形势。

▶ 이 신문을 매일 읽으면 업계의 최신 정세를 알 수 있게 된다.

参 経済情勢、国際情勢

1037 | 上席(じょうせき) seat of honor / 上座 / 상석

■ 一般(いっぱん)に、入口(いりぐち)から遠(とお)いところが上席です。

▶ Generally, the seat furthest from the entrance is the seat of honor.

▶ 离人口处最远的地方一般是上座。

▶ 일반적으로 입구에서 가장 먼 곳이 상석입니다.

参 上席にご案内する

1038 | 状態(じょうたい) condition / 状态 / 상태

1039 | 承諾(しょうだく) consent / 同意 / 승낙 ~する consent / 同意 / 승낙한다

■ 納期(のうき)が遅(おく)れることを、先方(せんぽう)は承諾しているんですか。

▶ Has the customer consented to the delay in delivery?

▶ 对于延迟交货期的事宜，对方同意了吗?

▶ 납기가 늦어지는 것을 상대방이 승낙했습니까?

■ この件(けん)に関(かん)しては、部長(ぶちょう)の承諾を得(え)ています。

▶ I've obtained the department manager's consent in this matter.

▶ 关于这件事情，已经获得了部长的同意。

▶ 이 건에 대해서는 부장님의 승낙을 받았습니다.

参 事後承諾

1040 | 商談(しょうだん) negotiations / 贸易谈判 / 상담 ~する discuss business / 贸易谈判 / 상담하다

■ 会場(かいじょう)の奥(おく)に商談用(よう)のスペースがあって、そこでコーヒーも飲(の)めます。

▶ There is a space for discussing business at the back of the hall, and you can get some coffee there.

▶ 会场里面有洽谈空间，在那还可以喝咖啡。

▶ 회장 안에 상담용의 공간이 있어서, 그곳에서 커피도 마실 수 있습니다.

■ 先日(せんじつ)のA社(しゃ)との商談、おかげさまで、うまくまとまりました。

▶ Thanks to you, negotiations with company A went well.

▶ 托您的福，前几天和A公司的贸易谈判有了好的结果。

▶ 일전의 A사와의 상담, 덕분에 잘 되었습니다.

1041 | 上長(じょうちょう) superior / 上司 / 상사, 윗사람

■ 伝票類(でんぴょうるい)は、すべて上長のサインが必要(ひつよう)です。

▶ Sales slips must be signed by a superior.

▶ 发票类全都需要上司的签字。

▶ 전표류는 모두 상사의 사인이 필요합니다.

1042 | 焦点(しょうてん) focus / 焦点 / 초점

■ 企画書(きかくしょ)は、焦点を絞(しぼ)って明確(めいかく)に書(か)くことが必要(ひつよう)だ。

▶ You need to narrow the focus of this plan and write it clearly.

▶ 写企画书时，需要中心明确。

▶ 기획서는 초점을 좁혀서 명확하게 쓰는 것이 필요하다.

■ この製品は、海外市場に焦点を合わせて販売を行っていく計画です。

▶ We plan to carry out sales of this product focussing on foreign markets.

▶ 这个产品，计划以海外市场为中心进行销售。

▶ 이 제품은 해외시장에 초점을 맞춰 판매를 해 나갈 계획입니다.

参 焦点がぼける defocus / 焦点没对好 / 초점이 흐려지다

1043 | 譲渡 assignment / 转让 / 양도 ~する assign / 转让 / 양도하다

■ T社は、同社が保有するK社の全株式を、S社に譲渡すると発表した。

▶ Company T announced the transfer of all its shares in Company K to Company S.

▶ T公司公布，将把该公司持有的所有K公司的股份，都转让给S公司。

▶ T 사는 자사가 보유하는 K 사의 전주식을 S 사에게 양도하겠다고 발표했다.

参 債権譲渡、譲渡益

1044 | 承認 approval / 承认 / 승인 ~する approve / 承认 / 승인하다

■ 最新バージョンの購入については、すでに部長の承認を得ています。

▶ I already have the department manager's approval for purchasing the latest version.

▶ 关于购买新的升级软件的事宜，已经得到了部长的批准。

▶ 최신 버전의 구입에 대해서는 이미 부장님의 승인을 받았습니다.

■ 役員会は、田中氏の辞任を承認したそうだ。

▶ The board of directors appear to have approved the resignation of Mr. Tanaka.

▶ 听说董事会已经批准田中辞职。

▶ 임원회는 다나카씨의 사임을 승인했다고 한다.

1045 | 消費者 consumer / 消费者 / 소비자

■ ご注文の翌日に、新鮮な野菜や果物を、直接消費者の皆様にお届けいたします。

▶ We deliver fresh fruits and vegetables directly to you the consumer the day after you order.

▶ 在您订货的第二天，我们会把新鲜的蔬菜或水果直接送到各位消费者的手中。

▶ 주문하신 다음 날 신선한 채소와 과일을 직접, 소비자 여러분에게 전해 드립니다.

■ 各企業は、消費者のニーズを的確にとらえるため、さまざまな工夫をしている。

▶ Companies devise a variety of means for accurately grasping the needs of consumers.

▶ 各个企业，为了能确实把握消费者的需求，想了许多方法。

▶ 각 기업은 소비자의 요구를 정확하게 알기 위해 여러가지 궁리를 하고 있다.

1046 | 商標（しょうひょう） trademark / 商标 / 상표

■「ウォークマン」は、商標登録（とうろく）された固有名詞（こゆうめいし）だったが、今（いま）は普通（ふつう）名詞として辞書（じしょ）にも載（の）っている。

▶ "Walkman" was a trademarked proper noun, but later it came to be listed in the dictionary as a common noun.

▶ "随身听" 原本是经过商标注册的固有名词，后来作为普通名词开始登载在字典上。

▶「워크맨」은 상표등록된 고유명칭이었지만，나중에는 보통명사로서 사전에도 실리게 되었다.

1047 | 商品（しょうひん） product / 商品 / 상품

■ ご注文（ちゅうもん）いただいた商品は、1週間以内（しゅうかんいない）にお届（とど）けします。

▶ We will deliver the product you ordered within one week.

▶ 您订的商品，会在1周内送到。

▶ 주문받은 상품은 1주일 이내에 보내드리겠습니다.

1048 | 譲歩（じょうほ） concession / 让步 / 양보 ～する make concessions / 让步 / 양보하다

■ 今回（こんかい）は譲歩して、向（む）こうの見積（みつ）もりどおりの額（がく）にしましょう。

▶ We'll make concessions this time and agree to the amount as noted in their estimate.

▶ 作为我们的让步，这次按照对方估价单上的金额。

▶ 이번에는 양보해서 상대편의 견적 가격대로 합시다.

■ A社（しゃ）とB社は互（たが）いに譲歩し、ようやく交渉（こうしょう）がまとまった。

▶ Company A and Company B made mutual concessions, and finally wrapped up negotiations.

▶ A公司和B公司彼此让步，终于达成了协议。

▶ A사와 B사는 서로 양보해서，드디어 교섭이 이루어졌다.

1049 | 正味（しょうみ） net / 实价，净重 / 실가，실제 수량

■ 材料費（ざいりょうひ）は、調達費（ちょうたつひ）、輸送（ゆそう）コストなどを差（さ）し引（ひ）き、正味で65万円（まんえん）です。

▶ Materials costs, minus procurement costs, transport costs, etc., are a net cost of ¥650,000.

▶ 扣除筹措费、运送成本等，材料费的实价是65万日元。

▶ 재료비는 조달비，수송비 등을 차감해서，실가는 65만엔입니다.

■ この荷物（にもつ）はケースを除（のぞ）くと、正味重量（じゅうりょう）は3キロになる。

▶ This cargo, minus the case, has a net weight of 3 kg.

▶ 除去箱子，这些行李净重3公斤。

▶ 이 짐은 케이스를 빼면，실제 중량은 3킬로그램이 된다.

1050 | 常務（じょうむ）㊎ executive director / 常务董事，日常业务 / 상무

1051 | 消耗品(しょうもうひん) consumables / 消耗品 / 소모품

■ コピー用紙(ようし)やプリンターのインクなど、消耗品の毎月(まいつき)の費用(ひよう)は、ばかにならない。

▶ Monthly expenditures for consumables such as copy paper and printer ink really add up.

▶ 复印用纸、打印机用墨等消耗品的每月费用也不能小瞧。

▶ 복사 용지나 프린터 잉크 등, 소모품의 매월 드는 비용은 무시할 수 없다.

1052 | 賞与(しょうよ) bonus / 奖金 / 상여

■ 今年(ことし)の夏(なつ)の賞与は、1.8カ月(げつ)に決(き)まったそうだ。

▶ I understand that this year's summer bonus was set at 1.8 months' pay.

▶ 据说今年夏天的奖金定为1.8个月的工资。

▶ 올해 여름의 상여금은, 1.8 개월(분)으로 결정되었다고 한다.

1053 | 省略(しょうりゃく) abbreviation, omission / 省略 / 생략 ~する abbreviate; omit / 省略 / 생략하다

■ 上記(じょうき)と同(おな)じ場合(ばあい)は、詳(くわ)しい記載(きさい)を省略して結構(けっこう)です。

▶ If it is the same as above, you may omit listing details.

▶ 如果和上述的相同，可以省略详细记载。

▶ 상기와 같은 경우, 자세한 기재를 생략해도 괜찮습니다.

1054 | 少量(しょうりょう) low-volume / 少量 / 소량

■ 新(あたら)しい加工技術(かこうぎじゅつ)は、少量生産(せいさん)に適(てき)しています。

▶ The new processing technology is suitable for low-volume production.

▶ 新的加工技术适合少量生产。

▶ 새로운 가공기술은 소량생산에 적합합니다.

■ このクリームは、少量のご使用(しよう)でも効果(こうか)が表(あらわ)れます。

▶ This cream's effectiveness can be seen even with a small amount.

▶ 即使用少量这样的乳液，同样能出效果。

▶ 이 크림은 소량 사용으로도 효과가 나타납니다.

1055 | 奨励(しょうれい) encouragement / 奖励 / 장려 ~する encourage, promote / 鼓励 / 장려하다

■ A社(しゃ)は、資格取得(しかくしゅとく)を奨励していて、会社(かいしゃ)が受験料(じゅけんりょう)を負担(ふたん)するそうです。

▶ Company A encourages employees to acquire higher qualifications, and they will pay the examination fee.

▶ 听说A公司鼓励职员考取资格，考试费用由公司负担。

▶ A 사는 자격취득을 장려하고 있어서, 회사가 수험료를 부담한다고 합니다.

1056 **職員**（しょくいん） staff / 职员 / 직원

■ 市（し）では臨時（りんじ）の職員を募集（ぼしゅう）しています。

▶ The city is recruiting temporary staff.

▶ 市里正在招临时职员。

▶ 시에서는 임시 직원을 모집하고 있습니다.

参 大学職員

1057 **処遇**（しょぐう） treatment / 待遇 / 처우 ～する deal with / 处理 / 처우하다

■ 会社（かいしゃ）は、従業員（じゅうぎょういん）の実績（じっせき）をきちんと評価（ひょうか）し、公平（こうへい）に処遇しなければならない。

▶ The company must properly evaluate the performance of employees and deal with them equally.

▶ 公司必须认真评价职员的实际业绩，给以公平的待遇。

▶ 회사는 종업원의 실적을 정확히 평가하고, 공평하게 처우해야 한다.

■ 会員規則（かいいんきそく）に違反（いはん）した田中氏（たなかし）への処遇が決（き）まった。

▶ The treatment of Mr. Tanaka who violated the membership rules was decided.

▶ 对违反会员规则的田中的处理方法已经定下来了。

▶ 회원규칙을 위반한 다나카 씨에 대한 처우가 결정되었다.

1058 **職種**（しょくしゅ） occupation / 职业种类 / 직종

■ A社（しゃ）では、雇用形態（こようけいたい）や職種によって、給与体系（きゅうよたいけい）が異（こと）なる。

▶ At Company A, the pay structure differs depending on type of employment and job category.

▶ 在A公司，不同的雇用形态或职业种类的工资体系就不同。

▶ A 사는 고용형태나 직종에 따라, 급여체계가 다르다.

参 希望職種

1059 **職人**（しょくにん） craftman / 手艺人，工匠 / 장인

■ この店（みせ）の家具（かぐ）は、すべて、家具職人の手作（てづく）りによるものです。

▶ All furniture in this shop is made by craftsmen.

▶ 这家店的家具，全都是家具工匠手工制作的。

▶ 이 가게의 가구는, 모두 가구 장인이 손으로 만든 것입니다.

参 職人技、職人芸

1060 **助言**（じょげん） advice / 出主意 / 조언 ～する advise / 出主意 / 조언하다

■ 部長（ぶちょう）に、販売部（はんばいぶ）ともっと打合（うちあわ）せをしたほうがいいと助言された。

▶ The department head advised me that I should discuss things more with the sales department.

▶ 给部长出主意："最好能和销售部再谈谈。"

▶ 부장님께「판매부와 상의를 더 하는 편이 좋다」라고 조언받았다.

参 助言を得る、助言を求める

1061 | 所在地　location / 所在地 / 소재지

■ 会社の電話番号は書いてあるけど、所在地は書いてない。

▶ The company's phone number is listed, but it doesn't say where it's located.

▶ 虽然写着公司的电话号码，但没有写所在地。

▶ 회사 전화번호는 써 있지만，소재지는 써 있지 않다.

1062 | 助手席㋑　passenger seat / 副驾驶座 / 조수석

1063 | 所存　view, intent / 打算 / 생각，소견

■ 今後もお客様のご要望に沿うべく、サービスの向上に努めてまいる所存です。

▶ We intend to strive to improve service to better meet the demands of our customers.

▶ 为了满足客户的要求，打算今后努力提高服务质量。

▶ 앞으로도 고객님의 요구에 따르고，서비스 향상에 최선을 다할 생각입니다.

1064 | 初対面　first meeting / 初次见面 / 첫 대면

■ 新規にお取引をいただいたA社の吉田専務とは、今回が初対面です。

▶ This was my first time meeting Executive Director Yoshida of Company A, with which we have new business dealings.

▶ 和新客户A公司的吉田董事，今天是第一次见面。

▶ 신규 거래를 한 A사의 요시다 전무님과는 이번이 첫 대면입니다.

1065 | 処置　procedures / 处理，措施 / 처치　**～する** deal with / 处理，措施 / 처치하다

■ ウィルスに感染した場合、どういう処置が必要か、確認しておいてください。

▶ Please confirm what procedures are necessary in the event you receive a virus attack.

▶ 如果受到电脑病毒侵袭，请确认需要进行什么样的处理。

▶ 바이러스 공격을 받은 경우，어떤 처치가 필요한지 확인해 두십시오.

■ A社は、アプリケーションの欠陥に関して、暫定処置を発表した。

▶ Company A announced provisional measures relating to the defects in the application.

▶ 关于应用程序的缺陷问题，A公司发表了暂定措施。

▶ A사는 애플리케이션 결함에 대해 잠정조치를 발표했다.

㊥ 応急処置　emergency procedure / 应急处理 / 응급처치

1066 | 所定　designated / 指定 / 소정의

■ お申し込みの方は、所定の用紙にご記入ください。

▶ Applicants should please fill in the designated form.

▶ 如果想报名，请在指定用纸上填写。

▶ 신청하실 분은 소정의 용지에 기입해 주십시오.

㊥ 所定の場所

1067 | 所得（しょとく） income / 收入 / 소득, 수입

■ 公立の保育園は、親の所得によって、保育料が決められている。
▶ Fees for day care at public preschools are based on the family's income.
▶ 公立托儿所的托儿费，根据父母的收入而定。
▶ 공립 보육원은 부모의 소득에 따라 보육료가 정해져 있다.

[参] 所得格差

1068 | 初任給（しょにんきゅう） initial salary / 初次任职的薪金 / 초봉

■ A社の大卒初任給は、約22万円です。
▶ The starting salary for university graduates in Company A is about 220,000 yen.
▶ A公司大学毕业生的初次任职薪金大约是22日元。
▶ A 사의 대졸 초봉은 약 22 만엔입니다.

1069 | 初年度（しょねんど） first year / 第一年 / 초년도

■ 横浜店のオープン初年度は、約250万円の黒字となった。
▶ They were about ¥2.5 million in the black during the first year the Yokohama store was open.
▶ 横滨店在开张第一年就创下了250万的盈利。
▶ 요코하마 점 오픈 초년도는 약 250 만엔의 흑자였다.

1070 | 処分（しょぶん） disposal, punishment / 处理，处分 / 처분 ～する dispose, get rid of / 处分 / 처분하다

■ このパソコン、ずっと使ってないし、処分したほうがいいんじゃない？
▶ You haven't used this computer in a long time. Shouldn't you get rid of it?
▶ 这个电脑一直没有用，是不是应该处理了？
▶ 이 컴퓨터, 한참 쓰지 않았고, 처분하는 게 좋지 않아?

■ 市は、飲酒運転で事故を起こした職員の処分を発表した。
▶ The city announced the punishment for staff members who caused an accident while driving drunk.
▶ 市里公布了对饮酒驾车导致事故的职员的处分。
▶ 시는 음주운전으로 사고를 낸 공무원의 처분을 발표했다.

[参] ごみを処分する、在庫処分

1071 | 署名（しょめい） signature / 署名 / 서명 ～する sign / 署名 / 서명하다

■ ご質問などがなければ、契約書にご署名をお願いします。
▶ If there are no questions, please sign the agreement.
▶ 如果没有什么问题，请在合同上署名。
▶ 질문 등이 없으시면, 계약서에 서명 부탁드립니다.

1072 | 書面（しょめん）　document, writing / 书面 / 서면

■ 伊藤先生には、先日電話でお願いし、その後、書面でも依頼をしました。
▶ I asked Professor Ito by phone the other day, and after that I also made the request in writing.
▶ 前些天曾打电话拜托了伊藤老师，后来又以书信形式拜托过。
▶ 이토 선생님께는 일전에 전화로 부탁하고，그 뒤에 서면으로도 의뢰했습니다.

■ 口約束では心配ですから、書面で記録を残すようにしてください。
▶ Verbal agreements are a concern, so please make a documentary record.
▶ 如果是口头约定总是不放心，请尽量留下书面记录。
▶ 구두약속으로는 걱정이 되니까，서면으로 기록해 두도록 해 주십시오.

1073 | 所用（しょよう）　business, errand / 事务 / 용무

■ 高橋は今、所用で外出しております。
▶ Mr. Takahashi is out now on business.
▶ 高桥现在因事外出。
▶ 다카하시는 지금，용무가 있어 외출 중입니다.

1074 | 所要時間（しょようじかん）　required time / 所需时间 / 소요시간

■ 東京駅から展示会場まで、所要時間はだいたい1時間20分です。
▶ The time required from Tokyo Station to the event hall is about 1 hour and 20 minutes.
▶ 从东京站到展览会场所需时间大约是1小时20分。
▶ 도쿄역에서 전시회장까지의 소요시간은 약 1시간 20 분입니다.

1075 | 処理（しょり）　dealing / 处理 / 처리　～する process / 处理 / 처리하다

■ 問い合わせを3件、急いで処理しなければならない。
▶ I need to quickly process 3 inquiries.
▶ 必须马上处理3个咨询。
▶ 문의를 3 건，서둘러 처리하지 않으면 안 된다.

■ 新しいシステムの導入によって、事務処理がスピードアップした。
▶ Office processes have sped up with the introduction of the new system.
▶ 通过引入新的系统，办理事务的速度提高了。
▶ 신 시스템의 도입에 의해 사무 처리 속도가 빨라졌다.

参 ごみ処理場、クレーム処理、情報処理

1076 | 序列（じょれつ）　rank / 序列 / 서열

1077 | シリーズ

series / 系列，一套 / 시리즈

■ DVD「世界の美術館シリーズ」の第７巻が発売になった。

▶ Volume seven of the world art museum DVD collection has been released.

▶ DVD《世界美术馆系列》的第7卷已开始销售。

▶ DVD「세계 미술관 시리즈」의 제 7 권이 발매되었다.

参 シリーズもの、人気シリーズ、シリーズ企画

1078 | 資料

material, data / 资料 / 자료

■ 明日の会議の資料、人数分コピーしておいてください。

▶ Please make enough copies of the materials for everyone for tomorrow's meeting.

▶ 请按人数复印明天的会议资料。

▶ 내일 회의 자료, 인원수만큼 복사해 놓아 주십시오.

■ 企画の参考になるような資料があれば、見せていただけますか。

▶ Could you show me data I can refer to for this plan, if you have any.

▶ 如果有做计划时能参照的资料，请让我看看。

▶ 기획에 참고가 될 자료가 있으면 보여주시겠습니까?

参 統計資料、資料請求、配布資料、添付資料

1079 | 事例

example, case study / 事例 / 사례

■ 主婦のアイデアが商品になった事例を、いくつか紹介します。

▶ I will introduce several examples of housewives' ideas becoming products.

▶ 介绍了几个按家庭主妇的构思制造商品的事例。

▶ 주부의 아이디어가 상품이 된 사례를 몇 가지 소개하겠습니다.

■ このサイトでは、ネットショップの成功事例を、多数紹介している。

▶ They introduce several examples of successful net shops on this site.

▶ 在这个网页上，介绍了许多网上商店的成功事例。

▶ 이 사이트에서는 인터넷 숍의 성공 사례를 다수 소개하고 있다.

1080 | 辞令

letter of appointment / 任免命令 / 사령

■ 先日、辞令が出て、来月から本社勤務になった。

▶ The letters of appointment came out the other day, and I'll be working at the head office from next month.

▶ 前几天公布了任命书，从下个月开始要在总公司上班了。

▶ 일전에 사령을 받아, 다음 달 본사근무를 하게 되었다.

1081 | 素人

amateur / 外行 / 아마추어

■ 難しい用語ばかり使わないで、素人にもわかるように話してほしい。

▶ Don't use just difficult words. Put it in layman's terms.

▶ 希望讲的时候不要光用难懂的专业术语，而是要让外行人也明白。

▶ 어려운 용어만 쓰지 말고, 아마추어도 알 수 있게 얘기해 주었으면 한다.

■ 彼(かれ)はこの分野(ぶんや)では素人なので、プロの助(たす)けが必要(ひつよう)だ。

▶ The company representative is an amateur in this field and will need the help of a pro.

▶ 公司的负责人在这个领域是外行，需要专业人士的帮助。

▶ 회사의 담당자는 이 분야에서는 아마추어여서 프로의 도움을 필요로 한다.

参 素人判断

1082 | 仕分(しわ)け sorting / 分类 / 분류 ~する sort / 分类 / 분류하다

■ 注文(ちゅうもん)を受(う)けた商品(しょうひん)を、納品(のうひん)先別(さきべつ)に仕分けするのに、アルバイトが必要(ひつよう)だね。

▶ We'll need a part-timer to sort by recipient the products we've received orders for.

▶ 要想将接受订货的商品按不同客户进行分类，需要雇佣临时工。

▶ 주문을 받은 상품을 납품처 별로 분류하는데 아르바이트가 필요해.

参 仕分け作業

1083 | 仕分(しわ)ける sort / 分类 / 분류하다

■ 受信(じゅしん)したメールを顧客別(こきゃくべつ)に仕分けたら、仕事(しごと)の能率(のうりつ)が上(あ)がった。

▶ Once I'd sorted the e-mails by customer, work efficiency went up.

▶ 将收到的邮件按顾客分类后果真工作效率提高了。

▶ 받은 메일을 고객별로 분류했더니, 일의 능률이 올랐다.

1084 | しわ寄(よ)せ shifting of economic burden / 不良影响 / 피해

■ パート従業員(じゅうぎょういん)を大幅(おおはば)に減(へ)らした結果(けっか)、正社員(せいしゃいん)にしわ寄せが来(き)て、残業(ざんぎょう)が増(ふ)えた。

▶ As a result of significantly reducing part time workers, it shifted to the full time employees, and overtime increased.

▶ 由于大幅度削减了临时工，给正式职员带来了不良影响，加班增多了。

▶ 아르바이트 종업원을 대폭 줄인 결과, 정사원에게 피해가 와서 잔업이 늘었다.

参 しわ寄せを受ける

1085 | 人員(じんいん) staff, personnel / 人员 / 인원

■ 求人広告(きゅうじんこうこく)を見(み)ると、A社(しゃ)の募集(ぼしゅう)人員は8人(にん)になっている。

▶ Looking at the help-wanted ads, Company A is seeking to hire 8 people.

▶ 看招聘广告上，A公司招8个人。

▶ 구인광고를 보니, A사의 모집인원은 8명으로 되어 있다.

■ 横浜鉄道(よこはまてつどう)では、5年間(ねんかん)で10%の人員削減(さくげん)を計画(けいかく)している。

▶ At Yokohama Railroad they plan to cut personnel by 10% over five years.

▶ 横滨铁路计划在5年内削减10%的人员。

▶ 요코하마 철도에서는 5년동안 10%의 인원삭감을 계획하고 있다.

1086 | 新規 new / 从新 / 신규 신규로 ~に new / 新规章 / 신규에

■ 広告の効果があったようで、今週は新規のお客さんからの問い合わせが多い。

▶ It appears the ad was effectiue, and there are a lot of inquries from new customers this week.

▶ 广告似乎奏效了，这周来自于新客户的咨询很多。

▶ 광고 효과가 있었던 듯, 이번 주는 신규고객의 문의가 많다.

■ 売り上げをさらに伸ばすために、取引先を新規に開拓しなければならない。

▶ In order to further expand sales, we have to develop new clients.

▶ 为了能进一步提高营业额，必须从新开拓客户。

▶ 매상을 더욱 늘리기 위해, 거래처를 신규 개척해야 한다.

参 新規登録、新規事業、新規参入

1087 | 人件費 personal cost / 人员费 / 인건비

■ イベントの運営にはたくさんのスタッフが動員されるので、人件費が相当かかる。

▶ A lot of staff are mobilized to run the event, so a lot of labor costs are incurred.

▶ 活动的运营中动用了大批工作人员，需要花费很多的人员费。

▶ 이벤트 운영에 많은 스태프가 동원되므로 인건비가 상당히 든다.

1088 | 進行 progress / 进行 / 진행 ~する moving forward / 进行 / 진행하다

■ 複数のプロジェクトが同時に進行しているので、うちの部は今とても忙しい。

▶ We're moving forward with multiple projects simultaneously, so our department is currently very busy.

▶ 因为在同时进行多个项目，现在我们部门特别忙。

▶ 여러 프로젝트가 동시에 진행되고 있어서, 우리 부서는 지금 매우 바쁘다.

参 進行役

1089 | 振興 development / 振兴 / 진흥

■ Y市は、地元産業の振興のために、地元ブランドの野菜や果物の販売を開始した。

▶ City Y started selling its local brand vegetables and fruits to develop local industry.

▶ Y市为了振兴当地产业，开始销售当地的品牌蔬菜和水果。

▶ Y시는 지역산업의 진흥을 위해, 지역 브랜드의 채소나 과일의 판매를 개시했다.

1090 | 審査 judgement / 审查 / 심사 ~する judge / 审查 / 심사하다

■ 応募作品の審査結果は、10月15日に発表します。

▶ We will announce the winners of the art contest on October 15.

▶ 投稿应征作品的审查结果，会在10月15日公布。

▶ 응모작품의 심사결과는 10월 15일에 발표합니다.

参 資格審査、審査員

1091 | 人材　personnel, human resources / 人才 / 인재

■ 企業が生き残るにためには、優秀な人材を確保することが重要です。

▶ The acquisition of talented personnel is vital for a company's survival.

▶ 企业要想生存下去，重要的是确保优秀的人才。

▶ 기업이 살아남기 위해서는 우수한 인재를 확보하는 것이 중요합니다.

■ 最近、人材を育成する社内研修に力を入れる企業が、増えている。

▶ Recently companies that are focusing on in-house human resource training are increasing.

▶ 最近，在培养人才的内部研修方面下大力气的企业增多了。

▶ 최근, 인재를 육성하는 사내연수에 힘을 쏟는 기업이 늘고 있다.

参 人材不足、人材募集

1092 | 人事　personnel / 人事 / 인사

■ 今回のプロジェクトの人事は、課長に一任されている。

▶ The section chief is completely in charge of personnel for this project.

▶ 本次项目的人事问题全权委托给了科长。

▶ 이번 프로젝트의 인사는 과장에게 일임되어 있다.

■ 採用後の配属については、人事部から通知があります。

▶ Notification will be made by the HR Department regarding position assignments after hiring.

▶ 关于录用后的部门分配，人事部会有通知的。

▶ 채용 후의 배속에 대해서는 인사부에서 통지가 있을 것입니다.

1093 | 進出　advancement / 进入 / 진출　~する advance / 进入 / 진출하다

■ A社は、アジアで成功した後、アメリカにも進出した。

▶ After succeeding in Asia, Company A advanced into America.

▶ A公司在亚洲成功后，成功地进入了美国。

▶ A 사는 아시아에서 성공한 뒤, 미국에도 진출했다.

1094 | 申請　application / 申请 / 신청　~する apply / 申请 / 신청하다

■ パソコンのソフトを買う場合も、購入申請の手続きが必要です。

▶ When purchasing PC software, a purchase application is requried.

▶ 购买电脑软件时也需要办理购买申请手续。

▶ 컴퓨터 소프트웨어를 살 경우에도, 구입 신청 절차가 필요합니다.

■ 正社員の場合、住宅補助を申請することができます。

▶ In the case of full-time employees, an application can be made for housing assistance.

▶ 如果是正式员工，能够申请住房补助。

▶ 정사원의 경우, 주택보조를 신청할 수 있습니다.

参 申請書、出張申請

1095 | 迅速 rapid / 迅速 / 신속　~な speedy / 迅速 / 신속한　~に speedly / 迅速 / 신속히

■ クレームには、迅速に対応することが大切です。

▶ It's important to respond rapidly to claims.

▶ 快速处理索赔问题是十分重要的。

▶ 크레임에는 신속하게 대응하는 것이 중요합니다.

■ 新しいソフトの導入によって、注文の処理を迅速に行うことができるようになった。

▶ With the implementation of the new software, I can now process orders more quickly.

▶ 通过引进新的软件，能迅速处理订货业务。

▶ 신 소프트의 도입에 따라, 주문 처리를 신속하게 할 수 있게 되었다.

1096 | 新卒 new graduate / 新毕业生 / 새졸업자

■ 弊社では、来春の新卒採用を予定しています。

▶ Our company expects to hire new graduates next spring.

▶ 弊公司计划录用明年春天的新毕业生。

▶ 저희 회사에서는 내년 봄 졸업예정생 채용을 예정하고 있습니다.

1097 | 信託 trust / 信托 / 신탁

■ 資産の運用は、投資信託の専門家に任せています。

▶ I entrust a financial planner with my asset management.

▶ 资产的运用，委托给了投资信托专家。

▶ 자산의 운용은 투자신탁 전문가에게 맡기고 있습니다.

参 信託銀行、投資信託　investment trust / 投资信托 / 투자신탁

1098 | 新築 newly built / 新建的房屋 / 신축　~する build new / 新建的房屋 / 신축하다

■ この家は、昨年暮れにできたばかりの新築です。

▶ This house was built new just at the end of last year.

▶ 这个房子是去年年底新建的。

▶ 이 집은 작년 말 무렵에 막 생긴 신축입니다.

参 新築マンション、新築祝い、新築物件

1099 | 進捗 progress / 进展 / 진척

■ プロジェクトの進捗状況は、毎月、担当役員に報告しています。

▶ I am reporting the status of progress each month to the executives in charge.

▶ 项目的进展情况每月都向负责人汇报。

▶ 프로젝트의 진척상황은 매달 담당 임원에게 보고 하고 있습니다.

1100 | 進呈 presentation / 赠送 / 드림　~する present / 赠送 / 드리다

■ キャンペーン期間中に入会された方には、粗品を進呈いたします。

▶ We are presenting a small gift to people who join during our campaign.

▶ 如果在宣传活动期间入会，我们将赠送薄礼。

▶ 캠페인 기간 중에 입회하신 분에게는 작은 선물을 드립니다.

1101 | 進展 development / 进展 / 진전 ~する develop, advancedevelopment / 进展 / 진전하다

■ 共同プロジェクトの計画は、社長同士の会談で、実現に向けて大きく進展した。

▶ The plan for this joint project advanced greatly towards realization with the discussion between the two presidents.

▶ 通过社长们之间的会谈，共同项目的计划朝着可行性方向前进了一大步。

▶ 공동 프로젝트 계획은 사장 간의 회담으로 실현을 향해 크게 진전했다.

1102 | 浸透 penetration / 渗透 / 침투 ~する penetrate, sink in / 渗透 / 침투하다

■ 発売して1年がたち、ようやく名前が浸透してきた。

▶ One year after going on sale, its name has finally made some penetration.

▶ 发售1年后，名字终于被人们熟悉了。

▶ 발매하고 1년이 지나，드디어 이름이 알려지기 시작했다.

■ 個人情報保護についての理解が、社内に浸透し始めている。

▶ Understanding of the importance of the protection of confidential information is starting to spread within the company.

▶ 对于保护个人信息的的理解，开始渗透到公司内部。

▶ 개인정보 보존에 대한 이해가 사내에 스며들기 시작했다.

1103 | 人望 has popularity / 有声望，受人爱戴 / 인망

■ 橋本さんは人望があるから、今回のプロジェクトのリーダーとして適任だと思います。

▶ I think Mr. Hashimoto is qualified to lead this project since he is popular.

▶ 桥本先生因为有声望，我想能胜任担当这次项目的领导。

▶ 하시모토 씨는 인망이 있어서，이번 프로젝트의 리더로서 적임이라고 생각합니다.

1104 | 信用 trust / 信任，信用 / 신용 ~する trust / 信任，信用 / 신용하다

■ ビジネスでは、お客様の信用を得ることが最も大切です。

▶ It's very important to gain customer trust in business.

▶ 商务活动中，最重要的是得到客户的信任。

▶ 비즈니스에서는 고객의 신용을 얻는 것이 가장 중요합니다.

参 信用取引、信用金庫

1105 | 信頼 trust / 信赖 / 신뢰 ~する trust / 信赖 / 신뢰하다

■ 顧客の信頼を得るためには、顧客の要望に対して、迅速かつ的確に答えることが必要です。

▶ In order to gain trust from customers, a quick and precise response to customer demands is necessary.

▶ 为了赢得顾客的信赖，需要对顾客的要求作出快速恰当的回应。

▶ 고객의 신뢰를 얻기 위해서는 고객의 요구에 대해 신속하고 명확하게 답하는 것이 필요합니다.

1106 | 推移(すいい) transition, transi / 推移 / 추이 ～する transit / 推移 / 변해가다

■ グラフで、月別(つきべつ)の入場者数(にゅうじょうしゃすう)の推移を見(み)てみましょう。

▶ Let's look at the transition in the number of visitors by month, as shown on this graph.

▶ 从图表中看各月入场人数的变化。

▶ 그래프에서, 월별 입장자 수의 추이를 봐 봅시다.

■ 今期(こんき)に入(はい)って、ネットでの売(う)り上(あ)げは、好調(こうちょう)に推移しています。

▶ The revenue on the Internet remains favorable since the beginning of this term.

▶ 进入本期后，网络上的销售状况转好。

▶ 이번 시기에 들어와서, 네트워크에서의 판매는 호조로 변해가고 있습니다.

1107 | 水準(すいじゅん) level / 水平，水准 / 수준

■ A 社(しゃ)の金属加工(きんぞくかこう)の技術(ぎじゅつ)は、世界最高(せかいさいこう)の水準(すいじゅん)です。

▶ Company A's metalworking technology is the world's best.

▶ A公司的技术加工技术，达到了世界最高水平。

▶ A 사의 금속 가공 기술은 세계 최고의 수준입니다.

参 給与水準、国際水準

1108 | 推進(すいしん) promotion / 推进 / 추진 ～する promote / 推进 / 추진하다

■ 市長(しちょう)は、記者会見(きしゃかいけん)で、宅地(たくち)開発(かいはつ)を推進すると発表(はっぴょう)した。

▶ The mayor announced plans to promote housing land development at a press conference.

▶ 在记者见面会上，市长发表说要推进住宅用地的开发。

▶ 시장은 기자회견에서, 택지개발을 추진하겠다고 발표했다.

1109 | 出納(すいとう) accounts / 出纳，收支 / 출납

■ 経理(けいり)の山田(やまだ)さんは、主(おも)に現金(げんきん)の出納業務(ぎょうむ)を担当(たんとう)している。

▶ Mr. Yamada of the accounting section is mainly in charge of cash accounts.

▶ 会计山田先生，主要负责现金的出纳业务。

▶ 경리인 야마다 씨는 주로 현금 출납 업무를 담당하고 있다.

1110 | 数値(すうち) numeric / 数值 / 수치

■ 新規契約(しんきけいやく)については、単(たん)に増(ふ)やすというのではなく、具体(ぐたい)的(てき)な数値目標(もくひょう)を立(た)ててください。

▶ For new contracts, don't consider just increasing sales, but make a specific financial target.

▶ 关于新的合约，不要单纯地增加数量，要制定具体的数值目标。

▶ 신규계약에 대해서는 단지 늘린다는 것이 아닌, 구체적인 수치 목표를 세워 주세요.

1111 | 数量 quantity / 数量 / 수량

■ 今回の新製品については、数量限定で予約注文を受けます。

▶ We will accept pre-orders in limited quantities for this new product.

▶ 关于这次的新产品，我们接受限定数量的预约订货。

▶ 이번 신제품에 대해서는 수량 제한으로 예약주문을 받습니다.

■ ファーストフードのMAXは、10周年を記念して、特大バーガーを数量限定で販売している。

▶ Fast Food MAX is selling a limited number of king size burgers in commemoration of its 10th anniversay.

▶ 快餐店MAX，为了纪念10周年，将限量出售特大汉堡。

▶ 패스트푸드점 MAX는 10주년을 기념해서, 특대버거를 한정 수량으로 판매하고 있다.

1112 | 据え置き deferment / 不变动 / 그대로 둠

■ ボリュームは20パーセントアップ。でも、値段は据え置きです。

▶ Volume is up by 20%, but the price has not changed.

▶ 分量增加20%，但价格不变。

▶ 볼륨은 20퍼센트 업. 하지만 가격은 그대로입니다.

1113 | 据え置く leave as it is / 使安定，不变化 / 그대로 두다，보류하다

■ A銀行は、短期返済の住宅ローンの金利を、当面据え置くと発表した。

▶ Bank A announced that it will leave the interest rate for short-term home loans unchanged at the moment.

▶ A银行公布，短期偿还的住房贷款的利息目前不会变动。

▶ A은행은 단기 변제의 주택 론의 금리를 당분간 그대로 둔다고 발표했다.

1114 | スキル skill / 技术，能力 / 기술

■ 最近、コミュニケーションスキルが不足している新入社員が多い。

▶ Recently, many new employees have a lack of communication skills.

▶ 最近，沟通能力不足的新社员增多了。

▶ 최근, 커뮤니케이션 기술이 부족한 신입사원이 많다.

■ 当社では、販売スキル向上のため、定期的に研修を行っています。

▶ Our company periodically offers training to improve sales skills.

▶ 在本公司，为了提高销售技巧，举办了定期的研修活动。

▶ 당사에서는 판매 기술 향상을 위해, 정기적으로 연수를 실시하고 있습니다.

参 スキルを身につける、プレゼンのスキル、スキルアップ

1115 | スケジュール　schedule / 时间表，计划表 / 스케줄

■ 今週はスケジュールが詰まっているけど、来週なら時間が取れるよ。

▶ Although I have a tight schedule this week, I will have time next week.

▶ 这周的时间安排的很满，如果是下一周，能找出时间。

▶ 이번 주는 스케줄이 꽉 차있지만, 다음 주라면 시간을 낼 수 있어.

参 制作スケジュール、スケジュール管理

1116 | ずさん　sloppiness / 不细致，杜撰 / 엉터리　~な sloppy / 中国语 / 엉터리인

■ そういうずさんな管理をしているから、大事な資料がなくなってしまうんだよ。

▶ You lost important papers because your organization is sloppy.

▶ 因为管理如此的不细致，才会丢失重要的资料。

▶ 그런 엉터리 관리를 하고 있으니까, 중요한 자료가 없어져 버리는 거야.

■ 高速道路の建設に関して、国のずさんな計画が問題になっている。

▶ The nation's faulty planning in highway construction has become an issue.

▶ 关于高速公路的建设，政府的粗糙计划引来了很大争议。

▶ 고속도로 건설에 관하여 국가의 엉터리 계획이 문제가 되고 있다.

1117 | スタッフ　staff / 工作人员 / 스텝

■ 経験豊富なスタッフが、お客様のお部屋探しをサポートします。

▶ Experienced staff help customers find apartments.

▶ 经验丰富的工作人员协助客人找房间。

▶ 경험이 풍부한 스텝이 손님의 방 찾기를 서포트 합니다.

■ 撮影スタッフが現場で待機しています。

▶ The film crew was standing by.

▶ 摄影人员已在现场待命。

▶ 촬영 스텝은 현장에서 대기하고 있습니다.

参 販売スタッフ

1118 | スチール　steel / 钢铁制品 / 스틸

■ スチールの缶は、青いゴミ箱に入れてください。

▶ Please put steel cans in the blue trash box.

▶ 铁制罐子请放入蓝色的垃圾箱里。

▶ 스틸캔은 파란 쓰레기통에 넣어 주십시오.

1119 | ストレス　stress / 压力，精神紧张 / 스트레스

■ あの人が上司じゃ、彼女もストレスたまるだろうなあ。

▶ She will be stressed out as long as he is her boss.

▶ 如果那种人是上司，估计她也挺郁闷的。

▶ 그 사람이 상사이니 그녀도 스트레스가 쌓일 거야.

■ 新しい販売計画が発表されて、売り上げノルマがみんなのストレスになっている。

▶ The stress level went higher when the new sales plan was announced.

▶ 新的销售计划被公布，销售定额给大家造成了压力。

▶ 새로운 판매계획이 발표되서 판매의 노르마가 모두의 스트레스가 되고 있다.

参 ストレス社会、ストレスを抱える、ストレス解消法

1120 | スパナ㋑　wrench / 螺丝钳，扳子 / 스패너

1121 | スパン　span / 时间跨度，跨距 / 기간，간격

■ 新システムがうまくいくかどうかは、半年から１年のスパンで見る必要がある。

▶ We need to see whether the new system will work well in a span of six months to a year.

▶ 新系统是否一切正常，需要观察半年到1年的时间。

▶ 새로운 시스템이 잘 될지，어떨지는 반년에서 1년 정도의 기간으로 볼 필요가 있다.

1122 | 図表　chart, diagram / 图表 / 도표

■ 添付の資料は、販売状況を図表で示したものです。

▶ The attached material shows sales conditions in a chart.

▶ 附加的资料用图表显示销售情况。

▶ 첨부 자료는 판매상황을 도표로 나타낸 것입니다.

1123 | スペース　space / 空间 / 스페이스，공간

■ うちのオフィスは狭いから、個人のロッカーを置くスペースがないんです。

▶ Our office is small, and we have no space for individual lockers.

▶ 我的办公室特别小，没有放个人柜子的空间。

▶ 우리 오피스는 좁아서，개인 로커를 놓을 공간이 없습니다.

■ コロン（:）の後にスペースを入れてください。

▶ Please put a space after the colon (:).

▶ 冒号（:）后请留出空来。

▶ 콜론 (:) 뒤에 스페이스를 넣어 주세요.

参 展示スペース、スペースを確保する

1124 | 済ませる　finish off / 弄完，结束 / 끝내다，마치다

■ チェーンのコーヒーショップでは、支払いを先に済ませて、飲食するところが多い。

▶ In many chain coffee shops, customers pay before they get their drinks and meals.

▶ 在连锁咖啡店，很多地方是先付钱后饮食。

▶ 커피 체인점에서는 지울 먼저 끝내고，식사를 하는 곳이 많다.

■ 時間がないから、食事は近場で済ませよう。

▶ We're in a hurry, so let's eat someplace nearby.

▶ 没有时间了，咱们就在附近吃饭吧。

▶ 시간이 없으니，식사는 근처에서 해결합시다.

参 手続きを済ませる

1125 | 済み(す)　done / 完了 / 끝남

■ お客様(きゃくさま)の場合(ばあい)、すでに登録(とうろく)済みなので、入会(にゅうかい)の手続(てつづ)きは要(い)りません。

▶ In your case, you have already resistered, so you don't need to do the admission procedures.

▶ 这位客人，您已经登记了，没有必要再办人会手续了。

▶ 고객님의 경우，이미 등록이 끝났기 때문에，입회수속은 필요없습니다.

■ 新(あたら)しい提案書(ていあんしょ)では、不鮮明(ふせんめい)だった写真(しゃしん)も修正(しゅうせい)済みになっています。

▶ Unclear photos have already been retouched in the new proposal.

▶ 新的提案书中，不清楚的照片也已修改完毕。

▶ 새로운 제안서에서는 선명하지 않았던 사진도 수정이 완료되어 있습니다.

参 確認済み

1126 | 速(すみ)やか　promptness / 快速 / 빠름

～な prompt / 快速 / 신속한
～に promptly / 快速 / 신속하게

■ 報告書(ほうこくしょ)は、プロジェクトの終了(しゅうりょう)後(ご)、速やかに提出(ていしゅつ)してください。

▶ Please submit the report promptly after the project is finished.

▶ 请在项目结束后快速提交报告。

▶ 보고서는 프로젝트 종료 후，신속하게 제출해 주십시오.

■ 終了時間(しゅうりょうじかん)になりましたら、速やかに退出(たいしゅつ)してください。

▶ The time is up, so please exit swiftly.

▶ 到结束时间了，请快速退场。

▶ 종료시간이 되면，신속히 나가 주십시오.

1127 | すみ分(わ)け　differentiation / 同类产品竞争 / 경쟁을 피하며 공존함

■ この企画(きかく)自体(じたい)は悪(わる)くないけど、ターゲットが同(おな)じMP500とのすみわけが問題(もんだい)だね。

▶ This plan itself is not bad, but it's a problem differentiateing from the MP500, which has the same target.

▶ 这个企画本身并不差，只是和目标相同的MP500的同类产品竞争是个问题。

▶ 이 기획 자체는 나쁘지 않은데，타겟이 같은 MP500과 경쟁을 피하며 공존하는 것이 문제네.

1128 | 済(す)む　finish / 结束，终了 / 끝나다

■ この分(ぶん)だと、梱包(こんぽう)はなんとか6時前(じまえ)には済みそうだ。

▶ If things go like this, packaging will be finished before 6 o'clock.

▶ 如果是这些，看来能想方设法在6点前捆包完毕。

▶ 이 정도면 짐 포장은 그럭저럭 6시 전에는 끝날 것 같다.

■ 早(はや)めに点検(てんけん)をしたのがよかったようで、大事(だいじ)に至(いた)らずに済んだ。

▶ It seemed like a good idea to check in earlier, so the problem wouldn't become serious.

▶ 幸亏提早检查了，这才没有酿成大祸。

▶ 일찌감치 점검을 했던 것이 다행인지，일이 크게 되지 않고 끝났다.

1129 | スムーズ smooth / 顺利，流畅 / 순조로움

～な smooth / 顺利，流畅 / 순조로운
～に smoothly / 顺利，流畅 / 순조롭게

■ このまま何事(なにごと)もなく、スムーズに行(い)けば、3月上旬(がつじょうじゅん)の発売(はつばい)になります。

▶ If it goes smoothly without incident, it wil be released in early March.
▶ 如果不发生什么事，一切进展顺利的话，将在3月上旬发售。
▶ 이대로 아무 일도 없이 순조롭게 가면，3월 초에 발매됩니다.

1130 | 図面(ずめん) drawing / 设计图 / 도면

■ 新店舗(しんてんぽ)の図面ができ上(あ)がってきた。

▶ The blueprint for the new store is ready.
▶ 新店铺的设计图纸完成了。
▶ 새점포의 도면이 완성되었다.

1131 | ずるずる slippery, drifting off / 趾溜溜，拖拖拉拉 / 질질

■ A支店(してん)の売上(うりあげ)は、数(すう)カ月前(げつまえ)までずっとトップだったのに、最近(さいきん)ずるずると後退(こうたい)している。

▶ Branch Office A was consistently the top in sales until just a few months ago, but recently, its sales have been slipping.
▶ A分店的营业额在几个月前一直名列榜首，但最近却在趾溜溜后滑。
▶ A 지점의 매상은 수개월 전까지 계속 최상위였는데 최근 조금씩 후퇴하고 있다.

■ 第(だい)2巻(かん)の発売時期(はつばいじき)がずるずると延(の)びている。

▶ The sales launch date of the second edition has drifted into delays.
▶ 第2卷的发表日期一直在拖拖拉拉地延迟。
▶ 제 2권의 발매시기가 어물어물 연장되고 있다.

1132 | ずれ込(こ)む delay / 推延到 / 늦춰지다

■ 新製品(しんせいひん)の出荷(しゅっか)が週明(しゅうあ)けにずれ込んだ。

▶ Shipment of the new product was delayed after the beginning of the week.
▶ 新产品的上市推延到了下周初。
▶ 신제품의 출하가 다음 주 초로 늦춰졌다.

1133 | ～製(せい)㊃ made / 制造 / ～제，～제품

㊟ 日本製、皮製、プラスチック製

1134 | 誠意(せいい) good faith / 诚意 / 성의

■ A社(しゃ)の営業担当(えいぎょうたんとう)は、言(い)い訳(わけ)ばかりで誠意が感(かん)じられない。

▶ I don't think Company A's salesman is very sincere, because he always makes excuses.
▶ A公司负责推销的人在辩解，感觉不到诚意。
▶ A 사의 경영담당은 변명 만할 뿐 성의가 느껴지지 않는다.

■ 当社の商品は、職人が一つ一つ誠意を込めて作っております。

▶ All of our products are lovingly produced by skilled artisans.

▶ 我们公司的商品，是工匠们一个个诚心诚意地制作出来的。

▶ 당사의 상품은 장인이 하나하나 성의를 담아 만들었습니다.

参 誠意を尽くす

1135 | 成果　achievement / 成果 / 성과

■ 今回の研究には大きな期待が寄せられたが、十分な成果は得られなかった。

▶ This study raised big hopes, but the results were insufficient.

▶ 这次的研究被寄予了厚望，却没有获得满意的成果。

▶ 이번 연구에는 큰 기대가 모아졌지만, 충분한 성과는 얻지 못했다.

■ 今回の展示会では、わが社の新技術を披露できたのが、最大の成果です。

▶ Our greatest achievement at this exhibit was that our company was able to announce our new technologies.

▶ 此次展览会的最大成果是展示了我们公司的最新技术。

▶ 이번 전시회에서는 우리 회사의 신기술을 소개할 수 있었던 것이 가장 큰 성과입니다.

参 成果を収める、成果主義

1136 | 正規　formal, official / 正规 / 정규

■ 飛行機代は、正規料金だとずい分高い。

▶ Formal airplane fee is very expensive.

▶ 如果按正式规定的费用，机票是很贵的。

▶ 비행기 값은 정규요금이라면 매우 비싸다.

1137 | 請求　requisition / 请求 / 청구　～する request / 请求 / 청구하다

■ 資料請求をすれば、最新のカタログが送ってもらえる。

▶ If you request it, you can have the latest catalog sent.

▶ 如果索取资料，能得到最新的商品目录。

▶ 자료 청구를 하면, 최신 카탈로그를 받을 수 있다.

■ 月末締めで請求するので、2日に納品した分は翌月の扱いになります。

▶ Since we close our accounts at the end of the month, we will deal with the items delivered on the 2nd next month.

▶ 因为在月末总算结账，2日交的货要在下一个月结算。

▶ 월말 정산으로 청구하기 때문에, 2일에 납품한 것은 다음 달에 취급됩니다.

■ 仕事で使ったのなら、タクシー代も請求できます。

▶ If you use a taxi for business, you can request reimbursement.

▶ 如果是工作需要，还可以申请打车费。

▶ 일 때문에 사용한 것이라면 택시비도 청구할 수 있습니다.

参 請求書

1138 | 盛況　flourishing / 盛况 / 성황

■ 展示会は、連日、大盛況でした。

▶ The exhibition was well-attended every day.

▶ 展示会连日来都呈现出了盛况。

▶ 전시회는 연일 대성황이었습니다.

1139 | 制限 restriction / 限制 / 제한 ~する restrict / 限制 / 제한하다

■ A社の場合、応募資格に年齢制限を設けている。

▶ Company A sets age limits for recruits.

▶ A公司在招人的时候，设定了年龄限制。

▶ A사의 경우, 응모자격에 연령제한을 하고 있다.

参 アクセス制限パ、制限時間

1140 | 税込み tax included / 含税金 / 세금포함

■ 店頭での価格表示は、すべて税込みにしなければならない。

▶ We must display the retail price plus tax.

▶ 店里标明的价格必须都包含税金。

▶ 점두에서의 가격표시는 전부 세금포함으로 해야 한다.

反 税別

参 税込み価格

1141 | 精査 careful check / 详查，细查 / 자세히 조사함 ~する examine carefully / 详查，细查 / 자세히 조사하다

■ 今月の売上を計上して、精査の上、部長の承認をもらってください。

▶ After you add up this month's sales, please have the general manager check the figures closely and give his approval.

▶ 在计算并详细核查本月营业额时，要得到部长的认可。

▶ 이번달 매상을 계상해서 자세히 조사한 후, 부장님의 승인을 받아 주십시오.

■ 監督官庁から指摘された問題点を精査し、技術的に解決できるかどうか検討することにした。

▶ We decided to closely investigate problems pointed out by the audit office and review technical solutions.

▶ 详查监督官厅指出的问题点，探讨是否能在技术上得以解决。

▶ 감독관청에서 지적받은 문제점을 자세히 조사해서, 기술적으로 해결할 수 있을지 어떨지 검토하기로 했다.

1142 | 制作 production / 创作，制作 / 제작 ~する produce / 创作，制作 / 제작하다

■ 今回のパンフレットは、制作費を抑えるため、部内の外国人社員に翻訳を頼むことになった。

▶ To save production costs on this pamphlet, we asked a foreign employee in the section to help us.

▶ 这次的小册子，因为要压低制作费用，最后拜托内部的外国职员翻译的。

▶ 이번 팸플릿은 제작비 절감을 위해서, 부서 내의 외국인 사원에게 번역을 부탁하기로 했다.

■ マニュアルの制作は、すでに業者に発注しました。

▶ We have already ordered manual production to an outside vendor.

▶ 关于说明书的制作，已经向专业公司订货了。

▶ 매뉴얼 제작은 이미 업자에게 발주했습니다.

参 CMの制作、ホームページの制作、番組制作

1143 | 製作（せいさく） manufacturing / 制造，生产 / 제작 **～する** manufacture / 制造，生产 / 제작하다

■ A社のプラスチック金型を製作する技術は、業界内でも定評がある。

▶ Company A's technology for producing molded plastic products has a strong reputation in the industry.

▶ A公司制造塑料模型的技术，得到了业界的公认。

▶ A 사의 플라스틱 금형을 제작하는 기술은 업계 내에서도 정평이 나 있다.

[参] 映画製作会社

1144 | 生産（せいさん） production / 生产 / 생산 **～する** produce / 生产 / 생산하다

■ この技術を使うことで、大量生産が可能になった。

▶ Use of this technology allows mass production.

▶ 通过使用这项技术，就能够大量生产了。

▶ 이 기술을 사용함으로써, 대량생산이 가능해졌다.

■ 需要はどんどん増えているのに、生産が追いつかない。

▶ Production cannot keep up with greatly increasing demand.

▶ 尽管需求量不断增加，生产却跟不上。

▶ 수요는 점점 늘고 있는데, 생산이 그에 미치지 못한다.

[参] 生産方式、生産管理

1145 | 精算（せいさん） adjustment / 精算 / 정산 **～する** adjust an account / 精算 / 정산하다

■ 今回の出張精算はまだ終わっていない。

▶ I haven't finished paying off the cost of this business trip.

▶ 这次的出差精算还没有弄完。

▶ 이번 출장 정산은 아직 끝나지 않았다.

1146 | 清算（せいさん） liquidation / 清算 / 청산 **～する** liquidate / 清算 / 청산하다

■ 不況の中、N社は、いくつかの子会社を清算した。

▶ In the midst of a recession, Company N liquidated several subsidiaries.

▶ 由于经济不景气，N公司清算了几家子公司。

▶ 불황 속에서 N 사는 몇 개의 자회사를 청산했다.

1147 | 生産性（せいさんせい） productivity / 生产率，生产能力 / 생산성

■ A社は、生産性を高めるために、各地にある工場を一カ所に集めることにした。

▶ Company A decided to consolidate its plants around the nation in one place to increase productivity.

▶ A公司为了提高生产率，将各地的工厂都集中到了一起。

▶ A 사는 생산성을 높이기 위해서 각지에 있는 공장을 한 곳으로 모으기로 했다.

1148 | 生産的(せいさんてき) productive / 建设性的 / 생산적 ～な productive / 生产性，建设性 / 생산적인

■ 今日(きょう)の会議(かいぎ)では、生産的な意見(いけん)がたくさん出(で)た。

▶ Many productive suggestions came up in today's meeting.

▶ 在今天的会议上，出现了许多建设性的意见。

▶ 오늘 회의에서는 생산적인 의견이 많이 나왔다.

1149 | 正式(せいしき) official / 正式 / 정식 ～な official / 正式 / 정식적인 ～に officially / 正式 / 정식으로

■ 施設(しせつ)の正式名称(めいしょう)は、来週決定(らいしゅうけってい)される。

▶ The official name of the facility will be determined next week.

▶ 设施的正式名称将在下周决定。

▶ 시설의 정식 명칭은 다음 주 결정된다.

■ Aさんは、委員会(いいんかい)のメンバーとして正式に認(みと)められた。

▶ Mr. A was officially approved as a committee member.

▶ A先生已被认定为委员会的正式成员。

▶ A 씨는 위원회의 멤버로서 정식으로 인정받았다.

参 正式発表

1150 | 性質(せいしつ) characteristics / 性质 / 성질

1151 | 誠実(せいじつ) sincerity / 诚实 / 성실 ～な sincere / 诚实 / 성실한 ～に sincerely / 诚实 / 성실하다

■ メール一つ見(み)ても、彼(かれ)の誠実な人柄(ひとがら)が感(かん)じられる。

▶ I sense his sincere personality even from e-mail.

▶ 单从邮件看，也能感觉出他的诚实品质。

▶ 메일 하나를 보더라도, 그의 성실한 인품이 느껴진다.

■ 誠実に対応(たいおう)したつもりだが、まだ誤解(ごかい)されたままだ。

▶ I'm still misunderstood though I tried to communicate sincerely.

▶ 我自以为在真诚对待，却依然遭到了误解。

▶ 성실하게 대응했다고 생각했는데, 아직 오해받을 채도 있다.

1152 | 清書(せいしょ) fair / 誊清，抄写清楚 / 청서，정서 ～する make a fair copy / 誊清，抄写清楚 / 청서하다，정서하다

1153 | 正常(せいじょう) normal / 正常 / 정상 ～な normal / 正常 / 정상적인 ～に normally / 正常 / 정상적으로

■ プリンターが正常に作動(さどう)しない。

▶ The printer does not function normally.

▶ 打印机无法正常运转。

▶ 프린터가 정상적으로 작동하지 않는다.

■ 事故(じこ)で遅(おく)れていた中央線(ちゅうおうせん)のダイヤが、やっと正常に戻(もど)った。

▶ Finally, the Chuo Line is back on schedule after delays caused by an accident.

▶ 由于事故而延误的中央线的行车时刻表已恢复正常。

▶ 사고로 늦어진 츄오센의 운행시간이 겨우 정상으로 돌아왔다.

1154 | 製造(せいぞう) manufacturing / 制造 / 제조 ~する manufacture / 制造 / 제조하다

■ 記載(きさい)によると、この製品(せいひん)は2000年(ねん)に大阪(おおさか)で製造されています。

▶ This product was manufactured in 2000, in Osaka, according to the description.

▶ 据记载，这种产品是2000年在大阪被制造的。

▶ 기재에 의하면, 이 제품은 2000 년에 오사카에서 제조되었습니다.

参 製造業

1155 | 製造年月日(せいぞうねんがっぴ) date of manufacture / 成产日期 / 제조년월일

■ 製造年月日は、裏面(うらめん)に表示(ひょうじ)されています。

▶ The date of manufacture is displayed on the back.

▶ 成产日期印在背面。

▶ 제조년월일은 뒷면에 표시되어 있습니다.

1156 | 成長(せいちょう) grow, develop / 成长 / 성장 ~する grow, develop / 成长 / 성장하다

■ A 社(しゃ)は、新素材開発(しんそざいかいはつ)の成功(せいこう)によって、大(おお)きく成長した企業(きぎょう)です。

▶ Company A is a fast growing company due to its success in developing new raw materials.

▶ A公司是靠新材料的成功开发迅速成长起来的企业。

▶ A 사는 신소재개발의 성공으로 크게 성장한 기업입니다.

参 経済成長率、成長産業、経済成長

1157 | 制度(せいど) system / 制度 / 제도

■ わが国(くに)の年金(ねんきん)制度は、少子(しょうし)高齢社会(こうれいしゃかい)の到来(とうらい)と共(とも)に、さまざまな問題(もんだい)を抱(かか)えている。

▶ Our nation's pension system has various problems resulting from an aging society and a falling birthrate.

▶ 我国的年金制度，除了少子高龄化的到来，还面临着各种问题。

▶ 우리나라의 연금제도는 저출산고령화의 도래와 함께, 많은 문제를 떠안고 있다.

■ うちの会社(かいしゃ)でも、退職金(たいしょくきん)制度の見直(みなお)しが始(はじ)まるらしいよ。

▶ Our company will also start reviewing the retirement allowance system.

▶ 在我们的公司，似乎也要开始重新认识退休金制度了。

▶ 우리 회사에서도 퇴직연금제도의 검토가 시작될 것 같아.

参 制度を設ける

1158 | 正当(せいとう) right / 正当 / 정당 ~な right / 正当 / 정당한 ~に rightly / 正当 / 정당하게

■ 正当な理由(りゆう)なしに、減給(げんきゅう)したり解雇(かいこ)したりすることは、労働基準法(ろうどうきじゅんほう)で禁(きん)じられている。

▶ Wage reductions and dismissal without reasonable cause are prohibited by the Labor Standard Act.

▶ 没有正当理由就减工资或解雇，是劳动基准法所禁止的。

▶ 정당한 이유 없이, 감봉되거나, 해고되거나 하는 것은 노동기준법으로 금지되어 있다.

参 正当化

1159 | 性能（せいのう）　performance / 性能 / 성능

■ 各社（かくしゃ）の製品（せいひん）を集（あつ）めて、性能を比較（ひかく）してみました。

▶ I collected other companies' products and compared their performance.

▶ 收集各公司的产品来进行性能比较。

▶ 각 회사의 제품을 모아서 성능을 비교해 봤습니다.

■ デザインは地味（じみ）ですが、性能はいいですよ。

▶ The design is conservative, but the performance is good.

▶ 虽然设计朴素，可性能非常好。

▶ 디자인은 수수하지만, 성능은 좋아요.

参 性能テスト、高性能カメラ

1160 | 整備（せいび）　development / 配齐，整备 / 정비　~する develop / 配齐，整备 / 정비하다

■ エレベーターは、月（つき）1回（かい）、安全（あんぜん）のために整備・点検（てんけん）を行（おこな）っています。

▶ Elevators are maintained and checked once a month for safety.

▶ 处于安全的考虑，每月都对电梯进行1次维修检查。

▶ 엘리베이터는 월 1회, 안전을 위해서 정비, 점검을 실시하고 있습니다.

■ A市（し）にとって、都市基盤（としきばん）の整備が第一（だいいち）の課題（かだい）です。

▶ Development of an urban foundation is the A city's top priority.

▶ 对A市里而言，城市基础的整备是最重要的课题。

▶ A 시에 있어서, 도시기반 정비가 가장 중요한 과제입니다.

参 整備士

1161 | 製品（せいひん）　product / 制品, 产品 / 제품

■ 各種（かくしゅ）製品のカタログを用意（ようい）してあります。

▶ We provide product catalogs.

▶ 准备了各种产品的目录。

▶ 각종제품의 카탈로그를 준비하고 있습니다.

参 新製品、外国製品

1162 | 成分（せいぶん）　component / 成份 / 성분

■ 川（かわ）の水（みず）を分析（ぶんせき）したところ、有害（ゆうがい）な成分が検出（けんしゅつ）された。

▶ When an analysis of the river water was done, harmful components were detected.

▶ 对河水进行分析后，检测出了有毒成份。

▶ 강물을 분석했더니, 유해한 성분이 검출되었다.

■ 各（かく）メーカーは、ラベルなどに正（ただ）しく成分表示（ひょうじ）をしなければならない。

▶ Each manufacturer must correctly display components on the label.

▶ 各企业必须在标签上正确标明所含的成份。

▶ 각 메이커는 라벨 등에 정확하게 성분 표시를 해야 한다.

1163 税別（ぜいべつ）　before tax / 不包括税金 / 세금별도

■ 送料込みで、税別１万円ではどうだろう、高すぎるかな。

▶ How about ten thousand yen, including delivery but not including tax? Is that too expensive?

▶ 包括运费，不包括税金1万日元，怎么样，是不是太贵了。

▶ 송금료 포함, 세금 별도 1만 엔은 어떨까, 너무 비쌀까?

[反] 税込み

1164 精密（せいみつ）　precise, exact / 精密 / 정밀　~な　accurate, precise / 精密的 / 정밀한

■ A市は、時計やカメラなどの精密工業都市として発展した。

▶ City A developed as a city that manufactures precision technology such as watches and cameras.

▶ A市作为钟表和照相机等精密仪器工业城市发展起来。

▶ A시는 시계나 카메라 등의 정밀 공업 도시로서 발전했다.

[参] 精密機械、精密検査

1165 生命保険（せいめいほけん）　life insurance / 人身保险 / 생명보험

■ 結婚を機に、将来のことを考えて、医療保険や生命保険を増やすことにした。

▶ I thought about the future and decided to increase my medical and life insurance coverage when I got married.

▶ 结婚之后，考虑到自己的将来，我打算增加医疗保险和人身保险的份额。

▶ 결혼을 계기로, 장래에 대해 생각해서 의료보험과 생명보험을 늘리기로 했다.

1166 制約（せいやく）　constraint / 限制、制约 / 제약　~する　constrain / 限制、制约 / 제약하다

■ 時間的な制約があるので、議題をいくつかに絞りたいと思います。

▶ I would like to narrow down the agenda because of time restrictions.

▶ 因为有时间限制，想集中几个议题。

▶ 시간적인 제약이 있으므로, 의제를 몇 개로 압축했으면 합니다.

■ 非会員の場合、ご利用に際して以下の制約があります。

▶ Non-members have the following restrictions for use of this service.

▶ 如果是非会员，在利用的时候受以下的制约。

▶ 비회원의 경우, 이용에 있어 아래의 제약이 있습니다.

[参] 制約を受ける

1167 整理（せいり）　organization / 整理 / 정리　~する　organize / 整理 / 정리하다

■ キャビネの資料を一度整理しましょう。

▶ Let's organize the materials in the cabinet

▶ 六寸版的资料再整理一遍吧。

▶ 카비네판의 자료를 한 번 정리합시다.

■ 区画整理が行われて、駅前に大きな道路ができる予定です。

▶ The land dedevelopment will be conducted, and a large road will be built in front of the station.

▶ 进行了区划管理，计划在车站前开一条大路。

▶ 구획정리가 실시되어 , 역 앞에 커다란 도로가 생길 예정입니다 .

参 整理整頓、人員整理 staff cutback / 整理整顿 / 정리정돈

1168 | 成立 conclusion / 成立、完成 / 성립 ～する conclude / 成立、完成 / 성립하다

■ A社との契約がやっと成立した。

▶ The contract with Company A was finally concluded.

▶ 和A公司终于签约成功。

▶ A 사와의 계약이 드디어 성립되었다 .

参 取引が成立する

1169 | セールスポイント sales point / 卖点 / 세일즈 포인트

■ 駅から近いことと、部屋からの眺めの良さが、この物件のセールスポイントです。

▶ The selling points of this piece of real estate are its proximity to the station and its good view.

▶ 该房子的卖点有两个，一个是离车站很近，另一个是房间的外部景致很好。

▶ 역에서 가까운 점과 방에서 보이는 훌륭한 전망이 이 물건의 세일즈 포인트입니다 .

1170 | 急かす hurry (a person) / 催促 / 재촉하다

■ プレゼン用の資料を早く準備するようにと、課長に急かされている。

▶ My manager is hurrying me to prepare materials for the presentation.

▶ 科长催我早点准备演示资料。

▶ 프리젠테이션용 자료를 서둘러 준비하라고 과장에게 재촉받고 있다 .

▶ 정보화 사회에 있어서는 정보의 보안 관리가 기업에 있어 중요한 과제이다 .

1171 | 責任 responsibility / 责任，引咎 / 책임

■ 業績不振の責任をとって、社長が辞任することになった。

▶ The president will resign to take responsibility for poor business results.

▶ 由于业绩不佳，社长引咎辞职了。

▶ 업적부진의 책임을 지고 , 사장이 퇴임하게 되었다 .

■ 企業は、原材料の調達からリサイクルまで、製品のライフサイクルのすべてに責任を持つべきだ。

▶ The enterprise should have all the responsibilities of the product lifecycle from procurement of raw materials to recycling.

▶ 从材料的购人到再利用，企业应该对制品的全部过程负责。

▶ 기업은 원재료의 조달에서 리사이클까지 제품의 라이프 사이클 전반에 책임을 져야 한다 .

■ これだけ被害(ひがい)を出(だ)した以上(いじょう)、企業(きぎょう)には説明(せつめい)責任も法的(ほうてき)責任もある。

▶ The enterprise has both accountability and legal responsibility as long as if caused all these damages.

▶ 既然出现了这么大的损失，企业既有解释责任，也有法律责任。

▶ 이만큼의 피해를 낸 이상, 기업에는 설명 책임도 법적 책임도 있다.

参 責任を果たす associative responsibility / 连带责任 / 연대책임

1172 | 責任感(せきにんかん) sense of responsiblity / 责任感 / 책임감

■ 彼(かれ)は責任感の強(つよ)い人(ひと)だ。

▶ He has a strong sense of responsibility.

▶ 他是责任感强的人。

▶ 그는 책임감이 강한 사람이다.

1173 | 責任者(せきにんしゃ) responsible person / 负责人 / 책임자

■ 緊急時(きんきゅうじ)には、現場(げんば)の責任者の適切(てきせつ)な判断(はんだん)が何(なに)よりも重要(じゅうよう)だ。

▶ The appropriate judgment of the person in charge on-site is vital in an emergency.

▶ 紧急情况下，现场负责人恰当的判断是最重要的。

▶ 긴급 시에는 현장 책임자의 적절한 판단이 무엇보다도 중요하다.

1174 | セキュリティー security / 安全，防犯 / 보안，세큐리티

■ 警備員(けいびいん)もいるし、防犯(ぼうはん)カメラもあるし、セキュリティーの面(めん)では安心(あんしん)できそうだ。

▶ It has security guards and security cameras, so it should be safe.

▶ 听说既有警卫也有监控摄像，防犯系统很完备。

▶ 경비원도 있고, 방범 카메라도 있고, 보안은 철저히 하고 있는 것 같다.

■ 情報化社会(じょうほうかしゃかい)においては、情報(じょうほう)のセキュリティー管理(かんり)が、企業(きぎょう)にとって重要(じゅうよう)な課題(かだい)である。

▶ Information security management is a key issue for firms in an information society.

▶ 在信息化社会，对企业来说，信息的安全管理是重要的课题。

▶ 정보화 사회에 있어서는 정보의 보안 관리가 기업에 있어 중요한 과제이다.

1175 | 施工(せこう) construction / 施工 / 시공 ～する construct / 施工 / 시공하다

■ このマンションは、施工はA建設(けんせつ)、販売(はんばい)はB不動産(ふどうさん)です。

▶ This condo was built by construction company A and is being sold by real estate company B.

▶ 这栋公寓由A房地产负责销售，由B建设公司施工。

▶ 이 맨션은 판매는 A 부동산, 시공은 B 건설입니다.

■ 弊社(へいしゃ)はこの5年間(ねんかん)、道路関係(どうろかんけい)の施工実績(じっせき)において、県(けん)でトップの地位(ちい)を誇(ほこ)っています。

▶ We are proud to be the prefecture's leading road builder for the last five years.

▶ 在这5年间，弊公司在道路相关的施工业绩方面，在县内高踞首位。

▶ 저희 회사는 최근 5년간, 도로 관계의 시공실적에 있어서 현에서 톱의 지위를 자랑하고 있습니다.

1176 | 世帯（せたい） household / 家庭，户 / 세대

■ 都内（とな]い）に住（す）む5,000世帯を対象（たいしょう）に、アンケートが行（おこな）われた。
▶ A survey targeting 5,000 households in Tokyo was implemented.
▶ 对居住在东京都的5000户家庭进行了问卷调查。
▶ 도내에 사는 5,000 세대를 대상으로 앙케트가 실시되었다.

■ A市（し）では、1世帯あたりの平均年収（へいきんねんしゅう）は約（やく）650万円（まんえん）です。
▶ Average annual income per household in City A is about 6.5 million yen.
▶ 在A市，每户的平均年收入大约是650万日元。
▶ A 시에서는 한 세대 당，평균 연간 수입은 약 650 만 엔입니다.

参 世帯主、世帯を持つ　establish a household / 成家 / 세대를 가지다

1177 | 世代（せだい） generation / 世代，一代 / 세대

■ この素晴（すば）らしい文化（ぶんか）を、ぜひとも次（つぎ）の世代に伝（つた）えていきたい。
▶ We definitely want to pass on this wonderful culture to the next generation.
▶ 真诚希望能将如此优良的文化传到下一代。
▶ 이 훌륭한 문화를 꼭 다음 세대에 전하고 싶다.

■ 食事（しょくじ）に対（たい）する考（かんが）え方（かた）は、世代間（かん）でずいぶん異（こと）なる。
▶ Ideas about food vary widely among generations.
▶ 对于饮食的想法，各代人之间有很大差异。
▶ 식사에 대한 사고방식은 세대간에 많이 다르다.

■ A社（しゃ）とB社は合併（がっぺい）により、次（じ）世代製品（せいひん）の開発力（かいはつりょく）の拡充（かくじゅう）をはかることにした。
▶ A Company and B Company increased their next generation product development capabilities by merging.
▶ 通过A公司和B公司的合并，谋求扩充对新一代产品的开发能力。
▶ A 사와 B 사는 합병으로 차세대 상품의 개발력 확충을 도모하기로 했다.

参 若い世代、次世代ゲーム機、世代交代の時期

1178 | 設営（せつえい） set up / 准备，修建 / 설영　～する set up / 准备，修建 / 설영하다

■ 会場（かいじょう）の設営は、前日（ぜんじつ）の午後（ごご）1時（じ）から始（はじ）めます。
▶ Venue setup will start at 1 p.m. on the previous day.
▶ 从前一天的下午1点开始会场的准备。
▶ 회장 준비는 전날，오후 1시부터 시작합니다.

参 テントを設営する

1179 | 接客（せっきゃく） service / 待客，会客 / 접객，접대　～する wait on customers / 待客，会客 / 접대하다

■ 店員（てんいん）の接客態度（たいど）が悪（わる）いと、お客（きゃく）さんからクレームがあった。
▶ Customer's complained about the sales staff's bad service.
▶ 如果店员的待客态度差，客人会提意见。
▶ 점원의 접객태도가 나쁘다고，손님으로부터 클레임이 있었다.

■ 飲食店（いんしょくてん）やホテルなど、接客業（ぎょう）では笑顔（えがお）が欠（か）かせない。
▶ A smile is indispensable in any job that involves direct customer service.
▶ 在餐饮店、饭店等待客行业中，笑脸是不可缺少的。
▶ 음식점이나 호텔 등，접객업에서는 웃는 얼굴은 빠뜨릴 수 없다.

参 接客マニュアル

1180 | 設計 architecture / 设计 / 설계 ～する architect / 设计 / 설계하다

■ この美術館は、アメリカの有名な建築家が設計したものです。

▶ This art museum was designed by a famous American architect.

▶ 这个美术馆是由美国著名建筑家设计的。

▶ 이 미술관은 미국의 유명한 건축가 설계한 것입니다.

参 設計事務所、設計図、設計ミス

1181 | 節減 reduction / 节省 / 절감 ～する reduce / 节省 / 절감하다

■ 新システムの導入により、大幅に経費が節減された。

▶ Introduction of the new system greatly reduced costs.

▶ 通过引进新的系统，能大幅度节省经费。

▶ 새로운 시스템의 도입에 의해 큰 폭으로 경비가 절감되었다.

1182 | 折衝 negotiation / 交涉，谈判 / 절충，교섭 ～する negotiate / 交涉，谈判 / 절충하다

■ 合併後の人事をめぐり、両者間で折衝が続けられている。

▶ Both companies continue to hold talks about personnel affairs after the merger.

▶ 围绕着合并后的人事问题，两家在持续交涉。

▶ 합병 후의 인사를 둘러싸고，양자간에 절충이 계속되고 있다.

1183 | 接触 contact / 接触 / 접촉 ～する come into contact with / 接触 / 접촉하다

■ 中村さんは、仕事上、外国人と接触する機会が多い。

▶ Mr. Nakamura has many chances to come into contact with foreigners at work.

▶ 中村先生因为工作的关系和外国人接触的机会很多。

▶ 나카무라 씨는 직업상，외국인과 접촉할 기회가 많다.

1184 | 拙速 haste / 草率 / 졸속 ～な in/with haste / 草率的 / 졸속한 ～に in/with haste / 草率地 / 졸속하게

■ これはとても重要な問題だから、拙速に決めないで、よく考えたほうがいい。

▶ This is a very important issue, so do not hurry to make a decision. You should think it over carefully.

▶ 这是非常重要的问题，所以请不要草率决定，好好考虑考虑。

▶ 이것은 매우 중요한 문제이므로 성급히 결정하지 말고，잘 생각하는 편이 좋다.

1185 | 接待 business entertainment / 招待客户 / 접대 ～する entertain for business / 草率地 / 접대하다

■ レストラン“さくら”は、取引先の接待によく利用している。

▶ Restaurant “Sakura” is often used when taking business partners out to dinner.

▶ “樱花”餐馆是招待客户常去的地方。

▶ “사쿠라” 레스토랑은 거래처 접대에 자주 이용하고 있다.

参 接待交際費

1186 | 設置(せっち) placement / 设置 / 설치 ～する place / 设置 / 설치하다

■ 正面玄関(しょうめんげんかん)に防犯(ぼうはん)カメラを設置しています。

▶ A security camera is placed in the main entrance.

▶ 在正面玄关处设置了监控摄像。

▶ 정면현관에 방범 카메라를 설치하고 있습니다.

■ 市(し)では、地震(じしん)に備(そな)え、災害(さいがい)対策委員会(たいさくいいんかい)を設置した。

▶ The city established the emergency response committee in preparation for an earthquake.

▶ 为了防范地震，市里设置了灾害对策委员会。

▶ 시에서는 지진에 대비해서, 재해대책위원회를 설치했다.

1187 | 折衷(せっちゅう) compromise / 折衷 / 절충 ～する arrange a compromise / 折衷 / 절충하다

■ 今日(きょう)の会議(かいぎ)で結論(けつろん)が出(で)なかった二案(にあん)について、明日(あした)までに折衷案(あん)を考(かんが)えることになった。

▶ We have to compromise on ideas for two plans that could not be concluded in today's meeting.

▶ 对于今天会议没有出结论的两个方案，将在明天前考虑折衷方案。

▶ 오늘 회의에서 결론이 나지 않은 두 건에 대해서, 내일까지 절충안을 생각하기로 했다.

■ 新店舗(しんてんぽ)は、和洋(わよう)折衷のデザインにしよう。

▶ Let's use a blend of Japanese and Western designs for the new store.

▶ 把新店铺设计为日西合璧的样式吧。

▶ 새 점포는 일본식과 서양식을 절충한 디자인으로 하자.

1188 | 設定(せってい) set / 设定 / 설정 ～する set up / 设定 / 설정하다

■ 冷房(れいぼう)の温度(おんど)は、身体(からだ)が冷(ひ)えすぎないよう、27度(ど)に設定してください。

▶ Please set the air conditioning system at 27℃ so we don't freeze.

▶ 为了防止身体受凉，请将空调的温度设定在27度。

▶ 냉방의 온도는 몸이 너무 추어지 않도록, 27도로 설정해 주십시오.

■ パソコンはもう買(か)ってあるけど、設定はこれからです。

▶ I already bought a PC, but haven' t set it up yet.

▶ 电脑已经买回来了，但还没设定好。

▶ 컴퓨터는 이미 샀지만, 설정은 이제부터 입니다.

[参] 初期設定[パ]

1189 | 接点(せってん) point of contact / 接触 / 접점

■ A社(しゃ)とは、これまであまり仕事上(しごとじょう)の接点がなかった。

▶ I have not had much contact with Company A for business until now.

▶ 和A公司以前在工作上接触不多。

▶ A 사와는 지금까지 사업상 접점이 없었다.

1190 **セット** set / 套、组 / 세트 **～する** set / 套，设定 / 세트하다

■ 往復の航空券とホテル、レンタカーがセットになった旅行プランが人気だ。
▶ Tour packages that include round-trip air tickets, hotels, and rental cars, are popular.
▶ 包含往返机票、住宿费和租车费在内的旅游套餐很受欢迎。
▶ 왕복 항공권과 호텔, 렌터카가 세트인 여행플랜이 인기이다.

■ 6時に時計をセットしておいたんだけど、起きられなくて遅刻しちゃった。
▶ I set the clock for six o'clock, but couldn't get up and ended up late.
▶ 将闹钟定到了6点，可没能起来，结果迟到了。
▶ 6 시에 시계를 세트해 놓았는데, 일어나지 못해서 지각해 버렸다.

参 セットで売る、お買い得セット、テーブルをセットする set the table / 布置餐桌 / 테이블을 세팅하다

1191 **説得** persuasion / 说服 / 설득 **～する** persuade / 说服 / 설득하다

■ 今、石井さんに会社を辞められたら困ります。部長から、辞めないよう、説得してください。
▶ We'll be hard pressed if Mr. Ishii quits now. Please persuade him not to quit.
▶ 现在石井先生辞去公司的工作可不行，请部长劝他不要辞职。
▶ 지금, 이시이 씨가 회사를 그만두면 곤란합니다. 부장님이 그만두지 않도록 설득해 주십시오.

1192 **説得力** power of persuasion / 说服力 / 설득력

■ 主観的な意見ばかりで、彼の言うことには説得力がない。
▶ Everything he says is subjective and emotional, and has no power of persuasion.
▶ 只是主观的意见，他所说的没有说服力。
▶ 주관적인 의견뿐이여서 그가 하는 말에는 설득력이 없다.

参 説得力が増す、説得力に乏しい

1193 **切羽詰まる**㊅ be in a fix / 走投无路，迫不得已 / 막다르다

■ あと3日しかないのに、橋本さんにも断られて、本当に切羽詰ってるんです。
▶ I'm really in desperate straits now that I've been turned down by Mr. Hashimoto and there are only three days left.
▶ 只剩3天了，却被桥本拒绝，真是走投无路了。
▶ 이제 3일 밖에 안 남았는데 하시모토 씨에게도 거절당해서 정말 궁지에 몰려 있어요.

■ 彼はいつも、切羽詰まってから助けを求めてくる。
▶ He always waits to ask for help till the last minute.
▶ 他总是在迫不得已的时候才寻求帮助。
▶ 그는 항상, 궁지에 몰리면 도움을 청해온다.

1194 | **折半**（せっぱん） fifty-fifty / 平均分担 / 절반, 반분　～する go halves / 平均分担 / 반분하다

■ 運送費（うんそうひ）については、A社（しゃ）と折半することになりました。
▶ We will split the shipping expense with Company A.
▶ 关于运送费，是与A公司平均分担的。
▶ 운송비에 관해서는 A 사와 반분하기로 되었습니다.

1195 | **絶版**（ぜっぱん） out of print / 绝版 / 절판

■ 残念（ざんねん）ながら、その本（ほん）はもう絶版になって入手（にゅうしゅ）できない。
▶ Unfortunately, that book is out of print and is no longer available.
▶ 很遗憾，那本书已经绝版，无法买到。
▶ 안타깝게도 그 책은 이미 절판되어서 입수할 수 없다.

1196 | **設備**（せつび） facility / 设备 / 설비

■ この社員寮（しゃいんりょう）は、図書室（としょしつ）やジムがあって、設備が充実（じゅうじつ）していますね。
▶ This corporate dormitory has a full range of facilities such as a library and gym.
▶ 在公司宿舍里，有图书室和健身房，设备齐全。
▶ 이 사원 기숙사는 도서실과 체육관이 있고, 설비가 고루 갖춰져 있네요.

■ 設備投資（とうし）にはお金（かね）がかかるので、長期的（ちょうきてき）な資金計画（しきんけいかく）が必要（ひつよう）だ。
▶ We need a long-term financial plan for capital investment.
▶ 设备投资需要资金，因此，必须有长期的资金计划。
▶ 설비투자에는 돈이 들기 때문에, 장기적인 투자계획이 필요하다.

参 防犯設備

1197 | **説明**（せつめい） explanation / 说明 / 설명　～する explain / 说明 / 설명하다

1198 | **節約**（せつやく） save / 节约 / 절약　～する save / 节约 / 절약하다

■ 一括購入（いっかつこうにゅう）により、経費（けいひ）が節約できる。
▶ We can save expenses with a lump-sum purchase.
▶ 通过统一购买，能够节约经费。
▶ 일괄 구입에 의해, 경비가 절약된다.

1199 | **設立**（せつりつ） establishment / 成立，设立 / 설립　～する establish / 成立，设立 / 설립하다

■ A社（しゃ）は、設立して2年目（ねんめ）の、まだ新（あたら）しい会社（かいしゃ）です。
▶ Company A was founded just two years ago.
▶ A公司是刚成立2年的新公司。
▶ A 사는 설립한지 2년째인, 아직 새로운 회사입니다.

1200 | 是非(ぜひ)　right and wrong / 是非 / 시비

■ ダム建設(けんせつ)の是非をめぐって、県(けん)と住民(じゅうみん)の間(あいだ)で話(はな)し合(あ)いが行(おこな)われた。

▶ Discussions between the prefectural government and residents were held regarding the pros and cons of dam construction.

▶ 围绕水库建设的是是非非，县政府和居民之间展开了对话。

▶ 댐 건설 시비를 둘러싸고, 현과 주민 사이에서 대화가 이루어졌다.

1201 | ゼムクリップ(クリップ)㋑　paper clip, gem clip / 曲别针 / 젬 클립

1202 | セロテープ㋑　tape / 玻璃纸胶带 / 스카치 테이프

1203 | 全(ぜん)～　all / 全～ / 전～

■ 開店(かいてん)から3日間(かかん)、全商品(しょうひん)を10%割引(わりびき)にしよう。

▶ When we open the store, let's discount all products by 10%.

▶ 开业的三天内，所有商品都打9折。

▶ 개점일로부터 3일간, 전상품을 10% 할인하자.

■ コスト削減(さくげん)は、全社的(しゃてき)に取(と)り組(く)むべき課題(かだい)です。

▶ Cost reduction is a company-wide task.

▶ 降低成本，是全公司都要致力的一个课题。

▶ 비용 삭감은 회사 전체적으로 몰두해야 할 과제입니다.

■ 今月(こんげつ)は全店(てん)で売(う)り上(あ)げが伸(の)びた。

▶ This month, all stores posted strong sales.

▶ 本月全店的营业额都有所上涨。

▶ 이번 달은 모든 점포에서 매상이 올라갔다.

参 全社員、全額、全席指定、全室満員

1204 | 前(ぜん)～　former, pre- / 前～ / 전～

参 前年、前回、前作、前職　former job / 以前的职业或职务 / 전직

1205 | 繊維(せんい)　fiber, textile / 纤维 / 섬유

■ 新(あたら)しい繊維(せんい)は、汗(あせ)をよく吸収(きゅうしゅう)して空気(くうき)を通(とお)すので、スポーツウェアに適(てき)している。

▶ This new fabric that absorbs sweat is perfectly suited to sportswear.

▶ 吸汗好、透气的新型纤维适合做运动衣。

▶ 새로운 섬유는 땀을 잘 흡수해서 공기가 잘 통하기 때문에 스포츠웨어에 적합하다.

■ 食物繊維(しょくもつせんい)を豊富(ほうふ)に含(ふく)む健康(けんこう)食品(しょくひん)が売(う)れている。

▶ Health foods that are rich in fiber move well.

▶ 富含食物纤维的健康食品销量很好。

▶ 식물섬유를 풍부하게 포함한 건강식품이 팔리고 있다.

参 合成繊維、化学繊維

1206 | **僭越** presumption, audacity / 冒昧 / 주제넘음 **~な** presumptuous, audacious / 冒昧的 / 주제넘는

■ 僭越ですが、乾杯の音頭をとらせていただきます。

▶ Not to be presumptuous, but allow me to make a toast.

▶ 恕我冒昧，请允许我先干一杯。

▶ 주제넘지만, 건배 선창을 하겠습니다.

1207 | **全額** full amount / 全额，全数 / 전액

■ ツアーが中止になり、料金を全額払い戻すことになった。

▶ The full amount of the tour fee will be returned because it was canceled.

▶ 旅行中止了，费用全额返还。

▶ 투어가 중지되어, 요금을 전액 환불하게 되었다.

1208 | **前後** about / 前后，左右 / 전후, 쯤 **~する** back and forth / 前后，相继，错乱，颠倒 / 뒤바뀌다

■ 交通費は片道で1万円前後かかる。

▶ Transport costs about 10 thousand yen each way.

▶ 交通费单程就要花费1万日元左右。

▶ 교통비는 편도에 만엔쯤 든다.

■ 運動の前後にストレッチを行うと効果的です。

▶ It's best to stretch before and after physical exercise.

▶ 运动前后做一下伸展运动比较有效。

▶ 운동 전후에 스트레칭을 하면 효과적입니다.

■ 話が前後してしまいましたが、とにかく、来月からスタートさせたいということです。

▶ The talk went back and forth, and we agreed that we want to start next month.

▶ 话说得有点语无伦次了，总之，我想从下个月就开始。

▶ 이야기가 뒤바꿔어 버렸지만, 아무튼 다음 달부터 스타트시키고 싶습니다.

1209 | **先行** initial / 先行 / 선행 **~する** proceed / 提前 / 선행하다

■ この新商品は、来週から東京地区で、先行販売される予定です。

▶ We plan to launch initial sales of this new product in Tokyo starting next week.

▶ 这种新商品计划从下周起在东京地区先行发售。

▶ 이 신상품은 다음 주부터 도쿄 지구에서 선행 판매될 예정입니다.

■ 会場のレイアウトより、スタッフの手配を先行させたほうがいい。

▶ We' d better allocate staff first, rather than layout the site.

▶ 与布置会场相比，最好先安排工作人员。

▶ 회장의 배치보다 스탭 수배를 선행시키는 편이 낫다.

1210 | 全国（ぜんこく） nation / 全国 / 전국

■ スーパーやコンビニを中心（ちゅうしん）に、全国一斉（いっせい）にキャンペーンを始（はじ）めます。

▶ We will start the campaign nationwide, mainly at supermarkets and convenience stores.

▶ 以超市和便利店为中心，在全国同时开展宣传活动。

▶ 슈퍼마켓이나 편의점을 중심으로 전국에서 일제히 캠페인을 시작합니다.

■ 首都圏（しゅとけん）だけでなく、今後（こんご）は全国に事業（じぎょう）を展開（てんかい）していきたい。

▶ We want to expand business nationwide as well as in the Kanto region

▶ 不仅仅限于关东地区，今后还要在全国开展我们的事业。

▶ 관동지역뿐만 아니라 앞으로는 전국으로 사업을 전개해 가고 싶다.

参 日本全国、全国版

1211 | 前進（ぜんしん） advancement / 前进 / 전진 ～する advance / 前进 / 전진하다

■ 今日（きょう）の話（はな）し合（あ）いで、A社（しゃ）との交渉（こうしょう）が一歩（いっぽ）前進した。

▶ Negotiations with Company A advanced one step forward with today's meeting.

▶ 通过今天的会谈，我们和A公司的磋商又向前迈进了一步。

▶ 오늘 의논으로 A 사와의 교섭이 일보 전진했다.

1212 | 選択（せんたく） selection / 选择 / 선택 ～する select / 选择 / 선택하다

■ このコースでは、8つ（やっ）の科目（かもく）の中（なか）から、好（す）きな科目を自由（じゆう）に選択することができる。

▶ In this course you may select freely the topic you prefer from among 8 topics.

▶ 该专业可以从8门科目中自由选择自己所喜欢的科目。

▶ 이 코스에서는 8 개 과목 중에서 좋아하는 과목을 자유롭게 선택할 수 있다.

1213 | 選択肢（せんたくし） alternative / 选项 / 선택지

■ 企業（きぎょう）に勤（つと）める場合（ばあい）、正社員（せいしゃいん）のほかに契約社員（けいやくしゃいん）という選択肢もある。

▶ If you work for a corporation, you have the alternative of working full time or as a contract employee.

▶ 在企业就职时，除了正式员工外，还有合同工这一选择。

▶ 기업에 근무할 경우, 정사원 외에 계약사원이라는 선택지도 있다.

1214 | 先端（せんたん） advanced / 选项 / 첨단

■ この分野（ぶんや）の研究（けんきゅう）では、A大学（だいがく）が最（さい）先端を行（い）っている。

▶ University A is the most advanced in this field.

▶ 该领域的研究A大学最为前沿。

▶ 이 분야의 연구에서는 A 대학이 최첨단을 가고 있다.

■ A社は、環境に配慮した先端技術を取り入れ、省エネ化を積極的に推進している。

▶ Company A has introduced advanced environment-friendly technology and proactively promotes energy saving.

▶ A公司吸收了有益于环保的前沿技术并积极推进节能化。

▶ A 사는 환경을 배려한 첨단기술을 도입, 에너지 절약화를 적극적으로 추진하고 있다.

1215 | 先着 first / 先到 / 선착

■ 商品をお買い上げの先着1,000名様に、特製Tシャツをプレゼントします。

▶ We will give free special T-shirts to the first 1,000 people who buy the product.

▶ 对于最先购买商品的1000名顾客将赠送特制的体恤衫。

▶ 상품을 구입하신 선착순 1,000 분께 특제 티셔츠를 선물로 드립니다.

1216 | 選定 selection / 选定 / 선정 ～する select / 选定 / 선정하다

■ 出店計画は、最初の候補地選定のところで止まっている。

▶ Our plan to establish branch shops remains at the site selection stage.

▶ 开设分店的计划在最初候选地选择上止步不前。

▶ 출점 계획은 최초 후보지 선정 부분에서 멈춰 있다.

1217 | 前提 premise / 前提 / 전제

■ 正社員としての採用を前提に、一定期間契約社員として就業することになった。

▶ I will start work as a contract employee for a certain period on the premise that I will be hired as a full-time employee.

▶ 以被录用为正式员工为前提，以短时间合同工的身份在这里开始工作。

▶ 정사원 채용을 전제로, 일정기간 계약사원으로서 취업하게 되었다.

■ この地域の開発を始めるには、周辺住民の了解を得ていることが前提だ。

▶ We assume that we will be able to obtain the agreement of residents in the vicinity before we start the development.

▶ 要想开始开发这个地区，前提是要得到周边居民的理解。

▶ 이 지역의 개발을 시작하려면, 주변 주민의 양해를 얻는 것이 전제이다.

1218 | 宣伝 advertisement / 宣传 / 선전 ～する advertise / 宣传 / 선전하다

■ こうして記事に取り上げられることが、いい宣伝になる。

▶ Placement of news stories is an effective way of advertising.

▶ 像这样在新闻媒体中报道一下也是很好的宣传。

▶ 이렇게 기사로 채택되는 것이 좋은 선전이 된다.

1219 | 専念 concentration / 专心 / 전념 ～する concentrate on / 专注于 / 전념하다

■ 仕事のことは心配しないで、今はけがの治療に専念したほうがいい。

▶ It's best not to worry about the job right now, but concenrate on recovering from your injury.

▶ 不要担心工作，现在先安心治疗。

▶ 업무는 걱정하지 말고 지금은 상처 치료에 전념하는 것이 좋다.

1220 | 前年（ぜんねん） previous year / 前年 / 전년

■ 売（う）り上（あ）げは好調（こうちょう）で、対（たい）前年比（ひ）120パーセントです。
▶ Sales are strong, 120% of the previous year's total.
▶ 销售情况良好，是去年同期的120%.
▶ 매출은 호조로, 전년대비 120% 입니다.

1221 | 前半（ぜんはん） first half / 前一半，上半场 / 전반

■ イタリア対（たい）ブラジルは、前半を終（お）え、0対（たい）0のままです。
▶ At the end of the first half, Italy and Brazil are tied zero to zero.
▶ 意大利对巴西，上半场结束后比分依旧是零比零。
▶ 이탈리아 대 브라질은 전반전을 끝내고 0 대 0 그대로입니다.

■ 今月（こんげつ）は1万円台（まんえんだい）前半の商品（しょうひん）がよく売（う）れています。
▶ This month, products priced at around 10,000 yen sold well.
▶ 本月1万元上下的商品卖得比较好。
▶ 이번달은 만엔대 전반의 상품이 잘 팔리고 있습니다.

■ この雑誌（ざっし）は、20代（だい）前半の女性（じょせい）をターゲットにしています。
▶ This magazine targets women around 20 years old.
▶ 该杂志的主要销售对象是20～25岁的年轻女性。
▶ 이 잡지는 20대 전반 여성을 타깃으로 하고 있습니다.

1222 | 選別（せんべつ） sort / 分类 / 선별 ～する sort / 分类 / 선별하다

■ 収穫（しゅうかく）されたトマトは、ここで大（おお）きさによって選別されます。
▶ Harvested tomatoes will be sorted here according to size.
▶ 收获的西红柿，在这里按大小分类。
▶ 수확된 토마토는 여기에서 크기에 따라 선별됩니다.

1223 | 先方（せんぽう） the other side / 对方 / 상대쪽

■ 先方の都合（つごう）もあるだろうけど、できれば打（う）ち合（あ）わせの日（ひ）にちを変（か）えたいなあ。
▶ I want to change the meeting date if possible, though we have to consider the other side's schedule.
▶ 对方也有自己的情况，但如果可能的话想更改一下洽谈的日期。
▶ 상대쪽의 사정도 있겠지만, 가능하면 협의할 날짜를 바꾸고 싶은데.

1224 | 専務（せんむ）㊎ senior managing director / 专职，专务董事 / 전무

1225 | 全面（ぜんめん） full page / 全面 / 전면

■ マニュアルは、全面的（てき）に改訂（かいてい）しました。
▶ The manual was completely revised.
▶ 对手册作了全面修订。
▶ 매뉴얼은 전면적으로 개정했습니다.

■ 今度（こんど）、A新聞（しんぶん）に全面広告（こうこく）を出（だ）すことにしました。
▶ We decided take out a full-page ad in Paper A this time.
▶ 此次在A报纸上全面刊登了广告。
▶ 이번에 A 신문에 전면 광고를 내기로 했습니다.

㊂ 全面禁止

1226 | 先約（せんやく） previous appointment / 前约 / 선약

■ すみませんが、その日（ひ）は先約があるので欠席（けっせき）させていただきます。

▶ Sorry, I will not be able to attend on that date because of a previous appointment.

▶ 真对不起，那天我预先有个约会，所以就不能参加了。

▶ 죄송하지만，그 날은 선약이 있어서 결석하겠습니다.

1227 | 専用（せんよう） exclusive / 专用 / 전용

■ サービスセンターへのお問（と）い合（あ）わせは、会員（かいいん）専用のフリーダイヤルをご利用（りよう）ください。

▶ Please use the toll-free number exclusively for members to reach the service center.

▶ 如向服务中心垂询时，请使用会员专用的免费电话。

▶ 서비스센터로 문의하실 경우에는，회원전용의 프리 다이얼을 이용해 주세요.

1228 | 戦略（せんりゃく） strategy / 战略 / 전략

■ 国内（こくない）シェア第（だい）1位（い）を目指（めざ）すには、販売（はんばい）戦略を見直（みなお）さなければならない。

▶ We must review our sales strategies to reach the No.1 spot in the domestic market.

▶ 要占有国内最大的市场份额，就必须重新研究销售战略。

▶ 국내 시장점유율 제 1위를 목표로 하려면 판매전략을 재검토해야 한다.

参 戦略会議、戦略を練る、戦略を立てる

1229 | 前例（ぜんれい） precedent / 前例，先例 / 전례

■ その企画（きかく）については、前例がないからと上司（じょうし）に反対（はんたい）されたが、なんとか新商品開発（しんしょうひんかいはつ）までこぎつけた。

▶ Though this plan was opposed by our boss because there was no precedent, we successfully developed the new product.

▶ 那个计划因没有先例而遭到过上司的反对，但总算设法坚持到了新商品开发。

▶ 그 기획에 대해서는 전례가 없다고 상사는 반대했지만，이럭저럭 신상품 개발까지 이르렀다.

1230 | 洗練（せんれん） refined / 精良 / 세련　～する be refined / 洗练 / 세련되다

■ A社（しゃ）のバッグは、どれも洗練されたデザインで、とても上品（じょうひん）です。

▶ Company A's bags all have a refined design and very high quality.

▶ A公司的包，都是设计精良，品味高雅。

▶ A 사의 가방은 모두 세련된 디자인으로 매우 고급스럽습니다.

1231 | 素案（そあん） plan / 草案 / 기본안, 초안

■ 新しい企画については、今日用意した素案をもとに話し合いたいと思います。

▶ Today, I would like to discuss the new proposal based on the prepared draft.

▶ 关于新的规划，今天我想就准备好的草案和大家商量商量。

▶ 새로운 기획에 관해서는 오늘 준비된 초안을 기본으로 이야기하고 싶습니다.

1232 | ～増（ぞう）接 increase / 增加 / 증가

■ 今期の売上は、前期に比べ、３割増となった。

▶ This year's sales were 30% more compared to last year.

▶ 本期的营业额比前期增长了30%。

▶ 이번 시기의 매상은 전기에 비해 30% 증가되었다.

■ テレビ番組で紹介されたのがきっかけで、東京水族館の入場者数が倍増した。

▶ Visitors to the Tokyo Acquarium doubled, thanks to its introduction on television.

▶ 自从在电视节目中被介绍后，东京水族馆的客流量增加了一倍。

▶ 텔레비전 프로그램에서 소개된 것이 계기가 되어 도쿄 수족관의 입장자 수가 배로 증가했다.

1233 | 増益（ぞうえき） increase in profits / 增益 / 증익, 이익이 늘어남

■ 新商品のヒットにより、今期はかなりの増益が期待できそうだ。

▶ We can expect quite an increase in profits this year thanks to a new hit product.

▶ 新商品的热销，使本期的增益有望了。

▶ 신상품이 히트쳐서 이번 시기는 꽤 많은 수익을 올릴 것으로 기대할 수 있을 것 같다.

1234 | 総会（そうかい） general meeting / 大会 / 총회

■ 来月、年に一度の学会の総会が行われます。

▶ The annual general meeting of the academic society will be held next month.

▶ 下个月举行一年一次的学会大会。

▶ 다음달에는 1년에 한 번 있는 학회의 총회가 열립니다.

参 株主総会、年次総会

1235 | 総額（そうがく） total sum / 总额 / 총액

■ 今回、店内改装にかかった費用は、総額で500万円です。

▶ Altogether, the recent store interior remodeling cost a total of 5 million yen.

▶ 这次店内改装花费的费用，总额是500万日元。

▶ 이번에 점내개장에 든 비용은 총액 500만 엔입니다.

1236 | 早期（そうき）　early / 早期，提前 / 조기

■ 今年（ことし）は、早期退職希望者（たいしょくきぼうしゃ）が約（やく）50人（にん）いるそうだ。

▶ This year, there were a total of 50 people who applied for early retirement.
▶ 据说今年希望提前退休者约有50人。
▶ 올해는 조기 퇴직 희망자가 약 50명 있다고 한다.

参 早期発見、早期実現、早期解決

1237 | 操業（そうぎょう）　operation / 运营 / 조업　~する operate / 运营 / 조업하다

■ 新工場（しんこうじょう）は、来月（らいげつ）5日（いつか）に操業を開始（かいし）します。

▶ The new factory will begin operations on the 5th of next month.
▶ 新工厂，下月5日开始运营。
▶ 새 공장은 다음 달 5월에 조업을 개시합니다.

1238 | 送迎（そうげい）　send off and welcome / 迎送 / 전송　~する send-off and welcome / 迎送 / 전송하다

■ 工場（こうじょう）へは、駅（えき）から送迎バスを利用（りよう）できます。

▶ A shuttle bus from the station to the factory is available.
▶ 到工厂，可以从车站乘坐迎送班车。
▶ 공장으로 가는 것은 역에서 전송 버스를 이용할 수 있습니다.

1239 | 草稿（そうこう）　rough draft / 草稿 / 초고

1240 | 送信（そうしん）㋫　transmission / 发送 / 송신

1241 | 相対的（そうたいてき）　relative / 相对的 / 상대적　~な relative / 相对的 / 상대적인　~に relatively / 相对地 / 상대적으로

■ 競合他社（きょうごうたしゃ）の新製品発売（しんせいひんはつばい）により、わが社（しゃ）のMXへの評価（ひょうか）が相対的に下（さ）がってしまった。

▶ Due to the launch of our competitor's new product, the reputation of our MX has declined relatively.
▶ 受竞争对手公司新产品上市的影响，我公司MX的市场认可程度相对下降了。
▶ 다른 경쟁 회사의 신제품 개발 때문에, 우리 회사의 MX에 대한 평가가 상대적으로 떨어져 버렸다.

1242 | 底（そこ）をつく㊞　run out / 耗尽 / 최하로 떨어지다, 바닥나다

■ あと数十年（すうじゅうねん）で、石油（せきゆ）などの天然資源（てんねんしげん）は底をつくといわれている。

▶ It is said that in a few decades, natural resources such as oil will run out.
▶ 一般认为还有几十年，石油等天然资源就会耗尽。
▶ 수십년 후에 석유 등의 천연자원은 바닥날 것이라고 말해지고 있다.

参 予算が底をつく

1243 | 素材（そざい）　material / 材料 / 소재

■ これらの製品（せいひん）は、木綿（もめん）や絹（きぬ）などの天然（てんねん）の素材しか使（つか）っていません。

▶ These products use only natural materials such as cotton and silk.

▶ 这些产品只使用木棉或丝绸等天然材料。

▶ 이 제품들은 무명과 비단 등의 천연 소재로만 사용했습니다.

[参] 素材を吟味する、新鮮な素材

1244 | 粗品（そしな）　small present / 薄礼 / 변변치 못한 물건

■ アンケートに協力（きょうりょく）くださった方（かた）には、粗品をプレゼントいたします。

▶ A small present will be given to those who cooperate by responding to the survey.

▶ 对于回答调查的人，我们将赠送薄礼。

▶ 앙케트에 협조해 주신 분들께는 작은 상품을 선물하겠습니다.

1245 | ソフト[略]（ソフトウェア）　software / 软件 / 소프트웨어

■ ウィルス対策用（たいさくよう）のソフトをインストールしてください。

▶ Please install anti-virus software.

▶ 请安装防病毒软件。

▶ 바이러스 대책 용 소프트웨어를 설치하세요.

[参] ゲームソフト、ソフト開発

1246 | ターゲット　target / 目标 / 타깃

■ この雑誌（ざっし）は、主（おも）に20代後半（だいこうはん）の女性（じょせい）をターゲットにしています。

▶ This magazine targets women in their late 20s.

▶ 这个杂志主要以25~30岁的女性为目标读者。

▶ 이 잡지는 주로 20대 후반의 여성을 타깃으로 하고 있습니다.

[参] 学習ターゲット、ターゲットを絞る

1247 | ～大（だい）[接]　…scale / 和～一样大 / ～크기

■ この博物館（はくぶつかん）では、ロケットの実物（じつぶつ）大模型（もけい）を展示（てんじ）している。

▶ In this museum, a full-scale model of the rocket that successfully lifted off the other day is on display.

▶ 这个博物馆正在展示和前些天发射成功的火箭实物一样大的模型。

▶ 이 박물관에서는 로켓의 실물크기의 모형을 전시하고 있다.

[参] ハガキ大の大きさ

1248 | 代案（だいあん）　alternative plan / 替代方案 / 대안

■ 提案（ていあん）に反対（はんたい）だったら、代案を示（しめ）してほしい。

▶ If you are opposed to the proposal, I want you to show me an alternative plan.

▶ 如果反对该建议的话，希望你能提出替代方案。

▶ 제안에 반대라면 대안을 제시했으면 한다.

1249 | 第一歩(だいいっぽ)　first step / 第一步 / 첫걸음

■ 今回(こんかい)の出店(しゅってん)が、全国展開(ぜんこくてんかい)への第一歩となるだろう。

▶ The opening of this store will become the first step in a nationwide expansion.

▶ 这次开店是向全国发展的第一步。

▶ 이번 출점이 전국 전개로 가는 첫걸음이 될 것이다.

参 第一歩を踏み出す

1250 | 対応(たいおう)　response / 应对, 适应 / 대응　~する respond / 应对, 适应 / 대응하다

■ 市場(しじょう)の変化(へんか)に対応した商品(しょうひん)を企画(きかく)しなければならない。

▶ We must plan products that respond to changes in the market.

▶ 必须企画能应对市场变化的商品。

▶ 시장 변화에 대응한 상품을 기획해야 한다.

■ お客様(きゃくさま)から問(と)い合(あ)わせがあったら、すぐに対応してください。

▶ Please give prompt response when there is an inquiry from a customer.

▶ 如果有顾客的咨询，请马上应对。

▶ 손님으로부터 문의가 있으면 바로 대응해 주십시오.

参 電話対応、顧客のニーズに対応する、迅速な対応

1251 | 待機(たいき)　wait, standby / 待机 / 대기　~する wait, stand by / 待机 / 대기하다

■ すぐに搬入(はんにゅう)ができるよう、トラックの前(まえ)でスタッフに待機してもらった。

▶ I had the staff wait in front of the truck so we could carry the things in at once.

▶ 为了能马上搬入，请工作人员在货车前待命。

▶ 바로 반입할 수 있도록 트럭 앞에 스텝이 대기해 주었다.

■ A 病院(びょういん)では、休日(きゅうじつ)も夜間(やかん)も複数(ふくすう)の医師(いし)が待機している。

▶ At Hospital A several doctors are standing by both at night and on holidays.

▶ 在A医院，节假日和夜间都会有数名医生待命。

▶ A병원에서는 휴일도 야간도 여러 의사가 대기하고 있다.

参 自宅待機

1252 | 代休(だいきゅう)　compensatory holiday / 补假 / 대체휴일

■ 日曜日(にちようび)に出勤(しゅっきん)したので、今週(こんしゅう)の金曜日(きんようび)に代休を取(と)りたいと思(おも)っています。

▶ I worked on Sunday so I think I will take a compensation day off on Friday this week.

▶ 因为我星期日上班了，所以这个星期五我想补假。

▶ 일요일에 출근했으니까, 이번 주 금요일에 대체 휴일을 사용하고 싶습니다.

参 代休を申請する

1253 耐久性(たいきゅうせい) durability / 耐久性 / 내구성

■ 輸入車(ゆにゅうしゃ)では、値段(ねだん)が安(やす)く、耐久性に優(すぐ)れたVMVが人気(にんき)です。

▶ With import cars, VMVs that are inexpensive and have superior durability are popular.
▶ 进口车中，价格便宜，耐久性优良的VMV很受欢迎。
▶ 수입차에서는 가격이 싸고 내구성이 뛰어난 VWV 가 인기입니다.

1254 代金(だいきん) payment / 价款 / 대금

■ この旅行(りょこう)代金には、飛行機(ひこうき)代(だい)、ホテル代、レンタカー代が含(ふく)まれています。

▶ The payment for this trip includes airfare, hotel and rent-a-car fees.
▶ 旅行价款中，包括了飞机票、住宿费、租车费。
▶ 이 여행대금에는 비행기료, 호텔료, 렌터카료가 포함되어 있습니다.

■ 商品(しょうひん)は宅配便(たくはいびん)でお届(とど)けしますので、代金と引(ひ)き換(か)えにお受(う)け取(と)りください。

▶ We will deliver the products by courier, so please make payment upon reciept.
▶ 会以宅急送送货，请货到付款。
▶ 상품은 택배로 보내드리므로, 대금과 교환해 수령해 주십시오.

参 代金の支払い、ご利用代金

1255 待遇(たいぐう) benefits / 待遇 / 대우

■ A銀行(ぎんこう)は、給料(きゅうりょう)はいいし、休(やす)みも多(おお)くとれそうだし、待遇はかなりよさそうだ。

▶ Bank A pays well, allows lots of days off, and appears to have excellent benefits.
▶ A银行工资高，休假也多，好像待遇相当好。
▶ A 은행은 급여도 좋고, 휴가도 많다고 하고, 대우는 꽤 좋은 것 같다.

参 VIP 待遇、待遇改善

1256 対抗(たいこう) opposition / 抗衡 / 대항 ～する oppose / 抗衡 / 대항하다

■ あの店(みせ)は、ライバル店(てん)に対抗するために、いろいろなサービスを行(おこな)っている。

▶ That store provides a variety of services in order to compete with rival stores.
▶ 那个店为了和竞争对手对抗推行了各种服务。
▶ 그 가게는 라이벌 점에 대항하기 위해 여러가지 서비스를 실시하고 있다.

■ うちには、A社(しゃ)に対抗するだけの資金力(しきんりょく)がない。

▶ We don't have the funding ability to compete with Company A.
▶ 我们没有能和A公司抗衡的资金。
▶ 우리 회사에게는 A 사에 대항할 만한 자금력이 없다.

参 対抗勢力、対抗手段、対抗馬 rival, rival candidate / 势均力敌的对手 / 대항마

1257 | 代行 agency / 代办 / 대행 ~する offer agency service / 代办 / 대행하다

■ A社は、ビザ申請の代行業務をしている。

▶ Company A offers agency services for visa applications.

▶ A公司在做申请签证的代办业务。

▶ A 사에서는 비자 신청 대행 업무를 하고 있다.

1258 | 対策 measures, countermeasures / 対策 / 대책 ~する take measures / 对策 / 대책하다

■ 特に夏の間は、紫外線対策の商品がよく売れます。

▶ During the summer in particular, products for taking measures against ultraviolet rays sell well.

▶ 特别是在夏天，防紫外线的商品卖的很好。

▶ 특히 여름동안은 자외선 대책 상품이 잘 팔린다.

■ この問題について、早急に対策を立てる必要がある。

▶ We must take immediate measures against this problem.

▶ 关于这个问题，有必要尽快制定对策。

▶ 이 문제에 대해 빨리 대책을 세울 필요가 있다.

参 ウィルス対策、セキュリティー対策、対策マニュアル

1259 | 退社 quitting, leaving / 辞职, 下班 / 퇴근, 퇴사 ~する quit, leave / 辞职, 下班 / 퇴사하다, 퇴근하다

■ 去年入った石原さん、今月いっぱいで退社するそうだよ。

▶ Mr. Ishihara who entered the company last year is apparently quitting at the end of this month.

▶ 听说去年进公司的石原这个月底就要辞职了。

▶ 작년에 들어 온 이시가와 씨, 이번 달 말에 퇴사한다고 해.

■ 申し訳ありません。高橋は本日はもう、退社いたしました。

▶ I'm sorry. Ms. Takahashi has already left for the day.

▶ 对不起，高桥今天已经下班了。

▶ 죄송합니다. 다카하시는 오늘 이미 퇴근했습니다.

参 円満退社 to leave the company on good terms / 正常退职 / 원만 퇴사

1260 | 台車㋑ dolly,hand cart / 台车 / 손수레

■ 手で持っていくのは大変だから、台車に載せて行きましょう。

▶ It's hard to carry by hand, so let's put it on a dolly.

▶ 手拿着去太费力了，放到平板车上拉去吧。

▶ 들고 가는 것은 무리니까 손수레에 싣고 갑시다.

1261 | 対処 handling / 处理 / 대처 ~する handle, deal with / 处理 / 대처하다

■ トラブルが起きたときに、どう対処するかが問題だ。

▶ The problem is how to deal with troubles when they occur.

▶ 问题是在发生纠纷的时候如何处理。

▶ 트러블이 생겼을 경우 어떻게 대처할지가 문제다.

■ 市当局は、違反行為には厳しく対処する考えを示した。

▶ Municipal authorities showed they will deal strictly with illegal activities.

▶ 市当局表示了要对违反行为严格处理的想法。

▶ 시당국은 위반 행위에는 엄하게 대처할 생각을 나타냈다.

1262 | 対象（たいしょう） target / 对象 / 대상

■ 基本的には地元の人を対象にしたお店ですが、観光客にも人気があります。
▶ Basically it's a store targeting local people, but it's popular with tourists, too.
▶ 这个店基本上是以当地人为对象，但也深受观光游客的喜爱。
▶ 기본적으로는 그 지방 사람을 대상으로 한 가게입니다만, 관광객에게도 인기가 있습니다.

■ 公園内での販売は、規制の対象になっている。
▶ Sales in the park are the subject of regulations.
▶ 公园内的销售受到了限制。
▶ 공원 내에서의 판매는 규제 대상으로 되어 있다.

参 対象年齢、課税対象、研究対象

1263 | 対照的（たいしょうてき） contrasting / 正相反 / 대조적

～な contrasting / 正相反 / 대조적인
～に contrastingly / 正相反 / 대조적으로

■ 食品売り場の混み具合とは対照的に、寝具売り場にはほとんど客がいない。
▶ In contrast to the congestion in the groceries section, there are almost no customers in the bedding section.
▶ 和食品卖场相反，床上用品的卖场几乎没有顾客。
▶ 식품 매장의 혼잡과는 대조적으로 침구 매장에는 손님이 거의 없다.

■ 大都市中心に店舗展開するAデパートと、地方都市中心のBデパートは、対照的な経営戦略を立てている。
▶ Department store A, which is rolling out stores in the center of large cities, and department store B, which is in regional city centers, have contrasting management strategies.
▶ 以大城市为中心拓展店铺的A百货公司，和以地方城市为中心拓展店铺的B百货公司，制定了正相反的经营战略。
▶ 대도시 중심으로 점포를 전개하는 A백화점과 지방도시 중심의 B백화점은 대조적인 경영 전략을 세우고 있다.

1264 | 退職（たいしょく） retire / 退休 / 퇴직

～する retire / 退休 / 퇴직하다

■ 山田さんは来年5月で、定年退職する。
▶ Having reached retirement age, Mr. Yamada will retire next May.
▶ 山田先生明年5月退休。
▶ 야마다 씨는 내년 5월로 정년퇴직한다

参 退職金、退職願い

1265 | 体制（たいせい） structure / 正相反 / 체제

■ 品質管理の体制を、強化する必要がある。
▶ We need to reinforce our quality control structure.
▶ 有必要强化质量管理的体制。
▶ 품질관리 체제를 강화할 필요가 있다.

■ 当事業部(とうじぎょうぶ)は、新(あたら)しいメンバーが加(くわ)わって、新体制(しん)でスタートします。

▶ This department with its new members will start with a new structure.

▶ 本事业部添加了新的成员，开始了新的体制。

▶ 당사업부는 새로운 멤버가 가세해서 , 신체제로 시작합니다 .

参 サポート体制、危機管理体制

1266 | 態勢(たいせい) stance, preparedness / 态势 / 태세

■ 研修生(けんしゅうせい)の受(う)け入(い)れ態勢を、整(ととの)えなければならない。

▶ We need to make preparations to receive the new trainees.

▶ 必须做好接纳研修生的准备工作。

▶ 연구생의 수용 태세를 정비해야 한다 .

■ A社(しゃ)では、100人(にん)態勢で販売促進(はんばいそくしん)を進(すす)める計画(けいかく)だ。

▶ At Company A this is a plan to promote sales with a 100 person stance.

▶ A公司，计划以100人的阵容来促销。

▶ A 사에서는 100 인 태세로 판매촉진을 진행할 계획이다 .

■ 各(かく)デパートでは、夏(なつ)のボーナス時期(じき)に向(む)けて、臨戦(りんせん)態勢に入(はい)った。

▶ At each department store they have prepared for battle in anticipation of the summer bonus season.

▶ 在各个百货公司，为了迎接夏季的奖金期，已经进入了备战状态。

▶ 각 백화점에서는 여름 보너스 시기에 맞춰 , 전투태세에 들어갔다 .

1267 | 代替(だいたい) substitute, replacement / 替代 / 대체

■ 太陽電池(たいようでんち)は石油(せきゆ)の代替エネルギーとして期待(きたい)されている。

▶ Solar batteries are expected to become a substitute energy for oil.

▶ 作为石油的替代能源，太阳能源倍受期待。

▶ 태양전지는 석유의 대체에너지로서 기대되고 있다 .

■ この案(あん)に反対(はんたい)するんだったら、何(なん)か代替案(あん)を考(かんが)えてよ。

▶ If you're going to oppose the plan, think of some alternative.

▶ 如果反对这个方案，那你就考虑一个替代方案吧。

▶ 이 안에 반대한다면 뭔가 대체안을 생각해 .

1268 | 体調(たいちょう) health / 身体 / 몸의 상태, 컨디션

■ これから寒(さむ)くなるので、体調には十分(じゅうぶん)気(き)をつけてください。

▶ Please take care of your health since the weather is starting to get colder.

▶ 以后天气会变得很冷，所以请充分地注意身体。

▶ 앞으로 추워지니까 건강에 주의하세요 .

参 体調不良、体調が崩れる、体調を整える

1269 | 台帳 ledger / 底帐 / 대장

■ カメラなどの備品を使うときは、管理台帳に記入するようにしてください。

▶ When using equipment for cameras, etc., please note it in the management ledger.

▶ 用相机等备件的时候，请在管理底帐上登记。

▶ 카메라 등의 비품을 사용할 때는 관리 대장에 기입하도록 해 주십시오 .

1270 | タイト tight / 紧凑 / 타이트, 빡빡함 ～な tight / 紧凑 / 타이트한, 빡빡한

■ スケジュールがタイトなので、効率よく作業を進めたいと思います。

▶ It's a tight schedule, so I hope to work effectively.

▶ 因为日程安排紧凑，所以我想高效地推进工作。

▶ 스케쥴이 빡빡하므로 , 효율적으로 작업을 진행시키고 싶습니다 .

1271 | タイトル title / 标题 / 타이틀, 제목

■ 報告書にある、これらの表も、タイトルを付けたほうがわかりやすいと思います。

▶ I think these charts in the report would be easier to understand if you added titles.

▶ 如果将报告书中的这些表也都加上标题，我想更容易易懂。

▶ 보고서에 있는 이 표들도 제목을 붙이는 편이 알기 쉽다고 생각합니다 .

参 本のタイトル、映画のタイトル

1272 | 対比 comparison, contrast / 对比 / 대비 ～する compare, contrast / 对比 / 대비하다

■ 前年対比で5％の売り上げ増です。

▶ It's a 5% increase in sales compared to last year.

▶ 和上一年相比销售额增长了5%。

▶ 전년대비 5% 매상 증가입니다 .

1273 | 怠慢 negligence / 懈怠, 怠慢 / 태만 ～な negligent / 懈怠, 怠慢 / 태만한

■ ホームページをいつまでも更新しないでいたら、怠慢な会社だと思われるよ。

▶ If we don't ever update our web site, we'll be thought of as a negligent company.

▶ 如果主页总也不更新，会被认为是一个懈怠的企业。

▶ 홈페이지를 계속 갱신하지 않고 있으면 , 태만한 기업이라고 생각될 거야 .

■ 努力した上でのミスなら仕方ありませんが、怠慢は許されません。

▶ Mistakes when you're trying hard are understandable, but negligence won't be allowed.

▶ 如果是努力后出现的错误那没有办法，但不允许怠慢。

▶ 노력했는데 실수가 생겼다면 어쩔 수 없지만 , 태만은 용서받을 수 없습니다 .

参 職務怠慢 neglect of duty / 玩忽职守 / 직무 태만

1274 | 代用（だいよう） substitution / 代用 / 대용　**～する** substitute / 代用 / 대용하다

■ Aさんの PC、やはり故障（こしょう）してますね。とりあえずこのノートパソコンで代用してもらえますか。

- ▶ Mr. A's PC is indeed broken. Can you use this laptop as a substitute for the time being?
- ▶ A先生的PC果然是出了故障。能请您暂且用这个笔记本代替吗?
- ▶ A씨의 PC, 역시 고장났군요. 우선 이 노트북으로 대용하시겠습니까?

参 代用品

1275 | 代理（だいり） on behalf of / 代理 / 대리

■ Aさん宛（あ）ての荷物（にもつ）が届（とど）いたが、不在（ふざい）だったので、代理で受（う）け取（と）っておいた。

- ▶ A package arrived for Ms. A, but she wasn't here, so I received it on her behalf.
- ▶ 寄给A的行李寄到了，因为他不在，我替他收下了。
- ▶ A씨 앞으로 짐이 도착했는데, 부재 중이여서 대신 받아 두었다.

■ 社長（しゃちょう）が出張中（しゅっちょうちゅう）なので、代理でパーティーに出席（しゅっせき）することになった。

- ▶ The president is away on business, so I will attend the party on his behalf.
- ▶ 因为社长出差了，我作为代理出席了宴会。
- ▶ 사장이 출장 중이여서, 대리로 파티에 출석하게 되었다.

参 代理人

1276 | 代理店（だいりてん） agency, distributor / 代理店 / 대리점

■ 関西（かんさい）エリアの販売（はんばい）代理店を募集（ぼしゅう）しています。

- ▶ We're recruiting distributors in the Kansai area.
- ▶ 正在征募关西地区的销售代理店。
- ▶ 간사이 지역의 판매 대리점을 모집하고 있습니다.

■ 高級（こうきゅう）ブランドの正規取扱（せいきとりあつかい）代理店だから、値引（ねび）きはしないはずです。

- ▶ It's an official distributor for a luxury brand, so they're not likely to discount.
- ▶ 因为是高级品牌的正规代销店，应该不会降价。
- ▶ 고급 브랜드의 정규 취급 대리점이기 때문에, 싸게 팔지는 않을 겁니다.

■ 新聞（しんぶん）に広告（こうこく）を出（だ）そうと思（おも）うのですが、広告（こうこく）代理店を通（とお）したほうがいいんでしょうか。

- ▶ I'd like to place an ad in the newspaper, but should I go through an ad agency?
- ▶ 我想在报纸上打广告，是不是应该通过广告代理店呢?
- ▶ 신문에 광고를 내려고 하는데, 광고 대리점을 통하는 편이 좋을까요?

1277 | 大量（たいりょう） large quantity, bulk, mass / 大量 / 대량　**～に** in large quantity / 大量 / 대량으로

■ この商品（しょうひん）は、職人（しょくにん）が一（ひと）つ一つ手（て）で描（か）いているので、大量生産（せいさん）はできません。

- ▶ Craftsmen paint each of these products by hand, so mass production is not possible.
- ▶ 这种商品是由手艺人一个个地手工绘制的，无法大量生产。
- ▶ 이 상품은 장인이 하나 하나 손으로 그려서, 대량생산은 할 수 없습니다.

■ 商品カタログが大量に必要な場合は、総務にお知らせください。

▶ If you need a large quantity of product catalogs, please let General Affairs know.

▶ 如果需要大量的商品目录，请通知总务。

▶ 상품 카탈로그가 대량으로 필요한 경우는 총무에게 알려주십시오.

1278 | ダウンロード(パ) download / 下载 / 다운로드 ～する download / 下载 / 다운로드하다

■ そのソフトだったら、無料でダウンロードできる。

▶ You can download this software free of charge.

▶ 如果是这种软件，可以免费下载。

▶ 이 소프트웨어라면 무료로 다운로드할 수 있다.

1279 | 多角 diverse / 多种 / 다각

■ A社は、レストラン経営のほか、輸入品の販売やイベントの企画など、多角経営を行っている。

▶ In addition to restaurant management, Company A also sells import goods, plans events and manages diverse businesses.

▶ A公司除了餐馆经营外，还开展了进口商品销售和大型活动策划等多种经营活动。

▶ A사는 레스토랑 경영 외에도 수입품 판매나 이벤트 기획 등, 다각적인 경영을 실시하고 있다.

1280 | 抱き合わせ tie-in / 搭配出售 / 묶어서 팖

■ 商品Aの売れ行きが今ひとつなので、商品Bと抱き合わせで販売したらどうでしょう。

▶ Product A isn't selling too well, so what do you think of doing a tie-in sale with Product B?

▶ 商品A的销售状况不太好，和商品B搭配出售怎么样？

▶ 상품 A의 판매가 좋지 않으니까, 상품 B와 묶어서 판매하면 어떨까요?

1281 | 妥協 compromise / 妥协 / 타협 ～する compromise / 妥协 / 타협한다

■ オリジナルのノベルティを作りたいけど、予算がないので、既製品で妥協するしかない。

▶ Budget is limited so there's no other way than to have them compromise on this point.

▶ 因为预算有限，只能请对方在这一点上让步。

▶ 예산이 정해져 있어서 이 점은 타협을 부탁할 수 밖에 없다.

参 妥協案

1282 | 立場 position / 立场 / 입장

■ 当ホテルでは、常にお客様の立場に立って、きめ細かなサービスを心がけております。

▶ At this hotel we strive to always stand in the customer's shoes and give meticulous service.

▶ 本酒店充分考虑客户需求，为客户提供细致周到的服务。

▶ 저희 호텔은 항상 고객의 입장에 서서 세심한 서비스에 노력하고 있습니다.

参 有利な立場、立場をわきまえる　remember one's place / 清楚处境 / 입장을 알다、私の立場、相手の立場

1283 | **～建て**㊕ basis / 用某种货币支付～ / ～화 표준

■ 円建てで換算すると、約25万円になる。

▶ It will be about 250,000 yen if converted to a Japanese yen basis.

▶ 如果换算成日元支付，大约是25万日元。

▶ 엔화 표준으로 환산하면，약 25 만엔이 된다.

1284 | **建前** public position, token acknowledgment / 原则，方针 / 겉모습，원칙

■ 残業ゼロが建前ではあるが、実際には、なかなか残業時間が減らない。

▶ Zero overtime is fine on the surface, but in reality overtime doesn't decrease so much.

▶ 原则上是完全消除加班，但实际上很难减少加班的时间。

▶ 잔업 제로가 원칙이긴 하지만，실제로는 잔업시간이 그다지 줄지 않는다.

㊊ 本音と建前

1285 | **棚上げ** laid aside / 搁置 / 출고 정지，보류

■ 道路建設計画は、地元住民の反対があって、棚上げになっている。

▶ Plans for road construction were set aside due to opposition from local residents.

▶ 道路建设计划因为有当地居民反对，所以搁置了。

▶ 도로 건설 계획은 현지 주민의 반대가 있어서 보류되었다.

1286 | **棚卸し** inventory / 盘点 / 재고조사 **～する** take inventory / 盘点 / 재고조사하다

■ 棚卸しの日は倉庫に行って、全商品の在庫数をチェックします。

▶ On the day that we take inventory, go to the warehouse and check the number of stock for every product.

▶ 盘点日到仓库清点所有商品的库存。

▶ 재고조사하는 날은 창고에 가서 모든 상품의 재고 수를 체크합니다.

1287 | **ダブつく** to have a glut / 积压 / 남아돌다

■ 競合商品の出現で、MP500の売上が落ち、在庫がダブつき始めた。

▶ Due to the appearance of competitor products, MP500 sales fell and we began to have a glut of stock.

▶ 由于市场上同类商品的出现，MP500的销售额下落，开始库存积压。

▶ 경쟁 상품의 출현으로 MP500 의 매상이 떨어져 재고가 남아돌기 시작했다.

1288 | **ダメ出し** complaint / 驳回 / 불평，불만

■ SY30のデザインは、役員のダメだしにあって、もう一度やり直すことになった。

▶ The SY30's design met with an executive's complaint, and had to be redesigned.

▶ SY30的设计被董事驳回，需要再次重做。

▶ SY30 의 디자인은 임원의 불평으로 다시 고치게 되었다.

1289 | 単身(たんしん)　alone / 只身 / 단신, 혼자

■ 中村(なかむら)さんは、日米(にちべい)の共同(きょうどう)プロジェクトに参加(さんか)するため、単身で아メリカに渡(わた)った。

▶ Mr. Nakamura went to America alone to participate in many common projects between Japan and America.

▶ 中村先生为参加日美的共同项目只身远渡美国。

▶ 나카무라 씨는 일본과 미국의 공동 프로젝트에 참가하기 위해 혼자 미국에 갔다.

参 単身赴任　transfer not accompanied by family / 单身赴任 / 단신부임

1290 | 断念(だんねん)　resignation, giving up / 放弃 / 단념　~する give up / 放弃 / 단념하다

■ A社(しゃ)は、必要(ひつよう)な資金(しきん)が調達(ちょうたつ)できず、新規事業(しんきじぎょう)への参入(さんにゅう)を断念した。

▶ Company A could not raise the necessary capital, so it had to give up entry into the new business.

▶ A公司未能筹措到必要的资金，放弃了开始新事业的计划。

▶ A사는 필요한 자금을 조달할 수 없어서 신규사업의 참가를 단념했다.

1291 | 断片(だんぺん)　fragment / 不完全 / 단편

■ 事故(じこ)については、まだ断片的(てき)な情報(じょうほう)しか入(はい)ってこないので、全容(ぜんよう)はわかっていません。

▶ Only fragmentary information about the accident has come in so I do not know the full picture.

▶ 关于事故情况，还只是一些不完全的信息，所以还没有全面掌握。

▶ 사고에 관해서는 아직 단편적인 정보밖에 들어오지 않아서 전부는 모릅니다.

1292 | 段(だん)ボール　cardboard / 纸箱 / 골판지

■ このパンフレットを100部(ぶ)入(い)れるのにちょうどいい段ボールがない。

▶ There's no cardboard box that is just right to put these 100 pamphlets in.

▶ 没有能正好放入100册宣传册的纸箱。

▶ 이 팜플릿을 100 부 넣는데 적당한 골판지 상자가 없다.

1293 | 段(だん)ボール箱(ばこ)㋩　cardboard box / 瓦楞纸板箱子 / 골판지 상자

1294 | チームワーク　teamwork / 团队 / 팀워크

■ このプロジェクトは大勢(おおぜい)が力(ちから)を合(あ)わせてやる仕事(しごと)なので、チームワークがとても大切(たいせつ)です。

▶ This project will require the efforts of many people, so teamwork is very important.

▶ 因为这个项目是大家配合才能完成的工作，所以团队很重要。

▶ 이 프로젝트는 모두가 힘을 합쳐서 하는 일이기 때문에 팀워크가 매우 중요합니다.

1295 | 遅延 delay / 晚点 / 지연 **～する** delay / 延迟 / 지연 한다

■ 事故などで電車が遅れたときは、駅で遅延証明書がもらえます。

▶ When the train is late due to an accident, you can get a proof of delay at the station.

▶ 由于事故导致电车晚点的时候，在车站能领到晚点证明。

▶ 사고 등으로 전철이 늦어졌을 때는, 역에서 지연 증명서를 받을 수 있습니다.

1296 | 地価 price of land / 地价 / 지가

■ 東京都心部の地価は、ここ1年、再び上昇している。

▶ In the past year, land prices in the heart of Tokyo have risen once again.

▶ 东京市中心的地价，这1年又上涨了。

▶ 도쿄 중심부의 지가는 최근 1년 다시 상승하고 있다.

1297 | 力不足 inability / 能力不足 / 능력부족

■ 私の力不足で、契約に至らず、申し訳ございません。

▶ I apologize for the contract not coming through due to my lack of ability.

▶ 由于我的能力不足，没有达成协约，真是对不起。

▶ 저의 능력 부족으로 계약이 성립되지 못해 죄송합니다.

1298 | 知名度 (name) recognition / 知名度 / 지명도

■ 講演会の講師は、もう少し知名度の高い人に頼みたいなあ。

▶ I'd really like to ask someone with a little more name recognition to be the speaker at our lecture meeting.

▶ 想拜托知名度更高一些的人担任演讲会的演讲嘉宾。

▶ 강연회의 강사는 좀 더 지명도가 높은 사람으로 하고 싶군.

1299 | チャート chart / 图表 / 차트

■ これは、商品ができるまでの過程を示したチャートです。

▶ This chart shows the product development process.

▶ 这是表示商品完工前全过程的图表。

▶ 이것은 상품이 완성될 때까지의 과정을 나타낸 차트입니다.

参 フローチャート

1300 | 着手 start / 着手 / 착수 **～する** start / 着手 / 착수하다

■ A社は、新たに医療分野での商品開発に着手した。

▶ Company A has newly started product development in the field of medical care.

▶ A公司在新的医疗领域中着手商品开发。

▶ A 사는 새롭게 의료분야의 상품개발에 착수했다.

1301 | 着払い　C.O.D. (cash on delivery) / 对方付款 / 착불

■ 送料はこちらで負担しますので、着払いで送ってください。
▶ We'll cover shipping, so please send it C.O.D.
▶ 运费由我们负担，请以对方付款的形式送货。
▶ 배송료는 저희가 부담할테니 착불로 보내주십시오 .

1302 | 着工　start of construction / 开工 / 착공　~する start construction / 开工 / 착공하다

■ 新工場は、2月10日着工の予定です。
▶ The start of construction for the new factory is scheduled February 10.
▶ 新工厂预定在2月10日开工。
▶ 새공장은 , 2 월 10 일 착공 예정이다 .

1303 | チャ(ン)ネル　channel / 渠道，频道 / 채널

■ ネットをうまく利用すれば、販売チャンネルをもっと広げられるはずです。
▶ If you make good use of the net, you should be able to expand your sales channels.
▶ 如果充分利用网络应该能进一步拓宽销售渠道。
▶ 네트워크를 잘 이용하면 판매 채널은 더 넓어질 것입니다 .

■ 今、テレビ録画しているから、チャンネル、変えないでね。
▶ I'm recording this show now, so don't change the channel.
▶ 现在正在录电视节目，不要换频道。
▶ 지금 텔레비전 녹화를 하고 있으니 , 채널을 바꾸지 말아줘 .

1304 | 仲介　mediation / 中介商 / 중개　~する mediate / 中介 / 중개하다

■ 賃貸の場合、不動産の仲介手数料は、たいてい家賃の約1カ月分です。
▶ For rentals, the real estate broker's fee is usually one month's rent.
▶ 如果是租的话，不动产中介商的手续费大概是1个月的房租左右。
▶ 임대의 경우 , 부동산 중개료는 대개 집세의 약 1 개월분입니다 .

1305 | 中間　middle / 中间 / 중간

■ 弊社のビルは、A駅とB駅のちょうど中間の位置にあります。
▶ Our company's building is located right in between Station A and B.
▶ 我公司的大楼正处于A站和B站的中间位置。
▶ 저희 회사의 건물은 A 역과 B 역의 딱 중간 위치에 있습니다 .

参 中間地点、中間報告、中間決算

1306 | 中堅　mid-ranking / 中坚 / 중견

■ A社は、建設業界で中堅クラスの会社です。
▶ Company A is a mid-ranking company in the construction industry.
▶ 在建筑行业，A公司是中坚级的公司。
▶ A 사는 건설업계에서 중견급 회사입니다 .

■ 近々、中堅社員を集めてマネージメントの勉強会を開くそうです。

▶ I hear they'll be getting mid-ranking employees together to hold a management training session.

▶ 听说最近要将骨干社员召集在一起召开管理方面的学习会。

▶ 머잖아，중견사원을 모아 매니지먼트 스터디를 연다고 합니다.

1307 | **中座**（ちゅうざ） leaving in the middle / 中途退席 / 도중에 자리를 뜸 **~する** leave in the middle / 中途退席 / 도중에 자리를 뜨다

■ 予定が入っているんだったら、打ち合わせは中座してもいいですよ。

▶ Since you have plans, it's ok if you leave in the middle of the meeting.

▶ 如果有预约了的话，也可以在会议的中途退席。

▶ 예정이 있으면，협의는 도중에 자리를 떠도 괜찮아요.

1308 | **駐在**（ちゅうざい） post, station / 驻 / 주재 **~する** post / 驻 / 주재하다

■ バンコク駐在のスタッフから連絡が入りました。

▶ There was a call from a staff member stationed in Bangkok.

▶ 有来自于驻曼谷的工作人员的联系。

▶ 방콕 주재의 스탭으로부터 연락이 왔습니다.

1309 | **注釈**（ちゅうしゃく） annotation, explanatory notes / 注释 / 주석 **~する** annotate / 注释 / 주석을 달다

■ これは初心者向けの本なので、専門用語には注釈が付いています。

▶ This book has annotations for specialized terms because it was written for beginners.

▶ 这是面向初学者的书，专业术语都带有注释.

▶ 이것은 초보자 용의 책이라서，전문용어에는 주석이 달려 있습니다.

1310 | **抽出**（ちゅうしゅつ） sampling / 抽出 / 추출 **~する** sample / 抽出 / 추출하다

■ 20歳以上の男女1,000人を無作為に抽出して、アンケートを依頼した。

▶ We took a random sampling of 1,000 men and women over 20, and had them fill out a questionnaire.

▶ 随意抽取了1000名20岁以上的男女进行问卷调查。

▶ 20세 이상의 남녀 1000명을 무작위로 추출해서，앙케트를 의뢰했다.

■ この店では、野菜や果物、豆類などの成分を抽出して作った健康食品が、たくさん売られています。

▶ There are lots of health foods made by extracting ingredients from vegetables, fruits and legumes.

▶ 提取蔬菜水果豆类等成份而制成的健康食品销量很大。

▶ 채소나 과일，콩류 등의 성분을 추출해서 만든 건강식품이 많이 팔리고 있습니다.

1311 | **中傷**（ちゅうしょう） character assassination, defamation / 中伤 / 중상 **~する** slander, malign / 中伤 / 중상하다

■ ネット上には、個人に対する中傷があふれている。

▶ The internet is overflowing with character assassination of individuals.

▶ 在网络上到处都是对个人的中伤。

▶ 네트워크 상에서는 개인에 대한 중상이 넘치고 있다.

1312 | 抽選(ちゅうせん) drawing, lottery / 抽签 / 추첨 **～する** draw lots / 抽签 / 추첨하다

■ プレゼントの抽選会(かい)は、4時(じ)に始(はじ)めます。
▶ The drawing for presents will begin at 4 o'clock.
▶ 礼品的抽签会从4点开始。
▶ 선물 추첨은 4 시에 시작합니다.

■ 毎週(まいしゅう)、抽選で5名(めい)の方(かた)に10万円(まんえん)が当(あ)たります。
▶ We'll be drawing 5 winners of 100,000 yen every week.
▶ 每周，将以抽签方式选出5名10万元的获奖者。
▶ 매주, 추첨으로 5 분에게 10 만엔이 당첨됩니다.

1313 | 中断(ちゅうだん) suspension, discontinuation / 中断 / 중단 **～する** suspend, discontinue / 中断 / 중단하다

■ 工事(こうじ)のため、資料室(しりょうしつ)の公開(こうかい)を一時(いちじ)中断します。
▶ Due to construction, we are temporarily discontinuing the public viewing of the documents.
▶ 由于施工，将暂时中断资料室的开放。
▶ 공사 때문에 자료실 공개를 일시 중단합니다.

■ 会員規則(かいいんきそく)に違反(いはん)した場合(ばあい)は、サービスを中断することがあります。
▶ Service may be suspended in the event you violate the rules of membership.
▶ 如果违反了会员规则，有可能会中断服务。
▶ 회원규칙을 위반 한 경우, 서비스를 중단시킬 경우가 있습니다.

1314 | 躊躇(ちゅうちょ) hesitation / 犹豫 / 주저 **～する** hesitate / 犹豫 / 주저하다

■ この段階(だんかい)で値段(ねだん)を上(あ)げていいかどうか、ちょっと躊躇しますね。
▶ I am a little hesistant at whether or not it is all right to raise the price at this stage.
▶ 这个阶段是否提价，我有点犹豫。
▶ 이 단계에서 가격을 올려도 될지 어떨지 좀 주저되네요.

1315 | 中途(ちゅうと) midway, halfway / 中途 / 중도

■ 急速(きゅうそく)に発展(はってん)した会社(かいしゃ)なので、中途採用(さいよう)の社員(しゃいん)が多(おお)い。
▶ Because it's a company that has grown rapidly, many of the employees are mid-career hires.
▶ 因为是飞速发展的公司，中途录用的职员很多。
▶ 급속하게 발전한 회사여서, 중도 채용 사원이 많다.

■ 契約期間(けいやくきかん)の中途で解約(かいやく)する場合(ばあい)は、解約をする30日前(にちまえ)までに書面(しょめん)でご連絡(れんらく)ください。
▶ When cancelling midway through the contract period, please inform us in writing 30 days in advance.
▶ 如果是合约期间中途解约，请在解约前的30天以书面形式联系。
▶ 계약기간 도중에 해약할 경우는 해약하기 30 일 전까지 서면으로 연락주십시오.

1316 | 中途半端（ちゅうとはんぱ） halfway / 不明朗 / 어중간함　～な half-baked / 不完整的 / 어중간한　～に half-assed / 不完整 / 어중간하게

■ この件に関して上層部は、賛成でも反対でもなく、中途半端な態度を取り続けている。

▶ Regarding this case, upper management is neither agreeing nor disagreeing, but taking a middle-of-the-road stance.

▶ 关于这件事，领导层一直采取既不赞成也不反对的不明朗态度。

▶ 이 건에 대해 상층부는 찬성도 반대도 아닌, 어중간한 태도를 계속 취하고 있다.

1317 | 中年（ちゅうねん） middle age / 中年 / 중년

■ この店の客の多くは、会社帰りの中年男性だ。

▶ Many of this store's customers are middle-aged men on their way home from work.

▶ 这个店的客人大多是从公司下班的中年男性。

▶ 이 가게의 손님의 대부분은 퇴근길의 중년남성이다.

1318 | 注目（ちゅうもく） attention / 关注 / 주목　～する pay attention / 关注 / 주목하다

■ Aホテルが始めた新サービスは、業界の注目を集め、多くの新聞・雑誌でも取り上げられている。

▶ The new service that Hotel A started is garnering the attention of the industry, and many newspapers and magazines are writing about it.

▶ A饭店开始的新服务受到了业界的广泛关注，许多报纸和杂志也进行了报道。

▶ A 호텔이 시작한 새로운 서비스는 업계의 주목을 모아, 많은 신문・잡지에서도 다뤄지고 있다.

■ 新型車TZは、「環境に優しい車」というテーマを徹底的に追求した点で、注目に値する。

▶ The new model car TZ is worthy of attention for having thoroughly pursued the theme of an environmentally friendly car.

▶ 新型车TZ，在彻底追求"环保型车"这一主题方面，值得受到大家的关注。

▶ 신형차 TZ는「환경친화적인 차」라는 테마를 철저하게 추구한 점에서 주목할 만 하다.

1319 | 注文（ちゅうもん） order / 订货，要求 / 주문　～する order / 订货，要求 / 주문하다

■ 注文書を同封致しますので、ご査収のほど、よろしくお願い申し上げます。

▶ I have included an order form, and I hope you will find it useful.

▶ 一同寄去订货单，敬请查收。

▶ 주문서를 동봉하므로, 잘 보관해 주시기를 부탁드립니다.

■ 通常の建売住宅では、原則として細かい注文をつけることはできません。

▶ With ready-built houses, as a rule you cannot make detailed orders.

▶ 一般的商品房，原则上无法附加详细的要求。

▶ 통상의 집을 지은 사람이 파는 주택에서는 원칙으로서 세세한 주문 요구는 할 수 없습니다.

1320 | **調印** signature / 签订 / 조인 **~する** sign / 签订 / 조인하다

■ A自動車とB市は、新工場の建設に関する協定に調印した。

▶ Car maker A and City B signed an agreement to construct a new factory.

▶ A汽车和B市签订了新工厂建设的协定。

▶ A 자동차와 B 시는 신공장 건설에 관한 협정에 조인했다.

参 調印式

1321 | **超過** excess / 超过 / 초과 **~する** exceed / 超过 / 초과하다

■ 開発費が、すでに予算を超過してしまった。

▶ Development costs have already exceeded budget.

▶ 开发费已经超过了预算。

▶ 개발비가 이미 예산을 초과해 버렸다.

■ A社は債務超過の恐れがある。

▶ Company A is in danger of insolvency.

▶ A公司有可能会有超额债务。

▶ A 사는 채무 초과의 위험이 있다.

1322 | **長期** long-term, long-range / 长期 / 장기

■ 我が社では、一定の勤続年数を超えた人に、1カ月という長期の休暇が認められている。

▶ At our company, a one-month long-term leave has been approved for persons who have exceeded a certain number of consecutive years worked.

▶ 我们公司对于超过一定工龄的人可给与1个月的长假。

▶ 우리 회사에서는 일정한 근속년수를 넘은 사람에게, 한 달의 장기 휴가를 인정하고 있다.

■ うちの会社は、目先のことばかり考えていて、長期的なビジョンに欠けている。

▶ Our company is always thinking only of the present, and lacks a long-term vision.

▶ 我们公司总是只考虑眼前，缺乏长期的视角。

▶ 우리 회사는 늘 눈앞의 일만 생각하고, 장기적인 비전이 부족하다.

1323 | **帳消し** cancellation, write off / 一笔勾销 / 소멸, 삭제

■ この契約がとれたら、前回のミスは帳消しになるね。

▶ If you can get this contract, I will write off your error from last time.

▶ 这个合同拿下来的话，上次的错误就一笔勾销。

▶ 이 계약이 성사되면 지난 번의 실수는 없어지겠네.

1324 | **調査** investigation, survey / 调查 / 조사 **~する** investigate; survey / 调查 / 조사하다

1325 | 帳尻（ちょうじり） balance / 结果 / 수지 결산

■ 年度末に向けて、収支の帳尻を合わせなければならない。

▶ We have to balance the reciepts an disbursments in anticipation of the end of the year.

▶ 临近年末的时候，必须核对收支帐尾。

▶ 연말에 맞춰，수지 결산을 맞춰야 한다.

1326 | 調整（ちょうせい） adjustment, arrangement / 调整 / 조정 ~する adjust; arrange, coordinate / 调整 / 조정하다

■ 忘年会は、スケジュールを調整して、なるべく多くの人が出られる日にしたいと思います。

▶ I would like to adjust the scheduling of the year-end party to a day that the most people can attend.

▶ 调整日程安排，尽量使此次的忘年会能让更多的人参加。

▶ 송년회는 스케줄을 조정해서，가능한 한 많은 사람이 나올 수 있는 날로 하고 싶습니다.

■ 年末調整で、1万円ほど税金の戻りがあった。

▶ I got a 10,000 yen return on my year-end tax adjustment.

▶ 在年度调节中，能返还1万日元左右的税金。

▶ 연말정산으로，1만엔 정도의 세금이 돌아왔다.

■ 今日はまとまらなかったけど、今月中に各部署の意見を調整しておいてください。

▶ It wasn't settled today, but please coordinate the opinions of each department this month.

▶ 今天没能取得一致的意见，请在本月内调整一下各部门的意见。

▶ 오늘은 결론이 안 났지만，이달 중으로 각부서의 의견을 조정해 주십시오.

1327 | 調達（ちょうたつ） procurement / 筹措 / 조달 ~する procure / 筹措 / 조달하다

■ 店舗を増やすのはいいが、問題は資金の調達をどうするかだ。

▶ Increasing the number of stores is fine, but the problem is how to procure funds.

▶ 增加店铺是好事，问题是如何筹措资金。

▶ 점포를 늘리는 것은 좋지만，문제는 자금 조달을 어떻게 할 것인가이다.

参 部品の調達、資材の調達

1328 | 重複（ちょうふく） duplication / 重复 / 중복 ~する duplicate / 重复 / 중복되다

■ プレゼンの際には、担当する内容についてしっかり話し合って、お互いに説明が重複しないようにしよう。

▶ When giving a presentation, discuss thoroughly what each one will be responsible for, and make sure not to duplicate each other's explanations.

▶ 在产品发布会上，要对负责的内容仔细商谈，避免彼此的说明出现重复。

▶ 프리젠테이션을 할 때는，담당하는 내용에 대해 확실히 상의해서 서로 설명이 중복되지 않도록 하자.

参 内容が重複する、重複を避ける

1329 | 帳簿 books / 账本 / 장부

■ 倉庫にある在庫数が、帳簿の数字と食い違っている。
▶ The inventory in the warehouse is at odds with the numbers in the books.
▶ 仓库中的库存数和账本上的数字不同。
▶ 창고에 있는 재고 수가 장부의 숫자와 맞지 않는다.

■ 経理ソフトのおかげで、帳簿をつけるのが、だいぶ楽になった。
▶ Thanks to the accounting software, keeping the books has become much easier.
▶ 多亏有了会计软件，现在记账轻松多了。
▶ 경리 소프트웨어 덕분에, 장부를 쓰는 것이 매우 쉬워졌다.

1330 | 直営 direct management / 直销，直接经营 / 직영 ～する manage directly / 直销 / 직영하다

■ 高級ブランドで知られるイタリアのA社は、来年、銀座に直営店を開く。
▶ Company A from Italy, known for its luxury brand, will open a directly operated store in Ginza.
▶ 因高级品牌而闻名的意大利A公司明年将在银座开设直销店。
▶ 고급 브랜드로 알려진 이탈리아의 A사는 내년 긴자에 직영점을 연다.

1331 | 直前 just before / 即将……的时候 / 직전

■ 商品の一部に不具合が見つかったため、発売直前にストップがかかった。
▶ Because defects were discovered in some of the products, a stop was put on them just before going on sale.
▶ 因为部分商品发现异常，在即将发售的时候停止了出售。
▶ 상품 일부에 불량이 발견되어, 발매 직전에 중지되었다.

参 開始直前、出発直前

1332 | 直属 immediate, direct / 直属 / 직속

■ 次回は、私の直属の上司の岡田と、伺わせて頂きます。
▶ Next time I would like to come with my immediate supervisor, Ms. Okada.
▶ 下次我将和我的直属上司冈田去拜访您。
▶ 다음에는 제 직속 상관인 오카다 씨와 찾아뵙겠습니다.

■ 本社直属の研究所に異動になりました。
▶ I am being moved to the research center under direct control of headquarters.
▶ 调到了总公司直属的研究所。
▶ 본사 직속의 연구소로 이동하게 되었습니다.

1333 | 直通 direct / 直通 / 직통

■ 直通の電話番号は03-007-1234です。
▶ The number to reach me directly is 03-007-1234.
▶ 直播电话号码是03-007-1234。
▶ 직통 전화번호는 03-007-1234 입니다.

■ A駅までの直通電車は、1日に2本しかありません。

▶ There are only two direct service trains per day to Station A.

▶ 到A车站的直达车（电车）1天只有2辆。

▶ A 역까지의 직통전철은 하루에 두 대 밖에 없습니다.

1334 | 著作権　copyright / 著作权 / 저작권

■ キャラクターを二次使用する際は、著作権をクリアしなければならない。

▶ When making secondary use of characters, you have to clear their copyrights.

▶ 二次使用代言人的时候，必须解决著作权的问题。

▶ 캐릭터를 이차 사용할 경우, 저작권을 문제 없도록 해야 한다.

■ この作品の著作権は、さくら制作に帰属します

▶ The copyright for this work is held by Sakura Productions.

▶ 这部作品的著作权属于樱花制作。

▶ 이 작품의 저작권은 사쿠라 제작에 귀속되어 있습니다.

参 著作権者、著作権使用料

1335 | 著者　author / 作者 / 저자

■ 本の著者にインタビューした記事が、新聞に掲載されていた。

▶ An article of an interview with the author of this book was in the paper.

▶ 采访书作者的报道被登载在报纸上。

▶ 책 저자를 인터뷰한 기사가 신문에 게재 되어 있었다.

1336 | 直帰　return home directly / 直接回家 / 현지 퇴근　～する return home directly / 直接回家 / 현지 퇴근하다

■ 明日のA社との打ち合わせは、午後7時終了予定なので、直帰します。

▶ Tomorrow's meeting with Company A is scheduled to finish at 7 o'clock so I will go straight home.

▶ 明天和A公司的会议预计在晚上7点结束，所以我将直接回家。

▶ 내일 있을 A 사와의 협의는 오후 7 시에 종료할 예정이니, 바로 퇴근하겠습니다.

1337 | 直行　going directly / 直接去 / 직행　～する go directly / 直接到 / 직행하다, 바로가다

■ 明日は、朝9時からアポがあるので、A社に直行します。

▶ Tomorrow I have an appointment at 9 o'clock so I will go straight to Company A.

▶ 明天早上9点有预约，所以我将直接到A公司。

▶ 내일은 아침 9 시부터 약속이 있으니 A 사로 바로 가겠습니다.

1338 | チラシ　flyer / 广告单 / 전단지, 광고지

■ 駅前で、今度新しくできたラーメン屋のチラシを配っていました。

▶ They were handing out flyers for the new ramen shop.

▶ 在车站前分发新开的拉面馆的广告单。

▶ 역 앞에서 이번에 새로 생긴 라면가게의 전단지를 나눠 주고 있었습니다.

■ A社のイベントにはたくさんの人が来るから、配布資料の中に、うちのチラシも入れてもらおう。

▶ A lot of people will be coming to Company A's event, so let's have them include our flyer in the materials they're handing out.

▶ A公司的活动会有很多人来，请他们在分发的资料中加入我们公司的广告单吧。

▶ A 사의 이벤트에는 많은 사람이 오니까, 배포자료 안에 우리 전단지도 넣어 달라고 하자.

1339 | 賃金 wage / 工资 / 임금

■ この数年間、パートの賃金はほとんど変わっていない。

▶ In the last few years, part-time wages have for the most part not changed.

▶ 这些年临时工的工资基本上没有变化。

▶ 최근 수년간 파트 타임의 임금은 거의 변하지 않았다.

1340 | 陳腐 stale, commonplace / 陈腐 / 진부 **~な** stale, commonplace / 陈腐 / 진부한

■ このような陳腐な企画では、客を集めることはできない。

▶ You can't get any customers with a stale plan like that.

▶ 这样陈腐的企画无法招揽客人。

▶ 이런 진부한 기획으로는 고객을 모을 수 없다.

1341 | 陳列 display / 展览 / 진열 **~する** display / 展览 / 진열하다

■ 商品の陳列の仕方次第で、売り上げが全然違ってくる。

▶ The way products are displayed makes all the difference in their sale.

▶ 根据商品陈列方式的不同，销售额会截然不同。

▶ 상품 진열 방법에 따라, 매상은 전혀 달라진다.

参 陳列棚

1342 | 追加 addition / 追加 / 추가 **~する** add / 追加 / 추가하다

■ お客様、まもなくラストオーダーですが、追加のご注文はございますか。

▶ We're taking last orders, is there anything else you would like?

▶ 各位顾客，马上就不再接受订货了，还有没有追加订货?

▶ 손님, 곧 마지막 주문입니다만, 추가 주문은 없으십니까?

■ 新年会、15名で予約したけど、今から人数を追加できるかな。

▶ I made reservations for 15 for the new year's gathering, but would it be possible to add more now?

▶ 新年会预定了15名，今后还能添补吗?

▶ 신년회, 15명 예약했는데, 지금 인원 추가 가능할까?

1343 | 通貨（つうか） currency / 货币 / 통화

■ 通貨の安定（あんてい）のためには、各（かっ）国間（こくかん）の経済的（けいざいてき）な格差（かくさ）をなくすことが重要（じゅうよう）だ。

▶ It is important to eliminate the economic differences between countries for the sake of currency stability.

▶ 为保证货币稳定，消除各国间的经济差距至关重要。

▶ 통화 안정을 위해서는 각국간의 경제적인 격차를 없애는 것이 중요하다.

参 通貨制度

1344 | 通信販売（つうしんはんばい）（通販（つうはん）略） mail-order / 函售 / 통신판매

■ 通信販売は便利（べんり）だけど、実際（じっさい）に商品（しょうひん）が見（み）られないのが難点（なんてん）だね。

▶ Mail-order is convenient, but not being able to see the products is a drawback.

▶ 函售虽然方便，缺点在于无法实际看到商品。

▶ 통신판매는 편리하지만, 실제로 상품을 볼 수 없는 게 단점이네.

■ 外国（がいこく）の製品（せいひん）なら、ネット通販（つうはん）が便利（べんり）です。

▶ For foreign products, internet shopping is convenient.

▶ 如果是外国商品，网上销售很方便。

▶ 외국 제품이라면 인터넷 통신판매가 편리하지.

参 通販カタログ

1345 | 通知（つうち） notification, notice / 通知 / 통지 ～する notify / 通知 / 통지하다

■ 解約（かいやく）の場合（ばあい）は、サービス開（かい）始（し）の3日前（みっかまえ）までに通知しなければならない。

▶ When cancelling the contract, you must provide 3 days notice prior to the start of service.

▶ 如果想解约，必须在J服务开始的3天前通知。

▶ 해약할 경우, 서비스 J 개시의 3일 전까지 통지하지 않으면 안 된다.

■ 口座（こうざ）に入金（にゅうきん）や出金（しゅっきん）があったときに、銀行（ぎんこう）からメールで通知をしてくれるサービスがある。

▶ There is a bank service that provides e-mail notifications when there are deposits and withdrawals on an account.

▶ 账户中有存取的时候，银行可以提供用邮件方式告知的服务。

▶ 구좌에 입금이나 출금이 있었을 때, 은행에서 메일로 통지를 해주는 서비스가 있다.

参 採用通知

1346 | ～付（つ）き接 with / 附带 / ～딸림

■ 海側（うみがわ）の部屋（へや）は、バストイレ付きで、1泊（ぱく）18,000円（えん）です。

▶ The sea side room with a Japanese-style area and bathroom is 18,000 yen per night.

▶ 靠海的房间，带日式浴室和厕所，一晚上18,000日元。

▶ 바다쪽 방은 일본식 욕실이 딸린 것으로, 1박에 18,000 엔입니다.

参 ケース付き、条件付き、期限付き

1347 | 付き合い　association, acquaintance / 交际 / 교제

■ 人付き合いの良さなら、彼が一番だ。

▶ As far as being sociable, he's the best.

▶ 在社交方面，他是最擅长的了。

▶ 사람을 잘 사귀는 것은 그가 제일이다.

■ 彼は付き合いが広いから、きっといろいろなネットワークを持っているよ。

▶ He has a wide range of acquaintances, so I'm sure he's well networked.

▶ 他的交际非常广，肯定有各种关系网。

▶ 그는 사교성이 좋아서 분명 다양한 인맥이 있을 거야.

[参] 仕事上の付き合い

1348 | ツケ[カ]　credit / 赊账 / 외상

■ この店はよく使うので、ツケが利くんですよ。

▶ I often come to this store, so I have credit here.

▶ 这家店我常来，所以可以赊账。

▶ 이 가게는 자주 가니까 외상이 가능해요.

[参] ツケで払う

1349 | ～付け[接]　effective / 日期 / ～의 날짜, ～부

■ 田中社長が3月15日付けで退任し、新社長には森氏が就任した。

▶ President Tanaka resigned effective March 15, and Mr. Mori was inaugurated as the new president.

▶ 田中社长于3月15日退职，新社长由森担任。

▶ 다나카 사장이 3월 15일 부로 퇴임하고 새로운 사장으로 모리 씨가 취임했다.

1350 | 都合　convenience / 情况 / 사정

■ 来週火曜日のご都合はいかがでしょうか。

▶ How is Tuesday of next week for you?

▶ 下周星期二您方便吗?

▶ 다음 주 화요일에 시간 괜찮으십니까?

■ 何とか都合をつけて伺うようにいたします。

▶ I'll find time somehow and pay a visit.

▶ 我想找个机会去拜访。

▶ 어떻게든 짬을 내서 찾아뵙도록 하겠습니다.

1351 | つじつま　consistency / 条理 / 이치, 조리

■ つじつまを合せるために数字を変えるなんて、できないよ。

▶ You can't just change the numbers in order to make it consistent.

▶ 为了前后吻合而要修改数字，这种事我做不到。

▶ 이치를 맞추기 위해, 숫자를 바꾸는 건 할 수 없어.

■ AさんとBさんの話(はなし)はつじつまが合(あ)わないから、チームリーダーのCさんに聞(き)いてみよう。

▶ What Mr. A and Mr. B say is inconsistent, so let's ask the team leader, Mr. C.

▶ 小A和小B的解释前后矛盾，我们还是问问小组领导C吧。

▶ A 씨와 B 씨의 이야기는 이치에 맞지 않으니 팀리더인 C 씨에게 물어보자.

1352 | つながり　connection / 连接，联系 / 연결,관계

■ この業界(ぎょうかい)は、横(よこ)のつながりがないから、情報(じょうほう)が入(はい)らない。

▶ There are no lateral connections in this industry, so no information comes in.

▶ 这个行业，因为没有横向联系，无法获得信息。

▶ 이 업계는 기업간의 연결관계가 없어서，정보가 들어오지 않는다.

1353 | つながる　connect / 相连 / 연결된다

■ 電波(でんぱ)が悪(わる)いのか、電話(でんわ)がなかなかつながらない。

▶ The signal might be bad. I can't get a connection.

▶ 或许是电波不好，总也打不通电话。

▶ 전파가 나빠서 인지，전화가 잘 연결되지 않는다.

1354 | 募(つの)る　invite, raise / 招募，越来越厉害 / 모집하다，심해지다

■ 人事部(じんじぶ)では、今(いま)、来年度(らいねんど)の「短期海外研修(たんきかいがいけんしゅう)」希望者(きぼうしゃ)を募っている。

▶ In the HR department we are inviting candidates now for next year's "Short-term Overseas Training".

▶ 人事部正在招募希望参加下年度“短期海外研修”的人员。

▶ 인사부에서는 지금，내년도의「단기해외연수」희망자를 모집하고 있다.

■ 会社(かいしゃ)の業績(ぎょうせき)が悪(わる)いので、リストラされるのではないかと、社員(しゃいん)の間(あいだ)で不安(ふあん)が募っている。

▶ Company results have been poor, so concerns are being raised among employees that they might be laid off.

▶ 因为公司业绩不好，职员们的不安与日俱增，担心自己是否会被裁员。

▶ 회사의 업적이 나빠서，정리해고되지는 않을까 하고 사원들 사이에서 불안이 심해지고 있다.

1355 | つぶれる㋕　go bankrupt / 倒闭 / 망하다

■ 駅前(えきまえ)のラーメン屋(や)、客足(きゃくあし)が減(へ)ってつぶれたらしい。

▶ The ramen shop in front of the station closed down because of a lack of customer traffic.

▶ 站前的拉面店，客人减少，好像倒闭了。

▶ 역앞의 라면 가게，손님이 줄어서 망한 것 같아.

1356 | つまみ㋑　knob, control / 抓手，提纽 / 손잡이

1357 | 詰まる　shrink / 缩短，堵塞 / 줄다，막히다

■ 売り上げトップのA社との差が詰まってきた。
- ▶ The gap has shrunk with the sales-leading Company A.
- ▶ 和销售额首位的A公司的差距缩小了。
- ▶ 매상이 가장 높은 A 사와의 차가 좁혀지기 시작했다.

■ 会議で予期せぬ質問をされ、うまく説明できず、言葉に詰まってしまった。
- ▶ I was asked an unexpected question in the meeting that I couldn't explain well, and was at a loss for words.
- ▶ 在会议上被问到了出乎意料的问题，无法很好地说明，支支吾吾说不出话了。
- ▶ 회의에서 예상치 못한 질문을 받아, 잘 설명하지 못하고 말이 막혀 버렸다.

1358 | 積む　accumulate / 积累，堆积 / 쌓다

■ 海外勤務の経験を積んだことが、現在の仕事にとても役立っています。
- ▶ The accumulation of my experience in overseas assignments helps in my current job.
- ▶ 积累了在海外工作的经验，这对现在的工作非常有用。
- ▶ 해외근무 경험을 쌓은 것이 현재의 일에 매우 도움이 되고 있습니다.

■ 倉庫には、売れ残りの商品が山のように積まれている。
- ▶ Unsold products are piled up mountain-high in the stock room.
- ▶ 仓库里，没有卖出的商品堆积如山。
- ▶ 창고에서는 팔고 남은 상품이 산처럼 쌓여 있다.

1359 | 詰め替え　repack / 替换 / 바꿔 넣음，갈아 끼움

■ 環境意識の高まりから、洗剤は詰め替えタイプのものが多くなっている。
- ▶ Due to an increased awareness of the environment, refill type of detergents have become popular.
- ▶ 环境意识的提高，使洗涤剂的替换型包装多起来。
- ▶ 환경의식이 고조되면서 세제는 리필용이 많아지고 있다.

1360 | 詰める　tighten, package / 缩小，装入 / 좁히다，담다

■ このレポート、行間を詰めれば、1ページに収まりそうだ。
- ▶ We can propably make this report in one page if we tighten the lines.
- ▶ 如果缩小行间距，能将这份报告集中到一张纸上。
- ▶ 이 레포트, 행간을 좁히면 한 페이지에 들어갈 것 같다.

■ 軽いものは大きい箱に、重いものは小さい箱に詰めてください。
- ▶ Please pack lightweight things in the big box, and heavy ones in small boxes.
- ▶ 请将轻的装人大箱子，重的装人小箱子。
- ▶ 가벼운 것은 큰 상자에, 무거운 것은 작은 상자에 담아 주십시오.

■ A社製品の輸入について、契約文書の内容を詰めているところだ。

▶ We are currently thrashing out the contract details for the import of CompanyA's products.

▶ 关于A公司制品的进口事宜，正在填写合约的内容。

▶ A사 제품 수입에 대해，계약문서의 내용을 매듭지으려 하고 있다.

1361 | 手当 treatment / 治疗，补贴 / 치료，수당 **～する** treatt / 治疗，补贴 / 치료하다

■ Bさんは今日、通勤の途中でけがをして、病院で手当を受けた。

▶ Mr.B was injured while commuting to work, and was treated at the hospital.

▶ B先生今天在上班途中受伤了，在医院接受了治疗。

▶ B씨는 오늘，출근 도중에 다쳐서 병원에서 치료를 받았다.

■ 社員には、住宅手当や家族手当が支給される。

▶ Employees receive a housing allowance and family allowance.

▶ 给社员支付房屋补贴和家庭补贴。

▶ 사원에게는 주택수당과 가족수당이 지급된다.

参 残業手当、通勤手当

1362 | 提案 proposal / 建议 / 제안 **～する** propose / 建议 / 제안하다

■ A市長は、教育現場に、民間からの人材を採用するよう提案した。

▶ Mayor A made a proposal to recruit personnel from the private-seetor for its educational site.

▶ A市长对教育部门建议，应该启用社会上的人才。

▶ A시장은 교육현장에 민간인 인재를 채용할 것을 제안했다.

1363 | DM㊅（ダイレクトメール） direct mail / 邮寄广告 / 다이렉트 메일

■ 新商品の販促のため、DMを打つことにした。

▶ We decided to send a direct mail piece as a new product sales promotion.

▶ 为了促进新产品的销售，决定发邮寄广告。

▶ 신상품의 판촉을 위해 다이렉트 메일을 보내기로 했다.

参 DMを発送する

1364 | T字路㋑ T intersection / T字路口 / T자 길

1365 | 定員 capacity / 定员 / 정원

■ このエレベーターは、定員10名です。

▶ This elevator's capacity is 10 persons.

▶ 这个电梯的定员是10名。

▶ 이 엘리베이터는 정원이 10명입니다.

参 募集定員

1366 | 定価（ていか） retail price / 定价 / 정가

■ すべての商品（しょうひん）は、現在（げんざい）、定価の２割引（わりびき）で販売（はんばい）しております。

▶ All products are now sold at a 20% discount off the retail price.

▶ 所有的商品，现在都以定价的8折销售。

▶ 모든 상품은 현재 정가의 20 퍼센트 할인가로 판매하고 있습니다.

1367 | 定期（ていき） regular / 定期 / 정기

■ この地区（ちく）では、外国人（がいこくじん）との交流（こうりゅう）を深（ふか）めるため、定期的（てき）に会（かい）を開（ひら）くようにしています。

▶ We try to hold regular meetings to deepen exchange with foreigners in this area.

▶ 在这个地区，为了增进与外国人的交流，定期召开会议。

▶ 이 지역에서는 외국인과 교류를 쌓기 위해, 정기적으로 모임을 열도록 하고 있습니다.

■ 先日（せんじつ）、B銀行（ぎんこう）の定期預金（よきん）を解約（かいやく）しました。

▶ The other day, I canceled a time deposit at Bank B.

▶ 前几天,把存在B银行的定期存款取了出来。

▶ 일전에 B 은행의 정기예금을 해약했습니다.

参 定期便、不定期

1368 | 定期（ていき）(券（けん）) 略 (定期乗車券（じょうしゃけん）) pass / 月票 / 정기(권)

■ バスの定期は、今月（こんげつ）30日（にち）で切（き）れる。

▶ The bus pass expires on the 30th of this month.

▶ 公共汽车的月票，到这个月的30日过期。

▶ 버스 정기권은 이번 달 30 일에 끝난다.

1369 | 提供（ていきょう） offer / 提供 / 제공　～する offer / 提供 / 제공하다

■ A社（しゃ）の高橋（たかはし）さんは、会（あ）うたびに、いろいろな情報（じょうほう）を提供してくれる。

▶ Mr. Takahashi of Company A offers me all kinds of information every time I meet him.

▶ 每次见到A公司的高桥先生，他都会给我提供各种信息。

▶ A 사의 다카하시 씨는 만날 때마다 다양한 정보를 제공해 준다.

■ ここ数年（すうねん）、ネット販売（はんばい）などのオンライン・サービスを提供する企業（きぎょう）が増（ふ）えている。

▶ In the last few years, companies offering online services such as Internet sales has rapidly increased.

▶ 这几年，提供网络销售等在线服务的企业在飞速增加。

▶ 최근 수년, 네트워크 판매 등의 온라인 서비스를 제공하는 기업이 급속하게 늘고 있다.

■ この番組（ばんぐみ）は、さくら食品（しょくひん）の提供でお送（おく）りいたします。

▶ This program is sponsored by Sakura Foods.

▶ 这个节目，是由樱花食品资助播放的。

▶ 이 프로그램은 사쿠라 식품의 제공으로 보내드립니다.

1370 | 提携（ていけい） tie-up / 合作 / 제휴　~する tie up / 合作 / 제휴하다

■ A社は、技術開発を強化するため、B社と業務提携をすることになった。

▶ Company A decided to tie up with Company B to reinforce R&D.

▶ A公司为了强化技术开发，决定要与B公司进行业务合作。

▶ A사는 기술개발을 강화하기 위해，B사와 업무 제휴를 하기로 했다.

1371 | 定型（ていけい） standard / 一定规格，固定模式 / 정형

■ このカタログは、定型封筒に入れて送れば、安く済むだろう。

▶ It will be cheaper if we send this catalog in a standard envelope.

▶ 如果将目录放入一定规格的信封中邮寄，费用能比较便宜。

▶ 이 카탈로그는 정형봉투에 넣어 보내면，비교적 싼 가격으로 보낼 수 있을것이다.

■ 手紙やメールを書くときには、さまざまな定型表現を使う。

▶ We use various standard expressions when writing a letter or e-mail

▶ 写信和邮件的时候，使用各种固定的表达方式。

▶ 편지나 메일을 쓸 때는，여러가지 정해진 표현을 쓴다.

1372 | 提言（ていげん） proposal, motion / 发表意见 / 제언　~する propose / 发表意见 / 제언하다

■ 田中教授は、新聞紙上で地域の活性化に関する提言をした。

▶ Professor Tanaka proposed a regional revitalization in the newspaper.

▶ 田中教授在报纸上就活跃地区经济发表意见。

▶ 다나카 교수님은 신문지상에서 지역의 활성화에 관한 제언을 했다.

1373 | 体裁（ていさい） appearances, format / 样式，外形 / 겉모양，체면

■ これは得意先への贈り物だから、もうちょっと体裁のいい箱に入れたらどうですか。

▶ This is a gift for a customer, don't you think it should be put in a more presentable box?

▶ 这是送给客户的礼物，最好放进外观好一些的箱子里。

▶ 이것은 주 거래처로 보내는 선물이니 좀더 보기 좋은 상자에 넣는 것이 어떨까요？

■ 企画書の内容は決まったから、あとは体裁を整えて仕上げるだけだ。

▶ The content of the plan was decided on, so all that's left is arranging its presentation.

▶ 企划书的内容已经定下来了，下面只剩下调整形式了。

▶ 기획서 내용은 정해졌으니，이제 겉모양을 갖춰서 완성하는 것만 남았다.

1374 | 停止（ていし） stop, suspension / 停止 / 정지　～する stop / 停止 / 정지하다

■ 機械（きかい）を停止するときは、赤（あか）いボタンを押（お）してください。

▶ To stop the machine, please press the red button.

▶ 停止机器运行，按红色按钮。

▶ 기계를 정지할 때는 빨간 버튼을 누르세요 .

参 停止状態、一時停止

1375 | 定時（ていじ） regular working hours / 正点, 准时 / 정시

■ 田中（たなか）さんは、いつも定時になったら、すぐ退社（たいしゃ）します。

▶ Mr. Tanaka always leaves the office right on time.

▶ 田中总是正点下班。

▶ 다나카 씨는 언제나 정시가 되면 바로 퇴근합니다 .

1376 | 提示（ていじ） presentation / 提示 / 제시　～する present / 提示 / 제시하다

■ まだＡ社（しゃ）に条件（じょうけん）を提示（ていじ）したばかりで、契約（けいやく）までには時間（じかん）がかかりそうだ。

▶ We just proposed our conditions to Company A, so it will take some time to conclude the contrct.

▶ 只是刚对A公司提示了条件，要签约还需要一段时间。

▶ 아직 , A 사에 조건을 제시한 지 얼마 안돼서 , 계약까지는 시간이 걸릴 것 같다 .

参 金額を提示する、案を提示する

1377 | 提出（ていしゅつ） submission / 提交 / 제출　～する submit / 提交 / 제출하다

■ 出張報告書（しゅっちょうほうこくしょ）は、明日（あした）までに提出してください。

▶ Please submit the business trip report by tomorrow.

▶ 请在明天之前提交出差报告。

▶ 출장보고서는 내일까지 제출해 주십시오 .

参 提出期限、提出書類

1378 | 訂正（ていせい） correction / 订正 / 정정　～する correct / 订正 / 정정하다

■ この案内書（あんないしょ）、日付（ひづけ）に間違（まちが）いがありますから、訂正してから発送（はっそう）してください。

▶ Please send this guidebook after correcting the wrong date.

▶ 这个说明书中的日期有错误，请在订正后发送过来。

▶ 이 안내서 , 날짜가 잘못되어 있으니까 , 정정해서 발송해 주세요 .

1379 | 丁重（ていちょう） polite / 诚挚 / 정중　～な polite / 诚挚 / 정중한　～に politely / 诚挚 / 정중하게

■ 在庫切（ざいこき）れで迷惑（めいわく）をかけている会社（かいしゃ）には、丁重におわびしてください。

▶ Please politely apologize to the companies you have incovenienced because of out-of-stock items.

▶ 由于没有了库存，给一些公司添了麻烦，请对他们做出诚挚的道歉。

▶ 재고가 없어서 피해를 준 회사에는 정중하게 사죄해 주십시오 .

■ 今回の視察旅行では、丁重なおもてなしをいただき、誠にありがとうございました。(手紙文)

▶ I sincerely thank you for the red-carpet treatment during this inspection tour.

▶ 在此次的调研中，受到了您热情周到的接待，真是太感谢了。

▶ 이번 시찰여행에서는 정중한 대접을 받아, 진심으로 감사했습니다. (편지문)

1380 | 程度　about, such / 程度 / 정도

■ ご注文の品が到着するまで、3日程度かかります。

▶ It takes about three days until the ordered product arrives.

▶ 您订的货大约需要3天的时间才能到。

▶ 주문하신 제품이 도착할 때까지 3일 정도 걸립니다.

■ この程度の遅れなら、約束の期日に間に合いそうだ。

▶ We can catch up from such a delay by the appointed day.

▶ 如果是这种程度的延迟，估计能赶上约定的日期。

▶ 이 정도로 늦어지면, 약속 기일까지는 맞출수 있을 것 같다.

1381 | 定年　retirement age / 退休年龄 / 정년

■ A社は60歳が定年だが、人手不足を補う方法として、定年の延長を検討している。

▶ Company A's retirement age is 60, but it's considering an extension as a way to address its labor shortage.

▶ 虽然60岁就到了退休年龄，作为弥补人手不足的方法，A公司正在探讨延长退休年龄的方案。

▶ A 사는 60 세가 정년이지만, 인력 부족을 보충하기 위한 방법으로 정년 연장을 검토하고 있다.

参 定年を迎える

1382 | 低迷　hanging low / 低迷 / 침체　~する hang low / 低迷 / 침체되다

■ 冷夏の影響で、エアコンの売り上げが低迷している。

▶ Due to the cool summer, air conditioner sales have been sluggish.

▶ 受清凉夏天的影响，空调销售低迷。

▶ 냉하의 영향으로 에어컨의 매상이 침체되고 있다.

1383 | 定例　regular / 惯例 / 정례, 정기

■ 海外事業部では、第2木曜日に定例ミーティングを行っています。

▶ The Overseas Business Division holds a regular meeting on the second Thursday of each month.

▶ 在海外事业部，在第2个星期四要召开定期例会。

▶ 해외사업부에서는 두 번째 목요일에 정기 미팅을 하고 있습니다.

1384 | データ[パ] data / 资料，数据 / 데이터

■ この顧客(こきゃく)データは古(ふる)いので、最新(さいしん)のものに差(さ)し替(か)えておいてください。
▶ This customer data is old, so please replace it with new information.
▶ 这个顾客资料是旧的，请更换为最新的。
▶ 이 고객 데이터는 오래되었으니，최신 것으로 바꿔 놔 주십시오.

■ これから返品(へんぴん)の分(ぶん)のデータを入力(にゅうりょく)しなければならない。
▶ I have to input data on returned products.
▶ 请输入今后要退货的具体数据。
▶ 이제부터 반품 분량의 데이터를 입력해야 한다.

[参] 個人データ、最新データ

1385 | データベース[パ] database / 数据库 / 데이터베이스

1386 | テーマ theme / 主题 / 테마

■ 環境(かんきょう)保護(ほご)や自然(しぜん)との共生(きょうせい)をテーマにした講演(こうえん)が増(ふ)えている。
▶ Lectures on the theme of "coexistence with the environment and nature" are becoming more common.
▶ 以保护环境或与自然共生为主题的演讲增多了。
▶ 환경보호나 자연과의 공생을 테마로 한 강연이 늘고 있다.

■ 今月号(こんげつごう)の特集(とくしゅう)テーマは、“ホテルで食(た)べるおいしいランチ”です。
▶ The theme of the feature story in this month's issue is great lunches at hotels.
▶ 本月特刊的主题是“在饭店吃到的美味午餐”。
▶ 이번호의 특집 테마는“호텔에서 먹는 맛있는 점심”입니다.

1387 | 手(て)が空(あ)く[慣] get free / 有空闲 / 틈이 나다，여유가 있다

■ 手(て)が空(あ)いたら、ちょっとこちらを手伝(てつだ)ってくれませんか。
▶ Please help me when you are free.
▶ 如果你有空，请来这边帮帮我。
▶ 여유가 있으면 좀 이쪽을(우리를) 도와주지 않겠습니까?

1388 | 手書(てが)き handwriting / 手写 / 자필　～する write by hand / 手写 / 손으로 쓰다

■ 年賀状(ねんがじょう)は、印刷(いんさつ)だけでなく、手書きで一言(ひとこと)加(くわ)えたほうがいいと思(おも)います。
▶ Instead of just printing new year cards, I think it's better to add a hand-written note to them.
▶ 我认为贺年卡上不要只有印刷字样，最好能手写加上一两句话。
▶ 연하장은 인쇄물만이 아닌，손으로 쓴 한 마디를 덧붙이는 것이 좋다고 생각합니다.

1389 | 手形(てがた) bill / 票据 / 어음

■ 手形の支払(しはら)い期日(きじつ)が、来週(らいしゅう)に迫(せま)っている。
▶ The bill's due date next week is drawing near.
▶ 下周就到了承兑票据的日期了。
▶ 어음 지불 기한이 다음 주로 다가왔다.

■ 金額(きんがく)が５０万円(まんえん)以上(いじょう)の場合(ばあい)は手形決済(けっさい)でお願(ねが)いできますでしょうか。

▶ We ask that we be allowed to pay by braft for amounts of 500,000 yen or above.

▶ 如果金额在50万以上，希望能用票据结算，可以吗?

▶ 금액이 50 만엔 이상인 경우，어음결제로 부탁드리고 있습니다만，괜찮으십니까？

㊫ 為替手形　bill, bill of trade / 汇票 / 환어음、約束手形　bill of debt / 汇票 / 期票 / 약속어음

1390 | 手(て)が足(た)りない㊜　not enough workers / 人手不够 / 일손이 부족하다

■ 今(いま)、展示会(てんじかい)の準備(じゅんび)をしているんだけど、手(て)が足(た)りないから、ちょっと手伝ってもらえませんか。

▶ I am preparing for the exhibition right now, but I don't have enough help, so would you lend me a hand?

▶ 现在正在准备展示会，由于人手不够，能否帮帮忙呢?

▶ 지금 전시회 준비를 하고 있는데 일손이 부족하니까 좀 도와주지 않겠습니까？

1391 | 手(て)が離(はな)せない㊜　cannot get away from / 离不开 / 손을 놓을 수 없다

■ すみませんが、今急(いまいそ)ぎの件(けん)があって、ちょっと手が離せないんです。

▶ I'm sorry, I have something that needs to be done right away and can't get away from it.

▶ 对不起，有急事，有点离不开。

▶ 죄송하지만，지금 급한 일이 있어서 손을 놓을 수가 없어요.

1392 | 手(て)が回(まわ)らない㊜　cannot get around to / 忙不过来 / 손이 미치다，처리하다

■ うちはスタッフが少(すく)ないから、通常業務(つうじょうぎょうむ)が忙(いそが)しいと、なかなかブログの更新(こうしん)まで手が回らない。

▶ Our staff is small, so if it gets busy during regular work hours, we don't get around to updating the blog.

▶ 我们的职员很少，通常工作一忙起来，博客的更新就忙不过来了。

▶ 우리는 스탭이 적어서 평소에 업무가 바쁘면，좀처럼 블로그 갱신까지 신경쓰지 못한다.

1393 | 手軽(てがる)　simple and convenient / 简单 / 간편함

～な　simple and convenient / 简单 / 간편한
～に　easily / 简单 / 간편하게

■ このソフトを使(つか)うと、初(はじ)めての人(ひと)でも手軽に画像(がぞう)の編集(へんしゅう)ができます。

▶ Using this software even beginners can easily edit graphics.

▶ 如果用这个软件，即便是新手，也能轻松简单地编辑画像。

▶ 이 소프트웨어를 사용하면，처음 쓰시는 분도 간편하게 영상을 편집할 수 있습니다.

1394 | 出来(でき)　(good) job / 质量，结果 / 만들어진 상태

■ 今回(こんかい)のパンフレットは、出来がいいね。

▶ You did a good job on this brochure.

▶ 这次的宣传册质量很高。

▶ 이번 팸플릿은 잘 만들어졌네.

㊫ 満足のいく出来、出来具合

1395 | **出来上がり**（できあがり）　completion / 做好 / 완성

■ 時間がかかった割には、出来上がりはイマイチだった。

▶ It didn't turn out so well considering the amount of time it took.

▶ 尽管花了这么多时间，但做出来的却不尽满意。

▶ 시간이 든 것에 비해서는 완성된 것은 별로였다.

■ 先日お願いしたサンプルですが、出来上がりはいつ頃になりますか。

▶ About when will the sample I requested the other day be done?

▶ 前几天拜托您的样品，什么时候能做好?

▶ 일전에 부탁드린 샘플말입니다만，완성은 언제쯤이 됩니까?

1396 | **適宜**（てきぎ）　appropriate / 酌情，随时 / 적절함，적당함

■ このホームページの更新は、基本的には月ごとですが、必要に応じて適宜行っています。

▶ Revisions of the website will basically be done monthly, but appropriate action will be taken as necessary.

▶ 主页的更新基本上按月进行，但也可根据需要酌情处理。

▶ 이 홈페이지의 갱신은 기본적으로는 매달이지만，필요에 따라 적절히 하고 있습니다.

■ チームリーダーは、状況に応じて適宜メンバーに指示を出してください。

▶ Team leaders, please give appropriate instructions to your team members as the situation demands.

▶ 请小组领导根据情况随时向组员发出指示。

▶ 팀 리더는 상황에 따라 적당한 멤버에게 지시를 내려 주세요.

1397 | **適正**（てきせい）　appropriate, effective / 合理的 / 적정

～な decent, fair / 合理的 / 적정한
～に appropriately, fairly / 合理地 / 적정히

■ この機能で28,000円なら適正価格といえるでしょう。

▶ If the product has all those functions, 28,000 yen is probably a fair price.

▶ 这样的功能28000日元的话应该说是合理价格。

▶ 이 기능으로 28,000 엔이라면 적정 가격이라 할 수 있겠지요.

■ 当社では、個人情報の取り扱いが適正に行われるよう、従業員への指導を徹底しております。

▶ At our company, we give strict instructions to our employees so that they handle private information in a pertinent manner.

▶ 我们公司指导业务员要合理保管好个人信息。

▶ 당사에서는 개인정보의 취급이 적정히 행해지도록，종업원 지도를 철저히 하고 있습니다.

1398 | **適当**（てきとう）　fit, proper / 合适的，随意的 / 적당

～な appropriate / 合适的，随意的 / 적당한
～に as you see fit / 合适地，随意地 / 적당히

■ 駅の近くで、打ち合わせするのに適当な場所はありませんか。

▶ Is there any place near the station suitable for having business discussion?

▶ 车站附近又没有适合洽谈的地方呀。

▶ 역 근처로 협의를 하는데 적당한 장소는 없습니까?

■ この仕事(しごと)は、A 社(しゃ)に依頼(いらい)するのが適当じゃないかな。

▶ Shouldn't we outsource this job to Company A?

▶ 这个工作委托给A公司不好吗?

▶ 이 일은 A 사에 의뢰하는 게 적당하지 않을까?

■ ほかの仕事をしながら適当に話(はなし)を聞(き)いていたら、大事(だいじ)なことを聞(き)き逃(のが)してしまった。

▶ I was just listening casually while doing something else, so I missed hearing something important.

▶ 边干活边随口问了一下，结果有些重要的地方漏掉了。

▶ 다른 일을 하면서 적당히 이야기를 들었더니，중요한 것을 못 듣고 말았다.

参 適当な方法、適当な量、適当に答える、適当に注文する

1399 | 適任(てきにん)　eligible / 任，称职 / 적임

■ 新(しん)チームのリーダーには、彼(かれ)が適任だと思(おも)われます。

▶ I think he's certainly qualified as the leader of the new team.

▶ 我想他适合做新小组的领导。

▶ 새 팀의 리더로는 그가 적임이라고 생각됩니다.

参 適任者

1400 | 適用(てきよう)　application / 适用 / 적용　~する put into effect / 适用 / 적용하다

■ この方式(ほうしき)は、11 月(がつ) 1 日(ついたち)から適用(てきよう)されます。

▶ This method will be put into effect from November 1.

▶ 该方法将于11月1日起应用。

▶ 이 방식은 11 월 1 일부터 적용됩니다.

参 保険の適用、法律の適用、適用範囲

1401 | 手際(てぎわ)　skill / 麻利，利落 / 수완，솜씨

■ 時間(じかん)がないので、手際よく行(おこな)ってください。

▶ We haven't much time, so do it quickly.

▶ 时间不够用的，你干得利落点儿。

▶ 시간이 없으니 수완있게 처리해 주세요.

参 手際の良さ (悪さ)、不手際

1402 | テコ入(い)れ　shore up / 支援 / 지원조치　~する shore up / 支援 / 지원조치하다

■ 売(う)り上(あ)げが目(め)に見(み)えて落(お)ちてきている。早急(さっきゅう)にテコ入れが必要(ひつよう)だ。

▶ You can see the sales dropping, so we're going to have to do something quick.

▶ 销售额明显下滑。应该尽早采取援助措施。

▶ 매출이 눈에 보이게 떨어지고 있다. 빠른 지원조치가 필요하다.

1403 | 手(て)ごたえ　response / 感觉 / 반응

■ 発売初日(はつばいしょにち)で、ある程度(ていど)手ごたえがつかめた。

▶ On the first day of sale, we were able to get a certain degree of response.

▶ 通过第一天的销售，在一定程度上找到感觉了。

▶ 발매 첫날로 어느 정도 반응을 알 수 있었다.

1404 | 手頃（てごろ） reasonable / 适当的，合理的 / 적당 ～な reasonable / 适当的, 合理的 / 적당한

■ レストラン“さくら”は、本格（ほんかく）的（てき）なフランス料理（りょうり）を、手ごろな値段（ねだん）で味（あじ）わうことができます。

▶ At restaurant "Sakura", you can enjoy the taste of real French cuisine at reasonable prices.

▶ 在“樱花”可以以适当的价格品尝到正宗的法国菜。

▶ 레스토랑 사쿠라는 본격적인 프랑스 요리를 적당한 가격에 맛볼 수 있습니다.

■ このバッグは、一泊旅行（いっぱくりょこう）には手頃な大（おお）きさだね。

▶ This bag is a handy size for overnight trips.

▶ 这个袋子大小正适合宿一夜的旅行。

▶ 이 가방은 1박 여행에는 적당한 크기네.

1405 | 出先（でさき） outpost, destination / 到达的地方 / 지사，출장지

■ 東京駅周辺（とうきょうえきしゅうへん）には、各県（かくけん）の出先機関（きかん）が集中（しゅうちゅう）している。

▶ Branch offices of the various prefectures are clustured around Tokyo Station.

▶ 东京站附近集中了各县的派出机构。

▶ 도쿄역 주변에는 각 현의 지사가 집중되어 있다.

■ 今話（いまはな）す時間（じかん）が無（な）いので、あとで、出先から電話（でんわ）するよ。

▶ I don't have time to talk right now; I'll call you from (my hotel) later.

▶ 现在没有谈话时间，过后我从所到地给你打电话。

▶ 지금 이야기할 시간이 없으니，나중에 출장지에서 전화할게.

1406 | 手差し（てざし） manual feed / 插手 / 손으로 가리킴

1407 | 手順（てじゅん） procedure / 顺序 / 순서

■ 操作（そうさ）の手順を誤（あやま）ると、データが消（き）えてしまうので、気（き）を付（つ）けてください。

▶ Be careful, if you make a mistake in operational procedure, you'll erase all the data.

▶ 弄错操作顺序的话，数据就会全部消失，所以一定要当心。

▶ 조작 순서를 틀리면 데이터가 없어지니 조심해 주세요.

■ 次（つぎ）の手順に従（したが）って、インストールしてください。

▶ Install it according to the following procedure.

▶ 请按照下面的顺序安装。

▶ 다음 순서에 따라 인스톨해 주세요.

1408 | 手数（てすう） bother, trouble / 麻烦 / 수고

■ お手数ですが、再度（さいど）、見積書（みつもりしょ）を送っていただけないでしょうか。

▶ I'm sorry to trouble you, but could you resend the estimate?

▶ 对不起，能否请您再发一次报价单?

▶ 번거로우시겠지만 다시 한 번 견적서를 보내 주시겠습니까?

1409 | 手数料 service charge, commission / 手续 / 수수료

■ キャッシュカードを再発行する場合、規定の手数料がかかります。

▶ We collect a service charge for re-issuing cash cards.

▶ 再发行现金卡的时候要收取规定的手续费。

▶ 현금카드를 재발행할 경우, 규정된 수수료가 듭니다.

参 振込手数料、仲介手数料

1410 | 手すき at leisure, not busy / 有空, 得空 / 짬이 남

■ 課長、お手すきのときに、この資料に目を通していただけませんでしょうか。

▶ Sir, when you have a moment, could you peruse this material, please?

▶ 科长，在您有空的时候能不能过目一下这份资料?

▶ 과장님, 짬이 나실 때 이 자료를 훑어봐 주실 수 없을까요?

1411 | でたらめ flapdoodle, crap / 荒唐 / 엉터리

■ この週刊誌に書かれている記事は、かなりでたらめだと思うよ。

▶ The article in that weekly is mostly bullshit.

▶ 这个周刊杂志里写的报道十分荒唐。

▶ 이 주간지에 쓰여 있는 기사는 상당히 엉터리인 것 같아.

参 でたらめな話、でたらめを言う

1412 | 手違い mistake, wrong-doing / 错误, 失误 / 착오

■ 発送に手違いがあったようで、指定日までに送れず、誠に申し訳ありませんでした。

▶ It looks like there was a mistake in shipping, and I'm sorry to say we can't get it shipped by the date you requested.

▶ 发货时出现了失误，在您指定日期送不到货，真是抱歉。

▶ 발송에 착오가 있었던 것 같아, 지정일까지 보내지 못해 정말 죄송했습니다.

1413 | 撤回 backout, retraction / 撤回 / 철회　～する back out, retract / 撤回 / 철회하다

■ A社は、基本合意に達していたB社との合弁会社設立計画を、白紙撤回した。

▶ Company B had reached basic constitutionality but Company A retracted its commitment to the plan to set up a joint venture firm.

▶ A公司收回要和基本达成协议的B公司成立合资企业的计划。

▶ A 사는 기본합의에 도달해 있던 B 사와의 합작회사 설립계획을 백지 철회했다.

参 発言を撤回する

1414 | 手付け（手付）　deposit / 保证金 / 계약금, 착수금

■ 今回発注したA社には、作業に入る前に、手付として半額支払った。

▶ We paid half of the fee as a deposit before work began to Company A, the company that was selected for the job this time.

▶ 在开始工作之前，作为保证金，给这次订货的A公司支付一半的金额。

▶ 이번에 발주한 A 사에는 작업에 들어가기 전에 착수금으로 반액을 지불했다.

1415 | 撤退　withdrawal / 撤出 / 철퇴　～する withdraw / 撤出 / 철퇴하다

■ A社は、売上不振が続く化粧品事業からの撤退を決めた。

▶ Company A withdrew from the cosmetics business where it experienced continued stagnant revenue.

▶ A公司决定撤出销量不振的化妆品行业。

▶ A 사는 판매 부진이 계속되는 화장품 사업에서 철퇴할 것을 결정했다.

1416 | 手続（手続き）　procedure / 办手续 / 수속　～する go through procedure / 办手续 / 수속하다

■ 申し込み手続きは、もうお済みですか。

▶ Have you completed your application procedure?

▶ 已办完申请手续了吗?

▶ 신청수속은 이제 끝났습니까?

参 入会手続、更新手続、手続代行

1417 | 徹底　thoroughness / 贯彻 / 철저　～する be thorough / 贯彻 / 철저히 하다

■ 社長は、社員全員に、コンプライアンスの徹底を図るよう、社内メールで呼びかけた。

▶ The president, in an e-mail to all employees, called for the implementation of throughness in compliance.

▶ 社长用公司邮件号召全体社员贯彻执行公司的规章制度。

▶ 사장은 사원 전원에게 공정 공평하게 업무 수행을 철저히 하도록 사내 메일로 호소했다.

参 徹底比較、徹底研究、管理を徹底する、徹底管理

1418 | 徹底的　exhaustive, vehement / 彻底的，彻底地 / 철저함　～な complete, absolute / 彻底的,彻底地 / 철저한　～に absolutely / 彻底的,彻底地 / 철저히

■ 新商品の開発にあたって、まず他社の製品を徹底的に分析した。

▶ When developing a new product, the first thing you do is make an exhaustive analysis of your competitors' products.

▶ 在开发新产品时，首先彻底分析了其他公司的产品。

▶ 신상품 개발에 있어서, 우선 타사의 제품을 철저히 분석했다.

参 徹底的に話し合う

1419 | デッドライン　deadline / 死线 / 마감 시간

1420 | 徹夜 all night, vigil / 熬夜 / 철야 ～する sit up all night / 熬夜 / 철야하다

■ 明日の10時にクライアントが来るので、徹夜してでも、この資料をまとめなければならない。

▶ The client is to arrive at 10 a.m. tomorrow, so even if you have to work all night, get that material ready.

▶ 明天上午10点客户就要来，所以即使是熬夜也要把这份资料作出来。

▶ 내일 10 시에 클라이언트가 오기 때문에 , 철야를 해서라도 이 자료를 정리해야 한다 .

1421 | 手直し rework, adjustment / 修改 / 수정 ～する rework / 修改 / 수정하다

■ ホームページは、担当者がこまめに手直ししています。

▶ The guy in charge is carefully working over the website.

▶ 主页由负责人细致修改。

▶ 홈페이지는 담당자가 부지런히 수정하고 있습니다 .

■ この企画書、ちょっと手直しすれば、もっとよくなるよ。

▶ If you would rework this proposal a bit, it would be a lot better.

▶ 该企划书再稍微修改一下的话会更好。

▶ 이 기획 조금 수정하면 더 좋아져 .

1422 | テナント tenant / 租赁人 / 세입자

■ そのビルは、今、テナントを募集している。

▶ This building is now advertising for tenants.

▶ 那栋大楼现在正在招募租赁人。

▶ 이 빌딩은 지금 세입자를 모집하고 있다 .

参 テナントビル

1423 | 手抜き cutting corner, lazy work / 偷懒 / 날림 ～する cut corners, work lazily / 偷懒 / 날림으로 하다

■ 田中さんは、何でも手抜きをせず、きちんと仕事をするので、みんなから信頼されている。

▶ Mr.Tanaka does all his work without cutting corners, and so wins everybody' s esteem.

▶ 小田中不论做什么事都不偷懒，很扎实，所以得到了大家的信任。

▶ 타나카씨는 무엇이든 날림으로 하지 않고 , 정확히 일을 하기 때문에 모두에게 신뢰받고 있다 .

参 手抜き工事

1424 | 手配 arrangement / 安排，部署 / 준비 , 수배 ～する set up, arrange / 安排，部署 / 준비하다, 수배하다

■ ニューヨーク出張の手配は、もう済みましたか。

▶ Have you finished making arrangements for my business trip to New York?

▶ 安排去纽约出差的事办完了吗?

▶ 뉴욕출장 준비는 벌써 끝났습니까 ?

■ セミナーの会場は、これから手配するところです。

▶ We're just getting ready to arrange the venue for the seminar.

▶ 研讨会会场接下来布置。

▶ 세미나 회장은 지금부터 준비하려고 합니다 .

参 チケットの手配、車の手配、手配済み

1425 | 手はず　finalize, arrangement / 顺序，程序 / 계획，준비

■ 今週中に案内状を作って、来週早々に送る、という手はずです。
▶ The arrangement is to make the invitations this week and send them out early next week.
▶ 顺序是这个礼拜内做完请帖下个礼拜一早发出。
▶ 이번 주 중에 안내장을 만들어 다음 주에 서둘러 보낼 계획입니다.

■ 手はずはすべて整っているので、あとは契約を交わすだけです。
▶ All the arrangements have been made, so now all we have to do is sign the contract.
▶ 程序均已齐备,仅剩签约了。
▶ 준비는 모두 되어 있으니, 남은 건 계약을 교환하는 것 뿐입니다.

参 手はずを整える

1426 | 手引き　guidebook, handbook, manual / 说明书，指南 / 안내서

■ この機械は操作が難しいから、分かりやすい手引きを付ける必要があると思う。
▶ This machine is difficult to operate so it needs an easily understood manual.
▶ 这种机器很难操作，所以我认为有必要付一个通俗易懂的操作指南。
▶ 이 기계는 조작이 어려워서, 알기 쉬운 안내서를 곁들일 필요가 있다고 생각한다.

■ これらの商品の説明やご注文につきましては、お買い物の手引きをご覧ください。
▶ Read your purchasing manual for product explanations and instructions for placing orders.
▶ 关于这些商品的说明和定购请参看购物指南。
▶ 이 상품들 설명이나 주문에 대해서는 구입 안내서를 봐 주세요.

参 手引書

1427 | デフレ略(デフレーション)　deflation / 通货紧缩 / 디플레이션

■ 物価や賃金が徐々に下がり、A国経済はデフレの傾向を見せはじめている。
▶ Prices and wages are gradually decreasing, and Country A's economy is beginning to show signs of deflation.
▶ 物价和工资水平逐渐下降，A国经济呈现出了通货紧缩的趋势。
▶ 물가와 임금이 서서히 내려가서, A국의 경제는 디플레이션 경향을 보이기 시작하고 있다.

1428 | デベロッパー　developer / 开发商 / 디벨로퍼 (토지 개발업자)

■ 駅前に建設中のマンションですが、デベロッパーは東京不動産、施工はさくら建設です。
▶ The developer of the condominium going up near the station is Tokyo Estates and the builder is Sakura Construction.
▶ 车站前面正在建设的公寓，开发商是东京不动产，施工单位是樱花建设公司。
▶ 역 앞에 건설 중인 맨션입니다만, 디벨로퍼는 도쿄부동산, 시공은 사쿠라 건설입니다.

1429 | 手本（てほん） model, paragon, example / 榜样 / 모범, 본보기

■ 鈴木（すずき）さんの生（い）き方（かた）は、若（わか）い人（ひと）にとって、いい手本になります。

▶ Mr. Suzuki's lifestyle is a good example for young people.

▶ 铃木先生的生活方式对于年轻人而言是一个很好的榜样。

▶ 스즈키씨의 삶의 방식은 젊은이에게 있어 좋은 모범이 됩니다.

■ 森氏（もりし）の事業（じぎょう）の成功（せいこう）を手本に、多（おお）くの若者（わかもの）がベンチャービジネスに挑戦（ちょうせん）している。

▶ Using Mr. Mori's business success as an example, many young people are embarking on their own venture businesses.

▶ 很多年轻人以森先生的成功事例为榜样正在尝试创新型商务。

▶ 모리씨의 사업 성공을 본보기로, 많은 젊은이가 벤처 사업에 도전하고 있다.

1430 | 手間（てま） fuss, troublesome, bother / 劳力和时间 / 시간, 수고

■ 思（おも）ったより手間がかかる仕事（しごと）なので、締（し）め切（き）りに間（ま）に合（あ）わないかもしれない。

▶ The job is more troublesome than I had thought, so I may not be able to meet the deadline.

▶ 这个工作比预想要花费更多的时间，所以有可能赶不上截止期限。

▶ 생각보다 시간이 드는 일이어서, 마감에 맞추지 못할지도 모른다.

■ 今回（こんかい）は、日程（にってい）の変更（へんこう）などでお手間をとらせて、申（もう）し訳（わけ）ございませんでした。

▶ I'm sorry we caused so much fuss, changing the schedule and such.

▶ 此次由于更改日期等占用了您的时间,实在抱歉。

▶ 이번에는 일정 변경 등으로 번거롭게 하여 죄송했습니다.

参 二度手間を避ける　avoid double work / 避免二道手 / 두 배로 들 수고를 피하다、片手間で　on the side / 业余 / 부업으로、手間を省く

1431 | 手前ども（てまえども） us, our firm/ / 我方 / 저희

■ 商品（しょうひん）は、手前どもより、御社（おんしゃ）に直接（ちょくせつ）お届（とど）けいたします。

▶ We'll deliver the product directly from our firm to yours.

▶ 产品将由我方公司直接送到贵公司。

▶ 상품은 저희가 귀사까지 직접 보내드리겠습니다.

1432 | 手回し（てまわし） prepared, preparation / 周到 / 준비

■ 伊藤（いとう）さんが手回しよく手配（てはい）してくれたおかげで、空港（くうこう）の待（ま）ち時間（じかん）を利用（りよう）して市内観光（しないかんこう）ができた。

▶ Mr. Ito's preparations were well done, so we were able to use the time wairing at the airport to do a bit of sightseeing in the city.

▶ 在小伊藤周到安排下利用机场候机时间进行了市内参观。

▶ 이토 씨가 준비성있게 수배해 준 덕분에, 공항에서 기다리는 시간을 이용하여 시내관광을 할 수 있었다.

■ 早（はや）手回しに準備（じゅんび）を進（すす）めておけば後（あと）が楽（らく）だよ。

▶ If you get ahead with your preparations, you'll have an easier time of it later.

▶ 尽早做好周密准备的话，接下来就轻松了。

▶ 미리 준비를 해 두면 나중에 편해.

1433 | デモンストレーション（デモ[略]） demonstration / 公开演示 / 데모

■ 来月発売する製品のデモを、各店で行う予定です。

▶ During next month's launch, we plan to do product demonstrations at each outlet.

▶ 计划在各店举行下月发售产品的公开演示会。

▶ 다음 달 발매하는 제품의 데모를 각점에서 실시할 예정입니다.

■ 見本市会場に行くと、A社のブースで最新版のデモ映像が見られる。

▶ At the exhibition venue, you can see demonstration videos of the new product at Company A's booth.

▶ 去商品展览会可观赏到A公司集团最新的公开演示录像。

▶ 견본시 회장에 가면, A사 부스에서 최신판 데모 영상을 볼 수 있다.

[参] 販促用のデモ版、店頭デモ

1434 | 手元 at hand / 样品 / 수중, 내 옆

■ まだ見本が手元にないので、色や材質が確認できません。

▶ I don't have a sample on hand so I can't confirm either the material or the color.

▶ 样品没在身边，所以无法确认颜色和材质。

▶ 아직 견본이 수중에 없기 때문에, 색이나 재질을 확인할 수 없습니다.

■ ご注文の品がお手元に届くのは、あさっての午前になります。

▶ You'll have the product you ordered in hand before noon, the day after tomorrow.

▶ 贵方所定货物将在后天上午送到。

▶ 주문하신 물건이 수중에 도착하는 것이 모레 오전에 됩니다

1435 | デリケート delicate, sensitive / 敏感的 / 델리케이트 ～な delicate, sensitive / 敏感的 / 델리케이트한, 섬세한

■ この件にはデリケートな問題が含まれていますから、慎重に対処することにしましょう。

▶ There are some sensitive issues involved in this case so we'll have to treat it with great care.

▶ 这件事情涉及到一些敏感问题，所以要慎重处理。

▶ 이 건에는 델리케이트한 문제가 포함되어 있으니, 신중하게 대처하기로 합시다.

1436 | 手を加える[慣] touch up, improve / 修改 / 손질하다, 수정하다

■ A社から上がってきたサンプル、ちょっと手を加えるとよくなると思う。

▶ If we touch up the sample received from Company A, I think it will be better.

▶ A公司送来的样品，稍稍修改一下就会很好。

▶ A사에서 들어온 샘플은 조금 손질하면 좋아질 것이라고 생각한다.

1437 | 手を付ける[慣] touch, start / 着手做 / 시작하다，착수하다

■ この仕事、今月末が締切だけど、まだ手を付けていない。

▶ Although this job is due at the end of the month, I haven't touched it yet.

▶ 这项工作的截至日期是本月末，但还没有着手做。

▶ 이 일은 이번 달 말이 마감인데 아직 시작하지 않았다.

1438 | 手を抜く[慣] to cut corners, to do a shoddy job / 疏忽 / 대충 하다, 겉날리다

■ コンピューターウイルス対策は、手を抜くと大変なことになる。

▶ If we do a shoddy job on the computer virus policy, it will be a big problem.

▶ 电脑的防病毒对策，一疏忽就会造成大麻烦。

▶ 컴퓨터 바이러스 대책은 대충 하면 큰일난다.

1439 | 展開 development / 开展 / 전개 ~する develop / 开展 / 전개하다

■ A社は全国展開している会社だが、近く海外にも進出しようとしている。

▶ Company A is deployed nationwide and soon will start overseas operations as well.

▶ A公司是一家业务遍及全国的公司，最近还计划打人海外市场。

▶ A 사는 전국에서 전개하고 있는 회사이지만，근간 해외에도 진출하려고 한다.

■ 新製品の売れ行きは好調で、今後の展開によっては、さらに増産が見込まれる。

▶ The new product is selling well, and depending on how it is deployed, we can expect to increase production even more.

▶ 新产品销售情况良好，根据今后的展开情况有可能会进一步增产。

▶ 신제품은 판매가 호조라，앞으로의 전개에 따라서는 한층 더 증산이 전망된다.

[参] 事業展開

1440 | 転換 conversion / 转变 / 전환 ~する convert / 转变 / 전환하다

■ Aデパートは、拡大路線から既存店の強化へと方針を転換した。

▶ Department store A changed directions from expansion to the strengthening of existing stores.

▶ A百货公司转变方针，从扩大规模转向强化现有店面的经营。

▶ A 백화점은 확대 노선에서 기존 점포의 강화로 방침을 전환했다.

[参] 黒字に転換する、配置転換 job relocation / 调动岗位 / 배치전환

1441 | 転勤 transfer, relocation / 调动 / 전근 ~する transfer, relocate / 调动 / 전근하다

■ このたび、大阪支店に転勤することになりました。

▶ This time I've been transferred to the Osaka Branch.

▶ 此次我调动到了大阪分店。

▶ 이번에 오사카 지점으로 전근하게 되었습니다.

[参] 海外転勤

1442 | 典型(てんけい) archetype, exemplar, representative / 典型 / 전형

■ さくらドットコムは、ネット通販(つうはん)で成功(せいこう)した企業(きぎょう)の典型だ。

▶ Sakura. Com is typical of the companies that have been successful at selling on the Internet.

▶ 樱花公司是通过网上函购成功企业的典范。

▶ 사쿠라닷컴은 인터넷 통신판매로 성공한 기업의 전형이다.

■ ご飯(はん)、味噌汁(みそしる)、卵焼(たまごや)きなどは、典型的(てき)な日本(にほん)の朝食(ちょうしょく)だ。

▶ Rice, miso soup, fried egg, etc., are typical Japanese breakfast foods.

▶ 米饭、酱汤和煎鸡蛋等是典型的日本早饭。

▶ 밥, 된장국, 달걀 부침 등은 전형적인 일본의 조식이다.

1443 | 点検(てんけん) check, inspect / 检查 / 점검 ~する check, inspect / 检查 / 점검하다

■ 安全(あんぜん)のため、オフィスの防火(ぼうか)設備(せつび)を、定期的(ていきてき)に点検する必要(ひつよう)があります。

▶ For safety's sake, the fire prevention equipment in the office must be inspected on a regular basis.

▶ 出于安全的考虑，要对大楼的防火设备进行定期检查。

▶ 안전을 위해, 사무실 방화설비를 정기적으로 점검할 필요가 있습니다.

参 最終点検、定期点検

1444 | 電源(でんげん) power supply, power socket / 电源 / 전원

■ 故障(こしょう)が直(なお)ったかどうか確認(かくにん)しますので、電源を入(い)れてみてください。

▶ We'd like to check to see if the problem has been cleared up, so would you please turn on your power.

▶ 我要确认以下故障是否排出掉了，请把电源接上。

▶ 고장난 게 고쳐졌는지 아닌지 확인하겠으니, 전원을 켜 보세요.

参 電源プラグ、電源ケーブル、主電源

1445 | 伝言(でんごん) a message / 留言 / 전언 ~する give a message / 留言 / 전언하다

■ 田中(たなか)さん、これは、佐藤(さとう)さんからの伝言です。

▶ Mr. Tanaka, here is a message from Sato-san.

▶ 田中先生，这是佐藤先生给您的留言。

▶ 다나카 씨, 이것은 사토 씨로부터의 전언입니다.

参 伝言メモ

1446 | 展示(てんじ) display, exhibition / 展示 / 전시 ~する display, exhibit / 展示 / 전시하다

■ サンプルは、会場(かいじょう)の2階奥(かいおく)に展示してあります。

▶ The samples are displayed on the second floor of the venue.

▶ 会场2楼里面展览着样品。

▶ 샘플은 회장 2층 안쪽에 전시되어 있습니다.

■ 館内(かんない)では、着物(きもの)の展示販売(はんばい)も行(おこな)っています。

▶ Display and sales of kimonos takes place inside the building.

▶ 馆内也进行和服展销。

▶ 관내에서는 기모노의 전시판매도 하고 있습니다.

参 展示品、展示会、展示場

1447 | 転職(てんしょく) job hop / 转行 / 전직 ～する change jobs / 转行 / 전직하다

■ 田中(たなか)さんは、キャリアアップのために、転職を考(かんが)えているらしい。

▶ Mr. Tanaka seems to be considering changing jobs to give his career a boost.

▶ 小田中似乎为了增加阅历在考虑转行。

▶ 다나카 씨는 커리어 업을 위해서 전직을 고려하고 있는 듯 하다.

■ 今(いま)の職場(しょくば)に不満(ふまん)があるというだけで転職するのは、いい考(かんが)えとはいえない。

▶ I don't think you can say it's apropos to change jobs just because you are dissatisfied with your current assignment.

▶ 仅仅因为对现在的工作单位不满而转行不是一个明智的选择。

▶ 지금 직장에 불만이 있다는 것만으로 전직하는 것은 좋은 생각이라고 할 수 없다.

1448 | 点数(てんすう) points, score / 数量 / 점수, 가짓수

■ 最近(さいきん)、店(みせ)で取(と)り扱(あつか)う品物(しなもの)の点数が増(ふ)えて、管理(かんり)が大変(たいへん)になってきている。

▶ The number of items the store carries has grown so much that it's hard to manage them all.

▶ 最近店里经办的货物数量多了，管理起来很困难。

▶ 최근 가게에서 취급하는 물건의 가짓수가 늘어, 관리가 힘들어지고 있다.

■ この試験(しけん)に合格(ごうかく)するには、どのくらいの点数が必要(ひつよう)ですか。

▶ How many points do you have to get to pass this test?

▶ 考试合格需要考多少分?

▶ 이 시험에 합격하려면, 어느 정도의 점수가 필요합니까?

1449 | 転送(てんそう)㋩ forwarding / 转发 / 전송 ～する forward / 转送, 转发 / 전송하다

■ A社(しゃ)からのメールを転送しますので、見(み)てもらえますか。

▶ I'm forwarding an e-mail from company A, so could you please take a look at it?

▶ 我将A公司发过来的邮件给您转发过去，敬请查看。

▶ A 사에서 온 메일을 전송하오니 봐 주십시오.

1450 | 電卓(でんたく)㋑ calculator / 电子计算器 / 전자 계산기

1451 | 天地無用（てんちむよう） right side up / 天地无用(写在包装箱上专指不要倒置) / 화물의 위아래를 거꾸로 하지 말 것

■ この箱、上下が逆さまにならないように、"天地無用" と書いてください。

▶ Write THIS SIDE UP on the top of the box so people won't turn it upside down.

▶ 为避免把箱子上下放反了，请在上面写上"天地无用"。

▶ 이 상자는 상하가 거꾸로 되지 않도록 "화물의 위아래를 거꾸로 하지 말 것" 이라고 써 주세요.

1452 | 店頭（てんとう） store front, counter, point of sale / 铺面 / 점두, 가게 앞

■ 新商品が店頭に並ぶのは、来月になってからです。

▶ The new product won't be in stores until next month.

▶ 下个月新产品才会上柜。

▶ 신상품이 가게 앞에 진열되는 것은 다음 달이 되고 나서입니다.

参 店頭販売、店頭キャンペーン

1453 | 点灯（てんとう） lighting / 点灯 / 점등

■ このボタンを押すと、青いランプが点灯します。

▶ When you press this button, a green light turns on.

▶ 一摁这个按钮，绿灯就会亮。

▶ 이 버튼을 누르면, 파란 램프가 들어옵니다.

1454 | 伝票（でんぴょう） chit, slip, form, voucher / 传单 / 전표

■ 今日の売上伝票の集計は終わりましたか。

▶ I've tabulated all of today's sales slips.

▶ 今天销售账单的总计工作已经完成了吗。

▶ 오늘 매출 전표 집계는 끝났습니까?

■ 複雑な伝票計算も、コンピューターが処理してくれるので、楽になった。

▶ The computer makes easy work of tabulating even confusing vouchers.

▶ 复杂的账单统计工作由电脑来处理，所以很轻松。

▶ 복잡한 전표 계산도 컴퓨터가 처리해 주기 때문에 편해졌다.

参 出金伝票、会計伝票、伝票を切る

1455 | 添付（てんぷ）(パ) attachement, appendix / 附加，添加 / 첨부

■ 資料を添付しましたので、あわせてご覧ください。

▶ I attached relevant materials for you to peruse at the same time.

▶ 附上资料，请一起浏览。

▶ 자료를 첨부했으니 함께 봐 주세요.

参 添付書類、添付ファイル

1456 | 店舗　store, outlet / 店铺 / 점포

■ 駅前に新店舗を出すため、いい物件を探しているところです。

▶ We're looking for a choice property where we can open a new outlet near the station.

▶ 为在站前开一家新的店铺，所以现在正在物色好的物品。

▶ 역 앞에 새 점포를 내기 위해 좋은 물건을 찾고 있는 참입니다.

参 貸店舗

1457 | 点滅　blink / 闪烁 / 깜빡거림　〜する blink / 闪烁 / 깜빡이다

■ この電話は、ランプが点滅して電話がかかってきたことを知らせます。

▶ This telephone lets you know there is a phone call by a blinking lamp.

▶ 这部电话通过指示灯的闪烁告知有来电。

▶ 이 전화는 램프가 깜빡거려서 전화가 걸려 온 것을 알립니다.

■ バッテリーの交換時期になると、赤いランプが点滅します。

▶ When it's time to change the battery, a red light blinks.

▶ 如果该更换蓄电池了，红灯就会闪亮。

▶ 배터리의 교환시기가 되면, 빨간 램프가 깜빡입니다.

1458 | 展覧会　exhibition / 展览会 / 불이 들어옴

1459 | 問い合わせ　inquiry / 询问 / 문의

■ A社から、新商品に関する問い合わせがありました。

▶ We got an inquiry about our new product from Company A.

▶ A公司垂询过新产品。

▶ A 사에서 신상품의 관한 문의가 있었습니다.

参 問い合わせ先

1460 | 問い合わせる　refer, inquire / 询问 / 문의하다

■ 電話がなかなかつながらないから、一度メールで問い合わせてみよう。

▶ I can't seem to get hold of them by telephone so I'll inquire by e-mail.

▶ 电话老打不通，所以发邮件询问了一下。

▶ 전화가 좀처럼 연결되지 않으니, 메일로 한 번 문의해 보자.

1461 | 〜等 接　so on / 等 / 〜등

■ 本件に関するご質問などがございましたら、下記担当までお問い合わせください。

▶ If you have questions, comments, and so on about this matter, please contact the person in charge.

▶ 关于这件事如果有问题，请向下述负责人咨询。

▶ 본건에 대한 질문 등이 있으시면, 하기의 담당자에게 문의해 주십시오.

1462 | 同意 agreement, approval / 同意 / 동의 ～する agree, approve / 同意 / 동의하다

■ 先方の同意が得られれば、契約内容を一部改訂することができます。

▶ If you can get the other party's approval, we can revise part of the contract content.

▶ 获得对方同意时，可以对部分合同内容进行修订。

▶ 상대쪽의 동의를 얻으면, 계약내용을 일부 개정할 수 있습니다.

参 同意書

1463 | 同一 same, identical / 同一，一样 / 동일

■ 更新料を払えば、今後も現在と同一の条件でサービスを受けられます。

▶ If you pay the renewal fee, you will continue to receive the same level of service as you do now.

▶ 如果支付更新费的话，今后可和现在同样条件下接受服务。

▶ 갱신료를 지불하면 앞으로도 현재와 동일한 조건으로 서비스를 받을 수 있습니다.

参 同一基準

1464 | 動画 moving picture / 动画 / 동영상

■ 文字情報だけでなく、動画でも見られるようにしたほうがいい。

▶ It's not enough to have just written data, you need to have video images as well.

▶ 最好设置为不仅仅能看文字信息，也可以看动画。

▶ 문자정보뿐 아니라 동영상으로도 볼 수 있게 하는 편이 좋다.

参 動画配信

1465 | 投機 speculation / 投机 / 투기 ～する speculate / 投机 / 투기하다

■ 今回のA社による鉄道跡地取得は、投機的な要素が強い。

▶ The speculative element of this purchase of railroad sites by Company A is strong.

▶ 这次A公司获得废弃铁道用地，投机因素很强。

▶ 이번 A사에 의한 철도 터 취득은 투기적인 요소가 강하다.

参 投機目的

1466 | 統計 statistics, numbers / 统计 / 통계

■ 統計によると、製造業の実労働時間は増加傾向にある。

▶ According to statistics, working hours in manufacturing are on the rise.

▶ 据统计数据显示，制造业的实际劳动时间处于增加的趋势。

▶ 통계에 의하면 제조업의 실제노동시간은 증가 경향에 있다.

参 統計資料

1467 | 統合 merger, unification / 整合 / 통합 **～する** merge, unify / 整合 / 통합하다

■ A社は、アメリカに3つあった販売会社を1つに統合した。

▶ Company A merged its three distributors in America into one.

▶ A公司将美国的三家销售公司整合成了一家。

▶ A 사는 미국에 3 개 있던 판매 회사를 하나로 통합했다.

1468 | 同行 going along with / 一起去 / 동행 **～する** go along with / 一起去 / 동행하다

■ 社長のアメリカ出張に、私も同行しました。

▶ I accompanied the company president on his U.S. business trip.

▶ 社长到美国出差时我也陪着去了。

▶ 사장님의 미국출장에 저도 동행했습니다.

1469 | 動向 business climate, trend / 动向 / 동향

■ 市場の動向を探るのに、ユーザーに直接アンケートをとるのは有効です。

▶ If you want to understand market trends, it would be a good idea to have users fill out questionnaires.

▶ 要把握市场动向，以用户为对象直接进行问卷调查是最有效的。

▶ 시장의 동향을 살피는데, 유저에게 직접 앙케트를 하는 것은 효과적입니다.

参 経済動向、社会動向、景気動向

1470 | 同梱 bundled with, come with / 一同包装 / 동봉 **～する** include / 同捆做 / 동봉하다

■ パッケージには、以下のものが同梱されています。

▶ The following items come bundled with the package.

▶ 包装箱里还同时附带如下物品。

▶ 패키지에는 이하의 것이 포함되어 있습니다.

参 同梱物

1471 | 当座 current, for the time being / 眼下 / 당장, 임시

■ いずれはもう少し高速のプリンターが必要になるだろうけど、当座は今のプリンターで問題ない。

▶ A faster printer will be probably be needed, but at any rate, for the time being there is no problem with the one we have now.

▶ 总之需要再快一些的打印机，但眼下，现有的打印机还没有问题。

▶ 언젠가는 좀더 고도의 프린터가 필요하게 되겠지만, 당장은 지금의 프린터로 문제없다

参 当座預金

1472 | 動作(どうさ) action, movement / 运行 / 동작, 작동 ～する act, move / 运行 / 동작하다, 작동하다

■ アプリケーションが正常(せいじょう)に動作せず、ウィルス対策(たいさく)ソフトがインストールできない。

▶ The application will not function correctly and I can't install the anti-virus software.

▶ 应用软件不正常运行，防毒软件不能安装。

▶ 적용 프로그램이 정상적으로 작동되지 않으면, 바이러스 대책 소프트웨어를 설치할 수 없다.

参 動作不良、動作チェック、動作環境

1473 | 搭載(とうさい) installation, loading / 搭载 / 탑재 ～する install, equip, carry / 搭载 / 탑재하다

■ 新型(しんがた)エンジンを搭載したVX5は、小型車(こがたしゃ)で今最(いまもっと)もよく売(う)れている車(くるま)です。

▶ Loaded with the new VX5 engine, the car is currently the most popular subcompact in terms of sales.

▶ 搭载了新型发动机的VX5是小型车中目前最畅销的。

▶ 신형 엔진을 탑재한 VX5는, 소형차로 지금 가장 잘 팔리고 있는 차입니다.

1474 | 倒産(とうさん) bankruptcy, insolvency / 倒闭 / 도산 ～する go bankrupt / 倒闭 / 도산하다

■ A社(しゃ)は巨額(きょがく)の負債(ふさい)を抱(かか)え、ついに倒産した。

▶ With huge debts, Company A finally went bankrupt.

▶ A公司背负巨额债务，最终倒闭。

▶ A사는 거액의 부채를 떠안고 결국 도산했다.

1475 | 投資(とうし) capital investment / 投资 / 투자 ～する invest / 投资 / 투자하다

■ A社(しゃ)は、今後急成長(こんごきゅうせいちょう)が期待(きたい)される企業(きぎょう)として、有望(ゆうぼう)な投資先(とうしさき)だ。

▶ Company A is expected to show quick growth in the future so it would be a good place for investment.

▶ A公司是今后有望快速成长的企业，所以是很有前途的投资之处。

▶ A사는 앞으로 급성장이 기대되는 기업으로서 유망한 투자처이다.

■ 語学研修(ごがくけんしゅう)を、社員(しゃいん)への投資(とうし)と考(かんが)える企業(きぎょう)が増(ふ)えている。

▶ More and more companies are coming to consider language training as investments in their employees.

▶ 把进修语言理解为是对员工投资的企业增多了。

▶ 어학연수를 사원에 대한 투자로 생각하는 기업이 늘고 있다.

参 株式投資、不動産投資、投資信託、設備投資、投資家

1476 | 当事者(とうじしゃ) privy party, man-in-charge / 当事人 / 당사자

■ 著作権(ちょさくけん)に関(かか)わる問題(もんだい)は、判断(はんだん)が難(むずか)しいので、当事者同士(どうし)で解決(かいけつ)を図(はか)ろうとしない方(ほう)がいい。

▶ Copyright infringement issues are complicated and difficult to judge, so it won't do to leave the situation up to the parties concerned to find a solution.

▶ 关于著作权的问题很难判断，所以最好不要在当事人之间解决。

▶ 저작권에 관한 문제는 판단이 어려우므로, 당사자끼리 해결을 도모하지 않는 편이 좋다.

1477 | 当日 current day, on the day / 当天 / 당일

■ 航空券は、出発日当日に空港でお渡しします。

▶ We will give you your ticket at the airport on the day of the flight.

▶ 机票出发当天在机场给您。

▶ 항공권은 출발일 당일에 공항에서 건네드리겠습니다.

参 当日券

1478 | 同席 company / 在场 / 동석, 함께 함 **〜する** be present / 在场 / 동석하다, 함께 하다

■ 明日の会議には、部長も同席することになっています。

▶ The manager is supposed to be present in tomorrow's meeting.

▶ 明天的会议计划部长也在场。

▶ 내일 회의에는 부장님도 동석하기로 되어 있습니다.

1479 | 唐突 brusqueness, unexpectedness / 唐突的 / 갑작스러움 **〜な** sudden, unexpected / 唐突的 / 갑작스러운 **〜に** unexpectedly / 唐突地 / 갑작스럽게

■ 事前連絡もなく、唐突に契約キャンセルが通知された。

▶ We unexpectedly received notice that the contract would be canceled, without a bit of forewarning.

▶ 事先没有任何联系，突然就被通知解约。

▶ 미리 연락도 없이 갑작스럽게 계약 취소가 통지되었다.

1480 | 頭取 bank president / 行长 / 총재

1481 | 投入 investment / 投入 / 투입 **〜する** invest / 投入 / 투입하다

■ A社は、ネット事業の拡大を図り、資金として10億円の追加投入を決めた。

▶ Planning on an expansion into Internet business, Company A decided to invest an additional one billion yen in funds.

▶ A公司为了扩大网络经营，决定追加投入10亿日元的资金。

▶ A사는 인터넷 사업의 확대를 도모하여 자금으로 10억엔의 추가 투입을 결정했다.

1482 | 導入 adoption / 导入 / 도입 **〜する** adopt / 导入 / 도입하다

■ 新しい経理システムが導入され、残業が減った。

▶ Introduction of a new accounting system reduced overtime.

▶ 导入新的会计系统后加班少了。

▶ 새 경리 시스템이 도입되어 잔업이 줄었다.

参 技術導入

1483 | 当番(とうばん) on duty, on shift / 值班，轮值 / 당번

■ 業界団体(ぎょうかいだんたい)の集(あつ)まりの司会(しかい)は、参加各社(さんかかくしゃ)の当番制(せい)になっている。
▶ Member companies are expected to supply someone to conduct the industry association meeting in turn.
▶ 业界团体集会时的主持人由各公司轮流担任。
▶ 업계단체의 모임 사회는 참가 각사의 당번제로 되어 있다.

参 掃除当番

1484 | 同封(どうふう) enclosure / 随信附上 / 동봉 ～する enclose / 随信附上 / 동봉하다

■ カタログを同封致(いた)しますので、あわせてご覧(らん)ください。
▶ We are enclosing a catalog for your parcel as well.
▶ 内付商品目录，请一并参阅。
▶ 카탈로그를 동봉하오니 함께 봐 주세요.

■ お問(と)い合(あ)わせありがとうございます。弊社(へいしゃ)のパンフレットを同封しますので、ご覧(らん)ください。
▶ Thank you very much for your inquiry. Please refer to the enclosed brochure.
▶ 感谢您的垂询。随信附寄敝公司的小册子，请您一阅。
▶ 문의 감사드립니다. 폐사의 팸플릿을 동봉하오니 봐주십시오.

1485 | 当方(とうほう) us, our side, our company / 我方 / 이쪽

■ 当方にも、落(お)ち度(ど)がありました。お詫(わ)び申(もう)し上(あ)げます。
▶ We were at fault as well, and take this opportunity to apologize.
▶ 我方也有错。真对不起。
▶ 이쪽에도 잘못이 있었습니다. 사과드립니다.

■ その件(けん)については、当方では分(わ)かりかねますので、メーカーにお問(と)い合(あ)わせいただけますでしょうか。
▶ In this case, we cannot understand what has happened, so could you please contact the manufacturer?
▶ 关于那件事我们也不太明白，能不能请您询问一下厂家?
▶ 그 건에 대해서는 이쪽에서는 잘 모르니, 제조사에 문의 해 주시겠습니까?

1486 | 透明(とうめい) clarity, transparency / 透明的 / 투명
～な clear, transparent / 透明的 / 투명한
～に clearly, lucidly, transparently / 透明地 / 투명하게

■ 審査方法(しんさほうほう)は、誰(だれ)にでも分(わ)かるように、透明にしてほしい。
▶ Please make your judgments in a clear and lucid manner so anyone can understand them.
▶ 希望审查方法透明化让任何人都明白。
▶ 심사방법은 누구나 알 수 있도록 투명하게 했으면 한다.

■ パッケージを透明にして、中身が見えるようにしたところ、売れ行きが伸びた。

▶ As soon as we made the package transparent so the contents could be seen, sales improved.

▶ 把包装改为透明的让客户能够看到里面的东西后，意想不到的是销售情况改观了。

▶ 포장을 투명하게 해서 내용물이 보이도록 했더니, 판매가 늘었다.

参 半透明、不透明、無色透明

1487 | 同様 same, on a par with / 同样的 / 다름없음

~な same as, ditto / 同样的 / 다름없는

~に by the same token, similarly, likewise / 中国语 / 다름없이

■ このカメラは中古ですが、ほとんど使っていないので、新品同様です。

▶ This camera is second hand, but it's hardly been used, so it's just like new.

▶ 这个相机虽然是半旧品，但基本上没有用过，所以和新的是一样的。

▶ 이 카메라는 중고이지만, 거의 쓰지 않았기 때문에 신품과 다름없습니다.

参 前回同様、以下同様

1488 | 同僚 associate, colleague / 同事 / 동료

■ 職場の同僚とは、月に1、2回飲みに行きます。

▶ I go drinking with my colleagues from work once or twice a month.

▶ 我和公司同事每个月都去喝个一、两次。

▶ 직장 동료와는 한 달에 1~2번 마시러 갑니다.

1489 | 登録 enrollment, registration / 登记 / 등록

~する enroll, register / 登记 / 등록하다

■ 新規お申し込みの場合は、登録料として1万円頂戴しております。

▶ With new applications, we require a registration fee of 10,000 yen.

▶ 第一次申请的时候，将收取1万日元的登记费。

▶ 신규 신청일 경우 등록료로 만엔을 받고 있습니다.

参 会員登録、登録商標

1490 | 通し through / 连贯 / 일련

■ 発送先リストに、通し番号を振っておいたほうがいい。

▶ It would be better to give the delivery addresses serial numbers.

▶ 最好在发货地名单上加上编号。

▶ 발송처 리스트에 일련번호를 매겨 놓는 것이 좋다.

1491 | トータル total / 总体，全面 / 토털，총계，합계

■ 弊社では、各種社員研修を企画から運営まで、トータルにサポートいたします。

▶ Our company gives total support that includes training in everything from planning to management.

▶ 对于各种员工进修，我们公司从企划到运营将给与全面支持。

▶ 폐사에서는 각종 사원연수를 기획에서 운영까지 토털로 서포트합니다.

参 トータルデザイン、トータルコーディネート

1492 | どかす㋕ remove / 挪开 / 치우다

■ 台車(だいしゃ)が通(とお)るから、そこの荷物(にもつ)、ちょっとどかして。

▶ Carts go through here, so please move those packages.
▶ 平板车要开过去，请将那里的行李挪开。
▶ 대차가 지나가니까 거기 짐 좀 치워줘.

1493 | 得意先(とくいさき) account, client / 客户 / 주거래처

■ 日本(にほん)では、多(おお)くの企業(きぎょう)が年初(ねんしょ)に得意先を回(まわ)り、新年(しんねん)の挨拶(あいさつ)をする。

▶ In Japan, many companies require that their people make the rounds of important clients to give New Year's greetings.
▶ 在日本很多企业在新年伊始之际都会去拜访客户。
▶ 일본에서는 많은 기업이 연초에 주거래처를 돌며 신년 인사를 한다.

1494 | 独占(どくせん) monopoly / 独家 / 독점 ～する monopolize / 独占 / 독점하다

■ 次(つぎ)のワールドカップサッカーは、さくらテレビが独占中継(ちゅうけい)します。

▶ In the next World Cup soccer tournament, Sakura TV has a monopoly on the broadcast.
▶ 下次世界杯足球赛，樱花电视台将独家转播。
▶ 다음 월드컵 축구는 사쿠라 텔레비전이 독점 중계합니다.

参 独占禁止法　antimonopoly law / 垄断禁止法 / 독점 금지법

1495 | 督促(とくそく) urging, demand / 催促 / 독촉 ～する urge, demand / 催促 / 독촉하다

■ 入金(にゅうきん)が遅(おく)れているところには、督促をしたほうがいい。

▶ You should demand payment from those who are late in paying.
▶ 汇款晚了，可以催促一下。
▶ 입금이 늦어지고 있는 곳에는 독촉을 하는 편이 좋다.

参 督促状

1496 | 独断(どくだん) one's own judgement / 一家之言 / 독단

■ 私(わたし)の独断では決(き)められないので、上司(じょうし)に相談(そうだん)して、後(のち)ほどご連絡(れんらく)します。

▶ I can't make the decision on my own, so I will discuss it with my boss and contact you later.
▶ 我一家之言不能决定，要和上司商量之后再联系你。
▶ 제가 독단적으로 결정할 수 없으니까 상사와 상의해서 나중에 연락드리겠습니다.

参 独断と偏見　arbitrary and biased view / 专断和偏见 / 독단과 편견

1497 | 特長（とくちょう）　feature / 特长 / 특색

■ この機種（きしゅ）の主（おも）な特長（とくちょう）の一（ひと）つは、操作（そうさ）が簡単（かんたん）なことです。

▶ One of the major features of this machine is its ease of operation.

▶ 这种机型的主要特点之一就是操作简单。

▶ 이 기종의 주요 특색 중 하나는 조작이 쉬운 점입니다.

1498 | 特徴（とくちょう）　characteristic, feature / 特点 / 특징

■ チタンは軽（かる）くて丈夫（じょうぶ）で、さびにくいのが特徴です。

▶ The characteristics of titanium are that it's lightweight, strong and does not rust easily.

▶ 钛具有又轻又结实，而且不易生锈的特点。

▶ 티탄은 가볍고 튼튼해서 잘 녹슬지 않는 것이 특징입니다.

1499 | 特定（とくてい）　something specific / 判定 / 특정　～する specify / 判断 / 특정하다

■ 調査結果（ちょうさけっか）が出（で）れば、事故（じこ）の原因（げんいん）を特定できるだろう。

▶ Once the investigation results have come out, we can probably specify the cause of the accident.

▶ 调查结果如果出来了，就能判定事故的原因了。

▶ 조사 결과가 나오면 사고 원인을 특정할 수 있을 것이다.

1500 | 特典（とくてん）　amenity, special privilege / 优惠 / 특전

■ キャンペーン期間中（きかんちゅう）にご予約（よやく）いただきますと、特典として専用（せんよう）ケースをお付（つ）けします。

▶ If you order during the campaign, you'll get a special case as a bonus.

▶ 活动中预约的话作为优惠将给您一个专用的箱子。

▶ 캠페인 기간 중에 예약하시면 특전으로 전용 케이스를 같이 드립니다.

参 会員特典

1501 | 特例（とくれい）　special case, exception / 特例 / 특례

■ 募集期間（ぼしゅうきかん）を過（す）ぎても、今回（こんかい）の地震（じしん）の被災地（ひさいち）からの応募（おうぼ）は、特例として認（みと）められることになった。

▶ Even though the submission period has past, submissions from affected areas of the recent earthquake will be considered exceptions.

▶ 虽然过了招募期限，但这次地震灾区的应征作为特例得到了许可。

▶ 모집기간을 지나도 이번 지진의 피해지에서 온 응모는 특례로서 인정받게 되었다.

1502 | どける㋕　remove / 挪开 / 치우다

■ すみません、ドアの前（まえ）なので、このダンボール箱（ばこ）、ちょっとどけてもらえませんか。

▶ Excuse me, will you remove this cardboard box from the area in front of the door?

▶ 对不起，门前不方便，请把这个纸箱稍微挪开好吗?

▶ 죄송하지만, 문 앞이니까 이 상자를 좀 치워 주시겠습니까?

1503 | 綴（と）じる　sew, staple / 装订 / 철하다

■ 資料（しりょう）はホチキスで綴じたほうがいい。

▶ It would be better if you'd staple the material together.

▶ 资料最好用订书器订上。

▶ 자료는 스테플러로 찍어 두는 게 좋다.

1504 | 都心（としん）　heart of the city / 市中心 / 도심

■ 便利（べんり）さと資産価値（しさんかち）の点（てん）から、都心のマンションは人気（にんき）がある。

▶ Apartments in the heart of the city are popular from a convenience and property value standpoint.

▶ 从便利性和资产价值的角度看，市中心的公寓要受欢迎。

▶ 편리함과 자산 가치의 점에서 도심의 아파트는 인기가 있다.

1505 | 土台（どだい）　basis, foundation / 基础，地基 / 토대

■ 土台がしっかりしていないと、その上（うえ）に何（なに）を建（た）ててもだめだ。

▶ Unless the foundation is well built, you can't construct anything on it.

▶ 如果地基不牢固的话，在上面建什么都不行。

▶ 토대가 튼튼하지 않으면 그 위에 무엇을 세워도 소용없다.

■ 創業（そうぎょう）して2年（ねん）がたち、ようやく会社（かいしゃ）の土台ができてきた。

▶ Two years have passed since the company was founded and only now is it beginning to be on solid footing.

▶ 创业2年过去，总算公司的地基出来了。

▶ 창업하고 2년이 지나 드디어 회사의 기반이 잡혔다.

1506 | 特価（とっか）　special price, bargain price / 特价 / 특가

■ セール期間中（きかんちゅう）は、一流（いちりゅう）ブランドの人気商品（にんきしょうひん）を特価にて販売（はんばい）いたします。

▶ During the sale, we'll be featuring name brands at truly special prices.

▶ 在大减价期间，一流品牌中的受欢迎产品将以特价出售。

▶ 세일 기간 중에는 일류브랜드의 인기상품을 특가로 판매합니다.

参 大特価、特価品

1507 | 特許（とっきょ）　patent / 专利 / 특허

■ B社（しゃ）は、音声技術（おんせいぎじゅつ）に関（かん）する特許侵害（しんがい）でA社（しゃ）を訴（うった）えた。

▶ Company B sued Company A over infringement of its voice technology patents.

▶ B公司起诉A公司侵犯了有关声音技术方面的专利。

▶ B사는 음성기술에 관한 특허침해로 A사를 고소했다.

参 特許申請

1508 | 独禁法（どっきんほう）　anti-trust law / 垄断禁止法 / 독점 금지법

1509 | 突出（とっしゅつ） lunge, bump / 突出 / 돌출　～する stick out / 突出 / 돌출하다

■ 4月（がつ）の売上（うりあげ）がほかの月（つき）に比（くら）べて突出しているのは、A社（しゃ）からの大量受注（たいりょうじゅちゅう）があったからです。

▶ Sales in April stick out compared to other months because of the huge order we got from Company A.

▶ 4月份的销售额和其他月份相比之所以很突出是因为接受了A公司的大量订货。

▶ 4월 매출이 다른 달에 비해 돌출되어 있는 것은, A사에서 대량의 수주가 있었기 때문입니다.

1510 | 取っ手（とって） handle, grip / 把手 / 손잡이

1511 | トップ top / 首位 / 톱, 최고

■ 業界（ぎょうかい）トップを目指（めざ）して頑張（がんば）りましょう。

▶ Let's do our best and aim for the top of this industry.

▶ 以业界首位作为目标努力吧。

▶ 업계 최고를 목표로 열심히 합시다.

[参] 会社のトップ、トップ同士の話し合い

1512 | トップダウン top down / 自上而下 / 톱다운 (상부에서 결정하고 지시하는 것)

■ うちの場合（ばあい）、何事（なにごと）もトップダウンで決（き）まるけど、社員（しゃいん）のやる気（き）を削（そ）ぐ場合もあるよね。

▶ In our company, it's always a case of top down decisions, but sometimes that works to kill employees' desire to go all out.

▶ 我们公司什么事情都是由上面决定，所以有的时候也会打消员工的积极性。

▶ 우리쪽의 경우, 무슨 일이든 톱다운으로 결정되는데, 사원의 의욕을 깎는 경우도 있지.

1513 | 届け出（とどけで） notification / 申报 / 신고

1514 | 届ける（とどける） turn over, deliver / 送达 / 보내다, 전하다

■ 先方（せんぽう）に今日中（きょうじゅう）に送（おく）ることになっているサンプル、バイク便（びん）で届けることにしたよ。

▶ I sent the sample that was supposed to reach them today by motorcycle messenger.

▶ 今天要发给客户的样品是通过摩托车寄送的。

▶ 상대쪽에 오늘 중으로 보내기로 한 샘플, 오토바이 퀵으로 보내기로 했어.

■ この秋（あき）のファッションについて、ニューヨークから最新情報（さいしんじょうほう）をお届けします。

▶ We'll deliver the latest news from New York on the autumn fashion scene.

▶ 现在从纽约报道有关今秋流行款式的最新信息。

▶ 이번 가을 패션에 대해 뉴욕에서온 최신정보를 전해드립니다.

1515 | 滞る back up, fall into arrears / 延迟 / 정체되다, 밀리다

■ ホームページの更新が滞りがちになってしまうので、代行会社に依頼することにした。

▶ We tend to fall behind in making changes to our website, so we decided to outsource it.

▶ 主页的更新很容易延迟，所以就委托代理公司来做了。

▶ 홈페이지 갱신이 자주 밀려서, 대행회사에 의뢰하기로 했다.

■ 小さい会社の場合、入金が滞るとたちまち資金繰りに困る。

▶ Small companies tend to get behind in accounts receivable, which means they are usually strapped for cash.

▶ 小公司入款延迟时就会立即出现资金周转困难问题。

▶ 작은 회사일 경우 입금이 밀리면 금세 자금 마련이 곤란해진다.

参 支払いが滞る

1516 | 飛び込み plunge, dive / 突然的，意想不到的 / 느닷없이 나타남

■ 飛び込みの営業は、これまで全くつながりのない所が相手だから難しい。

▶ Walk-in sales are difficult because you're talking to people who have no prior connection to you or your company.

▶ 意想不到的营业，由于以前和对方没有任何联系，所以开展起来很困难。

▶ 약속없이 방문하는 영업 일은 이제까지 전혀 만계가 없던 곳이 상대라 힘들다.

■ 今月は、飛び込みだけで8件の注文を取ってきた。

▶ This month I got eight orders by walk-in alone.

▶ 本月仅意想不到的订单就有8件。

▶ 이번달은 뜻밖에 날아든 주문만으로 8건이 들어 왔다.

1517 | 徒歩 by foot, on foot / 步行 / 도보

■ A社のショールームは、駅から徒歩5～6分のところにあります。

▶ Company A's showroom is a five or six minute walk from the station.

▶ A公司的展览厅从车站步行5、6分钟。

▶ A사의 쇼룸(전시실)은 역에서 도보 5, 6분 정도 걸리는 곳에 있습니다.

参 徒歩圏内

1518 | ドライバー㋑ screwdriver / 螺丝刀 / 드라이버

1519 | ドラフト draft / 草案 / 초안

■ A社から明日、企画案のドラフトが上がってくる予定です。

▶ We plan on receiving a draft of the plan from Company A tomorrow.

▶ 预计A公司明天会提交企划草案。

▶ A사에서 내일 기획안의 초안이 완성될 예정입니다.

1520 | 取り上げる　take away, take up / 提出，报道 / 채택하다

■ あの店のチーズケーキは有名で、よく雑誌に取り上げられる。

▶ That store's cheesecake is famous, and it's regularly taken up by magazines.

▶ 那家店的奶酪蛋糕很有名，经常被刊登在杂志上。

▶ 저 가게의 치즈케이크는 유명해서 자주 잡지에 실린다.

参 議題として取り上げる

1521 | 取り扱い　treatment, management / 处理，管理 / 취급

■ 個人情報の取り扱いには、徹底した注意が必要だ。

▶ You must be very careful when handling private and personal information.

▶ 一定要注意妥善管理好个人信息。

▶ 개인정보 취급에는 철저한 주의가 필요하다.

■ ネットでの取り扱い商品は、こちらをクリックしてください。

▶ Click here to see the products we handle on the Internet.

▶ 网上受理的商品请点击这里。

▶ 인터넷에서 취급하는 상품은 이쪽을 클릭해 주세요.

参 取り扱い方法、取り扱い注意

1522 | 取扱説明書（取説略）　instruction manual, operation manual / 操作说明书 / 취급설명서

■ ご使用前に、必ず取扱説明書をお読みください。

▶ Before using, be sure to read the instruction manual.

▶ 使用前请一定要阅读产品使用说明书。

▶ 사용하시기 전에 반드시 취급설명서를 읽어 주세요.

1523 | 取り扱う　handle, manage, treat / 处理，管理 / 취급하다

■ 現在、その商品は取り扱っておりません。

▶ We don't handle that product any more.

▶ 现在我们已经不受理那种产品了。

▶ 현재 그 상품은 취급하지 않습니다.

1524 | 取り急ぎ　hasten to / 匆忙，立即 / 우선 급한 대로

■ 取り急ぎ、用件のみにて失礼します。

▶ As I hasten to answer, please excuse my speaking of the incident only.

▶ 仅此通告该事。

▶ 우선 급한 대로 용건만 말씀드리고 실례하겠습니다.

■ まずは取り急ぎ、ご報告まで。

▶ First, let me hasten to give you my report.

▶ 仅此汇报。

▶ 우선 급한 대로 보고까지만.

1525 | 取り入れる bring in, take in / 吸收 / 받아들이다, 도입하다

■ その製品には、主婦の意見が積極的に取り入れられている。

▶ In developing this product, we aggressively took in the ideas of housewives.

▶ 该产品积极吸取了主妇们的意见。

▶ 그 제품에는 주부의 의견이 적극적으로 받아들여지고 있다.

■ 若い人が主な対象なので、もう少しゲーム的な要素を取り入れたほうがいい。

▶ Since mainly young people are the intended audience, it would be best to include more game-like elements.

▶ 因为年轻的人是主要的对象，最好采用再稍微游戏的要素。

▶ 젊은 사람들이 주대상이므로, 조금 더 게임적인 요소를 넣는 것이 좋다.

㊂ 技術を取り入れる、方法を取り入れる

1526 | 取り替え replacement / 替换, 更换 / 교환

■ 商品開封後の返品・お取り換えはご容赦願います。

▶ Once the package has been opened, we cannot replace or take back the product.

▶ 产品打开后请恕无法退货及更换。

▶ 상품 개봉 후 반품·교환은 삼가 부탁드립니다.

1527 | 取り替える replace, take back / 替换, 更换 / 교환하다

■ PC の調子が悪いので、ハードディスクを取り替えることにした。

▶ My computer's not acting well so I decided to replace the hard disk.

▶ PC工作状况不好，所以更换了硬盘。

▶ PC 상태가 나빠서, 하드디스크를 교환하기로 했다.

㊂ 新品に取り替える

1528 | 取り組み activity, approach / 致力于 / 대처

■ 当社は創業以来一貫して、「環境に優しいものづくり」に対する取り組みを続けてまいりました。

▶ From its foundation, our company has continued its program of "producing things in ways that are gentle to the environment."

▶ 我们公司自创业以来一直致力于“有益于环保的生产”。

▶ 당사는 창업 이래 일관되게「친환경적인 제조」에 대한 대처를 계속해 왔습니다.

1529 | 取り組む contend with, work on / 致力于 / 맞붙다, 대처하다

■ 何事にも前向きに取り組む彼の姿勢は素晴らしい。

▶ His stance of optimistically contending with whatever issue he faces is certainly praiseworthy.

▶ 他那种凡事都积极努力的态度很了不起。

▶ 무슨 일이든지 긍정적으로 대처하는 그의 자세는 훌륭하다.

㊂ 環境問題に取り組む

1530 | 取り消し nullification, cancel out / 取消 / 취소

■ 商品発送後のご注文の取り消しは、お断りしております。

▶ Once a product has been shipped, we cannot accept order cancellations.

▶ 拒绝发货后取消订货。

▶ 상품 발송 후 주문 취소는 거절하고 있습니다.

㊇ 予約の取り消し、認可の取り消し

1531 | 取り消す cancel, withdraw / 取消 / 취소하다

■ 出張が延期になったので、ホテルの予約を取り消した。

▶ Your business trip has been postponed so I canceled your hotel reservation.

▶ 出差延期了，所以取消了宾馆预订。

▶ 출장이 연기됐기 때문에 호텔 예약을 취소했다.

1532 | 取締役㊎ executive, top manager / 董事 / 임원, 중역

1533 | 取り次ぐ hand over / 转达 / 전하다

■ 直通の番号が分からないんですが、営業部に取り次いでいただけますか。

▶ I don't know the extension number, but could you get me the sales department please?

▶ 不知道直播号码，能不能给我转到营业部?

▶ 직통번호를 모릅니다만, 영업부로 바꿔주실 수 있습니까?

■ 恐れ入りますが、Aさんにお取り次ぎ願えますか。

▶ Excuse me, but could you get Mr. A for me, please?

▶ 对不起，能不能给我转到A先生那里?

▶ 죄송하지만, A씨에게 전달 부탁드릴 수 있을까요?

1534 | 取り付ける install, get consent / 安装，获得 / 설치하다

■ エレベーターの中にも、防犯カメラが取り付けてあるそうだ。

▶ I heard a security camera has been installed inside the elevator.

▶ 据说电梯中安装了防盗摄像头。

▶ 엘리베이터 안에도 방범 카메라가 설치되어 있다고 한다.

■ 値下げの件、課長の了解を取り付けた。

▶ Regarding the price reduction, I received my manager's agreement.

▶ 降价的事情，获得了科长的同意。

▶ 가격을 내리는 건은 과장님의 양해를 얻었다.

1535 | 取り計らう manage, deal with / 处理 / 조처하다, 처리하다

■ 展示会は初めてだったが、事務局の石井さんが、いろいろ取り計らってくれたので、無事出展することができた。

▶ The exhibition was his first, but Mr. Ishii from the agency dealt with the details, and we were able to participate without problem.

▶ 展示会虽然是第一次，不过，因为事务局的石井先生帮助处理了许多事宜，所以能顺利地出展。

▶ 전시회는 처음이었지만, 사무국의 이시이 씨가 여러 가지로 조처해 줘서 무사히 출전할 수 있었다.

1536 | 取り外す remove, detach / 拆下 / 떼어내다

■ カバーは、このボタンを押すだけで、簡単に取り外すことができます。

▶ The cover can be removed easily just by pressing this button.

▶ 只要摁这个按钮，就能简单地拆下外皮。

▶ 커버는 이 버튼을 누르기만 하면 간단히 떼어 낼 수 있습니다.

1537 | 取引 deal, transaction / 贸易 / 거래 〜する deal, trade / 交易 / 거래한다

■ A社さんとは、長年のお取引をいただいております。

▶ We've traded with Company A for many years.

▶ 我们和A公司进行了多年的贸易。

▶ A 사와는 오랜 기간 거래를 하고 있습니다.

■ 最近では、ネットで株取引を行っている人が多い。

▶ These days many people do stock trading over the Internet.

▶ 最近在网上从事股票交易的人多了。

▶ 최근에는 인터넷으로 주식거래를 하는 사람이 많다.

参 取引先、先物取引

1538 | 取り寄せ order, back order / 寄来 / (주문해서) 들여옴

■ ただ今、在庫を切らしておりますが、3日いただければ、お取り寄せできます。

▶ At the moment we are out of stock, but it you can wait for three days, we'll order it in for you.

▶ 现在没有库存，但3天后就能把货物发给您。

▶ 현재 재고가 떨어졌지만, 3일만 주시면 들여올 수 있습니다.

1539 | 取り寄せる put on back order, order in / 寄来 / (주문해서) 가져오게 하다

■ 今週中に、見本を取り寄せておきます。

▶ I'll order the samples and they should be here within the week.

▶ 这个礼拜内就把样品给您寄过去。

▶ 이번 주 중에 견본을 가져오게 하겠습니다.

1540 | トレーニング　training / 训练，培训 / 트레이닝, 훈련

■ 先週、セールスパワーアップ研修に参加し、3泊4日の厳しいトレーニングを受けた。

▶ Last week I participated in the Sales Power-Up seminar – four days of tough training.

▶ 上个礼拜参加了如何提高销售能力的研究班并在那里接受了3宿4天的严格训练。

▶ 지난 주 세일즈 파워업 연수에 참가하여, 3박 4일간의 혹독한 트레이닝을 받았다.

1541 | トレンド　trend, trends / 趋势 / 트렌드

■ 時代のトレンドを探って、ヒット商品の開発につなげたい。

▶ We'd like to aim at the trends of the times and develop some hit products.

▶ 我们要把握时代变化趋势，开发出畅销产品。

▶ 시대의 트렌드를 살펴서 히트 상품의 개발로 이어지게 하고 싶다.

参 トレンド情報、トレンドを読む

1542 | 頓挫　abortion / 挫折 / 좌절　～する be frustrated / 碰到挫折 / 자절하다

■ 追加予算の承認が得られず、計画が頓挫してしまっている。

▶ Our plan was frustrated because we couldn't get the extra budget we needed for it.

▶ 没能获得追加预算，我们的计划受到了挫折。

▶ 추가예산 승인을 얻지 못한 채, 계획이 좌절되고 있다.

■ 営業改革に取り組んだが、体制が整わず、途中で頓挫してしまった。

▶ We set out to reform the sales department but couldn' t come up with the proper structure, so we aborted the effort.

▶ 致力于营业改革，但是由于体制不完备，中途受到了挫折。

▶ 영업개혁에 몰두했지만, 체제가 갖추어지지 못한 채 도중에 좌절되고 말았다.

1543 | 問屋　commission agent, wholesaler / 批发商，批发店 / 도매상

参 問屋街

1544 | 内需　domestic demand / 内需 / 내수

■ A国は貿易黒字削減のため、内需拡大を推進すると発表した。

▶ Country A announced it will promote the expansion of domestic demand in order to curtail its trade surplus.

▶ A国为了削减贸易顺差，宣布要扩大内需。

▶ A국은 무역 흑자 삭감을 위해 내수 확대를 추진한다고 발표했다.

1545 | **内線**（ないせん） extension / 内线 / 내선

■ 1階（かい）ロビーの電話（でんわ）から、内線3420におかけください。

▶ Please use the house phone in the lobby to call extension 3420.

▶ 请从1楼前厅电话打内线3420。

▶ 1층 로비 전화에서 내선 3420으로 걸어 주세요.

参 内線番号

1546 | **内装**（ないそう） interior design / 内部装修 / 내장

■ オフィスの壁（かべ）と天井（てんじょう）を張（は）り替（か）えて、内装を一新（いっしん）した。

▶ We redecorated the office, re-papering the walls and ceiling.

▶ 把办公室的墙壁和天花板换了一下，使内部装饰焕然一新。

▶ 사무실 벽과 천장을 새로 발라 내장을 일신했다.

参 内装工事

1547 | **内定**（ないてい） informal or internal decision / 正式决定 / 내정　～する make an informal or internal decision / 内部决定 / 내정하다

■ 採用（さいよう）が内定したら、通知（つうち）します。

▶ When your employment is decided internally, you will be contacted.

▶ 如果内部决定要录用你了，我会通知你。

▶ 채용이 내정되면 통지하겠습니다.

参 内定取り消し

1548 | **中身**（なかみ） content / 里面的东西 / 내용（물），속에 든 것

■ パンフレットの中身はこれでいいとして、あとはレイアウトだ。

▶ This finalizes the contents of the pamphlet; now for the layout.

▶ 宣传册的内容我想这样就可以了，接下来就是版面设计了。

▶ 팸플릿의 내용은 이걸로 됐고, 남은 건 레이아웃이다.

■ この小包（こづつみ）、中身は何（なん）だろう。

▶ What are the contents of this small package?

▶ 这件包裹里面装的是什么?

▶ 이 소포, 속에 든 건 뭘까?

1549 | **長**（なが）**らく** long / 长时间 / 오래

■ 大変（たいへん）長らくお待（ま）たせいたしました。

▶ Sorry I kept you waiting for so long.

▶ 让您久等了。

▶ 대단히 오래 기다리셨습니다.

1550 | **流**（なが）**れ** trend, movement / 流程，趋势 / 흐름

■ 商品（しょうひん）が完成（かんせい）するまでの基本（きほん）的（てき）な流れを、ご説明（せつめい）します。

▶ Let me explain the basic flow of events until the product is finished.

▶ 我说明一下到产品完成为止的基本流程。

▶ 상품이 완성되기까지의 기본적인 흐름을 설명하겠습니다.

■ 事故で渋滞が発生し、車の流れが悪くなっている。

▶ An accident caused congestion and the flow of traffic slowed considerably.

▶ 由于事故发生了交通堵塞，车流情况变得很差。

▶ 사고로 정체가 발생해서，차의 흐름이 악화되었다.

■ A 社は、常に時代の流れを先取りした商品を作っている。

▶ Company A consistently makes products that are ahead of the trends of the times.

▶ A公司总能生产出领先于时代潮流的产品。

▶ A 사는 항상 시대의 흐름에 앞선 상품을 만들고 있다.

参 試合の流れ、人の流れ

1551 | 捺印 affix a seal / 盖章 / 날인 ～する place a seal / 盖章 / 날인하다

■ 署名欄には捺印も必要です。

▶ The signature line also requires a seal to be affixed as well.

▶ 签名栏中需要盖章。

▶ 서명란에는 날인도 필요합니다.

1552 | 夏時間 summer time / 夏令时 / 서머타임

1553 | 納得 assent, consent / 信服，理解 / 납득 ～する accept a situation, see the light / 信服，理解 / 납득하다

■ 最初は提示された金額に不満だったが、説明を聞いて納得した。

▶ I was first dissapointed with the amount indicated, but was convinced after hearing an explanation.

▶ 最初对提示的金额很不满，听了说明后就理解了。

▶ 처음에는 제시된 금액에 불만이었지만 설명을 듣고 납득했다.

1554 | ～並み㊟ same level / 和……一样，和……差不多 / ～정도，동등

■ うちの会社は７～８月はとても忙しくなるので、世間並みに夏休みをとることができません。

▶ My company is very busy in July and August, so we can't take summer vacation like the rest of society.

▶ 我们公司在7～8月份特别忙，无法像一般公司那样休暑假。

▶ 우리 회사는 7~8 월은 매우 바빠지기 때문에 남들처럼 여름휴가를 얻을 수 없습니다.

■ 猛暑のため、エアコンの売り上げは伸びたが、収益全体としては昨年並みにとどまった。

▶ Sales of air conditioners increased thanks to the extreme heat, but overall revenue remained at the same level as last year.

▶ 由于酷暑，空调的营业额上升了，但从整体收益看，停留在和去年差不多的水平上。

▶ 폭염 때문에 에어컨 매상은 올랐지만，수익 전체로 보면 작년과 비슷한 정도로 그쳤다.

参 プロ並みのテクニック、真冬並みの寒さ the cold at the same as the midwinter / 和隆冬差不多的严寒 / 한겨울 같은 추위

1555 | **難航**（なんこう） stormy passage / 难以进展 / 난항 ~する go through a stormy passage / 难以进展 / 난항을 겪다

■ A社（しゃ）との契約交渉（けいやくこうしょう）は、金額（きんがく）面（めん）で条件（じょうけん）が合（あ）わず、難航している。

▶ The contract negotiations with Company A have been rocky due to disagreement over price conditions.
▶ 跟A公司的合同谈判，在金额方面条件不一致，难以进展。
▶ A 사와의 계약 교섭은 금액면에서 조건이 맞지 않아 난항을 겪고 있다.

1556 | **ニーズ** needs / 需求 / 요구

■ 消費者（しょうひしゃ）のニーズを、的確（てきかく）につかんでください。

▶ Please grasp consumer needs adequately.
▶ 一定要准确把握消费者的需求。
▶ 소비자의 요구를 확실히 파악하세요.

参 ニーズに応える、市場ニーズ、ニーズ調査、ニーズ分析

1557 | **二重丸**（にじゅうまる）㊆ double circle / 双重圈 / 이중원

1558 | **偽物**（にせもの） fake, imitation / 冒牌货 / 가짜

■ ブランド品（ひん）の偽物を買（か）ったために、トラブルに巻（ま）き込（こ）まれてしまった。

▶ I got into a lot of trouble because I bought some fake luxury brand goods.
▶ 因为买了冒牌货，所以卷入了麻烦之中。
▶ 가짜 명품을 사서, 트러블에 휘말려 버렸다.

1559 | **日時**（にちじ） date and time / 日期和时间 / 일시

■ 次（つぎ）の打（う）ち合（あ）わせの日時をご連絡（れんらく）いたします。

▶ I'll let you know the date and time of the next meeting.
▶ 告诉您一下下次洽谈的日期和时间。
▶ 다음 협의 일시를 연락드리겠습니다.

参 更新日時、配達日時、日時を指定する

1560 | **日程**（にってい） schedule / 日程 / 일정

■ イベントの日程は、雨天（うてん）の場合（ばあい）、変更（へんこう）になる可能性（かのうせい）があります。

▶ If it rains, the event may be rescheduled.
▶ 活动日程在雨天时有可能会有所变更。
▶ 이벤트 일정은 우천일 경우 변경될 가능성이 있습니다.

参 試合日程、日程を組む、日程調整

1561 | **煮詰まる**（につまる） boil down / 接近（结论） / 좁혀지다

■ この企画（きかく）については、何度（なんど）か話（はな）し合（あ）ったが、まだ内容（ないよう）が煮詰まっていない。

▶ Regarding this plan, we have discussed it many times before, but we have not been able to nail down the details.
▶ 关于这个计划，商谈了几次，但还没有谈妥具体内容。
▶ 그 기획에 대해서는 몇 번인가 이야기를 나누었지만 아직 내용이 좁혀지지 않았다.

1562 | ～に基づく(もと) 接 based on / 根据 / ～에 의거하다, ～에 근거하다

■ 不要(ふよう)になったエアコンや冷蔵(れいぞう)庫(こ)は、家電(かでん)リサイクル法(ほう)に基づいて処理(しょり)されます。
▶ Disused air condioners and refrigerators are disposed of based on the Home Appliance Recycling Law.
▶ 根据家电回收法，对废弃的冰箱或空调进行处理。
▶ 불필요해진 에어컨과 냉장고는 가전제품 재활용법에 의거하여 처리됩니다.

■ この企画書(きかくしょ)は、アンケートの結果(けっか)に基づいて作成(さくせい)された。
▶ We made this plan based on the results of our questionnaire.
▶ 这个计划书，是在问卷调查的基础上作成的。
▶ 이 기획서는 앙케트 결과에 근거해서 작성되었다.

1563 | 入荷(にゅうか) receipt of goods / 到货 / 입하 **～する** receive goods / 到货 / 입하하다

■ 次(つぎ)は1週間後(しゅうかんご)に入荷する予定(よてい)です。
▶ We should receive the next shipment next week.
▶ 下次预计一周后到货。
▶ 다음은 1주일 후에 입하할 예정입니다.

反 出荷　shipping / 出荷出货 / 출하

1564 | 入金(にゅうきん) deposit / 到款 / 입금 **～する** pay / 到款 / 입금하다

■ 入金予定日(よていび)は4月(がつ)10日(とおか)になっています。
▶ We expect to receive the funds on April 10.
▶ 进款预定日期为4月10日。
▶ 입금 예정일은 4월 10일로 되어 있습니다.

■ ご入金が遅(おく)れる場合(ばあい)は、事前(じぜん)にご連絡(れんらく)ください。
▶ If you expect to be late making your payment, please let us know in advance.
▶ 如果进款会迟缓则请事先通知。
▶ 입금이 늦어질 경우에는 미리 연락 주십시오.

参 入金済み、入金を確認する、未入金

1565 | 入札(にゅうさつ) bid, bid tender / 投标 / 입찰 **～する** bid, tender / 投标 / 입찰하다

■ 新(あたら)しい市庁舎(しちょうしゃ)の建設業者(けんせつぎょうしゃ)は、入札で決(き)めるそうです。
▶ They say the construction company that is to build the new city hall will be decided by competitive bid.
▶ 听说新市政建筑的承建者将通过投标决定。
▶ 새 시청사 건설업자는 입찰로 결정한다고 합니다.

参 競争入札、オークションに入札する　bid at auction / 在拍卖会上投标 / 옥션(경매)에 입찰하다

1566 | 入社(にゅうしゃ) joining a company / 进公司 / 입사 **～する** join a company / 进公司 / 입사하다

■ 今年(ことし)は新人(しんじん)が5人(にん)入社する予定(よてい)です。
▶ This year, five new people will join the company.
▶ 今年预计有5位新人进公司。
▶ 올해는 신입사원이 5명 입사할 예정입니다.

1567 | 入手（にゅうしゅ） procurement / 弄到手 / 입수 ～する get / 弄到手 / 입수하다

■ この本（ほん）は一般書店（いっぱんしょてん）では入手が困難（こんなん）です。

▶ It's hard to find this book at ordinary book stores.

▶ 这本书在一般书店是很难买到的。

▶ 이 본은 일반서점에서는 입수가 어렵습니다.

■ この旅行情報（りょこうじょうほう）サイトでは、行（い）きたい国（くに）の最新情報（さいしんじょうほう）が入手できます。

▶ You can get the latest information on the country you want to visit by going to this travel information website.

▶ 在这个旅游信息网站上可以了解到想去国家的最新信息。

▶ 이 여행정보 사이트에서는 가고 싶은 나라의 최신정보를 입수할 수 있습니다

参 入手方法、入手経路

1568 | 入力（にゅうりょく） input, power input / 输入 / 입력 ～する input / 换行，另起一行 / 입력하다

■ そのパソコンだったら、中国語（ちゅうごくご）でも入力できます。

▶ With this PC, you can input Chinese, too.

▶ 那台电脑可以录入中文。

▶ 그 컴퓨터면 중국어로도 입력할 수 있습니다.

■ 顧客管理部（こきゃくかんりぶ）でPC入力スタッフを募集（ぼしゅう）している。

▶ We're advertising for staff to input data in the customer management department.

▶ 顾客管理部正在招聘电脑录入人员。

▶ 고객관리부에서 PC 입력 스탭을 모집하고 있다.

参 文字を入力する、データを入力する、入力作業

1569 | 任意（にんい） voluntary, optional / 随意，自由 / 임의 ～に as one chooses, at will / 随意地，自由地 / 임의로

■ この保険（ほけん）に加入（かにゅう）するかどうかは、各人（かくじん）の任意です。

▶ We'll leave it up to each of you to decide whether to select the insurance option.

▶ 是否加入该保险是个人自由。

▶ 이 보험에 가입할지 안할지는 각자의 생각에 맡깁니다.

■ このフォルダは、画面上（がめんじょう）の任意の場所（ばしょ）に表示（ひょうじ）することができます。

▶ You can show this folder wherever you please on the screen.

▶ 该文件夹可在画面上的任意位置显示。

▶ 이 폴더는 화면상 임의 장소에 표시할 수 있습니다.

1570 | 認可（にんか） permission / 许可 / 인가 ～する permit / 许可 / 인가하다

■ 新薬（しんやく）AP600は、まだ管轄官庁（かんかつかんちょう）から、認可がおりていない。

▶ The new drug AP600 has not received approval from government authorities.

▶ 新药AP600，还没有从主管机关获得许可。

▶ 신약 AP6000 은 아직 관할 관청에서 허가가 떨어지지 않았다.

参 認可制

1571 | 人間関係 human environment, human relations / 人际关系 / 인간관계

■ ボランティア活動に参加することで、仕事以外の人間関係が広がった。
▶ By volunteering, I got to meet a lot of people outside my work.
▶ 通过参加志愿者活动，扩展了工作以外的人际关系。
▶ 볼런티어 활동 참가로, 업무 이외의 인간관계가 넓어졌다.

■ うちの事業部では、人間関係はうまくいっています。
▶ Interpersonal relations in our department are going very well.
▶ 我们公司事业部的人际关系很融洽。
▶ 우리 사업부에서는 인간관계는 순조롭습니다.

参 人間関係で悩む

1572 | 認識 aware, recognize / 认识，识别 / 인식 ～する become aware, recognize / 认识，识别 / 인식하다

■ このパソコンは、マイクに向かって話すと音声を認識し、画面上に文字が表示される。
▶ When you speak into the mike, this computer recognizes your voice and displays in writing on the screen what you said.
▶ 如果对着麦克风讲话，这种电脑就能识别声音，并在画面上显示出文字。
▶ 이 컴퓨터는 마이크를 향해 이야기하면 음성을 인식하고, 화면상에 문자로 표시된다.

■ ネットショッピングは、便利な反面、個人情報が漏れる危険を伴う、という認識が必要だ。
▶ People should be aware that while shopping on the 'Net can be convenient, there is also a chance personal data will get into the wrong hands as well.
▶ 需要认识到，网上商店虽然很方便，但也有泄漏个人信息的危险。
▶ 인터넷 쇼핑은 편리한 반면, 개인정보가 누설될 위험을 동반한다는 인식이 필요하다.

参 パターン認識、認識不足

1573 | 認証 identification / 认证 / 인증 ～する identificate / 认证 / 인증하다

■ IDカードの代わりに、認証システムを採用する企業が増えている。
▶ The number of companies opting for identification systems other than ID cards is growing.
▶ 弃用ID卡而采用认证系统的企业增多了。
▶ ID 카드 대신 인증 시스템을 채택하는 기업이 늘고 있다.

1574 | 人数分 match the headcount / 人数 / 인원수 만큼

■ 会議までに人数分の資料を用意しておいてください。
▶ Make sure the materials match the head count before the meeting starts, please.
▶ 会议开始前请按人数准备好资料。
▶ 회의까지 인원수 만큼 자료를 준비해 두세요.

1575 | 認知(にんち) acknowledgement / 认知 / 인지 ～する acknowledge / 认知 / 인지하다

■ この職業(しょくぎょう)は、国(くに)によっては広く知(し)られているが、日本(にほん)ではまだ認知されていない。

▶ This company is well known in some other countries, but in Japan it has yet to be acknowledged.

▶ 这种职业在有些国家广为人知，但在日本却还没有被充分认识到。

▶ 이 직업은 나라에 따라서는 널리 알려져 있지만, 일본에서는 아직 인지되어 있지 않다.

■ 人間(にんげん)の認知メカニズムの研究(けんきゅう)が、ロボット開発(かいはつ)に役立(やくだ)っている。

▶ Study of the human cognizance mechanism is useful in robot development.

▶ 对人类认知机理的研究有助于机器人的研发。

▶ 인간의 인지 매커니즘 연구가 로봇개발에 도움을 주고 있다.

参 認知度が高まる、認知度

1576 | 任務(にんむ) job, task, assignment / 任务 / 임무

■ 関西地区(かんさいちく)でのシェアの回復(かいふく)が、私(わたし)に課(か)された任務です。

▶ Recovering the market share in the Kansai region is my task.

▶ 恢复在关西地区的市场占有份额是交付给我的任务。

▶ 관서지구에서의 시장점유율 회복이 나에게 부과된 임무입니다.

参 任務を遂行する、任務を果たす

1577 | 値上(ねあ)がり price increase / 涨价 / 가격이 오름 ～する increase price / 涨价 / 가격이 오르다

■ 来月(らいげつ)から、バス代(だい)が値上がりするらしい。

▶ Apparently the bus fare will increase next month.

▶ 听说从下月开始，公交费涨价。

▶ 다음 달부터 버스비가 오른다고 한다.

1578 | 値上(ねあ)げ advance in price / 提价，涨价 / 가격인상 ～する raise prices / 提价，涨价 / 가격을 인상하다

■ 来月(らいげつ)から携帯(けいたい)の基本料(きほんりょう)が、5%値上げになる。

▶ From next month, basic rates for cell phones will increase by 5%.

▶ 从下个月起手机月租费将上调5%。

▶ 다음 달부터 휴대전화의 기본료가 5% 인상된다.

■ 今回(こんかい)のガソリン値上げに伴(ともな)って、タクシー料金(りょうきん)が上(あ)がった。

▶ Taxi fares went up along with this price hike in gasoline prices.

▶ 随着此次汽油价格上涨，出租车价格也提高了。

▶ 이번 휘발유 가격인상에 따라, 택시 요금이 올랐다.

反 値下げ

参 運賃の値上げ

1579 | ネーミング naming / 命名 / 네이밍, 이름

■ このチョコレート、なかなかおもしろいネーミングだね。

▶ The naming for this chocolate is very interesting, isn't it?

▶ 这种巧克力，名字起的真有意思。

▶ 이 초컬릿, 꽤 재미있는 이름이네.

1580 | 寝かせる lay down, let be / 存放，不理睬 / 묵히다

■ キャンペーンが始まったら、倉庫に寝かせておいた在庫も活用できそうだ。

▶ Once the campaign has begun, we can utilize the inventory we've been keeping on the shelf in the warehouse.

▶ 活动开始的时候，仓库里的存货也可以灵活使用。

▶ 캠페인이 시작되면 창고에 묵혀 두었던 재고도 활용할 수 있다.

1581 | ネガティブ negative, pessimistic / 消极的，否定的 / 부정적

～な negative / 消极的，否定的 / 부정적인
～に negatively / 消极地，否定地 / 부정적으로

■ 転職に対してネガティブに考える人が減り、キャリアアップの機会として、前向きに捉える人が増えてきた。

▶ Fewer people now see changing jobs as a negative, and more people see it optimistically as a way to giving their career a boost.

▶ 对于转行持否定态度的人少了，而将转行积极理解为增加阅历机会的人多了。

▶ 전직에 대해 부정적으로 생각하는 사람이 줄고, 커리어 업의 기회로서 긍정적으로 생각하는 사람이 늘어났다.

■ 売り上げ不振が続いて、会社全体の考え方がネガティブになっている。

▶ With sales in the doldrums, the entire company has become pessimistic.

▶ 由于销售持续萎缩，整个公司里都弥漫着消极悲观的氛围。

▶ 매출부진이 계속되어, 회사 전체가 부정적인 사고방식이 되고 있다.

参 ネガティブな意見

1582 | 値切る bargain, ask for a discount / 还价 / 가격을 깎다

■ 値切ってみたら、ちょっと安くしてくれた。

▶ When I tried bargaining, they reduced the price a little for me.

▶ 试着还价，结果对方给我稍微便宜了些。

▶ 깎아 보니, 좀 싸게 해 주었다.

1583 | 値ごろ感 feels right, feels like a proper price / 感觉价钱合适 / 값이 적당한 느낌

■ この機能で 18,000 というのは、従来の機種と比べると値ごろ感がある。

▶ With all those functions and a price of 18,000 yen, it really feels like the right price for the product, especially compared to the previous model.

▶ 这样的功能1万8千日元的话，和以前的机型相比让人感觉价钱比较合适。

▶ 이 기능에 18,000 엔은 종래의 기종과 비교하면 값이 적당한 듯 하다.

1584 | 値下がり drop in price / 降价 / 가격이 내려감

～する drop in price / 降价 / 가격이 내려가다

■ 新製品が出てから、現行機種は軒並み値下がりしている。

▶ When a new product comes out, the prices of current models drop across the board.

▶ 新产品问世后，现行机种纷纷降价。

▶ 신제품이 나오고 나서 현행 기종은 일제히 가격이 내려가고 있다.

1585 | 値下げ（ねさげ） price cut / 降价，便宜 / 가격 인하 ～する reduce prices, cut the price / 降价 / 가격을 인하하다

■ 古いバージョンは、半額以下に値下げするそうです。
▶ They're going to cut the price of the old version to less than half.
▶ 据说旧版本的价格要降到原来一半以下。
▶ 오래 된 버전은 반액 이하로 인하한다고 합니다.

■ 材料がちょっと高いので、仕入先に値下げ交渉をしようと思います。
▶ The cost of materials is too high, so I'm thinking of negotiating a price cut with our suppliers.
▶ 由于原材料太贵，所以想和进货地谈判让他们降价。
▶ 재료가 좀 비싸기 때문에, 구입처에 가격 인하 교섭을 하려고 합니다.

参 値下げ競争　反 値上げ

1586 | ねじ① screw / 螺丝 / 나사

1587 | 値段（ねだん） price / 价格 / 가격

■ 同じ品物でも、A店とB店では値段が違う。
▶ Stores A and B have different prices for the same items.
▶ 虽然是同一种东西，A店和B店的价格却不相同。
▶ 같은 상품이라도, A 점과 B 점에서는 가격이 다르다

1588 | ネック bottleneck, obstacle / 瓶颈，弱点 / 장애

■ 駅から遠いことがネックになって、そのビルはテナントがなかなか見つからない。
▶ The distance from the station was an obstacle, so it was difficult to entice tenants to the building.
▶ 那栋大楼的缺点是离车站太远，所以很难找到租借人。
▶ 역에서 먼 것이 장애가 되어, 그 빌딩은 세입자가 좀처럼 구해지지 않는다.

1589 | 捏造（ねつぞう） fabrication, falsity / 捏造 / 날조 ～する fabricate, falsify / 捏造 / 날조하다

■ 申請書に記載されたデータは、認可がおりやすいように捏造された疑いがある。
▶ There was some doubt that the data written on the application sheet was falsified so that it would be approved easily.
▶ 申请书上写的数据，被怀疑为了易于获得批准而有意捏造的。
▶ 신청서에 기재된 데이터는 인가가 떨어지기 쉽도록 날조된 혐의가 있다.

1590 ネットワーク network / 网络 / 네트워크

■ 新社長(しんしゃちょう)は、他業種(たぎょうしゅ)との人的(じんてき)ネットワークを幅広(はばひろ)く持(も)っている。

▶ The new president has a wide network of acquaintences in other industries.

▶ 新社长拥有与其他行业的广泛的人际网络。

▶ 새로운 사장은 타업종과의 인적 네트워크를 폭넓게 가지고 있다.

参 ネットワークを築く

1591 粘(ねば)る hold out, hang on / 坚持不懈 / 버티다

■ 最後(さいご)まで粘ったかいがあって、ほぼこちらの要求(ようきゅう)どおりに話(はなし)がまとまった。

▶ Thanks to the fact that we held out to the last, we were able to negotiate nearly everything we wanted.

▶ 不放弃坚持到底还是有效果的，最终对方基本上是按我们的要求予以应答的。

▶ 끝까지 버틴 보람이 있어서, 거의 우리 요구대로 이야기가 결말이 났다.

1592 値引(ねび)き discount / 便宜，优惠 / 값을 깎음 ～する discount / 便宜，优惠 / 값을 깎다

■ 100箱(ばこ)以上(いじょう)一括購入(いっかつこうにゅう)の場合(ばあい)は、値引きいたします。

▶ If you purchase more than 100 boxes in one lot, we'll give you a discount.

▶ 若一次购买100箱以上的话，将降价出售。

▶ 100 상자 이상 일말구입 하실 경우에는 할인해 드립니다.

■ インターネットでのご予約(よやく)は、宿泊料(しゅくはくりょう)の10%を値引きさせていただきます。

▶ If you make reservations over the Internet, we will give you a 10% discount on our hotel rates.

▶ 如果您在网上预约，住宿费能优惠10%。

▶ 인터넷에서의 예약은 숙박비의 10% 를 할인해 드립니다.

参 値引き交渉

1593 値札(ねふだ) price tag / 标价牌 / 가격표

■ 商品(しょうひん)に付(つ)いた値札シールがうまくはがれず、汚(よご)れがついてしまった。

▶ I couldn't remove the sticky price tag cleanly and it dirtied the product.

▶ 商品标价牌上的封条没有揭好，还带着一些痕迹。

▶ 상품에 붙은 가격표가 잘 떼어지지 않아, 얼룩이 남고 말았다.

■ コンビニやスーパーでは、商品に値札が付(つ)いていることが少(すく)なくなった。

▶ Fewer convenience stores and supermarkets put price tags on their products now.

▶ 在便利店和超市里，带着标价牌的商品少了。

▶ 편의점이나 슈퍼마켓에는 상품에 가격표가 붙은 것이 줄어들었다.

1594 | 根回し work behind the scenes / 基础工作 / 사전 교섭 〜する lay groundwork / 基础工作 / 사전 교섭하다

■ 話がスムーズに決まるよう、販売部に根回ししておいたほうがいい。

▶ If we want things to go smoothly, we'll have to do some behind-the-scenes work with the sales department.

▶ 最好是向销售部门做一下前期工作以便事情能顺利的决定下来。

▶ 이야기가 순조롭게 결정되도록, 판매부에 사전 교섭을 해 두는 편이 좋다.

1595 | 狙い aim, objective / 目标 / 목표, 노리는 바

■ この企画、狙いはいいけど、現実的にはちょっと難しいかもしれないなあ。

▶ The objective of this plan is a good one, but I think it may be difficult to achieve in reality.

▶ 这个策划意图很好，但实际操作起来可能有些困难。

▶ 이 기획, 목표는 좋은데 현실적으로는 조금 어려울지도 모르겠어.

■ あのスーパーは、土日限定で割引をしているので、週末が狙い目だ。

▶ That supermarket always has weekend-only sales on Saturday and Sunday, so that's when you should aim to get your shopping done.

▶ 那家超市只在六日才打折，所以最好盯着周末去。

▶ 저 슈퍼마켓은 토일 한정으로 할인을 하고 있기 때문에 주말을 노려야 한다.

1596 | 練り直す reconsider, re-think / 重新推敲 / 다시 검토하다

■ 競合他社に勝つためには、販売戦略を練り直す必要がある。

▶ If we want to overcome our competitors, we must re-think our sales strategies.

▶ 为了战胜其它竞争对手，必须对我们的销售策略进行好好推敲。

▶ 타사와의 경합에서 이기기 위해서는, 판매전략을 다시 검토할 필요가 있다.

1597 | 練る work on, knead / 推敲 / 다듬다

■ 発売が来年に延びたのなら、もう少し販売計画を練ったほうがいい。

▶ If the launch date has been extended to next year, then we should work on the sales strategy a little more.

▶ 如果发售延期至明年，最好再推敲一下销售计划。

▶ 발매가 내년으로 미뤄졌다면 좀 더 판매 계획을 다듬는 편이 좋다.

1598 | 年間 year, annual / 年间 / 연간

■ そろそろ来期の年間予算を立てる時期だ。

▶ It's about time to set the annual budget for the next fiscal term.

▶ 马上就到制定下期年预算的时间了。

▶ 슬슬 다음 회기의 연간예산을 세울 시기이다.

■ さくらパークには、年間200万人が訪れる。

▶ Sakura Park has two million visitors per year.

▶ 樱花公园一年有200万人来访。

▶ 사쿠라 공원에는 연간 200 만명이 방문한다.

参 年間スケジュール、年間行事、年間購読、年間所得

1599 | 年功序列 seniority by length of service / 论资排辈 / 연공서열

■ 1990年代には、年功序列制度が批判され、成果主義や能力主義が広がり始めた。

▶ In the 1990s, the seniority based employment system came under fire and performance based and skill based systems began to spread.

▶ 20世纪90年代，论资排辈制度受到了批判，注重效果和能力的思想开始普及。

▶ 1990 년대에는 연공서열제도가 비판받아 성과주의나 능력주의가 확대되기 시작했다.

1600 | 年号 era name / 年号 / 연호

■ このソフトを使うと、西暦から年号への変換が簡単にできます。

▶ If you use this software, you can convert the Gregorian calendar to Japanese era names very easily.

▶ 使用这个软件可以很简单地把公历变换为年号。

▶ 이 소프트웨어를 사용하면 서기에서 연호로의 변환을 쉽게 할 수 있습니다.

1601 | 捻出（ねん出） digging up / 筹措 / 염출, 짜냄 ～する dig up / 筹措 / 염출하다, 짜내다

■ 売上低迷が続くA社は、運転資金捻出のため、店舗の一部を売却した。

▶ With revenues hovering around their lowest point, Company A sold one store in order to dig up funds for operation.

▶ 销售低迷的A公司，为了筹措周转资金，卖掉了部分店铺。

▶ 판매 침체가 계속되는 A사는 운용자금염출을 위해 점포 일부를 매각했다.

参 費用を捻出する

1602 | 年代 era, generation, age group / 年代 / 연대

■ 新商品のユーザーを年代別に調べたら、20代前半が最も多かった。

▶ We researched the new product's usage by age group and found that the largest user age group is those in their early twenties.

▶ 按年龄层对新产品的使用情况进行调查时发现21～25岁的人用的最多。

▶ 신상품의 사용상황을 연대별로 조사하니, 20 대 초반에서 가장 많이 사용된다는 것을 알았다.

■ 1960年代の音楽が最近テレビのCMによく使われている。

▶ The music of the 60's is being used a lot in commercials lately.

▶ 1960年代的音乐最近常被用于电视广告上。

▶ 1960 년대 음악이 최근 TV CF에 자주 사용되고 있다.

参 年代別、同年代

1603 | 年度(ねんど) fiscal year,. fiscal period / 年度 / 연도

■ 年度末(まつ)はどの部署(ぶしょ)も忙(いそが)しくなる。
▶ As the end of the fiscal year gets closer, every department gets busier.
▶ 到年末哪个部门都变得很忙。
▶ 연도말은 어느 부서든 바빠진다.

■ A社(しゃ)は、来(らい)年度の新卒採用(しんそつさいよう)をしないと発表(はっぴょう)した。
▶ Company A announced that it would hire no new graduates in the coming fiscal year.
▶ A公司宣称不进行明年应届毕业生的招聘工作。
▶ A 사는 내년도 졸업자의 채용 모집을 하지 않을 것을 발표했다.

参 今年度、会計年度 fiscal year / 会计年度 / 회계년도、平成 21 年度、2010 年度、年度初め

1604 | 年頭(ねんとう) beginning of the year / 一年的开始 / 연두, 연초

■ 年頭にあたり、皆様方(みなさまがた)のご健康(けんこう)とご発展(はってん)を心(こころ)からお祈(いの)り申(もう)し上(あ)げます。
▶ At the beginning of the year it is our heartfelt hope that everyone enjoys the best of health and progress.
▶ 新年伊始，我衷心祝愿大家身体健康并取得更大的发展。
▶ 연초에 즈음하여, 여러분의 건강과 발전을 진심으로 기원드립니다.

1605 | 念頭(ねんとう) in mind / 心头 / 염두

■ 資本参加(しほんさんか)も念頭に置(お)いて、今(こん)後(ご)の業務提携(ぎょうむていけい)を考(かんが)えていきたいと思(おも)います。
▶ We'd like to consider a future business tie-up with capital participation in mind.
▶ 将在有意参资的基础上考虑今后的业务合作。
▶ 자본참가도 염두에 두고, 앞으로의 업무제휴를 생각해 가고 싶습니다.

■ 年内(ねんない)の発売(はつばい)を念頭に、スケジュールを組(く)んでください。
▶ Please set up a schedule, keeping in mind that we expect to launch (the product) within the year.
▶ 以年内发售为目标安排日程。
▶ 연내 발표를 염두에 두고, 스케줄을 짜 주세요.

1606 | 年配(ねんぱい) elderly, older / 老年人 / 지긋한 나이

■ 当(とう)ホテルはバリアフリーですので、小(ちい)さいお子さまや年配の方(かた)にも、安心(あんしん)してご宿泊(しゅくはく)いただけます。
▶ Our hotel is barrier-free, so everyone from toddlers to the elderly can stay with us with complete peace of mind.
▶ 我们宾馆没有任何的障碍物，所以小孩和上岁数的人都可以放心住宿。
▶ 당 호텔은 배리어 프리이므로, 어린 자녀분이나 나이 드신 분도 안심하고 숙박하실 수 있습니다.

1607 | 年俸（ねんぽう） annual salary / 年薪 / 연봉

■ ベンチャー企業（きぎょう）は、年俸制（せい）を採用（さいよう）している会社（かいしゃ）が多（おお）い。

▶ Many venture companies employ based on annual salary systems.

▶ 风险型企业，多采用年薪制。

▶ 벤처 기업은 연봉제를 채택하고 있는 회사가 많다.

1608 | 納期（のうき） delivery date / 交货日期 / 납기

■ 納期が迫（せま）ると、夜遅（よるおそ）くまで作業（さぎょう）することもある。

▶ When the delivery date gets close, we often have to work until late at night.

▶ 交货期逼近的时候有时也工作到深夜。

▶ 납기가 다가오면 밤늦게까지 작업할 때도 있다.

■ 納期は、ご注文（ちゅうもん）をいただいてから10営業日後（えいぎょうびご）となります。

▶ The delivery date is 10 working days from receipt of your order.

▶ 接受订货10个营业日后为交货日期。

▶ 납기는 주문을 받고 나서 10 영업일 후가 됩니다.

参 納期を守る、納期が遅れる、納期をずらす　put off the delivery date / 错开交货期 / 납기를 늦추다

1609 | 農業（のうぎょう） agriculture / 农业 / 농업

1610 | 濃度（のうど） concentration, content / 浓度 / 농도

■ このワインのアルコール濃度は13%です。

▶ The alcohol content of this wine is 13%.

▶ 该葡萄酒的酒精浓度为13%。

▶ 이 와인의 알콜농도는 13% 입니다.

■ 工場排水（こうじょうはいすい）を調（しら）べたところ、低（てい）濃度だが有害物質（ゆうがいぶっしつ）が検出（けんしゅつ）された。

▶ Upon testing the factory's effluent, we found toxic substances in very low concentration.

▶ 对工厂排水进行调查时发现，虽然浓度不高，但是发现了有害物质。

▶ 공장 배수를 조사했더니, 저농도이긴 하나 유해물질이 검출되었다.

1611 | 納入（のうにゅう） shipment / 交货 / 납입　**~する** ship / 交货 / 납입하다

■ 弊社製品（へいしゃせいひん）の納入先（さき）は、国内外（こくないがい）合（あ）わせて、200社以上（しゃいじょう）になります。

▶ Our company's products are shipped to over 200 companies domestically and abroad.

▶ 弊公司产品的交货处，国内外共计200多家公司。

▶ 저희 회사 제품의 납입처는 국내외를 합쳐서 200 개 이상이 됩니다.

1612 | ノウハウ know-how / 技术知识，技术信息 / 노하우

■ 医療機器（いりょうきき）メーカーとしてのノウハウが、新事業（しんじぎょう）に生（い）かされている。

▶ Their know-how as a medical equipment maker is efficiently employed in the new business.

▶ 作为医疗器械厂家的技术知识，被灵活利用在了新事业中。

▶ 의료 기기 제조회사로서의 노하우가 새로운 사업에 활용되고 있다.

参 ノウハウを蓄積する、長年のノウハウ

1613 | 納品 delivery / 交货 / 납품 ～する deliver / 交货 / 납품하다

■ 納品書がなければ、商品は受け取れない。

▶ We can't accept delivery if you have no delivery slip.

▶ 如果没有交货单的话我们不能接受货物。

▶ 납품서가 없으면, 상품은 받을 수 없다.

■ 注文した商品は、期日通りに納品された。

▶ The products we ordered were delivered precisely on the date promised.

▶ 所订货物按期交货了。

▶ 주문한 상품은 기일대로 납품되었다.

参 納品先リスト、納品伝票

1614 | 能率 efficiency / 效率 / 능률

■ 重要な案件は午前中に処理したほうが、仕事の能率が上がる。

▶ I think the way to improve job efficiency is to start the most important tasks in the morning.

▶ 我认为比较重要的议案上午开始处理的话可能能提高工作效率。

▶ 중요한 안건은 오전중에 시작하는 편이 일의 능률이 오른다고 생각한다.

■ 不要な書類やファイルは片付けて、能率よく仕事をすることが大切だ。

▶ It's important to get rid of unnecessary papers and files and do your work efficiently.

▶ 重要的是整理好不需要的档案和文件以便高效地开展工作。

▶ 불필요한 서류나 파일은 정리해서, 능률있게 일하는 것이 중요하다.

1615 | ノーリターン no return / 不回来 / 복귀하지 않음

■ 5時にA社に行って、そのままノーリターンです。

▶ At 5 o'clock I will go to Company A and will not return.

▶ 5点钟去A公司，然后就不回来了。

▶ 5 시에 A 사에 가서, 그대로 돌아오지 않습니다.

1616 | 軒並み all round / 普遍，同时 / 모두, 일제히

■ ユーロ高の影響を受けて、ヨーロッパからの輸入品が軒並み値上げ傾向にある。

▶ Because of the high euro, every product imported from Europe has shown price increases.

▶ 受欧元升值的影响，从欧洲进口来的产品都普遍涨价。

▶ 유로화 강세의 영향을 받아, 유럽에서 들여온 수입품의 가격이 일제히 인상되는 경향에 있다.

■ 長引く不況で、大手デパートやスーパーの売り上げは、軒並みダウンしている。

▶ As the economic downturn lengthens, sales at every big department store or supermarket show declines.

▶ 由于经济长期萧条，大型百货商店和超市的销售额也普遍萎缩。

▶ 길어지는 불황으로 대규모 백화점과 슈퍼마켓의 매출은 모두 내려가고 있다.

1617 | 後(のち)ほど　later / 过一会儿 / 다음에, 나중에

■ 後ほど、ご連絡(れんらく)します。

▶ I will get in touch with you later.

▶ 过会儿给您联系。

▶ 나중에 연락 드리겠습니다.

1618 | 伸(の)ばす　expand, grow / 提高 / 늘리다, 신장시키다

■ 社員(しゃいん)にやる気(き)を持(も)たせ、能力(のうりょく)を伸(の)ばすために、さまざまな社員研修(しゃいんけんしゅう)が行(おこな)われている。

▶ In order to motivate employees and cultivate their abilities, a variety of employee training is being carried out.

▶ 为了让员工富有干劲，提高能力，我们进行了各种研究培训。

▶ 사원에게 의욕을 가지게 하여 능력을 향상시키기 위해서 여러 가지 사원 연수가 실시되고 있다.

1619 | 伸(の)び　growth / 增长 / 신장, 증가

■ ノートパソコンに比(くら)べて、デスクトップの販売台数(はんばいだいすう)の伸びが今(いま)ひとつだなあ。

▶ Compared to notebook PCs, growth in unit sales of desktop PCs is not so great.

▶ 与笔记本电脑相比，台式机销量的增长不太好啊。

▶ 노트북에 비해서 데스크톱의 판매대수의 신장이 그저 그렇네.

1620 | 伸(の)び悩(なや)む　be sluggish / 销量停滞不前 / 주춤거리다, 향상되지 않다

■ 1月(がつ)に出(だ)したMG500は、今(いま)ひとつ売(う)れ行(ゆ)きが伸び悩んでいる。

▶ The sales of MG500, released in January, are sluggish.

▶ 1月上市的MG500，现在销量还停滞不前。

▶ 1월에 나온 MG500은 그다지 판매가 향상되지 않고 있다.

1621 | 伸(の)びる　grow / 增长 / 신장되다

■ 新製品(しんせいひん)XRの人気(にんき)のおかげで、上半期(かみはんき)の売上(うりあげ)が大幅(おおはば)に伸びた。

▶ Thanks to the popularity of the new product XR, revenue in the first half grew a lot.

▶ 多亏新产品XR的热销，上半年的销售额大幅增长。

▶ 신제품 XR의 인기 덕분에 상반기 매상이 큰 폭으로 신장했다.

1622 | 延(の)べ　cumulative, total / 总计 / 연, 총

■ 建物(たてもの)の高(たか)さはほぼ同(おな)じだが、延べ面積(めんせき)では、Aビルの方(ほう)がBビルより広(ひろ)い。

▶ They are about the same height, but Building A's total floor space is larger than Building B's.

▶ 建筑物高度基本相同，但A大楼的总面积要比B大楼大。

▶ 건물의 높이는 거의 같지만, 연면적으로는 A빌딩이 B빌딩보다 넓다.

■ この作業(さぎょう)は、3日間(みっかかん)で、延べ80人(にん)の人手(ひとで)を必要(ひつよう)とした。

▶ This job required a total of 80 man-days over three days.

▶ 该工作需要3大，总计需要80人。

▶ 이 작업은 3일간 총 80명의 일손을 필요로 했다.

参 延べ人数、延べ時間

1623 | 飲み込み pick up, understand / 理解 / 이해

■ 高橋さんは、やる気があるだけでなく、仕事の飲み込みもいいから、将来が楽しみだね。

▶ Mr. A is not only eager to do his job, but also he quickly understands what his job entails, so it's going to be interesting watching his progress.

▶ 小A不仅有干劲，而且对工作的理解也很好，很有前途。

▶ A 씨는 의욕이 있을 뿐 아니라 일의 이해도 빨라서 장래가 기대돼.

1624 | 飲む drink, accede / 无可奈何的接受 / 수용하다

■ A社はお得意さんだから、今回はあちらの条件を飲んで、契約することにしました。

▶ Company A is a valued customer, so this time we acceded to their conditions and signed the contract.

▶ A公司是老顾客，所以这次只好接受了它们的条件和它们签了合同。

▶ A 사는 주거래처이니, 이번에는 그쪽의 조건을 수용해서 계약하기로 했습니다.

1625 | 乗り出す embark, set out / 提出 / 착수하다, 나서다

■ A社は、経営危機に陥っているB社に対し、合併による救済に乗り出した。

▶ Company A set out via a merger to rescue Company B, which was hit by a financial crisis.

▶ A公司，对经营陷入危机的B公司，提出了合并的救助办法。

▶ A사는 경영위기에 빠져 있는 B 사에 대해 합병에 의한 구제에 나섰다.

参 対策に乗り出す、支援に乗り出す

1626 | 載る appear, load / 登载 / 실리다

■ 昨日の新作発表会の様子が、今朝の新聞に載っています。

▶ The contents of yesterday's new product announcement conference appeared in this morning's paper.

▶ 昨天新产品发布会的情况刊登在了今天早晨的报纸上了。

▶ 어제 있었던 신작발표회 모습이 오늘 아침 신문에 실려 있습니다.

■ こっちのトラックはいっぱいだ。もうこれ以上載らないよ。

▶ This truck is full. You can't load any more onto it.

▶ 这辆卡车已满，不能再装了。

▶ 이쪽 트럭은 가득 찼어. 이제 더 이상 못 실어.

参 手の平に載るサイズ palm-size / 能放在手掌上的大小 / 손바닥에 놓이는 크기、コンテナを載せた船

1627 | ノルマ quota, norm / 定额 / 할당량

■ 昨年度は、国内支店の８割が売上ノルマを達成した。

▶ Last fiscal year 80% of domestic branches reached their quotas.

▶ 上一年度8成国内分店完成了销售定额。

▶ 작년도는 국내지점의 8 할이 매출 할당량을 달성했다.

参 ノルマを課す

1628 | ノンバンク non-bank / 借款公司 / 논뱅크 (은행 이외의 금융 기관)

■ 消費者金融など、ノンバンクから借り入れをする時には、銀行より高い利子を払うことになります。

▶ When borrowing from a non-bank such as consumer finance, you'll end up paying a higher interest than at a bank.

▶ 从消费者金融等非银行机构借钱时要支付比银行更高的利息。

▶ 소비자 금융 등 은행이 아닌 금융기관에서 차입할 때는 은행보다 높은 이자를 지불하게 됩니다.

1629 | ～派㊎ side / 派 / ～파

■ マンション建設反対派の地域住民が、駅前で署名運動をした。

▶ Local residents opposed to the condo's construction led a signature campaign in front of the station.

▶ 公寓建设反对派的当地居民在车站前进行了签名运动。

▶ 맨션 건설 반대파의 지역주민이 역 앞에서 서명운동을 했다.

1630 | 把握 grip, understanding / 把握 / 파악 **～する** understand / 把握 / 파악하다

■ 現状を正しく把握して、解決策を考えよう。

▶ Before trying to come up with a solution, make sure that each of you thoroughly understands the situation.

▶ 在考虑解决方案之前，每个人都要好好地把握现状。

▶ 해결책을 생각하기 전에, 한사람 한사람이 현 상태를 바르게 파악하자.

㊂ 実態を把握する、収支を把握する

1631 | バーコード bar code / 条形码 / 바코드

■ バーコードを使えば、商品の売り上げや在庫が容易にチェックできる。

▶ If you use bar codes, you can easily check product sales and inventory.

▶ 使用条形码可很容易地对产品销售额和库存进行管理。

▶ 바코드를 사용하면, 상품의 매출이나 재고를 손쉽게 체크할 수 있다.

㊂ バーコードを読み取る

1632 | バージョン㋩ version / 版本 / 버전

■ これは、新バージョンと旧バージョンの機能の違いが分かるチャートです。

▶ This chart shows the differences between the old version and the new one.

▶ 这是新旧版本功能一览图。

▶ 이것은 신버전과 구버전의 기능 차이를 알 수 있는 차트입니다.

㊂ バージョンアップ

1633 | ハード hard / 辛苦 / 하드, 고됨 **～な** hard / 辛苦 / 고된

■ 自分の好きな分野なら、多少仕事がハードでも、かまいません。

▶ If it is a field that you like, you won't mind if the work is slightly grueling.

▶ 要是自己喜欢的领域，工作即使辛苦一些，也不介意。

▶ 자신이 좋아하는 분야라면 다소 일이 힘들어도 상관없습니다.

参 ハードスケジュール

1634 | パート part-time worker / 临时工 / 파트(타임)

■ このスーパーの店員(てんいん)は、ほとんどがパート従業員(じゅうぎょういん)です。

▶ Employees at this supermarket are almost entirely part-time workers.
▶ 这个超市的店员，基本上都是临时工。
▶ 이 슈퍼의 점원은 대부분이 파트타임 종업원입니다.

1635 | ハードディスクⓅ hard disk / 硬盘 / 하드 디스크

1636 | 廃棄(はいき) disposal, abolishment / 废弃 / 폐기 **～する** dispose, abolish / 废弃 / 폐기하다

■ 家電製品(かでんせいひん)を廃棄する場合(ばあい)は、規則(きそく)に従(したが)って行(おこな)ってください。

▶ When disposing household appliances, make sure to follow the regulations.
▶ 在废弃家电制品的时候，请按照规则进行。
▶ 가전제품을 폐기할 경우에는 규칙에 따라 행해 주십시오.

参 廃棄処分、産業廃棄物

1637 | 売却(ばいきゃく) disposal by sale / 卖掉 / 매각 **～する** dispose of by selling / 卖掉 / 매각하다

■ A社(しゃ)は、財務状況(ざいむじょうきょう)の改善(かいぜん)のため、5つ(いつ)あるうちの3つ(みっ)の保養所(ほようじょ)を売却した。

▶ In order to improve their financial situation, Company A sold three of its five recreational facilities.
▶ A公司，为改善财务状况，卖掉了5家疗养院的3家。
▶ A사는 재무상황 개선을 위해 5개의 요양소 중 3곳을 매각했다.

参 株を売却する、資産を売却する、売却金額

1638 | 背景(はいけい) background / 背景 / 배경

■ このヒット商品(しょうひん)が生(う)まれた背景には、消費者(しょうひしゃ)の声(こえ)を聞(き)くモニター制度(せいど)があった。

▶ Behind this hit product lies a system of monitors that listen to the voices of the consumers.
▶ 该畅销产品的诞生得益于这一倾听消费者意见的监督制度。
▶ 이 히트 상품이 생겨난 배경에는 소비자의 목소리를 듣는 모니터 제도가 있었다.

■ この本(ほん)を読(よ)めば、ジャズが生(う)まれた頃(ころ)の時代(じだい)背景がよくわかります。

▶ Read this book and you'll understand the background of the times in which jazz was born.
▶ 读读这本书你就能清楚地了解爵士乐诞生时的时代背景。
▶ 이 책을 읽으면, 재즈가 생겨났을 즈음의 시대 배경을 잘 알 수 있습니다.

参 社会的背景

1639 | 拝見（はいけん） check / 拜读 / 삼가 봄　**～する** look at / 拜读 / 보다

■ いただいたメールを拝見いたしました。

▶ I saw the e-mail you sent me.

▶ 收到并拜读了您的邮件。

▶ 받은 메일을 보았습니다.

1640 | 廃止（はいし） abolition / 废除 / 폐지　**～する** abolish, repeal / 废除 / 폐지하다

■ A社は、10年来続けてきた海外研修制度を廃止することにした。

▶ Company A abolished its overseas training program that had been running for some 10 years.

▶ A公司废除了延续10年的海外进修制度。

▶ A사는 10년 간 계속해 온 연수제도를 폐지하기로 했다.

1641 | 買収（ばいしゅう） acquisition by purchase / 收购 / 매수　**～する** acquire by purchasing / 收购 / 매수하다

■ A社は、B社のホテル部門のすべてを買収した。

▶ Company A bought the entire hotel division of Company B.

▶ A公司，收购了B公司的全部宾馆部门。

▶ A사는 B사의 호텔 부문 전부를 매수했다.

1642 | 排除（はいじょ） elimination / 排除 / 배제　**～する** eliminate, exclude / 排除 / 배제하다

■ 保護者の団体は、子供向け番組から暴力的なシーンを排除するよう、テレビ局に求めた。

▶ An organization of parents asked the TV network to eliminate violence from its chilaren's programs.

▶ 监护人团体要求电视局从针对儿童的节目中排除暴力场景。

▶ 보호자 단체는 어린이용 프로그램에서 폭력적인 장면을 배제하도록 TV 방송국에 요청했다.

1643 | 賠償（ばいしょう） reparations, compensation / 赔偿 / 배상　**～する** compensate / 赔偿 / 배상하다

■ 事故の被害を受けた松井さんは、B社に対して8,000万円の損害賠償を求めた。

▶ Mr. Matsui, who was injured in the accident, demanded 80 million yen in damages from Company B.

▶ 事故受害人松井先生对B公司提出了8,000万日元损失赔偿的要求。

▶ 사고 피해를 입은 마츠이 씨는 B사에 대해 8000만엔의 손해배상을 요구했다.

参 賠償金、賠償責任

1644 | 配送（はいそう） delivery / 发送，分发 / 배송　**～する** deliver, ship / 发送，分发 / 배송하다

■ 1万円以上お買い上げの場合は、無料で配送いたします。

▶ If you purchase more than 10,000 yen worth of goods, delivery is free.

▶ 购物超过1万日元时免费送货。

▶ 만엔 이상 구입하신 경우, 무료로 배송해 드립니다.

参 配送料、配送センター、配送先

1645 | 配属 posting, assignment / 分配 / 배속 ~する post, assign / 分配 / 배속하다

■ このたび、経理部に配属となりました小山です。

▶ My name is Koyama and I have been posted to the accounting department.

▶ 我是这次分配到会计部的小山。

▶ 이번에 경리부로 배속 된 고야마입니다.

参 配属先

1646 | 媒体 media / 媒体 / 매체

■ 電車やバスの車体も、広告媒体として有効です。

▶ the bodies of buses and trains can be effective advertising media.

▶ 电车和公共汽车的车身也是有效的广告载体。

▶ 전철이나 버스의 차체도 광고매체로서 효과가 있습니다.

■ 各自使用のディスク、メモリースティックなど、記憶媒体の管理をお願いします。

▶ Each of you is responsible for controlling his or her discs, memory sticks, and other recording media.

▶ 请管理好各自使用的硬盘、记忆棒等储存媒介。

▶ 각자 사용하는 디스크, 메모리스틱 등, 기억매체 관리를 부탁드립니다.

参 媒体資料 Medium material / 媒体资料 / 매체 자료、電子媒体

1647 | 配達 delivery, distribution / 投递 / 배달 ~する deliver, distribute / 投递 / 배달하다

■ 明日の午前中にサンプルを届けなければならないので、配達の時間を業者に指定した。

▶ I need the sample delivered tomorrow morning so I will set the delivery time with the delivery company.

▶ 因为必须在明天上午前送交样品，所以向投递员指定了投递时间。

▶ 내일 오전 중에 샘플을 보내야 하기 때문에 배달 시간을 업자에게 지정했다.

参 郵便配達、配達員

1648 | ハイテク㊥(ハイテクノロジー) high tech / 高新技术 / 하이 테크놀로지

■ この施設では、ハイテクを生かしてさまざまな商品開発が行われている。

▶ This facility uses the latest technology for the development of various products.

▶ 这个设施，应用高新技术进行了各种商品开发。

▶ 이 시설에서는 하이 테크놀로지를 활용하여 다양한 상품 개발이 행해지고 있다.

1649 | 配当 dividend / 红利 / 배당　～する pay dividends / 红利 / 배당하다

■ 株主は、持っている株の数に応じて、配当がもらえます。

▶ Shareholders receive dividends according to the amount of shares they hold.

▶ 股东按照所持股票数额享受红利。

▶ 주주는 가지고 있는 주수에 따라 배당을 받을 수 있습니다.

参 株の配当、株式配当、配当金

1650 | 売買 trade, buying and selling / 买卖 / 매매　～する buy and sell / 买卖 / 매매하다

■ 土地の売買をめぐって、売主と不動産会社の間でトラブルが生じている。

▶ Troubles arise between sellers and real estate companies surrounding the buying and selling of land.

▶ 围绕土地的买卖，卖主和不动产公司之间发生了纠纷。

▶ 토지의 매매를 둘러싸고, 파는 사람과 부동산 회사 사이에서 트러블이 발생하고 있다.

参 株の売買、売買が成立する、売買契約

1651 | パイプ pipe, channel / 渠道 / 파이프, 중간 역할

■ 海外に販路を広げるため、商社とのパイプづくりもしていきたい。

▶ I want to expand our sales channel overseas by creating a pipeline through a trading company.

▶ 为了到海外拓展销路，我们想跟商社也建立渠道关系。

▶ 해외에 판로를 넓히기 위해 상사와의 중간 역할도 만들어 가고 싶다.

1652 | 配置 alignment / 配置, 部署 / 배치　～する put in / 配置, 部署 / 배치하다

■ 部内の机の配置を見直して、もっと動きやすくしませんか。

▶ Why don't we take a hard look at how the desks in our department are aligned and see if there isn't a way to make movement easier.

▶ 能不能重新考虑一下内部桌子的摆放然后把它们安置得更容易挪动些?

▶ 부서 내의 책상 배치를 재검토해서 좀더 움직이기 쉽게 하지 않을래요?

■ 社内組織の見直しがあり、多数の社員が配置替えとなった。

▶ There was a review of the company organization resulting in a reshuffling of many employees.

▶ 公司内部有结构调整，许多社员更换了岗位。

▶ 사내조직의 재검토가 있어, 다수의 사원이 재배치 되었다.

参 人員配置

1653 | バインダー㋑ binder / 纸夹 / 바인더

1654 | はかどる　make good progress / 进展 / 진척되다

■ 小山さんが手伝ってくれたおかげで、作業がだいぶはかどった。

▶ Because Mr. Koyama helped, it made good progress.

▶ 幸亏小山帮我，工作有了很大进展。

▶ 고야마 씨가 도와준 덕분에 작업이 많이 진척되었다.

1655 | ばかにならない㊞ something not to be sneezed at / 不容忽视 / 무시할 수 없다

■ 普段はあまり気にしないけど、毎月のコピー代もばかにならない。

▶ Usually I don't really care, but every month our copying expenses should not be exorbitant.

▶ 平时虽然不太介意，但每月的拷贝费也不容忽视。

▶ 평소에는 그다지 신경쓰지 않았는데 매달 복사비도 무시할 수 없다.

1656 | 破棄　scrapping / 废弃，作废 / 파기　~する shred / 废弃，作废 / 파기하다

■ 新しい名簿ができたので、去年のは破棄してください。

▶ A new list of names was made, so please shred last year's.

▶ 新的名册已经出来了，请将旧的作废。

▶ 새로운 명부가 완성되었으니 작년 명부는 파기하세요.

参 契約を破棄する

1657 | 白紙　blank sheet, clean sheet / 白纸，空白，原始状态 / 백지

■ 今回の事業計画は、さまざまな事情から、いったん白紙に戻すことになった。

▶ For many reasons, the business plan has been sent back to the drawing board.

▶ 此次事业计划由于种种原因又暂时回到原来的状况。

▶ 이번 사업계획은 여러가지 사정으로, 일단 백지로 돌리게 되었다.

■ 市と住民との話し合いがいつ再開されるかは、まだ白紙の状態だ。

▶ When the city and the citizens group will start talks again is still a blank sheet of paper.

▶ 至于市政府和居民间的谈判何时重新开始，现在还是白纸一张。

▶ 시와 주민의 교섭이 언제 재개될지는 아직 백지 상태이다.

参 白紙撤回

1658 | 派遣　dispatch / 派遣 / 파견　~する send forth / 派遣 / 파견하다

■ 森さんは、技術指導のため、5年間海外に派遣された。

▶ Mr. Mori has been seconded overseas for five years as a technical trainer.

▶ 小森被派到国外从事了5年的技术指导工作。

▶ 모리 씨는 기술지도를 위해 5년간 해외로 파견되었다.

■ 石井さんは、1年間、派遣社員として働いた後、正社員として採用された。

▶ Mr. Ishii worked for a year as a temp staff employee before becoming a permanent employee.

▶ 小石井作为派遣员工工作了1年后被录用为正式职员了。

▶ 이시이 씨는 1년간 파견사원으로서 일한 후, 정사원으로 채용되었다.

参 人材派遣会社、派遣スタッフ

1659 | 端数 fraction / 尾数 / 우수리

■ 金額を合計して、100円未満の端数は切り捨ててください。

▶ Total up the money and round off everything less than 100 yen.

▶ 合计金额时不满100日元的尾数则请抹去。

▶ 금액을 합계하여, 100 엔 미만의 우수리는 버려 주세요.

■ 税込み価格に端数が生じる場合は、1円未満は切り捨てとさせていただきます。

▶ When the price with tax results in a fraction, round it down to the nearest yen.

▶ 含税价格出现尾数时不到1日元的则会抹掉。

▶ 세금 포함 가격에 우수리가 생긴 경우, 1 엔 미만은 버리겠습니다.

1660 | 外す oust, loosen / 离开，错过 / 비우다, 놓치다

■ あいにく、山本は今、席を外しております。

▶ I'm sorry, Yamamoto is out.

▶ 真不凑巧，山本现在不在。

▶ 공교롭게도 야마모토는 지금 자리를 비웠습니다.

■ シーズンを外すと、売れる商品も売れなくなるから、早めに店頭に並べよう。

▶ If we miss the season, products that should sell won't, so let's get those products on the shelf quickly.

▶ 错过季节的话，本来畅销的商品也会卖不出去的，所以还是赶快摆到商店里卖。

▶ 시즌을 놓치면 팔릴 상품도 팔리지 않게 되니, 일찌감치 점두에 진열하자.

参 時計を外す、リストから外す、タイミングを外す

1661 | はす向かい diagonally opposite / 斜向 / 대각선으로 건너편

1662 | 外れる deviate, run off / 脱落，落空 / 제외되다, 빗나가다

■ その企画は、来期の事業計画から外れることになった。

▶ This plan will not make the business plan for next term.

▶ 那项策划从下期事业计划中拿掉了。

▶ 그 기획은 다음 회기의 사업계획에서 제외되게 되었다.

■ 銀行に融資を断られて、当てが外れた。

▶ The bank turned my request for funding down, so I lost out on something I'd counted on.

▶ 银行拒绝融资，我们的期望落空了。

▶ 은행에 융자를 거절당해 기대가 빗나갔다.

参 担当から外れる、カバーが外れる、抽選に外れる、予想が外れる、常識から外れる

1663 | パスワード　password / 密码 / 패스워드, 암호

■ セキュリティー確保のため、パスワードを入れないと次のステップには進めません。

▶ To maintain security, you will not be able to proceed to the next step without entering one password.

▶ 为确保安全性，不输入密码就不能进入下一阶段的操作。

▶ 보안 확보를 위해 패스워드를 입력하지 않으면 다음 단계로 진행시킬 수 없습니다.

参 パスワードを発行する

1664 | 破損　breakage, wreck / 破损 / 파손　～する damage, destroy / 破损 / 파손되다

■ 運搬の途中で、商品の一部に破損が生じた。

▶ Some products were damaged during shipment.

▶ 搬运过程中，部分商品出现破损。

▶ 운반 도중 상품 일부에 파손이 생겼다.

■ 昨日届けた品物の容器が破損していたと、お客様からクレームがありました。

▶ A customer claim says that the product delivered yesterday was damaged.

▶ 客户投诉说，昨天送来的商品容器损坏了。

▶ 어제 도착한 물건의 용기가 파손되어 있었다고, 손님에게서 클레임이 있었습니다.

1665 | パターン　pattern / 模式，样式 / 패턴

■ ユーザーの行動パターンを分析して、販売促進に役立てよう。

▶ Let's analyze user patterns and put the information to use in our sales promotions.

▶ 分析客户的行为模式以便促进销售。

▶ 유저의 행동 패턴을 분석하여, 판매촉진에 유용하게 쓰자.

■ パターン認識の技術によって、手書きの文字も読み取れるようになった。

▶ Pattern recognition technology allows us to read hand-written data, too.

▶ 通过模式识别技术现在也可以读取手写的文字了。

▶ 패턴 인식 기술에 의해 손으로 쓴 글씨도 읽어낼 수 있게 되었다.

参 ワンパターン　mannerism , old pattern / 老样式 / 똑같은 방식

1666 | 破たん　collapse, failure / 破产 / 파탄　～する go under / 破产 / 파탄하다, 깨다

■ A社は、事業を拡大しすぎた結果、経営が破綻した。

▶ The result of Company A expanding its business too much was that business collapsed.

▶ 由于A公司过大地扩大规模，结果破产了。

▶ A 사는 사업을 너무 확대한 결과, 경영이 파탄했다.

1667 | パック　carton, package / 盒装 / 팩

■ 牛乳は、1リットル入りのパックが一番売れています。

▶ Milk sold in one liter cartons have the most sales.

▶ 1升盒装的牛奶最畅销。

▶ 우유는 1리터들이 팩이 가장 잘 팔리고 있습니다.

■ 今回は親と一緒なので、楽で安心なパックツアーにしようと思う。

▶ This time I am going with my parents, so I think I'll go with an easy worry-free package tour.

▶ 这次因为是与父母同行，所以想参加轻松、可靠的全套服务式的旅行团。

▶ 이번에는 부모님과 함께여서 편하고 안심할 수 있는 패키지 투어로 하려고 한다.

1668 | バックアップ㋩ backup / 复制，做备份 / 백업　~する back up / 复制，做备份 / 백업하다

■ データのバックアップを必ずとってください。

▶ Please be sure to make backup of the data.

▶ 资料务必要做备份。

▶ 데이터 백업을 꼭 하세요.

1669 | 発言　remark, statement / 发言 / 발언　~する make a remark, make a statement / 发言 / 발언하다

■ 記者会見でのA社社長の発言に対し、多くの批判が寄せられた。

▶ A lot of criticism greeted the president of Company A's remarks at the press conference.

▶ 对于A公司社长在记者招待会上的发言有很多批评意见。

▶ 기자회견에서의 A사 사장의 발언에 대해 많은 비판이 밀려들었다.

■ 当掲示板は、誰でも自由に発言できる場ですが、他人への誹謗・中傷は、固くお断りします。

▶ This bulltin board is a place where anyone can freely express themselves, but disparaging and harmful comments to others is strictly prohibited.

▶ 本论坛谁都可以自由发言，但是不允许诽谤中伤他人。

▶ 당 게시판은 누구나 자유롭게 발언할 수 있는 곳이지만, 타인에 대한 비방・중상은 강력히 사절합니다.

参 発言力、発言権

1670 | 発行　issue, publication / 发行 / 발행　~する issue, publish / 发行 / 발행하다

■ A社は、インテリアの専門誌を発行している出版社です。

▶ Company A is the publisher that puts out an interior decoration speciality magazine.

▶ A公司是一家专门发行内部装饰杂志的出版社。

▶ A사는 인테리어 전문지를 발행하는 출판사입니다.

■ 会員には、IDとパスワードが発行される。

▶ We issue IDs and passwords to the members.

▶ 对会员发行ID和密码。

▶ 회원에게는 ID와 패스워드가 발행된다.

参（証明書・ビザ・株式）を発行する、発行部数

1671 | 発信(はっしん) transmission, broadcast / 传播 / 발신 ～する transmit, broadcast / 传播 / 발신하다

■ さくらチャンネルでは、スポーツに関(かん)するさまざまな情報(じょうほう)を発信しています。

▶ Sakura Channel broadcasts all sorts of information pertaining to sports.

▶ 樱花频道播出有关体育的各种信息。

▶ 사쿠라 채널에서는 스포츠에 관한 다양한 정보를 발신하고 있습니다.

1672 | 発想(はっそう) mindset, idea / 构想，设想 / 발상 ～する have an idea / 构想，设想 / 발상하다

■ 日々(ひび)の営業(えいぎょう)にも、新(あたら)しい発想と工夫(くふう)が必要(ひつよう)だ。

▶ You need to have new ideas and methods even in everyday sales.

▶ 日常营业也需要新的构想和努力。

▶ 매일 하는 영업에도 새로운 발상과 고안이 필요하다.

1673 | 発注(はっちゅう) order / 提出订货 / 발주 ～する order / 提出订货 / 발주하다

■ 工事(こうじ)は、さくら建設(けんせつ)に発注しました。

▶ Sakura Construction got the order for the job.

▶ 工程委托给了樱花建设公司。

▶ 공사는 사쿠라 건설에 발주했습니다.

■ 証券会社(しょうけんかいしゃ)の担当者(たんとうしゃ)による誤(ご)発注が原因(げんいん)で、市場(しじょう)が混乱(こんらん)した。

▶ A trader at the securities company made some mistaken orders, which threw the market into confusion.

▶ 由于证券公司负责人错误的提出订货，结果导致了市场的混乱。

▶ 증권회사 담당자에 의한 오발주가 원인으로 시장이 혼란스러워졌다.

参 部品を発注する、発注書、発注ミス

1674 | バッティング having a scheduling conflict / 冲突 / 배팅，타격 ～する have a scheduling conflict / 冲突 / 배팅하다

■ 明日(あした)のミーティング、A社(しゃ)との打(う)ち合(あ)わせとバッティングしちゃったんだけど、時間変更(じかんへんこう)できないかなあ。

▶ About tomorrow's meeting, it conflicts with a meeting with Company A, so I was wondering if the time can't be changed?

▶ 明天的会议和A公司的洽商冲突了，能否换个时间?

▶ 내일 미팅은 A사와의 협의와 배팅해 버렸는데，시간 변경 안 될까?

1675 | 抜擢(ばってき) selection / 起用 / 발탁 ～する select / 起用 / 발탁하다

■ 今度(こんど)のプロジェクトのメンバーには、なるべく若(わか)い人(ひと)を抜擢したいと思(おも)っています。

▶ I want to select young people as much as possible for the members of this project.

▶ 这次项目的成员，我想尽量起用年轻的人。

▶ 이번 프로젝트 멤버로는 되도록이면 젊은 사람을 발탁하고 싶습니다.

1676 | 発展（はってん） development / 发展 / 발전 ～する develope / 发展 / 발전하다

■ 中国経済（ちゅうごくけいざい）は順調（じゅんちょう）に発展を続（つづ）けている。

▶ The Chinese economy continues to develop apace.

▶ 中国经济持续稳定发展。

▶ 중국경제는 순조롭게 발전을 계속하고 있다.

■ A社（しゃ）のバイオ関連事業（かんれんじぎょう）を発展させるためには、優秀（ゆうしゅう）な技術者（ぎじゅつしゃ）の確保（かくほ）が最大（さいだい）の課題（かだい）となる。

▶ The biggest issue Company A faces if it wants to grow its bio-related business is finding well-qualified technical people.

▶ 要发展A公司和生物技术有关的事业，如何确保优秀的技术人员已经成了最大的课题。

▶ A 사의 바이오 관련 사업을 발전시키기 위해서는 우수한 기술자 확보가 최대의 과제가 된다.

㊂ 街の発展、会社の発展、発展途上国 developing country / 发展中国家 / 개발도상국

1677 | 発電（はつでん） generation of electricity / 发电 / 발전 ～する generate electricity / 发电 / 발전하다

■ うちの会社（かいしゃ）も停電（ていでん）に備（そな）えて、自家（じか）発電設備（せつび）が必要（ひつよう）だね。

▶ Our company needs its own generators, in case of a blackout.

▶ 为了应付停电，我们公司也有必要配备自己的发电设备吧。

▶ 우리 회사도 정전에 대비해 자가 발전 설비가 필요해.

■ 原子力（げんしりょく）発電所（しょ）の安全性（あんぜんせい）について、地元住民（じもとじゅうみん）を対象（たいしょう）に、説明会（せつめいかい）が開（ひら）かれた。

▶ They held a town meeting to explain to the people how safe nuclear generation plants are.

▶ 以当地居民为对象召开了一场说明会，会上对核发电厂的安全性进行了说明。

▶ 원자력발전소의 안전성에 대해, 그 지역 주민을 대상으로 설명회가 열렸다.

㊂ 原子力発電所、水力発電、火力発電、風力発電

1678 | 発売（はつばい） launch, release / 发售 / 발매 ～する launch, release, put on sale / 发售 / 발매하다

■ A-600は、来月（らいげつ）18日（にち）の発売予定（よてい）です。

▶ The A-600 is scheduled for launch on the 18th of next month.

▶ A-600预计下个月18号发售。

▶ A-600 은 다음 달 18 일 발매 예정입니다.

㊂ 発売日、新発売、発売元、発売中

1679 | 発表（はっぴょう） announcement, release / 发售 / 발표 ～する announce, release / 发售 / 발표하다

■ 今回（こんかい）A社（しゃ）が発表した新車（しんしゃ）は、9月（がつ）に発売（はつばい）される。

▶ The new car Company A announced will go on sale in September.

▶ A公司此次发布的新车将在9月份发售。

▶ 이번에 A 사가 발표한 신차는 9 월에 발매된다.

1680 | 歯止め(はどめ)　brake / 阻止 / 제동

■ 新(あたら)しい路線(ろせん)が開通(かいつう)したことにより、この地域(ちいき)の人口減少(じんこうげんしょう)に歯止めがかかった。

▶ The opening of the new railroad track has put a stop to the population decline in this region.

▶ 新线路的通车阻止了这个地域的人口减少。

▶ 새로운 노선이 개통된 것에 의해 이 지역의 인구 감소에 제동이 걸렸다.

参 歯止めが利かない

1681 | 話し合い(はなしあい)　conversation, dialogue, discussion, talk / 商谈，谈判 / 의논

■ 市(し)は、ごみ処理施設(しょりしせつ)の建設(けんせつ)にあたって、住民(じゅうみん)との話し合いの場(ば)を設(もう)け、理解(りかい)と協力(きょうりょく)を求(もと)めた。

▶ Concerning the waste disposal plant construction, the city set up a town meeting with the citizenry to discuss the issue, and obtain the citizens' understanding and cooperation.

▶ 在建设垃圾处理设施时，市政府开设了和居民交流的场所并争取了居民的理解和配合。

▶ 시는 쓰레기처리시설의 건설에 즈음해서，주민과의 교섭의 장을 마련하여 이해와 협력을 요청했다.

1682 | 話し合う(はなしあう)　have a discussion, confer / 商谈，谈判 / 서로 의논하다

■ 商品名(しょうひんめい)は、先週(せんしゅう)、全員(ぜんいん)で話し合って決(き)めました。

▶ We all got together last week, discussed names for the new product, and decided on one.

▶ 上个礼拜和全体人员磋商后确定了商品名称。

▶ 상품명은 지난 주 전원이 서로 의논해서 결정했습니다.

1683 | はねる　eliminate / 去除，淘汰 / 제거하다

■ 傷(きず)や汚(よご)れのあるものは、はねておいてください。

▶ Please eliminate the products that have cracks or dirt.

▶ 请将有损伤或有污垢的去除掉。

▶ 상처나 더러운 게 있는 물건은 제거해 주세요.

1684 | パフォーマンス　performance / 性能 / 퍼포먼스 (성능，효율，공연)

■ パソコンの場合(ばあい)、メモリー不足(ふそく)からパフォーマンスが落(お)ちることがよくあります。

▶ For personal computers, performance often falls from memory shortage.

▶ 电脑如果内存不足，有时会降低性能。

▶ 컴퓨터의 경우，메모리 부족으로 성능이 떨어지는 경우가 자주 있습니다.

参 コスト・パフォーマンス

1685 払い込み
payment / 缴纳，支付 / 납부

■ A社のネットショップは、コンビニで代金の払い込みができるので便利だ。

▶ Payments for purchases made on Company A's website can be made at convenience stores, which is very convenient.

▶ A公司的网上商店在便利店也可支付货款，所以十分方便。

▶ A 사의 인터넷쇼핑은 편의점에서 대금을 불입할 수 있어 편리하다.

1686 払い込む
pay, divvy up / 缴纳，支付 / 납부하다

■ 保険料を定期的に払い込む方法には、月払い、半年払い、年払いがあります。

▶ There are several ways to make periodic insurance payments: monthly, semi-annually, and annually.

▶ 定期缴纳保险费时，有每月支付、半年支付和年度支付三种方式。

▶ 보험료를 정기적으로 납부하는 방법에는, 매달, 반년, 일년 지불이 있습니다.

参 料金を払い込む

1687 払い戻し
refund, repayment / 退款，退回 / 환불

■ 欠航便が出た場合の払い戻し手続きは、空港カウンターで受け付けている。

▶ You should apply for refunds for cancelled flights at the airport ticket counter.

▶ 出现停班时的退款手续将在机场柜台办理。

▶ 결항편이 나온 경우의 환불 수속은 공항 카운터에서 접수하고 있다.

1688 払い戻す
refund, reimburse / 退款，退回 / 환불하다

■ 新幹線が運休したので、特急料金を払い戻してもらった。

▶ They cancelled a Shinkansen bullet train, so I got a refund of the high-speed express portion of my ticket.

▶ 由于新干线停开，所以让它们退还了特快费。

▶ 신칸센이 운행을 중단해서, 특급요금을 환불받았다.

1689 バラバラ
random, scattered / 散乱 / 제각각

■ 意見がバラバラで、全然まとまらない。

▶ The opinions are scattered and we cannot reach a consensus.

▶ 意见互不相同，全然不统一。

▶ 의견이 제각각이어서 전혀 정리되지 않는다.

1690 パレット
pallet / 货架 / 팔레트

■ 商品は、パレットに載せて倉庫に積んである。

▶ The products are palletized and stored in the warehouse.

▶ 产品放在货架上存放在了仓库。

▶ 상품은 팔레트에 실려서 창고에 쌓여 있다.

1691 | 版（はん） edition / 版本 / 판

■ この地図（ちず）は、新（あたら）しい版になって、だいぶ見（み）やすくなった。

▶ The new edition of this map is much easier to read.

▶ 地图改为新版后变得容易看了。

▶ 이 지도는 신판이 돼서, 꽤 보기 쉬워졌다.

■ ビジネスホテルガイドの全国版（ぜんこくばん）を持（も）っていると、出張（しゅっちょう）の準備（じゅんび）のとき、便利（べんり）だ。

▶ If you have a copy of the nationwide edition of the Business Hotel Guidebook, preparing for business trips is a cinch.

▶ 拥有一张全国版的商务酒店指南的话，在准备出差时极为方便。

▶ 비즈니스호텔 가이드의 전국판을 가지고 있으면, 출장 준비할 때 편리하다.

参 スペイン語版、改訂版、新版、旧版、海賊版

1692 | 反映（はんえい） refelction / 反映 / 반영 ～する reflect / 反映 / 반영하다

■ 弊社（へいしゃ）では常（つね）に、お客様（きゃくさま）の声（こえ）を反映したサービスの提供（ていきょう）に努（つと）めております。

▶ We always attempt to provide services that reflect the voices of our customers.

▶ 敝公司一直致力于提供能够反映客户呼声的服务。

▶ 폐사에서는 항상 손님의 목소리를 반영한 서비스 제공에 노력하고 있습니다.

■ 10月5日付（がついつかづけ）の見積（みつ）もり書（しょ）には、仕様変更（しようへんこう）は反映されていません。

▶ Your estimate of October 5 does not reflect the change in specifications.

▶ 10月5日的估价单上并没有反映出方法上的更改。

▶ 10 월 5 일부 견적서에는 사양변경은 반영되어 있지 않습니다.

1693 | 半額（はんがく） half price, 50% discount / 半价 / 반액

■ キャンペーン期間中（きかんちゅう）は、DVDのレンタル料（りょう）が半額になります。

▶ While the campaign lasts, DVD rentals will be half price.

▶ 活动期间DVD的租借费减半。

▶ 캠페인 기간 중에는 DVD 렌탈료가 반액이 됩니다.

1694 | 半金（はんきん） half the amount / 一半货款 / 반액

■ 契約時（けいやくじ）に半金、納品後（のうひんご）に残（のこ）りの半金をお支払（しはら）いください。

▶ Please pay half the price on signing the contract and the other half on delivery.

▶ 签合同时请支付一半，交货后请支付另一半货款。

▶ 계약시 반액, 납품 후 남은 반액을 지불해 주십시오.

1695 | 半券（はんけん） ticket stub / 另一半票 / 반쪽

■ 再入場（さいにゅうじょう）の際（さい）は、チケットの半券をご提示（ていじ）ください。

▶ If you are going back into the theater, please show your ticket stub.

▶ 再次入场时请出示票的另一半。

▶ 재입장 시에는 티켓의 반쪽을 제시해 주세요.

1696 | 番号（ばんごう） number / 号码，编号 / 번호

■ 開場時間（かいじょうじかん）になりましたら、受付番号順（うけつけばんごうじゅん）にお入（はい）りください。

▶ When the gate opens, please enter in order of your registration number.

▶ 到入场时间请按受理编号人内。

▶ 개장시간이 되면 접수번호순으로 입장해 주세요.

参 郵便番号、内線番号、通し番号、番号札

1697 | 版下（はんした） camera-ready master, mechanical / 誊清的版本 / 제판원고

■ 広告原稿（こうこくげんこう）は、そのまま印刷（いんさつ）できる完全（かんぜん）版下でお願（ねが）いします。

▶ Advertisements must be turned in as complete mechanicals, ready to print.

▶ 广告稿子请完成到能原样直接印刷的程度。

▶ 광고원고는 그대로 인쇄할 수 있는 완전 제판원고로 부탁드립니다.

1698 | 搬出（はんしゅつ） carrying out / 搬出 / 반출 ～する carry out / 搬出 / 반출하다

■ フェア終了後（しゅうりょうご）、展示品（てんじひん）の搬出は、会場奥（かいじょうおく）の北（きた）ゲートから行（おこな）います。

▶ After the fair, displayed items should be removed and taken out through the north gate at the rear of the venue.

▶ 展示会结束搬出展品时请从会场里面的北门走。

▶ 전시회 종료 후 전시품의 반출은 회장 안쪽의 북쪽 게이트에서 행해집니다.

1699 | 板書（ばんしょ） writing on a blackboard / 板书 / 칠판에 씀 ～する write on a chalkboard / 板书 / 칠판에 쓰다

■ 部長（ぶちょう）はキーワードを板書して、新（しん）プロジェクトについて説明（せつめい）した。

▶ The manager wrote the key word on the blackboard and then explained the new project.

▶ 部长板书了关键词并对新项目作了说明。

▶ 부장은 키워드를 칠판에 쓰고 새 프로젝트에 대해 설명했다.

1700 | 万全（ばんぜん） fully prepared, thorough / 万全 / 만전

■ 展示会場（てんじかいじょう）のセキュリティー対策（たいさく）は、万全ですか。

▶ Does the venue have thorough security arrangements?

▶ 展示会场的安全对策是否很充分了？

▶ 전시회장의 보안 대책은 만전을 기했습니까?

■ ウィルスに対（たい）しては、最新（さいしん）のソフトで備（そな）えを万全にしておかなければならない。

▶ You always have to use the latest anti-virus software to take care of computer viruses.

▶ 对于病毒要用最新的软件以求万全。

▶ 바이러스에 대해서는 최신 소프트웨어로 대비에 만전을 기해두지 않으면 안 된다.

参 万全を期す

1701 | 販促(はんそく)㊕(販売促進(はんばいそくしん)) sales promotion / 促进销售 / 판촉

■ Aシリーズは、まだまだ売(う)れるはずなので、今後(こんご)もっと販促に力(ちから)を入(い)れるつもりです。

▶ Series A should still sell well, so we plan to put a lot more effort into its sales promotion.

▶ A系列应该还卖得动，所以今后计划在促销上下功夫。

▶ A 시리즈는 아직 잘 팔릴테니 앞으로 좀더 판촉에 힘을 쏟을 생각입니다.

■ 販促に使(つか)える経費(けいひ)は限(かぎ)られているので、効果的(こうかてき)な宣伝(せんでん)、広告(こうこく)を考(かんが)えなければならない。

▶ The budget for sales promotion is limited, so we must come up with doubly effective advertising and publicity.

▶ 能用于促销的经费有限，所以必须考虑有效的宣传和广告。

▶ 판촉에 쓸 수 있는 경비는 한정되어 있기 때문에, 효과적인 선전, 광고를 생각해야 한다.

㊫ 販促ツール、販促会議、販促イベント、販促スタッフ

1702 | ハンドアウト handout / 手册 / 핸드아웃

■ 明日(あす)のプレゼンのハンドアウトは、人数分用意(にんずうぶんようい)できましたか。

▶ Do you have enough of the pamphlets we're going to hand out tomorrow for everyone?

▶ 明天演示会的手册已按人数准备好了吗?

▶ 내일 PT 의 핸드아웃은 인원수 만큼 준비했습니까?

■ お手元(てもと)のハンドアウトをご覧(らん)ください。

▶ Please look at the handouts that were given to you earlier.

▶ 请看您手头的手册。

▶ 가지고 계신 핸드아웃을 봐 주세요.

1703 | 搬入(はんにゅう) carry in, installation / 搬入 / 반입 ～する carry in / 搬入 / 반입한다

■ 会場(かいじょう)への搬入には、業務用(ぎょうむよう)のエレベーターを使(つか)います。

▶ Use the freight elevator to carry things into the venue.

▶ 搬入会场时请使用业务专用电梯。

▶ 회장으로의 반입에는 업무용 엘리베이터를 사용합니다.

㊫ 機材を搬入する、荷物を搬入する

1704 | 半端(はんぱ) halfway / 零头, 模糊 / 어정쩜함, 끄트러기 ～な odd / 零星(不彻底)的 / 어정쩜함

■ 20個(こ)ずつケースに入(い)れて、半端が出(で)たら、棚(たな)に戻(もど)してください。

▶ Put 20 pieces per case, and if it doesn't all fit, return it to the shelf.

▶ 每个箱子放入20个，如果出现零头，就放回到架子。

▶ 20 개씩 케이스에 넣고 끄트러기가 나오면 선반에 다시 놓아 주세요.

■ この件に関して上層部は、賛成でも反対でもなく、中途半端な態度を取り続けている。

▶ Regarding this issue, upper management has taken a halfway stance not agreeing but not disagreeing.

▶ 对于这件事，管理层既不赞成也不反对，一直持模糊的态度。

▶ 이 건에 관해서 상부는 찬성도 반대도 아닌, 애매한 태도를 계속 취하고 있다.

参 半端な数

1705 | 販売 sales / 销售 / 판매 ～する sell / 销售 / 판매한다

■「シルクロード」は、輸入雑貨を販売している店です。

▶ Silk Road is a shop that sells imported goods.

▶ "丝绸之路"是一家销售进口日用品的商店。

▶「실크로드」는 수입잡화를 판매하고 있는 가게입니다.

■ 当店では、未成年者への酒類の販売は行っておりません。

▶ Our store does not sell alcoholic beverages to minors.

▶ 我们店没有向未成年人出售酒类商品。

▶ 저희 가게에서는 미성년자에게 주류판매는 단단히 하지 않고 있습니다.

参 通信販売、自動販売機、販売店、販売網

1706 | 頒布 distribute / 颁布 / 배포, 반포 ～する distribute / 分发 / 반포한다

■ 会場で、試聴用のCDが頒布される予定です。

▶ We plan on distributing trial CDs at the venue.

▶ 会场将免费分发试听用的CD。

▶ 회장에서 시청용 CD가 배포될 예정입니다.

■「日本のワイン頒布会」では、年6回、産地からご家庭に、おいしいワインをお届けします。

▶ The Japan Wine Distribution Association offers to deliver delicious wine to your door six times per year.

▶ "日本红酒分发会"1年6次由产地向个人家庭分发美味的葡萄酒。

▶「일본의 와인 반포회」에서는 연 6회, 산지에서 가정으로 맛있는 와인을 보내드립니다.

参 頒布権、頒布価格

1707 | パンフレット pamphlet, flyer / 宣传册 / 팸플릿

■ 見た人が、商品を実際に見てみたい、欲しいと思うようなパンフレットを作ることが必要だ。

▶ We need to create pamphlets that make people who look at them want to see the product and buy it.

▶ 宣传册制作得要让看了的人想看实物或者想买。

▶ 본 사람이, 상품을 실제로 보고 싶다, 가지고 싶다고 생각할만한 팸플릿을 만드는 것이 필요하다.

■ 製品の仕様・サイズなどは、パンフレットに記載されています。

▶ Product specifications, size, etc., can be found in the pamphlet.

▶ 产品的说明、尺寸等都在宣传册上有记载。

▶ 제품의 사양・사이즈 등은 팸플릿에 기재되어 있습니다.

1708 | 凡例（はんれい） introductory marks, explanatory notes / 范例 / 범례, 일러두기

■ この辞書（じしょ）は、凡例がわかりやすいので、とても使（つか）いやすい。

▶ The explanatory notes in this dictionary are easy to understand, making it very easy to use.

▶ 这个词典，因为范例易懂，非常好用。

▶ 이 사전은 일러두기가 알기 쉬우므로 매우 사용하기 편리하다.

1709 | 販路（はんろ） distribution channel, sales route / 销路 / 판로

■ 新製品（しんせいひん）の販路を開拓（かいたく）するため、展示会（てんじかい）を開催（かいさい）することにした。

▶ We decided to hold exhibitions and sales negotiations in order to open up distribution channels for our new product.

▶ 为开拓新产品销路，我们决定召开展览会。

▶ 신제품의 판로를 개척하기 위해, 전시회를 개최하기로 했다.

参 販路を広げる、販路の拡大

1710 | ～比（ひ） compare with / ～比 / ～비

■ 今年度（こんねんど）の売上（うりあげ）は、対前年（たいぜんねん）比15パーセントの伸（の）びです。

▶ Revenue has grown 15% this fiscal year against last.

▶ 本年度的销售额，比前一年增长15%。

▶ 금년도의 매상은 전년 대비 15%가 신장했습니다.

参 前年同月比

1711 | ひいき favor, partiality / 关照，偏爱 / 특히 돌봐줌, 호의적　～する show partiality / 喜欢 / 특히 돌봐주다, 호의적이다

■ さくら広告（こうこく）さんには、いつもひいきにしていただいております。

▶ Sakura Advertising always treats us well.

▶ 一直受樱花广告的关照。

▶ 사쿠라 광고사는 언제나 편의를 봐 주고 계십니다.

■ A社社長（しゃしゃちょう）のグリーンさんは大（だい）の日本（にほん）びいきらしい。

▶ Mr. Green, president at Company A, is very partial to Japan apparently.

▶ A公司社长格林先生是个很喜欢日本的人。

▶ A사 사장 그린 씨는 일본에 매우 호의적인 것 같다.

1712 | BGM（ビージーエム） background music / 背景音乐 / BGM (배경음악)

■ 店内（てんない）を落（お）ち着（つ）いた雰囲気（ふんいき）にしたいので、BGMはクラシックがいいね。

▶ I want to create a relaxing atmosphere in the store, so I chose classical music as the background music.

▶ 因为想要营造舒适的店内气氛，所以背景音乐最好用古典音乐。

▶ 점내를 차분한 분위기로 하고 싶으니까, BGM은 클래식이 좋겠다.

1713 | 控え　alternative, copy, memo / 副本 / 사본，예비

■ 山田さん、この契約書の控えを２部とって、原本を総務に渡してください。

▶ Mr. Yamada, take two copies of this contract and give the original to the general administration department.

▶ 山田，你把这份合同留两个副本，然后和原件交给总务。

▶ 야마다 씨，이 계약서의 사본을 2장 떠서，원본을 총무에게 건네주세요.

■ うちの控えは、請求先ごとに分けてファイルに入れてあります。

▶ Our invoice copies are separated and filed by client.

▶ 我们公司的副本按索取人分别放人不同的文件夹中。

▶ 우리쪽 사본은 청구처별로 분류해서 파일에 넣어져 있습니다.

■ 控えの選手も、レギュラーの選手に混じって練習した。

▶ The reserve athletes joined with the regulars for practice.

▶ 替补选手和正式选手混在一起训练。

▶ 예비 선수도 정규 선수에 섞여 연습했다.

参 伝票の控え　copy of slip / 发票存根 / 여분의 전표

1714 | 控える　hold back, show restraint / 控制，留副本 / 메모하다, 기다리다, 줄이다

■ 電話番号を控えておくのを忘れた。

▶ Don't forget to take down the telephone number.

▶ 忘记了保留电话号码副本。

▶ 전화번호를 메모해 두는 것을 잊었다.

■ 明日のプレゼンを控えて、彼は少し緊張しているようだ。

▶ The game is tomorrrow so he's a bit tense.

▶ 明天要发表了，他似乎有些紧张。

▶ 내일 프리젠테이션을 기다리며，그는 조금 긴장한 듯 하다.

参 手帳に控える、アルコールを控える、公表を控える、控え室

1715 | 比較的　comparatively, relatively / 比较 / 비교적

■ 今回の出張は、比較的楽な日程だ。

▶ This time the business trip schedule was comparatively easy.

▶ 此次出差日期比较轻松。

▶ 이번 출장은 비교적 편한 일정이다.

1716 | 引き合い　inquiry, trade inquiry / 例子 / 문의，예로 인용함

■ 近所で評判の富士屋の洋菓子は、大手のデパートからも引き合いがあるそうだ。

▶ Do you know those delicious cookies they make over at Fujiya? Apparently they had an inquiry about them from a big department store.

▶ 听说附近评价不错的富士屋连大型百货店都从这购买西式点心。

▶ 근처에서 평판이 나있는 후지야의 양과자는 대규모 백화점에서도 문의가 있다고 한다.

■「他の店より安い」などと、他店を引き合いに出して、安さをアピールする量販店が多い。

▶ "We're cheaper than everybody else," say the big discounters as they compare themselves with other outlets and emphasize their low prices.

▶ 有很多量贩店都宣称"我们比其他任何商店都便宜"并通过这种以其他店铺为例的方式宣称自己的价格便宜。

▶「다른 어떤 가게보다 싸다」같이，다른 가게를 예로 들어 저렴함을 어필하는 대량 판매점이 많다.

1717 | 引き上げ　raise / 提高 / 인상

■今年は、多くの会社で新入社員の初任給の引き上げが行われた。

▶ This year, many companies raised the initial salaries of new employees.

▶ 今年，许多公司都提高了新职员的第一个月工资。

▶ 올해는 많은 회사에서 신입사원의 초봉의 인상이 실시되었다.

1718 | 引き上げる　raise / 提升 / 인상하다

■消費税率を引き上げる法案が、国会に提出された。

▶ A bill was submitted to the diet that would raise the consumption tax rate.

▶ 提升消费税率的法案被提交给国会。

▶ 소비세율을 인상하는 법안이 국회에 제출되었다.

1719 | 引き受ける　take it on, assume, take care of / 承担/ 맡다，인수하다

■プレゼン用の資料作成を、彼女が引き受けてくれて助かった。

▶ She said she'd take care of preparing the material for the presentation, which was a relief.

▶ 她替我作演示会用的资料，这可帮了我大忙了。

▶ PT 용의 자료작성을 그녀가 맡아줘서 수월했다.

■取引先の新株の一部を、引き受けることになった。

▶ We've agreed to take some of our client's new stock issue.

▶ 我们认购了客户的部分新股票。

▶ 거래처의 신주식 일부를 인수하게 되었다.

1720 | 引き下げ　reduction, cut / 降低 / 인하

■政府は、企業活動活性化のため、法人税率の引き下げを検討している。

▶ The government is considering lowering corporate taxes in order to reinvigorate business activity.

▶ 政府为搞活企业，正在讨论降低法人税率的问题。

▶ 정부는 기업활동 활성화를 위해 법인세율의 인하를 검토하고 있다.

1721 | 引き下げる　lower, reduce / 降低 / 인하하다

■さくら銀行は、普通預金金利を引き下げると発表した。

▶ Sakura Bank announced it lower the interest rate on savings accounts.

▶ 樱花银行，宣布降低活期存款利息的事。

▶ 사쿠라 은행은 보통예금 금리를 인하한다고 발표했다.

1722 | 引き締め　tightening / 紧缩 / 긴장시킴, 긴축

■ 日銀は、物価や通貨価値の安定のため、また景気対策の一環として、金融の引き締めと緩和を行う。

▶ The Bank of Japan tightens and eases finance for the stabilization of prices and currency, and as a part of market measures.

▶ 日本银行为了物价和通货稳定，另外作为经济对策的一环进行金融的紧缩和调节。

▶ 일본은행은 물가나 통화가치 안정을 위해 또는, 경기 대책의 일환으로서 금융긴축, 금융완화를 실시한다.

1723 | 引き締める　tighten, brace / 紧张，振作 / 다잡다, 긴장시키다

■ 明日から新しいプロジェクトが始まる。気を引き締めて頑張ろう。

▶ Tomorrow a new project will begin. Prepare yourselves, and let's do our best.

▶ 明天起开始新项目，让我们鼓足干劲儿加油吧。

▶ 내일부터 새로운 프로젝트가 시작된다. 마음을 다잡고 열심히 해야지.

1724 | 引き立てる　flatter, give a boost to / 照顾，突出 / 격려하다, 돋보이게 하다

■ 毎度お引き立て有難うございます。

▶ Thanks for your generous praise.

▶ 多谢您多次关照。

▶ 매번 격려해 주셔서 감사합니다.

■ パンフのバック、もっと真ん中の商品を引き立てる色にしたいな。

▶ Let's make the color on the back of the pamphlet one that makes the center product stand out more.

▶ 希望把宣传册的背景色设定为更能烘托出正中间商品的颜色。

▶ 팸플릿의 배경색을 중앙의 상품을 좀더 돋보이게 하는 색으로 하고 싶어.

[参] 素材を引き立てる

1725 | 引き継ぎ　handover, take over / 交接 / 인계

■ 来月1日に異動だから、あと3週間で業務の引き継ぎをしなければならない。

▶ Your transfer is effective on the first of next month so you have only three weeks to complete the handover (to your replacement).

▶ 下个月1号就要调动，接下来的3个礼拜必须进行工作业务上的转接。

▶ 다음 달 1일 이동이라 남은 3주일 동안 업무 인계를 해야 한다.

1726 | 引き継ぐ assume, take over / 交接，继承 / 계승하다

■ 伝統技術を次世代に引き継ぐためには、公的な支援も必要だ。

▶ We need some public support if we are to make sure the technology we've maintained all these years is handed over to the next generation.

▶ 为把传统技术传承给下一代，需要官方支持。

▶ 전통기술을 차세대에 계승하기 위해서는 공적인 지원도 필요하다.

参 後任に引き継ぐ

1727 | 秘書 secretary / 秘书 / 비서

1728 | 日付 date / 日期 / 날짜

■ 契約書の日付は、何日にしましょうか。

▶ What date shall we make the official contract date?

▶ 合同签约日期写哪一天呢?

▶ 계약서 날짜는 며칠로 할까요?

1729 | 必須 must, indispensableness / 必须 / 필수

■ 今回の技術者採用では、システム開発の経験を必須条件としている。

▶ The technical person they are looking for must have experience in system development.

▶ 在此次技术人员录用中，有系统开发经验是一个必须条件。

▶ 이번 기술자 채용에서는 시스템 개발 경험을 필수조건으로 하고 있다.

■ 海外営業の業務では、英語力が必須です。

▶ Fluency in English is a must to be able to work in sales overseas.

▶ 从事海外经营业务必须会英语。

▶ 해외영업 업무에서는 영어능력이 필수입니다.

1730 | ヒット hit / 畅销，命中 / 히트

■ この商品は間違いなくヒットする。

▶ Make no mistake, this product will be a hit.

▶ 该产品肯定会畅销的。

▶ 이 상품은 틀림없이 히트한다.

■ 検索したら、10,000件以上ヒットした。

▶ I looked, and (the site) had more than 10,000 hits.

▶ 一检索，结果找到了1万多符合条件的结果。

▶ 검색하니 10,000 건 이상이 조회되었다.

参 ヒット商品、ヒット作、大ヒット

1731 | 逼迫（ひっ迫） tight, hard / 困窘，窘迫 / 핍박 **~する** get stringent / 告急 / 핍박하다

■ 年金財政は逼迫しており、一刻も早い対応が必要だ。

▶ Financing the pension system is has become difficult and it is necessary to respond immediately to the situation.

▶ 养老金困窘，解决刻不容缓。

▶ 연금재정은 핍박해서，한시라도 빠른 대응이 필요하다.

1732 | 否定 denial / 否定 / 부정 ～する deny / 否定 / 부정하다

■ A社社長は記者会見で、B社との合併を否定した。

▶ At the press event, the president of Company A denied that there would be a merger with Company B.

▶ A公司社长在记者招待会上，否定了与B公司的合并。

▶ A 사 사장은 기자회견에서 B 사와의 합병을 부정했다.

■ 新人研修については、今のやり方を否定するわけではないけど、来年度は見直してもいいかもね。

▶ Regarding the new employee training, I don't mean to reject the current way of doing things, but next year, it might be good to review it.

▶ 新人的研修，并不是否定现在的做法，但下个年度可以重新探讨。

▶ 신입사원 연수에 관해서는 지금의 방식을 부정하는 것은 아니지만 내년도는 재점검해도 좋을 지도 몰라.

1733 | 人手 manpower, personnel / 人手，他人 / 일손, 남의 수중

■ 人手が足りなくて、残業続きだ。

▶ We don't have enough people, so overtime goes without saying.

▶ 由于人手不够只能持续加班。

▶ 일손이 부족해서 잔업의 연속이다.

1734 | 一通り ordinary, once over / 大致 / 대강

■ 今回の講座は、会計の基礎理論を一通り学んだ人を対象としている。

▶ This course is aimed at people who have been through the basic theory of accounting.

▶ 此次实践讲座所面向的对象是学过财务会计基础理论的人。

▶ 이번 실천강좌는 재무회계의 기초이론을 대강 공부한 사람을 대상으로 하고 있다.

参 一通り読む、一通り説明する

1735 | ビニール vinyl, plastic / 乙烯树脂 / 비닐

■ 付属のねじは、小さいビニール袋に入っています。

▶ Screws included can be found inside the small plastic bag.

▶ 附带的螺丝放在小塑料袋里。

▶ 부속 나사는 작은 비닐 봉지에 들어 있습니다.

1736 | 批判 criticism, flak / 批判 / 비판 ～する criticize / 批判 / 비판한다

■ 商品の欠陥が明らかになったA社のその後の対応に、利用者から批判が出ている。

▶ The way Company A handled the defective product situation caused some users to criticize them.

▶ 对于A公司发现产品缺陷后的应对策略，用户们批评如潮。

▶ 상품의 결함이 밝혀진 A 사의 사후대응에 이용자로부터 비판이 나오고 있다.

参 批判を受ける、批判的な意見

1737 備品（びひん） equipment, fixtures / 备品 / 비품

■ 文房具（ぶんぼうぐ）などの備品は、4階（かい）のキャビネットの中（なか）にあります。
▶ Stationery and writing equipment are in the cabinet on the fourth floor.
▶ 文具等备品在4楼的橱柜中。
▶ 문방구 등의 비품은 4층 캐비닛 안에 있습니다.

1738 費用（ひよう） expense / 费用 / 비용

■ このプリンターを修理（しゅうり）するのに、どれくらいの費用がかかりますか。
▶ In order to fix this printer, how much will it cost?
▶ 修理这个打印机，花费多少费用?
▶ 이 프린터를 수리하는 데 어느 정도의 비용이 듭니까?

1739 評価（ひょうか） assessment, evaluation / 评价 / 평가 ～する evaluate / 估价 / 평가한다

■ この表（ひょう）は、都内（とない）のホテルを5段階（だんかい）で評価したものです。
▶ This chart is a five-level evaluation of Tokyo hotels.
▶ 该表将都内宾馆分为5个等级来进行评价。
▶ 이 표는 도내 호텔을 5단계로 평가한 것입니다.

■ 上期（かみき）の好成績（こうせいせき）が評価され、営業部（えいぎょうぶ）が表彰（ひょうしょう）された。
▶ Good results of the first half led to the sales department receiving a commendation.
▶ 营业部上半期取得了好成绩所以受到了表彰。
▶ 상반기의 얻은 좋은 성적이 높게 평가되어 영업부가 표창받았다.

参 高く評価する、評価額、評価基準、評価が分かれる

1740 病欠（びょうけつ） absence due to illness / 病假 / 병결

■ 山田（やまだ）さんは今日（きょう）は病欠ですから、午後（ごご）の会議（かいぎ）は欠席（けっせき）です。
▶ Today, Mr. Yamada is sick, so he will be absent from this afternoon's meeting.
▶ 山田先生今天病假，下午的会议缺席。
▶ 야마다 씨는 오늘은 병결이니까 오후 회의는 결석입니다.

1741 表示（ひょうじ） denotation, indication / 表示，显示，出现 / 표시 ～する indicate / 表示 / 표시한다

■ この商品（しょうひん）は、袋（ふくろ）の裏（うら）に、使用期限（しようきげん）が表示されている。
▶ This product's use-by date is shown on the back of the package.
▶ 在包装袋的背面，注明了这一商品的使用期限。
▶ 이 상품은 봉투 뒤에 사용기한이 표시되어 있다.

■「はい」をクリックすると、商品注文用（しょうひんちゅうもんよう）の入力画面（にゅうりょくがめん）が表示されます。
▶ If you click YES, a screen with a form for ordering products appears.
▶ 点击“是”的话，商品订货用的输入画面就会显示出来。
▶「네」를 클릭하면 상품주문용 입력화면이 표시됩니다.

参 表示価格、成分表示、意思表示

1742 | 標準（ひょうじゅん） criterion, standard, norm, rule / 标准 / 표준

■ これらの機種には、ワードとエクセルが標準装備されています。
- ▶ These models come with WORD and EXCEL standard.
- ▶ 这些机型安装了标准配备word和excel。
- ▶ 이들 기종에는 워드와 엑셀이 표준 장비되어 있습니다.

■ 技術の進歩は早いもので、最新の技術も2～3年後には標準になっていく。
- ▶ Technology evolves so quickly; the newest technology of today will be the norm in two or three years.
- ▶ 技术进步的很快，现在最新的技术在2 3年后也会成为参照标准。
- ▶ 기술의 진보는 빨라서, 최신기술도 2~3년 후에는 표준이 되어 간다.

参 標準化、標準価格

1743 | ピリオド period / 句号 / 피리어드, 종지부

■ ここ数年、観客数が減り続け、富士映画館は、50年の歴史にピリオドを打った。
- ▶ In the past few years, the number of customers have declined, so Fuji Theaters has put a period on its 50-year history.
- ▶ 这几年，观众数持续减少，富士电影院，为其50年的历史划上了句号。
- ▶ 최근 수년, 관객수가 계속 줄어서 후지영화관은 50년의 역사에 종지부를 찍었다.

1744 | 便（びん） bus run, flight / 航班 / 편

■ 成田まで迎えに行くから、航空会社と便名を知らせてください。
- ▶ We'll go meet your flight at Narita, so let us know the airline name and the flight number.
- ▶ 我会去成田机场接你，告诉我航空公司和航班名称。
- ▶ 나리타까지 마중하러 가니까, 항공회사와 편명을 알려 주세요.

■ 荷物は昨日発送したので、今朝の便で届くはずです。
- ▶ We sent the goods yesterday, so they should arrive on today's truck.
- ▶ 昨天发的货，所以通过今天的航班肯定能够送达。
- ▶ 짐은 어제 발송했기 때문에, 오늘 아침 편으로 도착할 것입니다.

参 国内便、定期便、船便、バイク便

1745 | 品質（ひんしつ） quality, caliber / 质量，品质 / 품질

■ プロが相手の仕事だから、何よりも品質が問われる。
- ▶ You're doing this job for a professional, so quality will be first and foremost.
- ▶ 对方的工作是生产制造，所以最在意的是产品质量。
- ▶ 프로가 상대이기 때문에, 무엇보다도 품질이 중요하다.

■ A社の製品は高いけど、品質がいいので、長年愛用しています。
- ▶ Products from Company A are expensive but they are of such high quality that I can use them for years.
- ▶ A公司的产品比较贵，但质量很好，所以我多年一直喜欢使用。
- ▶ A사의 제품은 비싸지만 품질이 좋기 때문에 오랫동안 애용하고 있습니다.

参 品質管理、品質保証、高品質

1746 | 品目 list of articles / 品种 / 품목

■ A社からの見積書の一部に、品目と個数がずれているところがあった。

▶ On part of the price quote from Company A there was a mistake on the list of articles and the number.

▶ A公司部分的估价单品种和件数不一致。

▶ A 사에서 온 견적서의 일부에 품목과 개수가 맞지 않는 곳이 있었다.

1747 | 歩合 commission, override / 佣金 / 보수, 수수료

■ 固定給の20万円に、売上に応じて、歩合給が加わる。

▶ In addition to a base of 200,000 yen, you'll receive commission on sales.

▶ 保底工资20万日元，再加上根据销售额的佣金工资。

▶ 고정급인 20 만엔에 매출에 따른 능률급이 더해진다.

■ 不動産業界の優秀な営業マンは、歩合でかなりの高収入を得ている。

▶ Excellent real estate salesmen make a good salary on commissions alone.

▶ 不动产业的优秀营业员可通过佣金获得相当高的收入。

▶ 부동산업계의 우수한 영업맨은 수수료로 상당한 고수입을 얻고 있다.

参 歩合制

1748 | ファイル㊇ file / 文件 / 파일

■ ご依頼の資料を、添付ファイルでお送り致します。

▶ I'm sending the material you requested as an attachment to this e-mail.

▶ 您所要的资料我用附件给您发送。

▶ 의뢰하신 자료를 첨부파일로 보내 드리겠습니다.

参 ファイルを保存する、ファイルを作成する、画像ファイル、ファイルを開く

1749 | ビップ / ブイアイピー VIP (Very Important Person) / VIP / VIP, 귀빈

■ 来客リストの中で印を付けた人はVIP扱いなので、失礼がないように注意してください。

▶ If there is a mark next to the name on the guest list, that person is to be treated as a VIP. Please be careful not to show any impoliteness.

▶ 在来客名单中加上了记号的人要给予VIP对待，注意不要失礼。

▶ 승객 리스트 중에서 표시를 한 사람은 VIP 대우를 하니까 실례하지 않도록 주의하세요.

1750 | フィードバック feedback / 反馈 / 피드백 ~する feedback / 反馈 / 피드백한다

■ この間の企画書、今日中に部長からフィードバックがもらえると思うよ。

▶ I think I will be able to get the division manager's feedback on the recent proposal by today.

▶ 上次的计划书，我想今天就可以从部长那里得到反馈了。

▶ 지난 번 기획서, 오늘 중으로 부장님이 반응을 보일 거라고 생각해.

1751 | ブース booth / 展台 / 부스

■ 見本市にブースを出すことになりました。
▶ We're going to have a booth at the exhibition.
▶ 我们决定在展览会上设置展台。
▶ 견본시장에 부스를 내게 되었습니다.

■ 明日は朝からブースの設営だ。
▶ Tomorrow morning we start putting up the booth.
▶ 明天从早上准备摊位。
▶ 내일은 아침부터 부스 준비다.

参 ブースを出展する　run a boose / 展出隔板间 / 부스를 출전하다

1752 | 封入 enclosure / 装入 / 동봉　～する enclose / 装入 / 동봉하다

■ 宛名のシールを張ってから封入してください。
▶ Please put the address on all the envelopes first, then put this inside.
▶ 请在贴上收信人封条后再装入信件。
▶ 주소 실을 붙이고 나서 넣고 봉하는 것은 주세요.

参 チラシを封入する

1753 | フェア fair / 公平 / 공정함

■ 多数決で決めるのが一番フェアかもしれない。
▶ Deciding by majority vote is probably the most fair thing to do.
▶ 多数表决可能是最公平的。
▶ 다수결로 결정하는 것이 가장 공정할지도 모른다.

1754 | フォーマット format / 格式化 / 서식, 포맷　～する format / 格式化 / 포맷하다

■ フォーマットがあるので、それに書き込んでください。
▶ We have the format, so all you have to do is fill in the blanks.
▶ 有固定格式，往上填写就可以了。
▶ 서식이 있으니 거기에 기입해 주세요.

■ そのディスクはすでにフォーマットしてある。
▶ This disk is already formatted.
▶ 那个磁盘已经格式化了。
▶ 그 디스크는 이미 포맷되어 있다.

1755 | フォルダ(ー) パ folder / 文件夹 / 폴더

1756 | フォロー follow-up / 跟随，支持 / 도움, 지원　～する follow up / 跟随，支持 / 도와주다, 지원하다

■ お客様から製品に関する問い合わせがあったら、十分にフォローしておいてください。
▶ If there is an inquiry about a product from a customer, be sure to follow up well.
▶ 如有客户询问产品，请充分尊重对方。
▶ 고객으로부터 제품에 관한 문의가 있으면 잘 응대해 주세요.

■ 吉田さんは、私がミスをしたときによくフォローしてくれます。

▶ Yoshida-san followed up on me and corrected my mistakes.

▶ 在我犯错误的时候，吉田总是跟随我。

▶ 요시다 씨는 내가 실수를 했을 때 잘 도와줍니다.

1757 | フォント㋫ font / 字体 / 폰트

1758 | 負荷 strain / 负荷 / 떠맡음, 책임

■ この方法は、生産効率が高い反面、環境に対する負荷が大きい点が問題だ。

▶ This method is highly productive, but has the problem of creating a serious strain on the environment.

▶ 这种方法的生产效率高，但另一方面，存在着对环境负荷重的问题。

▶ 이 방법은 생산효율이 높은 반면, 환경에 대한 책임이 큰 점이 문제이다.

参 負荷がかかる burdensome / 增加负荷 / 책임이 걸리다

1759 | 部下 subordinate, staff / 部下 / 부하

■ 林課長は、よく部下を連れて、飲みに行く。

▶ Mr.Hayashi, a section chief, often takes the people who work in his section out for drinks.

▶ 林科长总带着部下去喝酒。

▶ 하야시과장은 자주 부하를 데리고 한잔하러 간다.

参 反 superior / 上司 / 상사　部下を育成する

1760 | 付加価値 value added / 附加值 / 부가가치

■ どうやって付加価値を高めるかが問題だ。

▶ The issue is how to increase the added value.

▶ 问题在于如何提高附加值。

▶ 어떻게 해서 부가가치를 높일지가 문제이다.

■ 高い技術力と独自のノウハウで、これからも付加価値の高い商品を提供していきたいと思います。

▶ We intend to use our high level of technology and proprietary know-how to continue to offer high value-added products.

▶ 希望今后在高端技术和独创技术方面能够提供高附加值的产品。

▶ 높은 기술력과 독자적인 노하우로, 앞으로도 부가가치가 높은 상품을 제공해 가고 싶습니다.

1761 | 不可欠 indispensable / 不可缺少 / 불가결　～な indispensable / 不可缺少的 / 불가결한

■ PCのスキルは、事務の仕事をするのに不可欠だ。

▶ PC skills are indispensable if you want to do office work.

▶ 计算机技术在从事事务工作时是不可缺少的。

▶ PC 스킬은 사무일을 하는 데에 불가결하다.

■ 彼女は、うちの部署に不可欠の存在なんです。

▶ She is indispensable to our department.

▶ 她在我们的公司是不可缺少的人才。

▶ 그녀는 우리 부서에 불가결한 존재입니다.

参 必要不可欠

1762 | 不可抗力（ふかこうりょく） irresistable force, unavoidable circumstance / 无法抗拒 / 불가항력

■ 電車（でんしゃ）の事故（じこ）など、不可抗力の場合（ばあい）は遅刻（ちこく）扱（あつか）いにはなりません。

▶ In the case of unavoidable circumstances such as train accidents, you will not be considered late.

▶ 电车事故等无法抗拒的情况下的迟到不作迟到处理。

▶ 전철 사고 등 불가항력의 경우는 지각으로 취급하지 않습니다.

1763 | 普及（ふきゅう） penetration / 普及 / 보급　~する penetrate, promulgate / 普及，推广 / 보급하다

■ 携帯電話（けいたいでんわ）が普及して、コミュニケーションの形態（けいたい）が変（か）わった。

▶ With the penetration of cell phones, the shape of communications has changed.

▶ 随着手机的普及，交流的形式也变了。

▶ 휴대전화가 보급되어, 커뮤니케이션의 형태가 바뀌었다.

■ 各国政府観光局（かっこくせいふかんこうきょく）は、さまざまなメディアを通（とお）して、自国文化（じこくぶんか）の普及に努（つと）めている。

▶ Many national tourist agencies are using various media to disseminate their cultural messages.

▶ 各国政府旅游局通过各种媒介努力推广本国的文化。

▶ 각국 정부관광국은 다양한 미디어를 통해 자국문화의 보급에 힘쓰고 있다.

1764 | 不況（ふきょう） depression, slump / 不景气 / 불황

■ 世界的（せかいてき）不況が続（つづ）く中（なか）、C国（こく）の経済成長（けいざいせいちょう）は目（め）を見張（みは）るものがある。

▶ In the continuing world depression, we can't help noticing the economic growth exhibited by Country C.

▶ 在世界经济持续低迷的情况下，C国的经济增长有点让人吃惊。

▶ 세계적 불황이 이어지는 가운데, C국의 경제성장에는 눈이 휘둥그레진다.

■ 不況のあおりで、昨年（さくねん）は大幅（おおはば）な減収（げんしゅう）となった。

▶ With the pressure of the depression, our income suffered a considerable decline.

▶ 受经济不景气的影响，去年收益大幅减少。

▶ 불황의 여파로 작년은 수익이 큰 폭으로 감소되었다.

1765 | 不具合（ふぐあい） inconvenience, problem / 异常 / 형편이나 상태가 좋지 않음

■ AP600については、途中（とちゅう）で動（うご）かなくなるなどの不具合が多数報告（たすうほうこく）されている。

▶ There have been many reports concerning the problems of AP600 such as it suddenly stops moving.

▶ 关于AP600，有许多报告反映使用中出现停止运转等异常。

▶ AP600에 대해서는 도중에 움직이지 않는 등의 많은 이상이 보고되고 있다.

参 不具合が生じる

1766 | 復唱（ふくしょう） repetition / 重复 / 복창 ～する repeae / 重复 / 복창하다

■ お電話番号（でんわばんごう）を、もう一度（いちど）復唱させていただきます。

▶ May I repeat the telephone number again?

▶ 我再说一次您的电话号码。

▶ 전화번호를 다시 한 번 말씀드리겠습니다.

1767 | 複数（ふくすう） plural / 复数 / 복수

■ 複数の会社（かいしゃ）に依頼（いらい）して、見積（みつも）りを取（と）っています。

▶ We're getting estimates from several companies.

▶ 请多家公司报价参考。

▶ 여러 회사에 의뢰하여 견적을 받고 있습니다.

1768 | 含（ふく）む include / 包含 / 포함하다

■ 資料（しりょう）には個人情報（こじんじょうほう）が含まれていますので、取（と）り扱（あつか）いにご注意（ちゅうい）ください。

▶ Private information is included in the materials so handle them with extreme care.

▶ 资料里有个人信息，所以要妥善保管。

▶ 자료에는 개인정보가 포함되어 있으니，취급에 주의해 주십시오.

参 消費税を含む、例外を含む

1769 | 含（ふく）める include, get in / 包含 / 포함시키다

■ 予約（よやく）の分（ぶん）を含めると、売上（うりあげ）は約（やく）800万円（まんえん）になります。

▶ If you include reservations, sales total 8 million yen.

▶ 含预订在内的话，总的销售额约为800万日元。

▶ 예약분을 포함시키면，매출은 약 800 만엔이 됩니다.

1770 | 福利厚生（ふくりこうせい） welfare or benefits program / 医疗福利 / 복리후생

■ A社（しゃ）は、保養施設（ほようしせつ）などの福利厚生が充実（じゅうじつ）している。

▶ Company A has a great benefits program including such things as recreation facilities.

▶ A公司的疗养设施等医疗福利充实。

▶ A 사는 요양 시설 등의 복리 후생이 잘 갖춰져 있다.

1771 | 不景気（ふけいき） depression, recession / 不景气 / 불경기，우울함 ～な recessional / 不景气的 / 불경기의，우울한

■ 不景気で給料（きゅうりょう）が全然（ぜんぜん）上（あ）がらない。

▶ In this recession, salaries don't go up at all.

▶ 由于经济不景气，所以工资一点都没涨。

▶ 불경기라 급여가 전혀 오르지 않는다.

■ 業界（ぎょうかい）の会合（かいごう）で、不景気な話（はなし）ばかり聞（き）かされたけど、何（なん）か景気（けいき）のいい話（はなし）はないの？

▶ At industry meetings, all you hear is talk about recession. Doesn't anyone have anything optimistic to say about the economy?

▶ 在业界集会上听到的都是经济不景气的话题，难道就没有一点经济情况好的事吗?

▶ 업계 회합에서 우울한 이야기만 들었는데，뭔가 신나는 이야기는 없어？

1772 | 負債（ふさい）　balance of debt, debt / 负债 / 부채

■ A社（しゃ）は、約（やく）15億円（おくえん）の負債を抱（かか）えている。

▶ Company A has 1.5 billion yen in debts.

▶ A公司现负债约15亿日元。

▶ A 사는 약 15 억엔의 부채를 떠안고 있다.

1773 | 不在（ふざい）　absent / 不在 / 부재

■ ご不在のため、荷物（にもつ）はいったん持（も）ち帰（かえ）りました。

▶ No one was there so I brought the packages back.

▶ 因为您不在家，所以货物我暂且带回来了。

▶ 부재 중이시라 짐은 일단 가지고 갔습니다.

■ 申（もう）し訳（わけ）ありませんが、出張（しゅっちょう）で明日（あした）から15日（にち）まで不在にいたします。

▶ I'm sorry, but I will be absent from tomorrow until the 15th, away on a business trip.

▶ 真对不起，由于出差，我从明天到15号都不在。

▶ 죄송하지만, 출장으로 내일부터 15 일까지 부재입니다.

1774 | 部材（ぶざい）　member (of framework), part / 材料 / 부재료

■ 部材が足（た）りないので、至急（しきゅう）送（おく）ってください。

▶ Please send the parts ASAP because we don't have enough.

▶ 因为材料不够了，请火速送过来。

▶ 부재료가 부족하오니 빨리 보내 주세요.

■ 部材の種類（しゅるい）が多（おお）いと、管理（かんり）も大変（たいへん）だ。

▶ If there are too many parts, it's difficult to control them all.

▶ 材料种类多的话，管理起来也很困难了。

▶ 부재료의 종류가 많으면 관리도 큰일이다.

1775 | 塞（ふさ）がる　in use, not available / 占用 / 닫히다, 차 있다

■ 会議室（かいぎしつ）が塞がっているので、ロビーで打（う）ち合（あ）わせしましょう。

▶ The conference rooms are full, so let's have our discussion in the lobby.

▶ 会议室全都占用了，我们就在大厅里谈谈吧。

▶ 회의실이 꽉 찼으니 로비에서 협의합시다.

■ 今（いま）、ちょっと手（て）が塞がっているから、後（あと）で手伝（てつだ）います。。

▶ I'm all tied up right now, so I'll help later.

▶ 对不起，现在正忙，过后我再帮你吧。

▶ 지금, 좀 짬이 나지 않으니 나중에 돕겠습니다.

参 両手が塞がっている

1776 | 節目（ふしめ）　turning point, juncture / 段落，关头 / 분기점

■ 創立（そうりつ）20周年（しゅうねん）という会社（かいしゃ）の節目に、記念パーティーを開（ひら）くことにした。

▶ Our company has reached its 20th anniversary so we are going to celebrate that turning point with a commemorative reception.

▶ 在公司创立20周年之际举办了一个纪念晚会。

▶ 창립 20 주년이라는 회사의 분기점을 기념하여, 기념파티를 열기로 했다.

参 人生の節目、節目の挨拶

1777 | 部署(ぶしょ)

department / 部署，部门 / 부서

■ 担当(たんとう)の部署にお回(まわ)しいたしますので、このままでお待(ま)ちください。

▶ Just a moment, I'll connect you with the department in charge.

▶ 我要去一下负责部门，请您在这稍等。

▶ 담당부서로 돌리겠으니 그대로 기다려 주세요.

■ 異動(いどう)で部署が変(か)わりました。

▶ There have been some transfers lately, so now I'm in another department.

▶ 因为调动，工作岗位变了。

▶ 이동으로 부서가 바뀌었습니다.

1778 | 不祥事(ふしょうじ)

scandal, misconduct / 问题事件，丑闻 / 불상사，비리

■ 金銭(きんせん)をめぐる不祥事の責任(せきにん)をとって、A社(しゃ)の田中社長(たなかしゃちょう)は辞任(じにん)した。

▶ Taking responsibility for the money scandal, President Tanaka of Company A resigned.

▶ A公司的田中社长对围绕着金钱的丑闻事件承担责任，从而辞职了。

▶ 금전을 둘러싼 비리의 책임을 지고 A사의 다나카 사장은 사임했다.

1779 | 不振(ふしん)

slump, stagnation / 萧条 / 부진

■ 冷夏(れいか)の影響(えいきょう)で、エアコンが販売(はんばい)不振に陥(おちい)っている。

▶ Due to the cool summer, air conditioner sales have fallen into a slump.

▶ 受冷夏的影响，空调销售十分萧条。

▶ 냉하의 영향으로 에어컨이 판매부진에 빠져 있다.

参 売上不振、業績不振

1780 | 不信(ふしん)

distrust / 不信任 / 불신

■ A社製品(しゃせいひん)の事故(じこ)が続(つづ)き、消費者(しょうひしゃ)はA社に対(たい)して不信を募(つの)らせている。

▶ Because Company A's products continue to have accidents, consumers have become distrustful of Company A.

▶ A公司产品事故不断，导致消费者对A公司丧失信任。

▶ A사 제품의 사고가 계속되어 소비자는 A사에 대해 불신을 더하고 있다.

1781 | 部数(ぶすう)

copies, distribution / 册数 / 부수

■ 今回(こんかい)のパンフ、こんな少ない部数で印刷所(いんさつしょ)に頼(たの)めるのかな。

▶ Can we ask the printer to do this pamphlet with so few copies?

▶ 这次的宣传册，量这么少，印刷厂会不会给印呢?

▶ 이번 팸플릿, 이렇게 적은 부수로 인쇄소에 부탁할 수 있어?

参 発行部数

1782 | 伏せる turn upside down, hide / 隐藏 / 덮다, 숨기다

■ ミスの事例報告をする場合、関係者の名前は伏せておいてください。

▶ If an example of a mistake is announced, please be sure to omit the names of the persons involved.

▶ 报告错误事例时，请隐藏有关人员的名字。

▶ 실수 사례 보고를 할 경우 관계자의 이름은 덮어 두세요.

1783 | 付箋㋑ tag, label / 签条，浮签 / 부전

1784 | 不足 shortage, lack / 不足，不够 / 부족　**~する** be short / 不足，不够 / 부족하다

■ その仕事、お引き受けしたいんですが、マンパワーが不足していて、今は無理です。

▶ I'd like to accept that job, but we're short on manpower, so right now it's not possible.

▶ 倒是想承办那个工作，不过现在人手不够，所以不行。

▶ 그 일, 맡고 싶습니다만, 인력이 부족해서 지금은 무리입니다.

■ 資金不足のため、建設計画が大幅に修正された。

▶ Due to a lack of funds, the construction plans were revised substantially.

▶ 由于资金不足，所以大幅度修改了建设计划。

▶ 자금 부족으로 건설 계획이 대폭 수정되었다.

㊟ 力不足、経験不足、睡眠不足

1785 | 付属 included; affiliated / 附属 / 부속

■ 付属のバッテリーは、10時間程度充電してからお使いください。

▶ The included battery should be charged for 10 hours before use.

▶ 配件电池请充电10个小时后再使用。

▶ 부속의 배터리는 10시간 정도 충전한 뒤에 사용해 주십시오.

■ 父は大学付属の研究所で働いています。

▶ My father works at a university affiliated research center.

▶ 父亲在大学附属研究所工作。

▶ 아버지는 대학 부속의 연구소에서 일하고 있습니다.

㊟ 付属品

1786 | 二つ折り folded twice / 折两折 / 반으로 접음

■ この書類、二つ折りにすれば、封筒に入るね。

▶ If you fold these documents twice, they'll fit in the envelope.

▶ 这个文件折两下就可以放到信封里了吧。

▶ 이 서류, 반으로 접으면 봉투에 들어갈 거야.

1787 | 負担（ふたん） burden / 负担 / 부담 ～する bear / 负担 / 부담하다

■ 返品の際の送料は、こちらで負担します。
▶ When returning an item, shipping costs will be borne by us.
▶ 退货时的邮费由我方负担。
▶ 반품시의 배송료는 이쪽에서 부담합니다.

■ この仕事はかなりの量があるので、一人でやるとなると負担が大き過ぎる。
▶ The volume of work for this job is considerable, so it's too much of a burden for one person.
▶ 该工作量太大，一个人干的话负担太重。
▶ 이 일은 꽤 양이 있어서, 혼자서 하게 되면 부담이 너무 크다.

参 負担増、金銭的な負担、精神的な負担、自己負担

1788 | 不注意（ふちゅうい） carelessness / 不慎，不注意 / 부주의 ～な careless / 不慎的 / 부주의; carelessly / 不慎，不注意 / 부주의한

■ その事故は、運転手の不注意によるものだった。
▶ That accident was caused by the driver's carelessness.
▶ 那个事故是由于司机不慎造成的。
▶ 그 사고는 운전자의 부주의에 의한 것이었다.

■ 今回は、私の不注意で、大変ご迷惑をおかけしました。
▶ My carelessnes, in this has caused you a great deal of trouble.
▶ 此次由于我的不慎给您添了很大麻烦。
▶ 이번에는 저의 부주의로 큰 폐를 끼쳤습니다.

1789 | 不調（ふちょう） failure / 不顺利，一时不振 / 상태가 나쁨 ～な in poor condition / 不顺利的，一时不振的 / 상태가 좋지 않은

■ これまで好調だったM23の売上が不調に転じたのは、対抗機種の出現が原因だ。
▶ The reason the sales of the M23, which had been in good shape, began to falter was the appearance of competing models.
▶ 迄今销售情况一直良好的M23之所以转为销售萎缩，主要是由于出现了竞争机型。
▶ 지금까지 호조였던 M23의 매상이 나빠지게 된 것은 대항 기종의 출현이 원인이다.

■ 今期の売り上げは、不調のまま終わりそうだ。
▶ The sales for this period appear as though they will end in poor condition.
▶ 本期销售似乎要以萎靡而告终。
▶ 이번 시기의 매상은 좋지 않은 채로 끝날 것 같다.

反 好調 Good condition / 顺利 / 호조

参 不調に陥る、体の不調を訴える、(交渉が) 不調に終わる

1790 | ブックエンド㋫ book end / 书挡 / 북엔드

1791 | 物件（ぶっけん） a thing, a property / 物品，东西 / 물건

■ 新築（しんちく）マンションでいい物件が出（で）たら、連絡（れんらく）をください。

▶ If you come across an apartment that is a new and good real estate property, please contact me.

▶ 如果新建公寓中有好的房源，请与我联络。

▶ 신축 아파트로 좋은 물건이 나오면 연락해 주세요.

参 物件情報、物件紹介

1792 | 物流（ぶつりゅう） distribution / 物流 / 물류

■ 横浜（よこはま）の物流センターでは、全（ぜん）商品（しょうひん）の集配業務（しゅうはいぎょうむ）を管理（かんり）しています。

▶ At the Yokohama distribution center we are managing the collection and delivery of all the products.

▶ 横滨物流中心负责全部产品的收集和递送业务的管理。

▶ 요코하마 물류센터에서는 모든 상품의 집배업무를 관리하고 있습니다.

■ これだけ取（と）り扱（あつか）いの量（りょう）が増（ふ）えると、物流のシステムを考（かんが）え直（なお）さなければならない。

▶ With this much increase in the volume we're handling, we'll have to rethink our distribution system.

▶ 所要办理的货物增加了这么多的话，不得不重新考虑物流系统。

▶ 이 정도로 취급하는 양이 늘면, 물류 시스템을 다시 생각해야 한다.

1793 | 不手際（ふてぎわ） mismanagement, clumsiness / 笨拙 / 서투름，실수

～な clumsy / 笨拙的 / 서투른

■ こちらの不手際でご迷惑（めいわく）をおかけしてしまい、大変申（たいへんもう）し訳（わけ）ありませんでした。

▶ I sincerely apologize for the trouble caused by our carelessness.

▶ 由于我的笨拙给您添了很多麻烦，真是对不起。

▶ 저희측의 실수로 폐를 끼쳐서，정말 죄송합니다.

■ 主催者（しゅさいしゃ）の不手際で、直前（ちょくぜん）になって開催日（かいさいび）が変更（へんこう）になった。

▶ Due to the mismanagement of the sponsor, the date was changed just prior to the event.

▶ 由于主办者的失误，临到跟前更改了举办日期。

▶ 주최측의 실수로 직전에 개최일이 변경되었다.

1794 | 不動産（ふどうさん） real estate, property / 不动产 / 부동산

■ うちの会社（かいしゃ）は、土地（とち）や建物（たてもの）など、自社（じしゃ）ビル以外（いがい）にいくつかの不動産を持（も）っている。

▶ Apart from its own company building, our company holds several land and building properties.

▶ 我们公司除了本公司办公大楼外，还有土地、建筑物等几处不动产。

▶ 우리 회사는 토지나 건물 등 자사 빌딩 이외에 몇 개의 부동산을 갖고 있다.

■ 当社（とうしゃ）は、アパートやマンションを中心（ちゅうしん）に、市内全域（しないぜんいき）の不動産物件（ぶっけん）を豊富（ほうふ）に取（と）り扱（あつか）っております。

▶ Our company deals with a wide variety of real estate properties throughout the city centering on apartments and condominiums.

▶ 我们公司以公寓和居民楼为主经办整个市内的不动产。

▶ 당사는 아파트나 맨션을 중심으로 시내전역의 부동산물건을 많이 취급하고 있다.

参 不動産業、不動産を購入する

1795 | 不透明 opacity, undearress / 不透明 / 불투명 ～な opaque, unclear / 不透明 / 불투명한 ～に unclearly / 不透明 / 불투명하게

■ 一応、収支報告はあったが、実際にどれだけの損失があったのかは不透明だ。

▶ Although there was an income and expenditure report, in actuality it is unclear how much was lost.

▶ 还算是有收支报告，但是实际有多少损失却不透明。

▶ 일단 수지보고는 있었지만，실제로 어느 정도의 손실이 있었는지는 불투명하다．

1796 | 太字 bold type / 粗体字 / 굵은 글씨

1797 | 歩留まり yield, yield rate / 成品率 / 수득률

■ この工場では新型機械を導入して、歩留まりが良くなった。

▶ At this factory, the production rate improved after new machines were introduced.

▶ 这个工厂引进新型机器后，成品率提高了。

▶ 이 공방에서는 신형기계를 도입해서 수득률이 좋아졌다．

1798 | 不慣れ inexperience / 不习惯 / 익숙하지 못함，서투름 ～な inexperienced; unfamiliar / 不习惯的 / 익숙하지 못한，서투른

■ 新しい職場で働き始めた頃は、仕事に不慣れで、時間ばかりかかった。

▶ When I first started working at the new job, I was inexperienced with the work, and it took a lot of time.

▶ 在新的单位开始工作的时候，由于不熟悉工作，光费时间就是没有效果。

▶ 새로운 직장에서 일하기 시작했을 때는，일에 서툴러서 시간만 걸렸다．

■ まだまだ不慣れなので、ご迷惑をおかけするかもしれませんが、宜しくお願い致します。

▶ I am yet unfamiliar with it all, and may be a bother, but I ask for your kind consideration.

▶ 我还很不熟悉，有可能会给您添不少麻烦，还请多多关照。

▶ 아직 서툴러서 폐를 끼칠지도 모르지만 잘 부탁드립니다．

1799 | 無難 innocuous, safe / 无可非议，说得过去 / 무난 ～な start a new line / 无可非议的 / 무난한

■ 明日のパーティーは、ちょっとフォーマルだから、スーツの方が無難だよ。

▶ Tomorrow's party is a little bit formal, so a suit is a safer bet.

▶ 明天的宴会有点正式，还是穿西服去比较保险。

▶ 내일 파티는 좀 격식을 차리니까，정장을 입는 편이 무난해．

参 無難な選択

1800 | 赴任 post, position / 赴任 / 부임 ～する be posted, be positioned / 赴任 / 부임하다

■ 来月から大阪に赴任することになりました。

▶ I will be posted to Osaka from next month.

▶ 下个月我到大阪赴任。

▶ 다음 달부터 오사카에 부임하게 되었습니다．

■ 海外赴任が決まって、彼女はうれしそうでした。

▶ She seemed very happy that it was decided she will be posted overseas.

▶ 被派往海外工作，她似乎很高兴。

▶ 해외부임이 결정되어서，그녀는 기쁜 것 같았습니다.

参 単身赴任、赴任先

1801 | 不評 unpopular; unfavorable / 声誉不佳，不受欢迎 / 평이 나쁨

～な unpopularity; bad reputation / 中国语 / 평이 나쁜

■ 秋に発売された新商品は、操作ボタンが小さすぎて、年配の方には不評だった。

▶ The new product that went on sale this fall, was unpopular with older people because the buttons were too small.

▶ 秋天所发售的商品由于操作按键太小，老年人对此评价不高。

▶ 가을에 발매된 신상품은 조작 버튼이 너무 작아서，나이든 사람에게는 평이 좋지 않았다.

参 不評を買う receive unfavorable criticism / 招致人们的不满 / 악평을 받다

1802 | 部品 parts / 零件 / 부품

■ A社の自動車組み立て工場があるため、この辺りにはたくさんの部品メーカーがある。

▶ Because there is Company A's automobile assembly plant, there are a lot of parts makers around here.

▶ 由于有A公司的汽车组装工厂，所以这附近有很多生产零部件的工厂。

▶ A사의 자동차 조립 공장이 있어서，이 근처에는 많은 부품 메이커가 있다.

■ 私は商社で3年間、タイ向け自動車部品の輸出を担当しておりました。

▶ I was in charge of auto parts exports to Thailand for three years at a trading company.

▶ 我在商社负责了3年向泰国出口汽车零件的工作。

▶ 저는 무역회사에서 3년간，태국을 대상으로 한 자동차부품 수출을 담당했습니다.

参 電子部品、部品交換

1803 | 不明 unclear, vague / 不明白 / 불분명하다

～な unclear; vague / 不明白的 / 불분명한

■ ご不明な点がありましたら、いつでもお気軽にお問い合わせください。

▶ If anything is unclear, please feel free to ask questions at any time.

▶ 如有不明白的地方，请随时垂询。

▶ 불분명한 부분이 있으면，언제든지 편하게 물어봐 주십시오.

■ 詳細はまだ不明ですが、近々モデルチェンジするそうですよ。

▶ The details are still vague, but I hear that they will soon be making a model change.

▶ 具体情况还不知道，但听说最近要改型。

▶ 상세한 것은 아직 불분명하지만，머잖아 모델 체인지를 한다고 해요.

1804 | 部門（ぶもん）　division / 部门 / 부문

■ 利益率（りえきりつ）を部門別（べつ）に比較（ひかく）してみました。
▶ I made a comparison of profitability by division.
▶ 按不同部门比较了收益率的不同。
▶ 이익율을 부문별로 비교해 보았습니다.

■ 事業（じぎょう）の見直（みなお）しをした結果（けっか）、情報（じょうほう）システム部門を縮小（しゅくしょう）することに決定（けってい）した。
▶ As a result of reevaluating the business, we have decided to scale down the information systems division.
▶ 重新考虑事业的结果是决定压缩信息系统部门。
▶ 사업의 재검토를 한 결과, 정보 시스템 부문을 축소하기로 결정했다.

参 営業部門、管理部門

1805 | ブラウザ(ー)㋩　browser / 浏览器 / 브라우저

1806 | プラグ㋑　plug / 插头，插销 / 플러그

1807 | プラスチック　plastic / 塑料 / 플라스틱

■ このケースはプラスチックでできているので、火（ひ）の近（ちか）くに置（お）かないでください。
▶ This case is made of plastic, so please do not place it near fire.
▶ 这个箱子是用塑料做成的，所以不要放在靠近火的地方。
▶ 이 케이스는 플라스틱으로 만들어져 있으므로 불 가까이에 두지 마십시오.

1808 | ブランド　brand / 品牌 / 브랜드

■ 大切（たいせつ）なのは品質（ひんしつ）で、ブランドにはこだわっていない。
▶ What's important is the quality. I'm not concerned with the brand.
▶ 重要的是质量，并不太在意牌子。
▶ 중요한 것은 품질로, 브랜드에는 연연하지 않는다.

■ ファッションショーの会場（かいじょう）には、ブランド品（ひん）を身（み）につけた女性（じょせい）が目立（めだ）った。
▶ Women with brand-name items were conspicuous at the fashion show.
▶ 在服装表演会场上，身着名牌产品的女性很显眼。
▶ 패션쇼 회장에는 브랜드 상품으로 치장한 여성이 눈에 띄었다.

参 人気ブランド、高級ブランド、有名ブランド、ブランド志向、ファッションブランド

1809 | 不利（ふり）　disadvantage / 不利 / 불리　~な disadvantageous / 不利 / 불리한

■ 円高（えんたか）になると、日本（にほん）の輸出（ゆしゅつ）企業（きぎょう）には不利だ。
▶ If the yen rises, Japanese businesses that export products will be at a disadvantage.
▶ 日元升高对日本的出口企业不利。
▶ 엔고가 되면 일본의 수출기업에는 불리하다.

1810 | フリーズ㋩　freeze / 死机 / 단절, 장애

1811 | 振替 substitute / 调换 / 대체

■ 来週の月曜は、日曜と祝日が重なるから振替休日になる。

▶ Since Sunday and a public holiday overlap, Monday of next week will become a substitute holiday.

▶ 由于星期天和节假日重叠了，下周的周一补休。

▶ 다음 주 월요일은 일요일과 축일이 겹쳐서 대체 휴일이 된다.

参 口座振替

1812 | 振り込み deposit / 汇款 / 입금

■ 振り込み手数料は、お客様にご負担いただいております。

▶ Deposit fees shall be the responsibility of the customer.

▶ 汇款手续费由顾客承担。

▶ 입금 수수료는 고객님께서 부담하십니다.

参 銀行振込み、振込先

1813 | 振り込む deposit / 汇款 / 입금하다

■ 給料は、毎月25日に振り込まれます。

▶ Salaries are deposited on the 25th of each month

▶ 工资每月25日汇入。

▶ 월급은 매월 25일에 입금됩니다.

■ ご注文より5日以内に代金をお振り込みください。

▶ Please deposit payment within five days of placing an order.

▶ 请在订货后的5天内把款项汇来。

▶ 주문하신 뒤 5일 내에 대금을 입금해 주십시오.

1814 | 不良品 defective prodct / 不合格品 / 불량품

1815 | プリンター printer / 打印机 / 프린터

■ このプリンターは今故障中で、カラー印刷ができません。

▶ This printer is currently out of order, so you can't print in color.

▶ 这台打印机现在有故障，所以无法彩打。

▶ 이 프린터는 지금 고장나서 컬러 인쇄가 안 됩니다.

参 レーザー・プリンター、カラープリンター、プリンターに接続する

1816 | プリント print, printout / 印刷 / 프린트 **~する** print / 印刷 / 프린트하다

■ その写真、現像するんだったらプリント代も安いA店がいいよ。

▶ If you're going to get those photos developed, you should use Store A, which has inexpensive print fees.

▶ 如果冲洗照片的话，最好是找印相费比较便宜的A商店。

▶ 그 사진, 현상할 거면 프린트비도 싼 A점이 좋아.

■ この講座では、テキストは使わずに、毎回プリントが配られます。

▶ In this course, instead of using a textbook, printouts are handed out each time.

▶ 该讲座不使用教材，每次都是发资料。

▶ 이 강좌에서는 교재는 사용하지 않고, 매일 프린트를 나눠 줍니다.

1817 | プリントアウト printing, printout / 打印 / 출력 ～する print out / 打印 / 출력하다

■ 部長にも見せるので、もう1部プリントアウトしてくれますか。

▶ I'm also going to show the department manager, so could you please print out one more copy?

▶ 要给部长看，所以能不能再打印一份？

▶ 부장님께도 보여드릴 거니까，한 장 더 출력해 주시겠어요？

1818 | ぶれ a blur, a wavering / 动摇 / 흔들림

■ 会社経営者には、確固とした理念が必要であり、経営の方針に決してぶれがあってはいけない。

▶ Company management must have a steadfast mindset, and must never waver in regards to its management principles.

▶ 公司经营需要有坚定的理念，对经营方针绝不动摇。

▶ 회사 경영자에게는 확고한 이념이 필요하며，경영 방침에 결코 흔들림이 있어서는 안 된다.

1819 | ブレーンストーミング(ブレスト㊙) brainstorming / 集体讨论 / 브레인스토밍 ～する brainstorm / 集体讨论 / 브레인스토밍하다

■ 参加者全員から多くのアイディアや意見を引き出す方法として、ブレーンストーミングが有効だ。

▶ Brainstorming is effective as a way of bringing out a lot of ideas and opinions from all the participants.

▶ 作为让全体参加者拿出多个创意和意见的方法，集体讨论是最有效的。

▶ 참가자 전원으로부터 많은 아이디어와 의견을 끌어내는 방법으로 브레인스토밍이 효과적이다.

■ まずブレストしてみましょう。このテーマについて自由に意見を出してください。

▶ Let's brainstorm first. Please state your opinions freely on this topic.

▶ 先集体讨论一下吧。关于这个主题，请随意发表意见。

▶ 우선 브레인스토밍을 해 봅시다. 이 테마에 대해 자유롭게 의견을 말해 주세요.

1820 | プレゼンテーション(プレゼン㊙) presentation / 公开演示 / 프레젠테이션 ～する give a presentation / 公开演示 / 프리젠테이션하다

■ 新機種発表会での彼のプレゼンテーションは好評だった。

▶ His presentation at the announcement of the new models was well received.

▶ 人们对他在新机型发布会上的公开演示评价很好。

▶ 신기종 발표회에서의 그의 프리젠테이션은 호평이었다.

■ 明日、クライアントのところに行って、プレゼンすることになっています。

▶ I'm scheduled to go to the client tomorrow and give a presentation.

▶ 明天要到客户那里进行公开演示。

▶ 내일 클라이언트에게 가서，프리젠테이션을 하기로 되어 있습니다.

1821 | ぶれる　be blurred / 晃动 / 흔들리다

■ せっかくのシャッターチャンスだったのに、ぶれてしまった。

▶ Although it was a great chance at a shot, unfortunately the photograph turned out blurry.

▶ 可惜了一次很好的快门的机会，晃动了。

▶ 모처럼 잘 찍을 수 있는 기회였는데 흔들려 버렸다.

1822 | フロア　floor / 层 / 층

■ トイレは各フロアにあります。

▶ There is restroom on each floor.

▶ 各层都有洗手间。

▶ 화장실은 각 층에 있습니다.

1823 | フロー　flow, flowchart / 流程，流量 / 흐름，유통량

■ 今回の企画に必要な作業のフローを図にしてみました。

▶ I put a flow of the required work for this plan in a chart.

▶ 我把此次策划所需工作的流程画在了图上。

▶ 이번 기획에 필요한 작업 흐름을 그림으로 만들어 보았습니다.

■ 6月期は営業収入が多く、キャッシュフロー全体としては黒字になっている。

▶ Sales income for June is high, and cash flow as a whole is in the black.

▶ 6月这一期的营业收入很多，整个现金流通量有盈余。

▶ 6월 시기는 영업수입이 많아，현금유통량 전체로는 흑자이다.

参 フローチャート、業務フロー

1824 | 付録　appendix / 附录 / 부록

■ この本の巻末には、付録として用語集が付いている。

▶ A glossary is attached as an appendix at the end of this book.

▶ 本书卷末作为附录带有单词表。

▶ 이 책의 권말에는 부록으로써 용어집이 붙어 있다.

1825 | プログラム　program / 项目 / 프로그램　～する program / 编程 / 프로그램 하다

■ セミナーで予定されていたプログラムは、時間通りに終了した。

▶ The program scheduled for the seminar ended on time.

▶ 研讨会上所预定的项目都按时间完成了。

▶ 세미나에서 예정되었던 프로그램은 시간대로 종료되었다.

■ B社のホームページは、背景の写真が毎日入れ替わるようにプログラムされている。

▶ Company B's homepage is programmed so that the background image changes every day.

▶ B公司主页的背景图片被设定为每天都会自动更换。

▶ B사의 홈페이지는 배경 사진이 매일 바뀌도록 프로그램되어 있다.

参 コンピューターのプログラム、研修プログラム、プログラム表

1826 | プロジェクト　project / 项目 / 프로젝트

■ 新しいプロジェクトが始まると、忙しくなりそうだ。
- ▶ It looks like I'll be busy once the new project starts.
- ▶ 新项目开始后，似乎又会变得很忙。
- ▶ 새로운 프로젝트가 시작되면, 바빠질 것 같다.

■ 企画にゴーサインが出て、早速プロジェクトチームが組まれた。
- ▶ The go-ahead for the plan was given, and a project team was formed straight away.
- ▶ 一下达实施计划命令，立即组成了项目小组。
- ▶ 기획 허가가 나서, 빠르게 프로젝트팀이 만들어졌다.

参 開発プロジェクト、プロジェクトを組む

1827 | プロバイダ(ー)㋩　provider / 提供商 / 공급자

1828 | プロモーション　promotion / 宣传 / 프로모션

■ 展示会場では、新製品のプロモーションビデオを流す予定です。
- ▶ A promotional video of the new products is slated to be shown in the exhibit hall.
- ▶ 计划在展示会场播放宣传新产品的录像。
- ▶ 전시회장에서는 신제품의 프로모션 비디오를 방영할 예정입니다.

■ A社は、夏の新作映画のプロモーションに力を入れている。
- ▶ Company A is putting a lot of effort into the promotion of this summer's new movies.
- ▶ A公司致力于宣传今年夏天新制作的电影。
- ▶ A사는 여름 신작영화 프로모션에 힘을 쏟고 있다.

参 セールスプロモーション

1829 | 不渡り　non-payment / 空头支票 / 부도

■ A社は業績不振が続き、ついに手形が不渡りになった。
- ▶ Company A's business performance slump continued ongoing and in the end it could not make payments.
- ▶ A公司持续业绩不振，最后票据成为了空头支票。
- ▶ A사는 실적 부진이 계속되어 결국 어음이 부도났다.

1830 | 分割　partition, division / 分期付款 / 분할　~する　divide, Separate / 分期付款 / 분할하다

■ お支払いは一括払いになさいますか、分割払いになさいますか。
- ▶ Would you like to pay all at once, or pay in installments?
- ▶ 支付是一次性付款吗？ 还是分期付款？
- ▶ 지불은 일시불로 하시겠습니까, 할부로 하시겠습니까?

参 ページを分割する、土地を分割する

1831 | 紛失 loss / 丢失 / 분실 ～する lose / 丢失 / 분실하다

■ カードを紛失した場合は、すみやかにご連絡ください。

▶ In the event you have lost your card, please call immediately.

▶ 卡片如有丢失请立即联系。

▶ 카드를 분실했을 경우는 신속히 연락 주십시오.

1832 | 文書 document / 文件 / 문서

■ 市役所に問い合わせたら、文書で回答が来た。

▶ When I inquired at City Hall, the answer came in a document.

▶ 我询问市政部门时，他们是书面给与回复的。

▶ 구청에 문의했더니，문서로 회답이 왔다.

参 ビジネス文書、社内文書

1833 | 粉飾 embellishment / 虚假 / 분식 ～する embellish / 粉饰 / 분식하다

■ 粉飾決算が明るみに出たA社は、上場廃止となった。

▶ Company A's embellished balance sheets were brought to light, and it was delisted.

▶ 虚假财务报表被曝光的A公司，被取消了上市资格。

▶ 분식결산이 세상에 공개된 A 사는 상장이 폐지되었다.

1834 | 分析 analysis / 分析 / 분석 ～する analyze / 分析 / 분석하다

■ お客様のアンケートを分析して、それを今後のサービスに役立てよう。

▶ We shall analyze the customer questionnaires, and put that to good use in our future services.

▶ 分析客户的问卷调查并使该结果对今后的服务有益。

▶ 고객의 앙케트를 분석해서 그것을 앞으로의 서비스에 유용히 쓰자.

■ 各販売店から集めたデータを分析して、販売状況を報告した。

▶ I analyzed the data gathered from each sales office, and reported the sales situation.

▶ 分析各销售商店汇集来的数据并报告销售状况。

▶ 각 판매점에서 모은 데이터를 분석해서，판매상황을 보고했다.

参 現状を分析する、精神分析、要因分析、分析結果

1835 | 紛争 dispute / 纠纷 / 분쟁 ～する dispute / 纠纷 / 분쟁하다

■ A社とB社は、商標をめぐって紛争中だ。

▶ Companies A and B are currently in a dispute over a trademark.

▶ A公司和B公司，围绕商标发生了纠纷。

▶ A 사와 B 사는 상표를 둘러싸고 분쟁 중이다.

参 紛争地帯、紛争の解決

1836 | 分担（ぶんたん） share of responsibility / 分担 / 분담　～する share, a lot / 分担 / 분담하다

■ 共同開発（きょうどうかいはつ）プロジェクトは、3社（しゃ）で費用（ひよう）を分担することになった。
▶ The costs for the joint development project were shared among the three companies.
▶ 共同开发项目的费用由3家公司来分担。
▶ 공동 개발 프로젝트는 3 사에서 비용을 분담하기로 했다.

■ 今回（こんかい）は、10人（にん）のチームで作（さ）業（ぎょう）を分担して、効率（こうりつ）よく進（すす）めましょう。
▶ This time, let's share the work among teams of ten, and progress efficiently.
▶ 此次我们这个10人小组把工作分开，这样能高效地推动工作。
▶ 이번에는 10명의 팀으로 작업을 분담해서, 효율적으로 진행합시다.

1837 | 分野（ぶんや） field / 领域 / 분야

■ 大手（おおて）の機械（きかい）メーカーA社（しゃ）は、最近（さいきん）、医療（いりょう）分野にも進出（しんしゅつ）し始（はじ）めた。
▶ The major machine manufacturer Company A has begun moving into the medical field as well.
▶ 大型机械厂家A公司最近开始涉足医疗产业。
▶ 대기업 기계 메이커 A 사는 최근 의료분야에도 진출하기 시작했다.

■ セミナーには、分野を問（と）わず、多数（たすう）の企業経営者（きぎょうけいえいしゃ）が参加（さんか）した。
▶ Managers of all kinds of companies, without regard to business fields, participated in the seminar.
▶ 不分领域，许多企业的经营者都参加了研讨会。
▶ 세미나에는 분야를 불문하고 다수의 기업경영자가 참가했다.

参 専門分野、得意な分野

1838 | 分類（ぶんるい） classification, grouping / 分类 / 분류　～する classificate / 分类 / 분류하다

■ 資料（しりょう）を整理（せいり）するときは、カテゴリー別（べつ）に分類して見（み）やすくしましょう。
▶ When organizing the documentation, group it into separate categories to make it easier to see.
▶ 整理资料的时候请分类排列以便容易查找。
▶ 자료를 분류할 때는, 카테고리 별로 분류해서 보기 쉽게 합시다.

1839 | 併記（へいき） writing / 同时写入 / 병기　～する write / 同时写入 / 병기하다

■ マニュアルには、日本語（にほんご）と英（えい）語（ご）が併記されている。
▶ In the manual, Japanese and English are written along side each other.
▶ 手册同时用日语和英文书写。
▶ 매뉴얼에는 일본어와 영어가 병기되어 있다.

■ 都市（とし）では、英語（えいご）や中国語（ちゅうごくご）を併記した表示（ひょうじ）や案内板（あんないばん）が目（め）立（だ）つようになった。
▶ In the city, signs written in both English and Chinese are becoming more prominent.
▶ 在大城市同时用英文和中文书写的告示和引导牌变多了。
▶ 도시에서는 영어나 중국어를 병기한 표시나 안내판이 눈에 띄게 되었다.

1840 | 平均 average / 平均 / 평균　**～する** average / 平均 / 평균을 내다

■ 毎月平均して、何時間くらい残業していますか。

▶ On average, how many hours overtime are you working each month?

▶ 每月平均加多长时间的班?

▶ 매월 평균을 내서 몇 시간 정도 잔업하고 있습니까?

■ アンケートによれば、当社の顧客の平均年齢は、約40歳です。

▶ According to the questionnaire, the average age of the company's customers is around 40.

▶ 据问卷调查显示，我们公司顾客的平均年龄约40岁。

▶ 앙케트에 의하면 당사 고객의 평균연령은 약 40 세입니다.

参 日経平均株価（日経は日本経済新聞のこと）、平均気温、平均値

1841 | 平行線 parallel line / 平行线，各持己见 / 평행선

■ A社とB社の話し合いは、互いに譲歩することなく、平行線のままだ。

▶ The discussions between Companies A and B are at a standoff with both sides unwilling to compromise.

▶ A公司和B公司的谈判互不相让，各持己见。

▶ A사와 B사의 대화는 서로 양보하지 않고 평행선인 채 그대로이다.

1842 | 弊社 our company / 敝公司 / 저희 회사

■ 日頃、弊社の製品をご愛用いただき、誠にありがとうございます。

▶ Thank you for using our company's products.

▶ 谢谢您平日惠顾我们公司的产品。

▶ 최근, 저희 회사 제품을 이용해 주셔서 진심으로 감사드립니다.

参 弊社サイト

1843 | 閉店 store closure / 关门，停止营业 / 폐점　**～する** close the store / 闭店 / 폐점하다

■ Aデパートは、午前10時開店、午後9時閉店です。

▶ Department store A opens at 10 am and closes at 9 pm.

▶ A百货商店，上午10点开店，晚上9点闭店。

▶ A백화점은 오전 10시 개점, 오후 9시 폐점입니다.

■ 10年にわたり、ご愛顧いただきましたが、当店は今月をもって閉店いたします。

▶ For ten years we have received your kind patronage, but as of this month, this store will be closing.

▶ 多谢您过去10年来的惠顾，本店本月过后将停止营业。

▶ 10년에 걸쳐 애용해 주셨습니다만, 저희 가게는 이번 달로 폐점하겠습니다.

1844 | 別紙（べっし） an accompanying sheet, an attached sheet / 附页 / 별지

■ 会場までの行き方については、別紙をご覧ください。

▶ Please see the accompanying sheet for directions to the venue.

▶ 如何到会场，请看附页。

▶ 회장까지 가는 방법에 대해서는 별지를 보십시오 .

1845 | 別添（べってん） separate attachment / 另附 / 별첨

■ 詳しい内容については、別添の資料をご覧ください。

▶ Please see the separate attached documentation for details.

▶ 详细内容请参见另附资料。

▶ 자세한 내용에 대해서는 별첨 자료를 봐 주십시오 .

1946 | 別々（べつべつ） separate / 分别 / 각각이다　**～に** separately / 分别地 / 따로따로

■ カードや印鑑など、大切なものは別々に保管しておいたほうが安全です。

▶ It is safer to store cards, stamps and other important items separately.

▶ 现金卡和印章等重要的东西最好是分开保管才安全。

▶ 카드나 인감 등, 중요한 물건은 따로 보관해 두는 편이 안전합니다.

参 別々の部屋

1847 | ヘルメット㋑ helmet / 安全帽 / 헬멧

1848 | ～編（へん）㊎ version / 篇 / ～편

■『世界のホテルガイド』はアメリカ編に続いて、中国編が刊行される。

▶ A China version of the "World Hotel Guide" will be issued after the U.S. version.

▶《世界饭店指南》，在美国篇之后，又发行了中国篇。

▶『세계호텔가이드』는 미국편에 이어，중국편이 간행된다 .

■ 秋から放送されるこのドラマは、人気シリーズの続編として期待されている。

▶ This drama, which will go on the air this fall, is the much anticipated sequel of a popular series.

▶ 从秋季播出的这个电视剧，作为热门故事片的续集备受期待。

▶ 가을부터 방송될 이 드라마는 인기 시리즈의 속편으로서 기대되고 있다 .

参 基礎編、前編、後編

1849 | 弁解（べんかい） excuse / 辩解 / 변명　**～する** excuse / 辩解 / 변명하다

■ B 社のミスで納期が遅れたのに、責任者は弁解ばかりしている。

▶ Even though the delivery date was late because of Company B's mistake, the person responsible only makes excuses.

▶ 明明是由于B公司的失误才造成了晚交货，可是负责人却老是在辩解。

▶ B 사의 실수로 납기가 늦어졌는데 , 책임자는 변명만 하고 있다 .

■ 弁解する前に、まず誠意を持って謝罪するべきです。

▶ Before making excuses, you should first sincerely apologize.

▶ 在辩解前首先要有诚意地道歉。

▶ 변명하기 전에 우선 성의를 갖고 사죄해야 합니다.

[参] 弁解無用　An excuse is useless / 辩解无用 / 변명 무용

1850 | 便宜（べんぎ）　convenience, expedience / 方便，权宜 / 편의

■ DM-ASK は 2005 年型なので、社内では便宜上、DM-05と呼んでいる。

▶ DM-ASK is a 2005 model, so internally for expedience sake we call it DM-05.

▶ DM-ASK是2005年推出的型号，我们在公司内部一般都简单地称为DM-05。

▶ DM-ASK는 2005 년형이어서, 사내에서는 편의상 DM-05 라고 부르고 있다.

■ C 病院は、利用者の便宜をはかるため、無料送迎バスを運行している。

▶ Hospital C provides a free bus service for the convenience of its patrons.

▶ C医院为了向患者提供方便开通了免费的接送汽车。

▶ C 병원은 이용자의 편의를 도모하기 위해, 무료환송 버스를 운행하고 있다.

1851 | 返却（へんきゃく）　return / 返还 / 돌려줌　~する return / 返还 / 돌려주다

■ お借りしていた資料を、郵送でご返却いたします。

▶ I will return by mail the materials I borrowed.

▶ 借用的资料以邮寄的方式返还。

▶ 빌렸던 자료를 우편으로 돌려드리겠습니다.

■ 当図書館で借りた本は、期限までに必ず返却してください。

▶ Please be sure to return books borrowed from this library by the due date.

▶ 本图书馆所借图书请在规定期限返还。

▶ 당도서관에서 빌린 책은 기한까지 반드시 반납해 주십시오.

1852 | 返金（へんきん）　refund, repayment / 退款 / 환불　~する refund, repay / 退款 / 환불하다

■ ご購入後の返金は、商品に問題がある場合に限らせていただきます。

▶ Refunds after purchase are limited to cases where there is a problem with the merchandise.

▶ 只有在产品出现问题时，购买后才可以退款。

▶ 구입후의 환불은, 상품에 문제가 있을 경우에 한합니다.

1853 | 変更（へんこう）　change / 变更，更改 / 변경　~する change / 变更，更改 / 변경하다

■ 木曜の会議の開始時間が、9時から10時に変更になったそうです。

▶ The start time for Thursday's meeting was changed from 9 to 10 o'clock.

▶ 听说周四会议的开始时间从9点改为了10点。

▶ 목요일 회의의 시작시간이 9 시에서 10 시로 변경되었다고 합니다.

■ 内容に変更を加える場合、早めにお知らせください。

▶ When making changes to the content, please give an early notice.

▶ 内容需要更改的时候请提前通知。

▶ 내용에 변경이 있을 경우, 빨리 알려 주십시오.

参 パスワードを変更する、予定を変更する、方針を変更する

1854 | 返済 repayment / 返还 / 변제 **～する** repay / 返还 / 변제하다

■ ローンの毎月の返済額は110,000円です。

▶ The monthly payment on the loan is 110,000 yen.

▶ 每月的贷款返还额是110,000日元。

▶ 대출금의 매달 변제액은 110,000 엔입니다.

参 債務の返済、返済期限

1855 | 編集 editing / 编辑 / 편집 **～する** edit / 编辑 / 편집하다

■ これは、海外視察のビデオを編集したものです。

▶ This was edited from the video of the overseas inspection.

▶ 这是编辑完的国外考察录像。

▶ 이것은 해외 시찰 비디오를 편집한 것입니다.

■ 雑誌の企画や編集の仕事を探しています。

▶ I'm looking for a job planning and editing a magazine.

▶ 寻找杂志策划和编辑工作。

▶ 잡지 기획이나 편집의 일을 찾고 있습니다.

参 編集者、雑誌の編集長

1856 | 弁償 compensation, reimbursement / 赔偿 / 변상 **～する** compensate, reimburse / 赔偿 / 변상하다

■ イベント期間中に施設や機材を傷つけてしまったら、うちが弁償しなければならない。

▶ If there is any damage to facilities or equipment during the event period, we will have to reimburse them.

▶ 活动期间，如果设施和器材被损坏，我们必须赔偿。

▶ 이벤트 기간 중에 시설이나 기재를 손상시키면 우리가 변상해야 한다.

1857 | 返信 Ⓟ return, replying / 回信 / 답장 **～する** reply / 回信 / 회신하다

参 返信用封筒

1958 | 編成 composition, organization / 成立 / 편성 **～する** compose, organize / 成立 / 편성하다

■ 今回の法改正を受けて、早速、新薬開発のチームを編成することになった。

▶ A new drug development team was organized quickly after the amendment to the law was accepted.

▶ 受此次法令修改的影响，马上成立了新药开发队伍。

▶ 이번 법 개정이 된후, 곧 신약개발 팀을 편성하게 되었다.

参 予算編成、再編成

1859 | 返送（へんそう） return / 寄回 / 반송 ~する return, send back / 寄回 / 반송하다

■ 同封（どうふう）の書類（しょるい）にご署名（しょめい）後（ご）、弊社（へいしゃ）までご返送ください。
▶ After signing the enclosed documents, please send them back to us.
▶ 请在随信附寄的文件上签名后再寄回本公司。
▶ 동봉한 서류에 서명하신 후, 저희 회사로 반송해 주십시오.

■ 先週（せんしゅう）、銀行（ぎんこう）に送（おく）った書類（しょるい）は、記入（きにゅう）もれがあったので返送されてきました。
▶ The documents I sent to the bank last week were returned because they weren't completed.
▶ 上周寄给银行的文件中有漏填的地方，所以又被寄回来了。
▶ 지난 주, 은행에 보낸 서류는 기입이 빠진 것이 있어 반송되어 왔습니다.

1860 | ペンチ[イ] pench / 钳子 / 펜치

1861 | ベンチャー venture / 风险型 / 벤처

■ 中村氏（なかむらし）は、大手銀行（おおてぎんこう）を7年（ねん）勤（つと）めた後（あと）、退職（たいしょく）して、ベンチャー企業（きぎょう）を起（お）こした。
▶ After working at a large bank for seven years, Mr. Nakamura resigned and started a venture company.
▶ 中村先生在大银行工作了7年之后辞职，创立了一家风险型企业。
▶ 나카무라 씨는 큰 규모의 은행에서 7년 근무한 후 퇴직해서 벤처 기업을 세웠다.

1862 | ペンディング pending / 悬而未决 / 보류

■ 予算（よさん）が承認（しょうにん）されるまで、その案件（あんけん）はペンディングになっています。
▶ Until the budget is approved, that project will remain pending.
▶ 预算被批准之前，那件事还是一桩悬案。
▶ 예산이 승인될 때까지 그 안건은 보류됩니다.

■ 例（れい）の企画（きかく）は、まだ方向（ほうこう）が固（かた）まっていないのでペンディングです。
▶ That one plan is pending because its direction hasn't been solidified.
▶ 那个计划，由于还没有确定方向，所以还悬而未决。
▶ 전에 말한 기획은 아직 방향이 확정되지 않아서, 보류입니다.

[参] ペンディング状態

1863 | 返答（へんとう） response, reply / 回答，回复 / 대답 ~する respond, reply / 回答，回复 / 대답하다

■ A社（しゃ）のブログに質問（しつもん）を書（か）いたら、すぐ返答があった。
▶ When I posted a question on Company A's blog, I got a reply right away.
▶ 在A公司网页上提问了一下，结果对方立即就作答了。
▶ A사의 블로그에 질문을 썼더니 바로 답변이 왔다.

■ いきなりそんなことを聞(き)かれても、返答に困(こま)る。

▶ I'm not sure how to respond when asked something like that suddenly.

▶ 突然被问到那样的事情，我也很难作答。

▶ 갑자기 그런 질문을 받으면 대답하기 곤란해 .

1864 | 変動(へんどう) fluctuation, change / 变动 / 변동 **～する** fluctuate, change / 变动 / 변동하다

■ 需要(じゅよう)と供給(きょうきゅう)に応(おう)じて価格(かかく)は変動します。

▶ Prices fluctuate according to supply and demand.

▶ 价格根据需要和供给情况而相应变动。

▶ 수요와 공급에 따라 가격은 변동합니다 .

参 株価の変動、変動金利、変動相場制 floating rate system / 变动汇率制 / 변동환율제

1865 | 変動費(へんどうひ) variable cost / 变动费用 / 변동비

■ 原価表(げんかひょう)は、固定費(こていひ)と変動費をきっちり分(わ)けてください。

▶ Divide the cost chart clearly into fixed and variable costs.

▶ 在成本表中请把固定费用和变动费用分开。

▶ 원가표는 고정비와 변동비를 확실히 구분해 주십시오 .

1866 | 返品(へんぴん) return / 退货 / 반품 **～する** return / 退货 / 반품하다

■ お客様(きゃくさま)のご都合(つごう)による返品は、原則(げんそく)として承(うけたまわ)っておりません。

▶ As a rule we do not accept returns based on customer convenience.

▶ 原则上我们不接受由于客户情况而出现的退货。

▶ 고객님의 사정에 따른 반품은 원칙적으로 할 수 없습니다 .

■ 買(か)ったばかりで未使用(みしよう)なら、返品することもできるでしょう。

▶ If you've just purchased it, and it's unused, you should be able to return it.

▶ 刚刚购买且没有使用的话我想可以退货吧。

▶ 산지 얼마 안 됐고 사용하지 않았으면 , 반품할 수 있을거예요 .

1867 | ポイント point / 关键，要点 / 포인트

■ 新製品(しんせいひん)の特長(とくちょう)を、4つ(よっ)のポイントを挙(あ)げてご説明(せつめい)いたします。

▶ I'll explain the new product's features in four points.

▶ 关于新产品的特点，我将列举如下4点进行说明。

▶ 신제품의 특색을 4 개의 포인트를 들어 설명하겠습니다 .

■ 売(う)り上(あ)げを伸(の)ばすためには、いかに新規顧客(しんきこきゃく)を獲得(かくとく)するかが大(おお)きなポイントとなる。

▶ In order to increase sales, how many new customers you can gain is a major point.

▶ 提高销售最大的关键是如何获得新客户。

▶ 매상을 늘리기 위해서는 어떻게 신규고객을 획득할 것인가가 큰 포인트가 된다 .

参 ポイントを示す、重要なポイント

1868 | 包括(ほうかつ) inclusion / 总括 / 포괄　**～する** include / 总括 / 포괄하다

■ あらゆる問題(もんだい)に対処(たいしょ)するために、包括的(てき)なルールづくりが必要(ひつよう)だ。

▶ In order to respond to every problem, creating an comprehensive rule is necessary.

▶ 为了应对所有问题，需要一个总括性的规章制度。

▶ 여러 가지 문제에 대처하기 위해서 포괄적인 룰을 만드는 것이 필요하다 .

1869 | 棒(ぼう)グラフ㋑ bar graph / 柱状图表 / 막대그래프

1870 | 方向性(ほうこうせい) direction / 方向性 / 방향성

■ 製品開発(せいひんかいはつ)の方向性が決(き)まらないと、具体的(ぐたいてき)な作業(さぎょう)に入(はい)れない。

▶ Until the direction of product development is decided, we can't start on any specific work.

▶ 如果决定不下来产品开发的方向，就无法进入具体的作业。

▶ 제품개발의 방향성이 정해지지 않으면 구체적인 작업에 들어갈 수 없다 .

■ 今日(きょう)の話(はな)し合(あ)いで、問題解決(もんだいかいけつ)に向(む)けて、ある程度(ていど)の方向性を示(しめ)すことができたと思(おも)います。

▶ In today's discussion, I feel we were able to show a certain amount of direction towards problem resolution.

▶ 我认为通过今天的谈判，已经在某种程度上找到了解决问题的方向。

▶ 오늘의 교섭에서 , 문제해결에 향해가는 정도의 방향성을 나타낼 수 있었다고 생각합니다 .

[参] 方向性が固まる

1871 | 報告(ほうこく) report / 报告 / 보고　**～する** report / 报告 / 보고하다

■ 何(なん)か問題(もんだい)が起(お)きたら、すぐに報告してください。

▶ If there is any problem, please report it immediately.

▶ 发生了什么问题请马上报告。

▶ 뭔가 문제가 생기면 바로 보고하세요 .

[参] 結果報告、出張報告、決算報告

1872 | 方策(ほうさく) policy, strategy / 方法策略 / 방책

■ 今回(こんかい)のシンポジウムでは、リサイクル推進(すいしん)のための方策について話(はな)し合(あ)われた。

▶ In this symposium, policies for promoting recycling were discussed.

▶ 此次研讨会就推动再利用的方法进行了商谈。

▶ 이번 심포지엄에서는 리사이클 추진을 위한 방책에 대해 의논되었다.

■ 災害時(さいがいじ)にもシステムがダウンしないよう、ありとあらゆる方策を練(ね)ることが不可欠(ふかけつ)だ。

▶ Developing all kinds of strategies so the system does not go down even during a disaster is imperitive.

▶ 为避免系统在灾害时出现崩溃，对所有方案进行推敲是不可或缺的。

▶ 재해시에도 시스템이 다운되지 않도록 모든 방책을 짜내는 것이 불가결하다 .

1873 | 方式　system, method / 方式，方法 / 방식

■ テレビ放送が、アナログ方式からデジタル方式に変わった。

▶ Television broadcasts changed from an analog system to a digital one.

▶ 电视的播放方式由模拟方式变为了数字方式。

▶ 텔레비전 방송이 아날로그 방식에서 디지털 방식으로 바뀌었다.

参 入力方式、マークシート方式、採点方式、印刷方式

1874 | 報酬　reward, compensation / 报酬 / 보수

■ 資格があると、より高い報酬が得られる。

▶ With qualifications, you can earn higher compensation.

▶ 如果有证书的话，能获得更高的报酬。

▶ 자격증이 있으면，더 높은 보수를 받을 수 있다.

■ それなりの報酬がないと、小谷さんは引き受けてくれないでしょう。

▶ Without a decent reward, Mr. Kotani probably won't accept.

▶ 如果没有相应的报酬的话，小谷先生是不会答应承办的吧。

▶ 그만큼의 보수가 없으면，고타니씨는 담당하지 않을 겁니다.

参 弁護士報酬、役員報酬、成果報酬、無報酬

1875 | 方針　policy / 方针 / 방침

■ 海外への事業展開について、会社の方針を発表します。

▶ I will announce the company policy regarding expanding the business overseas.

▶ 对于到海外发展事业发表公司的方针。

▶ 해외사업 전개에 대해，회사의 방침을 발표하겠습니다.

■ セットで売るのか、バラで売るのか、方針がまだ決まっていない。

▶ The policy to sell as a set or individually is not yet decided.

▶ 是配套出售还是零售还没有决定相关方针。

▶ 세트로 팔지，낱개로 팔지，방침이 아직 정해지지 않았다.

参 経営方針を打ち出す、会社の方針に従う、教育方針

1876 | 法人　company, corporation / 法人 / 법인

■ うちの営業は、個人向けよりも法人向けで収益を上げている。

▶ Our sales team is raising profits with companies more than with individuals.

▶ 我们针对法人的营业要比针对个人的营业获益更多。

▶ 우리 회사의 영업은 개인보다, 법인 대상에서 수익을 올리고 있다.

■ うちの会社はこのスポーツクラブの法人会員なので、社員は安く利用できる。

▶ Our company has a corporate membership with this sports club, so employees can use it at a discount.

▶ 我们公司是这家体育俱乐部的法人会员，所以员工可廉价使用相关设施。

▶ 우리 회사는 이 스포츠클럽의 법인회원이여서，사원은 싸게 이용할 수 있다.

参 財団法人、学校法人、公益法人、法人税

1877 | 放送（ほうそう） broadcast / 播放 / 방송 ～する broadcast / 播放 / 방송하다

■ ワールドカップは来週（らいしゅう）から放送が始（はじ）まります。

▶ The broadcast of the World Cup begins next week.

▶ 世界杯转播将从下周开始。

▶ 월드컵은 다음 주부터 방송이 시작됩니다.

■ 全国（ぜんこく）放送だから、この番組（ばんぐみ）で紹介（しょうかい）されるといい宣伝（せんでん）になる。

▶ It's a nationwide broadcast, so it will be good publicity if it's introduced on the show.

▶ 由于是在全国播放，所以能够在这个节目上被介绍到的话将是一个很好的宣传。

▶ 전국 방송이여서, 이 방송에 소개되면 좋은 선전이 된다.

参 生放送、ラジオ放送、放送局、放送番組

1878 | 包装（ほうそう） wrapping, packing / 包装 / 포장 ～する wrap; pack / 包装 / 포장하다

■ 包装はどのようにいたしましょうか。

▶ How would you like this wrapped?

▶ 如何包装呢?

▶ 포장은 어떻게 해 드릴까요?

■ ワレモノだから、しっかり包装しないと。

▶ It's fragile, so pack it well.

▶ 因为是易碎物品，不好好包装的话会有麻烦。

▶ 깨지기 쉬운 물건이니, 잘 포장해야 해.

1879 | 放置（ほうち） neglect / 置之不理 / 방치 ～する neglect / 置之不理 / 방치하다

■ このまま問題（もんだい）を放置してはいけない。

▶ Don't neglect the problem as it is.

▶ 不许这样对问题置之不理。

▶ 이대로 문제를 방치해서는 안 된다.

1880 | 豊富（ほうふ） abundance / 丰富 / 풍부 ～な plentiful, rich / 丰富的 / 풍부한 ～に plentifully, abundantly / 丰富地 / 풍부하게

■ わが社（しゃ）は、経験（けいけん）ある技術系（ぎじゅつけい）の人材（じんざい）が豊富です。

▶ Our company has an abundance of personnel with technical experience.

▶ 我们公司有经验的技术人才很多。

▶ 우리 회사는 경험 있는 기술계통의 인재가 풍부합니다.

■ 当店（とうてん）では、新鮮（しんせん）な魚（さかな）を豊富に取（と）り扱（あつか）っています。

▶ Our store deals plentifully in fresh fish.

▶ 我们店出售很多新鲜的鱼。

▶ 우리 가게에서는 신선한 생선을 풍부하게 취급하고 있습니다.

参 豊富な資源、豊富な知識

1881 | 方面（ほうめん） direction / 方向 / 방면

■ 東京（とうきょう）方面の列車（れっしゃ）は、５番（ばん）ホームから出（で）ます。

▶ The train bound for Tokyo departs from platform 5.

▶ 开往东京的列车，从5号月台出发。

▶ 도쿄 방면 열차는 5번 홈에서 나옵니다.

1882 | 訪問 visit; visitation / 访问 / 방문 **〜する** visit / 访问 / 방문하다

■ 明日３時に、Ａ社を訪問する予定です。

▶ I'm scheduled to visit Company A tomorrow at 3 o'clock.
▶ 计划明天3点拜访A公司。
▶ 내일 3 시에 A 사를 방문할 예정입니다.

参 会社訪問、訪問先

1883 | ボーナス bonus / 奖金 / 보너스

■ 今年の夏のボーナスは1.7カ月分になるらしい。

▶ Apparently, this year's summer bonus will be equivalent to 1.7months' salary.
▶ 据说今年夏天的奖金是1.7个月的工资。
▶ 올해 여름 보너스는 1.7 개월분이 되는 것 같다.

1884 | 補強 reinforcement / 加强 / 보강 **〜する** reinforce / 加强 / 보강하다

■ 将来の事業拡大に備えて、営業部門の戦力を補強することが必要だ。

▶ In preparation for the expansion of future business, we must reinforce the strength of our sales division.
▶ 为在今后扩展事业规模，有必要加强营业部门的力量。
▶ 장래의 사업확장에 대비해서, 영업부문의 전력을 보강하는 것이 필요하다.

■ 強風で看板が飛ばないように、しっかりと補強しておいてください。

▶ Please securely reinforce the sign so it won't blow away with a strong wind.
▶ 为避免被大风吹倒广告牌，要好好地加固一下。
▶ 강풍으로 간판이 날아가지 않도록, 확실히 보강해 놓아 주세요.

1885 | ぼけっと㋕ idly, absentmindedly / 发呆 / 멍하게

■ ぼけっとしてないで、さっさと荷物を運んでください。

▶ Don't sit there idly. Help carry this luggage.
▶ 别发呆了，快搬行李。
▶ 멍하게 있지 말고, 빨리 짐을 옮겨 주세요.

1886 | 保険 insurance / 保险 / 보험

■ いつ大きな病気になるかわからないから、保険に入ったほうがいい。

▶ You never know when you'll come down with a serious illness, so it's best to enroll in some kind of insurance.
▶ 保不准什么时候会得大病，所以最好还是加入某个保险比较好。
▶ 언제 큰 병에 걸릴지 모르니까, 뭔가 보험에 들어 두는 편이 좋다.

■ 虫歯治療には健康保険が利きますが、ホワイトニングには利きません。

▶ Health insurance covers treatment for cavities, but not for whitening.
▶ 健康保险适用于治疗虫牙，但是不适用于增白。
▶ 충치 치료에는 건강보험이 적용되지만, 미백 치료에는 적용되지 않는다.

■ 保険をかけているとはいえ、商品の盗難には十分注意してください。

▶ Even though it may be covered by insurance, take sufficient care against the theft of merchandise.

▶ 虽说上了保险，但一定要注意商品被盗。

▶ 보험에 들었다고는 하나, 상품 도난에는 충분히 주의해 주십시오.

参 火災保険、生命保険、社会保険、保険に加入する、健康保険証、保険料

1887 | ポジティブ positive / 积极的，主动的 / 긍정적 ～な aaaaa / 中国语 / 한국어 ～する aaaaa / 中国语 / 한국어

■ 彼女のポジティブな生き方は、多くの女性の共感を呼んだ。

▶ Her positive lifestyle struck a sympathetic chord with many women.

▶ 她积极的生活态度引起了多数女性的共鸣。

▶ 그녀의 긍정적인 삶의 방식은 많은 여성의 공감을 불렀다.

■ 会議では、新規出店も話題に上ったが、あまりポジティブな反応はなかった。

▶ The opening of new stores was brought up in the meeting, but there wasn't a very positive reaction to it.

▶ 会议上也议及开设新的分店，但是并没有多少积极的响应。

▶ 회의에서는 신규출점도 화제로 나왔지만, 그다지 긍정적인 반응은 없었다.

1888 | ポシャる㋕ fall through / 失败，泡汤 / 무산되다

■ このまま協力先が見つからないと、企画がポシャってしまう。

▶ If we can't find a collaborator, the plan will fall through.

▶ 如果就这样找不到合作者的话，这个计划就泡汤了。

▶ 이대로 협력처를 찾지 못하면, 기획이 무산되어 버린다.

■ 社長がまだ「うん」と言っていないので、ポシャる可能性もある。

▶ The president hasn't yet said yes, so it's possible it may fall through.

▶ 社长还没有点头说"可以"，所以还是有失败的可能。

▶ 사장님이 아직 「응」이라고 하지 않아서, 무산될 가능성도 있습니다.

1889 | 補修 repair work, mending / 维修 / 보수 ～する repair, mend / 维修 / 보수하다

■ ビルの外壁の補修工事を行います。

▶ We'll be performing repair work on the outer walls of the building.

▶ 进行办公大楼外部维修。

▶ 빌딩 외벽의 보수공사를 실시합니다.

1890 | 補充 supplementation / 加强 / 보충 ～する replenish, replace, supplement / 加强 / 보충하다

■ 営業の戦力が足りないから、補充が必要だ。

▶ Because sales strength is insufficient, it needs supplimentation.

▶ 营业部门的力量不足，有必要进行补充加强。

▶ 영업 전력이 부족해서 보충이 필요하다.

■ この商品は売れ行きがいいので、欠品が出ないように、しっかり補充をしておいてください。

▶ Sales of this product are good, so please keep it replenished so we don't run out of stock.

▶ 该商品卖得不错，为了避免出现缺货，所以要好好的补充货源。

▶ 이 상품은 판매가 좋으니까，품절되지 않도록 확실히 보충해 두세요.

参 欠員補充

1891 | 募集 recruitment, invitation / 招募 / 모집 ～する recruit; invite / 招募 / 모집하다

■ 会社では今、社員とアルバイトを募集している。

▶ At the company we're currently recruiting full-time and part-time employees.

▶ 公司在招聘职员和零工。

▶ 회사에서는 지금，사원과 아르바이트를 모집하고 있다.

■ さくら新聞では、年１回、写真コンテストの作品募集をしている。

▶ At Sakura Newspaper, they're inviting entries into their annual photo contest.

▶ 樱花报社每年征募一次参加摄影大赛的作品。

▶ 사쿠라 신문에서는 연 1회，사진 콘테스트의 작품모집을 하고 있다.

参 人材募集、募集広告、募集要項

1892 | 補助 assistance / 辅助 / 보조 ～する assist / 辅助 / 보조하다

■ ２年間、アルバイトで、広告制作の補助をしていました。

▶ I assisted with advertising production for two years as a part-time employee.

▶ 以打工的形式，做了两年广告制作的辅助工作。

▶ 2년간 아르바이트로 광고 제작 보조를 했었습니다.

■ さくら技術工業は、高齢者向けの補助器具の開発をしています。

▶ Sakura Technical Industries is developing devices to assist the elderly.

▶ 樱花技术工业正在开发针对老年人的辅助器具。

▶ 사쿠라 기술 공업은 고령자를 대상으로 한 보조기구를 개발하고 있습니다.

参 補助タイヤ、補助要員

1893 | 保証 guarantee, warranty / 保证，保修 / 보증 ～する guarantee / 保证，保修 / 보증하다

■ 本製品の保証期間は、１年間です。

▶ The term of warranty for this product is one year.

▶ 本产品的保修期为1年。

▶ 본 제품의 보증기간은 1년간입니다.

■ うまくいくとは100パーセント保証できませんが、まあ大丈夫だと思います。

▶ I can't guarantee 100% that it will go well, but I think it will be alright.

▶ 如果顺利的话，我虽不敢100%的保证，但是我觉得基本没有问题。

▶ 잘 된다고는 100% 보증할 수 없지만，뭐 괜찮을 겁니다.

1894 | 補償（ほしょう） compensation / 补偿 / 보상 ～する compensate / 补偿 / 보상하다

■ この破損（はそん）は当方（とうほう）の責任（せきにん）なので、全額（ぜんがく）補償いたします。

▶ The damage is our responsibility; so we will compensate for the full amount.

▶ 该损坏是我方的责任，我们将全额补偿。

▶ 이 파손은 저희의 책임이므로, 전액 보상해 드리겠습니다.

■ 健康（けんこう）被害（ひがい）が発生（はっせい）した以上（いじょう）、補償問題（もんだい）に発展（はってん）することは避（さ）けられない。

▶ Insofar as a health hazard has occurred, the problem of compensation is unavoidable.

▶ 既然已经出现了损害健康的情况，不可避免地会发展为赔偿问题。

▶ 건강 피해가 발생한 이상, 보상 문제로 발전하는 것은 피할 수 없다.

参 損害補償

1895 | 保障（ほしょう） security / 保障 / 보장 ～する safeguard, guarantee / 保障 / 보장하다

■ 安全（あんぜん）保障は外交（がいこう）の最重要（さいじゅうよう）テーマの一つです。

▶ Security is one of the most important topics in diplomacy.

▶ 安全保障是外交中的一个重要主题。

▶ 안전보장은 외교의 가장 중요한 테마 중 하나입니다.

■ 自由（じゆう）な表現活動（ひょうげんかつどう）は、憲法（けんぽう）で保障されている国民（こくみん）の権利（けんり）です。

▶ Free speech activities are a right guaranteed under the constitution.

▶ 言论自由是受宪法保障的国民权利。

▶ 자유로운 표현 활동은 헌법으로 보장되어 있는 국민의 권리입니다.

参 生活保障、社会保障

1896 | 補足（ほそく） supplement / 补足，补充 / 보충 ～する supplement, add to / 补足，补充 / 보충하다

■ 補足として、資料（しりょう）の最後（さいご）に過去（かこ）10年間（ねんかん）のデータを付（つ）けました。

▶ I have attached data for the past 10 years at the end of the materials as a supplement.

▶ 作为补充，在资料的最后附上了过去10年数据。

▶ 보충으로서, 자료의 마지막에 과거 10년간의 데이터를 첨부했습니다.

■ 今（いま）の山田（やまだ）の説明（せつめい）に、私（わたし）から少（すこ）し補足させていただきます。

▶ I would like to add a little to Ms. Yamada's explanation just now.

▶ 我对山田刚才的说明稍作补充。

▶ 지금의 야마다의 설명에 제가 조금 보충하겠습니다.

1897 | 保存（ほぞん） storage / 保存，保管 / 보존 ～する store, save, keep / 保存，保管 / 보존하다

■ この食品（しょくひん）は、冷凍（れいとう）保存すれば、約（やく）1年間（ねんかん）、品質（ひんしつ）が変（か）わりません。

▶ If kept frozen, there will be no change in the quality of this food item for one year.

▶ 该食品如果冷冻保存的话，近1年都不会变质。

▶ 이 식품은 냉동 보존하면, 약 1년 간 품질이 변하지 않습니다.

■ データはこまめに保存するようにしてください。

▶ Be sure to save your data frequently.

▶ 数据请好好保存。

▶ 데이터는 꼼꼼히 보만하도록 해 주십시오 .

参 保存料、保存方法

1898 | ボツ㋕　rejection / 没被采用 / 무산됨

■ 私が出した企画は結局ボツになって、山田さんのが採用された。

▶ The plan I submitted was rejected in the end, and Ms. Yamada's was accepted.

▶ 我提出的计划最终没被采用，采用的是山田的。

▶ 내가 제출한 기획은 결국 무산되고 , 야마다 씨 것이 채택되었다 .

1899 | ほったらかす㋕　neglect / 扔弃，不管不问 / 방치하다

■ 木村さんは仕事をほったらかして、コンサートに行ってしまった。

▶ Mr. Kimura neglected his work and went to the concert.

▶ 木村扔下工作去音乐会了。

▶ 기무라 씨는 일을 방치해 두고 , 콘서트에 가 버렸다 .

1900 | ホ(ッ)チキス㋑　stapler / 订书机 / 스테이플러

1901 | ポテンシャル　potential / 潜力 / 가능성

■ この分野での経験は少ないですが、ポテンシャルの高さを買って、彼を採用することにしました。

▶ He doesn't have much experience in this field, but we hired him based on his high potential.

▶ 他在这方面的经验比较少，但是考虑到他的潜质就录用了。

▶ 이 분야에서의 경험은 적지만 , 가능성이 높은 점을 사서 그를 채용하기로 했습니다 .

■ A市は、宿泊施設が多く、交通の便もいいので、スポーツイベントの開催地としてのポテンシャルは十分にある。

▶ City A has plenty of lodging and convenient transportation, so there is sufficient potential there as a host location for sporting events.

▶ A市住宿设施很多，交通也很便利，作为体育活动的举办地有很大的潜力。

▶ A 시는 숙박시설이 많고 , 교통도 편리해서 스포츠 이벤트 개최지로서의 가능성은 충분하다 .

1902 | ほどく　undo / 解开 / 풀다

■ このひもは固く結んであって、なかなかほどけない。

▶ This cord is tied tight, and I can't seem to undo it.

▶ 这根绳子绑得很结实，怎么也解不开。

▶ 이 끈은 단단히 묶여 있어서 잘 풀리지 않는다 .

1903 | 骨を折る(慣) laborious / 费力气 / 애쓰다, 수고하다

■ 今回の件では、だいぶ骨を折っていただいたようで、すみませんでした。

▶ Allow me to apologize. It seems that this incident was quite laborious.

▶ 这次的事，让你费了很大的力气，真是过意不去。

▶ 이번 건에서는 매우 애써 주셔서 감사했습니다.

■ 骨が折れる作業なのに、手伝ってくれて有難う。

▶ Thank you for helping me out even though it is such laborious work.

▶ 这是件很费力的工作，你帮我做太感谢了。

▶ 힘든 작업인데 도와 줘서 고마워.

1904 | 保有 possession / 持有 / 보유 ~する own / 持有 / 보유하다

■ A社は、保有する土地と建物の一部を売却する方針だ。

▶ Company A has plans to sell some of the land and buildings that it possesses.

▶ A公司决定将一部分持有的土地和建筑物卖掉。

▶ A 사는 보유하고 있는 토지와 건물 일부를 매각할 방침이다.

1905 | ポリ(略)(ポリエチレン) polyethylene, plastic / 聚乙烯 / 폴리(폴리에틸렌)

■ ポリの容器はこちらのゴミ箱に捨ててください。

▶ Please throw away plastic containers into this trash bin.

▶ 聚乙烯的容器请扔在这个垃圾箱里。

▶ 폴리에틸렌 용기는 이 쓰레기통에 버리세요.

1906 | 保留 pending / 保留 / 보류 ~する put on hold / 保留 / 보류하다

■ 吉田さんは海外勤務を打診されたが、まだ返事を保留している。

▶ Mr. Yoshida sounded out working overseas, but the response is pending.

▶ 吉田被问到愿不愿到海外工作，但他还没有做出答复。

▶ 요시다 씨는 해외근무 얘기를 들었지만, 아직 답변을 보류하고 있다.

■ 新聞広告を出すかどうかは、とりあえず保留にしておいてください。

▶ Please put whether we submit an advertisement or not on hold.

▶ 对于是不是在报纸上登广告暂时持保留意见。

▶ 신문광고를 낼지 어떨지는 우선 보류해 주십시오.

(参) 回答を保留する、判断を保留する

1907 | ボリューム volume / 音量 / 볼륨

■ よく聞こえないので、もう少しボリュームを上げてください。

▶ I can't hear very well, so will you turn up the volume please?

▶ 听不太清，请将音量再稍微调高些。

▶ 잘 안 들리니까 좀 더 볼륨을 높여 주세요.

(参) ボリュームのあるお弁当、ボリュームを減らす、ボリューム満点のハンバーガー、ボリュームアップ

1908 | ホワイトボード[イ]　whiteboard / 白板 / 화이트 보드

1909 | 翻意(ほんい)　reconsideration / 改变主意 / 결심을 바꿈　**~する** reconsider / 改变主意 / 결심을 바꾸다

■ 社長の決意は固く、大幅なリストラの実施を翻意するつもりはなさそうだ。
▶ The president's resolve is firm, and it doesn't look as though he will reconsider going through with the broad restructuring.
▶ 社长的决心很大，似乎没有改变大幅减员的计划。
▶ 사장의 결의는 확고해서, 대폭적인 정리해고의 실행을 바꿀 생각은 없는 것 같다.

■ 市長は辞任の意向を示したが、支持者の強い反対を受け、翻意した。
▶ The mayor had declared he would step down, but reconsidered after receiving the strong reaction from his supporters.
▶ 市长提出辞职的意向，但是在支持者的强烈反对下改变了主意。
▶ 시장은 사임의 의향을 밝혔지만, 지지자의 강한 반대를 받아들여 결심을 바꿨다.

1910 | 本格的(ほんかくてき)　real / 正式的 / 본격적　**~な** full-scale / 正式的 / 본격적인　**~に** in earnest / 正式地 / 본격적으로

■ 予算が通ったら、本格的な作業に入ります。
▶ Once the budget is approved, we'll start the real work.
▶ 一旦通过预算将开始正式的作业。
▶ 예산이 통과되면, 본격적인 작업에 들어갑니다.

■ あの店では、本格的なジャズの生演奏が聞ける。
▶ At that joint you can hear some real jazz performances.
▶ 在那家商店你能听到真正的爵士乐现场表演。
▶ 그 가게에서는 본격적인 재즈 라이브 공연이 열린다.

[参] 本格的に始まる、本格的な作品

1911 | 本日(ほんじつ)　today / 今天 / 오늘

■ 本日はお招きいただきまして、誠にありがとうございます。
▶ I thank you sincerely for inviting me here today.
▶ 今日承蒙邀请十分感谢。
▶ 오늘은 불러 주셔서 진심으로 감사드립니다.

■ 本日２時にお伺いするお約束でしたが、15分ほど遅らせていただけないでしょうか。
▶ I promised to call on you at 2 o'clock today, but could we possibly push that back 15 minutes?
▶ 本约好今天2点去拜访您，但能不能允许我晚到15分钟左右?
▶ 오늘 2 시에 찾아 뵐 약속이었지만, 15 분 정도 늦춰도 될까요?

[参] 本日休業、本日限り、本日中

1912 | 本社(ほんしゃ)　headquarters, head office / 总部 / 본사

■ A社は、本社が東京で、世界10カ国に支社があります。
▶ Company A's headquarters is in Tokyo, and it has branches in 10 countries around the world.
▶ A公司总部在东京，在世界10个国家设有分公司。
▶ A 사는 본사가 도쿄이며, 세계 10 개국에 지사가 있습니다.

1913 本体（ほんたい） body / 主机，本体 / 본체

■ パソコン本体に、管理番号（かんりばんごう）を書（か）いたラベルを貼（は）ってください。

▶ Please put the label with the asset management number on the body of the PC.

▶ 请在电脑主机上贴上写有管理编号的标签。

▶ 컴퓨터 본체에 관리번호를 쓴 라벨을 붙여 주십시오.

■ 非常（ひじょう）に高温（こうおん）になっているので、機械（きかい）の本体には手（て）を触（ふ）れないでください。

▶ It is very hot, so please do not touch the body of the machine.

▶ 温度变得很高，请不要用手触摸机器主机。

▶ 상당히 고온 상태이므로, 기계의 본체에는 손 대지 말아 주십시오.

1914 本人（ほんにん） oneself / 本人 / 본인

■ 高額（こうがく）の送金（そうきん）を行（おこな）う場合（ばあい）は、本人確認（かくにん）が必要（ひつよう）です。

▶ Positive ID is required when transfering a large sum of money.

▶ 汇寄高额费用时，需要本人确认。

▶ 고액의 송금을 할 경우, 본인 확인이 필요합니다.

■ パスポートは、本人でないと受（う）け取（と）れません。

▶ Passports mush be received by the person themselves.

▶ 不是本人的话不能领取护照。

▶ 여권은 본인이 아니면 받을 수 없습니다.

1915 本音（ほんね） real intention / 真心话 / 본심

■ できれば転勤（てんきん）したくないというのが、本音です。

▶ My real feeling is that I do not want to be transferred if possible.

▶ 可能的话不想调动工作，这是真心话。

▶ 가능하면 전근하고 싶지 않은 것이 본심입니다.

参 本音と建前

1916 本番（ほんばん） performance / 实拍，正式表演 / 연습이 아닌 실전 (실제)

■ プレゼンの本番まで、準備期間（じゅんびきかん）があと2週間（しゅうかん）しかない。

▶ There are only two weeks left in preparation time until the actual presentation.

▶ 到正式公开演示为止，准备时间只有2个礼拜了。

▶ 실제 프리젠테이션까지 준비 기간이 앞으로 2주 밖에 없다.

■ 収録（しゅうろく）本番を前（まえ）に、出演者（しゅつえんしゃ）は皆（みな）、緊張（きんちょう）していた。

▶ All of the performers were nervous before the recording of the performance.

▶ 在正式录像之前，演出人员都很紧张。

▶ 실제 녹화를 앞두고, 본방 전에 출연자는 모두 긴장하고 있었다.

参 本番に備える、本番を迎える

1917 | 本末転倒 putting the cart before the horse, get priorities / 本末倒置 / 본말전도

■ コストを下げるために社員の残業が増えるとしたら、本末転倒だ。

▶ If employee overtime increases in order to lower costs, that's putting the cart before the horse.

▶ 为降低成本而增加员工的加班时间是本末倒置的做法。

▶ 비용을 낮추기 위해 사원의 잔업이 늘어 난다고 하면 본말전도이다.

1918 | 翻訳 translation / 翻译 / 번역 ～する translate / 翻译 / 번역하다

■ この本は各国語に翻訳されて、世界中で読まれている。

▶ This book has been translated into each country's languagge, and is read around the world.

▶ 这本书被翻译成了世界各国的语言，在世界各国广为传阅。

▶ 이 책은 각국의 언어로 번역되어, 온 세계에서 읽혀지고 있다.

参 日本語を英語に翻訳する、翻訳家

1919 | マーカー① marker / 作记号用的笔 / 보드 마카

1920 | マーケット market / 市场 / 마켓, 시장

■ 健康食品分野のマーケットが拡大している。

▶ The market of the health food field is expanding.

▶ 保健食品领域的市场正在扩大。

▶ 건강식품 분야 시장이 확대되고 있다.

参 国内マーケット

1921 | マーケティング marketing / 市场 / 마케팅

■ 地方で出店する場合は、その地方にあったマーケティングをすることが大切です。

▶ When setting up shop in a region, it's important to do marketing specific to that region.

▶ 在地方上开设分店的时候，最重要的是要开拓适合当地的市场。

▶ 지방에서 출점하는 경우는, 그 지방에 맞는 마케팅을 하는 것이 중요합니다.

■ どのような市場に需要があるか、マーケティング・リサーチをしてください。

▶ Do some marketing research to see which markets have demand.

▶ 究竟是什么样的市场有需求，请做一下市场调查。

▶ 어떤 시장에 수요가 있는지, 시장 조사를 해 주십시오.

参 マーケティング理論

1922 | 枚数 number of (pages, etc.) / 页数 / 매수

■ さっきファックスを送ったとき、送信枚数を書き忘れた。

▶ When I sent that fax just now, I forgot to write the number of pages sent.

▶ 刚才发传真的时候，忘写发送页数。

▶ 아까 팩스를 보냈을 때, 송신 매수를 쓰는 것을 잊었다.

■ 電子(でんし)マネーを搭載(とうさい)したカードの発行(はっこう)枚数が、大(おお)きく伸(の)びている。

▶ The number of cards issued incorporating electronic money is growing significantly.

▶ 搭载电子货币的卡的发行数量有了很大的增加。

▶ 전자화폐를 탑재한 카드의 발행 매수가 크게 늘고 있다.

1923 | 参(まい)る（←行くの敬語） go / 去（行く的敬语）/ 가다（行く의 겸양어）

■ 明日(あす)の午後(ごご)２時(じ)にそちらに参ります。

▶ I'll go there tomorrow at 2 p.m.

▶ 明日下午2点我去拜访。

▶ 내일 오후 2 시에 그쪽으로 가겠습니다.

1924 | 参(まい)る be floored, be at a loss / 去 / 지다, 곤란하다

■ さすが先生(せんせい)、何(なん)でもご存知(ぞんじ)ですね。参りました！

▶ As always, Professor, you know just about everything. I'm floored!

▶ 真不愧是老师，什么都知道。我真是服了。

▶ 역시 선생님, 무엇이든 아시는군요. 손 들었습니다.

■ えっ！明日(あした)までに見積(みつ)もりがほしい？ 参ったなあ、そんな急(きゅう)に言(い)われても。

▶ What? You want an estimate by tomorrow? I'm at a loss when you ask on such short notice.

▶ 哎！在明天前拿出报价单？ 这真让人受不了。突然提出这样的要求，我怎么能完成呢？

▶ 뭐! 내일까지 견적을 원한다고? 곤란하군. 그렇게 급하게 말하면.

1925 | マウス[パ] mouse / 鼠标 / 마우스

1926 | 前売(まえう)り advanced sale / 预售 / 예매 ~する aaaaaaaaa / 说说说说 / 서서서

■ A航空(こうくう)の特別割引切符(とくべつわりびききっぷ)は、利用当日(りようとうじつ)のみの販売(はんばい)で、前売(まえう)りはしていないそうだ。

▶ Special discount tickets for Airline A are sold only on the day of use, and there is no advanced sale for them.

▶ 听说A航空公司的特价票只在使用当天发售，不进行预售。

▶ A 항공의 특별 할인 티켓은 이용당일에 한해 판매하는 것으로, 예매는 하지 않는다고 한다.

[参] 前売りを始める、前売りチケット

1927 | 前置(まえお)き introduction / 开场白 / 서론 ~する make introductory remarks / 说开场白 / 서론을 말하다

■ 前置きはこれぐらいにして、本題(ほんだい)に入(はい)ります。

▶ We'll leave the introductions at that and head into the main topic.

▶ 开场白就说这些吧，下面我们进入正题。

▶ 서론은 이정도로 하고, 본론으로 들어가겠습니다.

■ あの人はいつも前置きが長(なが)い。

▶ His introductory remarks are always long.

▶ 那个人的开场白总是很长。

▶ 그 사람은 언제나 서론이 길다.

1928 | 前倒し（まえだおし） moving up / 提前 / 앞당김 ~する move up / 提前 / 앞당기다

■ 来月（らいげつ）から作業（さぎょう）に入る予定（よてい）でしたが、少（すこ）し前倒しして、今月（こんげつ）15日（にち）から始（はじ）めることにした。

▶ We were scheduled to begin the work next month, but decided to move it up a little and begin on the 15th of this month.

▶ 本计划从下月开始进入作业，现在稍微提前一些，从本月20号开始。

▶ 다음 달부터 작업에 들어갈 예정이었지만，조금 앞당겨서 이번 달 15 일부터 시작하기로 했다.

■ 新製品（しんせいひん）が爆発的（ばくはつてき）に売（う）れ、生産（せいさん）を前倒しにして対応（たいおう）した。

▶ The new product saw explosive sales, and we moved up production to handle it.

▶ 新产品卖得很好，所以提前生产予以应对。

▶ 신제품이 폭발적으로 팔려，생산을 앞당겨 대응했다.

1929 | 前向き（まえむき） positive, attitude / 积极的、肯定的 / 긍정적，적극적

~な positive / 积极的，肯定的 / 긍정적인，적극적인
~に positively / 积极地，肯定性 / 긍정적으로

■ 田中（たなか）さんは、どんな仕事（しごと）にも前向きに取（と）り組（く）む姿勢（しせい）が評価（ひょうか）されて、チームリーダーに選（えら）ばれた。

▶ Mr. Tanaka was chosen as a team leader because of his good reputation for always having a positive attitude no matter what the job.

▶ 田中先生对待任何工作都积极投入的态度被看好，并被推选为组长。

▶ 다나카 씨는 어떤 일에도 적극적으로 대응하는 자세가 높이 평가되어，팀의 리더로 뽑혔다.

■ 新（しん）システムについては、今年度中（こんねんどちゅう）の導入（どうにゅう）を、前向きに検討（けんとう）します。

▶ Regarding the new system, I will strongly consider purchasing it within this fiscal year.

▶ 有关新系统，要积极地研究今年内引进的问题。

▶ 새로운 시스템에 관해서는 올해 안에 도입할 것을 적극적으로 검토하겠습니다.

1930 | 前もって（まえもって） in advance / 提前，预先 / 미리

■ ミーティングを欠席（けっせき）する場合（ばあい）は、前もって連絡（れんらく）してください。

▶ If you will be absent from the meeting, let me know in advance.

▶ 如缺席会议请提前联系。

▶ 미팅에 결석하는 경우，미리 연락해 주십시오.

■ 1週間（しゅうかん）くらいの休暇（きゅうか）なら、前もって課長（かちょう）に言（い）えば、とれるよ。

▶ If you tell the section chief in advance, you can take a week off for vacation.

▶ 如果仅请1个礼拜左右的假的话，提前给科长说一下就行。

▶ 일주일정도의 휴가라면，과장님께 미리 말하면 휴가를 얻을 수 있을거야.

1931 | 任せる　leave up to, entrust / 委托 / 맡기다

■ この仕事、山田さんが慣れているので、彼女に任せましょう。

▶ Ms. Yamada is familiar with this job, so let's leave it up to her.

▶ 山田已经很熟悉这个工作了，就交给她办吧。

▶ 이 일，야마다 씨가 능숙하니까 그녀에게 맡깁시다．

1932 | まかなう　cover, supply / 维持，筹措 / 조달하다

■ 新プロジェクトは出費が多く、予算内でまかなうのは難しくなってきた。

▶ Expenditures on the new project are substantial, and it has become maintain it under budget.

▶ 新项目的开销很大，很难在预算范围内来维持。

▶ 신프로젝트는 비용이 많이 들어 예산 내에서 조달하는 것은 어려워졌다．

参 費用をまかなう

1933 | 巻き返し　recover / 卷土重来，重振旗鼓 / 반격

■ 低迷が続いていたA社は、今回の新商品で巻き返しを図ろうとしている。

▶ Company A, which was struggling, is trying to recover from setbacks with this new item.

▶ 一直不景气的A公司，希望通过这次的新产品重振旗鼓。

▶ 침체가 계속되고 있던 A 사는 이번 신상품으로 반격을 꾀하려고 하고 있다．

1934 | 巻きが入る 慣　speed up / 提醒 / 재촉받다

■ だいぶ時間が押していたようで、司会者から2、３度巻きが入った。

▶ Apparently being very pressed for time, the MC sped things up two or three times.

▶ 似乎拖了很长时间，主持人曾提醒了我2､3次。

▶ 꽤 시간이 늘어난 듯，사회자로부터 2,3 번 재촉을 받았다．

■ 高橋さんが話し出すと長いので、巻きを入れたほうがいい。

▶ When Mr. Takahashi gets talking he goes on a long time, so you'd better speed things along.

▶ 高桥一说起来就没完，最好还是提醒他一下比较好。

▶ 다카하시 씨가 얘기하면 길어지니까，재촉하는 편이 좋다．

1935 | 紛らわしい　ambiguous, confusing / 易于混淆，含混不清 / 헷갈리다

■ 広告には、ほかの商品と混同されるような、紛らわしい表現は避けてください。

▶ Please avoid using ambiguous expressions in the ad that would confuse it with other products.

▶ 请在广告中避开会和其他商品混杂在一起的含混不清的表达方式。

▶ 광고에는 다른 상품과 혼동되기 쉬운，헷갈리는 표현은 피해 주십시오．

1936 | 摩擦 friction / 摩擦 / 마찰 ～する have friction / 摩擦 / 마찰하다

■ A国とD国は、2国間の貿易摩擦の問題について、近く協議することを決めた。

▶ Countries A and D decided to hold discussions soon on the trade friction between them.

▶ A国和D国两国就两国间的贸易摩擦问题，决定近期进行谈判。

▶ A 국과 D 국은 양국간의 무역마찰 문제에 대해서 곧 협의할 것을 결정했다 .

1937 | まし better than / 比……好些 / 더 나음, 더 좋음 ～な better than / 比……好些的 / 더 나은, 더 좋은

■ こんな少ないボーナスでも、無いよりはましだ。

▶ Even this small bonus is better than nothing.

▶ 就算这么少的奖金，也比没有好些。

▶ 이런 적은 보너스라도 없는 것보다는 낫다 .

1938 | まずい㋐ not good, horrible / 不好，不好办 / 좋지 않다

■ 発売後2カ月で、500台しか売れていないとは、まずいなあ。

▶ Having sold only 500 in the two months after it went on sale isn't good.

▶ 发售后的2个月仅仅售出500台的话太让人难办了。

▶ 판매후 2 개월 동안 500 대밖에 팔리지 않았다니 곤란한데 .

■ 今年の忘年会、バンドのまずい演奏で、盛り上がらなかったね。

▶ This year's year-end party was a dull affair because of the horrible performance by the band.

▶ 由于乐团拙劣的演奏，今年的忘年会没有尽兴。

▶ 올해 송년회 , 밴드의 공연이 별로여서 , 흥이 안 났어 .

参 まずい展開、まずい状況

1939 | マスター master / 掌握，学会 / 마스터 ～する master / 掌握，学会 / 마스터하다

■ このデータはマスターとして保管しますので、必要な場合はコピーをとって使ってください。

▶ I will store this data as the master, so if needed please make and use a copy.

▶ 该数据将作为管理保存起来，如有需要请复制使用。

▶ 이 데이터는 마스터로서 보관하기 때문에 필요한 경우는 복사를 해서 써 주십시오 .

■ 新しいプリンターの使い方をマスターしましたか？

▶ Have you mastered how to use the new printer?

▶ 已经掌握新打印机的使用方法了吗?

▶ 새로운 프린터 사용법을 마스터했습니까 ?

1940 まちまち vary / 不同，不一样 / 가지각색　～な diverse / 不一样的 / 가지각색

■ 今朝の販売戦略会議は、担当地域によって意見がまちまちで、全然まとまらなかった。

▶ Opinions varied by region in this morning's sales strategy meeting, and nothing was concluded.

▶ 今天早晨所召开的销售策略会议，由于负责各地区的意见各不相同，所以没能形成统一的意见。

▶ 오늘 아침 판매전략 회의는 담당지역에 따라 의견이 가지각색이여서 전혀 정리되지 않았다.

■ 新型テレビ XY の値段を調べたら、店によってまちまちでした。

▶ When I looked up the price of the new model TV XY, it varied from store to store.

▶ 对新型电视XY的价格进行调查时发现每个商店都不相同。

▶ 신형 텔레비전 XY 의 가격을 조사했더니 가게마다 달랐습니다.

1941 窓口 teller / 窗口，联系人 / 창구，담당

■ 昼休みに銀行に行ったら、窓口が込んでいて、30 分も待たされちゃった。

▶ I went to the bank during lunch, but the teller was crowded and I had to wait 30 minutes.

▶ 午休时去了银行，没想到窗口人很多，等了30分钟。

▶ 점심시간에 은행에 가니，창구가 붐벼서 30 분이나 기다렸다.

■ 先方とのやりとりは、鈴木さんが窓口になっています。

▶ Mr. Suzuki is the point of contact in our discussions with the other party.

▶ 和对方之间的联系，由铃木负责。

▶ 상대편과의 연락은 스즈키 씨가 담당하고 있습니다.

参 相談窓口、連絡の窓口、窓口係、問い合わせの窓口

1942 まとまる be settled / 凑齐，一致 / 정리되다

■ B 社との交渉は、時間がかかったけど、ようやく話がまとまった。

▶ Negotiations with Company B took time, but discussions were finally settled.

▶ 和B公司的谈判虽然花了很长时间，但是总算取得了较好的结果。

▶ B 사와의 교섭은 시간이 걸렸지만，겨우 이야기가 결말이 났다.

■ 機械を買い換えるには、まとまったお金が必要です。

▶ A sizeable amount of money is needed to purchase replacement machines.

▶ 要换购机器需要齐整的资金。

▶ 기계를 새로 바꿀 때는 목돈이 필요합니다.

1943 まとめる arrange, collect up / 汇总 / 정리하다

■ 企画内容を、A4、1 枚にまとめてください。

▶ Arrange the content of the plan on one A4 sheet.

▶ 请把计划内容汇总到一张A4纸上。

▶ 기획 내용을 A4 1 장에 정리해 주십시오.

■ 次回(じかい)のミーティングまでに、部内(ぶない)の意見(いけん)をまとめておいてください。

▶ Please bring together the opinions in the department by the next meeting.

▶ 请在下次会议之前汇总一下部内的意见。

▶ 다음 미팅까지는 부서 내의 의견을 정리해 두십시오.

参 表にまとめる、簡潔にまとめる、荷物をまとめる

1944 | マニュアル manual / 手册 / 매뉴얼

■ アンチウィルスのソフトを、マニュアルに従(したが)ってインストールしてください。

▶ Please follow the manual to install the anti-virus software.

▶ 请按说明书安装反病毒软件。

▶ 안티 바이러스 소프트웨어를 매뉴얼에 따라 인스톨해 주십시오.

参 マニュアルどおり、接客マニュアル

1945 | マネージメント management / 管理 / 매니지먼트(경영 관리) ~する manage, supervise / 管理 / 매니지먼트 하다

■ 山田(やまだ)さんは、制作(せいさく)のスキルはあるけど、マネージメントの経験(けいけん)はないようです。

▶ It seems that Mr Yamada is inexperienced in management although he has skills in production.

▶ 山田先生虽然有制作的技术，似乎没有管理经验。

▶ 야마다 씨는 제작 기술은 있지만, 경영 관리 경험은 없는 것 같습니다.

1946 | まめ diligence / 认真，勤恳 / 꼼꼼함 ~な diligent / 纤细的 / 꼼꼼한 ~に diligently / 纤细 / 꼼꼼히

■ プロジェクトの進捗状況(しんちょくじょうきょう)は、部長(ぶちょう)にまめに報告(ほうこく)したほうがいいですよ。

▶ You should diligently report the progress status of the project to the department manager.

▶ 你最好认真向部长汇报项目进展状况。

▶ 프로젝트의 진척상황은 부장님께 꼼꼼히 보고 하는게 좋아.

■ 小山(こやま)さんはまめだから、控(ひか)えをとっているはずです。

▶ Ms. Koyama is diligent, so she should have a copy.

▶ 小山很认真，他肯定留了副本。

▶ 고야마 씨는 꼼꼼해서, 사본을 떠 놨을 거예요.

参 まめな性格、まめに連絡する

1947 | マル秘(ひ) confidential / 绝秘 / 극비

■ この情報(じょうほう)はマル秘ですので、外(そと)には漏(も)らさないでください。

▶ This information is confidential, so please do not leak it to outside parties.

▶ 这个情报是绝秘，所以不要泄漏给外人。

▶ 이 정보는 극비이므로, 외부에는 누설하지 마십시오.

参 マル秘扱い、マル秘文書

1948 | 回す（まわす） forward, send around / 传递 / 돌리다

■ その書類（しょるい）、見（み）たら、ほかの人（ひと）にも回してください。

▶ Please forward it to other people when you've looked through the document.

▶ 这个资料看完后，请传给其他人。

▶ 이 서류를 보면，다른 사람에게도 돌려 주세요.

1949 | まわりくどい roundabout, indirect / 拐弯抹角 / 돌려 말하다

■ 回（まわ）りくどい言（い）い方（かた）は誤解（ごかい）のもとなので、ストレートに言（い）ったほうがいい。

▶ Saying things in a roundabout way is the cause of misunderstanding, so it's best to say things directly.

▶ 拐弯抹角的说法肯定会招来误解，所以你最好直接了当地说。

▶ 돌려 말하는 표현은 오해하기 쉬우니까 직접적으로 말하는 편이 좋다.

1950 | 万一（まんいち） rare case, off chance / 万一 / 만일

■ 万一、データがなくなったら大変（たいへん）なので、必（かなら）ずバックアップを取（と）っておいてください。

▶ Be sure to make a backup for the rare case that data becomes lost.

▶ 一旦数据丢失的话就不好办了，所以一定要留备份。

▶ 만일 데이터가 없어지면 큰일이니까，반드시 백업해 두십시오.

■ うちの会社（かいしゃ）では、万一の場（ば）合（あい）に備（そな）えて、非常用（ひじょうよう）の水（みず）、食糧（しょくりょう）、ヘルメットなどを用意（ようい）している。

▶ At our company we have prepared emergency water, food, helmets, etc. to provide against any emergency.

▶ 我们公司为预防万一，准备了应急用的水、粮食和安全帽等东西。

▶ 우리 회사에서는 만일의 경우에 대비해서，비상용의 물，식량，헬멧 등을 준비하고 있다.

1951 | 満期（まんき） maturity, expiration / 到期 / 만기

■ 定期預金（ていきよきん）が、4月（がつ）30日（にち）で満期になる。

▶ The fixed deposit matures on April 30.

▶ 定期存款4月30日到期。

▶ 정기예금이 4 월 30 일로 만기가 된다.

1952 | マンネリ㊫（マンネリズム） be in a rut / 模式化 / 매너리즘，천편일률

■ 最近（さいきん）、あの番組（ばんぐみ）はマンネリで、おもしろくなくなった。

▶ Recently, that TV program is in a rut and is not interesting at all.

▶ 最近，那个节目模式化了，没有意思了。

▶ 최근，그 프로그램은 천편일률적이어서 재미없어졌다.

1953 | 見合（みあ）わせる put off / 作罢 / 보류하다

■ 忙（いそが）しいので、パーティーへの出席（しゅっせき）を見合わせることにした。

▶ I'm busy so I put off attending the party.

▶ 因为很忙，所以决定不去参加宴会了。

▶ 바빠서 파티 출석을 보류하기로 했다.

1954 | 見送る pass up / 放过，搁置 / 보류하다

■ 残念ですが、フェアへの出展は、今回は見送り、また次の機会に検討したいと思います。

▶ Unfortunately we will be passing up having a booth in the fair, and would like to consider it for the next opportunity.

▶ 很遗憾，我们不参加此次展览会了，下次我们考虑参加。

▶ 아쉽지만, 전시회에 출전하는 것은 이번에는 보류하고 다음 기회에 검토하고 싶습니다.

参 採用を見送る、開催を見送る

1955 | 見返り collateral, trade-off / 相抵的东西，补偿 / 담보

■ A 国は、B 国に対し、資源獲得の見返りとして、経済支援を行うことを決めた。

▶ Country A decided to lend economic support to Country B with the acquisition of natural resources as a trade-off.

▶ 作为获取资源的补偿，A国决定对B国进行经济援助。

▶ A 국은 B 국에 대해 자원획득의 담보로써 경제지원을 할 것을 결정했다.

参 見返りを求める

1956 | 右端 the right end, edge / 右端 / 오른쪽끝

1957 | 見切り abandon, give up on / 放弃 / 단념함

■ A 社は、採算の取れない部門に見切りをつけて、事業再編を行うことを発表した。

▶ Company A announced it is abandoning its unprofitable divisions, and will be restructuring its business.

▶ A公司宣称，将放弃不合算的部门并进行事业重组。

▶ A 사는 채산이 맞이 않는 부분을 단념하고, 사업 재편을 할 것을 발표했다.

■ 今回のプロジェクト、一部、決裁が下りてないけど、時間がないので、見切り発車で始めたよ。

▶ We don't yet have approval for part of the current project, but since we don't have time, we have gotten underway without further consideration.

▶ 此次部分项目还没有获得审批，由于没有时间了我们没有充分考虑就匆忙上马了。

▶ 이번 프로젝트, 일부 결재가 나지 않았지만, 시간이 없으니까 일단 제쳐두고 시작했어.

1958 | 見込み prospect, prospective / 希望，计划，估计 / 예상，전망，장래성

■ 15日までに来期の売り上げ見込みを立ててください。

▶ Please set your prospective sales for next term by the 15th.

▶ 请在15日前制定下期销售估算。

▶ 15 일까지 다음 시기의 매상 전망을 세워 주십시오.

■ 新しく入った中島さんは、なかなか見込みのある若者です。

▶ Mr. Nakajima who just joined us is a young man with good prospects.

▶ 新来的中岛是一个很有前途的年轻人。

▶ 새로 들어온 나카지마 씨는 꽤 장래성이 있는 젊은이입니다.

参 見込み違い、見込み客 prospective customers / 潜在客人 / 예상 고객

1959 | ミスプリント（ミスプリ略） misprint / 打印错误 / 미스프린트

■ お手元の資料に、1個所ミスプリントがありますので、訂正をお願いいたします。

▶ There is one misprint on the materials in your hands, so please make the correction.

▶ 您手头的资料中有一个打印错误，请予以订正。

▶ 갖고 계신 자료에, 1군데 미스프린트가 있으므로, 정정 부탁드립니다.

■ 大事な書類の数字を間違えるなんて！ 単なるミスプリでは済まされないよ。

▶ I can't believe you made a mistake on the numbers in this important document! This can't be treated as just a misprint.

▶ 这么重要的文件竟然弄错了数字！ 这不是辩解说是打印错误就能了事的！

▶ 중요한 서류의 숫자를 틀리다니! 단순한 미스프린트로는 끝나지 않아.

1960 | 見出し heading, headline, entry / 目录，词条 / 표제어，색인

■ このレポート、項目ごとに見出しを付けたほうが分かりやすいんじゃない？

▶ Wouldn't it be easier to understand if you put a heading for each item in this report?

▶ 该报告按照项目列出索引是不是更容易懂些？

▶ 이 레포트, 항목별로 표제어를 넣는 편이 알기 쉽지 않아?

■ さくら出版の英和辞典は、見出し語の数が7万です。

▶ Sakura Publishing's English-Japanese dictionary has 70,000 entries.

▶ 樱花出版社的英日词典的词条数为7万。

▶ 사쿠라 출판의 영일사전은 표제어 수가 7만자입니다.

参 新聞の見出し

1961 | 身だしなみ personal appearance / 打扮 / 몸가짐

■ 社会人は身だしなみが大切です。

▶ Personal appearance is important for members of society.

▶ 社会人的着衣打扮是很重要的。

▶ 사회인은 몸가짐이 중요합니다.

■ お客様に接する部門の社員は、常に身だしなみに注意してください。

▶ Employees in divisions that come in contact with customers should take care about their personal appearance.

▶ 和顾客打交道的部门职员要注意自己平时的打扮。

▶ 고객을 대하는 부문의 사원은 항상 몸가짐에 주의해 주십시오.

1962 | 未知数(みちすう) unknown quantity / 未知数 / 미지수

■ 社長(しゃちょう)が退任(たいにん)して、息子(むすこ)が後(あと)を継(つ)いだけど、力量(りきりょう)は未知数だね。

▶ The president retired and his son took over, but his ability is unknown.
▶ 社长卸任，儿子接班，但其能力还是未知数。
▶ 사장이 퇴임해서 아들이 뒤를 이었지만, 역량은 미지수야.

1963 | 密(みつ) close / 密切 / 긴밀함, 밀접함
~な close / 密切的 / 긴밀한
~に closely / 密切地 / 긴밀하게

■ 行(い)き違(ちが)いがないように、先方(せんぽう)と密に連絡(れんらく)を取(と)ってください。

▶ Please contact the other party carefully so that there is no misunderstanding.
▶ 请和对方密切联络，以防误会。
▶ 착오가 없도록 상대방과 긴밀히 연락하세요.

1964 | 見積(みつ)もり estimate / 打扮 / 견적

■ 概算(がいさん)でいいので、まずは見積もりをとってください。

▶ Even a rough one is fine, but please get an estimate.
▶ 粗略的计算也可以，先给我一个报价。
▶ 어림셈으로 괜찮으니까, 우선 견적을 내 주십시오.

参 相見積もり、見積もりの段階

1965 | 見積(みつ)もる estimate / 估价，预测 / 견적을 내다

■ 最初(さいしょ)の段階(だんかい)なので、若干多(じゃっかんおお)めに見積もってあります。

▶ It's still in the initial stages, so it's estimated a little high.
▶ 尚处于初级阶段，所以稍微多估算了一些。
▶ 처음 단계이므로 약간 크게 견적을 냈습니다.

1966 | 未定(みてい) undecided, unknown / 未定 / 미정

■ 次回(じかい)の入荷(にゅうか)は、まだ未定です。

▶ I don't know when the next shipment will be in.
▶ 下次到货还没有确定。
▶ 다음 번의 입하는 아직 미정입니다.

■ 次回イベントの開催(かいさい)は来年(らいねん)4月(がつ)に決定(けってい)しましたが、場所(ばしょ)については未定です。

▶ We decided to hold the next event in April of next year, but the location is still undecided.
▶ 已决定在明年4月举办下次活动，但具体地点还没有定。
▶ 다음 이벤트 개최는 내년 4월로 결정했지만, 장소는 아직 미정입니다.

1967 | 見通(みとお)し prospect; expectation / 预料，推测 / 전망

■ 事故発生(じこはっせい)から1時間(じかん)もたつのに、まだ復旧(ふっきゅう)の見通しが立(た)っていない。

▶ Even though an hour has passed since the accident, there still are no prospects for recovery.
▶ 事故发生到现在已经过去一个小时了，但是修复工作还没有完。
▶ 사고발생에서 1시간이나 지났는데, 아직 복귀의 전망이 보이지 않는다.

■ 今期の業績は、前期に比べて大幅に改善する見通しだ。

▶ Business results from this term are expected to improve greatly over last term's.

▶ 估计本期业绩将比上期有大幅改善。

▶ 이번 시기의 업적은 전기에 비해 크게 개선될 전망이다.

参 見通しを立てる、明るい見通し、見通しが暗い

1968 | 見直し reconsideration, check / 重新考虑，重新看 / 재검토

■ 間違いがないか、もう一度原稿の見直しをしたほうがいい。

▶ You'd better check over the manuscript one more time to make sure there are no mistakes.

▶ 你最好重新看一下原稿检查一下有没有错误。

▶ 틀린 것이 없는지 다시 한 번 원고의 재검토를 하는 것이 좋다.

■ 従業員の能力や実績が的確に反映されるよう、給与体系の見直しを図る必要がある。

▶ We need to reconsider the salary structure to accurately reflect employee abilities and results.

▶ 为了合理地反映出工作人员的能力和实际业绩，有必要对工资体系进行重新改订。

▶ 종업원의 능력이나 실적이 정확하게 반영되도록 급여체계의 재검토를 도모할 필요가 있다.

1969 | 見直す reconsider; give a second look / 重新考虑 / 재점검하다

■ 今回のプロジェクトは、予算縮小のため、計画を一から見直す必要がある。

▶ The budget is tight, so we will have to reconsider the plan for this project from the very beginning.

▶ 因为缩小了预算，此次项目需要重新研究。

▶ 이번 프로젝트는 예산 축소때문에 계획을 처음부터 재검토할 필요가 있다.

■ マンションなどコンクリート集合住宅が増える中で、木造建築の良さが見直されている。

▶ Amongst the increasing concrete condominiums, the merits of wooden buildings are getting a second look.

▶ 公寓等混凝土集体住宅不断增多，在这种情况下人们重新考虑木结构建筑的好处。

▶ 맨션 등 콘크리트 집합주택이 늘고 있는 가운데, 목조건축의 장점이 재인식되고 있다.

1970 | 未納 unpaid / 没缴纳 / 미납

■ A協会から年会費が未納になっているという通知が来た。

▶ A notice came from Association A that the annual membership fee is unpaid.

▶ A协会来通知说没有缴纳会费。

▶ A 협회로부터 연회비가 미납되었다는 통지가 왔다.

1971 | 未払い　unpaid / 未支付 / 미불

■ アルバイト先の会社が経営不振で、先月の給料が未払いになっている。

▶ The company he works part-time at has been unprofitable, so he was not paid his wages last month.

▶ 打工处的公司经营不善，上月的工资还未支付。

▶ 아르바이트하는 회사가 경영부진으로 지난 달 급여가 아직 지불되지 않았다.

1972 | 身分　rank / 身份 / 신분

■ 申込手続には、免許証やパスポートなど、身分を証明するものが必要です。

▶ Identification such as a driver's license or passport is necessary for application procedures.

▶ 申请手续需要可以证明身份的驾驶证、护照等。

▶ 신청 수속에는 면허증이나 여권 등 신분을 증명할 물건이 필요합니다.

[参] 身分証明書、身分保証

1973 | 見本　sample / 样本 / 견본

■ パンフレットだけでは感じがよく分からないので、見本を送っていただけませんか。

▶ It's hard to get a sense of it from just the pamphlet, so could you send a sample?

▶ 光看宣传册的话没有实际感觉，能不能寄来样品看看?

▶ 팸플릿만으로는 느낌을 잘 모르겠으니，견본을 보내주시겠습니까?

[参] 商品見本、見本展示

1974 | 見本市　trade fair / 展览会 / 견본시장, 상품 전시회

■ 東京都の主催で、アニメの見本市が行われた。

▶ An anime trade fair was held by Tokyo.

▶ 东京都主办了动画片展览会。

▶ 도쿄도의 주최로，애니메이션 견본 시장이 개최되었다.

■ 今回の見本市に出展した企業は、200社以上に上った。

▶ The number of companies participating in this trade fair were over 200.

▶ 参加此次展览会的企业超过了200多家。

▶ 이번 견본 시장에 출전한 기업은 200 회사 이상에 달했다.

1975 | ～未満[接]　less than / 未满 / ～미만

■ 送料は、ご注文の合計金額が10,000円未満の場合は600円、10,000円以上の場合は無料になります。

▶ The shipping cost is 600 yen if the total order is less than 10,000 yen, and free of charge with orders over 10,000 yen.

▶ 如果您的购物款总计不满10000日元，需要600元的运费，如果超过了10000日元，免费送货。

▶ 배송료는 주문 합계금액이 10000 엔 미만의 경우는 600 엔，10000 엔 이상인 경우는 무료입니다.

■ 16歳以上20歳未満の方は、ツアーに参加できますが、保護者の同意書が必要です。

▶ People between the ages of 16 and 19 may participate in the tour, but a letter of consent from a guardian is required.
▶ 16岁到不满20岁的人也可以参加团体旅行，但是需要监护人的同意书。
▶ 16 세 이상 20 세 미만의 분은 투어에 참가할 수 있지만, 보호자의 동의서가 필요합니다.

1976 | 明後日（みょうごにち）

day after tomorrow / 后天 / 모레

■ 明後日にお伺いします。

▶ I'll call on you the day after tomorrow.
▶ 后日去拜访。
▶ 모레 찾아뵙겠습니다.

1977 | 明日（みょうにち）

tomorrow / 明天 / 내일

■ この件については、明日改めてご連絡申し上げます。

▶ I will contact you again tomorrow concerning this matter.
▶ 明天重新跟您联系。
▶ 이 건에 관해서는 내일 다시 연락드리겠습니다.

1978 | 民営（みんえい）

private / 民营 / 민영

■ 公共性の高い事業を民営化することについては、賛否両論ある。

▶ There are arguments for and against the privatization of highly public industries.
▶ 将公共性高的产业民营化，有赞同和反对两种意见。
▶ 공공성이 큰 사업을 민영화하는 것에 대해서는 찬반 양론이 있다.

1979 | 民間（みんかん）

private (sector) / 民间 / 민간

■ 国と民間企業との間で、もっと人事交流を増やすべきだ。

▶ They should increase the exchange of people between public and private companies.
▶ 政府和民间企业之间应进一步增加人事交流。
▶ 국가와 민간기업과의 사이에서 좀더 인사교류를 늘려야 한다.

■ 業務の一部が、民間に委託されることになった。

▶ Part of the work will be consigned to the private sector
▶ 部分业务委托给民间进行。
▶ 업무의 일부가 민간에 위탁받게 되었다.

参 民間施設、民間人

1980 | ～向け（むけ） 接

for / 面向 / ～대상

■ この不動産会社は、高齢者向けの賃貸住宅を多数紹介しています。

▶ This real estate company introduces many rental residences for seniors.
▶ 这家房地产公司，大多介绍面向老年人的租借住宅。
▶ 이 부동산 회사는 고령자를 대상으로 한 임대주택을 다수 소개하고 있습니다.

1981 | 無効（むこう） void, invalid / 无效 / 무효

■ 4月1日以降、現在お使いのIDとパスワードが無効になります。
▶ After April 1, your current ID and password will expire.
▶ 4月1日以后，现用的ID和密码将失效。
▶ 4월1일 이후, 현재 사용하시는 ID와 비밀번호가 무효가 됩니다.

■ 捺印がない申し込み契約書は無効です。
▶ Unsigned contract applications are invalid.
▶ 没有盖章的申请合同书是无效的。
▶ 날인이 없는 신청 계약서는 무효입니다.

1982 | 無償（むしょう） free of charge / 无偿，免费 / 무상

■ 本データは無償で提供していますが、利用は非営利目的に限ります。
▶ We are offering this data free of charge, but its use is limited to non-profit purposes only.
▶ 本数据可免费提供，但是其使用仅限于非盈利目的。
▶ 본 데이터는 무상으로 제공하고 있습니다만, 이용은 비영리목적에 한합니다.

■ ご購入1年以内の故障については、無償で修理をいたします。
▶ Repairs will be done free of charge for malfunctions within one year of purchase.
▶ 购买后1年内的故障将免费维修。
▶ 구입하시고 1년이내의 고장에 대해서는 무상으로 수리해 드립니다.

参 無償貸与

1983 | 結びつき（むすびつき） relationship, ties, connection / 关系，关联 / 결속，연결

■ 地域との結びつきを重視する企業が増えている。
▶ Companies that place importance on their relationship to the region are increasing.
▶ 重视和地方关系的企业增多了。
▶ 지역과의 결속을 중시하는 기업이 늘고 있다.

■ A国は、政治的にも経済的にも日本との結びつきが強く、今後も日本にとって重要なパートナーだ。
▶ Country A's political and economic ties to Japan are strong, and they will continue to be an important partner for Japan.
▶ A国不论在政治上还是在经济上都和日本有密切的关系，对于日本而言今后是一个很重要的伙伴。
▶ A국은 정치적으로도 경제적으로도 일본과의 결속이 강하고 앞으로도 일본에게 있어 중요한 파트너이다.

1984 | 無断（むだん） without permission, unauthorized / 擅自，未经允许 / 무단

■ 会社の備品を無断で社外に持ち出すことはできません。
▶ You may not take company property out of the company without permission.
▶ 不经允许不能将公司的备品拿出公司。
▶ 회사의 비품을 무단으로 밖으로 가져갈 수 없습니다.

■ A社は、キャラクターの無断使用で訴えられた。

▸ Company A was sued for the unauthorized use of a character.

▸ A公司因未经许可而擅自借用名人宣传而被起诉。

▸ A 사는 캐릭터의 무단사용으로 고소당했다.

[参] 無断借用、無断欠勤、無断外出

1985 | 無料　free / 免费 / 무료

■ 下記期間内にご入会の方に限り、入会金は無料になります。

▸ Entry fee is free only to those who join up during the period noted below.

▸ 在下述日期内入会的顾客将不收取入会费。

▸ 하기 기간내에 입회비는 분에 한해, 입회비는 무료입니다.

■ 1階のロビーで、コーヒーの無料サービスをしている。

▸ There is a free coffee service in the 1st floor lobby.

▸ 1楼大厅免费提供咖啡。

▸ 1층 로비에서 커피 무료 서비스를 하고 있다.

1986 | 目新しい　new, novel / 全新，崭新 / 새롭다

■ この制度は、いくつかの企業ではすでに導入されていて、特に目新しいことではない。

▸ Several companies are already implementing this system, and it's not particularly new.

▸ 该制度已被几家公司导入，所以不是什么特别新鲜的事。

▸ 이 제도는 몇 개의 기업에서는 이미 도입되어 있어서, 별로 새로운 것은 아니다.

■ 目新しさを狙うばかりで、質の向上を忘れていたら、お客様の心は掴めない。

▸ If all you do is aim for novelty at the expense of quality improvements, you won't gain the customer's heart.

▸ 仅追求新奇而忘记了提高产品质量的话，还是不能笼住客户的心。

▸ 새로운 것만 노리고 질의 향상을 잊어버리면, 고객의 마음은 잡을 수 없다.

1987 | 銘柄　brand, stock / 品牌 / 상표, 브랜드

■ 日本酒で特に好きな銘柄はありますか?

▸ Do you have a particularly favorite brand of Japanese saké?

▸ 在日本酒中有没有特别喜欢的品牌?

▸ 일본술에서 특히 좋아하는 상표는 있습니까?

■ 上場株の内、当社が選定した約50銘柄の中からお好きな銘柄を選ぶことができます。

▸ You can choose a stock you like from among the roughly 50 selected by our company from those that are listed.

▸ 上市股票中，可以从本公司所选定的约50种股票中任选其中所喜欢的。

▸ 상장주식 중, 당사가 선정한 약 50개의상표 중에서 좋아하는 상표를 고를 수 있습니다.

[参] 銘柄を指定する、有名銘柄、高級銘柄

1988 | 明記（めいき） specification, clear indication / 写明 / 명기 ～する specify, indicate clearly / 写明 / 명기하다

■ 参加希望の方は、はがきに住所、氏名、電話番号を明記の上、お申し込みください。

▶ Those who wish to participate should apply by sending a postcard with their address, name and telephone number clearly indicated.

▶ 希望参加的人请在明信片上注明地址、姓名和电话号码后申请。

▶ 참가를 희망하시는 분은 엽서에 주소, 성명, 전화번호를 명시한 뒤, 신청해 주십시오.

1989 | 明細（めいさい） details, specifics / 明细 / 명세

■ 出張精算をするときは、レシートと明細を付けてください。

▶ When settling business trip costs, please attach receipts and details.

▶ 出差结算的时候，请附上收据和明细。

▶ 출장정산을 할 때는, 영수증과 명세를 첨부해 주십시오.

参 給与明細、請求明細、明細書

1990 | 名刺（めいし） business card / 名片 / 명함

■ お名刺を頂戴できますでしょうか。

▶ May I have your business card?

▶ 可以给我您的名片吗

▶ 명함을 받을 수 있습니까?

■ 大勢の人と名刺交換をしたから、顔をよく思い出せない人もいる。

▶ I exchanged business cards with a lot of people, so I don't remember some of their faces well.

▶ 因为和很多人交换了名片，所以不记得的人也有。

▶ 많은 사람과 명함 교환을 해서 얼굴이 잘 생각나지 않는 사람도 있다.

1991 | 名称（めいしょう） name / 名称 / 명칭

■ シンボルキャラクターの名称は、「コロちゃん」に決定しました。

▶ We decided on Koro-chan for the symbol character name.

▶ 代言形象人的名字定为"小顷"。

▶ 심벌캐릭터의 명칭은「코로짱」으로 결정되었다.

■ 東京タワーの正式名称は、「日本電波塔」です。

▶ Tokyo Tower's official name is Japan Radio Tower.

▶ 东京塔的正式名称是"日本电波塔"。

▶ 도쿄타워의 정식명칭은「일본전파탑」입니다.

1992 | 名簿（めいぼ） roll, directory / 名册 / 명부

■ 会員名簿を見れば、連絡先が分かると思います。

▶ If you check the membership directory, I think you'll find their contact information.

▶ 我想看到职员名册的话，就知道联系地址了。

▶ 회원명부를 보면, 연락처를 알 수 있을 것입니다.

1993 | 目上　superior / 上司或长辈 / 윗사람

■ 石田さんは、目上の人に対する言葉遣いが全然なっていない。

▶ The language Ms. Ishida uses towards her superiors is completely out of place.

▶ 对长辈和上司的措辞，石田完全不行。

▶ 이시다 씨는 윗사람에 대해 사용하는 말씨가 전혀 되어 있지 않다.

■ 名刺交換をするときは、目上の人より先に、自分から差し出すのがマナーです。

▶ When exchanging business cards, it is proper manners to hand your card before the superior gives you theirs.

▶ 交换名片时礼貌的做法是自己要先于长辈或上司递出名片。

▶ 명함 교환을 할 때는, 손윗사람보다 먼저 자기 것을 주는 것이 매너이다.

1994 | 目指す　aim / 以……为目标 / 목표하다

■ 現在、1級合格を目指して、勉強中です。

▶ I'm currently studying to pass level 1.

▶ 为通过一级现在正在努力学习。

▶ 현재, 1급 합격을 목표로 공부하는 중입니다.

■ 弊社は、5年以内の上場を目指しています。

▶ Our company is aiming to get listed on the exchange within five years.

▶ 本公司以5年之内上市为目标。

▶ 저희 회사는 5년 이내에 상장을 목표로 하고 있습니다.

1995 | 目印　sign, mark / 记号，标记 / 표시

■ 近くに何か目印になるような建物はありますか。

▶ Is there a building nearby to serve as a landmark?

▶ 附近有什么标志性的建筑吗。

▶ 가까운 곳에 뭔가 표시가 될 만한 건물은 있습니까?

■ 空港で荷物を預ける際、目印を付けておくと、ピックアップのとき、分かりやすい。

▶ If you mark your luggage when checking it in at the airport, it is easier to find when you pick it up.

▶ 在机场寄存货物的时候，做上记号的话，我的时候就很容易找到。

▶ 공항에서 짐을 맡길 때 표시를 해 두면 픽업할 때 알기 쉽다.

1996 | 目線　position / 角度 / 시선

■ 常に消費者の目線で商品開発を進めています。

▶ We carry out product develop ment while always keeping the consumer in mind.

▶ 经常从消费者的角度看，进行商品开发。

▶ 항상 소비자의 시선으로 상품개발을 진행시키고 있습니다.

1997 目玉(めだま)　eye, featured / 热门货 / 관심을 끄는 것

■ 今月(こんげつ)の目玉商品(しょうひん)は、青空電気(あおぞらでんき)の薄型大画面(うすがただいがめん)テレビです。

▶ This month's featured product is an Aozora Electronics big screen flat panel TV.

▶ 这个月的热门货是青空电器的超薄大屏幕的电视机。

▶ 이번 달 특매품은 아오조라전기의 얇은 대화면 텔레비전입니다.

■ 来月(らいげつ)オープンする「森(もり)の美術館(びじゅつかん)」は、観光(かんこう)の目玉になると期待(きたい)されている。

▶ It is hoped that the Forest Art Museum that opens next month will become a featured tourist spot.

▶ 下月开放的"森美术馆"被期待成为观光热点。

▶ 다음 달 오픈하는「숲속 미술관」은 관광객의 관심을 끌 것이라고 기대되고 있다.

1998 メディア　media / 媒体 / 미디어

■ 広告(こうこく)を出(だ)す場合(ばあい)、インターネット、携帯電話(けいたいでんわ)、CD-ROMなど、どのメディアを使(つか)うかによって、制作費(せいさくひ)も変(か)わってくる。

▶ When putting out an ad, production costs differ depending on which media you use, such as the internet, mobile phones, and CD-ROMs.

▶ 做广告的时候，根据使用网络、手机、光盘等媒介的不同，制作费也不一样。

▶ 광고를 낼 경우 인터넷, 휴대 전화, CD 롬 등, 어떤 미디어를 사용하는가에 따라 제작비도 달라진다.

■ 不特定多数(ふとくていたすう)が対象(たいしょう)になる場合(ばあい)、メディア戦略(せんりゃく)はとても重要(じゅうよう)だ。

▶ A media strategy is very important when targeting the general public.

▶ 以非特定多数为对象时，战略手段很重要。

▶ 불특정다수가 대상인 경우, 미디어 전략은 매우 중요하다.

参 マスメディア、広告メディア

1999 めど　aim, outlook / 眉目 / 목표, 전망

■ さくらスーパーは、地震(じしん)の影響(えいきょう)でしばらく休業(きゅうぎょう)していたが、ようやく営業再開(えいぎょうさいかい)のめどが立(た)ったようだ。

▶ Sakura Supermarkets was closed for business for a while due to the earthquake, but apparently finally aims to reopen.

▶ 樱花超市由于受地震的影响暂且停止营业，再次开业总算有眉目了。

▶ 사쿠라 슈퍼는 지진의 영향으로 휴업했었는데, 드디어 영업 개시의 전망이 생긴 것 같다.

2000 目(め)にする　see, encounter / 看到 / 보다

■ 写真(しゃしん)では見(み)たことがあるが、実物(じつぶつ)を目にするのは初(はじ)めてだ。

▶ I have seen it before in photos, but this is my first time seeing the real thing.

▶ 照片看过，但看到实物还是第一次。

▶ 사진으로는 본 적이 있지만 실물로 보는 것은 처음이다.

2001 | メモ memo / 作笔记，做记录 / 메모 ～する take a memo / 作笔记，做记录 / 메모하다

■ メモ書きで申し訳ありませんが、来週の私の予定をお知らせしておきます。

▶ I apologize for the memo, but here is my schedule for next week.

▶ 写在便条上通知您真是抱歉，但我想通知您一下下周我的安排。

▶ 메모로 써서 죄송합니다만, 다음 주 저의 예정을 알려 드리겠습니다.

■ 何か思いついたときは、すぐにメモするようにしています。

▶ Whenever I have an idea, I make a memo of it.

▶ 想起一些内容的时候我会立即记下来。

▶ 뭔가 생각났을 때, 바로 메모해 두도록 하고 있습니다.

参 伝言メモ、メモする、メモる

2002 | 目盛り㋑ scale / 刻度 / 눈금

2003 | メモリ(ー)㋩ memory / 内存 / 메모리

2004 | メモる㋕ take a memo / 作笔记，做记录 / 메모하다

■ 先方の電話番号をメモっておいた紙が見つからない。

▶ I can't find the paper where I made a memo of their telephone number.

▶ 找不到记着对方电话号码的那张纸了。

▶ 상대방의 전화번호를 메모해 둔 종이가 보이지 않는다.

2005 | 目安 aim / 目标 / 기준, 목표

■ 1泊7,000円～9,000円を目安に、ビジネスホテルを探して下さい。

▶ Please find a business hotel aiming for the 7,000 yen-9,000 yen per night range.

▶ 请以一晚上7000-9000日元为基准找商务酒店。

▶ 1박에 7,000 엔 ~9,000 엔을 기준으로, 비즈니스 호텔을 찾아 주십시오.

■ 田中さんは、健康のために、1日1万歩を目安に歩いているそうです。

▶ Ms. Tanaka apparently has an aim to walk 10,000 steps a day for her health.

▶ 听说田中为了健康，每天以一万步为目标行走。

▶ 다나카씨는 건강을 위해 1일 만보를 목표로 걷고 있다고 합니다.

2006 | メリット merit, benefit / 好处 / 이점

■ この資格を取得することは、仕事の上で、大きなメリットとなる。

▶ Obtaining this certification will be of great benefit to your work.

▶ 取得这个资格，在工作上也很大的好处。

▶ 이 자격을 취득하는 것은 일에 있어, 큰 이점이 된다.

■ 次回の会議で、A社との合併のメリット、デメリットについて、検討するそうだ。

▶ They will apparently examine the merits and demerits of merging with Company A in the next meeting.

▶ 据说在下次的会议上将讨论关于和A公司合并的利弊。

▶ 다음 번의 회의에서 A 사와의 합병의 장점, 단점에 대해 검토한다고 한다.

2007 | メリハリ　modulation, liveliness / 坏处 / 억양, 변화

■ もっとメリハリをつけてスピーチをしないと、聞いてる方があきちゃうよ。

▶ You've got to put more modulation in your voice or the listeners will get bored.

▶ 如果再不加人点抑扬顿挫进行演讲的话，听的一方就会厌烦了。

▶ 좀 더 억양을 넣어서 스피치를 하지 않으면 듣는 사람이 질릴 거야.

■ 写真の数を少し減らして、メリハリのあるレイアウトにしてください。

▶ Reduce the number of photos and make it a more lively layout.

▶ 请稍微减少照片的数量，做成一个有声有色的版面设计。

▶ 사진의 수를 조금 줄이고, 변화가 있는 레이아웃으로 해 주십시오.

2008 | 面会　interview, meeting, visitation / 见面，接见 / 면회　~する interview, meet, visit / 见面，接见 / 면회하다

■ この件は、市長に直接会って提案したいので、面会を申し入れてみます。

▶ I would like to meet and propose this directly to the mayor, so I'll ask for a meeting.

▶ 因为这件事想直接见市长提案，所以试着要求见面。

▶ 이번 건은 시장을 직접 만나서 제안하고 싶으니, 면회를 신청해 보겠습니다.

■ Bさんのお見舞いに行くんだけど、A病院の面会時間は何時までかな。

▶ I would like to pay a visit to Mr. B, but I wonder what the visitation hours are at Hospital A.

▶ 我想去探望小B，A医院的会面时间是什么时候呢?

▶ B 씨에게 문병하러 갈 건데, A 병원의 면회시간은 몇 시까지지?

2009 | 面識　acquaintance / 见面，认识 / 면식

■ 先方の社長の名前は知っているんですが、まだ面識はありません。

▶ I know their president's name, but I'm not yet acquainted with him.

▶ 虽然知道对方经理的名字，但是还没见过面。

▶ 상대방 회사 사장님의 이름을 알고 있습니다만, 아직 면식은 없습니다.

2010 | 面接 interview / 面试 / 면접 ～する interview / 面试 / 면접하다

■ 採用試験では、筆記テストに続いて、面接を行います。

▶ At the time of the employment test, after the written test, there will be an interview.

▶ 在聘用考试上，笔试之后，进行面试。

▶ 채용 시험에서는 필기 시험에 이어 면접을 실시합니다.

㊥ 個人面接、役員面接、面接官

2011 | メンテナンス maintenance / 维护，保护 / 보수，유지 ～する do maintenance / 维护，保护 / 보수하다，유지하다

■ メンテナンスがしっかりしているので、コピー機のリースはずっとA社を使っています。

▶ Because they have good maintenance, we've always used Company A's copier lease.

▶ 因为保养的比较好，所以A公司一直使用复印机的租赁。

▶ 보수가 잘 되어서 복사기의 대여는 계속 A 사를 사용하고 있습니다.

■ A 社は、ビルのメンテナンス・サービスをしている会社です。

▶ Company A is a building maintenance service company.

▶ A公司是一家从事大楼维护服务的公司。

▶ A 사는 건물의 보수 유지 서비스를 하고 있는 회사입니다.

2012 | メンバー member / 成员 / 멤버

■ 昨日の会、会長はじめ会の中心メンバーは、皆、出席していました。

▶ Starting with the chairman, all of the central members were in attendance at yesterday's meeting.

▶ 昨天的会议包括会长在内的所有主要成员都参加了。

▶ 어제 회의，회장님을 비롯한 회의의 중심멤버는 모두 출석했습니다.

■ 営業部に新しいメンバーが加わります。

▶ Some new members will be joining the sales department.

▶ 营业部添加了新成员。

▶ 영업부에 새로운 멤버가 추가됩니다.

㊥ 参加メンバー、メンバーから外れる、

2013 | 綿密 elaboration / 周密 / 면밀 ～な elaborate / 周密的 / 면밀한 ～に elaborately / 周密地 / 면밀히

■ このプロジェクトを成功させるには、綿密な計画を立てる必要があります。

▶ In order for this project to succeed, we need to create an elaborate plan.

▶ 要使这个项目成功，需要制定周密的计划。

▶ 이 프로젝트를 성공시키려면 면밀한 계획을 세울 필요가 있습니다.

2014 | 儲かる profitable / 赚钱 / 득이 되다，벌다

■ あまり儲かる話じゃないけど、付き合いが長い取引先なので、引き受けよう。

▶ It's not a very profitable proposition, but because of our long relationship with that customer, we'll accept.

▶ 尽管不太赚钱，但因为是长老客户，所以答应吧。

▶ 그다지 득이 되는 얘기는 아니지만，오래 거래한 거래처니까 맡도록 하자.

■ 田中(たなか)さんは株(かぶ)で、50万円近(まんえんちか)く儲かったそうだ。

▶ Mr. Tanaka profited nearly 500,000 yen in stock.

▶ 听说田中股票赚了近50万日元。

▶ 다나카 씨는 주식으로 50 만엔 가까이 벌었다고 한다.

2015 | 儲(もう)け　profit, earnings / 赚钱 / 벌이

■ こんなに低(ひく)い価格設定(かかくせってい)にして、儲けがあるんでしょうか?

▶ With prices set so low, will there be any profit?

▶ 设定这么低的价格，还有赚头吗。

▶ 이렇게 낮게 가격 설정을 해서, 이익이 있을까요?

■ 仕入(しい)れだけで7割(わり)ですから、儲けは小(ちい)さいんです。

▶ With the purchasing cost at 70% on its own, profit is small.

▶ 仅进货就要7成，利润很小。

▶ 구입만으로 7 할이여서 이익은 적습니다.

参 いい儲けになる、儲け話

2016 | 儲(もう)ける　make a profit / 赚钱 / 벌다

■ お金(かね)を儲けることだけを目的(もくてき)に、ネットでの株取引(かぶとりひき)を始(はじ)める人(ひと)が増(ふ)えている。

▶ The number of people beginning to trade in stocks online just for the purpose of making money is increasing.

▶ 仅以赚钱为目的而在网络上开始进行股票交易的人增多了。

▶ 돈을 버는 것 만을 목적으로 인터넷 상에서 주식 거래를 시작하는 사람이 늘어났다.

■ スミス氏(し)は、ビジネスで儲けた巨額(きょがく)のお金(かね)を、ユニセフに寄付(きふ)した。

▶ Mr. Smith donated the vast wealth he had earned in business to UNICEF.

▶ 史密斯先生将在生意中赚到的巨额资金捐献给了联合国儿童基金。

▶ 스미스 씨는 사업상 벌어들인 거액의 돈을 유니세프에 기부했다.

2017 | 設(もう)ける　set, place, put / 设置 / 마련하다

■ お客様(きゃくさま)へのサービスの一環(いっかん)として、相談窓口(そうだんまどぐち)を設けることにしました。

▶ As a part of service for customers, we have set up a consultation window.

▶ 作为面向客人服务的一个环节决定设立咨询窗口。

▶ 고객에 대한 서비스의 하나로 상담창구를 마련하기로 했습니다.

■ アンケートの最後(さいご)に、自由(じゆう)に意見(いけん)を書(か)く欄(らん)を設けました。

▶ At the end of the questionnaire, we have provided a space to freely write opinions.

▶ 在问卷调查的最后，还设了自由填写意见的一栏。

▶ 앙케트의 마지막에 자유롭게 의견을 쓰는 난을 마련했습니다.

参 ルールを設ける、女性の枠を設ける

2018 | 申(もう)し上(あ)げる　say, extend / 提及，说起 / 말씀드리다

■ よろしくお願(ねが)い申し上げます。

▶ Please accept my sincere regards.

▶ 请多关照。

▶ 잘 부탁드립니다.

■ 心より、御礼を申し上げます。

▶ I extend my heartfelt thanks.

▶ 诚挚地表示感谢。

▶ 진심으로 감사의 말씀드립니다.

2019 | 申し入れ　proposal, offer / 提出，申请 / 제의，신청

■ A社は、C社から技術提携の申し入れがあったことを、明らかにした。

▶ Company A made it clear that there was an offer of technical cooperation from Company C.

▶ A公司明确表示，C公司提出了技术合作请求。

▶ A 사는 C 사로부터 기술제휴의 제의가 있었던 것을 밝혔다.

2020 | 申し入れる　propose, offer, request / 提出，申请 / 제의하다，신청하다

■ A社は、雑誌の掲載記事に誤りがあるとして、出版社に訂正を申し入れた。

▶ Company A requested a correction to the publisher saying there was an error in the magazine article.

▶ 在杂志登载的消息有误，A公司要求出版社更正。

▶ A 사는 잡지의 게재 기사에 잘못된 점이 있다고 해서，출판사에 정정을 신청했다.

参 協議を申し入れる、撤回を申し入れる

2021 | 申し込み　application / 申请 / 신청

■ A新聞の購読申し込み手続きは、ホームページでもできます。

▶ Subscription application procedures for Newspaper A can also be done on the website.

▶ 可以在A报社主页上进行订阅手续。

▶ A 신문의 구독 신청 수속은 홈페이지에서도 할 수 있습니다.

参 申し込み締切、申し込み方法、申し込み資格、申込書

2022 | 申し込む　apply / 申请 / 신청하다

■ 営業部から3人、研修会への参加を申し込んだ。

▶ Three members of the sales department applied to participate in the training session.

▶ 营业部有3个人申请参加培训会。

▶ 영업부에서 세 명，연수회에 참가를 신청했다.

2023 | 申し出　offer, request / 提出，申请 / 제의

■ A社は、B社の資本提携の申し出を断った。

▶ Company A rejected Company B's offer of a capital partnership.

▶ A公司拒绝了B公司的资本合作请求。

▶ A 사는 B 사의 자본제휴 제의를 거절했다.

参 援助の申し出

2024 | 申し出る（もうしでる） offer, request / 提议，申请 / 자청하다

■ A氏は、今回の不祥事の責任をとって、辞任を申し出た。

▶ Mr. A took responsibility for this scandal, and offered his resignation.

▶ A氏对此次不良事件负责并提出了辞职。

▶ A 씨는 이번 불상사의 책임을 지고, 사임을 자청했다.

参 協力を申し出る

2025 | 申し分ない（もうしぶんない） satisfactory / 欠缺没有 / 나무랄 데가 없다

2026 | 申す（もうす） say / 说 / 말씀드리다

■ すみません、昨日「発売予定は6月」と申しましたが、5月の間違いでした。

▶ I am sorry. Yesterday I said it would go on sale in June, but that was a mistake. It will be May.

▶ 对不起，我昨天说“预计6月发售”，我说错了，实际上应该是5月。

▶ 죄송합니다, 어제「발매예정은 6 월」이라고 말씀드렸지만, 5 월을 잘못 말한 것이 었습니다.

2027 | 目標（もくひょう） goal, objective / 目标 / 목표

■ 来期の売上目標を立ててください。

▶ Please set next term's sales target.

▶ 请制定下期销售目标。

▶ 다음 시기의 판매 목표를 세워 주십시오.

■ 何年後にはこうなりたい、これをしたいなど、具体的な目標を持つことが大切です。

▶ It's important to have specific goals, such as in so many years I want to be this, or I want to do that.

▶ 重要的是订出具体的目标，比如几年后我要成为这样、我想做这个等。

▶ 몇 년후에는 이렇게 되고 싶다, 이것을 하고 싶다 등, 구체적인 목표를 갖는 것이 중요합니다.

参 目標を立てる、目標を達成する、目標設定

2028 | 文字化け（もじばけ）㋩ garbled text / 乱码 / 글자 깨짐 **～する** garble text / 是乱码 / 글자(글씨)가 깨지다

■ メールを受け取ったけど、文字化けして読めない。

▶ I received the email but couldn't read it because the text was garbled.

▶ 收到了邮件，但全是乱码，没法看。

▶ 메일을 받았는데 글씨가 깨져서 읽을 수 없다.

2029 | 持ち込み（もちこみ） carrying in / 带入 / 반입

■ 会場内への飲食物の持ち込みは、禁じられています。

▶ The carrying in of food or drink to the event hall is prohibited.

▶ 禁止把喝的和吃的东西带入场内。

▶ 회장 내에 음식물 반입은 금지되어 있습니다.

参 持ち込み可、持ち込み不可

2030 | モチベーション　motivation / 动机 / 동기 부여

■ 自分より経験や能力がない人が上司になったら、モチベーションが下がる。

▶ If someone with less experience and ability becomes your supervisor, your motivation drops.

▶ 一旦经验和能力不如自己的人作了上司，动机就会下降。

▶ 자신 보다 경험이나 능력이 없는 사람이 상사가 되면 의욕이 떨어진다.

■ 責任を与えて、任せることがモチベーションにつながる。

▶ Giving responsibilities builds motivation.

▶ 委以责任、托付以事务会提高动机。

▶ 책임을 부여하고, 맡기는 것이 동기부여로 이어진다.

2031 | 持ち回り　rotating / 轮流，巡回 / 차례로 일을 맡음

■ 定例会議の司会は持ち回りにしましょう。

▶ Let's make the chair for the regular meetings a rotating position.

▶ 例会主持还是采取轮值制度吧。

▶ 정기 회의의 사회는 돌아가며 맡읍시다.

2032 | 持つ　pay / 负担 / 부담하다

■ この間もごちそうになりましたから、ここは私が持ちます。

▶ You treated the other day, so I'l pay this time.

▶ 上次您请我吃的，这次由我来付。

▶ 지난번에도 대접받았으니까, 여기는 제가 내겠습니다.

2033 | もったいない　a waste / 可惜 / 아깝다

■ まだ使えるのに捨ててしまうなんて、もったいない。

▶ It can still be used, so throwing it away would be a waste,

▶ 还能用的东西扔掉它，太可惜了。

▶ 아직 사용할 수 있는데 버리다니 아까워.

2034 | 元～　former / 原来 / 전～

■ 林さんは元銀行員だけあって、数字に強い。

▶ Mr. Hayashi is a former bank employee, and is good at math.

▶ 林先生原来不愧是银行职员，对数字很敏感。

▶ 하야시 씨는 전 은행원이었던 만큼 숫자에 강하다.

2035 | 元払い　prepaid / 发货人付款 / 발송자 지불

■ この宅配便、元払いになさいますか、着払いになさいますか？

▶ Do you want to make this courier delivery prepaid or C.O.D.?

▶ 宅急送是发货人付款，还是收货人付款?

▶ 이 택배, 발송자 지불로 하시겠습니까, 착불로 하시겠습니까?

2036 | モニター monitoring / 监控 / 모니터 ～する monitor / 监控 / 모니터하다

■ 来月(らいげつ)、新製品(しんせいひん)のモニター調査(ちょうさ)を行(おこな)います。
▶ Monitoring of the new product will be conducted next month.
▶ 下个月，要对新制品进行监控调查。
▶ 다음 달, 신제품의 모니터 조사를 실시합니다.

2037 | 物足(ものた)りない unsatisfactory, missing something / 不足，不够 / 부족하다

■ 基本的(きほんてき)な内容(ないよう)なので、すでにわかっている人には物足りないかもしれません。
▶ This is just the basic content, so it may not be satisfactory for those who already knew it.
▶ 要说的都是些基本内容，所以对于已经理解的人而言可能有些不足。
▶ 기본적인 내용이므로, 이미 아시는 분에게는 부족할지도 모릅니다.

■ このデザインは普通(ふつう)すぎて、ちょっと物足りない感(かん)じがする。
▶ This design is too ordinary and seems somewhat unsatisfactory.
▶ 该设计过于平淡，让人略感缺憾。
▶ 이 디자인은 너무 평범해서 좀 부족한 느낌이 든다.

2038 | 模範(もはん) example, model, standard / 模范，标准 / 모범

■ 実際(じっさい)の面接(めんせつ)では、マニュアルに書(か)いてあるような模範的(てき)な答(こた)え方(かた)ばかりではだめです。
▶ In the actual interview, giving just typical answers like those in the manual won't do.
▶ 实际面试的时候，如果光按照手册上写的标准答法回答的话是不行的。
▶ 실제 면접에서는 매뉴얼에 써 있는 것과 같은 모범적인 대답만으로는 안 됩니다.

■ 先日(せんじつ)行(おこな)われたテストの模範解答(かいとう)は、ホームページからダウンロードできます。
▶ The standard answers to the test given the other day can be downloaded from the website.
▶ 昨天进行的考试的参考答案可以从主页上下载。
▶ 일전에 실시된 테스트의 모범답안은 홈페이지에서 다운로드할 수 있습니다.

2039 | 模倣(もほう) imitation / 模仿 / 모방 ～する imitate / 模仿 / 모방하다

2040 | 模様(もよう) pattern, appearance / 样子，样态，模样 / 모양

■ ホテルの部屋(へや)は、縞(しま)模様のカーテンで統一(とういつ)してあります。
▶ The hotel rooms are standardized with striped curtains.
▶ 宾馆房间的窗帘统一为了条状花纹。
▶ 호텔 방은 줄무늬 모양의 커튼으로 통일되어 있습니다.

■ その日は大雨(おおあめ)が予想(よそう)されるため、イベントは延期(えんき)になる模様です。
▶ Heavy rain is forecast for that day, so it appears the event will be postponed.
▶ 预报那天会有大雨，活动似乎会延期。
▶ 그날은 폭우가 예상되어서, 이벤트는 연기될 모양입니다.

参 花柄模様 flower patterns / 花样 / 꽃 무늬、幾何学模様

2041 催し(もよお) event, program / 筹划，活动 / 생사，이벤트

■ このイベントではチャリティーバザーやコンサートなど、さまざまな催しが行(おこな)われました。

▶ A variety of entertainment was performed at the event, such as a charity bazaar and a concert.

▶ 在这次活动中，举办了慈善义卖会、音乐会等各种活动。

▶ 이 이벤트에서는 자선 바자나 콘서트 등 다양한 행사가 실시되었습니다.

■ このフリーペーパーには、人気(にんき)スポットの情報(じょうほう)や催し物(もの)の案内(あんない)などが載(の)っている。

▶ Information about popular spots and events are carried in this free paper.

▶ 在这种免费报纸上，登载着人气场所的信息及各种活动的介绍。

▶ 이 프리 페이퍼에는 인기 관광지의 정보나 행사물의 안내 등이 게재되고 있다.

2042 催す(もよお) hold / 举办，召开 / 개최하다

■ 来月(らいげつ)さくらデパートで、東京(とうきょう)宝石(ほうせき)の新作展示会(しんさくてんじかい)が催されます。

▶ Next month the Tokyo new jewelry product exhibition will be held at Department Store A.

▶ 下个月在樱花百货大楼将举行东京宝石新品展示会。

▶ 다음 달 사쿠라백화점에서 도쿄 보석 신작 전시회가 개최됩니다.

2043 最寄り(もより) nearest, closest / 最近 / 가장 가까움

■ 御社(おんしゃ)の最寄りの駅(えき)はどちらですか？

▶ What is the nearest station to your company?

▶ 离贵公司最近的车站在何方？

▶ 귀사의 가장 가까운 역은 어디입니까？

2044 盛り込む(もりこ) incorporate / 加入 / 담다

■ 彼(かれ)のアニメ作品(さくひん)には、常(つね)に社会的(しゃかいてき)メッセージが盛り込まれている。

▶ His anime always deals with a social message.

▶ 他的动画作品里总是会加入一些社会信息。

▶ 그의 애니메이션 작품에는 언제나 사회적인 메시지가 담겨 있다.

2045 漏れる(も) leak, leave off, omit / 漏掉 / 새다，누락되다

■ 新製品(しんせいひん)の正式発表(せいしきはっぴょう)まで、決(け)して情報(じょうほう)が漏れないように注意(ちゅうい)しなければならない。

▶ We must take care to make certain no information is leaked until the official announcement of the new product.

▶ 在新产品正式发布之前，一定要注意不能泄露任何信息。

▶ 신제품의 정식발표까지 절대로 정보가 새지 않도록 주의해야 한다.

■ まずいことに、年賀状(ねんがじょう)のリストからA社(しゃ)が漏れていた。

▶ Stupidly, Company A was left off the New Year's card list.

▶ 糟糕的是，贺年片名单中漏掉了A公司。

▶ 곤란하게도，연하장에서 A사가 누락되어 있었다.

参 チェック漏れ、記入漏れ

2046 | モンキーレンチ⑦ monkey wrench / 活动扳钳 / 멍키렌치 (멍키스패너)

2047 | 野外（やがい） outdoor / 野外 / 야외

■ 7月（がつ）の市民（しみん）コンサートは、野外で行（おこな）われる予定（よてい）です。

▶ July's municipal concert is scheduled to be held outdoors.

▶ 7月份市民音乐会预定在野外进行。

▶ 7월의 시민 콘서트는 야외에서 열릴 예정입니다.

参 野外施設、野外ホール

2048 | 夜間（やかん） night, nighttime / 夜间 / 야간

■ 残業（ざんぎょう）で遅（おそ）くなったときは、夜間通用口（つうようぐち）から退出（たいしゅつ）してください。

▶ After working late, please leave through the nighttime side door.

▶ 加班晚走时，请从夜间通用口出去。

▶ 잔업으로 늦어졌을 때 야간통용구로 퇴근해 주십시오.

■ 渋滞（じゅうたい）を避（さ）けるため、さくら通（どお）りの道路工事（どうろこうじ）は、夜間に行（おこな）われている。

▶ To avoid traffic congestion, the road construction on Sakura Street is being done at night.

▶ 为了避免堵塞，樱花大道的道路工程在夜间进行。

▶ 교통체증을 피하기 위해, 사쿠라 거리의 도로 공사는 야간에 행해지고 있다.

参 夜間金庫

2049 | 約（やく） approximately / 大约 / 약

■ 今月（こんげつ）の売上（うりあげ）は約3,000万（まん）です。

▶ This month's sales are approximately 3 million yen.

▶ 这个月的营业额大约是3000万。

▶ 이번 달 매상은 약 3000만입니다.

2050 | 役員（やくいん） executive / 干部，董事 / 간부

■ 打（う）ち合（あ）わせには、先方（せんぽう）から担当（たんとう）のAさんとB課長（かちょう）のほかに、役員クラスの方（かた）も出席（しゅっせき）するそうだ。

▶ From the customer, Mr. A, Section Chief B and an executive will apparently be attending the meeting.

▶ 据说对方出席洽商的除了负责人A和科长B，还有董事层的人员。

▶ 협의에는 상대측에서 담당자 A씨와 B과장 외에, 간부급의 분도 출석한다고 한다.

参 役員会議

2051 | 役職 managerial position / 官职，要职 / 지위

■ 課長とか支店長とか役職が付くと、取引先などとの付き合いの機会も増える。

▶ When a managerial position such as section chief or branch manager is involved, the opportunities for association with customers, etc. increase.

▶ 就任科长或者分公司经理的话，就增加了和客户等打交道的机会。

▶ 과장이라던가 지점장이라든가 하는 지위에 오르면，거래처 등과의 교류 기회가 늘어난다.

参 役職手当

2052 | 役割 role, responsibility / 作用 / 역할

■ 作業に遅れが出ないように、進行を管理するのが私の役割です。

▶ My role is to manage progress so work is not delayed.

▶ 我的任务是管理运行避免耽误生产。

▶ 작업이 늦어지지 않도록，진행을 관리하는 것이 나의 역할입니다.

■ 地域社会の発展に尽くすことが、企業の社会的役割の一つだと思います。

▶ Doing the utmost for the development of society in the region is one of a company's social responsibilities.

▶ 我认为企业的社会作用之一就是致力于地区性社会的发展。

▶ 지역사회의 발전에 노력하는 것이，기업의 사회적 역할 중 하나라고 생각합니다.

参 役割を担う、役割分担、役割を果たす

2053 | 安売り discount / 大甩卖 / 싸게 팖，염가 판매 ～する discount / 大甩卖 / 염가 판매하다

■ SKスーパーでは、午後５時を過ぎると、生鮮食料品の安売りが始まる。

▶ Perishables begin to be discounted after 5 pm at SK Supermarket.

▶ SK超市一过下午5点，就开始新鲜食品的大甩卖。

▶ SK 슈퍼에서는 오후 5 시를 넘으면，생선 식료품의 염가 판매가 시작된다.

2054 | やっかい troublesome / 复杂 / 귀찮음，번거로움 ～な troublesome / 复杂的 / 귀찮은，번거로운

■ A社と合併したが、企業文化の融合というやっかいな問題を抱えることになった。

▶ We merged with Company A, but unifying the corporate cultures has been a troublesome problem.

▶ 与A公司合并了，但却面临着如何融合企业文化的复杂问题。

▶ A 사와 합병했는데，기업문화 융합이라는 번거로운 문제를 안게 되었다.

2055 | 約款 clause, stipalation / 条款 / 약관

■ 約款は、旅行の前に必ず目を通してください。

▶ Before going on the trip, be sure to look at the stipalation.

▶ 具体条款，请务必在旅行之前阅读。

▶ 약관은 여행 전에 반드시 훑어보세요.

2056 | やむを得ない慣 unavoidable / 不得已 / 어쩔 수 없다

■ 長期入院など、やむを得ない状況に際しては、契約内容を変更することもある。

▶ For unavoidable circumstances, such as hospitalization, the content of the contract may be changed.

▶ 在长期住院等不得已的情况时，有时候会更改合同内容。

▶ 장기 입원 등, 어쩔 수 없는 상황에는 계약내용을 변경하는 경우도 있다.

■ 残念だけど、安全確認が十分できないので、イベントの中止はやむを得ない。

▶ Unfortunately, because we cannot sufficiently confirm safety, cancellation of the event is unavoidable.

▶ 尽管很遗憾，但因为没能充分确认安全，所以不得不终止活动。

▶ 아쉽지만，안전 확인이 충분하지 않아서 이벤트 중지는 어쩔 수 없다.

2057 | ややこしい complicated, troublesome / 复杂，麻烦 / 복잡하다

■ 保険のシステムはややこしくて、どの商品がいいのかよくわからない。

▶ Insurance systems are complicated, and I have no idea what products are good.

▶ 保险体系麻烦，哪种商品好不是很清楚。

▶ 보험 시스템은 복잡해서，어느 상품이 좋은지 잘 모르겠다.

■ ビザの申請には、ややこしい手続きが必要だ。

▶ Visa applications involve a lot of troublesome procedures.

▶ 签证时需要复杂的手续。

▶ 비자 신청에는 복잡한 수속이 필요하다.

2058 | やりがい worthwhile / 价值 / 보람

■ お客さんの喜ぶ顔を見たとき、「この仕事をやってよかった」と、やりがいを感じます。

▶ When I see the customer's smiling face, I feel it's all worthwhile, and I'm glad It did the job.

▶ 看到客人们喜悦的面孔，我就感觉到做这项工作的价值，并且认为“做这项工作挺好的”。

▶ 고객이 기뻐하는 얼굴을 보면「이 일을 하길 잘 했다」라고 보람을 느낍니다.

参 やりがいのある仕事

2059 | やりくり management / 筹划，设法安排 / 변통 ～する manage / 筹划 / 변통하다

■ 予算が少ないからやりくりが大変だ。

▶ Because our budget is low, it's difficult to get by.

▶ 因为预算少，筹划起来很困难。

▶ 예산이 적어서 변통이 힘들다.

■ 同時期に企画が集中してしまったので、スケジュールのやりくりが難しい。

▶ Because the plans came all at once, it's difficult to work out the schedule.

▶ 计划都集中在同一时期，很难去安排日程。

▶ 같은 시기에 기획이 집중되어 버려서 스케줄 조정이 어렵다.

2060 | やり手(て)

capable / 能干的人 / 수완가

■ 彼(かれ)はやり手で有名(ゆうめい)な弁護士(べんごし)で、難(むずか)しい裁判(さいばん)に何度(なんど)も勝(か)っている。

▶ He's a capable and well-known lawyer, and has won many difficult cases.

▶ 他是很能干的知名律师，曾胜诉过多次很难的官司。

▶ 그는 수완가로 유명한 변호사로 어려운 재판에서 몇 번이나 이겼다.

2061 | やりとり

interaction / 交换 / 교환

2062 | 唯一(ゆいいつ)

sole / 唯一 / 유일

■ わが社(しゃ)は、A 社の製品(せいひん)を扱(あつか)う日本(にほん)で唯一の代理店(だいりてん)です。

▶ Our company is the sole agency for Company A's products in Japan.

▶ 我们公司在日本是唯一受理A公司产品的代理店。

▶ 우리 회사는, A 사의 제품을 취급하는 일본에서 유일한 대리점입니다.

■ 今年(ことし)は会社全体(かいしゃぜんたい)の業績(ぎょうせき)が良(よ)かったが、唯一、横浜支店(よこはましてん)だけが赤字(あかじ)だった。

▶ This year, the company's overall performance was good, but only the Yokohama branch was in the red.

▶ 今年公司整体业绩都很好，但唯有横滨分店是赤字。

▶ 올해는 회사전체의 업적이 좋았지만, 요코하마점만이 유일하게 적자였다.

2063 | 有価証券(ゆうかしょうけん)

negotiable securities / 有价证券 / 유가증

2064 | 有給休暇(ゆうきゅうきゅうか)(有休(ゆうきゅう)㊙)

paid leave / 有薪休假 / 유급휴가

■ 当社(とうしゃ)の場合(ばあい)、初年度(しょねんど)の有給休暇は10日(とおか)で、入社(にゅうしゃ)して6カ月後(げつご)に付与(ふよ)されます。

▶ In our company, you have 10 days of paid leave for the first year, and you can take it six months after you are hired.

▶ 我们公司第一年的带薪休假共10天，将在进入公司6个月后提供。

▶ 당사의 경우, 초년도의 유급휴가는 10 일이며, 입사하고 6 개월 후에 부여됩니다.

■ この夏(なつ)は、土日(どにち)に有休を加(くわ)えて、ハワイに1週間(しゅうかん)行(い)くつもりです。

▶ This summer, I plan to go to Hawaii for a week, including a weekend and paid leaves.

▶ 这个夏天我计划利用六日再加上带薪假期去夏威夷玩一个礼拜。

▶ 이번 여름은 토요일에 유급휴가를 더해서, 하와이에 일주일간 갈 생각입니다.

参 有休を消化する　use a paid day-off / 用完带薪休假 / 유급 휴가를 내다(쓰다)、有休をとる

2065 | **優遇**(ゆうぐう) priority / 优待 / 우대 ～する gain favors / 优待 / 우대하다

■ 今回(こんかい)の求人(きゅうじん)については、IT企業(きぎょう)の経験者(けいけんしゃ)を優遇しますが、未経験者(みけいけんしゃ)も可(か)とします。

▶ Currently, we are recruiting experienced workers from IT companies as a priority, but inexperienced persons can also apply.

▶ 此次招聘我们优先考虑曾在IT关联企业工作过的人，但没有经验的人也可以应聘。

▶ 이번 구인에 대해서는 IT 기업 경험자를 우대합니다만, 미경험자도 가능합니다.

■ A市(し)では、外国企業(がいこくきぎょう)を対象(たいしょう)に、税制上(ぜいせいじょう)の優遇措置(そち)がとられている。

▶ In City A, foreign companies are given tax favors.

▶ A市向外国企业提供税收上的优惠政策。

▶ A 시에서는 외국기업을 대상으로 세금제도상의 우대 조치를 받을 수 있다.

2066 | **有効**(ゆうこう) effectiveness / 有效的 / 유효 ～な effective / 有效的 / 유효한 ～に effectively / 有效的 / 유효하게

■ アンケートは、消費者(しょうひしゃ)のニーズを知(し)る上(うえ)で、とても有効な方法(ほうほう)だ。

▶ Questionnaires are a very effective method of learning consumer needs.

▶ 问卷调查对于了解消费者的需求是一个很有效的方法。

▶ 앙케트는 소비자의 요구를 아는 데 매우 효과적인 방법이다.

■ 有効期限(きげん)が切(き)れる1年前(ねんまえ)から、新(あたら)しいパスポートの申請(しんせい)ができます。

▶ You can renew your passport up to a year before it expires.

▶ 在有效期截至的1年前就可以申请新的护照。

▶ 유효기한이 끝나기 1년 전부터, 새로운 여권의 신청이 가능합니다.

参 3年間有効、有効期間

2067 | **ユーザー** user / 用户 / 유저, 사용자

■ この製品(せいひん)については、ユーザーから、操作方法(そうさほうほう)に関(かん)する問(と)い合(あ)わせが非常(ひじょう)に多(おお)い。

▶ We have had many inquiries from customers about how to operate this product.

▶ 对于该商品的操作方法，有很多客户垂询。

▶ 이 제품에 대해서는 조작방법에 대해 소비자로부터 문의가 매우 많다.

■ A社(しゃ)は、個人(こじん)ユーザー向(む)けの新(しん)サービスを始(はじ)めた。

▶ Company A has started a new service for individual users.

▶ A公司开始提供针对个人用户的新服务。

▶ A 사는 개인 유저를 대상으로 한 새로운 서비스를 시작했다.

参 ユーザー登録

2068 | ユーザーフレンドリー user friendly / 对用户友好 / 유저 프렌들리 (친금감 있고 쉽게 쓸 수 있는)　**～な** user friendly / 对用户朋友好 / 유저 프렌들리인

■ 新商品A35は、初心者でも使いやすいユーザーフレンドリーなデザインで、幅広く支持されている。

▶ The new A25 product is gaining favor among a wide range of people for its user-friendly design, even for beginners.

▶ 新产品A35即使初次使用的人也很容易操作，所以广受欢迎。

▶ 신상품 A35는 초심자도 쉽게 사용할 수 있는, 유저 프렌들리한 디자인으로 폭 넓게 지지받고 있다.

2069 | 融資 loan / 融资 / 융자　**～する** lend money ,finance / 融资 / 융자하다

■ A銀行は、ベンチャー企業B社への融資を決めた。

▶ Bank A decided to loan money to the venture company B.

▶ A银行决定向B创新型企业融资。

▶ A은행은 벤처기업 B사에 대한 융자를 결정했다.

■ 金融機関から融資を受けるには、まず、しっかりとした事業計画を示す必要がある。

▶ You need to show a business plan before you can get a loan from a bank.

▶ 要从金融机得到融资，首先要提示稳固的事业计划。

▶ 금융기관에서 융자를 받기 위해서는 우선, 확실한 사업계획을 보여줄 필요가 있다.

2070 | 優柔不断 indecision, procrastination / 优柔寡断 / 우유부단　**～な** indecisive / 优柔寡断的 / 우유부단한

■ 彼は優柔不断だから、結論を出すのに、いつも時間がかかる。

▶ He is indecisive so it always takes time for him to reach a conclusion.

▶ 他很优柔寡断，要做出一个结论，总要花费很多时间。

▶ 그는 우유부단해서 결론을 내는 데 항상 시간이 걸린다.

2071 | 優先 priority / 优先 / 우선　**～する** take precedence / 优先 / 우선하다

■ 周りをサポートするのも大切ですが、本来の業務を優先させてください。

▶ Supporting those around you is important, but please make the original operation your top priority.

▶ 虽然支持周围工作也很重要，但是请先优先考虑原来的业务。

▶ 주변을 서포트하는 것도 중요하지만, 본래의 업무를 우선해 주십시오.

■ このコンサートはネット予約優先だから、電話ではもうチケットが取れないかもしれない。

▶ We may not be able to get tickets to this concert by phone because the Internet reservations have priority.

▶ 该音乐会优先供给网上预订，所以打电话可能已订不上票了。

▶ 이 콘서트는 인터넷 예약이 우선이여서, 전화로는 이미 티켓을 구할 수 없을지도 모른다.

参 優先順位、会員を優先する

2072 | 優待（ゆうたい） preferential treatment / 优惠 / 우대 **〜する** treat with preference / 优惠 / 우대하다

■ A社では、株主優待のサービスとして、同社製品の割引やイベントへの招待などを行っている。

▶ Special benefit services for stockholders of Company A include discounts on products and invitations to events.

▶ 在A公司，作为对股东的优惠，实行公司产品的折扣销售，也邀请股东参加公司活动等等。

▶ A 사에서는 주주우대 서비스로써, A 사 제품의 할인이나 이벤트의 초대 등을 실시하고 있다.

2073 | 誘致（ゆうち） attraction / 招揽 / 유치 **〜する** attract / 招揽 / 유치하다

■ A市では、雇用を拡大するため、企業を誘致している。

▶ To expand employment in City A, they are attracting companies.

▶ 在A市，为了扩大就业，正在招揽企业。

▶ A 시에서는 고용을 확대하기 위해 기업을 유치하고 있다.

2074 | 悠長（ゆうちょう） leisure, carefree abondon / 从容不迫，不慌不忙 / 한가함, 느긋함

■ 赤字に転落したのに、創立記念パーティーの企画なんて、悠長なことを言っている場合じゃない。

▶ This is no time to be complacently planning a party commemorating the founding of the business when we've fallen into the red.

▶ 已经陷入了赤字经营，竟然还要计划什么成立纪念宴会，现在可顾不上悠然自得地谈这些事情。

▶ 적자로 전락했는데, 창립기념 파티의 기획이라니, 한가한 얘기를 할 때가 아니다.

2075 | 融通（ゆうづう） flexibility / 通融 / 융통 **〜する** lend / 通融 / 융통하다

■ 今の仕事は、時間の融通が利くので、子育てとの両立ができます。

▶ My current job has a flexible schedule, so it's compatible with my duties as a parent.

▶ 现在的工作在时间上可以通融，所以可同时照顾孩子。

▶ 지금 하고 있는 일은 시간에 융통성이 있어, 육아도 함께 할 수 있습니다.

■ Aさんから、事業の運転資金を融通してほしいと頼まれた。

▶ Mr. A asked me to lend him operating funds.

▶ 小A拜托我，希望我能融通一下事业运转资金。

▶ A 씨로부터 사업의 운용자금을 융통해 달라고 부탁받았다.

2076 | 誘導（ゆうどう） guide to / 诱导 / 유도 **〜する** draw to / 诱导 / 유도하다

■ 展示会場で、お客さんを誘導する係りが2、3人必要だ。

▶ We need two or three persons to guide customers in the exhibition venue.

▶ 展示会场需要2-3个引导客户的服务人员。

▶ 전시장에서 손님을 안내하는 담당이 2,3 명 필요하다.

■ 今回のホームページの改訂で、商品リストのページへの誘導がスムーズになった。

▶ This revised Web site makes it smoother to draw visitors to the product list pages.

▶ 通过此次修改主页，可以很顺利的跳转到商品一览页。

▶ 이번 홈페이지 개정으로，상품 리스트 페이지로의 유도가 원활하게 되었다.

2077 | 猶予 delay, deferral / 缓期，延期 / 유예

■ アンケート調査の結果を集計するのに、1週間しか猶予がない。

▶ We have only a one week deferral to calculate the results of the survey.

▶ 统计问卷调查的结果，只有1周的缓冲期。

▶ 앙케트 조사 결과를 집계하는 데 1주일 밖에 유예가 없다.

2078 | 有利 advantage / 有利 / 유리 ~な advantageous / 有利的 / 유리한 ~に advantageously / 有利地 / 유리하게

■ 資格を取得しておけば、就職のとき有利になる。

▶ If you get certified ahead of time, it will be an advantage when looking for a job.

▶ 预先取得资格，就业时会很有利。

▶ 자격을 취득해 놓으면，취직할 때 유리해 진다.

参 有利な条件、有利な立場

2079 | 有力 candidate / 有力的，雄厚的 / 유력 ~な major / 有力的，雄厚的 / 유력한

■ 業務提携の相手としては、A社が最も有力です。

▶ Company A is the top candidate for a tie up.

▶ 作为业务合作伙伴，A公司最有希望。

▶ 사업제휴 상대로서는 A 사가 가장 유력합니다.

■ 国際見本市には、日本の有力企業30社も出展している。

▶ 30 major Japanese companies exhibit in the international trade show.

▶ 国际展览会上有30家日本实力雄厚的企业参展。

▶ 국제 견본시장에는，일본의 유력기업이 30 사나 출전하고 있다.

参 有力候補、最有力、有力な説

2080 | 輸送 transportation / 运输 / 우송 ~する transport, ship / 运输 / 우송하다

■ この荷物は、陸上輸送より海上輸送の方がよさそうだ。

▶ This package should be shipped by sea rather than by ground.

▶ 这件行李，比起陆上运输好像更适合海上运输。

▶ 이 화물은 육상운송보다 해상운송이 좋을 것 같다.

参 貨物輸送、輸送ルート

2081 | ゆるい　lax / 宽松，不严格 / 느슨하다，엄하지 않다

■ この辺りは、建築に関する規制が比較的ゆるい地域だ。

▶ Regulations related to construction are comparatively lax in this area.

▶ 该地区对于建筑的管制比较宽松。

▶ 이 주변은 건축에 관한 규제가 비교적 엄격하지 않은 지역이다.

■ この仕事、一週間で終えるのはきついですよ。もう少しスケジュールをゆるくしませんか。

▶ It will be tight to finish this job in a week. Can you loosen up the schedule a litte?

▶ 这个工作一个礼拜完成太紧了，能不能再宽限些时间?

▶ 이 일，일주일 안에 끝내는 건 힘들어요. 조금 스케줄을 여유롭게 할 수 없어요?

2082 | ゆるめる　loosen / 放松，缓和 / 느슨하게 하다

■ このねじ、きつすぎるから、ちょっとゆるめて。

▶ This screw is too loose, so fasten it a little.

▶ 这个螺丝太松了，稍微紧一下。

▶ 이 나사 너무 꽉 끼니까 좀 느슨하게 해.

■ 今は売り上げが好調ですが、皆さん、気をゆるめずに頑張りましょう。

▶ Sales are strong right now, but keep working hard – this is no time to relax.

▶ 目前销售情况良好，但大家一定不要懈怠要好好努力。

▶ 지금은 매상이 호조이지만，여러분，긴장을 늦추지 말고 열심히 합시다.

2083 | ゆるやか　slowness / 放松的，缓和的 / 완만함

~な slow / 放松的，缓和的 / 완만한
~に slowly / 放松的，缓和的 / 완만하게

■ 景気がゆるやかに回復して、産業界は活気を取り戻しています。

▶ The economy recovered slowly and industries have regained vitality.

▶ 经济在缓慢复苏，产业界也恢复活力。

▶ 경기가 완만하게 회복되어，산업계는 활기를 되찾고 있습니다.

参 ゆるやかな伸び、ゆるやかな坂、ゆるやかな上り / 下り

2084 | 要員　personnel / 人员，工作人员 / 요원

■ 展示会当日は、英語ができる説明要員が必要です。

▶ We need two people who speak English to give explanations on the exhibition day.

▶ 展示会当天需要2个能用英语进行解说的人员。

▶ 전시회 당일은，영어가 가능한 설명요원이 2명은 필요합니다.

■ 年末年始は、注文が増えるので、臨時の配達要員が必要だ。

▶ We need extra delivery personnel since orders increase during the year-end and New Year holidays.

▶ 年初和年末订货很多，所有需要临时的投递员。

▶ 연말연시는 주문이 늘기 때문에，임시 배달요원이 필요하다.

2085 | 要因　factor / 主要原因 / 요인

■ A社が急成長した要因の一つは、ネットによる新しい販売ルートを開拓したことです。

▶ One of the factors in Company A's rapid growth was the pioneering of new sales routes on the Internet.

▶ A公司快速发展的一个重要原因是，它们通过网络开拓了新的销售渠道。

▶ A 사가 급성장한 요인의 하나는, 인터넷에 의한 새로운 판매 루트를 개척한 것입니다.

■ A-600の売り上げが今ひとつ伸びない要因として、次の3点が考えられます。

▶ We can think of the following three points as obstacles to increased sales of the A-600.

▶ A-600的销售额不能进一步提升的原因我想有以下3点。

▶ A-600 의 매상이 그다지 늘지 않는 요인으로서, 다음의 3 가지를 생각할 수 있습니다.

参 要因を探る、要因を分析する、主な要因

2086 | 容器　case, container / 容器 / 용기

■ A社の化粧品は、容器のデザインを変えたら、売り上げが伸びたそうだ。

▶ Sales of Company A's cosmetics increased when its case design was changed.

▶ 听说A公司的化妆品在更改了容器设计后销售额增加了。

▶ A 사의 화장품은 용기 디자인을 바꿨더니 매상이 올랐다고 한다.

■ プラスチック製の容器や包装もリサイクルの対象になります。

▶ Plastic cases and packaging are targets for recycling.

▶ 塑料作的容器和包装业是回收利用的对象。

▶ 플라스틱제 용기나 포장도 재활용 대상이 됩니다.

参 検査容器、ポリ容器

2087 | 要求　requirement / 要求 / 요구　~する require / 要求 / 요구하다

■ すでに値引きをしているので、これ以上の要求には応じられない。

▶ We already discounted the price, so we will not be able to meet your requirements.

▶ 已经作了减价处理，所以无法答应您的其他要求。

▶ 이미 값을 깎았기 때문에, 이 이상의 요구에는 응할 수 없습니다.

■ 森氏は、さくら出版に対して、記事の内容を訂正するよう要求した。

▶ Mr. Mori asked Sakura Publishing to correct the contents of the story.

▶ 森先生要求樱花出版社订正报道内容。

▶ 모리 씨는 사쿠라 출판에 대해, 기사 내용을 정정하도록 요구했다.

参 支払いを要求する、改善を要求する、要求どおり

2088 | 用件　matter / 事由，事情 / 용건

■ 夕方会議があるので、先方との用件が済んだら、すぐ社に戻るつもりです。

▶ I plan to return the company as soon as my business with them is finished, since I will have a meeting late this afternoon.

▶ 傍晚有个会议，所以和对方谈完事情后打算立即返回公司。

▶ 저녁에 회의가 있어서，상대편과의 용건이 끝나면 바로 회사에 돌아올 예정입니다.

■ B 社に電話をしましたが、担当者が不在だったので、とりあえず用件だけ伝えておきました。

▶ I called Company B, but the person in charge was absent, so I just left a message about the business matter.

▶ 给B公司打电话了，但由于负责人不在，所以仅仅传达了一下事由。

▶ B 사에 전화했는데，담당자가 부재 중이서，우선 용건만 전해 두었습니다.

参 用件を聞く、用件を伺う

2089 | 用紙　paper / 纸张 / 용지

■ このプリンターは、用紙がなくなったら、赤いランプが付きます。

▶ The red lamp comes on when this printer is out of paper.

▶ 该打印机没有纸的时候会亮红灯。

▶ 이 프린터는 용지가 떨어지면 빨간 램프가 켜집니다.

参 コピー用紙、メモ用紙、用紙サイズ

2090 | 様式　style / 式样 / 양식

■ どんな様式でもかまいませんので、企画書を提出してください。

▶ Any style is acceptable, so please submit the proposal.

▶ 什么格式的都可以，请提出计划书。

▶ 어떤 양식이여도 상관없으니，기획서를 제출해 주십시오.

2091 | 要請　request / 请求，要求 / 요청　**～する** request / 请求，要求 / 요청하다

■ A 大学からの要請に応じて、学生のインターンシップを受け入れることにした。

▶ We decide to accept student internships upon request from University A.

▶ 应A大学的请求，答应接受学生实习。

▶ A대학으로부터의 요청에 응해서，학생 인턴쉽을 받아들이기로 했다.

■ 今回の事故を受けて、市は、関係各社に対して、安全点検の徹底を要請した。

▶ The city requested thorough safety checks by relevant companies in response to this accident.

▶ 鉴于出现此次事故，市政府要求有关公司彻底进行安全检查。

▶ 이번에 사고를 당하고，시는 관계 각사에 안전점검을 철저히 할 것을 요구했다.

参 協力を要請する、派遣を要請する

2092 | 養成（ようせい） training / 培养 / 양성　～する train / 培养 / 양성하다

■ 横浜校（よこはまこう）では、ITインストラクターを養成する講座（こうざ）があります。
▶ A school in Yokohama has a course to train IT instructors.
▶ 横滨校区有培养IT讲师的讲座。
▶ 요코하마학교에는 IT 전문강사를 양성하는 강좌가 있습니다.

■ 本（ほん）講座では、実習（じっしゅう）を通（とお）して、あらゆる現場（げんば）に対応（たいおう）できる実（じっ）践力（せんりょく）を養成します。
▶ This course offers practical skill training to meet various needs.
▶ 本讲座通过实习培养能应对所有现场情况的实战能力。
▶ 본 강좌에서는 실습을 통해, 모든 현장에 대응할 수 있는 실천력을 양성합니다.

参 人材を養成する、教員養成

2093 | 要点（ようてん） points / 要点 / 요점

■ 要点を整理（せいり）して、話（はな）してください。
▶ Please talk about only the main points.
▶ 请整理一下要点再说。
▶ 요점을 정리해서 말해 주십시오.

■ プレゼンを上手（じょうず）に行（おこな）うための要点は、次（つぎ）の通（とお）りです。
▶ Key points in making a smooth presentation are as follows.
▶ 完美地进行公开演示的要点如下所示。
▶ 프리젠테이션을 잘 하기 위한 요점은 다음과 같습니다.

参 要点をつかむ、話の要点

2094 | 用途（ようと） application, use / 用途 / 용도

■ 豆類（まめるい）は、油（あぶら）の原料（げんりょう）や飼料（しりょう）など用途が広（ひろ）い。
▶ Beans have a broad range of applications such as raw materials for oil and animal feed.
▶ 豆类可用作油原料和饲料，用途很广。
▶ 콩류는 기름의 원료나 사료 등 용도가 광범위하다.

■ 石油（せきゆ）は、エネルギーとして、また化学製品（かがくせいひん）の原料（げんりょう）としてなど、さまざまな用途に使（つか）われている。
▶ The oil is used for a variety of applications, such as energy and raw materials for chemical products.
▶ 石油作为能源以及化学产品的原料用在各个方面。
▶ 석유는 에너지로서, 또한 화학제품의 원료 등으로서, 다양한 용도로 사용되고 있다.

2095 | 容認（ようにん） approval / 容许 / 용인　～する approve / 容许 / 용인하다

■ この地区（ちく）の自然環境（しぜんかんきょう）を破壊（はかい）する新空港建設（しんくうこうけんせつ）は、絶対（ぜったい）に容認できない。
▶ I will absolutely not approve the construction of a new airport that will distroy the natural environment of this area.
▶ 新机场的建设将破坏这个地区的自然环境，我们绝对不能容许。
▶ 이 지구의 자연환경을 파괴하는 신공항건설은 절대로 용인할 수 없다.

2096 | 用法（ようほう） description of use / 用法 / 용법

■ 処方（しょほう）された薬（くすり）は、用法・用量（ようりょう）を守（まも）って、正（ただ）しくお使（つか）いください。

▶ Please follow dosage instructions, and take prescribed drugs properly.

▶ 处方药一定要按照用法用量正确使用。

▶ 처방된 약은, 용법・용량을 지켜서 바르게 사용하세요.

参 動詞の用法

2097 | 要望（ようぼう） demand, request / 希望 / 요망 ～する request / 希望 / 요망하다

■ クライアントの要望を反映（はんえい）して、明（あか）るい雰囲気（ふんいき）のデザインにしました。

▶ In response to the client's request, we designed a bright atmosphere.

▶ 我们采用了明快的设计，这充分反映了客户的要求。

▶ 클라이언트의 요구를 반영해서, 밝은 분위기의 디자인으로 했습니다.

■ 委員会（いいんかい）は、県（けん）に対（たい）して、新（あたら）しい交通（こうつう）システムの早期実現（そうきじつげん）を要望した。

▶ The committee requested that the prefecture bring about the new transportation system as soon as possible.

▶ 委员会希望县政府能尽快实施新的交通系统。

▶ 위원회는 현에 대해 새로운 교통시스템의 조기실현을 요망했다.

■ 市（し）に寄（よ）せられた意見（いけん）の中（なか）には、福祉施設（ふくししせつ）への直行（ちょっこう）バスを運行（うんこう）してほしい、という要望がある。

▶ Among the opinions sent to the city, there is a request for direct bus service to welfare facilities.

▶ 在寄往市政府的意见中，有人希望能开通通往福利设施的直达公车。

▶ 시에 들어온 의견 중에는 복지시설로에 가는 직행버스를 운행해 달라는 요망이 있다.

2098 | 用命（ようめい） order / 吩咐，定购 / 주문 ～する give an order / 让……来做 / 주문하다

■ オフィスのリフォームなら、当社（とうしゃ）にご用命ください。

▶ If you are going to remodel the office, please give an order to the firm.

▶ 办公室的重新装修，请让本公司来做。

▶ 사무실 리폼이라면, 저희 회사에 주문해 주십시오.

2099 | 要領（ようりょう） guidelines, procedure / 要领，领会 / 요령

■ この保険（ほけん）に加入（かにゅう）を希望（きぼう）する社員（しゃいん）は、下記（かき）の要領に従（したが）って申（もう）し込（こ）んでください。

▶ If you want to sign up for this insurance, see the requirements below.

▶ 有意参加该保险的员工请按下列要求申请。

▶ 이 보험에 가입을 희망하는 사원은 아래 적힌 요령에 따라 신청해 주십시오.

■ 展示会参加（てんじかいさんか）の要領を以下（いか）にまとめましたので、ご一読（いちどく）ください。

▶ I put together the requirements for participation in the exhibition, so please read through them.

▶ 参加展示会的要求汇总如下，请看一下。

▶ 전시회 참가의 요령을 아래에 정리해 놓았으니, 한 번 읽어 보십시오.

■ この仕事(しごと)、彼女(かのじょ)なら要領がいいから、そんなに時間(じかん)かからないと思(おも)うよ。

▶ She is a smooth operator, so I don't think this job will take much time.

▶ 对这种工作她很会抓窍门，所以用不了这么长时间。

▶ 그 일, 그녀라면 요령이 좋으니까 그렇게 시간이 걸리지는 않을 거야.

[参] 要領をつかむ、レポートの提出要領

2100 | 容量(ようりょう)　memory / 容量，大小 / 용량

■ メールで資料(しりょう)を送(おく)ろうとしたけど、ファイルの容量が大(おお)きすぎて、うまくいかなかった。

▶ I tried to e-mail the document, but the file was too big to send.

▶ 想用邮件发送资料，但文件太大，没能发走。

▶ 메일로 자료를 보내려고 했는데, 파일의 용량이 너무 커서 잘 되지 않았다.

[参] 容量オーバー、大容量

2101 | 預金(よきん)　savings / 存款 / 예금　~する save / 存款 / 예금하다

■ 銀行(ぎんこう)には、約(やく) 150 万円(まんえん)の預金がある。

▶ I have about 1.5 million yen in savings in the bank.

▶ 在银行有约150万日元的存款。

▶ 은행에는 약 150 만엔의 예금이 있다.

[参] 普通預金、預金通帳、預金残高

2102 | 翌日(よくじつ)　next day / 第二天，次日 / 익일, 다음 날

■ 新型(しんがた)ゲーム MZ は大人気(だいにんき)で、発売(はつばい)翌日には、どの販売店(はんばいてん)でも品切(しなぎ)れになった。

▶ The new MZ game is hugely popular, and stock ran out at every retailer the day after its release.

▶ 新游戏MZ很受欢迎，所以发售后的第二天每个销售店就售罄了。

▶ 신형 게임 MZ는 큰 인기로, 발매 다음 날에는 모든 판매점에서 품절되었다.

2103 | 余計(よけい)　extra / 多余 / 쓸데없음　~な additional / 多余的 / 쓸데없는　~に additionally / 多余的 / 쓸데없이

■ このパンフ、カラーでなくてもよかったね。余計な費用(ひよう)がかかっちゃった。

▶ We didn't need to print this brochure in color. It cost extra.

▶ 这个宣传册，不用彩印也可以。花了一些不必要的钱。

▶ 이 팸플릿, 컬러가 아니어도 좋았겠어. 쓸데없는 비용이 들었다.

■ プレゼンの最後(さいご)の部分(ぶぶん)、前(まえ)に言(い)ったことの繰(く)り返(かえ)しになって、あれは余計だったね。

▶ It was too much to repeat the last part of the presentation.

▶ 公开演示的最后部分重复了前面说的内容，这真是多余。

▶ 프리젠테이션 마지막 부분, 앞에 말한 것을 반복한 것이어서 그건 필요 없었어.

[参] 余計な心配、余計な一言

2104 | 寄越す　send / 寄来，发来 / 보내오다

■ 林さんは、出張に行くと、いつも連絡を寄越さないから困る。
▶ It's not good that Mr. Hayashi doesn't call us when he goes on a business trip.
▶ 小林出差的时候总是不和我们联系，真是拿他没有办法。
▶ 하야시 씨는 출장 가면 늘 연락을 보내오지 않아 곤란해.

■ 先方は担当者ではなく、代理人を寄越した。
▶ They sent an agent, not the person in charge.
▶ 对方不是负责人，所以就给了代理人。
▶ 상대측은 담당자가 아닌 대리인을 보내왔다.

2105 | 横ばい　same level / 停滞 / 평행 상태 (변동하지 않은 상태)

■ ４月以降、売上はほぼ横ばいで推移している。
▶ Revenue after April remains almost at the same level.
▶ 4月以后销售额就基本停滞不前了。
▶ 4월 이후, 매상은 거의 평행 상태로 변해가고 있다.

■ 前年同月比 0.5%増と、ほぼ横ばいで、その内訳もほとんど変わっていない。
▶ It stayed at nearly the same level, increasing just 0.5% from the same month of the previous year.
▶ 与去年同月相比仅仅增加了0.5%，基本上处于停滞不前的状况，里面的详细情况也基本上没变。
▶ 전년 동월 대비 0.5% 증가로, 거의 평행 상태여서 그 내역도 거의 변하지 않았다.

2106 | 予算　budget / 预算 / 예산

■ 予算さえ取れれば、この企画は商品化できる。
▶ We can commercialize this plan only if we can get the budget.
▶ 如果能够取得预算的话，该计划即可商品化。
▶ 예산만 받을 수 있으면, 이 기획은 상품화할 수 있다.

■ PC 購入の件、予算の範囲内だったら問題ありません。
▶ It's no problem to purchase a PC if it's within the budget.
▶ 关于购买PC的事，如果在预算范围内的话就没有问题。
▶ PC 구입 건은, 예산 범위 내에서라면 문제없습니다.

参 予算を立てる、予算を組む、予算書

2107 | 余剰　surplus, redundant / 剩余 / 잉여

■ 事業縮小によって、A社は余剰人員の問題を抱えることになった。
▶ Due to the scaling back of its business, Company A has had to deal with a surplus of employees.
▶ 由于业务缩小，A公司面临剩余人员的安置问题。
▶ 사업축소에 의해서 A 사는 잉여인원 문제를 안게 되었다.

2108 | 予想（よそう） expectation / 预想 / 예상 ~する forecast / 预想 / 예상하다

■ 新商品の反響は予想以上で、販売店からの追加注文が殺到しています。

▶ We had more feedback than we expected on the new product, and received a flood of additional orders from retail stores.

▶ 新产品的反应超过了预期设想，销售店的追加订货蜂拥而至。

▶ 신상품의 반응은 예상 이상으로，판매점에서 추가 주문이 쇄도하고 있습니다.

■ 今夜から明日の朝にかけて、全国的に大雨が降ると予想されています。

▶ Heavy rain is forecast nationwide from tonight through tomorrow morning.

▶ 今天晚上到明天早上，预计全国范围内会降大雨。

▶ 오늘 밤부터 내일 아침에 걸쳐，전국적으로 큰 비가 내릴 것으로 예상됩니다.

参 予想を超える、予想外の展開、予想を上回る

2109 | 予測（よそく） forecast / 预测 / 예측 ~する forecast / 预测 / 예측하다

■ 来期の売上予測を立ててください。

▶ Please make a forecast for sales in the next term.

▶ 请预测一下下期销售额。

▶ 다음 시기의 매상예측을 세워 주십시오.

2110 | 余地（よち） room / 余地 / 여지

■ この企画、大筋では OK だけど、まだまだ議論の余地があると思う。

▶ This plan is generally OK, but there are still open questions.

▶ 这个计划大体上没有问题，但是我认为还有进一步讨论的余地。

▶ 이 기획，대략적인 것은 OK이지만，아직 논의의 여지가 있다고 생각해.

■ できればほかの会社に頼みたいけど、予算を考えると、A社以外に選択の余地はないと思う。

▶ I would like to ask another company if possible, but we have no choice considering the budget.

▶ 如有可能的话想委托给其他公司作，但是考虑到预算，除了A公司以外没有其他选择余地了。

▶ 가능하면 다른 회사에 부탁하고 싶지만，예산을 생각하면 A사 이외에 선택의 여지가 없다.

参 改善の余地、疑問の余地、考える余地

2111 | 予備（よび） extra, advance / 预备 / 예비

■ 明日のイベント、デジカメ用に、予備のバッテリーを用意しておいてください。

▶ For tomorrow's event, please get extra batteries for the digital camera.

▶ 请准备好明天活动以及数码相机用的电池。

▶ 내일 이벤트，디지털카메라용 예비 배터리를 준비해 두세요.

■ 今度のセミナーは内容が難しいので、事前に本を読んで予備知識をつけておいたほうがいい。

▸ This seminar content is difficult, so you'd better brash up on it in advance.

▸ 这次讨论会的内容很难，所以最好提前看看书掌握一些背景知识。

▸ 이번 세미나는 내용이 어려워서, 사전에 책을 읽고 예비지식을 쌓아 놓는 편이 좋다.

参 予備校、予備タイヤ

2112 | 余分 extra / 多余的，剩余的，额外的 / 여분

~な extra / 多余的，剩余的，额外的 / 여분의
~に extra / 多余的，剩余的，额外的 / 여분으로

■ 最後に注文したピザは余分だったね。ほとんど残っちゃった。

▸ It was a waste to order the last pizza. Most of it is uneaten.

▸ 最后要的皮萨多了。基本上都剩下了。

▸ 마지막에 주문한 피자는 여분이었네. 거의 남아 버렸어.

■ 参加者は25名を予定していますが、資料は、5～6部余分に作っておいてください。

▸ We plan on 25 participants, but please prepare five or six extra sets of materials.

▸ 参加者预定25人，但是准备资料的时候请多做出5、6份。

▸ 참가자는 25명을 예정하고 있지만, 자료는 5,6부 여분으로 만들어 놓으세요.

参 余分に作る、余分なスペース

2113 | 余裕 capacity / 富余 / 여유

■ 時間に余裕がある人がいたら、田中さんを手伝ってください。

▸ If there is anyone with extra time on their hands, please help Mr. Tanaka.

▸ 有时间的人，请帮帮田中先生。

▸ 시간 여유가 있는 사람이 있으면, 다나카 씨를 도와 주세요.

2114 | 来場 attendance / 到场 / 그 곳에 옴, 회장에 옴

~する come, to attend / 到场 / 오다

■ ご来場の際は、受付でお名前をご記入ください。

▸ When you come, please enter your name at the reception desk.

▸ 到场时请在接待处签名。

▸ 오실 때는 접수처에서 성함을 기입해 주세요.

2115 | 来賓 guest / 来宾 / 내빈

■ 創立20周年の記念式典に、来賓として前社長を招待した。

▸ We invited the former president to the 20st anniversary of the foundation.

▸ 在创立20周年纪念典礼上，作为来宾邀请了前任社长。

▸ 창립 20주년 기념회에 내빈으로 전 사장님을 초대했다.

2116 | 来訪（らいほう） visit / 来访 / 방문함　**～する** visit / 来访 / 방문하다

■ 入館の際に、来訪者用のカードを受け取ってください。

▶ When entering the building, please obtain a visitor's card.

▶ 入馆时，请领一张来访者专用卡。

▶ 입관하실 때 , 방문자용 카드를 가지고 가세요 .

2117 | ラインナップ line up / 阵容 / 라인업

■ 弊社のサイトで、製品ラインナップがご覧になれます。

▶ You can view the product lineup on our Web site.

▶ 在我们公司的网页上能看到我们的全部产品。

▶ 저희 회사 사이트에서 , 제품 라인업을 보실 수 있습니다 .

2118 | 落札（らくさつ） an accepted bid / 中标 / 낙찰　**～する** have one's bid accepted / 中标 / 낙찰하다

■ その絵は、5,500ドルで落札された。

▶ I won the bid for the painting at 5,500 dollars.

▶ 那幅画，以5,500美元中标了。

▶ 그 그림은 5500 달러로 낙찰되었다 .

2119 | 落丁（らくちょう） missing page / 缺页 / 낙장

■ テキストの落丁・乱丁につきましては、商品のお届け後30日以内にご連絡いただければ、お取り替えいたします。

▶ We will replace the textbook with a new one if you inform us of the missing pages and pagination errors within one month after delivery.

▶ 课本中的缺页、错页，在产品送达后的30天内联系的话可以更换。

▶ 책의 낙장・난장에 대해서는 상품 도착 후 30 일 이내에 연락 주시면 교환해 드리겠습니다 .

2120 | らちがあかない[慣] make no progress / 没有进展 / 결말이 나지 않는다

■ この議論は並行線で、いくら話し合っても、らちがあかない。

▶ This discussion is at a standstill and no matter how much it is discussed, no progress is made.

▶ 这个讨论成了平行线，无论怎么讨论，都没有进展。

▶ 이 논쟁은 평행선으로 , 아무리 이야기해도 결말이 나지 않는다 .

2121 | ラフ roughness / 随便的 / 대략적임, 지유로운　**～な** rough / 随便的 / 대략적인　**～に** roughly / 随便的 / 대략적으로

■ 大体のイメージをつかみたいので、ラフ案をファックスで送ってください。

▶ I want to get a general view of the image, so please send the rough idea by fax.

▶ 我想了解一下大致的内容，所以请传真给我预案。

▶ 대강의 이미지를 잡고 싶으니 , 대략적인 안을 팩스로 보내 주십시오 .

■ デザイン業界の場合、スーツよりラフな格好の方が多いですね。

▶ In the fashion design industry, many people wear casual clothes rather than suits.

▶ 在设计行业，与套装相比，穿便装的人更多。

▶ 디자인 업계의 경우 , 정장보다 가벼운 차림이 많네요 .

■ ラフでいいので、初年度(しょねんど)の売上見込(うりあげみこ)みを出(だ)してもらえますか。

▶ Please come up with a sales outlook for the initial year; even a rough idea is OK.

▶ 大致预算也可以，能不能估算一下第一年的销售额?

▶ 대략적인 것도 괜찮으니 초년도 매상 전망을 내 주실 수 있겠습니까?

参 ラフレイアウト

2122 | 羅列(られつ) list / 罗列 / 나열 ～する list up / 罗列 / 나열하다

■ この表(ひょう)はただ数字(すうじ)を羅列したように見(み)えますが、実(じつ)は、さまざまな情報(じょうほう)が含(ふく)まれています。

▶ This chart looks like just a list of financial figures, but it actually includes all kinds of information.

▶ 这个表看起来紧紧罗列了一些数字，但实际上包含了很多的信息。

▶ 이 표는 단지 숫자를 나열한 듯이 보이지만，사실은 다양한 정보가 담겨 있습니다.

■ このレポートは事実(じじつ)を羅列しただけで、それに対する評価(ひょうか)やコメントが書(か)かれていない。

▶ This report only listed up the facts. It does not include evaluations and comments.

▶ 这个报告仅仅罗列了事实，但对事实没有写任何的评价和评论。

▶ 이 리포트는 사실을 나열한 것으로，그것에 대한 평가나 코멘트는 쓰여 있지 않다.

2123 | ランダム random / 随意 / 무작위，임의

～な random / 任意的 / 임의적인
～に in random order / 任意地 / 무작위로，임의로

■ 研修(けんしゅう)で扱(あつか)うべきテーマをランダムに挙(あ)げてみました。

▶ The themes that should be handled in training were given at random.

▶ 随意举出了研修中应该处理的课题。

▶ 연수에서 다뤄야 할 주제를 무작위로 뽑아 보았습니다.

2124 | 乱丁(らんちょう) paging disorder / 错页 / 난정

2125 | リース lease / 租借，出租 / 대여 ～する lease / 租借，出租 / 대여하다

■ 2階(かい)のカラープリンターは会社(かいしゃ)で購入(こうにゅう)したものだけど、3階のはリースです。

▶ The color printer on the 2nd floor was purchased by the company, but the one on the 3rd floor is leased.

▶ 2楼的彩色打印机是公司买的，3楼的是租赁的。

▶ 2층의 컬러프린트는 회사에서 구입한 것이지만，3층의 것은 대여한 것이다.

■ 今回必要(こんかいひつよう)な新(あたら)しい設備(せつび)は、リースで調達(ちょうたつ)したほうが、安(やす)く済(す)む。

▶ The new facilities required at this time, can be had more cheaply by obtaining a lease.

▶ 此次所需要的新设备，通过租赁就能廉价解决。

▶ 이번에 필요한 새로운 설비는 대여로 조달하는 편이 싸게 해결된다.

参 リース契約、リース会社

2126 | リーズナブル reasonable / 合理的 / 적당，타당　～な reasonable / 合理的 / 적당한，타당한　～に reasonably / 合理地 / 적당히，타당하게

■ この旅行(りょこう)プランだと、人気(にんき)ホテルがリーズナブルな料金(りょうきん)で利用(りよう)できる。

▶ In this holiday plan, it is possible to use a popular hotel at a reasonable price.

▶ 在这个旅行计划中，能以合理的价格利用有人气的饭店。

▶ 이 여행 계획이면 인기 호텔을 적당한 요금으로 이용할 수 있다.

2127 | 利益(りえき) profit / 利润 / 이익

■ 300万円(まんえん)の売上(うりあげ)に対(たい)して経費(けいひ)が250万(まん)だから、利益は50万円(まんえん)になる。

▶ Because expenses were 2.5 million yen against sales of 3 million yen, profit comes to 500,000 yen.

▶ 获得300万日元的销售额的经营经费是250万，所以有50万日元的利润。

▶ 매상 300 만엔에 대해 경비가 250 만엔이므로 이익은 50 만엔이 된다.

[参] 売上利益、営業利益、経常利益、粗利益、利益率

2128 | 履行(りこう) implementation / 履行 / 이행　～する implement / 履行 / 이행하다

■ 契約内容(けいやくないよう)がちゃんと履行されているかどうか、確認(かくにん)してください。

▶ Please check whether or not the contract is being fulfilled.

▶ 请确认是否被切实地履行了合同内容。

▶ 계약 내용이 확실히 이행되고 있는지 어떤지 확인하십시오.

2129 | リコール recall / 召回 / 리콜　～する recall / 召回 / 리콜하다

■ 東京自動車(とうきょうじどうしゃ)は、ブレーキの不具合(ふぐあい)のため、GX2000のリコールを発表(はっぴょう)した。

▶ Tokyo Motor announced the recall of the GX2000 for a fault with its brakes.

▶ 由于刹车有问题，东京汽车公布要召回GX2000。

▶ 도쿄 자동차는 브레이크 이상때문에 GX2000 의 리콜을 발표했다.

2130 | 利子(りし) interest / 利息，利润 / 이자

■ 金利(きんり)が低(ひく)い時(とき)には、どこの金融機関(きんゆうきかん)に預金(よきん)しても、大(たい)した利子はつかない。

▶ When the interest rate is low, no matter which financial institution you save your money with, it won't earn much interest.

▶ 利息很低的时候，不论在什么样的金融机构存款，都不可能得到大的利润。

▶ 금리가 낮을 때에는 어떤 금융기관에 예금해도 큰 이자가 붙지 않는다.

■ 消費者金融(しょうひしゃきんゆう)は、担保(たんぽ)を取(と)らないので、利子が高(たか)い。

▶ Because they don't take collateral, interest on consumer loans is high.

▶ 消费者金融不要担保，所以利息很高。

▶ 소비자금융은 담보가 없어서, 이자가 높다.

2131 | リスク risk / 风险 / 리스크, 위험

■ 投機的な株の売買は、うまくいけば儲かるが、リスクも大きい。

▶ If you do well trading speculative stocks, you can make a lot of money, but the risk is also very big.

▶ 买卖投机性的股票，顺利的话可以赚钱，但风险也很大。

▶ 투기적인 주식매매는 잘 되면 돈을 벌지만, 위험도 크다.

参 リスク管理、リスクを避ける

2132 | リスト list / 一览 / 리스트

■ これは、売上実績ランクの上位50社をリストにしたものです。

▶ This is a list of the top 50 companies ranked by sales results.

▶ 该一览表列出了实际销售业绩在前50名的公司的名单。

▶ 이것은 매상 실적 순위의 상위 50 사를 리스트화한 것입니다.

■ 在庫チェックをするので、商品リストを1部もらえますか。

▶ I'm going to do an inventory check, so could I have a copy of the product list?

▶ 想检查一下库存，能不能给我一份商品一览表?

▶ 재고 체크를 하려는데 상품 리스트를 1부 받을 수 있습니까?

2133 | リストアップ list-up / 列单子 / 일람표를 작성함 ~する list up / 举出 / 일람표를 작성하다

■ 競合商品をリストアップして、価格と仕様を比較してみてください。

▶ Make a list of competing products, and compare prices and specifications.

▶ 把相关竞争产品列一个目录，比较一下价格和功能。

▶ 경합상품을 리스트업해서 가격과 사양을 비교해 주십시오.

2134 | 離席 leaving one's seat / 不在座位 / 자리를 비움 ~する be away from one's desk / 不在座位 / 자리를 비우다

■ 山田は離席しておりますが、折り返しお電話させましょうか。

▶ Mr. Yamada is away from his desk. Shall I have him return your call?

▶ 山田现在不在座位上，稍后让他给您打电话吗?

▶ 야마다는 자리를 비웠습니다만, 즉시 전화하라고 할까요?

2135 | 利息 interest / 利息，利润 / 이자

■ 毎月のローン返済は、利息を払うのがやっとで、元金はなかなか減りません。

▶ I can barely pay the interest on the monthly loan repayment, so the principal never seems to go down.

▶ 每月还贷，仅能把利息还上，本金一点都没有减少。

▶ 매달의 론 상환은 이자를 겨우 내는 것으로, 원금은 좀처럼 줄지 않습니다.

2136 | 立案（りつあん） planning / 策划 / 입안 ～する plan / 策划 / 계획을 세우다

■ A社（しゃ）は、企画（きかく）の立案から立（た）ち上（あ）げまで、さまざまなイベントをサポートする会社（かいしゃ）です。

▶ Company A is a company that supports various events, from planning to implementation.

▶ A公司对各种各样的活动从计划的策划到实施都给与支持。

▶ A 사는 기획의 입안에서 실행까지 다양한 이벤트를 서포터하는 회사입니다.

2137 | 立地（りっち） location / 地段 / 입지

■ この辺（あた）りは、立地条件（じょうけん）がいいので、地価（ちか）が非常（ひじょう）に高（たか）い。

▶ The conditions of sites in this area are great, so prices must very high.

▶ 因为这一带地段好，所以地价非常高。

▶ 이 주위는 입지조건이 좋아서 지가가 아주 비싸다.

2138 | 利点（りてん） benefit / 好处 / 이점

■ ネット販売（はんばい）の大（おお）きな利点は、時間（じかん）と空間（くうかん）の制約（せいやく）を受（う）けないことです。

▶ One of the major benefits of selling on the Internet is there is no restriction on time or space.

▶ 网络销售最大的好处是不受时间和空间的限制。

▶ 네트워크 판매의 큰 이점은 시간과 공간의 제약을 받지 않는 것입니다.

■ フェアに出展（しゅってん）する利点は、知名度（ちめいど）が上（あ）がることです。

▶ The benefit of opening a booth at the fair is raising name awareness.

▶ 参加展览会的好处是能够提升知名度。

▶ 전시회에 출전하는 이점은 지명도가 높아지는 것입니다.

2139 | リニューアル renewal / 重新装修 / 리뉴얼 ～する renew / 重新装修 / 리뉴얼하다

■ 地下（ちか）のレストラン街（がい）は、設（せつ）備（び）の老朽化（ろうきゅうか）が進（すす）んだので、来年（らいねん）リニューアルオープンするそうだ。

▶ Because of the advanced state of deterioration of the underground restaurant plaza facilities, they will have a renewal opening next year.

▶ 听说地下食品街设备严重老化，明年将重新装修营业。

▶ 지하의 식당가는 설비의 노후화가 진행되어 있어, 내년 리뉴얼 오픈 한다고 한다.

■ A紙（し）は来年（らいねん）、創刊（そうかん）10周年（しゅうねん）を迎（むか）え、紙面（しめん）をリニューアルします。

▶ With the advent of their 10th aniversary, Magazine A will be renewing their pages next year.

▶ A报纸明年将迎来创刊10周年，届时将改版发行。

▶ A 지는 내년, 창간 10 주년을 맞아, 지면을 리뉴얼합니다.

2140 | 利便性 convenience / 便利性 / 편의성

■ 利便性の良さから、都心のマンションは30, 40代のサラリーマン世帯に人気がある。

▶ Condominiums in the city are popular among households of salarymen in their 30s and 40s for their convenience.

▶ 由于很方便，所以位于东京都中心的公寓很受30、40多岁人的欢迎。

▶ 편의성이 좋아서, 도심의 맨션은 30,40 대의 샐러리맨 세대에게 인기가 있다.

2141 | 利回り interest, yield, profits / 收益率 / 이율

■ 資産運用は、利回りは少ないが安全なものと、リスクはあるが高利回りのものに、分散したほうがいい。

▶ Asset management should be divided into low interest, but stable, assets and high risk, high return assets.

▶ 资产运作，最好是将资产分散为收益率少但安全，有风险但收益率高的两部分。

▶ 자산운용은, 이율이 적지만 안전한 것과 위험은 있지만 이율이 높은 것으로 분산하는 편이 좋다.

2142 | リミット limit / 限度 / 한계, 한도

■ タイムリミットは今月末。これ以上は延ばせない。

▶ The time limit is at the end of this month. It cannot be extended any more.

▶ 期限到本月末。不能再拖延了。

▶ 시한은 이번 달 말. 이 이상은 연장시킬 수 없다.

参 リミットを設ける、リミットが近づく

2143 | リムーバルディスク㋩ removal disk / 移动硬盘 / 리무벌 디스크 (D드라이브)

2144 | 略する abbreviate, skip / 省略 / 줄이다, 생략하다

■ 日本銀行は、略して「日銀」と言われている。

▶ The Bank of Japan is abbreviated BOJ.

▶ 日本银行简称“日银”。

▶ 일본은행은 줄여서「니치깅」이라고 불린다.

■ 時間がないので細かい説明は略して、次に行きたいと思います。

▶ There's no time, so I'll skip the details, and move on to the next part.

▶ 由于没有时间，详细情况略过不谈，我们进行下面的内容。

▶ 시간이 없으니까, 세세한 설명은 줄이고, 다음으로 넘어갔으면 합니다.

2145 | 流通 distribution, circulation / 流通 / 유통　**～する** distribute, circulate / 流通 / 유통하다

■ しょう油はこの地方の特産品として知られ、現在、全国に流通している。

▶ Soy sauce is known as a principal product of this region, and is currently distributed nationwide.

▶ 酱油作为该地的特产广为人知，现在在全国销售流通。

▶ 간장은 이 지방의 특산품으로서 알려져, 현재 전국에 유통되고 있다.

■ 各国の流通事情をよく調査して、事業展開することが必要です。

▶ We need to do a thorough survey of the distribution situation of each country, and expand the business.

▶ 调查各国的流通情况后开展事业是必须的。

▶ 각지의 유통사정을 잘 조사해서, 사업전개하는 것이 필요합니다.

2146 | 流動的 fluid / 流动的 / 유동적 ～な luid ,uncertain / 流动的的 / 유동적인

■ 政治的に不安定なA国の経済は、まだまだ流動的な情勢が続いている。

▶ The economy of Country A, which has an unstable governmnet, is still in a volatile state.

▶ A国政治很不稳定，所以该国的经济也依旧处于不稳定状况。

▶ 정치적으로 불안정한 A국의 경제는 아직 유동적인 정세가 계속되고 있다.

■ A社との業務提携については、社内で反対意見も多く、今後どうなるか、まだ流動的だ。

▶ There are a lot of opposing opinions about a joint business with Company A, and the outlook is still fluid.

▶ 对于和A公司进行业务合作一事，公司内有很多反对意见，所以今后会变为何种情况还不可知。

▶ A사와의 업무제휴에 대해서는 사내에 반대의견도 많고, 어떻게 될지는 아직 유동적이다.

2147 | 流用 utilization of existing components / 挪用 / 유용 ～する siphon off use without change / 挪用 / 유용하다, 돌려 쓰다

■ 今度のプレゼンの資料は、前回使ったものを一部流用するつもりです。

▶ I plan to reuse part of the materials in the last presentation for the next one.

▶ 这次展示会的资料，我打算挪用一部分上次用过的。

▶ 이번 프리젠테이션 자료는 지난 번 사용한 것을 일부 돌려 쓸 예정입니다.

参 データを流用する

2148 | 領域 territory, sphere / 领域 / 영역

■ 医薬品メーカーのA社は、スキンケア、美容関連領域で売り上げを伸ばしている。

▶ Pharmaceutical manufacturer A is increasing its sales in the territories of skincare and beauty products.

▶ 从事医疗品生产的A公司在护肤品等和美容有关的领域不断提高销售份额。

▶ 의약품 제조사인 A사는 스킨케어, 미용관계영역에서 매상을 늘리고 있다.

■ 今回の企業との共同プロジェクトによって、大学の研究領域が広がった。

▶ The sphere of university research has widened through the joint project with this company.

▶ 通过和企业的此次联合开发项目，大学的研究领域变得更为宽泛了。

▶ 이번의 기업과의 공동프로젝트에 의해, 대학의 연구영역이 넓어졌다.

参 専門領域、対象領域

2149 了解(りょうかい) understanding; consent / 了解，同一 / 양해 ~する understand, consent; get / 了解，同一 / 양해하다

■ 日程変更(にっていへんこう)の件(けん)は了解いたしました。

▶ I got the change in date.

▶ 了解了变更日程一事。

▶ 일정변경 건은 잘 알았습니다.

■ 明日代休(あしただいきゅう)をとることについては、すでに部長(ぶちょう)に了解をとってあります。

▶ I already have the department manager's consent for tomorrow's compensatory day off.

▶ 关于明天的补假已经得到了部长的同意。

▶ 내일 대체휴가를 쓰는 것에 대해, 이미 부장님께 양해를 받았습니다.

参 了解を求める、了解済み、了解を得る

2150 量産(りょうさん) mass production / 批量生产 / 대량생산 ~する mass produce / 批量生产 / 대량생산하다

■ 新型(しんがた)ロボットA-600は、来年(らいねん)量産体制(たいせい)に入(はい)るそうだ。

▶ The new model A-600 robot will enter mass production next year.

▶ 听说新型机器人A-600明年将进入批量生产体制。

▶ 신형 로봇 A-600은 내년 대량생산체제에 들어간다고 한다.

■ A社(しゃ)は約(やく)10億円(おくえん)をかけ、A-33を量産できる設備(せつび)を整(ととの)えた。

▶ Company A invested ¥1 billion to establish facilities for the mass production of the A-33.

▶ A公司花费了大约10亿日元配备了能批量生产A-33的设备。

▶ A사는 약 10억엔을 들여, A-33의 대량생산이 가능한 설비를 갖추었다.

2151 領収書(りょうしゅうしょ) receipt / 收据 / 영수증

■ 出金伝票(しゅっきんでんぴょう)には、なるべく領収書を付(つ)けるようにしてください。

▶ Insofar as possible, please affix the receipts to your payment slip.

▶ 支出传票上请尽可能附上发票。

▶ 출금전표에는 가능한 한 영수증를 첨부하도록 해 주십시오.

■ 新幹線(しんかんせん)を利用(りよう)する場合(ばあい)、領収書を発行(はっこう)してもらうことができます。

▶ You can have a receipt issued even when you use the bullet train.

▶ 在乘坐新干线时，可以让车站出具收据。

▶ 신칸센을 이용하는 경우에도, 영수증을 받을 수 있습니다.

2152 了承(りょうしょう) understanding, agreement / 谅解/了解，知道 / 양해 ~する understand, agree, approve / 谅解 / 양해하다

■ ご注文(ちゅうもん)の商品(しょうひん)は、現在(げんざい)、製造(せいぞう)しておりません。ご了承のほどお願(ねが)いいたします。

▶ The product you ordered is no longer being manufactured. We ask for your kind understanding.

▶ 您所订购的商品现在没有生产。请您谅解。

▶ 주문하신 상품은 현재 제조하고 있지 않습니다. 양해 부탁드립니다.

■ セール品は割引の対象外となりますので、予めご了承ください。

▶ Please understand that discounts do not apply to products on sale.

▶ 减价商品不在打折范围之内，请您谅解。

▶ 세일품은 할인대상에서 제외되므로 미리 양해 부탁드립니다.

参 了承を得る、了承を求める

2153 | 量販店 volume discount store / 批量销售商店 / 대량판매점

■ 安くて品数が多い量販店に人が流れて、個人経営の店は厳しい状況にある。

▶ People go to the volume discount stores for their low price and variety, and privately run shops are having a hard time.

▶ 顾客都流入价格便宜、品种很多的批量销售店了，所以个体经营商店的现状不容乐观。

▶ 싸고 제품이 많은 양판점으로 사람이 가버려서, 개인경영의 가게는 힘든 상황이다.

■ この辺りは家電量販店の値下げ競争が激しい。

▶ The price wars are fierce amongst the volume discount electronics stores around here.

▶ 这附近家电批量销售店的价格战很激烈。

▶ 이 부근은 가전제품 대량판매점의 가격인하 경쟁이 심하다.

2154 | 両面 both sides, dual-sided, duplex / 两面 / 양면

■ 枚数が多くなるので、両面コピーにしてもらえますか。

▶ Because there are a lot of pages, can you do dual-sided copies?

▶ 数量很多，能不能请您双面印刷?

▶ 매수가 많아지니까, 양면 인쇄해 주시겠습니까?

■ アンケートは、表裏、両面になっています。

▶ The questionnaire has two sides, front and back.

▶ 问卷调查有正反两面。

▶ 앙케트는 앞과 뒤, 양면으로 되어 있습니다.

参 両面テープ、両面印刷

2155 | リリース release / 发售 / 발표 ~する release / 发售 / 발표하다

■ 新モデルは来年４月にリリースする予定です。

▶ The new model is due to be released in April next year.

▶ 预定在明年4月发售新款。

▶ 신 모델은 내년 4월에 발표할 예정입니다.

2156 | 利率 rate / 利率 / 이율

■ 銀行によって、定期預金の利率が違うので、よく調べて決めよう。

▶ Depending on the bank, the fixed deposit interest rate is different, so you should decide after careful consideration,

▶ 银行不同定期存款的利率也不同，要好好查一下。

▶ 은행에 따라 정기예금의 이율이 다르므로 잘 알아보고 결정하겠다.

2157 | 履歴(りれき)　history, résumé / 履历 / 이력

■ ネット販売(はんばい)の購入(こうにゅう)履歴を参考(さんこう)にして、顧客(こきゃく)の消費行動(しょうひこうどう)を分析(ぶんせき)した。

▶ I analyzed customer consumption activities referring to online purchase histories.

▶ 以网上销售的购买履历为参考分析顾客的消费活动。

▶ 네트워크 판매의 구입이력을 참고해서 고객의 소비행동을 분석했다.

■ 面接(めんせつ)の際(さい)、履歴書(しょ)をご持参(じさん)ください。

▶ Please bring your résumé to the interview.

▶ 面试的时候请带履历书。

▶ 면접 때, 이력서를 지참해 주십시오.

■ 購入(こうにゅう)履歴がとれれば、顧客(こきゃく)の消費行動(しょうひこうどう)を細(こま)かく分析(ぶんせき)することができます。

▶ If we can capture purchase histories, we can analyze customer consumption activities in detail.

▶ 如果能拿到购买履历的话，则可以对顾客的消费活动进行细致地分析。

▶ 구입이력을 알면, 고객의 소비행동을 상세하게 분석할 수 있습니다.

参 更新履歴　update history information / 更新履历 / 갱신 이력、学習履歴

2158 | 稟議(りんぎ)　internal memo, draft proposal / 申请 / 품의

■ DM 発送(はっそう)の外注(がいちゅう)の件(けん)は、これから稟議にかけるところです。

▶ I'm about to submit a draft proposal on the outsourcing of the DM posting.

▶ 关于寄给DM的外委一事，马上就要打书面报告。

▶ DM 발송의 외주 건은 이제 품의하려는 참입니다.

■ パソコン購入(こうにゅう)の件(けん)は基本的(きほんてき)に OK ですが、まず稟議書(しょ)を出(だ)してください。

▶ The purchase of the PC is basically OK, but first please submit a draft proposal.

▶ 关于购买电脑的事基本同意，但是请递交请示报告。

▶ 컴퓨터 구입 건은 기본적으로 OK 입니다만, 우선 품의서를 제출해 주십시오.

参 社内稟議

2159 | リンク(パ)　link / 链接 / 링크, 연결

■ A 社(しゃ)のホームページと相互(そうご)にリンクを張(は)ることにした。

▶ We decided to cross-reference links with Company A's website.

▶ 决定和A公司的主页互相链接。

▶ A 사의 홈페이지와 서로 링크를 걸기로 했다.

参 関連サイトのリンク集　related links / 关联网站的链接集 / 관련사이트의 링크

2160 | 臨時（りんじ） temporary, provisional / 临时 / 임시

■ このままだと納期に遅れそうなので、臨時に人を雇うことにしました。
▶ If it continues like this the delivery will be late, so hire someone temporarily.
▶ 这种状况的话肯定赶不上交货日期，所以决定临时雇人。
▶ 이대로라면 납기에 늦어질 것 같아서, 임시로 사람을 고용하기로 했습니다.

■ 来週月曜日は棚卸しのため、臨時休業とします。
▶ Monday of next week will be a provisional holiday due to inventory check.
▶ 下周一要进行盘点，所以临时歇业。
▶ 다음 주 월요일은 재고조사를 위해 임시휴업합니다.

参 臨時スタッフ、臨時バス

2161 | 隣接（りんせつ） adjoining, neighboring / 紧邻 / 인접 ～する be adjoined, neighbor / 紧邻 / 인접하다

■ 弊社は、駅に隣接しているビルの５階でございます。
▶ Our company is located on the 5th floor of the building adjoining the station.
▶ 我公司在紧邻车站的大楼的5层。
▶ 저희 회사는 역에 인접한 건물 5층입니다.

2162 | 輪番（りんばん） rotating / 轮番 / 윤번, 차례로 함

■ 定例会議の司会は輪番になっています。
▶ The chair for the regular meetings is a rotating position.
▶ 例会主持采取轮流制。
▶ 정기회의의 사회는 차례대로 돌아가면서 하기로 되어 있습니다.

2163 | 累計（るいけい） grand total / 累计 / 누계 ～する sum up / 累计 / 누계하다

■ 今月の売上は160万で、今年度累計で850万です。
▶ This month's sales were 1.6 million yen, and the grand total for the year is 8.5 million yen.
▶ 这个月的销售额是160万，本年度累计850万。
▶ 이번 달 매상은 160만이고, 올해 누계는 850만입니다.

2164 | 類似（るいじ） immitation, similar / 类似 / 유사 ～する resemble / 类似 / 유사하다

■ XYは人気ブランドなので、類似品が多く出回っている。
▶ XY is a popular brand, so there are a lot of immitation products around.
▶ XY是很受欢迎的品牌，所以出现了很多仿制品。
▶ XY은 인기브랜드여서 유사제품이 많이 돌고 있다.

■ A社(しゃ)のMP5発売以来(はつばいいらい)、類似する機能(きのう)を搭載(とうさい)した商品(しょうひん)が数多(かずおお)く出(で)ている。

▶ Since the introduction of Company A's MP5, a lot of products with similar features have come out.

▶ MP5公司的XPZ发售以来，出现了很多搭载类似功能的产品。

▶ A 사의 MP5 발매 이래，유사한 기능을 탑재한 상품이 많이 나오고 있다.

2165 | 累積(るいせき) accumulation / 累积 / 누적 ～する accumulate / 积累 / 누적되다

■ 市(し)の累積赤字(あかじ)は10億円(おくえん)に達(たっ)した。

▶ The city's accumulated deficit has reached 1 billion yen.

▶ 市政府的积累赤字达到了10亿日元。

▶ 시의 누적 적자는 10억 엔에 달했다.

2166 | ルーズ loose / 散漫 / 루즈，허술함 ～な loose / 散漫 / 헐렁한，완만한 ～に in a slovenly manner / 散漫 / 헐렁하게

■ 最近(さいきん)、書類(しょるい)の提出(ていしゅつ)がルーズになっていますが、期日(きじつ)やフォームを守(まも)るようにお願(ねが)いします。

▶ You've been loose with submitting documents lately. Please make sure to follow the dates and forms.

▶ 最近提交的文件很散漫。请一定要遵守日期和格式。

▶ 최근，서류 제출이 허술해졌는데，기일이나 형식을 지키도록 부탁드립니다.

■ 在宅(ざいたく)で仕事(しごと)をしていると、時間(じかん)がルーズになりがちです。

▶ When working from home, people tend to get loose with time.

▶ 在家里工作的话，时间则容易过的散漫。

▶ 집에서 일하고 있으면，시간이 루즈해지기 쉽다.

[参] 時間にルーズ、お金にルーズ、ルーズな対応

2167 | ルート route / 路径 / 루트，경로

■ 展示会場(てんじかいじょう)まで車(くるま)で行(い)くんだけど、どういうルートで行(い)ったら、一番早(いちばんはや)いかな。

▶ I will be going to the exhibitin venue by car. I wonder which route would be the fastest?

▶ 要乘车去到展示会场，但不知道怎样的路径去最快。

▶ 전시회장까지 차로 가는데，어떤 길로 가는 것이 가장 빠를까？

[参] 販売ルート、ルート営業　r oute sales / 渠道营业 / 루트 영업、ルートセールス

2168 | ルビ pronunciation guide / 注音 / 루비，후리가나

[参] ルビを振る　provide with hiragana script / 给汉字注上假名 / 루비를 달다

2169 | レイアウト layout / 版面设计 / 레이아웃，배치，디자인 ～する design a layout, to lay out / 布局 / 배치하다，디자인하다

■ 新(あたら)しい商品(しょうひん)カタログは、レイアウトを変更(へんこう)して、写真(しゃしん)を少(すこ)し大(おお)きくするつもりです。

▶ I plan to change the layout of the new product catalog and enlarge the photos a bit.

▶ 我打算改变新的商品目录的版面设计，照片再放大一些。

▶ 새로운 상품 카탈로그는 레이아웃을 변경해서 사진을 조금 크게 할 예정입니다.

2170 | 零細　insignificant / 小型 / 영세

■ 今回の税法改正で、町工場や商店などの零細企業は、ますます経営が厳しくなる。

▶ The recent law amendment will make business even more difficult for small business like small factories and shops.

▶ 这次的税法修改使市镇上的小工厂和商店等小型企业越发经营困难。

▶ 이번 세법개정으로 소규모의 공장이나 상점 등의 영세기업은 더욱 더 경영이 힘들어진다.

2171 | 例年　normal year, annual / 往年 / 예년

■ 例年に比べ、今年は８月の売上が良かった。

▶ Sales for August this year were better than normal.

▶ 和往年相比，今年8月的销售情况较好。

▶ 예년에 비해, 올해는 8 월의 매상이 좋았다.

■ 例年どおり、産業貿易会館で在庫品のセールを行います。

▶ We're holding our annual inventory sale at the Industrial Trade Hall.

▶ 和往年一样，在产业贸易会馆举行库存的廉价销售。

▶ 예년과 같이, 산업무역회관에서 재고품 세일을 합니다.

[参] 例年並み、例年以上、例年どおり、例年にない寒さ

2172 | レート　rate / 汇率 / 환율

■ 海外から入金があったら、振込日のレートで換算して下さい。

▶ If there are any payments coming from overseas, please use the exchange rate on the date of the transfer.

▶ 如果有从国外的汇款，请按汇款日的汇率计算。

▶ 해외에서 입금이 있으면, 송금일의 환율로 계산해 주세요.

[参] 為替レート、交換レート

2173 | レジ[略]（レジスター）　checkout / 款台 / 계산대

[参] レジ係、レジを任せる

2174 | レシート　receipt / 收据 / 영수증

■ 返品するなら、レシートが必要だ。

▶ If you return the item, you will need the receipt.

▶ 如果是退货，需要收据。

▶ 반품하려면 영수증이 필요하다.

2175 | レジュメ　outline, summary / 资料 / 레쥐메, 요약

■ 明日は会議で発表をするから、レジュメを用意しなければならない。

▶ I'll be presenting it at the meeting tomorrow, so I need to prepare a summary.

▶ 明天在会议上发表，所以必须准备资料。

▶ 내일은 회의에서 발표를 하니까, 레쥐메를 준비해야 한다.

■ お手元(てもと)のレジュメに沿(そ)って話(はなし)を進(すす)めたいと思(おも)います。

▶ I would like to proceed, following the outline you all have on hand.

▶ 按您手头资料进行说明。

▶ 갖고 계신 레쥐메에 따라 이야기를 진행하고 싶습니다.

2176 | レスポンス　response / 反应 / 답변, 반응

■ 先月送(せんげつおく)ったDMは、その後(ご)、何(なん)かレスポンスがありましたか？

▶ Was there any response after you sent the DM last month?

▶ 对于上个月寄给您的DM，之后有什么反应?

▶ 지난 달 보낸 DM은 그 후, 뭔가 답변이 있었습니까?

■ A誌(し)に広告(こうこく)を出(だ)すとレスポンスがいいので、定期的(ていきてき)に出(だ)すようにしています。

▶ We get a good response when we advertise in Magazine A, so we are doing it on a regular basis.

▶ 在A杂志上登了广告后反应良好，所以决定定期登广告。

▶ A지에 광고를 내면 반응이 좋아서, 정기적으로 내려고 합니다.

2177 | レセプション　reception / 招待会 / 리셉션

■ 来月3日(らいげつみっか)に、新製品発表会(しんせいひんはっぴょうかい)ならびに関係者(かんけいしゃ)を招(まね)いてのレセプションを予定(よてい)しています。

▶ On the 3rd of next month, we are scheduling a new product announcement and reception, and are inviting all those involved.

▶ 计划下个月3号进行新产品发布会并邀请有关人员举办招待会。

▶ 다음 달 3일에 신제품 발표회 및 관계자를 초대한 리셉션을 예정하고 있습니다.

2178 | 劣化(れっか)　deterioration / 恶化, 退化 / 열화, 나빠짐　~する deteriorate / 恶化 / 열화되다, 나빠지다

■ ビルの外壁(がいへき)が劣化して、ひびが入(はい)ったので、修理(しゅうり)を頼(たの)まなければならない。

▶ The building's walls have deteriorated and have cracks, so we need to order their repair.

▶ 因为大楼外壁老化，产生裂纹，所以必须找人来修。

▶ 건물 외벽이 나빠져서 금이 생겼으므로 수리를 부탁해야 한다.

2179 | 列挙(れっきょ)　enumeration, list / 列举 / 열거　~する enumerate, list / 列举 / 열거하다

■ 現在(げんざい)の問題点(もんだいてん)を列挙してみてください。

▶ Please list the the current problems.

▶ 请试着列举现在存在的问题。

▶ 현재의 문제점을 열거해 보세요.

2180 | レバー　lever, handle / 操纵杆 / 레버, 손잡이

■ レバーを右(みぎ)に回(まわ)せば、ドアが開(あ)きます。

▶ If you turn the handle to the right, the door will open.

▶ 向右拧控制杆的话则可打开门。

▶ 손잡이를 오른쪽으로 돌리면 문이 열립니다.

2181 | レベル　level / 水平 / 레벨, 수준

■ A社は世界的に見ても業界でトップレベルの企業です。

▶ Company A is a top level company even from a worldwide standpoint.

▶ A公司即使从全球来看在业界也是顶尖企业。

▶ A 사는 세계적으로 봐도 업계에서 톱 레벨의 기업입니다.

■ A社から派遣されてくるスタッフは、みんなレベルが高い。

▶ Staff outsourced from Company A are all high level.

▶ A公司派遣来的工作人员水平都很高。

▶ A 사에서 파견 돼서 온 스텝은 모두 레벨이 높다.

参 目標レベル、初級レベル、合格レベル

2182 | レベルアップ　level up, improvement / 提高水平 / 레벨 업　～する raise the level of, improve / 提高水平 / 레벨 업하다

■ この研修を通して、営業スキルのレベルアップを図ります。

▶ Through this training we will be aiming to raise the skill level of our sales.

▶ 通过此次培训来提高营业技能水平。

▶ 이 연수를 통해, 영업기술의 레벨 업을 도모합니다.

2183 | 廉価　low-price, bargain / 廉价 / 염가

■ A社は、大量に仕入れて廉価で販売するという事業スタイルで、売上を伸ばした。

▶ Company A increased sales with a business style of high-volume, low-price selling.

▶ A公司通过大量进货廉价销售这种方式来提高销售额。

▶ A 사는 대량으로 구입해서 염가로 판매하는 사업 스타일로, 매상을 늘렸다.

2184 | 連携　cooperation / 合作 / 연계　～する cooperate / 合作 / 연계하다

■ 販売力を強化するため、A社とは一層の連携が必要です。

▶ In order to reinforce sales strengths, a further level of cooperation with Company A is needed.

▶ 为加强销售能力，需要和A公司进一步合作。

▶ 판매력을 강화하기 위해, A 사와는 더욱 더 연계가 필요합니다.

■ 関係部署とうまく連携を取って、準備を進めてください。

▶ Cooperate well with related departments, and proceed with preparations.

▶ 请和有关部门好好合作准备。

▶ 관계부서에서 잘 연계해서 준비를 진행해 주십시오.

2185 | 連日 day after day / 连日 / 연일

■ 展示会場ではさまざまなセミナーが開催され、連日多数の来場者で賑わった。

▶ A variety of seminars were held at the event hall, and it was bustling with many visitors day after day.

▶ 展示会上有很多研讨会，所以连日来来访者络绎不绝。

▶ 전시회장에서는 다양한 세미나도 개최되어，연일 다수의 손님으로 북적거렸다.

参 連日満員

2186 | レンタル rental / 出借 / 렌털 **～する** rent / 出借 / 렌털하다，임대하다

■ A社は、イベント用の機材や道具のレンタルサービスをしている。

▶ Company A has a rental service for equipment and tools for events.

▶ A公司提供活动用的器材道具租借服务。

▶ A 사는 이벤트용의 기재나 도구의 렌털 서비스를 하고 있다.

■ 今回の出張では、空港で海外用の携帯電話をレンタルするつもりです。

▶ I plan to rent a cellphone for overseas at the airport on this business trip.

▶ 这次出差的时候，计划在机场租借海外用的手机。

▶ 이번 출장에서는 공항에서 해외용 휴대전화를 렌털할 생각입니다.

参 レンタル用品

2187 | レンチ㋑ wrench / 扳手 / 렌치 (스패너)

2188 | 連動 link / 联动，连锁反应 / 연동 **～する** work/move in conjunction / 联动，连锁反应 / 연동하다

■ うちの会社では、ボーナスは会社の業績に連動して決められる。

▶ At our company, bonuses are linked and decided with company performance.

▶ 我们公司奖金的发放是和公司的销售业绩关联起来决定的。

▶ 우리 회사에서는 보너스는 회사의 업적에 연동해서 결정되고 있다.

■ 原油価格に連動して、ガソリン代も上昇している。

▶ Gasoline prices are rising in conjunction with oil prices.

▶ 受原油价格的影响，汽油价格也在上涨。

▶ 원유가격에 연동해서，휘발유 값도 상승하고 있다.

2189 | 老朽化 aging / 老化 / 노후화 **～する** become older / 老化 / 노후화되다

■ このビルは老朽化のため、取り壊しが決定した。

▶ The demolition of this building was decided due to aging.

▶ 这栋楼老化了，决定要拆毁。

▶ 이 건물은 노후화되었기 때문에 철거가 결정되었다.

2190 | 労使(ろうし) labor and management / 劳资 / 노사

■ さくら自動車(じどうしゃ)の労使間協議(かんきょうぎ)は、賃金(ちんぎん)アップと休業補償(きゅうぎょうほしょう)を中心(ちゅうしん)に行(おこな)われた。

▶ The negotiations between Sakura Motors labor and management center around the wage raises and leave compensation.

▶ 樱花汽车的劳资谈判以提高工资和支付休业补偿为主。

▶ 사쿠라 자동차의 노사간 협의는 임금 인상과 휴업 보상을 중심으로 행해졌다.

2191 | 労働(ろうどう) labor / 劳动 / 노동 ～する labor / 劳动 / 노동하다

■ 少子高齢化社会(しょうしこうれいかしゃかい)においては、労働力(りょく)不足(ふそく)が深刻(しんこく)な問題(もんだい)となる。

▶ The shortage of labor in a society with a low birth rate and an aging population will become a serious problem.

▶ 劳动力不足是少子老龄化社会中的严重问题。

▶ 저출산 고령화 사회에서는 노동력 부족이 심각한 문제가 된다.

参 労働者、重労働、労働生産性 labor productivity / 劳动生产性 / 노동생산성、労働条件、労働災害（労災）

2192 | 労力(ろうりょく) labor / 劳力 / 노력, 노동력

■ 弊社(へいしゃ)では3カ月間(げつかん)、このプロジェクトのために多大(ただい)な労力を費(つい)やしてきました。

▶ Our company has expended a great deal of labor on this project over the past 3 months.

▶ 我们公司在过去的3个月里为这个项目花费了大量的人力和物力。

▶ 저희 회사에서는 3개월간, 이 프로젝트를 위해 매우 많은 노력을 했습니다.

参 無駄な労力

2193 | ローテーション rotation / 位置轮换, 轮班 / 로테이션, 교대 ～する rotate / 轮班 / 로테이션하다

■ 展示会期間中(てんじかいきかんちゅう)は、ローテーションを組(く)んで会場運営(かいじょううんえい)に当(あ)たってください。

▶ Please create a rotation to carry out hall management for the exhibition period.

▶ 展会期间，请制定轮班制来负责会场的运营。

▶ 전시회 기간 중에는 교대를 짜서 회장 운영에 임해 주세요.

2194 | ログアウト㋩ out / 注销 / 로그아웃

2195 | ログイン㋩ log-in / 登录 / 로그인 ～する log in / 登录 / 로그인하다

■ そのサイトにログインするには、パスワードが必要(ひつよう)だ。

▶ You need a password to log in on that site.

▶ 要想登人那个网站，需要密码。

▶ 그 사이트에 로그인하려면 패스워드가 필요하다.

2196 | ロゴ

logo / 标识 / 로고

■ 小さくてもいいので、会社のロゴは商品の表側に入れてください。

▶ It can be small, but please put the company logo on the front of the product.

▶ 即使小也没关系，请在商品的正面放上公司的标识。

▶ 작아도 좋으니까，회사의 로고는 상품의 겉에 넣어 주십시오.

■ うちの会社のロゴは、創業者の頭文字をアレンジしたものです。

▶ Our company logo is an arrangement of the initials of the founder's name.

▶ 我们公司的标识是将创业者的大写字母排列起来组成的。

▶ 우리 회사의 로고는 창업자의 앞글자를 재구성한 것입니다.

参 商品のロゴ、ロゴマーク

2197 | 路線

route, line / 路线 / 노선

■ あわててバスに飛び乗ったら、別の路線だった。

▶ I hurriedly boarded the bus, but it was a different route.

▶ 匆忙跳上公共汽车后才发现原来路线不对。

▶ 서둘러 버스에 올라 탔더니，다른 노선이었다.

■ A社はオリジナルブランドを立ち上げて、新しい路線を打ち出した。

▶ Company A has established an original brand, and laid out a new line.

▶ A公司推出全新品牌，定出了一条新的路线。

▶ A 사는 오리지널브랜드를 세우고，새로운 노선을 명확히 내세웠다.

参 地下鉄の路線図、改革路線

2198 | ロッカー㋑

locker / 衣帽柜，橱柜 / 로커

2199 | ロット

lot / 批量 / 생산량

■ 最初は小ロットで始めて、徐々にロットを増やしていくつもりです。

▶ He plans to begin with a small lot at first and to increase them gradually.

▶ 最初小批量开始，然后慢慢增加批量。

▶ 맨 처음에는 적은 생산량으로 시작해서 서서히 생산량을 늘려 갈 예정입니다.

2200 | ロビー

lobby / 大厅 / 로비

参 ロビーで待ち合わせる、玄関ロビー

2201 | Y字路㋑

Y-intersection / 丫字路 / Y자 길

2202 | **和解** accomodation, compromise / 和解 / 화해 **〜する** accommodate, compromise / 和解 / 화해하다

■ A社とは、商標登録をめぐって関係が悪化していたが、昨年、ようやく和解が成立した。

▶ Our relationship with Company A got worse over the trademark registration, but last year we were finally able to reach a compromise.

▶ 和A公司之间因商标注册问题关系恶化，不过，去年总算达成了和解。

▶ A 사와는 상표등록을 둘러싸고 관계가 악화되었지만, 작년에 드디어 화해가 성립되었다.

2203 | **わが社(我が社)** our company / 我们公司 / 우리 회사

■ 社員の皆さん、来年は、わが社にとって、大変重要な一年になります。

▶ Employees, next year will be a very important year for our company.

▶ 各位职员，明年对我们公司来说，是非常重要的一年。

▶ 사원 여러분, 내년은 우리 회사에 있어 매우 중요한 한 해가 될 것입니다.

■ 森さんはわが社の期待の新人です。

▶ Ms. Mori is a new employee of whor our company has great expectations.

▶ 森是我们公司期待的新人。

▶ 모리 씨는 우리 회사에서 기대하는 신입입니다.

2204 | **わきまえる** discern, discriminate / 了解 / 분간하다, 알다

■ 会社組織の中では、自分の立場をわきまえて行動しなければならない。

▶ You need to know your place within the company organization and act accordingly.

▶ 在公司组织中做事情必须了解自己的立场。

▶ 회사조직 안에서는 자신의 입장을 잘 알고 행동해야 한다.

2205 | **枠** frame, framework, space / 框架，边框 / 틀, 범위

■ プロジェクトの大体の枠組みができたので、制作態勢に入りたいと思います。

▶ The framework for the project is pretty much done, so I would like to move into production mode.

▶ 因为计划的大体框架已形成，所以想进入制作的态势。

▶ 프로젝트의 대체적인 틀이 완성되었으니, 제작태세로 돌입하고 싶습니다.

■ 採用枠が2人なのに、100人以上の応募者があり、難しい選考になった。

▶ Even though there was only space for two hires, there were more than 100 applicants, and selection was difficult.

▶ 录用人数是两个人，但却有100人以上的应征者，是一个很难的选拔。

▶ 채용 범위는 2명인데, 100명 이상의 응모자가 있어, 어려운 전형이 되었다.

■ コメントは、この枠内に収まるように書いてください。

▶ Please write your comments to fit inside the frame.

▶ 注释请写在框内。

▶ 코멘트는 이 범위 안에 들어가도록 써 주십시오.

[参] 窓枠、定員枠、枠を設ける

2206 | 輪ゴム㋑ a rubber band / 橡皮筋 / 고무 밴드

2207 | 詫び（わび） apology / 道歉，歉意 / 사죄

■ お客様に多大なご迷惑をおかけしましたことを、心よりお詫び申し上げます。

▶ I extend my sincerest apology for the tremendous problems that we caused our customers.

▶ 给客人们添了很大的麻烦，对此表示诚挚的歉意。

▶ 고객님께 큰 불편을 드린 것을 진심으로 사죄드립니다.

■ お詫びのしるしとして、夕食にご招待したいと思います。

▶ As a token of our apology, we would like to invite you to dinner.

▶ 为表歉意，我想今晚请你吃饭。

▶ 사죄의 뜻으로 저녁에 초대하고 싶습니다.

■ 大変失礼なことをしてしまい、お詫びの言葉もありません。

▶ There are not words of apology sufficient for my impertinence.

▶ 做了一件很失礼的事，愧欠之意无以言表。

▶ 너무나 큰 실례를 범해서，뭐라고 사죄드릴 말씀도 없습니다.

[参] お詫びの挨拶、お詫びの手紙、詫び状

2208 | 詫びる（わびる） apologize / 道歉 / 사죄하다，사과하다

■ 取引先から苦情があった場合、まず詫びるという姿勢が大切だ。

▶ In the event there is a claim from a customer, it's important to start with an apologetic stance.

▶ 有客户抱怨的时候，重要的是要先做出歉意的姿态。

▶ 거래처에서 불평이 있을 경우，먼저 사과하는 자세가 중요하다.

■ 先方に迷惑をかけたのは確かなんだから、一言詫びる必要があると思います。

▶ It is a fact that we caused the customer problems, so I think a word of apology is in order.

▶ 确实是给对方添麻烦了，所以觉得有必要致以歉意。

▶ 상대방에게 폐를 끼친 것은 분명하니까 사과의 한마디가 필요하다고 생각합니다.

2209 | ～割[接] percentage / 成 / 할

■ 賞味期限が迫っている商品は、定価の２割引で販売します。

▶ We sell products that are close to their expiration date at a 20% discount off the retail price.

▶ 快过期的商品以八折的价格销售。

▶ 유통기한이 얼마 안 남은 상품은 정가의 20 퍼센트 할인가로 판매합니다.

2210 | 割り　profitability / 合算 / 비율, 수지

■ 今期は、忙しかった割に利益が上がらなかった。

▶ The profit didn't increase despite the higher volume of business in the last term.

▶ 本期度虽然很忙，并没有增加利润。

▶ 이번 시기는 바빴던 것에 비해 이익이 오르지 않았다.

2211 | 割合　ratio, percentage, on the whole / 比例 / 비율, 비교적

■ 経費全体の中で、人件費の占める割合は約 50 パーセントです。

▶ Out of all the expenses, the percentage taken by labor costs is about 50%.

▶ 在全部经费当中，人事费所占的比率大约是50%。

▶ 경비 전체 중에서 인건비가 차지하는 비율은 약 50 퍼센트입니다.

■ 前評判はあまり良くなかったけど、割合面白い映画だったね。

▶ It wasn't reviewed well, but it was on the whole a good movie.

▶ 尽管预先评价不太好，但还是很有意思的电影。

▶ 전의 평판은 그다지 좋지 않았지만, 비교적 재미있는 영화였어.

参 3対1の割合、割合に応じて

2212 | 割り当て　distribute, division / 分配 / 할당(할당하다)

■ 新規プロジェクトがスタートして、各自の仕事が割り当てられた。

▶ After the new project begins, each individual's job will be announced.

▶ 新项目开始，各自的工作都被分配下来。

▶ 신규 프로젝트가 시작되어 각자의 일이 할당되었다.

■ 今日の議題は、各部署への予算の割り当てです。

▶ The topic of today's discussion is the distribution of the budget to each department.

▶ 今天的讨论议题是如何分配各部门的预算。

▶ 오늘의 의제는 각부서에 대한 예산 할당입니다.

2213 | 割り印　counter-mark / 骑缝印 / 계인

■ 契約書には、割り印を押すのを忘れないようにしてください。

▶ Don't forget to put a counter-mark on the contract.

▶ 请不要忘记在合同书上盖骑缝印。

▶ 계약서에는 계인을 찍는 것을 잊지 말아 주십시오.

2214 | 割高 comparitively expensive / 价钱较贵的 / 질에 비해 값이 비쌈

■ スタジアムの中で飲み物を買うと、少し割高になる。
▶ Buying drinks in the stadium seems a little expensive.
▶ 在体育场里购买饮料的话，价钱比较贵。
▶ 경기장에서 음료를 사면 조금 비싸다.

■ 住宅リフォームの費用は、新築の場合に比べて割高に感じます。
▶ The fees for remodeling a home seem a little expensive compared to building new.
▶ 和新建房子相比，觉得翻新住房的费用比较高。
▶ 주택 리폼의 비용은 신축할 경우에 비해 비싸게 느껴집니다.

2215 | 割に合わない[慣] insufficient, not worth it / 不合算 / 수지가 맞지 않다

■ これだけ働いてこんな安月給じゃ、割に合わない。
▶ Working this hard for this small amount of pay just isn't worth it.
▶ 这么工作月工资才这么少的话就划不来了。
▶ 이만큼 일하고 이렇게 싼 월급으로는 수지가 맞지 않는다.

2216 | 割引 discount / 折价 / 할인 ～する discount / 打折 / 할인하다

■ Mスポーツクラブは、年会費を一括払いにすると、1カ月分の会費が割引になる。
▶ If you pay the yearly membership all at once at Sports Club M, you will receive a one month discount.
▶ 在M体育俱乐部，如果一次性将年会费付清的话，可以免掉1个月的会费。
▶ M 스포츠클럽은 연회비를 한꺼번에 지불하면, 1 개월분의 회비가 할인된다.

[参] 割引券、団体割引、2割引、割引サービス

2217 | 割安 comparitively inexpensive / 价钱较低的 / 비교적 쌈

■ ディスカウントショップに行けば、ブランド品も割安で購入できるよ。
▶ If you go to the discount shops you can buy brand items relatively inexpensively.
▶ 去折扣店的话，名牌商品也能够以比较便宜的价钱购买。
▶ 할인점에 가면 브랜드 제품도 비교적 싸게 살 수 있어.

■ 会員の場合、宿泊料や施設利用料が通常より割安になっています。
▶ If you're a member, lodging and facility usage fees are a comparitively cheaper.
▶ 会员的情况是，住宿费和设备使用费比平常价钱便宜。
▶ 회원의 경우 숙박비나 시설이용료가 통상보다 싸집니다.

2218 | 割を食う[慣] be disadvantageous, get a raw deal / 蒙受损失 / 손해보다

■ 税金の無駄使いで割を食うのは、結局、いつも国民なんだよね。
▶ The ones who get the raw deal from wasted taxes is, in the end, the citizens.
▶ 因浪费税款蒙受损失的最后总是国民。
▶ 세금의 낭비로 손해를 보는 것은 결국, 언제나 국민이야.

■ ワールドカップの開催中(かいさいちゅう)、映画館(えいがかん)などは割を食うことになる。

▶ While the World Cup is on, movie theaters and such will have a hard time of it.

▶ 在举办世界杯时，电影院等都蒙受了损失。

▶ 월드컵 개최 중, 영화관 등 은 손해를 보게 된다.

2219 | 割(わ)る　divide, break / 低于，少于 / 밑돌다

■ 今期(こんき)の売上(うりあげ)は、目標額(もくひょうがく)の2,000万円(まんえん)を少(すこ)し割る見込(みこ)みです。

▶ This term's sales look to just break the goal of 20 million yen.

▶ 本期的销售额，预计稍低于2000万日元这一目标额。

▶ 이번 시기의 매상은 목표액의 2,000 만엔을 조금 밑돌 전망입니다.

参 目標額を割る

2220 | 割(わ)れもの（ワレモノ）　fragile goods / 易碎物品 / 깨지기 쉬운 물건

■ 割れ物なので、しっかり梱包(こんぽう)してください。

▶ This is fragile, so be sure to pack it well.

▶ 因为是易碎品，所以请打包。

▶ 깨지기 쉬운 물건이므로, 단단히 포장해 주십시오.

索引・資料

1. 会社の組織に関することば Words Related to Company Organizations／公司组织关联词汇／회사 조직에 관련된 말

【会社の組織図】 Illustration of a company organization／公司组织图／회사 조직도

※図はあくまで一例で、会社によって異なります。

The illustration is just an example; each company organization is different.／**图仅有一例，公司不同内容也会不同。**

그림은 어디까지나 예로 든 것으로 회사에 따라 다를 수 있습니다.

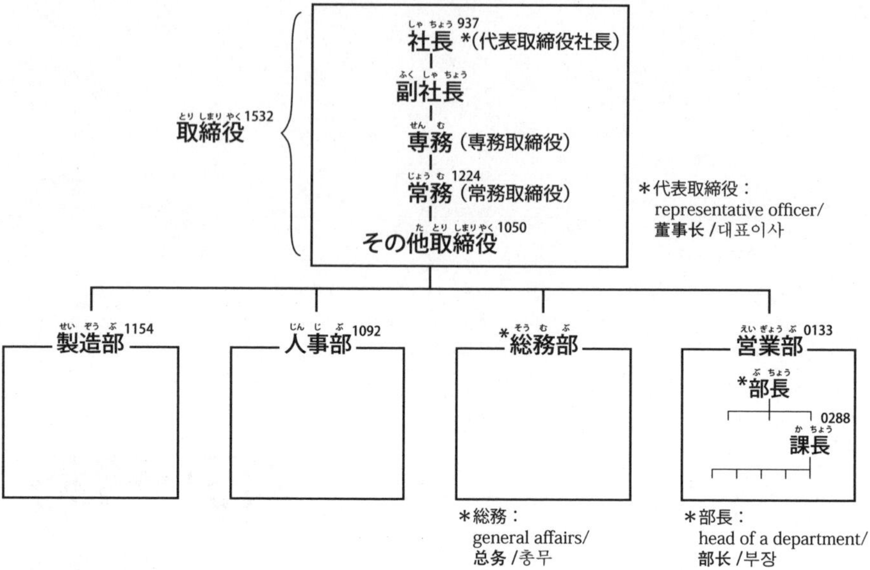

【役職】 Job positions／职位／직급

※役職名は、基本的なものを除いて、会社によってさまざまに使われます。
また、それらの位置づけも一定ではありません。

Except for basic job nomenclatures, job descriptions vary from company to company.

除基本职位以外，其他职位名称会因公司不同而不同。

직급명은 기본적인 것을 제외하고, 회사에 따라 다양하게 사용됩니다.

※上記以外にも、以下のようにさまざまな役職名が使われています。

Various titles are used in addition to those above.

除上述内容以外，还使用如下各种职位名称。

위의 것 이외에도, 아래와 같이 다양한 직함이 사용되고 있습니다.

会長（かいちょう）	president, chairman/ 会长 /회장
頭取（とうどり）1480 ※銀行などの取締役のトップ	bank president/ 行长 /총재
次長（じちょう）	deputy director/ 次长 /차장
課長代理（かちょうだいり）	deputy section chief/ 代理科长 /과장 대리
係長（かかりちょう）	assistant manager/ 股长 /계장
主任（しゅにん）	chief,officer/ 主任 /주임
ディレクター	director/ 导演 /디렉터
マネージャー	manager/ 经理 /매니저
チームリーダー	team leader/ 组领导人 /팀 리더

2. パソコンに関することば

3. 記号の読み方

1	。	句点、まる
2	、	読点、てん
3	( )	かっこ
4	「 」	かぎかっこ
5	※	米印
6	!	エクスクラメーションマーク、びっくりマーク㋕
7	?	クエスチョンマーク
8	,	カンマ
9	*	アスタリスク
10	:	コロン
11	;	セミコロン
12	／	スラッシュ
13	#	シャープ、いげた
14	%	パーセント
15	¥	円マーク
16	→	矢印
17	3.14	小数点
18	@	アットマーク
19	co.jp	ドット、ピリオド
20	abc-net	ハイフン
21	yoko_tanaka	アンダーバー

4. 絵で覚える仕事のことば

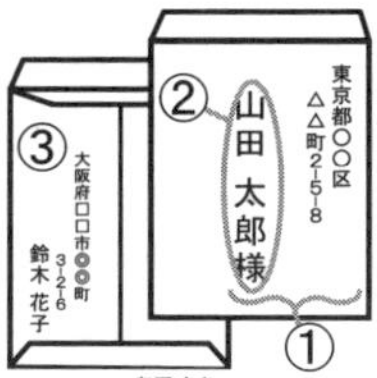

①宛先 0026
②宛名 0037
③差出人 0775

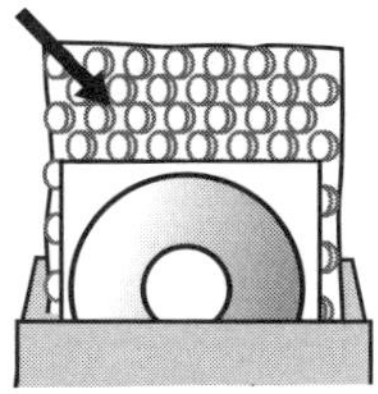

エアークッション
（プチプチ㋕） 0132

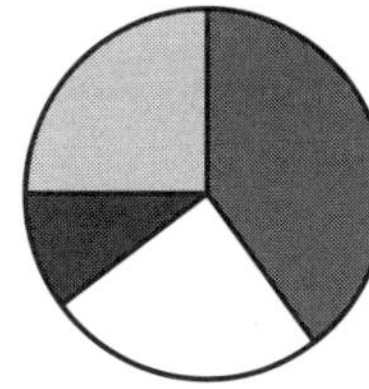

円グラフ 0144

延長コード 0149

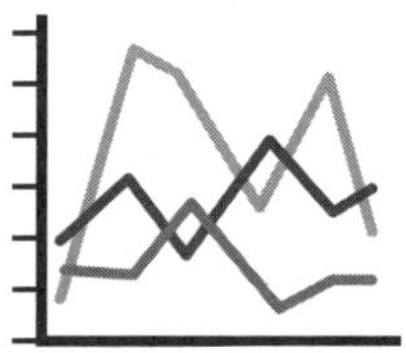

折れ線グラフ 0182

カッター 0293

金づち
（ハンマー、とんかち㋕） 0302

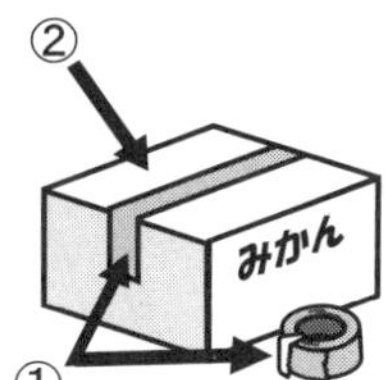

①ガムテープ 0314
②段ボール箱 1293

脚立 0402

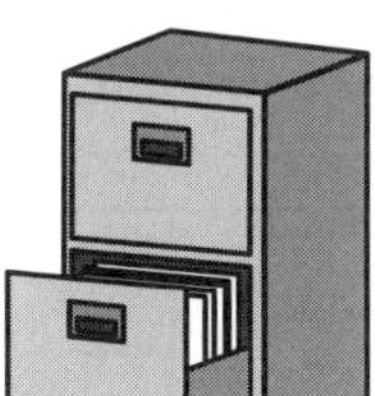

キャビネ㊔
（キャビネット） 0407

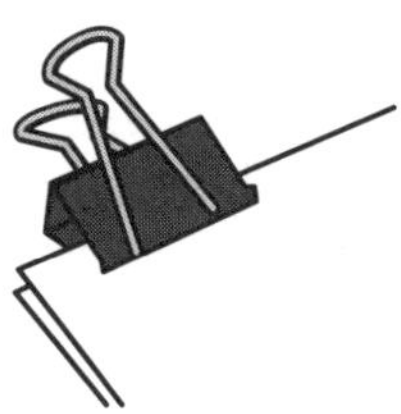

クリップ（ダブルクリップ） 0500

軍手 0506

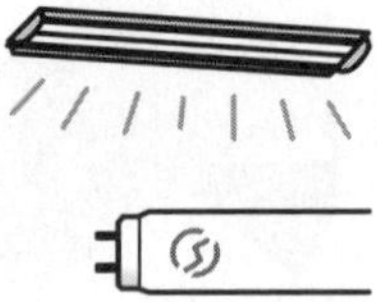

蛍光灯 0514

罫線 0523

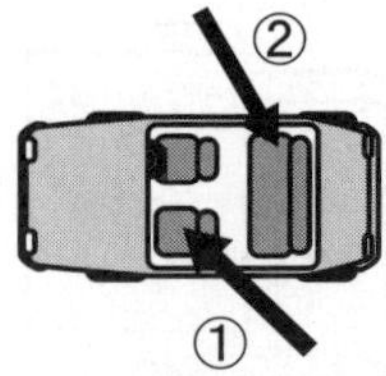

①助手席 1062
②後部座席 0659

①プラグ 1806
②コード 0676
③コンセント 0719

作業服 0769

シートベルト 0812

スパナ 1120

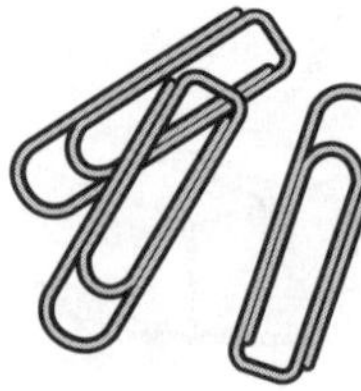

ゼムクリップ（クリップ） 1201

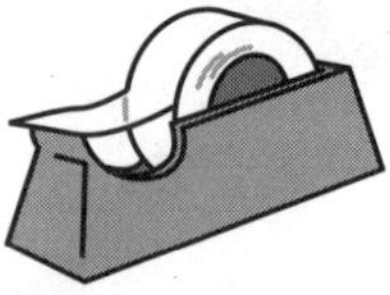

セロテープ 1202

台車 1260

①取っ手 1510　②目盛り 2002
③つまみ 1356

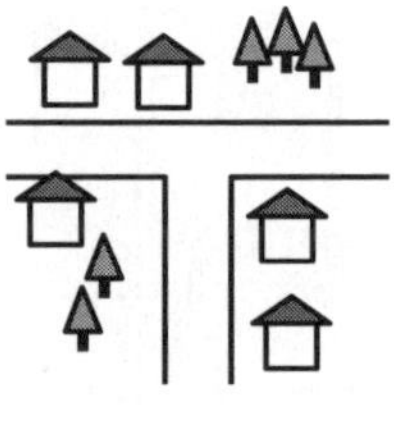

T字路 1364

電卓 1450

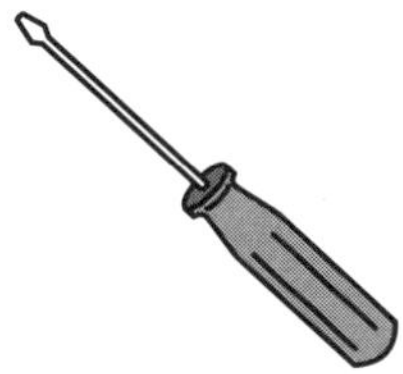

ドライバー 1518

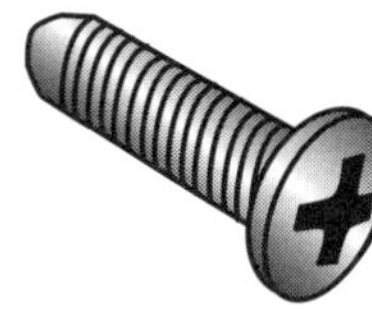

ねじ 1586

バーコード 1631

バインダー 1653

パレット 1690

付箋 1783

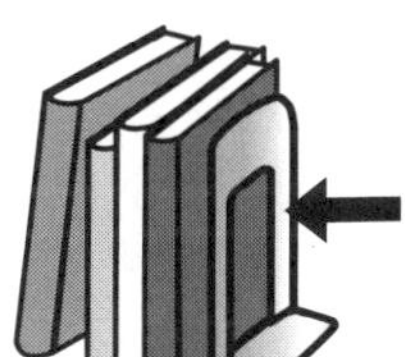

ブックエンド 1790

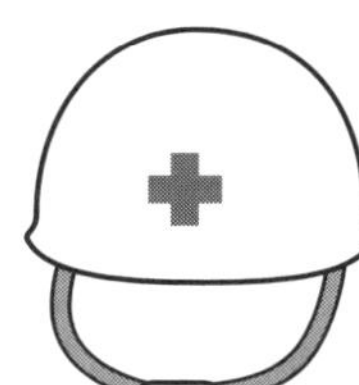

ヘルメット 1847

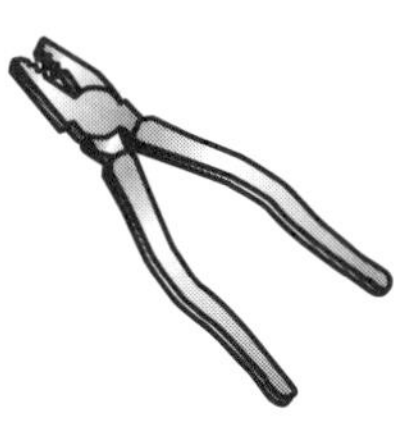

ペンチ 1860

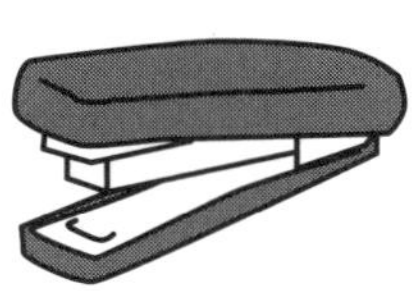

ホ(ッ)チキス 1900

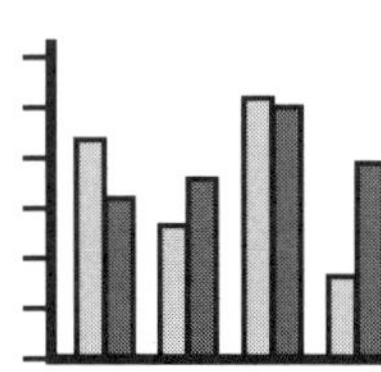

棒グラフ 1869

ホワイトボード 1908

マーカー 1919

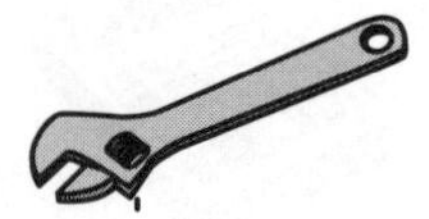

モンキーレンチ 2046

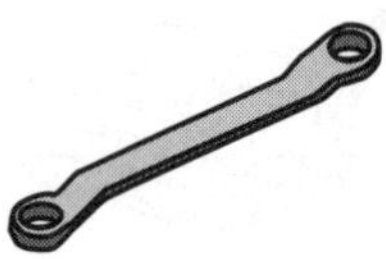

レンチ 2187

ロッカー 2198

Y字路（三叉路） 2201

輪ゴム 2206

索引（漢字部首・部品別索引）

部首・部品一覧

1画（かく）

2画（かく）

16 匚

3画（かく）

17 扌（手）

18 氵(水)

19 忄

5画(かく)

73車

74走

75角

76酉

77⻊（足）

78見

8画

9画

その他（た）

接尾辞（せつびじ）など

著者

JALアカデミー

山田和美／綿引眞知子／田辺 栄／勢 裕子／大島有貴

翻訳・校正

アイネックス ジャパン／ Jenine Heaton ／ Ian Chun ／ Sanga Anna

朱鵬霄／李炜／朱浩育／尹智熙／李珠英／金垠炅／村上綾子

イラスト

花色木綿

DTP

ワードトップ／リンガル舎

表紙デザイン

浅妻健司

ビジネス日本語用例辞典

2007年6月28日　初版　第1刷発行

本体価格　2,400円

著　者　JALアカデミー
発行人　天谷修平
発　行　株式会社アスク
〒162-8558　東京都新宿区下宮比町2-6
TEL　03-3267-6864　http://www.ask-digital.co.jp/

印刷・製本　日経印刷株式会社

ISBN978-4-87217-639-1